PUBLICATIONS OF THE DEPARTMENT OF
ROMANCE LANGUAGES

UNIVERSITY OF NORTH CAROLINA

General Editor: ALDO SCAGLIONE

Editorial Board: JUAN BAUTISTA AVALLE-ARCE, PABLO GIL CASADO, FRED M. CLARK, GEORGE BERNARD DANIEL, JANET W. DÍAZ, ALVA V. EBERSOLE, AUGUSTIN MAISSEN, EDWARD D. MONTGOMERY, FREDERICK W. VOGLER

NORTH CAROLINA STUDIES IN THE
ROMANCE LANGUAGES AND LITERATURES

ESSAYS; TEXTS, TEXTUAL STUDIES AND TRANSLATIONS; SYMPOSIA

Founder: URBAN TIGNER HOLMES

Editor: JUAN BAUTISTA AVALLE-ARCE
Associate Editor: FREDERICK W. VOGLER

Other publications of the Department: *Estudios de Hispanófila, Hispanófila, Romance Notes, Studia Raeto-Romanica*

Distributed by:

INTERNATIONAL SCHOLARLY BOOK SERVICE, INC.

P. O. BOX 4347
Portland, Oregon 97208
U.S.A.

NORTH CAROLINA STUDIES IN THE

ROMANCE LANGUAGES AND LITERATURES:

Texts, Textual Studies, and Translations

Number 3

A CONCORDANCE TO THE *ROMAN DE LA ROSE*
OF GUILLAUME DE LORRIS

A CONCORDANCE TO THE *ROMAN DE LA ROSE* OF GUILLAUME DE LORRIS

BY
JOSEPH R. DANOS

CHAPEL HILL
NORTH CAROLINA STUDIES IN THE
ROMANCE LANGUAGES AND LITERATURES
U.N.C. DEPARTMENT OF ROMANCE LANGUAGES
1975

© 1975 by Joseph R. Danos
ISBN: 978-0-8078-9156-8

Library of Congress Cataloging in Publication Data

Danos, Joseph R
   A concordance to the Roman de la Rose of
Guillaume de Lorris.

   (North Carolina studies in the Romance languages
and literatures : Texts, textual studies, and trans-
lations ; no. 3)
   1. Roman de la Rose--Concordances. I. Roman
de la Rose. II. Title. III. Series.
PQ1531.D35   841'.1   75-5691

To My Wife,
Barbara

TABLE OF CONTENTS

Preface i

Concordance 1

Appendix I 253
   Alphabetized Word-Frequency List

Appendix II 273
   Word-Frequency List, Arranged in
   Descending Order of Frequency

Appendix III 291
   Reverse-Alphabetized Word List

Appendix IV 307
   Verse Numbers in the Langlois
   and Lecoy Editions

PREFACE

In the compilation of this concordance the text of the Langlois edition of the *Roman de la rose* was used because of its excellent critical apparatus, which has not been supplanted by the more recent diplomatic edition by Lecoy. A table reconciling the differences in verse numbering between the two editions is provided in Appendix IV.

A chronological format was chosen over a KWIC (Key Word In Context) format because of its more pleasing presentation on the page and because of its utility, equaling that of KWIC, in handling one work, by one author, in which there is little question of formulaic diction. A chronological distribution also has value for indicating the relative density of usage for any word in a particular section of the poem. The decision concerning the amount of context to be included with each occurrence was based on experience in manually separating the poem's homographs: either the meaning of the occurrence was clear from one verse, or several verses on either, or both, sides were necessary for its elucidation. The inclusion of one verse of context on either side of the occurrence did not help frequently enough to warrant the liabilities of tripling the space required and of inserting annoying slashes to indicate the end of a verse. If one is not at all acquainted with poem, three verses will do little good; if one is well acquainted with it, three verses are usually unnecessary or, for a deeper study, insufficient. With the space saved it has been feasible to print all of the words in the poem and not merely give a listing of verse numbers for those words with a high frequency of occurrence.

Following the priciple that the simplest tools are the easiest to use, I have tried to keep the body of the concordance as uncluttered as possible. No lemmatization was performed on the entries, which occur in normal alphabetic sequence, though anyone interested in word families can easily construct them with the aid of Appendix I, which gives an alphabetic listing of all the entries and also includes sub-listings of conjugated and declined forms whose lineage might not be readily apparent. For clarity, the homographs were edited on a basis of significant semantic diversity or syntactic function. Thus "cuit" was split to indicate its prepositional and verbal roles. Similarly, "ne" is separated into conjunction and negative particle entries. Negatives can be found both under "ne" and under their second element. For convenience, "il," singular, was separated from "il," plural, as was "iert," imperfect, from "iert," future. Sometimes it is difficult to separate homographs, thus I have not done so with two entries that are open to interpretation, "uns," article or pronoun, and "en," adverb or direct object pronoun. In dealing with the verbs I have restricted myself solely to the separation of the auxillary usages of "avoir" since I did not wish to produce an unending string of one-occurrence entries that would be of little value and that would increase the risk of introducing clerical errors.

Brief parenthetical descriptions of the homographs are included in the concordance and the first two appendices and are designed to provide a simple indication of their meaning or syntactic function, e.g., the occurences of "font" are separated and annotated as "do" and "melt," although "faire" can obviously mean more than "do." Excepting the notations of "es vos" with "es," "que el" with "quel," and "si le" and "se le" with "sel," all comments are in English.

The total number of words in the poem, 16,727, cited and used in determining the relative frequencies in Appendix II, takes into account the 62 occurrences of double-word proper names (e.g. Douz Pensers) which are considered single entries in the concordance.

In Appendix III, a Reverse-Alphabetized Word List, the accented letters are grouped immediately after, and not interspersed with, their unaccented counterparts. In the concordance, the unaccented was given hierarchic priority over the accented, but the word remaining to the right was alphabetized normally.

I wish to express my appreciation to the late Urban T. Holmes and to Edward D. Montgomery and G. Mallary Masters for their helpful suggestions and encouragement during the various stages of this project. My thanks are also due to the Research Administration of the University of North Carolina at Chapel

Hill, for making funds available to acquire computer time; to the ladies of the key-punching pool of the University of North Carolina Computation Center, for their assistance; and to the User's Service of this same Center, for kindly answering many elementary questions. And, lastly, as programmer and editor, I lay claim to any errors that may have, like Dangiers, crept among the leaves of my text.

JRD

a (PREP.)

6	Si en puis bien traire a garant	875	De biauté fist mout a prisier.
8	Qui ne tint pas songes a lobes,	881	A losenges, a escuciaus,
79	A estre gais e amoreus,	881	A losenges, a escuciaus,
93	Si pris l'aguille a enfiler.	882	A oiselez, a lionciaus,
98	Cousant mes manches a videle,	882	A oiselez, a lionciaus,
117	A regarder le leu plaisant.	883	E a bestes e a leparz
133	A maintes riches escritures.	883	E a bestes e a leparz
153	A senestre avoit delez lui;	923	Jusqu'a dis des floiches son maistre.
173	C'est cele qui fait a usure	927	Si furent toutes a or pointes;
193	Fors que a l'autrui acrochier;	958	Qui furent laides a devise;
196	Coste a coste de Covoitise,	985	Or revendrai a ma parole:
205	Pestri a lessu fort e aigre.	990	A une dame de haut pris
213	A une perchete graillete,	1020	Qui a li ne as siens mesfaire
220	Se viaut mout a tart enhastir;	1028	Portoient a Richece enor;
233	El n'aloit pas a ce beant	1029	Tuit beoient a li servir
244	Ice li plaist mout a veoir.	1034	A sa cort ot maint losengier,
247	Decheoir ou aler a honte;	1038	Toz ceus qui miauz font a amer.
248	E quant aucuns a enor monte	1043	Par derriere jusques a l'os;
255	A compaignon ne a compaigne,	1054	Nou tenez ore pas a lobe;
255	A compaignon ne a compaigne,	1059	S'i ot portraites a orfrois
257	A cui el ne soit anemie;	1062	A esmaus fu au col orlee
259	Que biens venist nes a son pere.	1074	Bien faisoit tel pierre a amer:
293	Mais bien paroit a sa color	1075	Ele vausist a un riche ome
309	Ne reconforter a nul fuer	1082	Qui a jeün l'avoit veüe.
310	Dou duel qu'ele avoit a son cuer.	1122	A demener les granz despens,
326	A cui grant pitié n'en preïst;	1134	N'iert pas si a prendre ententive
329	Mout iere a duel faire ententive	1141	Outreement a son bandon,
337	Qui duel eüst, a joie faire;	1146	E por ce ot ele a devise
342	A poine qu'el se pooit paistre,	1160	Trait a soi le fer soutilment,
419	Qui faite fu a sa semblance;	1168	A une dame fait present,
425	De faire a Deu prieres feintes,	1201	A nului rien qu'el ne deüst;
429	Dou tot a bones uevres faire;	1212	N'ot si riche jusqu'a Arraz;
434	A li e as siens iert la porte	1215	Qui a son droit ne fust assise.
465	Furent a or e a azur	1218	Con sorquenie a damoisele.
465	Furent a or e a azur	1225	Pris a Franchise lez a lez.
485	De lor piteus chant a oïr;	1225	Pris a Franchise lez a lez.
498	Forment me pris a dementer	1232	C'est cele qui a la querole,
519	A l'uis començai a ferir,	1245	A li se tint uns chevaliers
519	A l'uis començai a ferir,	1300	D'avoir amie a son devis.
532	Le nés ot bien fait a droiture,	1308	Li a comandé l'arc a tendre,
534	Por faire envie a ces bricons.	1314	Me prist a sivre, l'arc ou poing.
565	Cousue a ligneul tot entor.	1316	Se il fait tant que a moi traie!
566	Il paroit bien a son ator	1319	Par le vergier tot a delivre;
583	Apeler a mes conoissanz.	1332	C'est uns mangiers bons a malades.
586	Car a nule rien je n'entens	1366	Si loing a loing come estre durent:
587	Qu'a moi joer e solacier,	1373	Ne pooit a terre descendre,
588	E a moi pignier e trecier.	1374	Ne faire mal a l'erbe tendre.
609	A chanter les rossignolez,	1443	Qu'il li covint a rendre l'ame;
653	De chanter fussent a enviz;	1455	E le tint a si grant despit
655	Qui beoient a sormonter	1470	A la fontaine clere e pure
672	A chant de sereines de mer,	1478	E quant il vint a la fontaine,
675	A chanter furent ententif	1488	D'un enfant bel a desmesure.
680	Je me pris mout a esgaier;	1493	Qu'il musa tant a la fontaine
696	E dou vergier trestot a tire	1495	Si en fu morz a la parclose:
712	Car a veoir mout desirasse	1516	Ainz començai a coarder,
714	Lors m'en alai tot droit a destre,	1521	A la fontaine aler pooie;
728	S'estoient pris a la querole,	1531	Qui nuit e jor sort a granz ondes
734	A chanter merveilles li sist,	1539	Qu'a grant entente remirai,
761	E treciees a une trece,	1541	Qu'a merveille, ce cuit, tendroiz
764	Mais de ce ne fait a parler	1552	Le vergier, i pert tot a orne.
768	Près a près, si s'entrejetoient	1556	Les choses qui sont a l'encontre,
778	Regardai iluec jusqu'a tant	1562	A ceus qui dedenz l'eve musent,
787	A la querole, s'il vos plaist."	1577	Que tel chose a ses iauz ne voie
789	A la querole me sui pris	1579	Maint vaillant ome a mis a glaive
796	A regarder lores me pris	1603	Adès me plot a demorer
820	D'un samit portrait a oisiaus,	1604	A la fontaine remirer,
821	Qui estoit toz a or batuz,	1642	Qui se traient a lor saison
827	D'uns solers decopez a laz.	1644	Icil ne font pas a haïr:
837	A la querole, e ele lui;	1648	A tot le moins deus jorz ou trois.
843	A une petitete ronce,	1664	I ot assises tire a tire;
859	A nul jor mais veü n'avoie	1683	A moi porsivre e espier,
865	A li se tint de l'autre part	1691	Il entesa jusqu'a l'oreille
867	Amoretes a sa devise.	1692	L'arc, qui estoit forz a merveille,
		1693	E traist a moi par tel devise

1

a   (PREP.)   (CONT.)

1700	A terre fui tantost versez;
1710	Je pris lors a deus mains la floiche
1711	E començai fort a tirer
1712	E en tirant a sospirer;
1714	Le fust a moi tot empené.
1733	Je me començai lors a traire
1736	Une autre floiche a or ovree;
1741	Il traist a moi, senz menacier,
1747	Le fust a moi senz grant contenz,
1809	Ce que jou veoie a bandon;
1815	Come estre ilueques a sejor:
1821	E trait, por moi metre a meschief,
1827	A merci dame ou damoisele,
1841	E que je tieng a mout poissant,
1843	A nul amant qu'il se repente
1854	Amors l'avoit fait a ses mains,
1857	Il a cele floiche a moi traite,
1864	Lors ai a moi tiré le fust,
1888	E plus tost a merci vendras;
1891	E qu'il covient a soupleier:
1908	Ne puis vivre jusqu'a demain
1916	Ne m'en tieng pas a engigniez;
1919	Que metre vueil tot a devise
1926	A cest mot vos baisier son pié,
1936	A cui nus vilains on ne touche.
1940	Cil que j'ensi a ome prens.
1951	A li servir e enorer,
1967	Se je les puis a mon droit prendre,
1971	E te vueil si a moi lier
2002	"A ceste," dist il, "fermerai
2010	Qu'a grant poine senti la clef.
2034	Tu seras traiz a guerison.
2059	Mot a mot ses comandemenz:
2088	Chose des genz qui face a taire:
2090	A Keu le seneschal te mire,
2113	Je ne tieng pas a cortois ome
2130	A servir ne a soupleier:
2130	A servir ne a soupleier:
2146	A tel qui sache bien taillier,
2149	Solers a laz e estiviaus
2162	Ou de roses a Pentecoste,
2172	Ou a ceus de mauvais renon,
2177	A joie e a deduit t'atorne:
2177	A joie e a deduit t'atorne:
2197	E se tu es bien a cheval,
2207	Si avient bien a bacheler
2217	Cui il n'abelist a doner.
2224	Doner l'avoir tot a bandon.
2228	A retenir quant a est brieve:
2252	Jou tendroie a chaitiveté;
2262	Qui est donee a bele chiere,
2274	A une part iras toz seus:
2291	A chief de piece revendras
2312	Je me puis bien tenir a lent
2316	Jamais a aise ne serai
2318	Lores te metras a la voie
2320	Qu'a ton esme faudras sovent
2325	Lores seras a grant meschief
2330	A ceus qui sont leial amant.
2338	A tes iauz saouler e paistre.
2364	Si te tendras a deceü
2373	Torner te doit a grant contraire,
2377	Lors te prendras a demaler,
2381	Que tu n'osas metre a raison;
2413	Mout te tendras a conchié
2415	Qui te fust avenant a dire;
2428	Tu comenceras a fremir,
2429	A tressaillir, a demener,
2429	A tressaillir, a demener;
2435	A cui nule ne s'apareille.
2448	Lors comenceras a plorer,
2481	Mais fort chose est a avenir;
2517	E a toi ne pensera quieres;
2518	Une eure iras a l'uis derrieres,
2521	Toz seus, a la pluie e au vent;
2522	Après vendras a l'uis devant,
2551	A ce sont bien cil parissant
2559	A la pucele de l'ostel:
2575	Fai semblant qu'a veoir te tarde
2604	A celui qui les amanz teint
2619	A cil qu'Amors tient en prison
2623	De son cors a martire ofrir;
2642	Font a ceus qui sont en mes laz.
2649	Douz Pensers vient a chief de piece,
2651	E a l'amant en son venir
2672	Qui a fait a mainz bachelers
2673	E a maintes dames secors,
2679	'Mout sui,' fait ele, 'a bone escole,
2692	Tu iras a lui por confort,
2700	Qui a t'amie puisse plaire.
2708	A t'amie ne qu'il t'encuse;
2710	E tu a lui e il a toi.
2710	E tu a lui e il a toi.
2712	Quant l'en a ome a cui l'en ose
2715	E t'en tendras a bien paié
2719	A ceus qui ont amors lointaignes;
2764	Mais je te doing a ja itant."
2807	"Sire," fis je a Bel Acueil,
2834	Ançois avoit a compaignons
2838	E sachiez que, qui a droit conte
2843	Qu'onques a lui Raison ne jut,
2853	Lors requist a Raison sa fille.
2857	E li preta, a sa requeste,
2862	A faire son comandement:
2866	Je fusse arivez a bon port
2884	De dire a Bel Acueil coment
2892	Miauz voudroie a coutiaus d'acier
2893	Piece a piece estre despeciez
2909	A ce qui ne puet avenir.
2929	Qu'il bee a vostre avilement.
2939	Si le beez a conchier.
2945	Qui me menace a assaillir.
2947	A grant peor e a grant heste;
2947	A grant peor e a grant heste;
2957	A duel, a poine e a martire.
2957	A duel, a poine e a martire.
2957	A duel, a poine e a martire.
2977	Si est tot droit a moi venue.
2985	A son semblant e a son vis
2985	A son semblant e a son vis
2991	A sa semblance e a s'image,
2991	A sa semblance e a s'image,
3025	Dangiers li fel a guerreier:
3026	Tu ne l'as mie a essaier.
3032	Car a ton ues n'i voi peor.
3037	Mout as a faire a dure gent.
3037	Mout as a faire a dure gent.
3040	Ce qui te fait a dolor vivre,
3045	Ne a nul preu dou monde entendre:
3062	Mais a l'issir a grant maistrise.
3076	Que me laissiez a chastier.
3084	Qu'il n'est mais a ma volenté;
3109	A mout leial: Amis ot non;
3111	A lui m'en vin grant aleüre,
3115	E me plains a lui de Dangier;
3118	Quant il me vit a lui parler
3119	Dou bouton a cui je beoie,
3128	Il a apris a laidengier,
3129	A laidir e a menacier
3129	A laidir e a menacier
3151	A Dangier sui venuz honteus,
3168	A rien don vos aiez pesance;
3205	A Ami, qui s'en esjoï,
3209	Dangiers, qui fait a mainz lor bon
3221	A la haie que Dangiers garde
3232	Mais ce me torne a grant contraire
3238	Passer por aler a la rose,

a	(PREP.)	(CONT.)
	3240	Veü a mon contenement
	3251	A Dangier vont andeus tot droit,
	3273	Avez vos guerre a lui emprise
	3277	E le fait a vos obeïr,
	3325	Lors est a Bel Acueil alee
	3385	Qui bien fait a amentevoir:
	3402	A nul amant qui m'en semoigne,
	3404	A poine puet atant remaindre;
	3441	Si li a comencié a dire:
	3456	Que je ne tenisse a vilaine
	3458	Ses cors ne fait pas a changier
	3463	Ainz semble estre faite a estuire
	3495	Qu'el ne soit troble a poi de vent;
	3500	Coment je fui mellez a Honte,
	3508	A la bele, que Deus guerisse,
	3520	Bien en retraioit a sa mere.
	3522	A encuser me comença,
	3534	Estre a Estampes ou a Miauz,
	3534	Estre a Estampes ou a Miauz,
	3567	Comença a parler en bas:
	3579	L'en li a sofert a atraire
	3621	A ceus qui, por moi conchier,
	3635	Fol e bergier a decevoir;
	3638	A ce mot vint Peor tremblant;
	3643	En sus se trait a une part;
	3648	Parole a Honte sa cosine:
	3656	Alon a Dangier orendroit,
	3660	A bien garder ceste porprise;
	3661	Trop a Bel Acueil sofert
	3662	A faire son gré en apert,
	3666	Qu'il ne durroit pas a la guerre
	3669	A cel conseil se sont tenues,
	3670	Puis en sont a Dangier venues,
	3674	A son chief, d'erbe un grant moncel,
	3675	E començoit a someillier;
	3678	"Coment dormez vos a ceste eure,"
	3695	Il n'afiert pas a vostre non
	3751	Miauz li vendroit estre a Pavie.
	3752	Jamais a nul jor de ma vie
	3760	Ne pertuis qui a bouchier face.
	3780	Que a consirrer m'en covient,
	3782	Mar touchai la rose a mon vis
	3783	E a mes iauz e a ma bouche,
	3783	E a mes iauz e a ma bouche,
	3810	Li fondemenz tot a mesure
	3818	Les torneles sont lez a lez,
	3822	Qui seroient forz a abatre;
	3852	Ou il a roses a plenté.
	3858	Sont les arbalestes a tor,
	3863	De bons murs forz, a creniaus bas,
	3873	A trente sergenz tot a conte.
	3877	Qu'ele ot sergenz a grant plenté,
	3880	E fu a garder establie
	3882	A main senestre, devers bise.
	3884	S'el n'est fermee a serreüre;
	3901	Autre foiz dit a la fleüste
	3910	Trueve a chascune quelque herne.
	3929	Qu'Amors a ses sergenz depart
	3940	Don se prist a asseürer.
	3949	Sui livrez a duel e a poine.
	3949	Sui livrez a duel e a poine.
	3956	Car je sui a plus grant meschief,
	3963	A estre bele e drue en erbe,
	3975	A dire mes granz privetez
	3976	A Bel Acueil, qui apretez
	3990	Reverse a un tor en la boe.
	4006	E ne sofrez a nes un fuer
	4015	Frans cuers ne lait mie a amer
	4024	Je m'en tendroie a bien paiez.
	4033	Chose qui a celer feïst,
	4035	Plus qu'a vos de la meschéance,
	4048	Qu'il vos beent a decevoir,
	4050	Qu'il vos traient a lor cordele,

a	(PREP.)	(CONT.)
		367
a	(V.)	
	2	N'a se fables non e mençonges;
	42	C'est cele qui tant a de pris
	46	Il a ja bien cinc anz ou mais,
	62	Que de colors i a cent paire.
	72	Qu'en lor cuers a de joie tant
	81	Mout a dur cuer qui en mai n'aime,
	194	Covoitise a l'autrui trop chier.
	256	N'ele n'a parent, tant li teigne,
	263	E a tel duel quant genz bien font
	333	Car qui le cuer a bien dolent,
	334	Sachiez de voir qu'il n'a talent
	387	Li Tens, qui tot a en baillie
	414	Si a le vis simple e piteus,
	416	Mais soz ciel n'a male aventure
	1153	Car il n'a pas d'amis plenté
	1296	Fos est qui n'a de tel envie.
	1306	N'a or plus cure qu'il li gart
	1356	Don il n'a guieres ici près.
	1567	Si n'i a si petite chose,
	1585	Ci n'a mestier sens ne mesure,
	1641	Si en i a d'autre moison,
	1785	Mais grant chose a en estovoir:
	1873	Ceste floiche a fiere costume:
	1874	Douçor i a e amertume.
	1877	Il a angoisse en la pointure,
	1884	"Vassaus, pris es, neient n'i a
	1941	Senz faille il i a poine e fais
	1997	Qui a le cuer en sa comande.
	2007	E si a mout grant poesté."
	2076	Car il n'i a mot de mençonge.
	2178	Amor n'a cure d'ome morne;
	2246	Par tot en a petite part;
	2294	Ausi come on qui a peor,
	2311	Ce don li cuers a tel talent.
	2432	Come ome qui a mal as denz.
	2446	Ou il n'a que mençonge e fable
	2576	Celi qui ton cuer a en garde.
	2598	Nus n'a bien s'il ne le compere;
	2613	Qui n'a que pain d'orge ou d'avoine,
	2706	Qui ele est e coment a non;
	2712	Quant l'en a ome a cui l'en ose
	2932	Qui felon sert itant en a.
	2960	Nus n'a mal qui Amors n'essaie.
	2993	Qu'ele a pooir e seignorie
	3041	C'est li maus qui amors a non,
	3042	Ou il n'a se folie non.
	3049	Ensorquetot il a plus poine
	3052	E la joie a corte duree.
	3053	Qui joie en a, petit li dure,
	3062	Mais a l'issir a grant maistrise.
	3127	Je conois bien pieç'a Dangier:
	3131	Pieç'a que je l'ai esprové.
	3242	E qu'il n'i a point de feintise
	3283	Mout a dur cuer qui ne se ploie
	3305	Il a tant mal que il n'eüst
	3406	Le baisier, il a de la proie
	3408	Si a erres dou remenant."
	3416	Ne l'en n'a pas le vin de l'aisne
	3448	Si a en lui assez biauté,
	3461	Qu'il a, ce cuit, mout douce aleine;
	3467	Qu'il n'i a teigne ne ordure.
	3578	Bel Acueil a trop longue longe;
	3588	En Bel Acueil n'a autre hulle,
	3667	Jalosie n'a l'ataïne,
	3726	Qu'en vos n'a mais point d'engrestié.
	3821	As quatre coignez en a quatre,
	3823	E si i a quatre portauz,
	3825	Il en a un ou front devant,
	3829	S'i a bones portes colanz,
	3852	Ou il a roses a plenté.

a   (V.)   (CONT.)
    3853 Dedenz le chastel a perrieres
    3862 Hors des fossez a unes lices
    3873 A trente sergenz tot a conte.
    3908 E ceste si a trop parole."
    3919 Qu'il n'a pooir que il en isse.
    3921 A avuec lui, por lui gaitier
    3943 El n'a mais garde que glouton
    3962 E a joie quant el comence
    3986 Ele a une roe qui torne,
                  079

a   (AUX.)
      58 Ou ele a tot l'iver esté;
     547 Quant il a freschement negié.
    1308 Li a comandé l'arc a tendre,
    1420 E li deus d'Amors m'a seü,
    1578 Qui d'amer l'a tost mis en voie.
    1579 Maint vaillant ome a mis a glaive
    1590 Qui toute a teinte la fontaine,
    1609 Cil miroers m'a deceü.
    1614 Qui maint ome a pris e traï.
    1689 Il a tantost pris une floiche,
    1694 Que par mi l'ueil m'a ou cuer mise
    1739 E mainte fame a fait amer.
    1765 Ainz m'a fait, por miauz afoler,
    1819 Mon cuer, don il a fait bersaut,
    1839 Il a endementieres prise
    1847 Mais Amors a mout bien la pointe
    1857 Il a cele floiche a moi traite,
    1858 Si m'a ou cuer grant plaie faite;
    1876 Qu'el m'a aidié e m'a neü.
    1876 Qu'el m'a aidié e m'a neü.
    1912 Se vostre main, qui m'a navré,
    1927 Mais il m'a par mi la main pris,
    1959 Il m'a lores requis ostages:
    1999 Lors a de s'aumosniere traite
    2220 Car cil qui a por un regart
    2456 Mais ce m'a mort que poi me dure.
    2600 Quant l'en l'a plus chier acheté,
    2602 Li bien don l'en a mal eü.
    2664 Que fait li a s'amie chiere.
    2672 Qui a fait a mainz bachelers
    2681 Si m'aïst Deus, il m'a guerie
    2702 En bien amer son cuer a mis,
    2876 Si a cuilli une vert fueille
    2877 Lez le bouton, qu'il m'a donee,
    2901 Il m'a ou cuer cinc plaies faites,
    2918 Dou rosier qui l'a aporté
    2962 S'il n'a amé, qu'est grant angoisse.
    3007 El t'a traï e deceü;
    3036 L'a il ja en cent leus retraite.
    3083 Amors a si mon cuer denté
    3086 Qu'il i a faite clef fermant.
    3124 Il ne m'a mie espoenté,
    3128 Il a apris a laidengier,
    3147 Qu'il m'a auques reconforté,
    3191 E si le m'a il pardoné
    3210 Quant il a montré son bobon.
    3239 E tant qu'il a certainement
    3255 La parole a premiere prise
    3266 Qu'il en a poines maintes traites.
    3327 E li a dit cortoisement:
    3331 Mout a esté pensis e tristes
    3341 Puis que Dangiers l'a otreié."
    3342 Lors le m'a Franchise enveié.
    3349 Il m'a lores par la main pris
    3423 Qui a secoru maint amant.
    3426 A eschaufee mainte dame;
    3441 Si li a comencié a dire:
    3535 Lors l'a par parole assailli:
    3536 "Garz neienz, por quoi t'a failli
    3571 E maint prodome a amusé.
    3572 S'il a Bel Acueil encusé,

    3579 L'en li a sofert a atraire
    3640 Quant ele a Jalosie oïe
    3658 Qu'il a faite grant mesprison
    3659 Don il n'a graignor poine mise
    3661 Trop a a Bel Acueil sofert
    3676 Mais Honte l'a fait esveillier,
    3712 Lors a après parlé Peors;
    3720 Ele a uï bien Honte assaillie
    3721 E a chacié par sa menace
    3757 En sa main a un baston pris
    3764 Mort m'a qui si l'a fait iraistre,
    3764 Mort m'a qui si l'a fait iraistre,
    3796 M'a porchaciee ceste sausse.
    3867 Jalosie a garnison mise
    3912 A garnie la tor roonde,
    3913 E si sachiez qu'ele i a mis
    3942 Li a doné grant reconfort;
    4009 Ensi come ele a fait le cors;
                  079

aage
      21 Ou vintieme an de mon aage,
     397 Quant ele iert en son droit aage;
    1277 Si estoit bien d'autel aage
                  003

aaise
    1813 Mout fui gueriz, mout fui aaise,
    3485 Onques mais ne fui si aaise.
                  002

aaisier
    2478 Me deignoit la bele aaisier,
                  001

abaïe
    3565 Ausi con none d'abaïe,
    3608 En abaïe ne en cloistre
                  002

abaissai
    1524 Quant je fui près, si m'abaissai,
                  001

abaissent
    1044 Qu'il abaissent des bons les los
                  001

abandona
    2794 Cil m'abandona le passage
                  001

abat
     869 E qui abat l'orgueil des genz,
                  001

abatoient
     898 Les fueilles jus en abatoient;
                  001

abatre
     275 Abatre ne lui desprisier,
    3822 Qui seroient forz a abatre;
                  002

abatu
    1189 E maint chevalier abatu
                  001

abelisse
    3507 Por quoi je cuit qu'il abelisse
                  001

abelissoit
    116   Si m'abelissoit e seoit
    1808   E durement m'abelissoit
    3362   Par amont; si m'abelissoit
                    003
abelist
    2206   Car biaus chanters abelist mont.
    2217   Cui il n'abelist a doner.
                    002
abelurent
    1649   Icil bouton mout m'abelurent:
                    001
abez
    2556   Plus gras qu'abez ne que priors.
                    001
abitent
    659   E par ces bois ou il abitent
                    001
abrié
    402   Abrié e vestu son cors.
                    001
aceignant
    514   Aceignant la compasseüre
                    001
acesmé
    576   La pucele au cors acesmé,
                    001
acesmez
    813   Tant estoit biaus e acesmez,
    1249   E as armes bien acesmez,
    2201   E s'as armes es acesmez,
    3450   Veez come il est acesmez,
                    004
acheté
    2467   Bien seront mi mal acheté.
    2600   Quant l'en l'a plus chier acheté,
                    002
achetez
    3954   Jes cuidoie avoir achetez,
                    001
achoison
    2378   E querras achoison d'aler
    2383   Volentiers, s'achoison avoies.
    2388   E quier autre achoison que cele
    2782   Mout volentiers, por l'achoison
    3121   Se jamais por nule achoison
                    005
acier
    930   Mais il n'i ot fer ne acier:
    1742   La floiche, ou n'ot fer ne acier,
    1846   E trenchant con rasoirs d'acier;
    2892   Miauz voudroie a coutiaus d'acier
                    004
acointables
    1246   Acointables e biaus parliers,
    2099   Soies entres e acointables,
                    002
acointance
    1119   Por ce amoit mout l'acointance
    3006   S'acointance est trop perilleuse.

3296   Des lors en ça que l'acointance
                    003
acointe (ADJ.)
    589   Privee sui mout e acointe
                    001
acointe (V.)
    3005   Fos est qui s'acointe d'Oiseuse:
                    001
acointement
    3525   Avoit mauvais acointement.
                    001
acointes
    2880   E quant je me senti acointes
                    001
acointier
    3231   Por lui acointier e atraire;
    3586   Que d'acointier genz ne se feigne,
                    002
acoler
    332   Ne d'acoler ne de baisier;
                    001
acomplir
    1498   Acomplir ce qu'il desiroit,
                    001
acompliras
    2040   E coment tu acompliras
                    001
acorast
    447   Je cuit qu'ele acorast de froit,
                    001
acordance
    484   Mout estoit bele l'acordance
    3140   Par amor e par acordance;
                    002
acorde
    2646   Ce ou Esperance s'acorde.
    3312   Puis que Franchise s'i acorde
                    002
acors
    1995   Respont Amors, "Je m'i acors:
                    001
acreant
    3754   Je le vos jur e acreant."
                    001
acreante
    3174   E je vos jur e acreante
                    001
acrochier
    193   Fors que a l'autrui acrochier;
    1651   Qui en porroit un acrochier,
                    002
adenz
    1481   Sor la fontaine toz adenz
    2431   E puis envers, e puis adenz,
                    002
adès
    365   Qu'il s'arest adès en un point,

5

| adès | (CONT.) | afiz | (CONT.) |

adès
  739 Ele estoit adès costumiere
 1318 M'alai adès esbaneiant
 1603 Adès me plot a demorer
 1760 Tot adès la ou il tendoit
 2304 Adès i pens e rien n'en voi :
 2343 E tot adès en regardant
 2636 Fait ele adès merci atendre.
 3065 Car la folie adès engraigne,
 3199 Adès aime, mais que tu soies
 3377 E tot adès estreint ses laz
 3418 Adès me tarda li otroiz
       012

adirié
 3768 Don j'ai Bel Acueil adirié;
       001

adonc
  525 Adonc m'ovri une pucele,
  711 Qu'adonc Deduit veoir n'alasse;
       002

adonques
  682 Si gais con je devin adonques.
       001

adouci
 3483 E adouci les maus d'amer
       001

adrece
  104 Vers une riviere m'adrece
       001

aesmer
  671 Ainz le peüst l'en aesmer
       001

afaire
  216 Mais mout vil e de povre afaire,
 1019 De grant pris e de grant afaire.
 1399 Mais mout embelissoit l'afaire
 1418 Que j'oi tot l'afaire e tot l'estre
 3207 "Or vait," fait il, "bien vostre afaire:
       005

afaitement
 1283 E genz de bel afaitement
       C01

afaitié
 1581 Li plus preu, li miauz afaitié
 2567 Preu e cortois e afaitié,
       002

afaitier
 1006 De soi tifer ne afaitier.
       001

afaitiez
 2868 Car li frans, li bien afaitiez,
       001

afiche
 1055 Que je vos di bien e afiche
       001

afiert
 3695 Il n'afiert pas a vostre non
       001

afiz
  166 Bien sembloit estre d'afiz pleine

afiz
       001

afoibli
 3020 Don je te voi si afoibli
       001

afoler
 1765 Ainz m'a fait, por miauz afoler,
       001

afubler
  451 El n'avoit plus que afubler:
       001

agaitant
 1421 Endementieres agaitant,
       001

agaitié
 1582 I sont tost pris e agaitié.
       001

agaitiez
 2867 Se par aus ne fusse agaitiez,
       001

agrea
  791 Mais sachiez que mout m'agrea
 2820 Si vos di que mout m'agrea
       002

agu
 1675 Mais chardon agu e poignant
       001

agüe
 1845 Ele est agüe por percier,
       001

agües
  929 E agües por bien percier;
 1677 Espines trenchanz e agües,
       002

aguiete
 1543 Quant li solauz, qui tot aguiete,
       001

aguille
   91 Lors trais une aguille d'argent
   93 Si pris l'aguille a enfiler.
       002

aguillier
   92 D'un aguillier mignot e gent,
       001

ahontee
 3604 Que tost porroie estre ahontee.
       001

ai
   15 Car endroit moi ai je fiance
  585 S'ai d'une chose mout bon tens,
 1833 Si que je n'ai mais esperance
 1917 E sachiez que n'en ai point d'ire.
 2013 "Sire," fis je, "grant talent ai
 2494 Quant je n'ai ce que je desir.
 2906 De nule rien n'ai plus envie."
 2958 E de ce ai la plus grant ire
 3196 Saches je n'ai vers toi point d'ire,
 3228 Que n'ai talent que li mesface;
 3538 Don j'ai mauvaise sospeçon?

ai   (CONT.)
    3581 Mais certes je n'ai pas creance
    3602 "Grant peor ai d'estre traïe,
    3628 Car j'ai peor de traïson.
    3742 Mout ai irié le cuer dou ventre
    3767 Mout ai le cuer dou ventre irié
    4041 Si ai peor e desconfort
    4055 Si en ai duel e desconfort.
    4058 Que je n'ai mais aillors fiance.
                    019

ai (AUX.)
      41 Cele por cui je l'ai empris;
     464 Car, si come j'ai devisé,
     858 Je, qu'en ai veü vint e nuef,
    1253 De cele vos ai je senz faille
    1608 Las! Tant en ai puis sospiré!
    1697 Don j'ai desoz chaut peliçon
    1864 Lors ai a moi tiré le fust,
    1875 J'ai bien senti e coneü
    1918 Tant ai oï de vos bien dire
    1960 "Amis," fait il, "j'ai mainz omages
    1962 Don j'ai puis esté deceüz;
    1965 D'aus ai oï mainte noise,
    2226 Ce que t'ai dit, por remembrer,
    2266 Si con je t'ai ci sarmoné,
    2449 E diras: 'Deus, ai je songié?
    2480 De la poine que j'ai soferte;
    2483 Quant j'ai mis mon cuer en tel leu
    2492 Trop ai en cest lit sejorné;
    2577 Or t'ai dit coment n'en quel guise
    2582 Je li ai lores demandé:
    2751 Or t'ai, ce m'est vis, declaré
    2753 Car je t'ai conté, senz mentir,
    2883 Lors ai pris cuer e hardement
    2888 Que j'ai dedenz le cuer enclose
    2898 Lors li ai dit: "Sachiez, biaus sire,
    2971 En cest point ai grant piece esté,
    3131 Pieç'a que je l'ai esprové.
    3192 En la fin, tant l'ai sarmoné,
    3215 J'ai bien esprové que l'en vaint
    3220 Atant ai pris de lui congié.
    3261 Car je n'ai mie encore apris
    3352 Or ai d'aler par tot congié,
    3379 Grant piece ai iluec demoré,
    3380 Qu'en Bel Acueil grant amor ai
    3384 Une chose li ai requise
    3479 Ai pris de la rose erraument.
    3491 E neporquant j'ai mainz enuiz
    3592 Senz faille, j'ai esté trop mole
    3595 Se j'ai esté un poi trop lente
    3738 Certes, or ai je trop vescu
    3746 J'ai fait que fos, bien m'en recors,
    3768 Don j'ai Bel Acueil adirié;
    3777 Qu'encor ai je ou cuer enclose
    3786 Se j'ai la savor essaiee
    3957 Por la joie que j'ai perdue,
                    045

aidast
    1208 S'el ne li aidast, el crainsist
                    001

aïde (SUBST.)
    1026 De faire e aïde e grevance.
                    001

aïde (V.)
    1880 Ensi m'aïde, ensi me nuit.
                    001

aidié
    1876 Qu'el m'a aidié e m'a neü.
                    001

aidier
     390 El ne se pooit mais aidier,
    1023 Qu'ele puet mout nuire e aidier.
    2803 Se de rien vos i puis aidier,
    3253 Aidier, s'eus pueent, volentiers,
                    004

aie
    1851 Ainz viaut que j'aie alegement
    1902 Que j'aie ja vers vos defense,
    2465 Mais se tant fait Amors que j'aie
    4001 Car ja d'aillors ne quier que j'aie
                    004

aie (AUX.)
    4031 Que j'aie encore vers vos faite,
                    001

aïe
    2849 Si qu'ele avoit mestier d'aïe,
                    001

aier
    3473 Bel Acueil, qui senti l'aier
                    001

aies
    2150 Aies sovent frois e noviaus,
    2667 Icestui vueil bien que tu aies;
                    002

aies (AUX.)
    2106 Si n'aies pas ta bouche mue,
    2240 Vueil je e comant que tu aies
                    002

aiez
    3168 A rien don vos aiez pesance;
    3171 Or vos requier que vos aiez
    4011 Aiez dedenz cuer d'aïmant
                    003

aiez (AUX.)
    4054 Que entroblié ne m'aiez,
                    001

aiglentiers
    2814 Par ronces e par aiglentiers,
                    001

aigniaus
     217 D'aigniaus noirs, veluz e pesanz.
                    001

aigre
     205 Pestri a lessu fort e aigre.
    3841 De fort vin aigre e de chauz vive.
                    002

aille
    2118 Qui aille fames despisant,
                    001

aillent
    2152 Que cil vilain aillent tençant
    2310 Nenil, mais aillent visiter
                    002

aillors
     647 Si ravoit aillors granz escoles
     657 Il ravoit aillors papegauz
    1728 Mes cuers, qui aillors ne beoit:
    4001 Car ja d'aillors ne quier que j'aie
    4058 Que je n'ai mais aillors fiance.

aillors (CONT.)
005

aïmant
 1159 Con la pierre de l'aïmant
 3844 Si est dure come aïmant.
 4011 Aiez dedenz cuer d'aïmant
 003

aime
   81 Mout a dur cuer qui en mai n'aime,
 1052 Car nus prodon n'aime lor vie.
 2345 Qui ce qu'il aime plus regarde,
 2599 Si aime l'en miauz le cheté
 3044 On qui aime ne puet bien faire
 3199 Adès aime, mais que tu soies
 3447 Qu'il sert e aime en leiauté,
 007

aiment
 2082 Toz ceus qui aiment vilanie:
 3130 Ceus qui aiment, au comencier;
 002

aimes
 3197 E se tu aimes, moi que chaut?
 001

ain
 1928 E me dist: "Je t'ain mout e pris
 2244 Car je n'ain pas moiteierie.
 3179 Voilliez que j'ain tant solement,
 003

ains
 1969 Or vueil je, por ce que je t'ains,
 2084 Por ce n'est pas droiz que je l'ains.
 2919 Por nul ome vivant, tant l'ains."
 003

aint
 4014 Gardez au moins que li cuers m'aint:
 001

ainz
    5 Ainz sont après bien aparant;
  146 Ainz sembloit fame forsenee.
  286 Ainz clooit un ueil par desdein;
  367 Ainz ne fine de trespasser.
  371 Car ainz que l'en l'eüst pensé
  374 Ainz vait toz jorz senz retorner,
  391 Ainz retornoit ja en enfance;
  399 Ainz estoit toute rassotee.
  428 Ainz fu par semblant ententive
  432 Ainz sembloit de jeüner lasse,
  531 Ainz iert assez granz par mesure;
  601 Ainz sont dolereuses e tristes,
  671 Ainz le peüst l'en aesmer
  737 Ainz se savoit bien debrisier,
  879 Ainz avoit robe de floretes,
  983 Ainz vos dirai que tot ce monte,
  996 Ainz fu clere come la lune.
 1193 Ainz estoit blanche come nois;
 1234 Ainz que nule, quant je vin la.
 1274 Ainz les veïssiez entr'aus deus
 1364 Ainz que les eüsse nombrez.
 1516 Ainz començai a coarder,
 1673 Ainz m'aprochasse por le prendre,
 1709 Ainz fu la plaie toute soiche.
 1719 Ainz remest enz, encor l'i sens,
 1765 Ainz m'a fait, por miauz afoler,
 1851 Ainz viaut que j'aie alegement
 1939 Ainz doit estre cortois e frans
 2107 Ainz te garnis dou salu rendre
 2282 Bien avras, ainz que tu t'en partes,
 2332 Ainz iras encore essaier
 2368 Ainz as esté senz mot soner
 2512 Ainz que tu voies ajorner.
 2542 Ainz que li jorz soit esclairiez.
 2709 Ainz vos entreporteroiz foi,
 2736 Ainz vuelent que li cuers s'esjoie,
 3125 Ainz me dist: "Compainz, or seiez
 3229 Ainz me sui penez longuement
 3279 Ainz le deüssiez espernier
 3347 Ainz me montra plus bel semblant
 3454 Ainz est enfes, don il vaut miauz.
 3463 Ainz semble estre faite a estuire
 3809 Ainz est fondez sor roche dure.
 4034 Ainz me poise, si Deus m'aïst,
 044

aire
 1400 Li leus, qui estoit de tel aire
 001

aise
 2316 Jamais a aise ne serai
 2537 De quoi tu ne puez avoir aise:
 002

aisne
 3416 Ne l'en n'a pas le vin de l'aisne
 001

aïst
 1011 Si m'aïst Deus, quant il me membre
 2314 Si m'aïst Deus, por fol m'en tiens.
 2489 Orendroites, si Deus m'aïst;
 2592 Si m'aïst Deus, mout me merveil
 2681 Si m'aïst Deus, il m'a guerie
 3043 Folie, si m'aïst Deus, voire!
 3395 "Amis," fait il, "si Deus m'aïst,
 4034 Ainz me poise, si Deus m'aïst,
 008

ait
 1156 Si n'ait mie chier son avoir;
 1328 Don il n'i ait ou un ou deus
 2825 Mais uns vilains, qui grant honte ait,
 2930 Dehé ait, senz vos solement,
 3322 Je vueil qu'il ait la compaignie
 005

ait (AUX.)
 3262 Qu'il ait de rien vers vos mespris.
 3582 Que il ait eüe beance
 002

ajorné
 2491 Deus! Quant sera il ajorné?
 001

ajorner
 2512 Ainz que tu voies ajorner.
 001

ajostez
  991 Se fu de mout près ajostez.
 001

alai
  126 Lors m'en alai par mi la pree,
  513 Lors m'en alai grant aleüre,
  714 Lors m'en alai tot droit a destre,
 1302 Si m'en alai seus esbatant
 1318 M'alai adès esbaneiant
 1417 Mais j'alai tant destre e senestre
 3204 E je l'alai conter en heste

alai   (CONT.)
                      007

alas
    3002 Mar t'alas onques ombreier
                      001

alasse
     711 Qu'adonc Deduit veoir n'alasse;
    1288 Alasse veoir e cerchier,
    1621 Ne por Paris que je n'alasse
    1789 S'esteüst il que j'i alasse;
                      004

alast
     359 Qu'el n'alast mie la montance
                      001

alé
     129 Quant j'oi un poi avant alé,
                      001

alee (SUBST.)
    3865 Jusqu'as fossez venir d'alee
                      001

alee (V.)
    2372 Avant qu'ele s'en fust alee.
    3325 Lors est a Bel Acueil alee
                      002

alees (SUBST.)
    2385 E tes alees e ti tor
                      001

alees (V.)
    1646 Sont en un jor toutes alees,
                      001

alegement
    1851 Ainz viaut que j'aie alegement
                      001

aleine
     535 Douce aleine ot e savoree,
    1477 Qui li ot tolue l'aleine.
    2658 Don l'aleine est si savoree;
    3461 Qu'il a, ce cuit, mout douce aleine;
                      004

alejance
    1834 De guerison ne d'alejance.
                      001

alejoit
    1732 M'alejoit mout de mes dolors.
                      001

alemandiers
    1337 D'alemandiers i ot plenté;
                      001

aler
      94 Hors de vile oi talent d'aler,
     106 Car ne me soi aler deduire
     247 Decheoir ou aler a honte;
     743 Lors veïssiez querole aler
     946 El n'estoit pas d'aler loing prete;
    1424 Por laissier aler la saiete.
    1521 A la fontaine aler pooie
    1755 Toz jorz d'aler vers la rosete,
    1761 Me covenoit aler par force.
    1764 Ne m'i lait pas aler senz poine;
    2378 E querras achoison d'aler

    2389 Qui cele part te fait aler,
    3117 E Bel Acueil en fist aler
    3149 Me dona d'aler essaier
    3238 Passer por aler a la rose,
    3352 Or ai d'aler par tot congié,
                      016

alers
    2543 Icil venirs, icil alers,
                      001

aleüre
     513 Lors m'en alai grant aleüre,
    3111 A lui m'en vin grant aleüre,
                      002

alez
    3307 Or ne l'alez plus gordeiant,
    3554 Ançois se fust alez repondre,
                      002

alies
    1352 Cormes, alies e noisetes.
                      001

aligniee
    1003 S'estoit graillete e aligniee.
                      001

alis
    1002 Ele ot le vis cler e alis,
                      001

alise
    1174 Li blancheioit la char alise.
                      001

Alixandre
    1130 El fu dou lignage Alixandre,
                      001

aloes
     650 D'aloes e de lardereles;
                      001

aloient
     702 Aloient li oisel faisant;
    1292 Car tuit li plusor s'en aloient
    1381 Aloient entr'aus torneiant
    1676 M'en aloient mout esloignant;
                      004

aloit
     233 El n'aloit pas a ce beant
    1389 S'en aloit l'eve aval, faisant
                      002

alon
    3656 Alon a Dangier orendroit,
                      001

alosé
    2474 Maint plus preu e plus alosé
                      001

alosez
    1045 E desloent les alosez.
                      001

alume
    2346 Plus alume son cuer e larde;
    2347 Cil larz alume e fait flamer
    2350 Le feu qui l'art e qui l'alume;
                      003

ama
    1494   Qu'il ama son ombre demaine,
    3587   Qu'el n'ama onques ome entulle.
                    002

amaigrir
    437   Amaigrir, ce dit l'Evangile,
    2546   Durement amaigrir les piaus.
                    002

amant
    1465   Quel duel ont li leial amant
    1843   A nul amant qu'il se repente
    2181   Il est ensi que li amant
    2183   Amant sentent le mal d'amer
    2213   Il avient bien que li amant
    2330   A ceus qui sont leial amant.
    2406   Mais faus amant content lor verve
    2584   Pueent endurer cil amant
    2628   E fait que li amant vivaint.
    2651   E a l'amant en son venir
    3258   Vos avez tort de cel amant,
    3328   "Trop vos estes de cel amant,
    3402   A nul amant qui m'en semoigne,
    3423   Qui a secoru maint amant.
    3443   Vers cel amant si dangereus
                    015

amanz
    868   C'est cil qui les amanz jostise,
    1855   Por les fins amanz conforter,
    2042   Que je comant as fins amanz."
    2132   De ce que fins amanz doit faire.
    2186   Or est li amanz en ses jeus,
    2239   E, por ce que fins amanz soies,
    2268   Qui as amanz sont griés e dures.
    2349   Chascuns amanz suit par costume
    2419   Amanz n'avra ja ce qu'il quiert,
    2545   Fait as amanz soz les drapiaus
    2550   Sor fins amanz color ne graisse;
    2578   Amanz doit faire mon servise:
    2604   A celui qui les amanz teint,
    2609   Les amanz, qu'il lor est mestiers.
    2630   Qui les amanz ensi avance!
    2647   Quant li amanz plaint e sospire,
    2755   Les amanz e garder de mort;
    3512   De mainz amanz pense e devine,
                    018

amasse
    1654   Je n'amasse tant nul avoir.
    3744   Miauz amasse de deus espiez
                    002

amassees
    651   Calandres ravoit amassees
                    001

amassez
    644   Par tot le vergier amassez.
                    001

ame
    1443   Qu'il li covint a rendre l'ame;
    2597   "Biaus amis, par l'ame mon pere,
                    002

amé
    1445   L'avoit amé plus que rien nee,
    2962   S'il n'a amé, qu'est grant angoisse.
                    002

amee
    43   E tant est dine d'estre amee

amee   (CONT.)
                    001

amena
    2931   Qui en cest vergier l'amena!
                    001

amenai
    1713   E tant tirai que j'amenai
    1746   Car au tirer en amenai
                    002

amende
    2062   Que li romanz des or amende;
                    001

amendent
    2144   Amendent ome durement;
                    001

amender
    2916   Laissiez le croistre e amender.
    3163   Mais or sui prez de l'amender
                    002

amenderai
    3747   Or l'amenderai par vos deus;
                    001

amenez
    2926   "Bel Acueil, por quoi amenez
                    001

ament
    3257   E dist: "Dangiers, si Deus m'ament,
    3663   Si covendra qu'il s'en ament,
                    002

amentevoir
    3385   Qui bien fait a amentevoir:
                    001

amer (ADJ.)
    2184   Une eure douz e autre amer;
    3484   Qui me soloient estre amer.
                    002

amer (V.)
    85   Que toute rien d'amer s'esfroie,
    1038   Toz ceus qui miauz font a amer.
    1074   Bien faisoit tel pierre a amer:
    1578   Qui d'amer l'a tost mis en voie.
    1586   Ci est d'amer volenté pure,
    1739   E mainte fame a fait amer.
    2061   Qui amer viaut or i entende
    2183   Amant sentent le mal d'amer
    2185   Maus d'amer est mout corageus:
    2216   Onques on rien d'amer ne sot
    2348   Le feu qui fait les genz amer.
    2356   E il plus est d'amer engrès.
    2507   Se j'onques mal d'amer conui
    2606   Ne porroit nus les maus d'amer
    2702   En bien amer son cuer a mis,
    3094   Au derrenier, de bien amer;
    3263   S'Amors le fait par force amer,
    3483   E adouci les maus d'amer
    4015   Frans cuers ne lait mie a amer
                    019

amerai
    3185   Car j'amerai puis qu'il me siet,
                    001

amere
    3519   E mout poignant e mout amere:

amere   (CONT.)
                 001

ameres
    1336 Qui ne sont ameres ne fades.
                 001

amertume
    1874 Douçor i a e amertume.
                 001

amesurer
    3318 Il le covint amesurer:
                 001

amez
     290 Ou amez ou loez de genz.
     462 N'il n'est amez ne essauciez.
    1250 E de s'amie bien amez.
    2202 Par ce seras dis tanz amez.
    3449 Par quoi est dignes d'estre amez.
                 005

ami
     852 E por baisier son ami prete;
    1145 Son ami par son grant servise;
    2680 Qui de mon ami me parole.
                 003

Ami
    3205 A Ami, qui s'en esjoï,
                 001

amiable
    1206 E si douz e si amiable
                 001

amiablement
    2796 E me dist amiablement:
                 001

amie
     829 Li ot s'amie fait chapel
     831 E savez vos qui iert s'amie?
    1185 Ou il ot faite por s'amie
    1250 E de s'amie bien amez.
    1278 Con s'amie e d'autel corage.
    1300 D'avoir amie a son devis.
    2300 Que t'amie t'est trop lointaigne;
    2354 S'amie qui le fait defrire;
    2441 Dou tot t'amie e ta compaigne;
    2462 Se je moroie es braz m'amie.
    2466 De m'amie enterine joie,
    2515 Tot droit vers la maison t'amie,
    2562 T'amie e toz ses bienvoillanz
    2664 Que fait li a s'amie chiere.
    2700 Qui a t'amie puisse plaire.
    2705 Se s'amie est pucele ou non,
    2708 A t'amie ne qu'il t'encuse;
                 017

amies
    1293 O lor amies ombreier
                 001

amis
     688 Bien deüsse estre ses amis,
     784 "Biaus amis, que faites vos la?"
     863 De quoi ses amis avoit robe,
    1111 Qui fu ses amis veriteus.
    1153 Car il n'a pas d'amis plenté
    1155 Mais qui amis voudra avoir,
    1157 Mais par biaus dons amis aquiere;
    1268 Ses amis fu de li privez
    1508 Qui vers voz amis mesprenez;
    1960 "Amis," fait il, "j'ai mainz omages
    2597 "Biaus amis, par l'ame mon pere,
    2701 Se cil qui tant iert tes amis
    2797 "Biaus amis chiers, se il vos plaist,
    2998 "Biaus amis, folie e enfance
    3395 "Amis," fait il, "si Deus m'aïst,
    3914 Des plus privez de ses amis
    4003 Ha! Bel Acueil, biaus douz amis,
                 017

Amis
    3109 A mout leial: Amis ot non;
    3123 Quant Amis sot la verité,
    3146 Tant parla Amis e tant dist
    3218 Amis, qui mon avancement
                 004

amitié
    1203 Qui fust destroiz por s'amitié,
    2086 Senz servise e senz amitié.
    2531 Ne puez en lit por s'amitié:
                 003

amoine
    3248 Atant es vos que Deus m'amoine
                 001

amoit
    1119 Por ce amoit mout l'acointance
                 001

amoleier
    3135 Il se set bien amoleier
                 001

amoler
     336 Nus ne se porroit amoler,
                 001

amoneste
    3313 E le vos prie e amoneste,
                 001

amont
    1436 Ou bort amont, letres petites,
    1474 De corre e amont e aval,
    2198 Tu doiz poindre amont e aval;
    3362 Par amont; si m'abelissoit
    3367 Qui amont droites se levoient
    3812 E vient amont en estreçant,
    3917 Amont en la tor enserrez,
    3988 Le plus bas amont ou somet,
                 008

amor
     835 De s'amor li dona l'otroi.
    1030 Por l'amor de li deservir;
    1147 L'amor des povres e des riches.
    1448 S'amor, ou ele se morroit.
    1460 Qu'ele ot trové d'amor si lasche,
    1462 E eschaufez de tel amor
    2178 Amor n'a cure d'ome morne;
    2536 Por l'amor dou haut saintuaire
    2666 La dolor d'amor e la rage.
    3019 Que l'amor metes en obli
    3063 Or met l'amor en nonchaloir,
    3140 Par amor e par acordance;
    3334 Se de m'amor volez joïr,
    3380 Qu'en Bel Acueil grant amor ai
                 014

amoretes
     867 Amoretes a sa devise.

amoretes   (CONT.)
    880 Faite par fines amoretes.
                                002

amoreus
     48 Ou tens amoreus, plein de joie,
     79 A estre gais e amoreus,
   2723 Car il est mout as amoreus
                                003

amors
    703 Lais d'amors e sonez cortois
   2133 Mais qui d'amors se viaut pener,
   2173 Qui amors par male aventure
   2218 Se nus se viaut d'amors pener,
   2235 En amors metes ton penser:
   2270 De tes amors, te covendra
   2283 Les dolors d'amors essaiees.
   2549 Car bien saches qu'amors ne laisse
   2674 Car chascuns qui de ses amors
   2719 A ceus qui ont amors lointaignes;
   2748 Qui nuit e jor d'amors languist,
   3041 C'est li maus qui amors a non,
   3292 Qui d'amors onques ne guila.
                                013

Amors
     22 Ou point qu'Amors prent le paage
     33 Qu'Amors le me prie e comande.
     38 Ou l'Art d'Amors est toute enclose.
    495 Les dances d'Amors e les notes
    866 Li deus d'Amors, cil qui depart
    873 Li deus d'Amors de la façon
    904 Amors avoit un jovenciel
    909 Au deu d'Amors deus ars turcois.
    989 Li deus d'Amors se fu bien pris;
   1304 E li deus d'Amors apela
   1313 Li deus d'Amors tantost de loing
   1420 E li deus d'Amors m'a seü
   1440 Cui Amors tint en ses roisiaus,
   1441 E tant le sot Amors destreindre,
   1489 Lors se sot bien Amors vengier
   1589 Sema ici d'Amors la graine,
   1594 Qu'Amors ne viaut autres oisiaus.
   1597 La Fontaine d'Amors par droit,
   1681 Li deus d'Amors, qui, l'arc tendu,
   1735 E Amors ot ja recovree
   1740 Quant Amors me vit aprimer,
   1790 Qu'Amors, qui toutes choses passe,
   1818 Li deus d'Amors, qui tot despiece
   1837 Fera Amors de moi martir
   1844 D'Amors servir, por mal qu'il sente.
   1847 Mais Amors a mout bien la pointe
   1854 Amors l'avoit fait a ses mains,
   1882 Amors vers moi les sauz menuz.
   1946 Qu'Amors porte le gonfanon
   1995 Respont Amors, "Je m'i acors:
   2023 Amors respont: "Or ne t'esmaie;
   2051 Amors respont: "Tu dis mout bien.
   2057 Li deus d'Amors lors m'encharja,
   2069 Des jeus d'Amors assez aprendre,
   2078 Ce dist Amors,"vueil e comant
   2229 Qui d'Amors viaut faire son maistre
   2463 Mout me grieve Amors e tormente;
   2465 Mais se tant fait Amors que j'aie
   2581 Quant Amors m'ot ce comandé,
   2595 Li deus d'Amors lors me respont
   2619 A cil qu'Amors tient en prison:
   2644 Ceus que li laz d'Amors enlace,
   2765 Tot maintenant que Amors m'ot
   2775 Fors ou deu d'Amors de l'avoir;
   2778 S'Amors ne s'en entremetoit.
   2885 Amors m'avoit pris e navré:
   2899 Qu'Amors durement me tormente;
   2960 Nus n'a mal qui Amors n'essaie.
   2963 Amors vers moi mout bien s'aquite
   3008 Amors ne t'eüst ja veü
   3058 Quant au deu d'Amors te rendis;
   3078 Mon cuer, qu'Amors plus nou sorpreigne:
   3079 Cuidiez vos donc qu'Amors consente
   3083 Amors a si mon cuer denté
   3091 Qu'Amors m'eüst de fausseté
   3103 Qu'Amors me dist que je queïsse
   3114 Si come Amors m'avoit loé,
   3165 Senz faille Amors le me fist faire,
   3241 Qu'Amors malement me jostise,
   3263 S'Amors le fait par force amer,
   3267 Mais Amors ne viaut consentir
   3276 S'Amors le tient pris en ses giez
   3304 Trop li faisoit Amors mal traire.
   3375 E Amors plus e plus me lie
   3422 Ce est la mere au deu d'Amors,
   3496 Amors se rechange sovent,
   3498 Amors n'est guieres en un point.
   3504 Qu'Amors prist puis par ses esforz
   3784 S'Amors ne suefre que j'i touche
   3929 Qu'Amors a ses sergenz depart
   3952 Amors me set ore bien vendre
   3973 Qu'Amors m'avoit tant avancié
   3978 Mais Amors est si corageus
   4000 S'Amors viaut ja que je guerisse,
                                074

amot
   2677 Une dame qui bien amot,
                                001

amusé
   3571 E maint prodome a amusé.
                                001

an
     21 Ou vintieme an de mon aage,
    394 Ne plus que uns enfes d'un an.
   2594 Puet un an vivre en tel enfer."
   3616 Ja ne verroie passer l'an
                                004

ançois
      9 Ançois escrist l'avision
    231 Ançois qu'ele en peüst rien traire;
    984 Ançois que je fine mon conte.
   1195 Ançois ot nés lonc e traitiz,
   2776 Ançois savoie bien de voir
   2834 Ançois avoit a compaignons
   3090 Je voudroie morir ançois
   3365 Ançois estoit encore enclose
   3554 Ançois se fust alez repondre,
                                009

andeus
    561 Ot andeus cousues ses manches;
   3251 A Dangier vont andeus tot droit,
                                002

andui
    838 Bien s'entravenoient andui,
   2693 E parleroiz andui ensemble
                                002

aneientiz
    351 De vieillece e aneientiz.
                                001

anemie
    257 A cui el ne soit anemie;
                                001

12

angarde
    2973   La dame de la haute angarde,
                001

ange
     664   Con fussent ange esperitel;
                001

anges
     725   Tot por voir anges empenez.
     902   Il sembloit que ce fust uns anges
                002

angoisse
    1877   Il a angoisse en la pointure,
    2962   S'il n'a amé, qu'est grant angoisse.
    3928   Qu'ele ot des biens e de l'angoisse
                003

angoisseront
    2691   Quant ti mal t'angoisseront fort,
                001

angoisseus
     508   Destroiz fui mout e angoisseus,
    1721   Angoisseus fui mout e troblez
    1778   Mout angoisseus e mout pensis.
    2273   Le mal don tu es angoisseus.
                004

angoissier
    3413   Outre son gré n'angoissier trop.
                001

angoissoient
     101   Qui de chanter mout s'angoissoient,
                001

angoissoit
    1753   E quant li maus plus m'angoissoit,
    2938   Qui de vos servir s'angoissoit;
                002

anis
    1344   Citoal, anis e canele,
                001

anuitoit
    1102   Que, maintenant qu'il anuitoit,
                001

anz
      46   Il a ja bien cinc anz ou mais,
     218   Bien avoit sa robe dis anz,
     834   Qui, des qu'el n'avoit que set anz,
    1262   Si con je cuit, doze anz d'assez.
                004

aorne
    1551   Arbre e flors, e quanque aorne
                001

apaier
    2331   Ton cuer ne porras apaier,
    3150   Se Dangier porroie apaier.
                002

apaiez
    3172   Pitié de moi e apaiez
                001

apaise
    3144   C'est une rien qui mout l'apaise,
                001

apaisiee
    3494   La mer n'iert ja si apaisiee
                001

aparant
       5   Ainz sont après bien aparant;
                001

apareille
    2435   A cui nule ne s'apareille.
                001

apareillie
    3719   E de tencier apareillie.
                001

apareillier
    2510   Lors t'estovra apareillier,
                001

aparlee
    2371   Don tu n'as la bele aparlee
                001

apartient
    2171   Ce n'apartient s'as dames non,
                001

apela
     783   Cortoisie lors m'apela:
    1233   La seue merci, m'apela
    1304   E li deus d'Amors apela
                003

apelee
     155   Apelee estoit Felonie.
     197   Avarice estoit apelee.
     409   Papelardie iert apelee.
     730   Qui Leece apelee estoit.
     941   Une autre en i ot, apelee
     963   Fu apelee Vilanie:
     969   Apelee la derreniere.
    1716   Qui Biauté estoit apelee,
    1767   Qui Cortoisie iert apelee.
    2975   Raison fu la dame apelee.
                010

apeler
     426   E d'apeler e sainz e saintes.
     583   Apeler a mes conoissanz.
                002

apelez
      36   Soit apelez que je comenz,
     906   Douz Regarz estoit apelez.
    1226   Ne sai coment iert apelez;
                003

apens
    3598   Mais je metrai tot mon apens
                001

apensez
    2403   Il n'iert ja nus si apensez
                001

aperceü
    1685   E quant il ot aperceü
                001

apercevoir
    2272   Qu'il ne puissent apercevoir
                001

aperçoive
   3934   Que la vieille en lui n'aperçoive
           001

apert
   3662   A faire son gré en apert,
           001

aperte
   1015   Sade, plaisant, aperte e cointe,
   2074   Vos sera lores toute aperte
   4040   Qui est si grant e si aperte;
           003

apertement
    20   Que l'en voit puis apertement.
           001

apetisier
   276   Si voudroit ele apetisier
           001

aplaigne
   3983   Autre eure les aplaigne e chue.
           001

apleier
   2129   Il ne puet son cuer apleier
           001

apoial
   2003   Ton cuer, n'en quier autre apoial;
           001

aporte
   2622   E cuer e talent li aporte
           001

aporté
   2918   Dou rosier qui l'a aporté
           001

aporter
   593   Fist ça les arbres aporter
           001

aprendre
   1554   Un essemple vos vueil aprendre:
   2049   Por ce sui en grant de l'aprendre
   2069   Des jeus d'Amors assez aprendre,
   3046   S'il est clers, il pert son aprendre,
           004

aprenez
   1507   Dames, cest essemple aprenez,
           001

aprentif
   676   Li oiselet, qui aprentif
           001

après
    5   Ainz sont après bien aparant;
   169   Après fu pointe Covoitise;
   235   Après refu portraite Envie,
   339   Après fu Vieillece portraite,
   407   Une image ot après escrite
   1127   Après se fu Largece prise,
   1191   Après toz ceus se tint Franchise,
   1229   Après se tenoit Cortoisie,
   1251   La bele Oiseuse vint après,
   1259   Après se tint, mien escient,
   1346   Que bon mangier fait après table.
   2109   Après garde que tu ne dies
   2125   Après tot ce d'orgueil te garde,
   2175   Après ce te doit sovenir
   2223   Doit bien, après si riche don,
   2233   Après t'enjoing en penitence
   2299   Après est droiz qu'il te soveigne
   2306   Après, por le cuer conveier,
   2522   Après vendras a l'uis devant,
   2654   E après au devant li met
   3712   Lors a après parlé Peors:
           021

apressai
   1523   De la fontaine m'apressai;
           001

apressant
   2352   E il s'en vait plus apressant.
           001

apressiee
   3357   Si con j'oi la rose apressiee,
           001

aprestent
   1643   E s'aprestent d'espaneïr.
           001

apretez
   3976   A Bel Acueil, qui apretez
           001

aprimer
   1740   Quant Amors me vit aprimer,
           001

apris
   273   E s'il iere si bien apris
   2093   Tant con Gauvains, li bien apris,
   2734   Il sont si apris e si duit
   3128   Il a apris a laidengier,
   3261   Car je n'ai mie encore apris
           005

aprise
   1128   Qui bien fu duite e bien aprise
           001

aprison
   1954   Ne nule mauvaise aprison."
           001

aprochasse
   1673   Ainz m'aprochasse por le prendre,
           001

aprochier
   2871   Sovent me semont d'aprochier
           001

aquiere
   1157   Mais par biaus dons amis aquiere;
           001

aquite
   2963   Amors vers moi mout bien s'aquite
           001

aquitee
   2256   Est tost rendue e aquitee;
           001

araisoner
   2367   N'eüs de li araisoner,
   2393   Araisoner ne saluer,

araisoner (CONT.)
    002

arbalestes
  3858 Sont les arbalestes a tor,
    001

arbre
  595 Quant li arbre furent creü,
  1365 Mais li arbre, ce sachiez, furent
  1385 Cui li arbre faisoient ombre,
  1431 Qu'ou vergier n'ot nul plus haut arbre.
  1551 Arbre e flors, e quanque aorne
    005

arbres
  481 D'arbres ne d'oisillons chantanz,
  593 Fist ça les arbres aporter
  1294 Soz ces arbres, por doneier.
  1326 Il n'est nus arbres qui fruit charge,
  1327 Se n'est aucuns arbres hisdeus,
  1347 Ou vergier ot arbres domesches
  1362 De divers arbres i ot tant
  1377 Qui par ces arbres gravissoient;
    008

arc
  1307 Son arc doré; senz plus atendre
  1308 Li a comandé l'arc a tendre,
  1310 Tot maintenant l'arc li tendi,
  1314 Me prist a sivre, l'arc ou poing.
  1681 Li deus d'Amors, qui, l'arc tendu,
  1692 L'arc, qui estoit forz a merveille,
    006

archier
  1796 Nou laissai onques por l'archier,
    001

archieres
  3857 E as archieres tot entor
    001

archiers
  1762 Mais li archiers, qui mout s'esforce
  1782 Mais li archiers me respoente,
    002

ardent
  2344 Aviveras le feu ardent:
    001

ardoit
  287 Qu'ele fondoit d'ire e ardoit
    001

ardure
  174 Prester mainz por la grant ardure
  2417 C'est la bataille, c'est l'ardure,
  2588 Qui est en poine e en ardure,
    003

arest (SUBST.)
  788 Senz demorance e senz arest
  2798 Passez la haie senz arest,
  3324 Je n'i metrai jamais arest."
    003

arest (V.)
  365 Qu'il s'arest adès en un point,
    001

arestai
  1321 Mais en nul leu ne m'arestai

arestai (CONT.)
    001

arestant
  1361 Qu'iroie je ci arestant?
    001

areste
  366 E il ne s'i areste point,
  2502 Ne sejorne ne ne t'areste;
    002

arester
  2309 Doivent se il ci arester?
    001

arestez
  1684 S'iert arestez lez un fier;
    001

areté
  3092 Ne de traïson areté.
    001

argent
  91 Lors trais une aguille d'argent
  3188 D'argent, qu'il fust sor vostre pois."
  3804 Qui costeront argent assez,
    003

argenz
  1162 Li ors qu'en done e li argenz.
  1527 Au fonz, plus clere qu'argenz fins.
    002

arivai
  1425 En un trop bel leu arivai
    001

arivé
  1050 Mal puissent il estre arivé,
    001

arivez
  2866 Je fusse arivez a bon port
  2882 Je cuidai bien estre arivez;
    002

arme
  523 Se j'orroie venir nule arme.
    001

armes
  1249 E as armes bien acesmez,
  2201 E s'as armes es acesmez,
    002

armeüre
  3859 Qu'armeüre ne puet tenir.
    001

arondeles
  649 De chardoneriaus, d'arondeles,
    001

Arraz
  1212 N'ot si riche jusqu'a Arraz;
    001

arriere
  376 N'il n'en retorne arriere goute;
    001

ars
    909 Au deu d'Amors deus ars turcois.
    910 Li uns des ars si fu d'un bois
    913 Fu cil ars desoz e deseure,
    915 Li autres ars fu d'un plançon
    921 O ces deus ars tint Douz Regarz,
    973 Li uns des ars, qui fu hisdeus
         006

art (SUBST.)
    499 Par quel art ne par quel engin
         001

art (V.)
    2350 Le feu qui l'art e qui l'alume;
    2358 Qui plus est près dou feu plus art.
         002

Art d'Amors
    38   Ou l'Art d'Amors est toute enclose.
         C01

Artu
    1177 Le bon roi Artu de Bretaigne;
         001

as (PREP-ART)
    17   Des biens as genz e des enuiz;
    83   As oisiaus les douz chanz piteus.
    186 Ont as vallez e as puceles
    186 Ont as vallez e as puceles
    209 Come s'el fust as chiens remese;
    268 D'aucun blasme metre as genz seure;
    370 Sel demandez as clers lisanz;
    434 A li e as siens iert la porte
    592 Qui de la terre as Sarradins
    977 As autres cinc orent senz doute;
    1008 Qui li batoient as talons
    1020 Qui a li ne as siens mesfaire
    1247 Qui bien sot faire enor as genz.
    1249 E as armes bien acesmez,
    1583 Ci sort as genz novele rage,
    1605 E as cristaus, qui me montroient
    1803 Qui estoit as rosiers joignanz,
    2042 Que je comant as fins amanz."
    2101 E as granz genz e as menues;
    2101 E as granz genz e as menues;
    2121 As dames e as damoiseles,
    2121 As dames e as damoiseles,
    2171 Ce n'apartient s'as dames non,
    2190 Par quoi tu puisses as genz plaire,
    2201 E s'as armes es acesmez,
    2268 Qui as amanz sont griés e dures.
    2432 Come ome qui a mal as denz.
    2545 Fait as amanz soz les drapiaus
    2723 Car il est mout as amoreus
    2832 Qu'il voit as roses la main tendre.
    2863 Or sont as rosiers garder quatre,
    3067 Pren durement as denz le frein,
    3540 De legier as garçons estranges.
    3591 E qu'il jeue as genz a parole.
    3632 As garçons, qui, por lui honir,
    3706 Volez vos donques as genz plaire
    3821 As quatre coignez en a quatre,
    3857 E as archieres tot entor
    3865 Jusqu'as fossez venir d'alee
    3892 E si sachiez qu'as autres trois
    3895 Il monte le soir as creniaus
    3900 As estives de Cornoaille;
         042

as (V.)
    1944 Mout liez don tu as si bon maistre
    2203 Se tu as la voiz clere e saine,
    2570 E se tu as si grant besoigne
    3026 Tu ne l'as mie a essaier.
    3037 Mout as a faire a dure gent.
    3059 Li cuers que tu as trop volage
         006

as (AUX.)
    1929 Don tu as respondu issi.
    1932 E si i as tant gaaignié
    2368 Ainz as esté senz mot soner
    2371 Don tu n'as la bele aparlee
    3011 Se tu as folement ovré,
         005

aspreiez
    1461 Fust aspreiez encore un jor,
         001

aspreté
    1475 Tant qu'il ot soif, por l'aspreté
         001

assailli
    3535 Lors l'a par parole assailli:
         001

assaillie
    2848 Iert assaillie des gloutons
    3720 Ele a ui bien Honte assaillie,
         002

assaillir
    2945 Qui me menace a assaillir.
         001

assailliz
    1630 Se assailliz ou mesamez
         001

assaut
    1820 Me redone un novel assaut,
         001

assemblee
    492 L'assemblee, que Deus guerisse!
    625 En cest vergier, ceste assemblee
         002

assembler
    175 D'avoir conquerre e assembler;
         001

assener
    2336 Qu'au veoir puisses assener,
         001

asseür
    1080 Que cil pooit estre asseür
    1519 Mais je me pensai qu'asseür,
    3609 N'est mais Chasteé asseür:
    3947 Puet ele estre bien asseür.
         004

asseüre
    3680 Fos est qui en vos s'asseüre
         001

asseürer
    3940 Don se prist a asseürer.
         001

assez
    521 Assez i feri e boutai,
    526 Qui assez estoit gente e bele.

assez	(CONT.)	atant	
531	Ainz iert assez granz par mesure;	1301	D'ilueques me parti atant,
540	Gros assez e lons par raison,	1955	Atant devin ses on mains jointes.
643	D'oisiaus chantanz avoit assez	2920	Atant saut Dangiers li vilains
753	Assez i ot tableterresses	2997	Atant es vos Raison comence:
864	Si en estoit assez plus gobe.	3096	Atant Raison s'est departie,
948	Il en peüst assez mal faire.	3220	Atant ai pris de lui congié.
1252	Qui se tint de moi assez prés.	3248	Atant es vos que Deus m'amoine
1262	Si con je cuit, doze anz d'assez.	3404	A poine puet atant remaindre;
1996	Il est assez sires dou cors	3644	E Jalosie atant s'en part:
2069	Des jeus d'Amors assez aprendre,		009
2404	Qui en ce point n'oblit assez,		
2476	En un loier assez menor.	atapissoit	
2785	Mais assez tost peüst sembler	455	Se cropoit e atapissoit;
2815	Don en la haie avoit assez,		001
3294	Assez plus que vos ne devez;		
3299	Il iere avant assez troblez,	atempre	
3372	Assez plus bele espanele	3896	E atempre ses chalumiaus
3448	Si a en lui assez biauté,		001
3775	Assez plus douce que de basme,		
3804	Qui costeront argent assez,	atempree	
3813	S'en est l'uevre plus fort assez.	125	La matinee e atempree;
	023		001
assis		atendi	
1367	Li uns fu loing de l'autre assis	1309	E cil guieres n'i atendi:
1777	En mon seant lores m'assis,		001
	002		
		atendis	
assise		3057	Onques mon conseil n'atendis
195	Une autre image i ot assise		001
1100	Une escarbocle ou cercle assise;		
1215	Qui a son droit ne fust assise.	atendoie	
1434	Soz le pin la fontaine assise;	1726	N'en atendoie medecine;
3881	L'autre porte, qui est assise		001
	005		
		atendre	
assises		955	Car il puet tost santé atendre,
888	Qui furent par grant sen assises.	1307	Son arc doré; senz plus atendre
1096	Qui en l'or assises estoient:	1463	Don il ne peüst joie atendre;
1664	I ot assises tire a tire;	2070	Por quoi il vueille tant atendre
	003	2108	Senz demorer e senz atendre.
		2636	Fait ele adés merci atendre.
assist		2761	Jusque tu puisses miauz atendre,
733	Ne plus bel ses refraiz n'assist.	3213	Or devez sofrir e atendre
	001		008
assoage		atendroiz	
2665	Douz Pensers ensi assoage	3471	Car tant con vos plus atendroiz,
	001		001
assoté		atendue	
2911	Vos m'avriez bien assoté	3972	E m'esperance e m'atendue,
	001		001
ataïne		atens	
140	Qui de corroz e d'ataïne	1924	Avrai la merci que j'atens;
3667	Jalosie n'a l'ataïne,		001
	002		
		atent	
ataindre		952	Mais cil atent bone menaie
1801	Si qu'au bouton peüsse ataindre.	1422	Con li venierres qui atent
2822	Que au bouton peüsse ataindre.	1910	J'atent par vos joie e santé,
3403	Car qui au baisier puet ataindre	2031	Atent e suefre la destrece
	003		004
ataint		atise	
2603	Il est voirs que nus maus n'ataint	170	C'est cele qui les genz atise
	001	3788	Qui esprent mon cuer e atise.
			002
atalente			
1781	Vers le bouton qui m'atalente.	ator	
2021	Se li servises n'atalente	566	Il paroit bien a son ator
	002	806	Cointes fu e de bel ator.

ator   (CONT.)
    3429 Dou grant ator que ele avoit
               003

atorne
    2177 A joie e a deduit t'atorne:
               001

atornee
    145   Si n'estoit pas bien atornee,
    569   E bien paree e atornee,
    855   Bele fu e bien atornee.
               003

atorner
    574   De soi atorner noblement.
    2511 Vestir, chaucier e atorner,
               002

atouchier
    2872 Vers le bouton e d'atouchier
               001

atraire
    3231 Por lui acointier e atraire;
    3579 L'en li a sofert a atraire
               002

atrait
    1161 Ausi atrait le cuer des genz
    3514 Se prist garde dou bel atrait
               002

au
    10   Qui avint au roi Scipion.
    123   Très au pié de l'eve batoit.
    277   Sa proece au moins e s'enor
    284   Car el ne peüst au visage
    294   Qu'ele avoit au cuer grant dolor,
    389   Si durement qu'au mien cuidier
    395   Neporquant, au mien escientre,
    441   Portraite fu au derrenier
    509   Tant qu'au derrenier me sovint
    544   Poliz iert e soés au tast.
    576   La pucele au cors acesmé,
    598   E si fist au dehors portraire
    909   Au deu d'Amors deus ars turcois.
    1010 Mout grant douçor au cuer me touche,
    1062 A esmaus fu au col orlee
    1103 L'en s'en veoit bien au besoing
    1228 Fiz au seignor de Guindesores.
    1260 Jonece au vis cler e riant,
    1426 Au derrenier, ou je trovai
    1459 Que Narcisus au cuer farasche,
    1513 La fontaine au bel Narcisus,
    1527 Au fonz, plus clere qu'argenz fins.
    1632 Au moins une, que je tenisse
    1636 Peser au seignor dou vergier.
    1746 Car au tirer en amenai
    1766 La tierce floiche au cuer voler,
    1801 Si qu'au bouton peüsse atainre.
    1831 Au revenir plaing e sospire,
    2008 Lors la me toucha au costé,
    2022 Au seignor cui l'en le presente."
    2055 Ne met son cuer au retenir
    2159 Mais au plus bel te doiz deduire
    2293 Au revenir en esfreor
    2336 Qu'au veoir puisses assener,
    2438 Que tu tendras cele au cler vis
    2521 Toz seus, a la pluie e au vent;
    2538 Au revenir la porte baise;
    2633 Nul vaillant ome jusqu'au chief,
    2635 Nes au larron que l'en viaut pendre
    2639 Qu'el ne te secueure au besoing.
    2654 E après au devant li met
    2725 Mout ont au matin bone encontre
    2739 Tot maintenant au cuer envoient
    2757 Qu'au moins avras tu Esperance,
    2822 Que au bouton peüsse atainre.
    2873 Au rosier qui l'avoit chargié;
    3058 Quant au deu d'Amors te rendis;
    3094 Au derrenier, de bien amer;
    3130 Ceus qui aiment, au comencier;
    3133 Il iert autres au derrenier;
    3223 Que je le bouton au moins voie,
    3282 Celui don l'en est au deseure.
    3343 Bel Acueil au comencement
    3403 Car qui au baisier puet atainre
    3414 Vous savez bien qu'au premier cop
    3421 Chasteé, me vint au secors:
    3422 Ce est la mere au deu d'Amors,
    3802 Si fait faire, au comencement,
    3811 Jusqu'au pié des fossez descent
    3872 Avuec lui, au mien escient,
    3969 E l'esperance au vilain tost
    3980 Quant je cuidai estre au deseure.
    4005 Gardez moi au moins vostre cuer,
    4014 Gardez au moins que li cuers m'aint:
    4021 Vos vengiez, au moins en pensant,
               065

aube
    2498 Que l'aube orendroites ne crieve,
               001

aubespin
    3672 Desoz un aubespin gisant.
               001

auctor
    7   Un auctor qui ot non Macrobes,
               001

aucun
    239   Aucun grant domage retraire.
    243   Sor aucun prodome cheoir,
    246   Quant el voit aucun grant lignage
    268   D'aucun blasme metre as genz seure;
    1923 Encor, ce cuit, en aucun tens
               005

aucune
    2317 Devant qu'aucune enseigne en oie.'
    2532 Bien doit fame aucune pitié
    2617 Encor par aucune cheance;
    3310 Des ore mais aucune grace:
    3935 Aucune fole contenance,
               005

aucuns (ADJ.)
    1327 Se n'est aucuns arbres hisdeus,
               001

aucuns (PRON.)
    248   E quant aucuns a enor monte
    288   Quant aucuns qu'ele regardoit
    1143 S'ensi fust qu'aucuns la haïst,
    2105 E s'aucuns avant te salue,
               004

aumosniere
    1999 Lors a de s'aumosniere traite
    2155 De ganz, d'aumosniere de soie
               002

aumuce
    3731 Lors leva li vilains s'aumuce,
               001

aüner
    172   E les granz avoirs aüner;
                                001

auques
    158   Qui estoit auques d'autel estre
    291   Delez Envie auques près iere
    717   Mais auques près trovai Deduit;
    810   Par espaules fu auques lez,
   3147   Qu'il m'a auques reconforté,
   3361   La rose auques s'eslargissoit
                                006

aus
   1039   Par devant, por aus losengier,
   1272   Car qui tenist d'aus deus parole,
   1274   Ainz les veïssiez entr'aus deus
   1381   Aloient entr'aus torneiant
   1965   D'aus ai oïe mainte noise;
   2564   Granz biens te puet par aus venir:
   2837   Li miauz vaillanz d'aus si fu Honte;
   2867   Se par aus ne fusse agaitiez,
   3831   E por aus prendre e retenir
                                009

ausi
    110   Clere estoit l'eve e ausi froide
    200   E ausi vert come une cive;
    422   Tot ausi con fame rendue.
    993   Ausi come une des cinc floiches.
   1161   Ausi atrait le cuer des genz
   1394   Ausi i peüst l'en sa drue
   1429   Ne fu ausi biaus pins veüz;
   1555   Ausi con li miroers montre
   1559   Trestot ausi vos di de voir
   1638   Ausi beles n'avoit soz ciaus;
   1788   Ausi espès come la grelle,
   2287   Ausi come une image mue,
   2294   Ausi come on qui a peor,
   2440   Ausi con s'el fust devenue
   2746   Tot ausi Douz Regarz esface
   3565   Ausi con none d'abaïe,
   3971   Ge crien ausi avoir perdue
   3981   Ce est ausi con de Fortune,
                                018

autant
   1125   Qu'el li donoit autant deniers
   1325   S'ot autant de lonc con de large.
   3817   Si est autant lons come lez.
                                003

autel
    152   Une autre image d'autel taille
    158   Qui estoit auques d'autel estre
    159   Con ces deus e d'autel faiture;
   1158   Car trestot en autel maniere
   1277   Si estoit bien d'autel aage
   1278   Con s'amie e d'autel corage.
   1297   Qui autel vie avoir porroit
                                007

autre   (ADJ.)
    152   Une autre image d'autel taille
    195   Une autre image i ot assise
    518   Par autre leu nus n'i entroit.
    520   Qu'autre entree n'i soi querir.
    646   D'autre part jais e estorniaus;
    652   En un autre leu, qui lassees
    865   A li se tint de l'autre part
    957   Cinc floiches i ot d'autre guise,
   1077   D'une autre pierre iert li mordanz,
   1624   Don maint autre ome ont esté pris,
   1641   Si en i a d'autre moison,
   1736   Une autre floiche a or ovree;
   1822   Une autre floiche de rechief,
   1840   Une autre floiche, que mout prise
   2003   Ton cuer, n'en quier autre apoial;
   2388   E quier autre achoison que cele
   2732   Ne nule autre chose grevant,
   3047   E se il fait autre mestier,
   3180   Autre chose ne vos demant,
   3224   Des qu'avoir n'en puis autre joie.
   3544   Car je n'i voi autre retor.
   3588   En Bel Acueil n'a autre hulle,
   3589   Ce sachiez, n'autre encloeüre,
   3785   Tot de rechief autre feiee;
   3874   E l'autre porte garde Honte,
   3881   L'autre porte, qui est assise
   3901   Autre foiz dit a la fleüste
   3922   Qui ne fait nul autre mestier
   3983   Autre eure les aplaigne e chue.
   3985   Une eure rit, autre eure est morne;
                                030

autre   (PRON.)
    226   Avant qu'ele eüst autre faite.
    705   Li un en haut, li autre en bas.
    767   Contre l'autre, e quant eus estoient
    941   Une autre en i ot, apelee
    962   L'autre, qui ne valoit pas miauz,
   1367   Li uns fu loing de l'autre assis
   1879   D'une part m'oint, d'autre me cuit,
   1911   Que ja par un ne l'avrai.
   2184   Une eure douz e autre amer;
   2188   Une eure pleure e autre chante.
   2278   Une eure chauz e autre froiz,
   2279   Vermauz une eure, une autre pales:
   2487   Que d'autre li deduiz entiers.
   2668   E se tu l'autre refusoies,
   3252   Car l'une e l'autre me voudroit
   3497   Il oint une eure e autre point,
                                016

autrement
    404   Car ele eüst froit autrement:
   3023   Ne ta guerison autrement,
   4022   Quant vos ne poez autrement.
                                003

autres   (ADJ.)
    610   Mauviz e autres oiselez.
    656   Ces autres oisiaus par chanter;
    750   Li autres notes loherenges,
    915   Li autres ars fu d'un plançon
    977   As autres cinc orent senz doute;
    997   Envers cui les autres estoiles
   1594   Qu'Amors ne viaut autres oisiaus.
   2098   Desus touz autres chevaliers.
   2276   Friçons e autres dolors maintes;
   2641   Trois autres biens qui granz solaz
   2671   Li autres biens est Douz Parlers,
   2762   Qu'autres biens, qui ne sont pas mendre
   3133   Il iert autres au derrenier;
   3181   Toutes voz autres volentez
   3892   E si sachiez qu'as autres trois
                                015

autres   (PRON.)
    453   Des autres fu un poi loignet;
   1280   Cestes genz, e autres avueques,
   1657   Nul des autres rien ne prisai,
   1688   Que nus des autres ne faisoit,
   1961   E d'uns e d'autres receüz;
   2818   Qui miaudre odor des autres rent,
   2904   Qui est des autres miauz tailliez.
                                007

autresi
- 545 La gorge avoit autresi blanche
- 2744 Tot autresi con la lumiere
- 3219 Vosist autresi bien con gié.
   003

autretant
- 2095 Autretant ot de blasme Keus
   001

autretele
- 2618 Trestoute autretele beance
   001

autrui
- 180 C'est cele qui fait l'autrui prendre,
- 191 Covoitise de l'autrui prendre;
- 193 Pors que a l'autrui acrochier;
- 194 Covoitise a l'autrui trop chier.
- 1239 Ne ne porta autrui rancune.
   005

aval
- 1389 S'en aloit l'eve aval, faisant
- 1474 De corre e amont e aval,
- 1537 Ou fonz de la fontaine aval
- 1545 E la clarté aval descent,
- 2198 Tu doiz poindre amont e aval;
- 2974 Qui de sa tor aval esgarde;
   006

avale
- 375 Con l'eve qui s'avale toute,
   001

avance
- 2630 Qui les amanz ensi avance!
- 3271 Mais, biaus sire, que vos avance
   002

avancement
- 3218 Amis, qui mon avancement
   001

avancié
- 3973 Qu'Amors m'avoit tant avancié
   001

avancier
- 2210 Par ce se puet mout avancier.
- 2398 E se tant te puez avancier
   002

avant
- 129 Quant j'oi un poi avant alé,
- 226 Avant qu'ele eüst autre faite.
- 847 Qu'il rioient toz jorz avant
- 1457 Mais, tot avant qu'ele morist,
- 1610 Se j'eüsse avant coneü
- 1679 Ne me laissoient avant traire,
- 1750 Que, se j'avoie avant esté
- 2044 Avant que vos movez de ci,
- 2105 E s'aucuns avant te salue,
- 2372 Avant qu'ele s'en fust alee.
- 2763 Mais graignor, avras ça avant;
- 2864 Qui se lairont avant bien batre
- 3035 Avant que la chose soit faite
- 3142 Que jamais des ore en avant
- 3299 Il iere avant assez troblez,
- 3373 Qu'el n'iere avant e plus vermeille.
- 3561 Honte s'est lores avant traite,
- 3832 S'il osoient avant venir.
- 3866 Qu'il n'i eüst avant mellee.
- 3964 Mais, avant qu'il en cueille gerbe,

avant (CONT.)
   020

avantage
- 1933 Que je vueil, por ton avantage,
- 2690 Cil te fera grant avantage.
- 2992 E li dona tel avantage
   003

avarice
- 1150 Qui tant li griet come avarice;
- 2219 D'avarice trés bien se gart,
   002

Avarice
- 197 Avarice estoit apelee.
- 219 Mais Avarice dou vestir
- 224 Avarice eüst grant mesaise
- 227 Avarice en sa main tenoit
- 296 Si n'i feïst riens Avarice
- 1133 Nes Avarice la chaitive
   006

aveigne
- 13   De croire que songes aveigne,
   001

avenamment
- 732 Ne nule plus avenamment
   001

avenant
- 2415 Qui te fust avenant a dire;
- 2790 Un vallet bel e avenant,
- 3407 Le miauz e le plus avenant,
   003

avendra
- 2284 Or t'avendra maintes feiees
   001

avenir
- 2481 Mais fort chose est a avenir;
- 2909 A ce qui ne puet avenir.
   002

aventure
- 416 Mais soz ciel n'a male aventure
- 1469 Que Narcisus par aventure
- 2173 Qui amors par male aventure
- 2333 Se tu verras par aventure
- 2455 De joie e de bone aventure;
- 3054 E de l'avoir est aventure,
- 3679 Fait ele, "par male aventure?
   007

aventures
- 2267 Lors te vendront les aventures
   001

avenu
- 29   Qui trestot avenu ne soit
   001

aver
- 2211 Ne te fai tenir por aver,
   001

avers
- 1151 Car avers on ne puet conquerre
   001

avez
- 3258 Vos avez tort de cel amant,

avez   (CONT.)
                          001

avez   (AUX.)
   596   Le mur que vos avez veü
  1981   Que mon cuer m'avez si toloit
  1989   Tel garnison i avez mise
  2585   Les maus que vos m'avez contez?
  2942   La traïson qu'avez covee."
  3132   Se vos l'avez felon trové,
  3273   Avez vos guerre a lui emprise
  3297   Bel Acueil li avez toloite,
  4028   Mal gré de ce que vos avez
                          009

aviaus
  2580   De la bele avoir tes aviaus."
                          001

avient
   252   Estre iriee quant biens avient.
  2193   Ce qu'il set qui miauz li avient,
  2207   Si avient bien a bacheler
  2213   Il avient bien que li amant
  2391   S'il avient chose que tu trueves
                          005

avilement
  2929   Qu'il bee a vostre avilement.
                          001

avilenez
  3260   Sachiez que vos avilenez,
                          001

avilenir
  3552   Por moi e li avilenir."
                          001

avint
    10   Qui avint au roi Scipion.
   510   Qu'onques en nul sen ce n'avint
                          002

avironee
  3848   Ele est dehors avironee
                          001

avis
    45   Avis m'iere qu'il estoit mais,
    87   Lors m'iere avis en mon dormant
   639   Car, si come lors m'iert avis,
   769   Les bouches, qu'il vos fust avis
   940   Rot non, ce m'est avis, Simplece.
  1836   Car en la fin, ce m'est avis,
  2437   Tel foiz sera qu'il t'iert avis
  3293   Avis m'est que vos le grevez
  3353   Or sui cheoiz, ce m'est avis,
  3468   Bien est, ce m'est avis, mesure
  3548   Si m'est avis qu'ele secort
  3869   Si m'est avis que Dangiers porte
                          012

avisai
   463   Les images bien avisai,
                          001

avisé
  1658   Puis que je l'oi bien avisé,
                          001

avision
     9   Ançois escrist l'avision
                          001

aviveras
  2344   Aviveras le feu ardent:
                          001

avoie
  1810   S'en avoie tel guerredon
  2774   Si n'avoie en nului fiance
  3107   Lors me porpensai que j'avoie
                          003

avoie   (AUX.)
   114   Onques mais n'avoie veüe
   681   Si n'avoie esté encore onques
   859   A nul jor mais veü n'avoie
  1686   Que j'avoie ensi esleü
  1750   Que, se j'avoie avant esté
  2772   Fors par le bouton ou j'avoie
  2912   Se le bouton avoie osté
  3974   Que j'avoie ja comencié
                          008

avoient (AUX.)
   301   L'avoient mout faite jaunir
                          001

avoies
  2383   Volentiers, s'achoison avoies.
                          001

avoies   (AUX.)
  2251   Car se tu l'avoies preté,
                          001

avoine
  2613   Qui n'a que pain d'orge ou d'avoine,
                          001

avoir   (SUBST.)
   175   D'avoir conquerre e assembler;
  1095   L'avoir que les pierres valoient
  1156   Si n'ait mie chier son avoir;
  1654   Je n'amasse tant nul avoir.
  2164   Qu'il n'i covient pas grant avoir.
  2224   Doner l'avoir tot a bandon.
                          006

avoir   (V.)
    60   Qu'el viaut avoir novele robe;
   295   E sembloit avoir la jaunice,
   438   Por avoir los par mi la vile,
  1149   Hauz on ne puet avoir nul vice
  1155   Mais qui amis voudra avoir,
  1297   Qui autel vie avoir porroit
  1300   D'avoir amie a son devis.
  1500   Qu'il n'en pooit avoir confort
  1576   Ne puet avoir garant ne mire
  1652   Il le devroit avoir mout chier,
  1653   Se chapel en peüsse avoir,
  2163   Ice puet bien chascuns avoir,
  2261   Car l'en doit chose avoir mout chiere
  2533   Avoir de celui qui endure
  2537   De quoi tu ne puez avoir aise.
  2580   De la bele avoir tes aviaus."
  2735   Que seul ne sevent avoir joie,
  2775   Fors ou deu d'Amors de l'avoir;
  2777   Que de l'avoir neienz estoit
  2784   Se je n'en crainsisse avoir blasme;
  3031   Si en doiz avoir grant Peor,
  3054   E de l'avoir est aventure
  3224   Des qu'avoir n'en puis autre joie.
  3388   D'avoir un baisier precieus
  3444   D'avoir un baisier doucereus?
  4043   N'en doi je bien avoir peor
                          026

21

avoir (AUX.)
    1706 Grant fais de sanc avoir vuidié;
    2370 Bien cuideras avoir mespris
    2917 Nou voudroie avoir deserté
    3954 Jes cuidoie avoir achetez,
    3971 Ge crien ausi avoir perdue
          005

avoirs
    172 E les granz avoirs aüner;
          001

avoit
    147 Rechignié avoit e froncié
    153 A senestre avoit delez lui;
    157 Avoit non revi devers destre,
    189 Avoit les mains icele image :
    208 Cote avoit viez e derompue
    218 Bien avoit sa robe dis anz,
    232 Mais el n'avoit de ce que faire:
    280 Avoit trop laide esgardeüre:
    283 Si avoit un mauvais usage,
    294 Qu'ele avoit au cuer grant dolor,
    310 Dou duel qu'ele avoit a son cuer.
    316 N'el n'avoit pas sa robe chiere:
    355 Les oreilles avoit mossues,
    357 Qu'ele n'en avoit mais nes une.
    392 Car certes el n'avoit poissance,
    433 S'avoit la color pale e morte.
    448 Qu'el n'avoit qu'un viez sac estroit,
    451 El n'avoit plus que afubler
    452 Grant loisir avoit de trembler.
    477 Come il avoit en cel vergier;
    482 Qu'il i avoit d'oisiaus trois tanz
    504 S'il i avoit pertuis ne voie
    542 N'avoit jusqu'en Jerusalen
    545 La gorge avoit autresi blanche
    571 Mout avoit bon tens e bon mai,
    572 Qu'el n'avoit soussi ne esmai
    579 Ele avoit non e qui ele iere.
    643 D'oisiaus chantanz avoit assez
    645 En un leu avoit rossigniaus,
    654 Melles i avoit e mauviz.
    694 E quel compaignie il avoit,
    721 S'avoit si beles genz o soi
    735 Qu'ele avoit la voiz clere e saine.
    804 La face avoit, come une pome,
    817 Si n'avoit barbe ne grenon,
    834 Qui, des qu'el n'avoit que set anz,
    863 De quoi ses amis avoit robe,
    878 Qu'il n'avoit pas robe de soie,
    879 Ainz avoit robe de floretes,
    887 Flors i avoit de maintes guises,
    904 Amors avoit un jovenciel
    944 La quarte avoit non Compaignie;
    961 La premiere avoit non Orguiauz;
    1005 Car el n'avoit mie mestier
    1079 E si avoit un tel eür
    1115 Si avoit les chevaus de pris.
    1121 Qu'il avoit toz jorz son espens
    1131 Si n'avoit tel joie de rien
    1138 Tant doner come el plus avoit.
    1169 N'avoit guieres, de son fermal;
    1241 Le vis avoit cler e luisant:
    1378 Conins i avoit, qui issoient
    1401 Qu'il i avoit de flors planté
    1403 Violete i avoit trop bele
    1538 Avoit deus pierres de cristal,
    1638 Ausi beles n'avoit soz ciaus;
    1798 Mais espines i avoit tant,
    2815 Don en la haie avoit assez,
    2834 Ançois avoit a compaignons
    2849 Si qu'ele avoit mestier d'aïe,
    3429 Dou grant ator que ele avoit

    3525 Avoit mauvais acointement.
    3580 Teus genz don il n'avoit que faire.
          063

avoit (AUX.)
    311 Trop avoit son cuer corrocié
    314 Car el n'avoit pas esté lente
    317 En maint leu l'avoit desciriee,
    321 Qu'el les avoit trestoz deroz
    388 Des genz vieillir, l'avoit vieillie
    396 Ele avoit esté sage e entre,
    430 E si avoit vestu la haire.
    470 Ou onc n'avoit entré bergiers.
    570 Ele avoit faite sa jornee.
    686 Qu'Oiseuse m'avoit bien servi,
    687 Qui m'avoit en ce deduit mis;
    689 Quant ele m'avoit desfermé
    1082 Qui a jeün l'avoit veüe,
    1142 Tant avoit fait par son bel don.
    1167 Qu'ele avoit iluec en present
    1261 Qui n'avoit encore passez,
    1445 L'avoit amé plus que rien nee,
    1473 Qu'il avoit sofert grant traval
    1505 Qu'il avoit devant esconditeˎ
    1682 Avoit toz jorz mout entendu
    1854 Amors l'avoit fait a ses mains,
    2684 Quanqu'il en iert, car el l'avoit
    2850 Car Venus l'avoit envaïe,
    2873 Au rosier qui l'avoit chargié;
    2885 Amors m'avoit pris e navré:
    2964 De la poine qu'il m'avoit dite.
    3114 Si come Amors m'avoit loé,
    3348 Qu'il n'avoit onques fait devant.
    3351 Que Dangiers m'avoit chalongié.
    3953 Les biens que il m'avoit pretez;
    3970 Qu'il avoit eüe trop tost.
    3973 Qu'Amors m'avoit tant avancié
          032

avons (AUX.)
    3336 Sachiez que nos avons denté
          001

avra
    2419 Amanz n'avra ja ce qu'il quiert,
    3626 Ou milieu avra une tor,
    3630 Qu'il n'avra pooir d'issir hors
          003

avrai
    1911 Que ja par autre ne l'avrai;
    1924 Avrai la merci que j'atens;
    2484 Don ja n'avrai joie ne preu.
    2886 "Sire," fis je, "jamais n'avrai
    3167 Mais jor n'avrai beance
    3765 Car je n'avrai jamais loisir
    3792 De teus dolors avrai je maintes,
          007

avrai (AUX.)
    1602 Quant j'avrai espons le mistere.
          001

avras
    2254 Si en avras graignor merite,
    2424 Lors avras plus de mil enuiz.
    2426 Ou tu avras poi de delit,
    2443 E avras joie de neient
    2707 Si n'avras pas peor qu'il muse
    2757 Qu'au moins avras tu Esperance,
    2758 S'avras Douz Penser, senz doutance,
    2763 Mais graignor, avras ça avant;
          008

avras (AUX.)
    2265 Quant tu avras ton cuer doné,
    2282 Bien avras, ainz que tu t'en partes,
    2363 De ce que tu avras veü;
    2380 Ou tu avras cele veüe
    2411 Quant ta raison avras fenie,
    2414 Quant tu avras rien oblié
    2716 Puis que tu l'avras essaié.
          007

avriez (AUX.)
    2911 Vos m'avriez bien assoté
          001

avris
    3652 Maintes foiz est avris e mais
          001

avroie
    2479 Mout avroie riche deserte
          001

avroie (AUX.)
    554 Ne l'avroie droit devisié.
          001

avroient
    2475 De moi avroient grant enor
          001

avroit
    3212 Pitié avroit de vostre poine;
          001

avroiz
    2801 N'i avroiz mal ne vilanie,
    3709 Si avroiz mais par tot le los
    3729 E en avroiz poine e enui,
          003

avuec
    206 E avuec ce qu'ele iere maigre,
    618 Qu'il moine avuec soi e conduit."
    624 Est orendroit avuec ses genz
    1358 E avuec ce charmes e fos,
    2836 E avuec lui Honte e Peor.
    3249 Franchise, e avuec li Pitié.
    3453 E avuec ce il n'est pas viauz,
    3556 E pris avuec moi tot prové.
    3872 Avuec lui, au mien escient,
    3921 A avuec lui, por lui gaitier,
          010

avueques
    786 E avueques nos vos prenez
    1280 Cestes genz, e autres avueques,
    2640 E avueques ce je te doing
    3033 Avueques ceus est Male Bouche,
          004

azur
    465 Furent a or e a azur
          001

bacheler
    2207 Si avient bien a bacheler
          001

bachelers
    907 Icil bachelers regardoit
    1224 Uns bachelers juenes s'estoit
    2672 Qui a fait a mainz bachelers
          003

bacins
    527 Cheveus ot blonz come uns bacins,
          001

baesses
    871 E des dames refait baesses,
          001

baile
    3849 D'un baile qui vait tot entor,
    3850 Si qu'entre le baile e la tor
          002

bailla
    1311 Si li bailla, e cinc saietes,
          001

baillie
    387 Li Tens, qui tot a en baillie
    1729 Se je l'eüsse en ma baillie,
          002

baillier
    2145 E si doiz ta robe baillier
          001

bailliez
    2903 Se le bouton ne me bailliez
          001

bailliz
    1862 Je fusse morz e mal bailliz
    3301 Or est il morz e mal bailliz
    3728 Mais vos en seroiz mal bailliz,
          003

baisa
    1957 Don sa bouche baisa la moie:
          001

baise
    2538 Au revenir la porte baise;
    3393 Se il vos plaist que je la baise,
    3486 Mout est gueriz qui tel flor baise,
          003

baiseras
    1935 Si me baiseras en la bouche,
          001

baisiee
    3493 Puis que j'oi la rose baisiee.
          001

baisier (SUBST.)
    2477 Mais se, senz plus, d'un seul baisier
    3388 D'avoir un baisier precieus
    3401 Que dou baisier congié ne doigne
    3403 Car qui au baisier puet ataindre
    3406 Le baisier, il a de la proie
    3419 Dou baisier que je desiroie,
    3444 D'avoir un baisier doucereus?
    3459 Se le baisier li otreiez;
    3475 M'otreia un baisier en dons,
    3478 Un baisier douz e savoré
    3773 E quant dou baisier me recors,
          011

baisier (V.)
    332 Ne d'acoler ne de baisier;
    852 E por baisier son ami prete;
    1275 Baisier come deus colombiaus.
    1926 A cest mot vos baisier son pié,
          004

baisiers
3469 Que uns baisiers lui soit greez.
001

baisoit
1269 En tel guise qu'il la baisoit
001

baler
744 E genz mignotement baler
763 En mi la querole baler;
002

baloient
765 Come eus baloient cointement:
001

bande
1061 D'une bande d'or neelee
001

bandon
1141 Outreement a son bandon,
1809 Ce que jou veoie a bandon;
2224 Doner l'avoir tot a bandon.
003

baniere
1947 De Cortoisie e la baniere;
001

baraz
3927 Qu'il n'est baraz qu'el ne conoisse,
001

barbe
817 Si n'avoit barbe ne grenon,
001

barbelee
1715 Mais la saiete barbelee,
001

barbelees
934 De saietes d'or barbelees.
001

barbelotes
1384 Senz barbelotes e senz raines,
001

bareté
1964 M'ont par maintes foiz bareté.
001

bareter
181 Rober, tolir e bareter,
001

barrez
468 Si en estoit clos e barrez,
3918 Don li uis est si bien barrez
002

bas (ADJ.)
3863 De bons murs forz, a creniaus bas,
001

bas (ADV.)
705 Li un en haut, li autre en bas.
3567 Comença a parler en bas:
002

bas (SUBST.)
3988 Le plus bas amont ou somet,
001

basme
2783 Dou bouton qui iaut miauz de basme,
3775 Assez plus douce que de basme,
002

basse
2979 Ne fu trop haute ne trop basse,
001

bassete
1393 Poignoit l'erbe bassete e drue:
001

baston
3157 En sa main un baston d'espine.
3757 En sa main a un baston pris
002

bataille
2417 C'est la bataille, c'est l'ardure,
001

batailliê
131 Tot clos de haut mur batailliê,
001

batailliees
3819 Qui sont richement batailliees,
001

batoient
1008 Qui li batoient as talons.
001

batoit
123 Trés au pié de l'eve batoit.
327 Qu'el se derompoit e batoit
002

batre
2864 Qui se lairont avant bien batre
4016 Por batre ne por mesamer.
002

batuz
821 Qui estoit toz a or batuz,
001

bauz
634 Je fui liez e bauz e joianz;
001

beance
2618 Trestoute autretele beance
2773 Tot mon cuer mis e ma beance,
3167 Mais jamais jor n'avrai beance
3582 Que il ait eüe beance
004

beant
233 El n'aloit pas a ce beant
001

bee
2861 Peor, qui bee durement
2929 Qu'il bee a vostre avilement.
3024 Car mout te bee durement
003

beent
- 4048 Qu'il vos beent a decevoir,
        001

beez
- 2908 E me dist: "Frere, vos beez
- 2939 Si le beez a conchier.
        002

bel (ADJ.)
-   80 Por le tens bel e doucereus;
- 471 Cil vergiers en trop bel leu sist.
- 511 Qu'en si bel vergier n'eüst uis,
- 543 Fame qui plus bel col portast;
- 550 Nul plus bel cors de fame querre.
- 613 Ne plus bel leu por soi joer
- 660 En lor bel chanter se delitent.
- 661 Trop par faisoient bel servise
- 746 E maint bel tor sor l'erbe fresche.
- 803 Ou vos veiez nul plus bel ome.
- 806 Cointes fu e de bel ator.
- 1142 Tant avoit fait par son bel don.
- 1165 S'ot le vis bel e bien formé;
- 1283 E genz de bel afaitement
- 1425 En un trop bel leu arivai
- 1488 D'un enfant bel a desmesure.
- 1513 La fontaine au bel Narcisus,
- 1650 Onques si bel nul leu ne crurent;
- 1656 Un si très bel qu'envers celui
- 1805 Mais bel me fu que je estoie
- 2143 Bele robe e bel garnement
- 2189 Se tu sez nul bel deduit faire,
- 2375 Fors solement un bel salu
- 2662 Quant d'un ris ou d'un bel semblant
- 2790 Un vallet bel e avenant,
- 3000 Mar veïs le bel tens de mai
- 3010 Ou bel vergier qui est Deduit.
- 3186 Cui qu'il soit bel ne cui qu'il griet;
- 3347 Ainz me montra plus bel semblant
- 3514 Se prist garde dou bel atrait
- 3637 Mar lor fist onques bel semblant."
        031

bel (ADV.)
- 107 Plus bel que sus cele riviere.
- 560 Bien e bel e estroitement
- 733 Ne plus bel ses refraiz n'assist.
- 830 De roses, qui mout li sist bel.
- 2141 Moine toi bel, selonc ta rente,
- 2159 Mais au plus bel te doiz deduire
- 3015 Bel foloie qui se chastie;
        007

Bel Acueil
- 2792 Bel Acueil se faisoit clamer,
- 2807 "Sire," fis je a Bel Acueil,
- 2819 E Bel Acueil me conveia,
- 2823 Bel Acueil m'ot mout bien servi
- 2869 Bel Acueil se poine de faire
- 2881 De Bel Acueil e si privez,
- 2884 De dire a Bel Acueil coment
- 2907 Lors s'est Bel Acueil esfreez,
- 2926 "Bel Acueil, por quoi amenez
- 2937 Bel Acueil mal vos conoissoit
- 2951 Lors s'en est Bel Acueil foïz,
- 3117 E Bel Acueil en fist aler
- 3297 Bel Acueil li avez toloite,
- 3302 Quant Bel Acueil li est failliz.
- 3309 Sofrez que Bel Acueil li face
- 3323 Bel Acueil, puis que il vos plaist.
- 3325 Lors est a Bel Acueil alee
- 3329 Bel Acueil, grant piece esloigniez,
- 3340 Fait Bel Acueil, "car il est droiz,
- 3343 Bel Acueil au comencement
- 3355 Car Bel Acueil par tot me moine,
- 3380 Qu'en Bel Acueil grant amor ai
- 3440 Venus se trait vers Bel Acueil,
- 3473 Bel Acueil, qui senti l'aier
- 3515 Que Bel Acueil me deignoit faire,
- 3524 Que entre moi e Bel Acueil
- 3533 Vers Bel Acueil, qui vosist miauz
- 3553 Bel Acueil ne sot que respondre;
- 3572 S'il a Bel Acueil encusé,
- 3578 Bel Acueil a trop longue longe;
- 3588 En Bel Acueil n'a autre hulle,
- 3599 Des or en Bel Acueil garder;
- 3627 Por Bel Acueil metre en prison,
- 3661 Trop a a Bel Acueil sofert
- 3687 Que Bel Acueil çaienz meïst
- 3697 Se Bel Acueil est frans e douz,
- 3722 Bel Acueil hors de ceste place,
- 3768 Don j'ai Bel Acueil adirié;
- 3916 E Bel Acueil est en prison,
- 3931 Bel Acueil se taist e escoute,
- 3938 Se fu de Bel Acueil saisie,
- 3976 A Bel Acueil, qui apretez
- 3995 Que Bel Acueil fu en prison,
- 4003 Ha! Bel Acueil, biaus douz amis,
- 4047 Ha! Bel Acueil, je sai de voir
        045

bele (ADJ.)
- 122 La praerie grant e bele
- 124 Clere e serie e bele estoit
- 484 Mout estoit bele l'acordance
- 526 Qui assez estoit gente e bele.
- 612 O ses genz, que plus bele place
- 629 Que bele est cele compaignie
- 745 E faire mainte bele tresche
- 839 Qu'il estoit biaus e ele bele.
- 855 Bele fu e bien atornee.
- 936 De ces floiches, e la plus bele,
- 1013 Qu'il n'ot si bele fame ou monde.
- 1056 Qu'il n'ot si bele ne si riche
- 1217 Car nule robe n'est si bele
- 1251 La bele Oiseuse vint après,
- 1403 Violete i avoit trop bele
- 1529 En tot le monde n'ot si bele.
- 2065 Car la fin dou songe est mout bele
- 2143 Bele robe e bel garnement
- 2262 Qui est donee a bele chiere,
- 2663 Li membre ou d'une bele chiere
- 3372 Assez plus bele espaneïe
- 3836 Nule plus bele ne pot estre,
- 3963 A estre bele e drue en erbe,
        023

bele (SUBST.)
- 2371 Don tu n'as la bele aparlee
- 2392 La bele en point que tu la doives
- 2478 Me deignoit la bele aaisier,
- 2527 E se la bele, senz plus, veille,
- 2580 De la bele avoir tes aviaus."
- 2694 De la bele qui ton cuer emble,
- 3508 A la bele, que Deus guerisse,
        007

belement
- 766 L'une venoit tot belement
        001

beles
- 615 Les plus beles genz, ce sachiez,
- 721 S'avoit si beles genz o soi
- 723 Don si très beles genz pooient
- 726 Si beles genz ne vit on nez.
- 752 Plus beles notes qu'en nul reine.
- 1638 Ausi beles n'avoit soz ciaus;

```
beles              (CONT.)
                    006

beneïe
    3371    Ele fu, Deus la beneïe,
                    001

beneoite
    2629    Beneoite soit Esperance,
                    001

beoie
    3119    Dou bouton a cui je beoie,
                    001

beoient
    655     Qui beoient a sormonter
    1029    Tuit beoient a li servir
                    002

beoit
    1728    Mes cuers, qui aillors ne beoit:
                    001

bergier
    3635    Fol e bergier a decevoir;
                    001

bergiers
    470     Ou onc n'avoit entré bergiers.
                    001

bersaut
    1819    Mon cuer, don il a fait bersaut,
                    001

bersez
    1699    Quant j'oi ensi esté bersez,
                    001

besant
    1086    En chascun ot bien un besant.
                    001

bescochier
    182     E bescochier e mesconter;
                    001

besoigne
    2570    E se tu as si grant besoigne
                    001

besoing
    1103    L'en s'en veoit bien au besoing
    2639    Qu'el ne te secueure au besoing.
                    002

beste
    1423    Que la beste en bon leu se mete
                    001

bestes
    883     E a bestes e a leparz
                    001

bevroit
    1480    Iluec pensa que il bevroit:
                    001

biau
    1339    Maint fier e maint biau datier;
                    001

biaus
    27      Qui mout fu biaus e mout me plot;
    289     Estoit ou preuz ou biaus ou genz
    623     Puis que Deduiz, li biaus, li genz,
    669     Tant estoit cil chanz douz e biaus
    784     "Biaus amis, que faites vos la?"
    801     Deduiz fu biaus e lons e droiz:
    813     Tant estoit biaus e acesmez,
    839     Qu'il estoit biaus e ele bele.
    1089    Ne fu veüz si biaus, ce cuit.
    1112    C'est uns on qui en biaus osteus
    1157    Mais par biaus dons amis aquiere;
    1227    Mais biaus iert e genz s'il fust ores
    1237    De biaus respons e de biaus diz
    1237    De biaus respons e de biaus diz;
    1246    Acointables e biaus parliers,
    1248    Li chevaliers fu biaus e genz,
    1276    Li vallez fu juenes e biaus,
    1289    E remirer ces biaus loriers.
    1429    Ne fu ausi biaus pins veüz;
    1438    Se mori li biaus Narcisus.
    2206    Car biaus chanters abelist mont.
    2597    "Biaus amis, par l'ame mon pere,
    2797    "Biaus amis chiers, se il vos plaist,
    2898    Lors li ai dit: "Sachiez, biaus sire,
    2998    "Biaus amis, folie e enfance
    3271    Mais, biaus sire, que vos avance
    3442    "Por quoi vos faites vos, biaus sire,
    3451    Come il est biaus, come il est genz
    4003    Ha! Bel Acueil, biaus douz amis,
                    029

Biaus Semblanz
    949     La cinquieme ot non Biaus Semblanz:
    1842    C'est Biaus Semblanz, qui ne consent
                    002

biauté
    344     Mout estoit sa biauté gastee,
    875     De biauté fist mout a prisier.
    1110    Un vallet de grant biauté plein,
    1415    Dou vergier toute la biauté
    1449    Mais cil fu, por sa grant biauté,
    2340    De la biauté que tu verras,
    2660    De la biauté de chascun membre.
    2695    De sa biauté, de sa semblance
    3448    Si a en lui assez biauté,
                    009

Biauté
    1017    Delez Biauté se tint Richece,
    1716    Qui Biauté estoit apelee,
                    002

Biautez
    938     Furent enté, Biautez ot non.
    992     Icele dame ot non Biautez,
                    002

bien   (ADV.)
    5       Ainz sont après bien aparant;
    6       Si en puis bien traire a garant
    46      Il a ja bien cinc anz ou mais,
    115     Cele eve qui si bien seoit;
    141     Sembla bien estre moverresse;
    145     Si n'estoit pas bien atornee,
    160     Bien sembla male creature,
    161     E sembla bien estre outrageuse
    163     Mout sot bien poindre e bien portraire
    163     Mout sot bien poindre e bien portraire
    165     Qu'el sembloit bien chose vilaine;
    166     Bien sembloit estre d'afiz pleine
    218     Bien avoit sa robe dis anz,
    260     Mais sachiez bien qu'ele compere
```

bien   (ADV.)   (CONT.)
  263 E a tel duel quant genz bien font
  273 E s'il iere si bien apris
  293 Mais bien paroit a sa color
  313 Mout sembloit bien estre dolente,
  323 Si sachiez bien veriteument
  333 Car qui le cuer a bien dolent,
  340 Qui estoit bien un pié retraite
  401 Mout bien, si con je me recors,
  403 Bien fu vestue chaudement,
  406 Bien savez que c'est lor nature.
  408 Qui sembloit bien estre ypocrite;
  418 Mout la resembloit bien l'image,
  444 Tant seüst bien sa robe vendre,
  460 Qu'il ne sera ja bien peüz,
  461 Ne bien vestuz, ne bien chauciez;
  461 Ne bien vestuz, ne bien chauciez;
  463 Les images bien avisai,
  516 Tant que un uisset bien serré
  532 Le nés ot bien fait a droiture,
  548 Le cors ot bien fait e dougié;
  560 Bien e bel e estroitement
  566 Il paroit bien a son ator
  568 Quant ele s'estoit bien pigniee,
  569 E bien paree e atornee,
  620 E j'oi mout bien tot escouté,
  630 E cortoise e bien enseignie."
  665 E bien sachiez, quant je l'oï,
  685 E lores soi je bien e vi
  686 Qu'Oiseuse m'avoit bien servi,
  688 Bien deüsse estre ses amis,
  731 Bien sot chanter e plaisamment,
  737 Ainz se savoit bien debrisier,
  755 Qui mout savoient bien joer,
  771 Bien se savoient debrisier.
  814 E de toz membres bien formez.
  833 L'envoisiee, la bien chantanz,
  838 Bien s'entravenoient andui,
  855 Bele fu e bien atornee.
  860 Chapel si bien ovré de soie.
  917 Si fu bien faiz e bien dolez,
  917 Si fu bien faiz e bien dolez,
  918 E si fu mout bien pipolez.
  926 Les penons bien faiz e les coiches,
  929 E agües por bien percier;
  954 Ses maus si est bien empleiez,
  975 Il devoit bien teus floiches traire.
  980 Bien vos en iert la verité
  989 Li deus d'Amors se fu bien pris;
 1009 Nés ot bien fait e iauz e bouche.
 1055 Que je vos di bien e afiche
 1074 Bien faisoit tel pierre a amer:
 1086 En chascun ot bien un besant.
 1103 L'en s'en veoit bien au besoing
 1114 Il se chauçoit bien e vestoit;
 1116 Il cuidast bien estre repris
 1123 E el les pooit bien fornir,
 1128 Qui bien fu duite e bien aprise
 1128 Qui bien fu duite e bien aprise
 1165 S'ot le vis bel e bien formé;
 1216 Mout fu bien vestue Franchise,
 1243 Ele iere en toutes corz bien dine
 1247 Qui bien sot faire enor as genz.
 1249 E as armes bien acesmez,
 1250 E de s'amie bien amez.
 1267 Fors de joer, bien le savez.
 1277 Si estoit bien d'autel aage
 1282 Franches genz e bien enseignies
 1320 E cil pensa bien de moi sivre,
 1330 Pomiers i ot, bien m'en sovient,
 1489 Lors se sot bien Amors vengier
 1492 Bien li fu lors guerredoné;
 1510 Deus le vos savra bien merir
 1626 E sachiez bien, quant je fui prés,

 1658 Puis que je l'oi bien avisé,
 1749 Or sachiez bien de verité
 1751 Dou bouton bien entalentez,
 1783 E me doit bien espoenter,
 1847 Mais Amors a mout bien la pointe
 1867 S'en i ot cinc bien encrotees,
 1875 J'ai bien senti e coneü
 1893 E si te vueil bien enseignier
 1906 Bien sai que je nou puis muer,
 1918 Tant ai oï de vos bien dire
 1970 De toi soies si bien certains,
 1982 E si pris que, s'il bien voloit,
 1990 Qui le garde bien e jostise;
 2000 Une petite clef bien faite,
 2033 Car je sai bien par quel poison
 2051 Amors respont: "Tu dis mout bien.
 2060 Bien les devise cist romanz.
 2068 Je vos di bien que il porra
 2087 Or te garde bien de retraire
 2093 Tant con Gauvains, li bien apris,
 2126 Car, qui entent bien e esgarde,
 2146 A tel qui sache bien taillier
 2147 Qui face bien seanz les pointes
 2163 Ice puet bien chascuns avoir,
 2197 E se tu es bien a cheval,
 2207 Si avient bien a bacheler
 2213 Il avient bien que li amant
 2219 D'avarice trés bien se gart,
 2223 Doit bien, aprés si riche don,
 2250 Mais garde bien que tu nou pretes,
 2282 Bien avras, ainz que tu t'en partes,
 2296 Car bien saches qu'ensi le font
 2312 Je me puis bien tenir a lent
 2370 Bien cuideras avoir mespris
 2387 Mais vers la gent trés bien te cele,
 2467 Bien seront mi mal acheté
 2472 Bien est droiz que l'en l'escondie.
 2482 Je me puis bien por fol tenir
 2516 Qui se sera bien endormie
 2528 Ce te lo je bien e conseille
 2532 Bien doit fame aucune pitié
 2547 Bien te savras par toi meïsmes:
 2549 Car bien saches qu'amors ne laisse
 2551 A ce sont bien cil parissant
 2572 Garde bien que tes cuers remaigne,
 2596 E ma demande bien m'espont:
 2667 Icestui vueil bien que tu aies;
 2677 Une dame qui bien amot,
 2702 En bien amer son cuer a mis,
 2715 E t'en tendras a bien paié
 2776 Ançois savoie bien de voir
 2800 Je vos i puis bien garantir.
 2823 Bel Acueil m'ot mout bien servi
 2864 Qui se lairont avant bien batre
 2868 Car li frans, li bien afaitiez,
 2882 Je cuidai bien estre arivez;
 2911 Vos m'avriez bien assoté
 2941 Car bien est ores esprovee
 2963 Amors vers moi mout bien s'aquite
 2984 Bien resembloit haute persone.
 3013 E garde bien que plus ne croies
 3044 On qui aime ne puet bien faire
 3088 Car vos porriez bien gaster
 3094 Au derrenier, de bien amer;
 3097 Qui voit bien que por sarmoner
 3127 Je conois bien pieç'a Dangier:
 3135 Il se set bien amoleier
 3141 E li metez bien en covent
 3207 "Or vait," fait il, "bien vostre afaire::
 3215 J'ai bien esprové que l'en vaint
 3219 Vosist autresi bien con gié.
 3226 Se je li tieng bien son covent;
 3326 Franchise, la bien emparlee,
 3385 Qui bien fait a amentevoir:

bien (ADV.)   (CONT.)
    3405   E sachiez bien cui l'en otroie
    3414   Vous savez bien qu'au premier cop
    3430   Bien puet conoistre qui la voit
    3437   Mais bien sachiez certainement
    3446   Car vos savez bien e veez
    3460   Mout iert en lui bien empleiez,
    3468   Bien est, ce m'est avis, mesure
    3487   Qui est si sade e bien olanz.
    3520   Bien en retraioit a sa mere.
    3537   Sens, que bien fusses d'un garçon
    3539   Bien pert que tu croiz les losenges
    3546   E si ne s'est pas bien poigniee
    3574   Male Bouche est bien costumiers
    3596   De bien faire, j'en sui dolente;
    3614   Car je voi bien e sai de fi
    3629   Je cuit si bien garder son cors
    3657   Si li montron bien e dison
    3660   A bien garder ceste porprise;
    3664   Ou sache il bien veraiement
    3720   Ele a ui bien Honte assaillie,
    3736   "Bien puis," fait il, "or forsener,
    3746   J'ai fait que fos, bien m'en recors,
    3769   E sachiez que tuit li membre
    3826   Bien defensable par covent.
    3861   Il porroit bien faire que nices.
    3918   Don li uis est si bien barrez
    3930   En jonece eü bien sa part.
    3947   Puet ele estre bien aseür.
    3952   Amors me set ore bien vendre
    4024   Je m'en tendroie a bien paiez
    4043   N'en doi je bien avoir peor
                    192

bien (SUBST.)
    1298   De meillor bien se soferroit,
    2598   Nus n'a bien s'il ne le compere;
    2602   Li bien don l'en a mal eü.
    3994   Je n'oi bien ne joie onques puis
    4002   Enor ne bien, santé ne joie!
                    005

biens
      17   Des biens as genz e des enuiz;
     252   Estre iriee quant biens avient.
     259   Que biens venist nes a son pere.
    1137   Toz ses biens, qu'ele ne savoit
    1986   Car il covient, soit maus ou biens,
    2029   Granz biens ne vient pas en poi d'eure;
    2564   Granz biens te puet par aus venir:
    2641   Trois autres biens qui granz solaz
    2643   Li premiers biens qui solaz face
    2671   Li autres biens est Douz Parlers,
    2717   Li tierz biens vient de regarder,
    2754   Les biens qui pueent garantir
    2762   Qu'autres biens, qui ne sont pas mendre,
    3928   Qu'ele ot des biens e de l'angoisse
    3953   Les biens que il m'avoit pretez;
                    015

bienvoillance
    1120   De Richece e la bienvoillance
    4057   Se je pert vostre bienvoillance,
                    002

bienvoillanz
    2562   T'amie e toz ses bienvoillanz
                    001

bise (ADJ.)
    1192   Qui n'estoit pas brune ne bise,
                    001

bise (SUBST.)
    3882   A main senestre, devers bise.
                    001

blanc
     844   Le front ot blanc, poli, senz fronce,
    3050   Que n'ont ermite ne blanc moine.
                    002

blanche
     347   E blanche con s'el fust florie.
     536   E face blanche e coloree,
     545   La gorge avoit autresi blanche
     805   Vermeille e blanche tot entor;
     892   Ne flor jaune n'inde ne blanche.
    1001   E blanche come flor de lis.
    1193   Ainz estoit blanche come nois;
    1221   La sorquenie, qui fu blanche,
                    008

blancheioit
    1174   Li blancheioit la char alise.
                    001

blanches
      63   L'erbe e les flors blanches e perses,
     562   E, por garder que ses mains blanches
    1350   Nesfles, prunes blanches e noires,
    1405   S'i ot flors blanches e vermeilles,
    3466   E les denz blanches e si netes
                    005

blandist
    3145   Qui le chue e qui le blandist."
                    001

blans
     563   Ne halassent, ot uns blans ganz.
                    001

blasme (SUBST.)
     268   D'aucun blasme metre as genz seure;
    2095   Autretant et de blasme Keus
    2784   Se je n'en crainsisse avoir blasme;
    3653   Passez qu'onques n'eüsmes blasme;
                    004

blasme (V.)
    2119   Blasme le e di qu'il se taise.
                    001

blasmer
     272   Si le voudroit ele blasmer;
    1037   De despriser e de blasmer
    2791   En cui il n'ot rien que blasmer,
    3093   Je me vueil loer ou blasmer,
    3264   Devez le vos por ce blasmer?
    3688   Ome qui blasmer nos feïst.
                    006

blece
     250   C'est la chose qui plus la blece;
     939   Une de celes qui plus blece
    2032   Qui orendroit te cuit e blece,
                    003

bleciez
    1794   Foibles e vains come on bleciez,
                    001

blonde
    1014   Briement el fu jonete e blonde,
                    001

blondez
    1007 Les cheveus ot blondez e lons,
    1197 S'ot les cheveus blondez e lons;
          002

blont
    853   S'ot le chief blont e reluisant.
          001

blonz
    527   Cheveus ot blonz come uns bacins,
    809   Cheveus ot blonz, recercelez;
          002

bobon
    3210 Quant il a montré son bobon.
          001

bocereus
    974   E pleins de neuz e bocereus;
          001

bocerez
    912   Toz pleins de neuz e bocerez
          001

bocle
    1069 La bocle d'une pierre fu
          001

boclé
    1188 E percié maint escu boclé,
          001

boe
    3990 Reverse a un tor en la boe.
          001

bois
    53   Li bois recuevrent lor verdure,
    659   E par ces bois ou il abitent
    910   Li uns des ars si fu d'un bois
          003

boisson
    50   Que l'en ne voit boisson ne haie
          001

boissons
    96   Qui chantoient par ces boissons
          001

boivre (SUBST.)
    2554 Qu'il ont perdu boivre e mangier,
          001

boivre (V.)
    1482 Se mist lors por boivre dedenz,
          001

bon (ADJ.)
    474   Je l'en seüsse mout bon gré;
    571   Mout avoit bon tens e bon mai,
    571   Mout avoit bon tens e bon mai,
    585   S'ai d'une chose mout bon tens,
    641   Si bon estre come il faisoit
    1177 Le bon roi Artu de Bretaigne;
    1346 Que bon mangier fait après table.
    1423 Que la beste en bon leu se mete
    1944 Mout liez don tu as si bon maistre
    2039 Se tu de bon cuer serviras,
    2063 Des or le fait bon escouter,
    2866 Je fusse arivez a bon port
    3214 Tant qu'en bon point le puissiez prendre

bon (ADJ.)   (CONT.)
          013

bon (SUBST.)
    3209 Dangiers, qui fait a mainz lor bon
          001

bone
    39   La matire en est bone e nueve;
    539   Li cos fu de bone moison,
    952   Mais cil atent bone menaie
    1295 Deus! Com menoient bone vie!
    1341 Ou vergier mainte bone espice:
    1410 Don mout estoit bone l'olors.
    1948 Si est de si bone maniere,
    2455 De joie e de bone aventure;
    2679 'Mout sui,' fait ele, 'a bone escole,
    2725 Mout ont au matin bone encontre
    3211 S'il iere pris en bone voine,
          011

bonement
    577   Je l'en merciai bonement,
          001

bones
    429   Dou tot a bones uevres faire;
    994   En li ot mout de bones toiches:
    2122 Si qu'eus oient bones noveles
    3829 S'i a bones portes colanz,
          004

bons (ADJ.)
    1091 Mais cil seroit bons devisierres
    1332 C'est uns mangiers bons a malades.
    3206 Con bons compainz, quant il l'oï.
    3863 De bons murs forz, a creniaus bas,
          004

bons (SUBST.)
    1044 Qu'il abaissent des bons les los
          001

bonté
    1256 Car ce fu cele qui bonté
    2255 Car bonté de chose pretee
    2810 De la bonté que vos me dites,
    2933 Vos li cuidiez bonté faire
    3707 Ne faire bonté ne servise?
          005

borgneiant
    282   Fors de travers en borgneiant;
          001

borraz
    1211 Qui ne fu mie de borraz:
          001

borse
    228   Une borse qu'el reponoit,
    234   Que de la borse ostast neant.
          002

bort
    1436 Ou bort amont, letres petites,
          001

bouche
    537   La bouche petite e grossete;
    807   Les iauz ot vairs, la bouche gente,
    851   Ele ot la bouche petitete,
    1009 Nés ot bien fait e iauz e bouche.
    1935 Si me baiseras en la bouche,

bouche   (CONT.)
    1957 Don sa bouche baisa la moie:
    2106 Si n'aies pas ta bouche mue,
    2112 Ne doit ta bouche estre desclose;
    2966 Ne bouche d'ome recenser
    3462 E sa bouche n'est pas vilaine,
    3783 E a mes iauz e a ma bouche,
                    011

bouches
    769   Les bouches, qu'il vos fust avis
                    001

bouchete
    848   Que la bouchete par covent.
    1484 Son vis, son nés e sa bouchete,
    2657 E la bouchete coloree,
                    003

bouchier
    1938 Chascun vilain, chascun bouchier,
    3760 Ne pertuis qui a bouchier face.
                    002

bouchiez
    3692 Levez tost sus, e si bouchiez
                    001

boutai
    521   Assez i feri e boutai,
                    001

bouton
    1647 Mais li bouton durent tuit frois
    1649 Icil bouton mout m'abelurent:
    1687 Ce bouton, qui plus me plaisoit
    1727 Mais vers le bouton me traioit
    1734 Vers le bouton, qui soef flaire.
    1751 Dou bouton bien entalentez,
    1781 Vers le bouton qui m'atalente.
    1801 Si qu'au bouton peüsse ataindre.
    1806 Si près que dou bouton sentoie
    2772 Fors par le bouton ou j'avoie
    2783 Dou bouton qui iaut miauz de basme,
    2817 Vers le bouton m'en vois errant
    2822 Que au bouton peüsse ataindre.
    2824 Quant le bouton de si près vi;
    2865 Que nus bouton ne rose emport.
    2872 Vers le bouton e d'atouchier
    2877 Lez le bouton, qu'il m'a donee,
    2903 Se le bouton ne me bailliez
    2912 Se le bouton avoie osté
    3119 Dou bouton a cui je beoie,
    3223 Que je le bouton au moins voie,
    3681 De garder rose ne bouton
    3944 Li emblent rose ne bouton:
                    023

boutons
    1639 S'i ot boutons petiz e clos,
    1655 Entre ces boutons en eslui
    1666 E par desus siet li boutons
    2847 E des roses e des boutons,
    2852 Boutons e roses tot ensemble;
                    005

branche
    546   Come est la nois desus la branche,
                    001

branchuz
    1357 Ormes i ot branchuz e gros,
                    001

brandon
    3424 Ele tint un brandon flamant
    3474 Dou brandon, senz plus delaier,
                    002

brandons
    3476 Tant fist Venus e ses brandons;
                    001

braz
    2439 Entre tes braz trestoute nue,
    2462 Se je moroie es braz m'amie.
                    002

Bretaigne
    1177 Le bon roi Artu de Bretaigne;
                    001

bricons
    534   Por faire envie a ces bricons.
                    001

briement
    1014 Briement el fu jonete e blonde,
    2225 Or te vueil briement recorder
                    002

brieve
    2228 A retenir quant ele est brieve:
    3193 E me dist par parole brieve:
                    002

brisier
    2199 E se tu sez lances brisier,
                    001

bruire
    105   Que j'oï près d'ilueques bruire;
    3886 Car, quant ele ot bruire le vent,
                    002

brune
    995   El ne fu oscure ne brune,
    1192 Qui n'estoit pas brune ne bise,
    1240 Ele fu une clere brune;
                    003

brunete
    214   E une cote de brunete;
                    001

bruns
    845   Les sorciz bruns e enarchiez,
                    001

bube
    541   Si n'i ot bube ne malan:
                    001

buisines
    3897 E ses buisines e ses corz:
                    001

busart
    3703 En nule guise de busart.
                    001

c
    42   C'est cele qui tant a de pris
    65   C'est la robe que je devise,
    170   C'est cele qui les genz atise
    173   C'est cele qui fait a usure
    176   C'est cele qui semont d'embler
    180   C'est cele qui fait l'autrui prendre,

c (CONT.)
  183 C'est cele qui les tricheors
  250 C'est la chose qui plus la blece;
  406 Bien savez que c'est lor nature.
  410 C'est cele qui en recelee,
  450 C'estoit sa cote e ses mantiaus;
  868 C'est cil qui les amanz jostise,
 1112 C'est uns on qui en biaus osteus
 1232 C'est cele qui a la querole,
 1332 C'est uns mangiers bons a malades.
 1528 De la fontaine c'est la fins
 1571 C'est li miroers perilleus,
 1737 Simplece ot non, c'est la segonde,
 1842 C'est Biaus Semblanz, qui ne consent
 2179 C'est maladie mout courtoise,
 2417 C'est la bataille, c'est l'ardure,
 2417 C'est la bataille, c'est l'ardure,
 2418 C'est li contenz qui toz jorz dure:
 2645 C'est Douz Pensers, qui lor recorde
 2711 Saches que c'est mout plaisant chose
 2718 C'est Douz Regarz, qui siaut tarder
 3041 C'est li maus qui amors a non,
 3144 C'est une rien qui mout l'apaise,
 3285 Pitiez respont: "C'est veritez
 3288 C'est felonie e mauvaistiez:
 3298 Car c'est la rien qu'il plus covoite.
 3570 C'est uns on qui ment de legier,
 3725 C'est tot par vostre mauvaistié,
                                     033

ça
  593 Fist ça les arbres aporter
  785 Fait Cortoisie, "ça venez,
 1303 Par le vergier de ça en la,
 2763 Mais graignor, avras ça avant;
 3296 Des lors en ça que l'acointance
 3521 Male Bouche des lors en ça
                                     006

çaienz
 3687 Que Bel Acueil çaienz meïst
                                     001

calandre
   77 Li papegauz e la calandre;
                                     001

calandres
  651 Calandres ravoit amassees
  901 De calandres e de mesenges.
                                     002

canele
 1344 Citoal, anis e canele,
                                     001

car
   15 Car endroit moi ai je fiance
   18 Car li plusor songent de nuiz
  106 Car ne me soi aler deduire
  221 Car sachiez que mout li pesast
  223 Car s'el fust usee e mauvaise,
  251 Car sachiez que mout la covient
  258 Car certes el ne voudroit mie
  284 Car el ne peüst au visage
  298 Car li esmais e la destrece
  314 Car el n'avoit pas esté lente
  333 Car qui le cuer a bien dolent,
  338 Car joie e diaus sont dui contraire.
  350 Car toz ses cors estoit sechiez
  371 Car ainz que l'en l'eüst pensé
  379 Car Tens gaste tot e manjue;
  392 Car certes el n'avoit poissance,
  404 Car ele eüst froit autrement:
  436 Car iceste gent font lor vis
  456 Car povre chose, ou qu'ele soit,
  464 Car, si come j'ai devisé,
  475 Car tel joie ne tel deduit
  478 Car li leus d'oisiaus herbergier
  507 N'iert iluec, car j'estoie seus.
  586 Car a nule rien je n'entens
  628 Veoir la m'estuet, car je cuit
  639 Car, si come lors m'iert avis,
  712 Car a veoir mout desirasse
  718 Car maintenant en un reduit
  724 Estre venu, car il sembloient
  741 Car chanters estoit li mestiers
  794 Car de queroler, se j'osasse,
  819 Car il iert juenes damoisiaus.
  933 Car eus furent encarrelees
  955 Car il puet tost santé atendre,
 1005 Car el n'avoit mie mestier
 1032 Car toz li mondes la cremoit;
 1048 Car il font ceus de cort estranges
 1052 Car nus prodon n'aime lor vie.
 1071 Car cil qui sor soi la portoit
 1094 Car l'en ne porroit pas prisier
 1151 Car avers on ne puet conquerre
 1153 Car il n'a pas d'amis plenté
 1158 Car trestot en autel maniere
 1217 Car nule robe n'est si bele
 1256 Car ce fu cele qui bonté
 1266 Car juene chose ne s'esmaie
 1272 Car qui tenist d'aus deus parole,
 1292 Car tuit li plusor s'en aloient
 1396 Car la terre estoit douce e moiste
 1414 Car je ne porroie retraire
 1444 Car Echo, une haute dame,
 1486 Car ses ombres ne s'i traï
 1497 Car, quant il vit qu'il ne porroit
 1509 Car, se vos les laissiez morir,
 1563 Car toz jorz, quelque part qu'il soient,,
 1580 Cil miroers, car li plus saive,
 1588 Car Cupido, li fiz Venus,
 1613 Car maintenant ou laz chaï
 1635 Car il en peüst de legier
 1659 Car une color l'enlumine
 1680 Car je me cremoie mal faire.
 1746 Car au tirer en amenai
 1832 Car ma dolor croist e empire
 1836 Car en la fin, ce m'est avis,
 1850 Car il ne viaut pas que je muire,
 1903 Car il n'est pas raison ne droiz;
 1907 Car ma vie est en vostre main:
 1921 Car, se je faz vostre voloir,
 1986 Car il covient, soit maus ou biens,
 2018 Car point ne dot vostre servise.
 2033 Car je sai bien par quel poison
 2065 Car la fin dou songe est mout bele
 2076 Car il n'i a mot de mençonge.
 2126 Car, qui entent bien e esgarde,
 2194 Car los e pris e grace en vient.
 2206 Car biaus chanters abelist mont.
 2212 Car ce te porroit mout grever:
 2220 Car cil qui a por un regart,
 2227 Car la parole moins engrieve
 2244 Car je n'ain pas moiteierie.
 2251 Car se tu l'avoies preté
 2255 Car bonté de chose pretee
 2261 Car l'en doit chose avoir mout chiere
 2296 Car bien saches qu'ensi le font
 2374 Car se tu n'en peüsses traire
 2427 Car quant tu cuideras dormir,
 2471 Car, qui demande musardie,
 2486 Car miauz vaut de li uns regarz
 2500 Car, s'il fust jorz, je me levasse.
 2501 Ha! Solauz! Por Deu, car te heste,
 2549 Car bien saches qu'amors ne laisse

31

car (CONT.)
 2674 Car chascuns qui de ses amors
 2684 Quanqu'il en iert, car el l'avoit
 2723 Car il est mout as amoreus
 2738 Car li ueil, con droit messagier,
 2749 Car li cuers de rien ne se diaut
 2753 Car je t'ai conté, senz mentir,
 2805 Car prez sui de vostre servise:
 2811 Car mout vos muet de grant franchise;
 2850 Car Venus l'avoit envaïe,
 2868 Car li frans, li bien afaitiez,
 2891 Car je vos crien trop corrocier;
 2941 Car bien est ores esprovee
 2987 Car Nature ne seüst pas
 3024 Car mout te bee durement
 3032 Car a ton ues n'i voi peor.
 3055 Car je voi que maint s'en travaillent
 3065 Car la folie adès engraigne,
 3088 Car vos porriez bien gaster
 3101 Car de moi ne soi chevissance,
 3185 Car j'amerai puis qu'il me siet,
 3252 Car l'une e l'autre me voudroit
 3261 Car je n'ai mie encore apris
 3298 Car c'est la rien qu'il plus covoite.
 3340 Fait Bel Acueil, "car il est droiz,
 3355 Car Bel Acueil par tot me moine,
 3394 Car ce n'iert ja tant qu'il vos plaise."
 3403 Car qui au baisier puet ataindre
 3411 Car jou cremoie corrocier:
 3446 Car vos savez bien e veez
 3465 Car les levres sont vermeillettes
 3471 Car tant con vos plus atendroiz,
 3481 Car une odor m'entra ou cors
 3544 Car je n'i voi autre retor.
 3603 Car Lecherie est tant montee
 3606 Car Luxure reine par tot;
 3614 Car je voi bien e sai de fi
 3628 Car j'ai peor de traïson.
 3762 Car Dangiers devient plus divers
 3765 Car je n'avrai jamais loisir
 3793 Car je sui en enfer cheoiz.
 3840 Car l'en destrempa le mortier
 3886 Car, quant ele ot bruire le vent,
 3956 Car je sui a plus grant meschief,
 3996 Car ma joie e ma guerison
 4001 Car ja d'aillors ne quier que j'aie
 4027 Car, se devient, vos me savez
 4036 Car j'en suefre la penitence
                                138

carré
  515 E la cloison dou mur carré,
                                001

carreüre
 1324 Fu toz de droite carreüre,
 3815 Qu'il est de droite carreüre;
                                002

carrez
  467 Hauz fu li murs e toz carrez;
                                001

carriaus
 1787 Carriaus e pierres pelle melle,
 3807 Un mur de carriaus tailleïz,
                                002

ce (ADJ.)
  687 Qui m'avoit en ce deduit mis;
 1687 Ce bouton, qui plus me plaisoit
 3638 A ce mot vint Peor tremblant;
                                003

ce (PRON.)
   14 Qui ce voudra, por fol m'en teigne;
   37 Ce est li Romanz de la Rose,
   47 Qu'en mai estoie, ce sonjoie,
  168 D'enorer ce qu'ele deüst.
  206 E avuec ce qu'ele iere maigre,
  232 Mais el n'avoit de ce que faire:
  233 El n'aloit pas a ce beant
  348 Ce ne fust mie grant morie
  369 Queus tens ce est qui est presenz,
  393 Ce cuit je, ne force ne sen,
  437 Amaigrir, ce dit l'Evangile,
  510 Qu'onques en nul sen ce n'avint
  582 "Je me faz," ce dist ele, "Oiseuse
  591 Ce est cil cui est cist jardins,
  615 Les plus beles genz, ce sachiez,
  619 Quant Oiseuse m'ot ce conté,
  622 Ja de ce ne seiez douteuse.
  751 Por ce qu'en fait en Lohereine
  764 Mais de ce ne fait a parler
  780 Me tresvit, ce fu Cortoisie,
  902 Il sembloit que ce fust uns anges
  940 Rot non, ce m'est avis, Simplece.
  950 Ce fu toute la moins grevanz
  983 Ainz vos dirai que tot ce monte.
 1024 Ce n'est mie ne d'ui ne d'ier
 1036 Ce sont cil qui sont curieus
 1064 E s'i ot, ce sachiez senz faille,
 1089 Ne fu veüz si biaus, ce cuit.
 1119 Por ce amoit mout l'acointance
 1146 E por ce ot ele a devise
 1170 Mais ce ne li seoit pas mal
 1178 Ce fu cil qui porta l'enseigne
 1204 Tost en eüst, ce cuit, pitié;
 1256 Car ce fu cele qui bonté
 1317 Je, qui de ce ne soi neient,
 1358 E avuec ce charmes e fos
 1365 Mais li arbre, ce sachiez, furent
 1468 E por ce la fist Deus estable;
 1496 Ce fu la some de la chose,
 1498 Acomplir ce qu'il desiroit,
 1512 Que ce estoit trestot por voir
 1541 Qu'a merveille, ce cuit, tendroiz
 1745 Jamais, ce cuit, par ome né,
 1759 Ce que mes cuers me comandoit:
 1809 Ce que jou veoie a bandon;
 1836 Car en la fin, ce m'est avis,
 1849 Por ce qu'el ne peüst trop nuire;
 1883 En ce qu'il vint si m'escria
 1904 Vos poez ce que vos voudroiz
 1923 Encor, ce cuit, en aucun tens
 1958 Ce fu ce don j'oi graignor joie.
 1958 Ce fu ce don j'oi graignor joie.
 1969 Or vueil je, por ce que je t'ains,
 1984 Se ce n'estoit par vostre otroi.
 1991 E sor tot ce, se rien dotez
 1994 "Par mon chief, ce n'est mie outrages,"
 2028 Mais espoir ce n'iert mie tost:
 2049 Por ce sui en grant de l'aprendre
 2078 Ce dist Amors, "vueil e comant
 2084 Por ce n'est pas droit que je l'ains.
 2096 Por ce qu'il fu fel e crueus
 2124 Par ce porras en pris monter.
 2125 Après tot ce d'orgueil te garde,
 2132 De ce que fins amanz doit faire.
 2171 Ce n'apartient s'as dames non,
 2175 Après ce te doit sovenir
 2193 Ce qu'il set qui miauz li avient,
 2202 Par ce seras dis tanz amez.
 2210 Par ce se puet mout avancier.
 2212 Car ce te porroit mout grever:
 2226 Ce que t'ai dit, por remembrer,
 2239 E, por ce que fins amanz soies,
 2249 Por ce vueil qu'en un leu le metes.

ce	(PRON.)	(CONT.)		ce	(PRON.)	(CONT.)
						146

ce (PRON.) (CONT.)

2311	Ce don li cuers a tel talent.
2322	Ce que tu quiers ne verras pas,
2334	Ce don tu es en si grant cure;
2345	Qui ce qu'il aime plus regarde,
2353	Li feus si est ce qu'il remire
2357	Ce sevent tuit sage e musart :
2363	De ce que tu avras veü;
2404	Qui en ce point n'oblit assez,
2419	Amanz n'avra ja ce qu'il quiert,
2423	Quant ce vendra qu'il sera nuiz,
2456	Mais ce m'a mort que poi me dure.
2494	Quant je n'ai ce que je desir.
2528	Ce te lo je bien e conseille
2539	E, por ce que l'en ne te voie
2551	A ce sont bien cil parissant
2581	Quant Amors m'ot ce comandé,
2640	E avueques ce je te doing
2646	Ce ou Esperance s'acorde.
2676	Si me sovient que por ce dist
2740	Noveles de ce que il voient;
2750	Quant li ueil voient ce qu'il viaut.
2751	Or t'ai, ce m'est vis, declaré
2752	Ce don je te vi esgaré,
2855	Por ce que desconseilliee iere,
2874	De tot ce me done congié,
2875	Por ce qu'il cuide que jou vueille;
2878	Por ce que pres ot esté nee.
2905	Ce est ma mort, ce est ma vie,
2905	Ce est ma mort, ce est ma vie,
2909	A ce qui ne puet avenir.
2954	Don onques dis ce que je pens.
2958	E de ce ai la plus grant ire
3040	Ce qui te fait a dolor vivre,
3070	Encontre ce que tes cuers pense:
3082	Ce ne puet estre que vos dites:
3098	Ne me porroit de ce torner.
3106	Ce m'osteroit de grant torment.
3154	Por ce qu'il m'ot veë le pas
3178	Ce que ne me poez veer.
3182	Ferai se ce me consentez;
3184	Ja ne vos quier de ce lober,
3198	Ce ne me fait ne froit ne chaut.
3232	Mais ce me torne a grant contraire
3236	Por ce qu'il me fait trop cropir
3264	Devez le vos por ce blasmer?
3274	Por ce qu'il vos redoute e prise,
3278	Devez le vos por ce haïr?
3289	Por ce, Dangiers, vos vueil requerre
3353	Or sui cheoiz, ce m'est avis,
3363	Ce qu'el n'iere pas si overte
3394	Car ce n'iert ja tant qu'il vos plaise."
3410	Je nou vos plus de ce semondre,
3422	Ce est la mere au deu d'Amors,
3436	Por ce que trop i demorroie;
3453	E avuec ce il n'est pas viauz,
3461	Qu'il a, ce cuit, mout douce aleine.
3468	Bien est, ce m'est avis, mesure
3472	Tant, ce sachiez, de tens perdroiz."
3566	E, por ce qu'el fu esbaïe,
3573	Ce n'est ore pas li premiers;
3577	Senz faille, ce n'est pas mençonge,
3589	Ce sachiez, n'autre encloëüre,
3610	Por ce ferai de novel mur
3642	Por ce qu'el la savoit en ire.
3651	De ce don nos ne poon mais.
3701	Ce oï dire en reprovier,
3708	Ce vos muet de recreantise,
3715	De garder ce que vos devez.
3766	De veoir ce que je desir.
3981	Ce est ausi con de Fortune,
4028	Mal gré de ce que vos avez
4030	Si n'est ce pas por mesprison
4042	Qui me donront, ce croi, la mort.

cedres
    1290 Ces pins, ces cedres, ces moriers.
          001

ceint (SUBST.)
    1067 Richece ot un mout riche ceint
          001

ceint (V.)
    1068 Par desus cele porpre ceint;
          001

ceinture
    811 E grailles par mi la ceinture.
    2156 E de ceinture te cointoie;
          002

cel
28	Mais en cel songe onques rien n'ot
31	Or vueil cel songe rimeier,
477	Come il avoit en cel vergier;
1575	Qui en cel miroer se mire
2714	Cel deduit prendras mout en gré,
3258	Vos avez tort de cel amant,
3291	Vers cel chaitif qui languist la,
3328	"Trop vos estes de cel amant,
3443	Vers cel amant si dangereus
3669	A cel conseil se sont tenues,
          010

celant
    2687 Un compaignon sage e celant
          001

cele (ADJ.)
107	Plus bel que sus cele riviere.
115	Cele eve qui si bien seoit;
144	Estoit par semblant cele image;
199	Cele image, e maigre e chaitive,
222	Se cele robe point usast;
629	Que bele est cele compaignie
953	Qui de cele floiche est plaiez;
1068	Par desus cele porpre ceint;
1467	Cele priere fu raisnable,
1596	Fu cele fontaine clamee
1623	Quant cele rage m'ot sorpris,
1857	Il a cele floiche a moi traite,
2389	Qui cele part te fait aler,
          013

cele (PRON.)
41	Cele por cui je l'ai empris;
42	C'est cele qui tant a de pris
170	C'est cele qui les genz atise
173	C'est cele qui fait a usure
176	C'est cele qui semont d'embler
180	C'est cele qui fait l'autrui prendre,
183	C'est cele qui les tricheors
318	Con cele qui mout iert iriee,
410	C'est cele qui en recelee
937	E cele ou li meillor penon
942	Franchise; cele iert empenee
945	En cele ot mout pesant saiete;
964	Cele si fu de felonie
1223	Estoit cele qui la vestoit.
1232	C'est cele qui a la querole,
1253	De cele vos ai je senz faille
1256	Car ce fu cele qui bonté
2380	Ou tu avras cele veüe
2388	E quier autre achoison que cele
2438	Que tu tendras cele au cler vis

cele (PRON.)   (CONT.)
    2683 Cele de Douz Parler savoit
    3030 Con cele qui n'est pas musarde,
                        022

cele (V.)
    2387 Mais vers la gent très bien te cele,
                        001

celeement
     364 Si celeement qu'il nos semble
                        001

celer
    2390 Qu'il est granz sens de soi celer.
    4033 Chose qui a celer feïst,
                        002

celes
     939 Une de celes qui plus blece
                        001

celi
    2576 Celi qui ton cuer a en garde.
                        001

celui
    1656 Un si très bel qu'envers celui
    1890 Vers celui qu'il doit losengier
    2247 Mais de celui point ne me dot
    2533 Avoir de celui qui endure
    2604 A celui qui les amanz teint;
    3282 Celui don l'en est au deseure;
    3989 E celui qui est sor la roe
                        007

cent
      62 Que de colors i a cent paire.
     489 Que n'en preïsse pas cent livres,
    1546 Lors perent colors plus de cent
    1606 Cent mile choses qui paroient;
    2376 Si t'eüst il cent mars valu.
    2626 Por la joie qui cent tanz monte.
    3036 L'a il ja en cent leus retraite.
    3816 Chascuns des pans cent toises dure,
                        008

cerchant
    3758 E vait cerchant par le porpris
                        001

cerchié
    1419 Dou vergier cerchié e veü.
                        001

cerchier
    1288 Alasse veoir e cerchier,
                        001

cercle
    1088 Un cercle d'or; onques encores
    1100 Une escarbocle ou cercle assise;
                        002

cercles
    1090 Li cercles fu d'or fin recuit;
                        001

cerises
    1351 Cerises fresches vermeilletes,
                        001

certainement
    3239 E tant qu'il a certainement
    3437 Mais bien sachiez certainement
                        002

certains
    1970 De toi estre si bien certains,
                        001

certes
     258 Car certes el ne voudroit mie
     392 Car certes el n'avoit poissance,
    2452 Certes le jor dis foiz ou vint
    2497 Mout m'enuie certes e grieve
    3542 Certes, je te ferai lier,
    3581 Mais certes je n'ai pas creance
    3620 Certes je lor clorrai la voie
    3713 "Certes, Dangiers, mout me merveil
    3738 Certes, or ai je trop vescu
                        009

ces
      96 Qui chantoient par ces boissons
     137 De ces images la semblance,
     159 Con ces deus e d'autel faiture;
     405 Ces vieilles genz ont tost froidure;
     534 Por faire envie a ces bricons
     656 Ces autres oisiaus par chanter;
     658 E mainz oisiaus qui par ces gauz
     659 E par ces bois ou il abitent
     921 O ces deus ars tint Douz Regarz,
     936 De ces floiches, e la plus bele,
     970 Ces cinc floiches d'une maniere,
     976 Ces cinc floiches force contraire
    1289 E remirer ces biaus loriers,
    1290 Ces pins, ces cedres, ces moriers.
    1290 Ces pins, ces cedres, ces moriers.
    1290 Ces pins, ces cedres, ces moriers.
    1294 Soz ces arbres, por doneier.
    1377 Qui par ces arbres gravissoient;
    1655 Entre ces boutons en eslui
    2110 Ces orz moz ne ces ribaudies:
    2110 Ces orz moz ne ces ribaudies:
    2927 Entor ces rosiers cest vassaut?
                        022

cesser
    2236 Toz jorz i pense senz cesser,
                        001

cest
     604 Se vient en cest leu ombreier
     625 En cest vergier, ceste assemblee
    1507 Dames, cest essemple aprenez,
    1926 A cest mot vos baisier son pié,
    2492 Trop ai en cest lit sejorné;
    2927 Entor ces rosiers cest vassaut?
    2931 Qui en cest vergier l'amena!
    2971 En cest point ai grant piece esté,
    3073 Quant j'oï cest chastiement,
    3739 Se cest porpris ne puis garder.
                        010

ceste (ADJ.)
     625 En cest vergier, ceste assemblee
     727 Ceste gent don je vos parole
     775 Ceste gent ensi esforcier
    1873 Ceste floiche a fiere costume:
    2004 Soz ceste clef sont mi joial.
    2421 Ja fin ne prendra ceste guerre,
    2451 Ceste pensee don me vint?
    2621 Ceste esperance le conforte,
    2808 "Ceste promesse en gré recueil,
    3247 Si con j'estoie en ceste poine,
    3320 Escondire de ceste chose,
    3660 A bien garder ceste porprise;

34

ceste (ADJ.)   (CONT.)
    3678 "Coment dormez vos a ceste eure,"
    3693 Toz les pertuis de ceste haie,
    3722 Bel Acueil hors de ceste place,
    3749 De ceste porprise defendre;
    3796 M'a porchaciee ceste sausse.
                    017

ceste (PRON.)
    2002 "A ceste," dist il, "fermerai
    3905 Ceste est pute, ceste se farde,
    3905 Ceste est pute, ceste se farde,
    3906 E ceste folement regarde,
    3907 Ceste est vilaine, ceste est fole,
    3907 Ceste est vilaine, ceste est fole,
    3908 E ceste si a trop parole."
                    007

cestes
    1280 Cestes genz, e autres avueques,
                    001

ceus
    1038 Toz ceus qui miauz font a amer.
    1048 Car il font ceus de cort estranges
    1191 Après toz ceus se tint Franchise,
    1271 Veianz toz ceus de la querole;
    1286 De ceus qui menoient les dances,
    1562 A ceus qui dedenz l'eve musent,
    2082 Toz ceus qui aiment vilanie:
    2172 Ou a ceus de mauvais renon,
    2330 A ceus qui sont leial amant.
    2642 Font a ceus qui sont en mes laz.
    2644 Ceus que li laz d'Amors enlace,
    2719 A ceus qui ont amors lointaignes;
    2760 Chascuns de ceus vueil qu'il te gart
    2831 Por ceus espier e sorprendre
    3033 Avueques ceus est Male Bouche,
    3130 Ceus qui aiment, au comencier;
    3621 A ceus qui, por moi conchier,
    3830 Por faire ceus dehors dolenz,
                    018

chace
    2745 Les tenebres devant soi chace,
                    001

chacié
    3721 E a chacié par sa menace
                    001

chacier
    1472 Un jor qu'il venoit de chacier,
                    001

chaï
    1613 Car maintenant ou laz chaï
                    001

chaitif
    3291 Vers cel chaitif qui languist la,
                    001

chaitive
    199 Cele image, e maigre e chaitive,
    330 La dolereuse, la chaitive;
    1133 Nes Avarice la chaitive
                    003

chaitiveté
    2252 Jou tendroie a chaitiveté;
                    001

chalongié
    3351 Que Dangiers m'avoit chalongié.
                    001

chalumiaus
    3896 E atempre ses chalumiaus
                    001

chançon
    2678 En sa chançon, un cortois mot:
                    001

chandoiles
    998 Resemblent petites chandoiles.
                    001

changent
    1584 Ici se changent li corage,
                    001

changier
    3458 Ses cors ne fait pas a changier
                    001

changiez
    3761 Des or est mout changiez li vers,
                    001

chant
    485 De lor piteus chant a oïr;
    663 Il chantoient un chant itel
    670 Qu'il ne sembloit pas chant d'oisiaus,
    672 A chant de sereines de mer,
    678 Si sachiez, quant j'oï le chant
    706 De lor chant, n'estoit mie gas,
                    006

chantant
    71 Si lié qu'il montrent en chantant
                    001

chantanz
    481 D'arbres ne d'oisillons chantanz,
    643 D'oisiaus chantanz avoit assez
    833 L'envoisiee, la bien chantanz,
                    003

chante
    2188 Une eure pleure e autre chante.
                    001

chanter
    73 Qu'il lor estuet chanter par force.
    75 De chanter e de faire noise;
    82 Quant il ot chanter sor la raime
    101 Qui de chanter mout s'angoissoient,
    497 Quant j'oï les oisiaus chanter,
    609 A chanter les rossignolez,
    653 De chanter fussent a enviz;
    656 Ces autres oisiaus par chanter;
    660 En lor bel chanter se delitent.
    675 A chanter furent ententif
    731 Bien sot chanter e plaisamment,
    734 A chanter merveilles li sist,
    740 De chanter en toz leus premiere,
    2205 De chanter, se l'en t'en semont,
                    014

chanters
    741 Car chanters estoit li mestiers
    2206 Car biaus chanters abelist mont.
                    002

chantoient
- 96 Qui chantoient par ces boissons
- 494 Qui envoisieement chantoient
- 663 Il chantoient un chant itel
- 704 Chantoient en lor serventois,
  004

chantoit
- 729 E une dame lor chantoit,
- 749 Si chantoit li uns rotruenges,
  002

chanz
- 83 As oisiaus les douz chanz piteus.
- 669 Tant estoit cil chanz douz e biaus
  002

chape
- 400 Ele ot d'une chape forree
  001

chapel
- 551 D'orfrois ot un chapel mignot;
- 555 Un chapel de roses tot frois
- 556 Ot desus le chapel d'orfrois.
- 829 Li ot s'amie fait chapel
- 857 S'ot un chapel d'orfrois tot nuef.
- 860 Chapel si bien ovré de soie.
- 1653 Se chapel en peüsse avoir,
- 2161 Chapel de flors, qui petit coste,
  008

chapelet
- 895 Il ot ou chief un chapelet
  001

char
- 528 La char plus tendre qu'uns poucins,
- 841 De la color sor la char tendre,
- 999 Tendre ot la char come rosee;
- 1174 Li blancheioit la char alise.
  004

chardon
- 1675 Mais chardon agu e poignant
  001

chardoneriaus
- 649 De chardoneriaus, d'arondeles,
  001

chardons
- 1799 Chardons e ronces, qu'onques n'oi
  001

charge
- 1326 Il n'est nus arbres qui fruit charge,
  001

chargié
- 2873 Au rosier qui l'avoit chargié;
  001

chargiez
- 1616 Choisi rosiers chargiez de roses,
  001

charjoient
- 1331 Qui charjoient pomes grenades:
- 1334 Qui charjoient en la saison
- 1348 Qui charjoient e coinz e pesches,
  003

Charle
- 1428 Mais puis Charle ne puis Pepin
  001

charme
- 524 Le guichet, qui estoit de charme,
  001

charmes
- 1358 E avuec ce charmes e fos,
  001

chartre
- 2611 Cil que l'en met en chartre oscure,
  001

chascun (ADJ.)
- 1012 De la façon de chascun membre,
- 1938 Chascun vilain, chascun bouchier,
- 1938 Chascun vilain, chascun bouchier,
- 2660 De la biauté de chascun membre.
  004

chascun (PRON.)
- 1086 En chascun ot bien un besant.
  001

chascune
- 3910 Trueve a chascune quelque herne.
  001

chascuns (ADJ.)
- 2349 Chascuns amanz suit par costume
  001

chascuns (PRON.)
- 1031 Chascuns sa dame la clamoit,
- 2163 Ice puet bien chascuns avoir,
- 2192 Chascuns doit faire en toutes places
- 2610 Chascuns fuit la mort volentiers.
- 2674 Car chascuns qui de ses amors
- 2760 Chascuns de ceus vueil qu'il te gart
- 3816 Chascuns des pans cent toises dure,
  007

chastaignes
- 1349 Chastaignes, noiz, pomes e poires,
  001

Chasteé
- 2846 Chasteé, qui dame doit estre
- 2854 Chasteé, que Venus essille,
- 3396 Se Chasteé ne m'enhaïst,
- 3398 Mais je n'ose por Chasteé,
- 3421 Chasteé, me vint au secors
- 3549 Mout mauvaisement Chasteé,
- 3609 N'est mais Chasteé asseür:
  007

chastel
- 3853 Dedenz le chastel a perrieres
- 3868 Ou chastel que je vos devise;
  002

chastelaine
- 3455 Il n'est dame ne chastelaine
  001

chastiaus
- 2442 Lors feras chastiaus en Espaigne
- 3503 E li chastiaus riches e forz,
- 3941 Ses chastiaus, qu'ele vit si fort,
  003

chastie
    3015 Bel foloie qui se chastie;
    3095 Si m'enuie qui me chastie."
    4010 E s'el vos chastie defors,
                003
chastiement
    3073 Quant j'oï cest chastiement,
    4012 Encontre son chastiement.
                002
chastier
    3076 Que me laissiez a chastier.
    3593 De lui garder e chastier,
                002
chauçai
      90 Chauçai moi e mes mains lavai.
                001
chauçant
    2151 E gar qu'il soient si chauçant
                001
chaucemente
    2142 E de robe e de chaucemente:
                001
chauciee
     421 E si fu chauciee e vestue
                001
chaucier
    2511 Vestir, chaucier e atorner,
                001
chauciez
     461 Ne bien vestuz, ne bien chauciez;
     826 Chauciez refu par grant maistrise
                002
chauçoit
    1114 Il se chauçoit bien e vestoit;
                001
chaudement
     403 Bien fu vestue chaudement,
                001
chaut (ADJ.)
    1697 Don j'ai desoz chaut peliçon
                001
chaut (SUBST.)
    1370 E, por le leu garder de chaut,
    1476 Dou chaut, e por la lasseté,
    3198 Ce ne me fait ne froit ne chaut.
                003
chaut (V.)
    3197 E se tu aimes, moi que chaut?
                001
chauz (ADJ.)
    2278 Une eure chauz e autre froiz,
                001
chauz (SUBST.)
    3841 De fort vin aigre e de chauz vive.
                001
cheance
    2617 Encor par aucune cheance;
                001

chemise
    1173 Si que par outre la chemise
                001
chenue
     346 Toute sa teste estoit chenue
    2978 El ne fu juene ne chenue,
                002
cheoir
     243 Sor aucun prodome cheoir,
    1769 Si me covint cheoir pasmé,
                002
cheoiz
    3353 Or sui cheoiz, ce m'est avis,
    3793 Car je sui en enfer cheoiz.
                002
chesne
    3415 Ne cope l'en mie le chesne,
                001
chesnes
    1360 Esrables, hauz sapins e chesnes.
                001
cheté
    2468 Las! Je demant trop chier cheté;
    2599 Si aime l'en miauz le cheté
                002
cheval
    2197 E se tu es bien a cheval,
    3864 Si que cheval ne pueent pas
                002
chevalier
    1176 Tint un chevalier dou lignage
    1189 E maint chevalier abatu
                002
chevaliers
    1183 Cil chevaliers novelement
    1245 A li se tint uns chevaliers
    1248 Li chevaliers fu biaus e genz,
    2098 Desus touz autres chevaliers.
                004
chevaus
    1115 Si avoit les chevaus de pris.
                001
chevecaille
    1063 Mout richement la chevecaille.
    1171 Que la chevecaille iert overte,
                002
chevecel
    3673 Il ot, en leu de chevecel,
                001
chevel
     319 Si chevel tuit destrecié furent,
                001
cheveus
     527 Cheveus ot blonz come uns bacins,
     809 Cheveus ot blonz, recercelez;
    1007 Les cheveus ot blondez e lons,
    1197 S'ot les cheveus blondez e lons;
    2169 Cous tes manches, tes cheveus pigne,
                005

chevissance
    3101 Car de moi ne soi chevissance,
              001

chevriaus
    1375 Ou vergier ot dains e chevriaus;
              001

chiches
    479 N'estoit ne desdeigneus ne chiches;
    1148 Mout est fos hauz on qui est chiches.
              002

chief
    559 Son chief trecié mout richement.
    853 S'ot le chief blont e reluisant.
    895 Il ot ou chief un chapelet
    897 Qui entor son chief voletoient,
    1994 "Par mon chief, ce n'est mie outrages,"
    2038 Mais, par mon chief, or i parra
    2291 A chief de piece revendras
    2633 Nul vaillant ome jusqu'au chief,
    2649 Douz Pensers vient a chief de piece,
    2981 Li ueil qui en son chief estoient
    2983 Si ot ou chief une corone:
    3674 A son chief, d'erbe un grant moncel,
              012

chiens
    209 Come s'el fust as chiens remese;
    454 Com povres chiens en un coignet
              002

chier   (ADJ.)
    2468 Las! Je demant trop chier cheté;
              001

chier   (ADV.)
    194 Covoitise a l'autrui trop chier.
    1156 Si n'ait mie chier son avoir;
    1652 Il le devroit avoir mout chier;
    2600 Quant l'en l'a plus chier acheté,
              004

chiere   (ADJ.)
    2664 Que fait li a s'amie chiere.
              001

chiere   (ADV.)
    316 N'el n'avoit pas sa robe chiere:
    2261 Car l'en doit chose avoir mout chiere
              002

chiere   (SUBST.)
    315 D'esgratiner toute sa chiere;
    2262 Qui est donee a bele chiere,
    2663 Li membre ou d'une bele chiere
              003

chierement
    1968 Je lor voudrai chierement vendre.
              001

chieres
    797 Les cors, les façons e les chieres,
              001

chiers   (ADJ.)
    2797 "Biaus amis chiers, se il vos plaist,
              001

chiers   (ADV.)
    2563 Doiz enorer e chiers tenir;
              001

choisi
    1616 Choisi rosiers chargiez de roses,
              001

chose
    165 Qu'el sembloit bien chose vilaine;
    203 Chose sembloit morte de fain,
    250 C'est la chose qui plus la blece;
    378 Ne fers ne chose tant soit dure,
    380 Li Tens qui toute chose mue,
    456 Car povre chose, ou qu'ele soit,
    585 S'ai d'une chose mout bon tens,
    1266 Car juene chose ne s'esmaie
    1496 Ce fu la some de la chose,
    1540 Mais une chose vos dirai,
    1553 E por faire la chose entendre,
    1567 Si n'i a si petite chose,
    1577 Que tel chose a ses iauz ne voie
    1785 Mais grant chose a en estovoir:
    2088 Chose des genz qui face a taire:
    2111 Ja por nomer vilaine chose
    2114 Qui orde chose e laide nome.
    2120 Fai, se tu puez, chose qui plaise
    2255 Car bonté de chose pretee
    2257 Mais de chose donee en dons
    2261 Car l'en doit chose avoir mout chiere
    2365 D'une chose mout laidement :
    2391 S'il avient chose que tu trueves
    2481 Mais fort chose est a avenir;
    2495 Gesirs est enuieuse chose
    2699 Coment tu porras chose faire
    2711 Saches que c'est mout plaisant chose
    2732 Ne nule autre chose grevant;
    2887 Joie se n'est par une chose,
    2897 De chose que vos voilliez dire."
    3035 Avant que la chose soit faite
    3180 Autre chose ne vos demant,
    3320 Escondire de ceste chose,
    3384 Une chose li ai requise
    4033 Chose qui a celer feïst,
              035

choses
    19   Maintes choses covertement
    1556 Les choses qui sont a l'encontre,
    1606 Cent mile choses qui paroient;
    1615 Ou miroer, entre mil choses,
    1790 Qu'Amors, qui toutes choses passe,
    2400 Quant tu devras dire trois choses,
              006

chuant
    3633 De paroles le vont chuant.
              001

chue
    3145 Qui le chue e qui le blandist."
    3983 Autre eure les aplaigne e chue.
              002

chuer
    3136 Par chuer e par soupleier.
              001

ci
    1361 Qu'iroie je ci arestant?
    1583 Ci sort as genz novele rage,
    1585 Ci n'a mestier sens ne mesure,
    1586 Ci est d'amer volenté pure,
    1587 Ci ne se set conseillier nus;
    2044 Avant que vos movez de ci,
    2266 Si con je t'ai ci sarmoné,
    2309 Doivent se il ci arester?
    2935 Fuiez, vassaus, fuiez de ci,

ci   (CONT.)
    3159 E le dis: "Sire, je sui ci
                    010

ciaus
    1638 Ausi beles n'avoit soz ciaus;
                    001

ciel
    416   Mais soz ciel n'a male aventure
    903   Qui fust tot droit venuz dou ciel.
                    002

cil (ADJ.)
    471   Cil vergiers en trop bel leu sist.
    662   Cil oisel que je vos devise.
    669   Tant estoit cil chanz douz e biaus
    913   Fu cil ars desoz e deseure,
    1183 Cil chevaliers novelement
    1580 Cil miroers, car li plus saive,
    1609 Cil miroers m'a deceü.
    2152 Que cil vilain aillent tençant
    2215 Que cil vilain entulle e sot.
    2347 Cil larz alume e fait flamer
    2584 Pueent endurer cil amant
    2661 Encor vait cil solaz doblant
                    012

cil (PRON.)
    164   Cil qui sot tel image faire,
    591   Ce est cil cui est cist jardins,
    866   Li deus d'Amors, cil qui depart
    868   C'est cil qui les amanz jostise,
    952   Mais cil atent bone menaie
    1036 Ce sont cil qui sont curieus
    1071 Car cil qui sor soi la portoit
    1080 Que cil pooit estre asseür
    1091 Mais cil seroit bons devisierres
    1178 Ce fu cil qui porta l'enseigne
    1309 E cil guieres n'i atendi:
    1320 E cil pensa bien de moi sivre,
    1449 Mais cil fu, por sa grant biauté,
    1485 E cil maintenant s'esbaï,
    1940 Cil que j'ensi a ome prens,
    2220 Car cil qui a por un regart,
    2297 Cil qui ont les maus essaiez
    2551 A ce sont bien cil parissant
    2565 Quant cil qui sont de li privé
    2611 Cil que l'en met en chartre oscure,
    2619 A cil qu'Amors tient en prison:
    2690 Cil te fera grant avantage.
    2701 Se cil qui tant iert tes amis
    2794 Cil m'abandona le passage
    3704 Tuit cil vos tienent por musart
    3835 Cil qui dou faire furent maistre:
    3891 Cil garde la porte detrois,
    3991 E je sui cil qui est versez!
                    028

cinc
    46   Il a ja bien cinc anz ou mais,
    924   Il en tint cinc en sa main destre;
    925   Mais mout orent ices cinc floiches
    957   Cinc floiches i ot d'autre guise,
    970   Ces cinc floiches d'une maniere
    976   Ces cinc floiches force contraire
    977   As autres cinc orent senz doute;
    993   Ausi come une des cinc floiches.
    1311 Si li bailla, e cinc saietes,
    1368 Plus de cinc toises ou de sis;
    1867 S'en i ot cinc bien encrotees,
    2901 Il m'a ou cuer cinc plaies faites,
                    012

cinquieme
    949   La cinquieme ot non Biaus Semblanz:
                    001

ciprès
    1355 E d'oliviers e de ciprès,
                    001

cire
    850   L'en nou feïst pas miauz de cire.
                    001

cist
    591   Ce est cil cui est cist jardins,
    2060 Bien les devise cist romanz.
                    002

citoal
    1344 Citoal, anis e canele,
                    001

cive
    200   E ausi vert come une cive;
                    001

clamee
    44   Qu'el doit estre Rose clamee.
    966   La tierce fu Honte clamee,
    1596 Fu cele fontaine clamee
                    003

clamer
    2792 Bel Acueil se faisoit clamer,
                    001

clamoit
    1031 Chascuns sa dame la clamoit,
                    001

clarté
    1066 Qui mout rendoient grant clarté.
    1105 Tel clarté des pierres issoit
    1545 E la clarté aval descent,
                    003

clef
    1992 Faites i clef, si l'emportez,
    1993 E la clef soit en leu d'ostages."
    2000 Une petite clef bien faite,
    2004 Soz ceste clef sont mi joial.
    2010 Qu'a grant poine senti la clef.
    3004 La clef don el t'ovri la porte;
    3086 Qu'il i a faite clef fermant.
    3870 La clef de la premiere porte,
                    008

cler
    1002 Ele ot le vis cler e alis,
    1241 Le vis avoit cler e luisant:
    1260 Jonece au vis cler e riant,
    2438 Que tu tendras cele au cler vis
                    004

clere
    110   Clere estoit l'eve e ausi froide
    118   De l'eve clere e reluisant
    124   Clere e serie e bele estoit
    735   Qu'ele avoit la voiz clere e saine.
    996   Ainz fu clere come la lune,
    1101 E la pierre si clere estoit
    1240 Ele fu une clere brune;
    1470 A la fontaine clere e pure
    1483 Si vit en l'eve clere e nete
    1527 Au fonz, plus clere qu'argenz fins.

clere   (CONT.)
    2203 Se tu as la voiz clere e saine,
                         011

cleres
    1383 Il ot par leus cleres fontaines,
    1392 Des fontaines cleres e vives
                         002

clers
     370 Sel demandez as clers lisanz;
    3046 S'il est clers, il pert son aprendre,
                         002

cline
    1667 Si qu'il ne cline ne ne pent.
                         001

cloison
     515 E la cloison dou mur carré,
    2781 Mais je passasse la cloison
    3122 Me veoit passer la cloison.
                         003

cloistre
    3608 En abaïe ne en cloistre
                         001

clooit
     286 Ainz clooit un ueil par desdein;
                         C01

clore
    3611 Clore les rosiers e les roses;
                         001

clorra
    3625 Qui les rosiers clorra entor.
                         001

clorrai
    3620 Certes je lor clorrai la voie
                         001

clos (ADJ.)
     131 Tot clos de haut mur bataillié,
     468 Si en estoit clos e barrez,
    1618 D'une haiete clos entor;
    1639 S'i ot boutons petiz e clos,
    2780 Clos environ si come il durent,
    3945 Trop sont li rosier clos forment;
                         006

clos (SUBST.)
    1342 Clos de girofle e ricalice,
                         001

closiers
    2827 Dangiers ot non, si fu closiers
                         001

clou
    1083 Li clou furent d'or esmeré
                         001

coarde
     412 De nul mal faire n'est coarde;
                         001

coarder
    1516 Ainz començai a coarder,
                         001

coiche
    1690 E quant la corde fu en coiche,
                         001

coiches
     926 Les penons bien faiz e les coiches,
                         001

coignet
     454 Com povres chiens en un coignet
                         001

coignez
    3821 As quatre coignez en a quatre,
                         001

cointe
      61 Si set si cointe robe faire
     553 Plus cointe ne plus desguisié:
     590 De Deduit le mignot, le cointe,
    1015 Sade, plaisant, aperte e cointe,
    1219 Fame est plus cointe e plus mignote
    1407 Trop par estoit la terre cointe,
    3427 Si fu si cointe e si tifee
    3438 Qu'ele fu cointe durement,
                         008

cointement
     765 Come eus baloient cointement:
    2134 Il se doit cointement mener:
                         002

cointerie
    2136 Ne vaut neient senz cointerie.
    2137 Cointerie n'est pas orguiauz:
                         002

cointes
     600 Qui ne sont mignotes ne cointes,
     806 Cointes fu e de bel ator.
     920 E vallez envoisiez e cointes.
    1956 E sachiez que mout me fis cointes
    2138 Qui est cointes il en vaut miauz,
    2148 E les manches vestanz e cointes.
    2231 Cointes se teigne e envoisiez,
    2879 De la fueille me fis mout cointes,
                         008

cointise
     825 E decopee par cointise.
                         001

cointoie
    2156 E de ceinture te cointoie;
                         001

coinz
    1348 Qui charjoient e coinz e pesches,
                         001

coite
    1395 Couchier come sor une coite,
                         001

col
     320 E espandu par son col jurent;
     543 Fame qui plus bel col portast;
    1062 A esmaus fu au col orlee
    1166 Mais ele ot son col desfermé;
                         004

colanz
    3829 S'i a bones portes colanz,
                         001

colombiaus
    1275 Baisier come deus colombiaus.
                    001

colons
    1198 E fu simple come uns colons.
                    001

color
    293   Mais bien paroit a sa color
    433   S'avoit la color pale e morte.
    841   De la color sor la char tendre,
    1558 E lor color e lor figure,
    1659 Car une color l'enlumine
    1872 Me faisoit muer la color.
    2394 Lors t'estovra color muer,
    2550 Sor fins amanz color ne graisse;
                    008

coloree
    536   E face blanche e coloree,
    2657 E la bouchete coloree,
                    002

colors
    62   Que de colors i a cent paire.
    64   E de maintes colors diverses,
    886   Par diverseté de colors.
    1409 De flors de diverses colors,
    1546 Lors perent colors plus de cent
                    005

com
    138   Si com moi vient en remembrance.
    454   Com povres chiens en un coignet
    1295 Deus! Com menoient bone vie!
                    003

comande (SUBST.)
    1997 Qui a le cuer en sa comande.
                    001

comande (V.)
    33   Qu'Amors le me prie e comande.
                    001

comandé
    1308 Li a comandé l'arc a tendre,
    2581 Quant Amors m'ot ce comandé,
                    002

comandement
    1792 De faire son comandement.
    2862 A faire son comandement:
    3230 De faire son comandement,
                    003

comandemenz
    2041 Nuit e jor les comandemenz
    2045 Voz comandemenz m'enchargiez;
    2059 Mot a mot ses comandemenz:
                    003

comander
    3164 Si con vos savroiz comander.
                    001

comandoit
    1759 Ce que mes cuers me comandoit:
                    001

comant
    2042 Que je comant as fins amanz."
    2078 Ce dist Amors,"vueil e comant
    2191 Je te comant que tu le faces:
    2240 Vueil je e comant que tu aies
    2557 Encor te comant e encharge
                    005

come
    54   Qui sont sec tant come ivers dure;
    68   Tant come il ont le froit eü
    111   Come puiz ou come fontaine;
    111   Come puiz ou come fontaine;
    200   E ausi vert come une cive;
    209   Come s'el fust as chiens remese;
    305   Come il sembloit que ele eüst.
    341   De tel come ele soloit estre;
    445   Qu'ele estoit nue come vers.
    464   Car, si come j'ai devisé,
    477   Come il avoit en cel vergier;
    527   Cheveus ot blonz come uns bacins,
    533   E les iauz vairs come uns faucons,
    546   Come est la nois desus la branche,
    639   Car, si come lors m'iert avis,
    641   Si bon estre come il faisoit
    765   Come eus baloient cointement:
    804   La face avoit, come une pome,
    993   Ausi come une des cinc floiches.
    996   Ainz fu clere come la lune,
    999   Tendre ot la char come rosee;
    1000 Simple fu come une esposee,
    1001 E blanche come flor de lis,
    1138 Tant doner come el plus avoit.
    1150 Qui tant li griet come avarice;
    1193 Ainz estoit blanche come nois;
    1198 E fu simple come uns colons.
    1275 Baisier come deus colombiaus.
    1335 Tel fruit come sont noiz musgades,
    1366 Si loing a loing come estre durent:
    1395 Couchier come sor une coite,
    1398 Tant d'erbe come il covenoit.
    1665 La queue est droite come jons,
    1788 Ausi espès come la grelle,
    1794 Foibles e vains come on bleciez,
    1815 Come estre ilueques a sejor:
    1966 Mais il savront come il m'en poise:
    2287 Ausi come une image mue,
    2294 Ausi come on qui a peor,
    2407 Si come il vuelent, senz peor;
    2432 Come ome qui a mal as denz.
    2780 Clos environ si come il durent,
    2923 S'ot les iauz roges come feus,
    3114 Si come Amors m'avoit loé,
    3134 Je le conois come un denier,
    3376 De tant come ele est embelie,
    3450 Veez come il est acesmez,
    3451 Come il est biaus, come il est genz
    3451 Come il est biaus, come il est genz
    3532 Ele corut come desvee
    3817 Si est autant lons come lez.
    3844 Si est dure come aïmant.
    4009 Ensi come ele a fait le cors;
                    053

comença
    3522 A encuser me comença,
    3567 Comença a parler en bas:
                    002

començai
    519   A l'uis començai a ferir,
    1516 Ainz començai a coarder.
    1711 E començai fort a tirer
    1733 Je me començai lors a traire
                    004

comence
    2997 Atant es vos Raison comence:
    3962 E a joie quant el comence
                002

comencement
    3343 Bel Acueil au comencement
    3802 Si fait faire, au comencement,
                002

comenceras
    2428 Tu comenceras a fremir,
    2448 Lors comenceras a plorer,
                002

comencié
     312 E son duel parfont comencié.
    3441 Si li a comencié a dire:
    3974 Que j'avoie ja comencié
                003

comencier
    2397 Quant tu cuideras comencier;
    2399 Que ta raison comencier oses,
    3130 Ceus qui aiment, au comencier;
                003

començoit
    3675 E començoit a someillier;
                001

coment
      35 Coment je vueil que li romanz
     578 E si li demandai coment
     692 Vos conterai coment j'ovrai:
    1226 Ne sai coment iert apelez;
    2040 E coment tu acompliras
    2473 Ne sai coment dire l'osai:
    2577 Or t'ai dit coment n'en quel guise
    2583 "Sire, en quel guise ne coment
    2587 Coment vit on e coment dure
    2587 Coment vit on e coment dure
    2593 Coment on, s'il estoit de fer,
    2699 Coment tu porras chose faire
    2706 Qui ele est e coment a non:
    2884 De dire a Bel Acueil coment
    2890 Mais ne sai coment je la die,
    2910 Coment! Me volez vos honir?
    3500 Coment je fui mellez a Honte,
    3502 E coment li murs fu levez
    3678 "Coment dormez vos a ceste eure,"
    4052 Je ne sai or coment il vait,
                020

comenz
      36 Soit apelez que je comenz,
                001

compaigne
     255 A compaignon ne a compaigne,
    2441 Dou tot t'amie e ta compaigne;
                002

compaignie
     629 Que bele est cele compaignie
     694 E quel compaignie il avoit,
    2703 Lors vaudra miauz la compaignie;
    3322 Je vueil qu'il ait la compaignie
    3381 E grant compaignie trovee;
    3631 Ne de compaignie tenir
                006

Compaignie
     944 La quarte avoit non Compaignie;
    1825 Compaignie ot non la saiete;
                002

compaignon
     255 A compaignon ne a compaigne,
     617 Si sont li compaignon Deduit,
    2687 Un compaignon sage e celant
    3104 Un compaignon cui je deïsse
    3108 Un compaignon que je savoie
    3110 Onques n'oi meillor compaignon.
                006

compaignons
    2834 Ançois avoit a compaignons
                001

compainz
    3125 Ainz me dist: "Compainz, or seiez
    3206 Con bons compainz, quant il l'oï.
                002

comparroie
    3120 E me dist que jou comparroie
                001

compas
    2988 Uevre faire de tel compas.
                001

compasseüre
     514 Aceignant la compasseüre
    1323 Li vergiers par compasseüre
                002

compassez
    3814 Li murs si est si compassez
                001

compere
     260 Mais sachiez bien qu'ele compere
    2598 Nus n'a bien s'il ne le compere;
                002

complaintes
    3791 Friçons e pointes e complaintes.
                001

comunement
    1284 Estoient tuit comunement.
                001

con
      24 Une nuit, si con je soloie,
      30 Si con li songes recensoit.
     159 Con ces deus e d'autel faiture;
     241 Con fait maus e mesaventure.
     318 Con cele qui mout iert iriee.
     347 E blanche con s'el fust florie.
     375 Con l'eve qui s'avale toute,
     401 Mout bien, si con je me recors,
     422 Tot ausi con fame rendue.
     476 Ne vit mais on, si con je cuit,
     602 Si con vos orendroit verstes,
     664 Con fussent ange esperitel;
     682 Si gais con je devin adonques.
     691 Dès ore, si con je savrai,
     774 Remuer tant con je veïsse
    1126 Con s'el les puisast en greniers.
    1132 Con quant el pooit dire: "tien."
    1135 Con Largece estoit de doner,
    1159 Con la pierre de l'aïmant
    1218 Con sorquenie a damoisele;
    1262 Si con je cuit, doze anz d'assez.
    1278 Con s'amie e d'autel corage.

con   (CONT.)
 1325 S'ot autant de lonc con de large.
 1422 Con li venierres qui atent
 1555 Ausi con li miroers montre
 1570 Con s'ele iert es cristaus portraite.
 1661 Con Nature la pot plus faire.
 1846 E trenchant con rasoirs d'acier;
 2058 Tot ensi con vos orroiz ja,
 2093 Tant con Gauvains, li bien apris,
 2266 Si con je t'ai ci sarmoné
 2301 Lors diras: 'Deus! Con sui mauvais
 2359 Tant con ta joie ensi verras,
 2369 Lez li, con fos e entrepris.
 2440 Ausi con s'el fust devenue
 2444 Tant con tu iras foleiant
 2458 En itel point con je pensoie?
 2738 Car li ueil, con droit messagier,
 2744 Tot autresi con la lumiere
 2787 Ensi con je me porpensoie
 2925 E s'escrie con forsenez:
 2982 Con deus estoiles reluisoient;
 2996 Ensi con je me dementoie,
 3030 Con cele qui n'est pas musarde,
 3164 Si con vos savroiz comander.
 3206 Con bons compainz, quant il l'oï.
 3219 Vosist autresi bien con giê.
 3247 Si con j'estoie en ceste poine,
 3357 Si con j'oi la rose apressiee,
 3378 Tant con je voi plus de solaz.
 3471 Car tant con vos plus atendroiz,
 3565 Ausi con none d'abaïe,
 3981 Ce est ausi con de Fortune,
                       053

conceüz
  459 Que povres on fu conceüz!
                       001

conchié
 2413 Mout te tendras a conchié
                       001

conchier
 2939 Si le beez a conchier.
 3621 A ceus qui, por moi conchier,
                       002

conçut
 2844 Mais dou veoir Honte conçut.
                       001

conduire
 1104 Conduire d'une live loing.
                       001

conduit
  618 Qu'il moine avuec soi e conduit."
 3009 S'Oiseuse ne t'eüst conduit
                       002

conduiz
 1388 I ot fait faire par conduiz,
                       001

conestablie
 3879 Peor rot grant conestablie,
                       001

coneü
 1610 Se j'eüsse avant coneü
 1875 J'ai bien senti e coneü
                       002

coneüst
 1202 E s'ele un ome coneüst
                       001

confonde
 3911 Jalosie, que Deus confonde,
                       001

confort   (SUBST.)
 1500 Qu'il n'en pooit avoir confort
 1853 Qui estoit toz de confort pleins.
 2615 Esperance confort li livre,
 2692 Tu iras a lui por confort,
 2756 Or sez qui te fera confort,
                       005

confort   (V.)
 4056 Jamais n'iert rien qui me confort
                       001

conforta
 3217 Mout me conforta doucement
                       001

conforte
 2621 Ceste esperance le conforte,
                       001

conforter
 1855 Por les fins amanz conforter,
                       001

congié
 2874 De tot ce me done congié,
 3220 Atant ai pris de lui congié.
 3352 Or ai d'aler par tot congié,
 3401 Que dou baisier congié ne doigne
                       004

conins
 1378 Conins i avoit, qui issoient
                       001

conjoïr
 3333 Or pensez de lui conjoïr,
                       001

conois
 3127 Je conois bien pieç'a Dangier:
 3134 Je le conois come un denier:
                       002

conoissanz
  583 Apeler a mes conoissanz.
                       001

conoisse
 2961 Ne cuidiez pas que nus conoisse,
 3927 Qu'il n'est baraz qu'el ne conoisse,
                       002

conoissoit
  269 Je cuit que s'ele conoissoit
 2937 Bel Acueil mal vos conoissoit
                       002

conoistre
 3430 Bien puet conoistre qui la voit
                       001

conquerre
  175 D'avoir conquerre e assembler;
 1151 Car avers on ne puet conquerre
                       002

43

conquis
 3021 E si conquis e tormenté.
    001

conseil
 2698 E conseil li demanderas
 2713 Son conseil dire e son segré.
 3014 Le conseil par quoi tu foloies.
 3057 Onques mon conseil n'atendis
 3105 Mon conseil tot outreement:
 3669 A cel conseil se sont tenues,
    006

conseille
 2528 Ce te lo je bien e conseille
    001

conseillier
 1587 Ci ne se set conseillier nus;
 3018 Or te vueil dire e conseillier
    002

consent
 1842 C'est Biaus Semblanz, qui ne consent
    001

consente
 3079 Cuidiez vos donc qu'Amors consente
    001

consentez
 3182 Ferai se ce me consentez;
    001

consentir
 3267 Mais Amors ne viaut consentir
    001

consirrer
 3780 Que a consirrer m'en covient,
    001

conte (ADV.)
 3873 A trente sergenz tot a conte.
    001

conte (SUBST.)
 984 Ançois que je fine mon conte.
 2625 Les maus don nus ne set le conte,
    002

conte (V.)
 1181 Que l'en conte de lui les contes
 2838 E sachiez que, qui a droit conte
 3499 Des ore est droiz que je vos conte
    003

conté
 619 Quant Oiseuse m'ot ce conté,
 1255 Ja plus ne vos en iert conté,
 2753 Car je t'ai conté, senz mentir,
    003

contee
 981 Contee e la senefiance,
    001

contenance
 420 Qu'el fu de simple contenance,
 2696 E de sa simple contenance.
 3798 La contenance Jalosie,
 3935 Aucune fole contenance,
    004

contenances
 987 M'estuet dire les contenances
    001

contendrai
 3175 Que vers vos si me contendrai
    001

contendras
 2505 La nuit ensi te contendras
    001

contenement
 713 Son contenement e son estre.
 3240 Veü a mon contenement
    002

content
 2406 Mais faus amant content lor verve
    001

contenz
 1747 Le fust a moi senz grant contenz,
 2418 C'est li contenz qui toz jorz dure:
    002

conter
 2064 S'il est qui le sache conter,
 2607 Conter en romanz ne en livre;
 3204 E je l'alai conter en heste
    003

conterai
 136 Si vos conterai e dirai
 692 Vos conterai coment j'ovrai:
 699 Mais tot vos conterai en ordre,
    003

conteras
 2697 Tot ton estre li conteras,
    001

conteront
 2566 Li conteront qu'il t'ont trové
    001

contes (STORY)
 1181 Que l'en conte de lui les contes
    001

contes (COUNT)
 1182 E devant rois e devant contes.
    001

contez
 2585 Les maus que vos m'avez contez?
    001

contraire
 338 Car joie e diaus sont dui contraire
 782 Que Deus defende de contraire!
 976 Ces cinc floiches force contraire
 2131 Orguilleus fait tot le contraire
 2373 Torner te doit a grant contraire,
 2934 E il vos quiert honte e contraire.
 3232 Mais ce me torne a grant contraire
 3303 Por quoi li faites nul contraire?
    008

contre
 767 Contre l'autre, e quant eus estoient
 2174 Ont trovees contre Nature.
 3558 Qui contre nos plaide e estrive,
    003

contreval
    127   Contreval l'eve esbaneiant,
                    001

controvaille
   3899   E sons noviaus de controvaille,
                    001

conui
   2507   Se j'onques mal d'amer conui;
   3730   S'onques Jalosie conui."
                    002

conveia
   2819   E Bel Acueil me conveia;
                    001

conveier
   2306   Après, por le cuer conveier,
                    001

convoient
   2307   Se mi ueil mon cuer ne convoient,
                    001

cop
   3414   Vous savez bien qu'au premier cop
   3828   Qui ne doutent cop de perriere;
                    002

cope
   3415   Ne cope l'en mie le chesne,
                    001

corage
    245   Ele est trop liee en son corage
    417   Qu'ele ne penst en son corage.
   1278   Con s'amie e d'autel corage.
   1584   Ici se changent li corage,
   2689   E descuevres tot ton corage;
                    005

corageus
   2185   Maus d'amer est mout corageus:
   3978   Mais Amors est si corageus
                    002

corde
   1690   E quant la corde fu en coiche,
                    001

cordele
   4050   Qu'il vos traient a lor cordele,
                    001

coree
   1628   M'entra jusques en la coree,
                    001

cormes
   1352   Cormes, alies e noisetes.
                    001

Cornoaille
   3900   As estives de Cornoaille;
                    001

coroit
   1525   Por veoir l'eve qui coroit,
                    001

corone
   2983   Si ot ou chief une corone:
                    001

corre
   1474   De corre e amont e aval,
                    001

corroceuse
    142   Corroceuse e tençonerresse,
                    001

corrocié
    311   Trop avoit son cuer corrocié
   3156   Fel par semblant e corrocié,
                    002

corrocier
   2891   Car je vos crien trop corrocier;
   3411   Car jou cremoie corrocier:
                    002

corrociez
   2894   Que vos en fussiez corrociez."
   3756   Semblant fait d'estre corrociez.
                    002

corroie
   3435   Ne de fermail, ne de corroie,
                    001

corroz
    140   Qui de corroz e d'ataïne
    322   De mautalent e de corroz.
                    002

cors
    350   Car toz ses cors estoit sechiez
    402   Abrié e vestu son cors.
    548   Le cors ot bien fait e dougié;
    550   Nul plus bel cors de fame querre.
    576   La pucele au cors acesmé,
    797   Les cors, les façons e les chieres,
    822   Fu ses cors richement vestuz.
    862   Fu ses cors vestuz e parez,
   1920   Cuer e cors en vostre servise,
   1996   Il est assez sires dou cors
   2623   De son cors a martire ofrir;
   2956   Si voi que livrez est mes cors
   3458   Ses cors ne fait pas a changier
   3481   Car une odor m'entra ou cors
   3629   Je cuit si bien garder son cors
   3745   Estre feruz par mi le cors.
   3774   Qui me mist une odor ou cors
   4009   Ensi come ele a fait le cors;
   4013   Se li cors en prison remaint,
                    019

cort (ADV.)
   3547   De toi garder e tenir cort;
                    001

cort (SUBST.)
   1034   A sa cort ot maint losengier,
   1048   Car il font ceus de cort estranges
                    002

cort (V.)
   3677   Qui le laidenge e li cort seure:
                    001

corte
   3052   E la joie a corte duree.
                    001

cortois
    703   Lais d'amors e sonez cortois
   1939   Ainz doit estre cortois e frans

cortois   (CONT.)
    2113 Je ne tieng pas a cortois ome
    2230 Cortois e senz orgueil doit estre;
    2567 Preu e cortois e afaitié,
    2678 En sa chançon, un cortois mot:
    3700 Vilains qui est cortois enrage,
             007

cortoise
    630   E cortoise e bien enseignie."
    2631 Mout est Esperance cortoise:
             002

cortoisement
    3327 E li a dit cortoisement:
             001

cortoises
    496   Plaisanz, cortoises e mignotes.
             001

cortoisie
    943   De valor e de cortoisie.
    2094 Par sa cortoisie ot de pris,
             002

Cortoisie
    780   Me tresvit, ce fu Cortoisie,
    783   Cortoisie lors m'apela:
    785   Fait Cortoisie, "ça venez,
    792   Don Cortoisie me preia
    1229 Après se tenoit Cortoisie,
    1767 Qui Cortoisie iert apelee.
    1947 De Cortoisie e la baniere;
    2793 Fiz fu Cortoisie la sage.
    3281 Cortoisie est que l'en secueure
    3527 De moi e dou fill Cortoisie
    3584 Mais il est voirs que Cortoisie,
             011

corut
    3532 Ele corut come desvee
             001

corz (COURT)
    1243 Ele iere en toutes corz bien dine
             001

corz (HORN)
    3897 E ses buisines e ses corz:
             001

cos
    539   Li cos fu de bone moison,
             001

cosine
    3648 Parole a Honte sa cosine:
             001

coste (SUBST.)
    196   Coste a coste de Covoitise,
    196   Coste a coste de Covoitise,
    3827 E deus de coste e un derriere,
             003

coste (V.)
    2161 Chapel de flors, qui petit coste,
             001

costé
    1774 Tantost le fust de mon costé,
    2008 Lors la me toucha au costé,
    2430 Sor costé t'estovra torner,

costé   (CONT.)
             003

costeiant
    128   Tot le rivage costeiant.
             001

costeront
    3804 Qui costeront argent assez,
             001

costume
    1873 Ceste floiche a fiere costume:
    2349 Chascuns amanz suit par costume
             002

costumiere
    739   Ele estoit adès costumiere
             001

costumiers
    2103 Gar que tu soies costumiers
    3574 Male Bouche est bien costumiers
             002

cote
    208   Cote avoit viez e derompue,
    210   Povre estoit la cote e esrese
    214   E une cote de brunete;
    450   C'estoit sa cote e ses mantiaus;
    564   Cote ot d'un riche vert de Ganz,
    1220 En sorquenie que en cote.
             006

cotes
    760   Qui estoient en pures cotes
             001

cotidianes
    2281 Ne cotidianes ne quartes.
             001

coucheras
    2425 Tu te coucheras en ton lit,
             001

couchier
    1395 Couchier come sor une coite,
             001

couchiez
    23   Des juenes genz, couchiez m'estoie
    3691 Estiez vos ore couchiez?
             002

coudres
    1359 Coudres droites, trembles e fresnes,
             001

courtoise
    2179 C'est maladie mout courtoise,
             001

cous
    2169 Cous tes manches, tes cheveus pigne,
             001

cousant
    98   Cousant mes manches a videle,
             001

cousue
    565   Cousue a lignuel tot entor.
             001

cousues
    561   Ot andeus cousues ses manches;
              001

coutiaus
   2892   Miauz voudroie a coutiaus d'acier
              001

covee
   2942   La traïson qu'avez covee."
              001

coveigne
   2571   Que il esloignier te coveigne,
              001

covenables
   972   Mout par lor estoit covenables
              001

covenant
   1973   Ne promesse ne covenant,
   2459   Jou voudroie par covenant
              002

covendra
   1413   Orendroit m'en covendra taire,
   2270   De tes amors, te covendra
   2323   Si covendra que tu retornes,
   2361   E quant partir t'en covendra,
   3663   Si covendra qu'il s'en ament,
   3999   E de la covendra qu'il isse
              006

covenoit
   1398   Tant d'erbe come il covenoit.
   1761   Me covenoit aler par force.
              002

covent
   848   Que la bouchete par covent.
   1925   E par tel covent me rent gié."
   2319   E iras la par tel covent
   3141   E li metez bien en covent
   3226   Se je li tieng bien son covent;
   3826   Bien defensable par covent,
              006

covert
   120   Si vi tot covert e pavé
              001

coverte
   2073   La verité, qui est coverte,
              001

covertement
   19   Maintes choses covertement
              001

coverture
   1557   E i voit l'en senz coverture
              001

coverz
   899   Qu'il estoit toz coverz d'oisiaus,
   2830   D'erbe e de fueilles toz coverz,
              002

covient
   179   Qu'en la fin maint en covient pendre;
   251   Car sachiez que mout la covient
   1891   E qu'il covient a soupleier:
   1986   Car il covient, soit maus ou biens,
   2030   Il i covient poine e demeure.
   2164   Qu'il n'i covient pas grant avoir.
   2548   Il covient que tu t'essaïmes,
   2608   E toutesvoies covient vivre
   2741   E por la joie covient lors
   2970   Que si esloignier me covient.
   3650   Don il nos covient oïr noise
   3780   Que a consirrer m'en covient,
              012

covine
   3511   Male Bouche, qui le covine
              001

covint
   1443   Qu'il li covint a rendre l'ame;
   1769   Si me covint cheoir pasmé,
   3318   Il le covint amesurer:
              003

covoite
   3298   Car c'est la rien qu'il plus covoite.
              001

covoiteus
   3152   De ma pais faire covoiteus;
              001

covoitise
   3787   Tant est graindre la covoitise
              001

Covoitise
   169   Après fu pointe Covoitise;
   191   Covoitise de l'autrui prendre;
   192   Covoitise ne set entendre
   194   Covoitise a l'autrui trop chier.
   196   Coste a coste de Covoitise,
              005

covrir
   52   E covrir de novele fueille.
              001

covroit
   1479   Que li pins de ses rains covroit,
              001

crainsisse
   2784   Se je n'en crainsisse avoir blasme;
              001

crainsist
   1208   S'el ne li aidast, el crainsist
              001

creance
   3581   Mais certes je n'ai pas creance
              001

creature
   160   Bien sembla male creature,
   415   E semble sainte creature,
              002

creez
   3470   Donez lui, se vos m'en creez,
   3568   "Por Deu, dame, ne creez pas
   3711   E que vos creez jangleors."
              003

cremisse
   1631   Ne cremisse estre, j'en cuillisse
              001

cremoie
    1680   Car je me cremoie mal faire.
    3411   Car jou cremoie corrocier:
              002

cremoit
    1032   Car toz li mondes la cremoit;
              001

creniaus
    3856   Veoir par desus les creniaus;
    3863   De bons murs forz, a creniaus bas,
    3895   Il monte le soir as creniaus
              003

creü
    595   Quant li arbre furent creü,
              001

creüe
    3359   E vi qu'ele estoit puis creüe
              001

creüz
    1430   E si estoit si hauz creüz
              001

crien
    877   Crien durement qu'encombrez soie;
    2891   Car je vos crien trop corrocier;
    3971   Ge crien ausi avoir perdue
              003

crient
    3562   Qui se crient mout estre forfaite;
              001

crier
    3160   Venuz por vos crier merci;
    3594   Si vos en vueil merci crier.
              002

crieve
    2498   Que l'aube orendroites ne crieve,
              001

cristal
    1538   Avoit deus pierres de cristal,
    1549   Si sont li cristal merveilleus
    1560   Que li cristal, senz decevoir,
              C03

cristaus
    1547   Es cristaus, qui, por le soleil,
    1570   Con s'ele iert es cristaus portraite.
    1605   E as cristaus, qui me montroient
              003

crochues
    188   Recorbelees e crochues
    1678   Orties e ronces crochues
              002

croi
    4042   Qui me donront, ce croi, la mort.
              001

croie
    2995   Por quoi il soit teus qu'il la croie.
              001

croies
    3013   E garde bien que plus ne croies
              001

croire
    13   De croire que songes aveigne,
              001

croissoit
    1754   E la volentez me croissoit
              001

croist
    1533   Tot entor croist l'erbe menue,
    1832   Car ma dolor croist e empire
              002

croistre
    381   Qui tot fait croistre e tot norrist
    2916   Laissiez le croistre e amender.
    3607   Ses pooirs ne fine de croistre.
              003

croit
    3071   Qui toutes eures son cuer croit,
              001

croiz
    3539   Bien pert que tu croiz les losenges
              001

crole
    2288   Qui ne se crole ne remue,
    2948   E li vilains crole la teste,
              002

croleïz
    3808   Qui ne siet pas sor croleïz,
              001

croler
    2289   Senz piez, senz mains, senz doiz croler
              001

cropir
    3236   Por ce qu'il me fait trop cropir
              001

cropoit
    455   Se cropoit e atapissoit;
              001

cruauté
    253   Envie est de tel cruauté
    3244   Mais il est de tel cruauté
              002

crueses
    1532   Par deus doiz crueses e parfondes.
              001

crueus
    2096   Por ce qu'il fu fel e crueus,
              001

crurent
    1650   Onques si bel nul leu ne crurent;
              001

cueille
    3964   Mais, avant qu'il en cueille gerbe,
              001

cuer
    81   Mout a dur cuer qui en mai n'aime,
    294   Qu'ele avoit au cuer grant dolor,
    310   Dou duel qu'ele avoit a son cuer.
    311   Trop avoit son cuer corrocié

cuer (CONT.)
```
 333  Car qui le cuer a bien dolent,
 708  Me mist ou cuer grant reverdie;
1010  Mout grant douçor au cuer me touche,
1161  Ausi atrait le cuer des genz
1199  Le cuer ot douz e debonaire:
1205  Qu'ele ot le cuer si piteable
1459  Que Narcisus au cuer farasche,
1694  Que par mi l'ueil m'a ou cuer mise
1717  Fu si dedenz mon cuer fichiee
1743  Si que par l'ueil ou cuer m'entra
1766  La tierce floiche au cuer voler,
1791  Me donoit cuer e hardement
1819  Mon cuer, don il a fait bersaut,
1823  Si que ou cuer soz la mamele
1858  Si m'a ou cuer grant plaie faite;
1861  Le cuer qui m'estoit toz failliz.
1920  Cuer e cors en vostre servise,
1981  Que mon cuer m'avez si toloit
1997  Qui a le cuer en sa comande.
2003  Ton cuer, n'en quier autre apoial;
2009  E ferma mon cuer si soef
2039  Se tu de bon cuer serviras,
2055  Ne met son cuer au retenir
2129  Il n'i puet son cuer apleier
2222  Doné son cuer tot enterin
2241  En un seul leu tot ton cuer mis,
2245  Qui en mainz leus son cuer depart,
2248  Qui en un leu met son cuer tot;
2265  Quant tu avras ton cuer doné,
2295  E sospirras de cuer parfont,
2303  Mon cuer seul por quoi i envoi ?
2306  Après, por le cuer conveier,
2307  Se mi ueil mon cuer ne convoient,
2313  Quant de mon cuer sui si lointiens;
2331  Ton cuer ne porras apaier,
2339  Grant joie en ton cuer demerras
2342  Feras ton cuer frire e larder,
2346  Plus alume son cuer e larde;
2366  Que onques cuer ne hardement
2483  Quant j'ai mis mon cuer en tel leu
2576  Celi qui ton cuer a en garde.
2622  E cuer e talent li aporte
2694  De la bele qui ton cuer emble,
2702  En bien amer son cuer a mis,
2739  Tot maintenant au cuer envoient
2773  Tot mon cuer mis e ma beance,
2883  Lors ai pris cuer e hardement
2888  Que j'ai dedenz le cuer enclose
2901  Il m'a ou cuer cinc plaies faites,
3001  Qui fist ton cuer trop esgaier;
3068  Si dente ton cuer e refrain.
3071  Qui toutes eures son cuer croit,
3078  Mon cuer, qu'Amors plus nou sorpreigne:
3081  Le cuer qui est siens trestoz quites?
3083  Amors a si mon cuer denté
3166  Don je ne puis mon cuer retraire;
3283  Mout a dur cuer qui ne se ploie
3742  Mout ai irié le cuer dou ventre
3767  Mout ai le cuer dou ventre irié
3777  Qu'encor ai je ou cuer enclose
3788  Qui esprent mon cuer e atise.
3982  Qui met ou cuer des genz rancune,
4005  Gardez moi au moins vostre cuer,
4008  Mete vostre cuer en servage
4011  Aiez dedenz cuer d'aïmant
              069
```

cuers
```
  32  Por voz cuers plus faire esgaier,
  72  Qu'en lor cuers a de joie tant
 265  Ses felons cuers si la detrenche
1701  Li cuers me faut, li cuers me ment:
1701  Li cuers me faut, li cuers me ment:
1728  Mes cuers, qui aillors ne beoit:
1759  Ce que mes cuers me comandoit:
1797  Vers le rosier ou mes cuers tent;
1985  Li cuers est vostres, non pas miens,
2302  Quant la ou mes cuers est ne vais !
2311  Ce don li cuers a tel talent.
2572  Garde bien que tes cuers remaigne,
2736  Ainz vuelent que li cuers s'esjoie,
2742  Que li cuers oblit ses dolors
2747  Les tenebres ou li cuers gist
2749  Car li cuers de rien ne se diaut
2965  Cuers ne porroit mie penser
2968  Par poi que li cuers ne me part
3059  Li cuers que tu as trop volage
3070  Encontre ce que tes cuers pense:
3727  Je cuit que cuers vos est failliz;
4014  Gardez au moins que li cuers m'aint:
4015  Frans cuers ne lait mie a amer
              023
```

cui
```
  41  Cele por cui je l'ai empris;
 257  A cui el ne soit anemie;
 326  A cui grant pitié n'en preïst;
 377  Li Tens vers cui neïenz ne dure,
 591  Ce est cil cui est cist jardins,
 997  Envers cui les autres estoiles
1385  Cui li arbre faisoient ombre,
1440  Cui Amors tint en ses roisiaus,
1518  Cui malement en mesavint;
1936  A cui nus vilains on ne touche,
2022  Au seignor cui l'en le presente."
2217  Cui il n'abelist a doner.
2435  A cui nule ne s'apareille.
2688  Cui tu dies tot ton talent
2712  Quant l'en a ome a cui l'en ose
2791  En cui il n'ot rien que blasmer:
3104  Un compaignon cui je deïsse
3119  Dou bouton a cui je beoie,
3186  Cui qu'il soit bel ne cui qu'il griet;
3186  Cui qu'il soit bel ne cui qu'il griet;
3399  Vers cui je ne vueil pas mesprendre.
3405  E sachiez bien cui l'en otroie
3501  Par cui je fui puis mout grevez,
              023
```

cuida
```
1487  Qu'il cuida veoir la figure
              001
```

cuidai
```
 635  E sachiez que je cuidai estre
2882  Je cuidai bien estre arivez;
3980  Quant je cuidai estre au deseure.
              003
```

cuidast
```
1116  Il cuidast bien estre repris
              001
```

cuide
```
  11  Quiconques cuide ne qui die
2616  E se cuide veoir delivre
2875  Por ce qu'il cuide que jou vueille;
              003
```

cuideras
```
2370  Bien cuideras avoir mespris
2397  Quant tu cuideras comencier;
2427  Car quant tu cuideras dormir,
              003
```

cuidiai
```
1705  Je fui mout vains e si cuidiai
```

cuidiai   (CONT.)
                 001

cuidier
    389 Si durement qu'au mien cuidier
                 001

cuidiez
    2900 Ne cuidiez pas que je vos mente:
    2933 Vos li cuidiez bonté faire
    2961 Ne cuidiez pas que nus conoisse,
    3079 Cuidiez vos donc qu'Amors consente
                 004

cuidoie
    3954 Jes cuidoie avoir achetez,
                 001

cuilli
    2876 Si a cuilli une vert fueille
                 001

cuillie
    1213 E si fu si cuillie e jointe
                 001

cuillisse
    1631 Ne cremisse estre, j'en cuillisse
                 001

cuilloit
    3668 S'ele le cuilloit en haïne."
                 001

cuit   (THINK)
    269 Je cuit que s'ele conoissoit
    306 Je cuit que nus ne li seüst
    393 Ce cuit je, ne force ne sen,
    398 Mais je cuit qu'el n'iere mais sage,
    447 Je cuit qu'ele acorast de froit,
    476 Ne vit mais on, si con je cuit,
    628 Veoir la m'estuet, car je cuit
    1089 Ne fu veüz si biaus, ce cuit.
    1144 Si cuit je que ele en feïst
    1204 Tost en eüst, ce cuit, pitié;
    1262 Si con je cuit, doze anz d'assez.
    1541 Qu'a merveille, ce cuit, tendroiz
    1745 Jamais, ce cuit, par ome né,
    1923 Encor, ce cuit, en aucun tens
    3461 Qu'il a, ce cuit, mout douce aleine;
    3507 Por quoi je cuit qu'il abelisse
    3629 Je cuit si bien garder son cors
    3727 Je cuit que cuers vos est failliz;
                 018

cuit   (COOK)
    1879 D'une part m'oint, d'autre me cuit,
    2032 Qui orendroit te cuit e blece,
                 002

cul
    3646 Toz li maigres dou cul lor tremble.
                 001

Cupido
    1588 Car Cupido, li fiz Venus,
                 001

cure
    1306 N'a or plus cure qu'il li gart
    2178 Amor n'a cure d'ome morne;
    2334 Ce don tu es en si grant cure;
                 003

curieus
    1036 Ce sont cil qui sont curieus
    4046 Sont de moi nuire curieus?
                 002

cuvertage
    143 E pleine de grant cuvertage
                 001

cuverz
    2829 En un destor fu li cuverz,
                 001

d
    38   Ou l'Art d'Amors est toute enclose.
    43   E tant est dine d'estre amee
    85   Que toute rien d'amer s'esfroie,
    91   Lors trais une aguille d'argent
    92   D'un aguillier mignot e gent,
    94   Hors de vile oi talent d'aler,
    105 Que j'oï près d'ilueques bruire;
    108 D'un tertre qui près d'iluec iere
    108 D'un tertre qui près d'iluec iere
    140 Qui de corroz e d'ataïne
    151 Hisdosement d'une toaille.
    152 Une autre image d'autel taille
    158 Qui estoit auques d'autel estre
    159 Con ces deus e d'autel faiture;
    166 Bien sembloit estre d'afiz pleine
    168 D'enorer ce qu'ele deüst.
    175 D'avoir conquerre e assembler;
    176 C'est cele qui semont d'embler
    217 D'aigniaus noirs, veluz e pesanz.
    268 D'aucun blasme metre as genz seure;
    287 Qu'ele fondoit d'ire e ardoit
    315 D'esgratiner toute sa chiere;
    331 Il ne li tenoit d'envoisier
    332 Ne d'acoler ne de baisier;
    394 Ne plus que uns enfes d'un an.
    400 Ele ot d'une chape forree
    426 E d'apeler e sainz e saintes.
    478 Car li leus d'oisiaus herbergier
    481 D'arbres ne d'oisillons chantanz,
    481 D'arbres ne d'oisillons chantanz,
    482 Qu'il i avoit d'oisiaus trois tanz
    495 Les dances d'Amors e les notes
    551 D'orfrois ot un chapel mignot;
    556 Ot desus le chapel d'orfrois.
    558 Si ot d'un riche treçoer
    564 Cote ot d'un riche vert de Ganz,
    585 S'ai d'une chose mout bon tens,
    643 D'oisiaus chantanz avoit assez
    646 D'autre part jais e estorniaus;
    649 De chardoneriaus, d'arondeles,
    650 D'aloes e de lardereles.
    668 Ne fu d'ome mortel oïe.
    670 Qu'il ne sembloit pas chant d'oisiaus,
    703 Lais d'amors e sonez cortois
    820 D'un samit portrait a oisiaus,
    827 D'uns solers decopez a laz
    856 D'un fil d'or estoit galonee;
    856 D'un fil d'or estoit galonee;
    857 S'ot un chapel d'orfrois tot nuef.
    861 D'un samit qui iert toz dorez
    866 Li deus d'Amors, cil qui depart
    873 Li deus d'Amors de la façon
    899 Qu'il estoit toz coverz d'oisiaus,
    909 Au deu d'Amors deus ars turcois.
    910 Li uns des ars si fu d'un bois
    915 Li autres ars fu d'un plançon
    931 Onc n'i ot rien qui d'or ne fust,
    934 De saietes d'or barbelees.
    946 El n'estoit pas d'aler loing prete;
    957 Cinc floiches i ot d'autre guise,

50

d (CONT.)

960	Plus noir que deables d'enfer.
970	Ces cinc floiches d'une maniere
989	Li deus d'Amors se fu bien pris;
1024	Ce n'est mie ne d'ui ne d'ier
1024	Ce n'est mie ne d'ui ne d'ier
1051	Icil losengier plein d'envie!
1053	Richece ot d'une porpre robe,
1061	D'une bande d'or neelee
1061	D'une bande d'or neelee
1069	La bocle d'une pierre fu
1077	D'une autre pierre iert li mordanz,
1083	Li clou furent d'or esmeré
1088	Un cercle d'or; onques encores
1090	Li cercles fu d'or fin recuit;
1104	Conduire d'une live loing.
1153	Car il n'a pas d'amis plenté
1164	D'une porpre sarradinesche.
1184	Fu venuz d'un tornoiement,
1244	D'estre empereriz ou reïne.
1262	Si con je cuit, doze anz d'assez.
1272	Car qui tenist d'aus deus parole,
1277	Si estoit vaillanz d'autel aage
1278	Con s'amie e d'autel corage.
1300	D'avoir amie a son devis.
1301	D'ilueques me parti atant,
1304	E li deus d'Amors apela
1313	Li deus d'Amors tantost de loing
1337	D'alemandiers i ot plenté;
1355	E d'oliviers e de ciprès,
1376	S'i ot grant plenté d'escuriaus,
1398	Tant d'erbe come il covenoit.
1420	E li deus d'Amors m'a seü,
1460	Qu'ele ot trové d'amor si lasche,
1488	D'un enfant bel a desmesure.
1502	Il perdi d'ire tot le sen.
1578	Qui d'amer l'a tost mis en voie.
1586	Ci est d'amer volenté pure,
1589	Sema ici d'Amors la graine,
1597	La Fontaine d'Amors par droit,
1618	D'une haiete clos entor;
1641	Si en i a d'autre moison,
1643	E s'aprestent d'espaneïr.
1681	Li deus d'Amors, qui, l'arc tendu,
1755	Toz jorz d'aler vers la rosete,
1804	Faite d'espines mout poignanz.
1818	Li deus d'Amors, qui tot despiece
1834	De guerison n'a d'alejance.
1844	D'Amors servir, por mal qu'il sente.
1846	E trenchant con rasoirs d'acier;
1848	D'un oignement precieus ointe,
1879	D'une part m'oint, d'autre me cuit,
1879	D'une part m'oint, d'autre me cuit,
1917	E sachiez que n'en ai point d'ire.
1931	D'ome vilain mal enseignié;
1961	E d'uns e d'autres receüz;
1961	E d'uns e d'autres receüz;
1965	D'aus ai oïe mainte noise;
1993	E la clef soit en leu d'ostages."
2029	Granz biens ne vient pas en poi d'eure;
2057	Li deus d'Amors lors m'encharja,
2069	Des jeus d'Amors assez aprendre,
2125	Après tot ce d'orgueil te garde,
2128	E qui d'orgueil est entechiez,
2133	Mais qui d'amors se viaut pener,
2139	Por quoi il soit d'orgueil vuidiez,
2155	De ganz, d'aumosniere de soie
2176	D'envoiseüre maintenir.
2178	Amor n'a cure d'ome morne;
2183	Amant sentent le mal d'amer
2185	Maus d'amer est mout corageus;
2216	Onques on rien d'amer ne sot
2218	Se nus se viaut d'amors pener,
2219	D'avarice tres bien se gart,
2229	Qui d'Amors viaut faire son maistre
2283	Les dolors d'amors essaiees.
2356	E il plus est d'amer engrès.
2365	D'une chose mout laidement :
2378	E querras achoison d'aler
2477	Mais se, senz plus, d'un seul baisier
2487	Que d'autre li deduiz entiers.
2507	Se j'onques mal d'amer conui;
2595	Li deus d'Amors lors me respont
2606	Ne porroit nus les maus d'amer
2613	Qui n'a que pain d'orge ou d'avoine,
2613	Qui n'a que pain d'orge ou d'avoine,
2644	Ceus que li laz d'Amors enlace,
2662	Quant d'un ris ou d'un bel semblant
2662	Quant d'un ris ou d'un bel semblant
2663	Li membre ou d'une bele chiere
2666	La dolor d'amor e la rage.
2748	Qui nuit e jor d'amors languist,
2775	Fors ou deu d'Amors de l'avoir;
2779	Li rosier d'une haie furent
2826	Près d'ilueques repoz estoit:
2830	D'erbe e de fueilles toz coverz,
2837	Li miauz vaillanz d'aus si fu Honte;
2849	Si qu'ele avoit mestier d'aïe,
2871	Sovent me semont d'aprochier
2872	Vers le bouton e d'atouchier
2892	Miauz voudroie a coutiaus d'acier
2966	Ne bouche d'ome recenser
3005	Fos est qui s'acointe d'Oiseuse:
3058	Quant au deu d'Amors te rendis;
3099	Je remés d'ire e de duel pleins,
3149	Me dona d'aler essaier
3157	En sa main un baston d'espine.
3188	D'argent, qu'il fust sor vostre pois."
3196	Saches je n'ai vers toi point d'ire,
3292	Qui d'amors onques ne guila
3352	Or ai d'aler par tot congié,
3388	D'avoir un baisier precieus
3422	Ce est la mere au deu d'Amors,
3439	E si n'ot point en li d'orgueil.
3444	D'avoir un baisier doucereus?
3449	Par quoi est dignes d'estre amez.
3483	E adouci les maus d'amer
3506	Ja parece ne m'iert d'escrivre,
3517	Qu'il fu fiz d'une vieille iraise,
3537	Sens, que bien fusses d'un garçon
3565	Ausi con none d'abaïe,
3586	Que d'acointier genz ne se feigne,
3590	Fors qu'il est pleins d'envoiseüre
3602	"Grant peor ai d'estre traïe,
3630	Qu'il n'avra pooir d'issir hors
3674	A son chief, d'erbe un grant moncel,
3682	Ne qu'en la queue d'un mouton.
3699	Pleins de rampones e d'outrage:
3726	Qu'en vos n'a mais point d'engrestié.
3734	E fu pleins d'ire e de roïlle
3756	Semblant fait d'estre corrociez.
3849	D'un baile qui vait tot entor,
3865	Jusqu'as fossez venir d'alee
3984	En poi d'eure son semblant mue:
4001	Car ja d'aillors ne quier que j'aie
4011	Aiez dedenz cuer d'aïmant
4038	Par un poi que je ne font d'ire

196

dains

| 1375 | Ou vergier ot dains e chevriaus; |

001

dame

621	Je li dis lores: "Dame Oiseuse,
729	E une dame lor chantoit,
779	Qu'une dame mout envoisie
990	A une dame de haut pris

dame   (CONT.)
   992 Icele dame ot non Biautez,
  1018 Une dame de grant hautece,
  1031 Chascuns sa dame la clamoit,
  1168 A une dame fait present,
  1444 Car Echo, une haute dame,
  1827 A merci dame ou damoisele.
  2006 Mais ele est de mon escrin dame,
  2677 Une dame qui bien amot,
  2846 Chasteé, qui dame doit estre
  2973 La dame de la haute angarde,
  2975 Raison fu la dame apelee.
  3075 "Dame, je vos vueil mout prier
  3256 Seue merci, dame Franchise,
  3426 A eschaufee mainte dame;
  3455 Il n'est dame ne chastelaine
  3568 "Por Deu, dame, ne creez pas
                     020

Damedeus
  2726 Li ueil quant Damedeus lor montre
                     001

dames
   871 E des dames refait baesses,
   919 Dames i ot de toz sens pointes,
  1507 Dames, cest essemple aprenez,
  2121 As dames e as damoiseles,
  2171 Ce n'apartient s'as dames non,
  2552 Qui vont les dames traïssant:
  2673 E a maintes dames secors,
  3319 "Dames," dist il, "je ne vos ose
                     008

damoisele
  1218 Con sorquenie a damoisele;
  1827 A merci dame ou damoisele.
                     002

damoiseles
   759 Deus damoiseles mout mignotes,
  1593 Damoiseles e damoisiaus,
  2121 As dames e as damoiseles,
  3576 De vallez e de damoiseles.
                     004

damoisiaus
   819 Car il iert juenes damoisiaus.
  1439 Narcisus fu uns damoisiaus
  1593 Damoiseles e damoisiaus,
                     003

dance
  3936 Qu'el set toute la vieille dance.
                     001

dances
   495 Les dances d'Amors e les notes
  1286 De ceus qui menoient les dances,
                     002

dancier
   335 De dancier ne de queroler.
   776 De queroler e de dancier.
  2209 De fleüter e de dancier:
                     003

dangereus
  2670 Tu seroies mout dangereus.
  3443 Vers cel amant si dangereus
                     002

dangier
  1033 Toz li monz iert en son dangier.
  1490 Dou grant orgueil e dou dangier
  1886 Ne fai pas dangier de toi rendre:
  1889 Il est fos qui moine dangier
  2196 Ne fai pas de saillir dangier;
  3457 S'ele faisoit de lui dangier.
  4020 E dou dangier qu'ele vos montre
                     007

Dangier
  3027 E de Dangier neient ne monte
  3115 E me plains a lui de Dangier;
  3127 Je conois bien piec'a Dangier:
  3150 Se Dangier porroie apaier
  3151 A Dangier sui venuz honteus,
  3189 Mout trovai Dangier dur e lent
  3251 A Dangier vont andeus tot droit,
  3337 Entre moi e Pitié Dangier,
  3656 Alon a Dangier orendroit,
  3670 Puis en sont a Dangier venues,
                     010

Dangiers
  2827 Dangiers ot non, si fu closiers
  2920 Atant saut Dangiers li vilains
  3025 Dangiers li fel a guerreier
  3209 Dangiers, qui fait a mainz lor bon
  3221 A la haie que Dangiers garde
  3225 Dangiers se prent garde sovent
  3257 E dist: "Dangiers, si Deus m'ament,
  3289 Por ce, Dangiers, vos vueil requerre
  3317 Lors ne pot plus Dangiers durer.
  3341 Puis que Dangiers l'a otreié."
  3351 Que Dangiers m'avoit chalongié.
  3713 "Certes, Dangiers, mout me merveil
  3755 Lors s'est Dangiers en piez dreciez,
  3762 Car Dangiers devient plus divers
  3869 Si m'est avis que Dangiers porte
                     015

datier
  1339 Maint fier e maint biau datier;
                     001

de
    13 De croire que songes aveigne,
    18 Car li plusor songent de nuiz
    21 Ou vintieme an de mon aage,
    37 Ce est li Romanz de la Rose,
    42 C'est cele qui tant a de pris
    48 Ou tens amoreus, plein de joie,
    52 E covrir de novele fueille.
    62 Que de colors i a cent paire.
    64 E de maintes colors diverses,
    72 Qu'en lor cuers a de joie tant
    75 De chanter e de faire noise,
    75 De chanter e de faire noise;
    89 De mon lit tantost me levai,
    94 Hors de vile oi talent d'aler,
   101 Qui de chanter mout s'angoissoient,
   103 Jolis, gais e pleins de leece,
   112 Si estoit poi mendre de Seine,
   118 De l'eve clere e reluisant
   121 Le fonz de l'eve de gravele.
   121 Le fonz de l'eve de gravele.
   123 Trés au pié de l'eve batoit.
   131 Tot clos de haut mur bataillié
   137 De ces images la semblance,
   140 Qui de corroz e d'ataïne
   143 E pleine de grant cuvertage
   171 De prendre e de neient doner,
   171 De prendre e de neient doner,
   191 Covoitise de l'autrui prendre;
   196 Coste a coste de Covoitise,
   203 Chose sembloit morte de fain,

de   (CONT.)

204	Qui vesquist solement de pain	806	Cointes fu e de bel ator.
211	E pleine de viez paletiaus.	814	E de toz membres bien formez.
214	E une cote de brunete;	830	De roses, qui mout li sist bel.
216	Mais mout vil e de povre afaire,	835	De s'amor li dona l'otroi.
225	De robe nueve e grant disete	841	De la color sor la char tendre,
232	Mais el n'avoit de ce que faire:	850	L'en nou feïst pas miauz de cire.
234	Que de la borse ostast neant.	860	Chapel si bien ovré de soie,
253	Envie est de tel cruauté	863	De quoi ses amis avoit robe,
266	Que de li Deu e la gent venche.	865	A li se tint de l'autre part
274	Qu'el ne peüst de tot son pris	873	Li deus d'Amors de la façon
282	Fors de travers en borgneiant;	875	De biauté fist mout a prisier.
285	Regarder rien de plain en plain,	876	Mais de sa robe devisier
290	Ou amez ou loez de genz.	878	Qu'il n'avoit pas robe de soie,
297	De paleté ne de maigrece;	879	Ainz avoit robe de floretes,
297	De paleté ne de maigrece;	884	Fu la robe de toutes parz
300	Qu'el sofroit de jorz e de nuiz	885	Portraite, e ovree de flors
300	Qu'el sofroit de jorz e de nuiz	886	Par diverseté de colors.
322	De mautalent e de corroz.	887	Flors i avoit de maintes guises,
322	De mautalent e de corroz.	890	Qui n'i fust, nes flor de genest,
332	Ne d'acoler ne de baisier;	894	Fueilles de roses granz e lees.
334	Sachiez de voir qu'il n'a talent	896	De roses; mais rossignolet,
335	De dancier ne de queroler.	900	De papegauz, de rossigniaus,
335	De dancier ne de queroler.	900	De papegauz, de rossigniaus,
341	De tel come ele soloit estre;	901	De calandres e de mesenges.
351	De vieillece e aneientiz.	901	De calandres e de mesenges.
354	Or estoit toz de fronces pleins.	912	Toz pleins de neuz e bocerez
358	Tant par estoit de grant vieillune	916	Longuet e de gente façon;
360	De quatre toises senz potence.	919	Dames i ot de toz sens pointes,
363	E qui de nos se part e emble	934	De saietes d'or barbelees.
367	Ainz ne fine de trespasser.	936	De ces floiches, e la plus bele,
412	De nul mal faire n'est coarde;	939	Une de celes qui plus blece
420	Qu'el fu de simple contenance,	943	De valor e de cortoisie.
425	De faire a Deu prieres feintes,	943	De valor e de cortoisie.
432	Ainz sembloit de jeüner lasse,	947	Mais qui de près en vosist traire,
435	Deveee de pareviz;	953	Qui de cele floiche est plaiez;
439	E por un poi de gloire vaine,	964	Cele si fu de felonie
447	Je cuit qu'ele acorast de froit.	974	E pleins de neuz e bocereus;
449	Tot plein de mauvais paletiaus:	986	Des nobles genz de la querole
452	Grant loisir avoit de trembler.	990	A une dame de haut pris
466	De toutes parz pointes ou mur.	991	Se fu de mout près ajostez.
469	En leu de haies, uns vergiers,	994	En li ot mout de bones toiches:
483	Qu'en tot le reiaume de France.	1001	E blanche come flor de lis.
485	De lor piteus chant a oïr:	1006	De soi tifer ne afaitier
524	Le guichet, qui estoit de charme,	1012	De la façon de chascun membre,
539	Li cos fu de bone moison,	1012	De la façon de chascun membre,
550	Nul plus bel cors de fame querre.	1018	Une dame de grant hautece,
555	Un chapel de roses tot frois	1019	De grant pris e de grant afaire.
564	Cote d'un riche vert de Ganz,	1019	De grant pris e de grant afaire.
573	De nule rien, fors solement	1026	De faire a aïde e grevance.
574	De soi atorner noblement.	1030	Por l'amor de li deservir;
581	Ne de respondre desdeigneuse:	1037	De desprisier e de blasmer
590	De Deduit le mignot, le cointe,	1037	De desprisier e de blasmer
592	Qui de la terre as Sarradins	1048	Car il font ceus de cort estranges
622	Ja de ce ne seiez douteuse,	1060	Estoires de dus e de rois.
648	De roietiaus e de tortoles,	1060	Estoires de dus e de rois.
648	De roietiaus e de tortoles,	1065	De riches pierres grant plenté,
649	De chardoneriaus, d'arondeles,	1072	De nul venin rien ne doutoit:
650	D'aloes e de larderoles;	1076	Miauz que trestoz li ors de Rome.
653	De chanter fussent a enviz;	1081	Trestot le jor de sa veüe
672	A chant de sereines de mer,	1098	Esmeraudes plus de deus onces.
672	A chant de sereines de mer,	1110	Un vallet de grant biauté plein,
684	Fui pleins de grant joliveté;	1115	Si avoit les chevaus de pris
693	Primes de quoi Deduiz servoit,	1117	Ou de murtre ou de larrecin
706	De lor chant, n'estoit mie gas,	1117	Ou de murtre ou de larrecin
716	Pleine de fenoil e de mente;	1120	De Richece e la bienvoillance
716	Pleine de fenoil e de mente;	1129	De faire enor e de despendre.
740	De chanter en toz leus premiere,	1129	De faire enor e de despendre.
756	Qui ne finoient de ruer	1131	Si n'avoit tel joie de rien
764	Mais de ce ne fait a parler	1135	Con Largece estoit de doner;
776	De queroler e de dancier.	1159	Con la pierre de l'aïmant
776	De queroler e de dancier.	1169	N'avoit guieres, de son fermal;
782	Que Deus defende de contraire!	1177	Le bon roi Artu de Bretaigne;
794	Car de queroler, se j'osasse,	1179	De valor e le gonfanon.
		1180	Encore est il de tel renon

de   (CONT.)

1181	Que l'en conte de lui les contes	1732	M'alejoit mout de mes dolors.
1211	Qui ne fu mie de borraz:	1749	Or sachiez bien de verité
1228	Fiz au seignor de Guindesores.	1763	De moi grever e mout se poine,
1230	Qui mout estoit de toz proisié.	1774	Tantost le fust de mon costé,
1237	De biaus respons e de biaus diz;	1792	De faire son comandement.
1237	De biaus respons e de biaus diz;	1795	E m'esforçai mout de marchier,
1250	E de s'amie bien amez.	1800	Pooir de passer l'espinoi,
1252	Qui se tint de moi assez près.	1822	Une autre floiche de rechief,
1253	De cele vos ai je senz faille	1829	De mes plaies tot maintenant;
1267	Fors de joer, bien le savez.	1834	De guerison ne d'alejance.
1268	Ses amis de li privez	1837	Fera Amors de moi martir.
1271	Veianz toz ceus de la querole;	1852	Par l'ointure de l'oignement,
1281	Qui estoient de lor maisnies;	1853	Qui estoit toz de confort pleins.
1283	E genz de bel afaitement	1866	Qui ot esté de novel rese.
1286	De ceus qui menoient les dances,	1886	Ne fai pas dangier de toi rendre:
1296	Fos est qui n'a de tel envie.	1905	Faire de moi, pendre ou tuer;
1298	De meillor bien se soferroit.	1914	E se de moi vostre prison
1303	Par le vergier de ça en la;	1918	Tant ai oï de vos bien dire
1312	Forz e luisanz, de traire pretes.	1922	Je ne m'en puis de rien doloir;
1313	Li deus d'Amors tantost de loing	1945	E seignor de si haut renon,
1315	Or me gart Deus de mortel plaie,	1947	De Cortoisie e la baniere;
1317	Je, qui de ce ne soi neient,	1948	Si est de si bone maniere,
1320	E cil pensa bien de moi sivre,	1963	Li felon, plein de fausseté,
1324	Fu toz de droite carreüre,	1970	De toi estre si bien certains,
1325	S'ot autant de lonc con de large.	1979	Pleges de moi ne seürté,
1325	S'ot autant de lonc con de large.	1980	Ja savez vos de verité
1333	De noiers i ot grant foison	1999	Lors a de s'aumosniere traite
1342	Clos de girofle e ricalice,	2001	Qui fu de fin or esmeré:
1343	Graine de parevis novele,	2005	Ele est mendre de ton doi mame,
1353	De granz loriers e de hauz pins	2006	Mais de mon escrin dame,
1353	De granz loriers e de hauz pins	2012	E quant je l'oi mis hors de doute:
1355	E d'oliviers e de ciprès,	2014	De faire vostre volenté;
1362	De divers arbres i ot tant	2020	De faire servise qui vaille,
1367	Li uns fu loing de l'autre assis	2037	Qui de tes plaies te garra;
1368	Plus de cinc toises ou de sis	2039	Se tu de bon cuer serviras,
1368	Plus de cinc toises ou de sis;	2044	Avant que vos movez de ci,
1370	E, por le leu garder de chaut,	2048	Tost porroie issir hors de voie;
1379	Toute jor hors de lor tesnieres,	2049	Por ce sui en grant de l'aprendre
1380	E en plus de trente manieres	2050	Que je n'i vueil de rien mesprendre."
1400	Li leus, qui estoit de tel aire	2076	Car il n'i a mot de mençonge.
1401	Qu'il i avoit de flors planté	2087	Or te garde bien de retraire,
1406	De jaunes en i ot merveilles.	2089	N'est pas proece de mesdire,
1409	De flors de diverses colors,	2094	Par sa cortoisie ot de pris,
1409	De flors de diverses colors,	2095	Autretant ot de blasme Keus
1432	Dedenz une pierre de marbre	2100	De paroles douz e raisnables
1450	Pleins de desdein e de fierté,	2104	De saluer les genz premiers;
1450	Pleins de desdein e de fierté,	2123	De toi e dire e raconter:
1462	E eschaufez de tel amor	2132	De ce que fins amanz doit faire.
1472	Un jor qu'il venoit de chacier,	2142	E de robe e de chaucemente
1474	De corre e amont e aval,	2142	E de robe e de chaucemente:
1479	Que li pins de ses rains covroit,	2154	E de quel part tu en istras.
1496	Ce fu la some de la chose.	2155	De ganz, d'aumosniere de soie
1503	E fu morz en poi de termine.	2155	De ganz, d'aumosniere de soie
1504	Ensi si ot de la meschine.	2156	E de ceinture te cointoie,
1517	Quant de Narcisus me sovint,	2157	E se tu n'es de la richece
1520	Senz peor de mauvais eür,	2161	Chapel de flors, qui petit coste,
1523	De la fontaine m'apressai;	2162	Ou de roses a Pentecoste,
1528	De la fontaine c'est la fins:	2167	S'en tes ongles pert point de noir,
1537	Ou fonz de la fontaine aval	2172	Ou a ceus de mauvais renon,
1538	Avoit deus pierres de cristal,	2196	Ne fai pas de saillir dangier;
1546	Lors perent colors plus de cent	2205	De chanter, se l'en t'en semont,
1559	Trestot ausi vos di de voir	2208	Que il sache de vieler,
1601	La verité de la matere	2209	De fleüter e de dancier:
1607	Mais de fort eure m'i mirai.	2209	De fleüter e de dancier:
1616	Choisi rosiers chargiez de roses,	2232	E de largece soit proisiez.
1635	Car il en peüst de legier	2237	E te membre de la douce eure
1662	De fueilles i ot quatre paire,	2247	Mais de celui point ne me dot
1668	L'odor de lui entor s'espant:	2255	Car bonté de chose pretee
1672	Je n'oi talent de repairier,	2257	Mais de chose donee en dons
1703	E quant je vin de pasmoison	2270	De tes amors, te covendra
1706	Grant fais de sanc avoir vuidié;	2291	A chief de piece revendras
1708	Ne traist onques sanc de moi point,	2295	E sospirras de cuer parfont,
1724	Ne de ma plaie ou trover mire,	2313	Quant de mon cuer sui si lointiens;
		2326	E te vendront tot de rechief

de   (CONT.)
2340 De la biauté que tu verras,
2351 Quant il le feu de plus près sent,
2355 Quant il se tient de li plus près,
2363 De ce que tu avras veü:
2367 N'eüs de li araisoner,
2379 De rechief encore en la rue
2390 Qu'il est granz sens de soi celer.
2405 Se teus n'est que de guile serve;
2412 Senz dire mot de vilanie,
2424 Lors avras plus de mil enuiz.
2426 Ou tu avras poi de delit,
2443 E avras joie de neient
2455 De joie e de bone aventure;
2455 De joie e de bone aventure;
2466 De m'amie enterine joie,
2475 De moi avroient grant enor
2480 De la poine que j'ai soferte;
2486 Car miauz vaut de li uns regarz
2506 E de repos petit prendras,
2509 Sofrir en ton lit de veillier,
2533 Avoir de celui qui endure
2537 De quoi tu ne puez avoir aise:
2559 A la pucele de l'ostel:
2565 Quant cil qui sont de li privé
2580 De la bele avoir tes aviaus."
2593 Coment on, s'il estoit de fer,
2623 De son cors a martire ofrir;
2638 Ne ja de toi ne partira
2649 Douz Pensers vient a chief de piece,
2652 Fait de la joie sovenir
2660 De la biauté de chascun membre.
2660 De la biauté de chascun membre.
2674 Car chascuns qui de ses amors
2680 Qui de mon ami me parole.
2683 Cele de Douz Parler savoit
2694 De la bele qui ton cuer emble,
2695 De sa biauté, de sa semblance
2695 De sa biauté, de sa semblance
2696 E de sa simple contenance.
2717 Li tierz biens vient de regarder,
2728 De quoi il sont si envieus.
2740 Noveles de ce qu'il voient,
2749 Car li cuers de rien ne se diaut
2755 Les amanz e garder de mort;
2760 Chascuns de ceus vueil qu'il te gart
2770 De mes plaies mout me dolui,
2775 Fors ou deu d'Amors de l'avoir;
2776 Angois savoie bien de voir
2777 Que de l'avoir neienz estoit
2783 Dou bouton qui iaut miauz de basme,
2795 De la haie mout doucement,
2802 Por quoi vos gardez de folie;
2803 Se de rien vos i puis aidier,
2805 Car prez sui de vostre servise
2810 De la bonté que vos me dites,
2811 Car mout vos muet de grant franchise;
2813 Sui prez de prendre volentiers."
2824 Quant le bouton de si près vi;
2828 E garde de toz les rosiers,
2830 D'erbe e de fueilles toz coverz,
2869 Bel Acueil se poine de faire
2874 De tot ce me done congié,
2879 De la fueille me fis mout cointes,
2881 De Bel Acueil e si privez,
2884 De dire a Bel Acueil coment
2897 De chose que vos voilliez dire."
2906 De nule rien n'ai plus envie."
2913 De son rosier; n'est pas droiture
2914 Que l'en l'oste de sa nature.
2921 De la ou il s'estoit muciez.
2935 Fuiez, vassaus, fuiez de ci,
2938 Qui de vos servir s'angoissoit;
2955 De ma folie me recors,

2958 E de ce ai la plus grant ire
2964 De la poine qu'il m'avoit dite.
2967 De ma dolor la quarte part;
2969 Quant de la rose me sovient,
2973 La dame de la haute angarde,
2974 Qui de sa tor aval esgarde,
2976 Lors est de sa tor devalee,
2988 Uevre faire de tel compas.
2994 De garder ome de folie,
2994 De garder ome de folie,
3000 Mar vels le bel tens de mai
3027 E de Dangier neient ne monte
3028 Envers que de ma fille Honte,
3054 E de l'avoir est aventure,
3091 Qu'Amors m'eüst de fausseté
3092 Ne de traïson areté.
3094 Au derrenier, de bien amer;
3098 Ne me porroit de ce torner.
3099 Je remés d'ire e de duel pleins,
3101 Car de moi ne soi chevissance,
3106 Ce m'osteroit de grant torment.
3115 E me plains a lui de Dangier;
3152 De ma pais faire covoiteus,
3163 Mais or sui prez de l'amender
3172 Pitié de moi e apaiez
3176 Que ja de rien n'i mesprendrai.
3184 Ja ne vos quier de ce lober,
3190 De pardoner son mautalent;
3200 Loing de mes roses toutesvoies.
3212 Pitié avroit de vostre poine;
3220 Atant ai pris de lui congié.
3230 De faire son comandement,
3242 E qu'il n'i a point de feintise
3243 En moi ne de desleiauté;
3244 Mais il est de tel cruauté
3258 Vos avez tort de cel amant,
3262 Qu'il ait de rien vers vos mespris.
3272 De li faire enui e grevance?
3306 Mestier de pis, s'il vos pleüst.
3311 De pecheor misericorde.
3320 Escondire de ceste chose,
3328 "Trop vos estes de cel amant,
3333 Or pensez de lui conjoïr,
3334 Se de m'amor volez joïr,
3335 E de faire sa volenté.
3346 Ne se fu de rien empiriez,
3354 De grant enfer en parevis,
3356 Qui de mon gré faire se poine.
3360 Que je ne l'oi de près veüe;
3366 Entre les fueilles de la rose,
3374 Toz m'esbaï de la merveille:
3376 De tant come ele est embelie,
3378 Tant con je voi plus de solaz.
3386 "Sire," fis je, "sachiez de voir
3389 De la rose qui soef flaire,
3406 Le baisier, il a de la proie
3410 Je nou vos plus de ce semondre,
3416 Ne l'en n'a pas le vin de l'aisne
3431 Qu'el n'est pas de religion.
3433 De sa robe e de son oré,
3433 De sa robe e de son oré,
3434 Ne de son treçoer doré,
3435 Ne de fermail, ne de corroie,
3435 Ne de fermail, ne de corroie,
3457 S'ele faisoit de lui dangier.
3472 Tant, ce sachiez, de tens perdroiz."
3479 Ai pris de la rose erraument.
3490 Toz pleins de delit e de joie;
3490 Toz pleins de delit e de joie;
3495 Qu'el ne soit troble a poi de vent;
3512 De mainz amanz pense e devine,
3527 De moi e dou fill Cortoisie
3540 De legier as garçons estranges.
3545 Trop s'est de toi Honte esloigniee

55

de	(CONT.)		deables	
3547	De toi garder e tenir cort;		960	Plus noir que deables d'enfer.
3564	E ot un voile en leu de guimple			001
3570	C'est uns on qui ment de legier,		deauté	
3575	De raconter fausses noveles		2036	Je te donrai tel deauté
3576	De vallez e de damoiseles.			001
3576	De vallez e de damoiseles.		debonaire	
3583	De mauvaistié ne de folie;		781	La vaillant e la debonaire,
3583	De mauvaistié ne de folie;		1199	Le cuer ot douz e debonaire:
3593	De lui garder e chastier,		3208	Encor vos sera debonaire
3596	De bien faire, j'en sui dolente;		3705	Qui vos ont trové debonaire.
3597	De ma folie me repens.			004
3607	Ses pooirs ne fine de croistre.		debonairement	
3610	Por ce ferai de novel mur		1897	En pais e debonairement."
3614	Car je voi bien e sai de fi		2260	Si le fai debonairement,
3628	Car j'ai peor de traïson.			002
3631	Ne de compaignie tenir		debrisier	
3633	De paroles le vont chuant.		737	Ainz se savoit bien debrisier,
3636	Mais, se je vif, sache il de voir		771	Bien se savoient debrisier.
3651	De ce don nos ne poon mais.			002
3665	Foïr l'en estuet de la terre,		deça	
3673	Il ot, en leu de chevecel,		271	Ne deça mer ne dela mer,
3681	De garder rose ne bouton			001
3693	Toz les pertuis de ceste haie,		deceü	
3699	Pleins de rampones e d'outrage:		1609	Cil miroers m'a deceü.
3703	En nule guise de busart.		2364	Si te tendras a deceü
3708	Ce vos muet de recreantise,		3007	El t'a traï e deceü;
3715	De garder ce que vos devez.			003
3719	E de tencier apareillie		deceüz	
3722	Bel Acueil hors de ceste place,		1962	Don j'ai puis esté deceüz;
3734	E fu pleins d'ire e de roïlle			001
3744	Miauz amasse de deus espiez		decevoir	
3749	De ceste porprise defendre;		1560	Que li cristal, senz decevoir,
3752	Jamais a nul jor de ma vie		3635	Fol e bergier a decevoir;
3766	De veoir ce que je desir.		4048	Qu'il vos beent a decevoir,
3771	De la rose que je soloie			003
3772	Veoir de près quant je voloie;		decheoir	
3775	Assez plus douce que de basme,		247	Decheoir ou aler a honte;
3778	La douce savor de la rose;			001
3785	Tot de rechief autre feiee;		deciples	
3792	De teus dolors avrai je maintes,		2054	Quant li deciples qui escoute
3807	Un mur de carriaus taillelz,			001
3815	Qu'il est de droite carreüre;		declaré	
3820	E faites de pierres tailliees.		2751	Or t'ai, ce m'est vis, declaré
3827	E deus de coste e un derriere,			001
3828	Qui ne doutent cop de perriere;		decopee	
3833	Enz ou mileu de la porprise		825	E decopee par cointise.
3841	De fort vin aigre e de chauz vive.			001
3841	De fort vin aigre e de chauz vive.		decopez	
3842	La pierre est de roche naïve		827	D'uns solers decopez a laz.
3843	De quoi l'en fist le fondement,			001
3854	E engins de maintes manieres:		dedenz	
3863	De bons murs forz, a creniaus bas,		472	Qui dedenz mener me vosist,
3870	La clef de la premiere porte,		1432	Dedenz une pierre de marbre
3878	Prez de faire sa volenté.		1435	Si ot dedenz la pierre escrites,
3890	Ot soudeiers de Normandie:		1482	Se mist lors por boivre dedenz,
3899	E sons noviaus de controvaille,		1515	Que dedenz n'osai regarder,
3900	As estives de Cornoaille;		1562	A ceus qui dedenz l'eve musent,
3904	S'ele ot parler de lecherie;		1717	Fu si dedenz mon cuer fichiee
3914	Des plus privez de ses amis		1952	Dedenz lui ne puet demorer
3926	Ne de signier ne de guignier,			
3926	Ne de signier ne de guignier,			
3928	Qu'ele ot des biens e de l'angoisse			
3938	Se fu de Bel Acueil saisie,			
3955	Or les me vent tot de rechief,			
3977	Estoit de recevoir mes jeus;			
3981	Ce est ausi con de Fortune,			
3999	E de la covendra qu'il isse			
4028	Mal gré de ce que vos avez			
4035	Plus qu'a vos de la mescheance,			
4039	Quant il me membre de ma perte,			
4046	Sont de moi nuire curieus?			
4047	Ha! Bel Acueil, je sai de voir			

543

dedenz (CONT.)	defensable
2888 Que j'ai dedenz le cuer enclose	3826 Bien defensable par covent,
3350 Por mener dedenz le porpris	001
3368 E la place dedenz emploient,	defense
3847 Ne par dedenz miauz ordenee.	1902 Que j'aie ja vers vos defense,
3853 Dedenz le chastel a perrieres	3069 Tu doiz metre force e defense
3968 Si fait le grain dedenz morir,	002
4011 Aiez dedenz cuer d'aïmant	defent
015	3029 Qui les roses defent e garde
deduire	001
106 Car ne me soi aler deduire	defors
2159 Mais au plus bel te doiz deduire	2520 E jucheras iluec defors,
3464 Por solacier e por deduire,	4010 E s'el vos chastie defors,
003	002
deduit (SUBST.)	defrire
475 Car tel joie ne tel deduit	2354 S'amie qui le fait defrire;
687 Qui m'avoit en ce deduit mis;	001
2177 A joie e a deduit t'atorne:	degré (STEP)
2189 Se tu sez nul bel deduit faire,	473 Ou par eschiele ou par degré,
2714 Cel deduit prendras mout en gré,	001
2733 E quant li ueil sont en deduit,	degré (RANK)
006	2026 E te metrai en haut degré,
deduit (V.)	001
76 Lors se deduit e lors s'envoise	dehé
001	2930 Dehé ait, senz vos solement,
Deduit	001
590 De Deduit le mignot, le cointe,	dehors
617 Si sont li compaignon Deduit,	132 Portrait dehors e entailliê
711 Qu'adonc Deduit veoir n'alasse;	413 El fait dehors le marmiteus,
717 Mais auques près trovai Deduit;	598 E si fist au dehors portraire
3010 Ou bel vergier qui est Deduit.	3830 Por faire ceus dehors dolenz,
005	3848 Ele est dehors avironee
deduiz	3948 Mais je, qui sui dehors le mur,
2487 Que d'autre li deduiz entiers.	006
001	deigne
Deduiz	3245 Qu'il ne se deigne encor refraindre,
597 Fist Deduiz lors tot entor faire;	001
605 Deduiz e les genz qui le sivent,	deigniez
608 Deduiz laienz, ou il escoute	1915 Volez faire ne ne deigniez,
623 Puis que Deduiz, li biaus, li genz,	3330 Qui regarder ne le deigniez.
693 Primes de quoi Deduiz servoit,	002
719 M'en entrai ou Deduiz estoit.	deignoit
720 Deduiz ilueques s'esbatoit:	2478 Me deignoit la bele aaisier,
762 Faisoit Deduiz par grant noblece	3515 Que Bel Acueil me deignoit faire,
801 Deduiz fu biaus e lons e droiz:	002
836 Deduiz la tint par mi le doi	deïsse
1387 Par petiz ruissiaus, que Deduiz	3104 Un compaignon cui je deïsse
011	001
deesse	dela
3428 Qu'el resembla deesse ou fee;	271 Ne deça mer ne dela mer,
001	001
defende	delaier
782 Que Deus defende de contraire!	3474 Dou brandon, senz plus delaier,
001	001
defendrai	delez
1900 Ja vers vos ne me defendrai;	153 A senestre avoit delez lui;
001	212 Delez li pendoit uns mantiaus
defendre	291 Delez Envie auques près iere
1885 Dou destorner ne dou defendre;	905 Qu'il faisoit estre iluec delez;
3400 Ele me siaut toz jorz defendre	
3749 De ceste porprise defendre;	
003	

delez   (CONT.)
    1017   Delez Biauté se tint Richece,
    3237   Delez la haie, que je n'ose
                006
delit
    1812   Por le delit e por la joie.
    2426   Ou tu avras poi de delit,
    3490   Toz pleins de delit e de joie;
                003
delitable
    1345   E mainte espice delitable
    1412   Dou leu plaisant e delitable;
    2445   En la pensee delitable
                003
delitables
     637   Tant estoit li leus delitables
    2724   Delitables e savoreus;
                002
delitableté
     683   Por la grant delitableté,
    1416   Ne la grant delitableté;
                002
delitent
     660   En lor bel chanter se delitent.
                001
deliteus
      84   En icelui tens deliteus,
                001
delitoit
    1113   Maintenir mout se delitoit.
                001
delivre
    1319   Par le vergier tot a delivre;
    2616   E se cuide veoir delivre
                002
delivres
     490   Se li passages fust delivres,
                001
demain
    1908   Ne puis vivre jusqu'a demain
                001
demaine
    1494   Qu'il ama son ombre demaine,
                001
demainement
    2990   Que Deus la fist demainement,
                001
demaler
    2377   Lors te prendras a demaler,
                001
demandai
     578   E si li demandai coment
    2470   Don je demandai tel outrage,
                002
demande   (SUBST.)
    2596   E ma demande bien m'espont:
                001

demande   (V.)
      34   E se nus ne nule demande
    1998   Outrageus est qui plus demande."
    2471   Car, qui demande musardie,
                003
demandé
    2582   Je li ai lores demandé:
                001
demander
    2915   Vilains estes dou demander;
                001
demanderas
    2698   E conseil li demanderas
                001
demandez
     370   Sel demandez as clers lisanz;
    1978   Ne sai por quoi vos demandez
                002
demant
    2329   Qui ne le set si le demant
    2468   Las! Je demant trop chier cheté;
    3180   Autre chose ne vos demant,
    3480   Se j'oi joie nus nou demant,
                004
demener
    1122   A demener les granz despens,
    2429   A tressaillir, a demener;
                002
demente
    2187   Or est destroiz, or se demente,
    2464   Sovent me plaing e me demente.
                002
dementer
     498   Forment me pris a dementer
    3246   Tant m'oie dementer ne plaindre.
                002
dementoie
    2996   Ensi con je me dementoie,
                001
demerras
    2339   Grant joie en ton cuer demerras
                001
demeure   (SUBST.)
    2030   Il i covient poine e demeure.
                001
demeure   (V.)
    2238   Don la joie tant te demeure.
    3233   Que sa merci trop me demeure.
                002
demis
    2242   Si qu'il n'i soit mie demis,
                001
demontrance
    1569   Don demontrance n'i soit faite,
                001
demorance
     788   Senz demorance e senz arest
                001

demorast
    230   Qu'el demorast mout longuement
                001

demoré
   3379   Grant piece ai iluec demoré,
   3477   N'i ot onques plus demoré:
                002

demorer
   1603   Adès me plot a demorer
   1952   Dedenz lui ne puet demorer
   2108   Senz demorer e senz atendre.
   2447   Mais poi i porras demorer.
                004

demorroie
   3436   Por ce que trop i demorroie;
                001

denier
    442   Povreté, qui un seul denier
   3134   Je le conois come un denier:
                002

deniers
   1125   Qu'el li donoit autant deniers
                001

dente
   3068   Si dente ton cuer e refrain.
   3080   Que je refraigne e que je dente
                002

denté
   3083   Amors a si mon cuer denté
   3336   Sachiez que nos avons denté
                002

denz
    356   E toutes les denz si perdues
   1078   Qui guerissoit dou mal des denz,
   2166   Lave tes mains, tes denz escure;
   2432   Come ome qui a mal as denz.
   3067   Pren durement as denz le frein,
   3466   E les denz blanches e si netes
                006

depart
    866   Li deus d'Amors, cil qui depart
   2245   Qui en mainz leus son cuer depart,
   3929   Qu'Amors a ses sergenz depart
                003

departie
   3096   Atant Raison s'est departie,
                001

departir
   2503   Fai departir la nuit oscure
                001

deporter
   1856   E por lor maus miauz deporter.
                001

deputaire
   3315   Mout par est fel e deputaire
                001

derompoit
    327   Qu'el se derompoit e batoit
                001

derompue
    208   Cote avoit viez e derompue,
                001

deroz
    321   Qu'el les avoit trestoz deroz
                001

derrenier
    441   Portraite fu au derrenier
    509   Tant qu'au derrenier me sovint
   1426   Au derrenier, ou je trovai
   3094   Au derrenier, de bien amer;
   3133   Il iert autres au derrenier;
                005

derreniere
    969   Apelee la derreniere.
                001

derriere
   1043   Par derriere jusques a l'os;
   3827   E deus de coste e un derriere,
                002

derrieres
   2518   Une eure iras a l'uis derrieres,
                001

des   (CONJ.)
    834   Qui, des qu'el n'avoit que set anz,
   2062   Que li romanz des or amende;
   2063   Des or le fait bon escouter,
   3142   Que jamais des ore en avant
   3224   Des qu'avoir n'en puis autre joie.
   3296   Des lors en ça que l'acointance
   3310   Des ore mais aucune grace:
   3332   Des lors que vos ne le veïstes;
   3499   Des ore est droiz que je vos conte
   3521   Male Bouche des lors en ça
   3599   Des or en Bel Acueil garder;
   3761   Des or est mout changiez li vers,
   3797   Des or est tens que je vos die
                013

dès
    691   Dès ore, si con je savrai,
                001

des   (PREP.)
     17   Des biens as genz e des enuiz;
     17   Des biens as genz e des enuiz;
     23   Des juenes genz, couchiez m'estoie
     95   Por oïr des oisiaus les sons,
    388   Des genz vieillir, l'avoit vieillie
    453   Des autres fu un poi loignet;
    493   Des oisiaus qui laienz estoient,
    799   Des genz qui iluec queroloient;
    869   E qui abat l'orgueil des genz,
    870   E si fait des seignors sergenz,
    871   E des dames refait baesses,
    910   Li uns des ars si fu d'un bois
    923   Jusqu'a dis des floiches son maistre.
    973   Li uns des ars, qui fu hisdeus
    986   Des nobles genz de la querole
    993   Ausi come une des cinc floiches.
   1044   Qu'il abaissent des bons les los
   1078   Qui guerissoit dou mal des denz,
   1105   Tel clarté des pierres issoit
   1147   L'amor des povres e des riches.
   1147   L'amor des povres e des riches.
   1161   Ausi atrait le cuer des genz
   1392   Des fontaines cleres e vives
   1627   L'odor des roses savoree

des   (PREP.)   (CONT.)
    1637 Des roses i ot granz monciaus,
    1657 Nul des autres rien ne prisai,
    1688 Que nus des autres ne faisoit,
    2069 Des jeus d'Amors assez aprendre,
    2088 Chose des genz qui face a taire:
    2271 Partir des genz par estovoir,
    2721 Près des teues por Douz Regart,
    2799 Pour l'odor des roses sentir;
    2818 Qui miaudre odor des autres rent,
    2847 E des roses e des boutons,
    2847 E des roses e des boutons,
    2848 Iert assaillie des gloutons
    2904 Qui est des autres miauz tailliez.
    3811 Jusqu'au pié des fossez descent
    3816 Chascuns des pans cent toises dure,
    3860 Qui près des murs voudroit venir,
    3862 Hors des fossez a unes lices
    3914 Des plus privez de ses amis
    3928 Qu'ele ot des biens e de l'angoisse
    3982 Qui met ou cuer des genz rancune,
                044

desavancira
    386   Ou Morz nos desavancira;
                001

desavenant
    1974 Ne faire nul desavenant:
                001

descendoit
    109   Descendoit l'eve grant e roide.
                001

descendre
    1373 Ne pooit a terre descendre,
                001

descent
    1545 E la clarté aval descent,
    3811 Jusqu'au pié des fossez descent
                002

descerclé
    1187 Maint vert hiaume i ot descerclé
                001

desciriee
    317   En maint leu l'avoit desciriee,
                001

desclos
    2519 Savoir s'il est remés desclos,
    3112 Si li desclos l'encloeüre
                002

desclose
    2112 Ne doit ta bouche estre desclose;
                001

descloses
    3612 Nes lairai plus ensi descloses,
                001

descoloree
    201   Tant par estoit descoloree
                001

desconfiture
    242   Quant el voit grant desconfiture
                001

desconfort
    4041 Si ai peor e desconfort,
    4055 Si en ai duel e desconfort.
                002

desconseilliee
    2855 Por ce que desconseilliee iere,
                001

descorz
    3898 Une foiz dit lais e descorz
                001

descoverte
    1172 E la gorge estoit descoverte
    3364 Que la graine fust descoverte;
                002

descrivre
    1600 Mais jamais n'orroiz miauz descrivre
                001

descuevres
    2689 E descuevres tot ton corage;
                001

desdeigneus
    479   N'estoit ne desdeigneus ne chiches;
                001

desdeigneuse
    581   Ne de respondre desdeigneuse:
                001

desdein
    286   Ainz clooit un ueil par desdein;
    1450 Pleins de desdein e de fierté,
                002

deserte
    2479 Mout avroie riche deserte
                001

deserté
    2917 Nou voudroie avoir deserté
                001

deservir
    1030 Por l'amor de li deservir;
                001

Desesperance
    967   E la quarte Desesperance;
                001

deseure
    913   Fu cil ars desoz e deseure,
    1371 Furent si espès par deseure
    3282 Celui don l'en est au deseure;
    3980 Quant je cuidai estre au deseure.
                004

desfermé
    575   Quant ensi m'ot l'uis desfermé
    689   Quant ele m'avoit desfermé
    1166 Mais ele ot son col desfermé;
                003

desguisié
    553   Plus cointe ne plus desguisié:
                001

desguisiee
    823   Mout fu la robe desguisiee;

desguisiee   (CONT.)
                  001

desir
    2494   Quant je n'ai ce que je desir.
    3766   De veoir ce que je desir.
                  002

desirasse
     712   Car a veoir mout desirasse
                  001

desiroie
    3419   Dou baisier que je desiroie,
                  001

desiroit
    1498   Acomplir ce qu'il desiroit,
                  001

desleial
    3795   Sa langue desleial e fausse
                  001

desleiauté
    3243   En moi ne de desleiauté;
                  001

desloent
    1045   E desloent les alosez.
                  001

desmesure
    1488   D'un enfant bel a desmesure.
                  001

desmesuree
    3051   La poine en est desmesuree
                  001

desoz
     913   Fu cil ars desoz e deseure,
    1697   Don j'ai desoz chaut peliçon
    1770   Desoz un olivier ramé.
    3672   Desoz un aubespin gisant.
                  004

despeciez
    2893   Piece a piece estre despeciez
                  001

despendre
    1129   De faire enor e de despendre.
                  001

despens
    1122   A demener les granz despens,
                  001

despenses
    1124   E ses despenses maintenir;
                  001

despiece
    1818   Li deus d'Amors, qui tot despiece
    2650   Qui l'ire e la dolor despiece,
                  002

despisant
    2118   Qui aille fames despisant,
                  001

despit
    1455   E le tint a si grant despit
                      despit   (CONT.)
                                     001

despite
     457   Est toz jorz honteuse e despite.
                  001

desplaire
    3390   E, s'il ne vos devoit desplaire,
                  001

desplaise
    3143   Ne feroiz rien qui li desplaise;
    3170   Que faire rien qui vos desplaise.
                  002

desprisier
     275   Abatre ne lui desprisier,
    1037   De desprisier e de blasmer
                  002

desreé
    3550   Qui laisse un garçon desreé
                  001

dessaisir
    1988   Nus ne vos en puet dessaisir;
                  001

destor
    1617   Qui estoient en un destor,
    2829   En un destor fu li cuverz,
                  002

destorber
    3183   Si ne me poez destorber,
                  001

destorner
    1885   Dou destorner ne dou defendre;
                  001

destre (ADJ.)
     924   Il en tint cinc en sa main destre;
    3425   En sa main destre, don la flame
                  002

destre (ADV.)
     157   Avoit non revi devers destre,
     714   Lors m'en alai tot droit a destre,
    1417   Mais j'alai tant destre e senestre
                  003

destrece
     298   Car li esmais e la destrece
    2031   Atent e suefre la destrece
                  002

destrecié
     319   Si chevel tuit destrecié furent,
                  001

destreindre
    1441   E tant le sot Amors destreindre,
                  001

destreint
    1779   Mout me destreint icele plaie
                  001

destrempa
    3840   Car l'en destrempa le mortier
                  001

destroiz
    508 Destroiz fui mout e angoisseus,
   1203 Qui fust destroiz por s'amitié,
   2187 Or est destroiz, or se demente,
   2277 En plusors sens seras destroiz,
         004

destruire
   2160 Que tu porras senz toi destruire:
         001

desus
    154 Son non desus sa teste lui :
    546 Come est la nois desus la branche,
    556 Ot desus le chapel d'orfrois.
   1068 Par desus cele porpre ceint;
   1437 Qui disoient qu'iluec desus
   1666 E par desus siet li boutons
   2098 Desus touz autres chevaliers.
   2264 Que l'en done desus son pois.
   3856 Veoir par desus les creniaus;
         009

desvee
   3532 Ele corut come desvee
         001

detrenche
    265 Ses felons cuers si la detrenche
         001

detrois
   3891 Cil garde la porte detrois;
         001

Deu
    266 Que de li Deu e la gent venche.
    425 De faire a Deu prieres feintes,
    440 Qui lor toudra Deu e son reine.
   1458 Ele pria Deu e requist
   1901 Ja Deu ne plaise que je pense
   2043 "Sire," fis je, "por Deu merci,
   2501 Ha! Solauz! Por Deu, car te heste,
   3392 Por Deu, sire, dites moi dons
   3568 "Por Deu, dame, ne creez pas
         009

deu d'Amors
    909 Au deu d'Amors deus ars turcois.
   2775 Fors ou deu d'Amors de l'avoir;
   3058 Quant au deu d'Amors te rendis;
   3422 Ce est la mere au deu d'Amors,
         004

deus (ADJ.)
    759 Deus damoiseles mout mignotes,
    909 Au deu d'Amors deus ars turcois.
    921 O ces deus ars tint Douz Regarz,
   1098 Esmeraudes plus de deus onces.
   1275 Baisier come deus colombiaus.
   1532 Par deus doiz crueses e parfondes,
   1538 Avoit deus pierres de cristal,
   1648 A tot le moins deus jorz ou trois.
   1710 Je pris lors a deus mains la floiche
   2982 Con deus estoiles reluisoient;
   3316 Qui por nos deus ne viaut rien faire."
   3744 Miauz amasse de deus boutons
   3747 Or l'amenderai par vos deus;
   3887 Ou el voit saillir deus langoutes,
         014

deus (SUBST.)
    159 Con ces deus e d'autel faiture;
   1272 Car qui tenist d'aus deus parole,
   1274 Ainz les veïssiez entr'aus deus
   1328 Don il n'i ait ou un ou deus
   2401 Tu n'en diras mie les deus,
   3827 E deus de coste e un derriere,
         006

Deus
     40 Or doint Deus qu'en gré le reçeuve
    492 L'assemblee, que Deus guerisse!
    782 Que Deus defende de contraire!
   1011 Si m'aïst Deus, quant il me membre
   1136 E Deus li faisoit foisoner
   1295 Deus! Com menoient bone vie!
   1315 Or me gart Deus de mortel plaie,
   1468 E por ce la fist Deus estable;
   1510 Deus le vos savra bien merir.
   2301 Lors diras: 'Deus! Con sui mauvais
   2314 Si m'aïst Deus, por fol m'en tiens.
   2449 E diras: 'Deus, ai je songié?
   2457 Deus! Verrai je ja que je soie
   2489 Orendroites, si Deus m'aïst;
   2491 Deus! Quant sera il ajorné?
   2592 Si m'aïst Deus, mout me merveil
   2681 Si m'aïst Deus, il m'a guerie
   2845 Quant Deus ot Honte faite naistre,
   2928 Vos faites mal, si Deus me saut,
   2990 Que Deus la fist demainement,
   3043 Folie, si m'aïst Deus, voire!
   3248 Atant es vos que Deus m'amoine
   3257 E dist: "Dangiers, si Deus m'ament,
   3371 Ele fu, Deus la beneïe,
   3395 "Amis," fait il, "si Deus m'aïst,
   3508 A la bele, que Deus guerisse,
   3889 Male Bouche, que Deus maudie,
   3911 Jalosie, que Deus confonde,
   3920 Une vieille, que Deus honisse,
   4034 Ainz me poise, si Deus m'aïst,
         030

deus d'Amors
    866 Li deus d'Amors, cil qui depart
    873 Li deus d'Amors de la façon
    989 Li deus d'Amors se fu bien pris;
   1304 E li deus d'Amors apela
   1313 Li deus d'Amors tantost de loing
   1420 E li deus d'Amors m'a seü,
   1681 Li deus d'Amors, qui, l'arc tendu,
   1818 Li deus d'Amors, qui tot despiece
   2057 Li deus d'Amors lors m'encharja,
   2595 Li deus d'Amors lors me respont
         010

deüsse
    688 Bien deüsse estre ses amis,
         001

deüssent
   1049 Qui deüssent estre privé.
         001

deüssiez
   3279 Ainz le deüssiez espernier
   3684 Qui deüssiez estre farasches
         002

deüst
    168 D'enorer ce qu'ele deüst.
    443 N'eüst pas, s'el se deüst pendre,
   1201 A nului rien qu'el ne deüst;
   3445 Ne li deüst estre veez,
         004

devalee
   2976 Lors est de sa tor devalee,

devalee (CONT.)
001

devant
  1039 Par devant, por aus losengier,
  1099 Mais devant ot par grant maistrise
  1182 E devant rois e devant contes.
  1182 E devant rois e devant contes.
  1505 Qu'il avoit devant escondite,
  2317 Devant qu'aucune enseigne en oie.'
  2522 Après vendras a l'uis devant,
  2540 Devant la maison n'en la voie,
  2654 E après au devant li met
  2745 Les tenebres devant soi chace,
  3348 Qu'il n'avoit onques fait devant.
  3825 Il en a un ou front devant,
012

deveee
  435 Deveee de parevis:
001

devenir
  302 E maigre e pale devenir.
001

devenue
  345 Mout estoit laide devenue.
  2440 Ausi con s'el fust devenue
002

devers
  157 Avoit non revi devers destre,
  3871 Qui uevre devers orient;
  3875 Qui uevre par devers midi;
  3882 A main senestre, devers bise.
004

devez
  2016 En gré, foi que vos me devez.
  3213 Or devez sofrir e atendre
  3264 Devez le vos por ce blasmer?
  3278 Devez le vos por ce haïr?
  3294 Assez plus que vos ne devez;
  3715 De garder ce que vos devez.
006

devienent
  1548 Devienent jaune, inde, vermeil.
001

devient
  59 Lors devient la terre si gobe
  1329 Ou vergier, ou plus, se devient.
  3762 Car Dangiers devient plus divers
  4027 Car, se devient, vos me savez
  4051 E, se devient, si ont il fait.
005

devin
  682 Si gais con je devin adonques.
  1955 Atant devin ses on mains jointes.
002

devine
  3512 De mainz amanz pense e devine,
001

devis
  1300 D'avoir amie a son devis.
001

devise (SUBST.)
  867 Amoretes a sa devise.
  958 Qui furent laides a devise;
  1146 E por ce ot ele a devise
  1693 E traist a moi par tel devise
  1919 Que metre vueil tot a devise
005

devise (V.)
  65 C'est la robe que je devise,
  662 Cil oisel que je vos devise.
  2060 Bien les devise cist romanz.
  3868 Ou chastel que je vos devise;
004

devisé
  464 Car, si come j'ai devisé,
001

devisié
  554 Ne l'avroie droit devisié.
001

devisier
  772 Ne vos en sai que devisier,
  876 Mais de sa robe devisier
  1093 Qui i estoient devisier;
003

devisierres
  1091 Mais cil seroit bons devisierres
001

devoit
  975 Il devoit bien teus floiches traire.
  3390 E, s'il ne vos devoit desplaire,
002

devras
  2400 Quant tu devras dire trois choses,
001

devroit
  1652 Il le devroit avoir mout chier;
  3269 Qui le devroit tot vif larder,
  3951 Il en devroit grant pitié prendre.
003

di
  1055 Que je vos di bien e afiche
  1559 Trestot ausi vos di de voir
  2017 Nou di pas por recreantise,
  2068 Je vos di bien que il porra
  2119 Blasme le e di qu'il se taise.
  2485 Si di je que fos e que garz,
  2806 Je le vos di tot senz feintise."
  2820 Si vos di que mout m'agrea
  3876 El fu mout sage, e si vos di
009

diaus
  178 Si est granz pechiez e granz diaus,
  338 Car joie e diaus sont dui contraire.
002

diaut
  2749 Car li cuers de rien ne se diaut
001

die
  11 Quiconques cuide ne qui die
  2561 Qu'el die que tu es vaillanz.
  2682 Qui m'en parole, quoi qu'il die.'
  2890 Mais ne sai coment je la die,
  3797 Des or est tens que je vos die
005

dient
    1   Maintes genz dient que en songes
 2409   Il dient un e pensent el
 2553   Il dient, por eus losengier,
             003

dies
 2109   Après garde que tu ne dies
 2688   Cui tu dies tot ton talent
             002

dignes
 3449   Par quoi est dignes d'estre amez.
             001

dine
   43   E tant est dine d'estre amee
 1243   Ele iere en toutes corz bien dine
             002

dirai
  136   Si vos conterai e dirai
  800   Si vos dirai quel il estoient.
  978   Mais ne dirai ore pas toute
  983   Ainz vos dirai que tot ce monte,
 1540   Mais une chose vos dirai,
 2436   Si te dirai fiere merveille:
 2535   Si te dirai que tu doiz faire
 3137   Or vos dirai que vos feroiz:
             008

diras
 2301   Lors diras: 'Deus! Con sui mauvais
 2401   Tu n'en diras mie les deus,
 2449   E diras: 'Deus, ai je songié?
             003

dire
  631   Lors entrai, senz plus dire mot,
  695   Senz longue fable vos vueil dire;
  698   Tot ensemble dire ne puis,
  849   Je ne vos sai dou nés que dire:
  987   M'estuet dire les contenances
 1132   Con quant el pooit dire: "tien."
 1200   Ele n'osast dire ne faire
 1386   Mais n'en sai pas dire le nombre.
 1723   Ne soi que faire ne que dire
 1918   Tant ai oï de vos bien dire
 2123   De toi e dire e raconter:
 2400   Quant tu devras dire trois choses,
 2412   Senz dire mot de vilanie,
 2415   Qui te fust avenant a dire;
 2473   Ne sai coment dire l'osai:
 2713   Son conseil dire e son segré.
 2884   De dire a Bel Acueil coment
 2897   De chose que vos voilliez dire."
 3018   Or te vueil dire e conseillier
 3441   Si li a comencié a dire:
 3641   Qu'onques mot ne li osa dire,
 3701   Ce oï dire en reprovier,
 3975   A dire mes granz privetez
 4037   Plus grant que nus ne porroit dire.
             024

dis (ADJ.)
  218   Bien avoit sa robe dis anz,
 2202   Par ce seras dis tanz amez.
 2452   Certes le jor dis foiz ou vint
             003

dis (SUBST.)
  923   Jusqu'a dis des floiches son maistre.
             001

dis (V.)
  621   Je li dis lores: "Dame Oiseuse,
 2051   Amors respont: "Tu dis mout bien.
 2954   Don onques dis ce que je pens.
 3159   E le dis: "Sire, je sui ci
             004

disant
  854   Que vos iroie je disant?
 3959   Que vos iroie je disant?
             002

disete
  225   De robe nueve e grant disete
             001

disoient
 1437   Qui disoient qu'iluec desus
             001

dison
 3657   Si li montron bien e dison
             001

dist
  582   "Je me faz," ce dist ele, "Oiseuse
  793   E me dist que je querolasse;
 1447   Qu'ele li dist qu'il li donroit
 1928   E me dist: "Je t'ain mout e pris
 2002   "A ceste," dist il, "fermerai
 2078   Ce dist Amors,"vueil e comant
 2676   Si me sovient que por ce dist
 2796   E me dist amiablement:
 2908   E me dist: "Frere, vos beez.
 3103   Qu'Amors me dist que je queïsse
 3120   E me dist que jou comparroie
 3125   Ainz me dist: "Compainz, or seiez
 3146   Tant parla Amis e tant dist
 3193   E me dist par parole brieve:
 3257   E dist: "Dangiers, si Deus m'ament,
 3319   "Dames," dist il, "je ne vos ose
 3523   E dist que il metroit son ueil
             017

dit
  437   Amaigrir, ce dit l'Evangile,
 2226   Ce que t'ai dit, por remembrer,
 2577   Or t'ai dit coment n'en quel guise
 2766   Son plaisir dit, je ne soi mot
 2898   Lors li ai dit: "Sachiez, biaus sire,
 2949   E dit se jamais i retor
 3327   E li a dit cortoisement:
 3898   Une foiz dit lais e descorz
 3901   Autre foiz dit a la fleüste
             009

dite
 1254   Dite la façon e la taille;
 2964   De la poine qu'il m'avoit dite.
             002

dites
 2810   De la bonté que vos me dites,
 2895   "Dites," fait il, "vostre voloir,
 3077   Vos me dites que je refraigne
 3082   Ce ne puet estre que vos dites:
 3392   Por Deu, sire, dites moi dons
             005

divers
   69   E le tens divers e frarin,
  446   Se li tens fust un poi divers,
 1362   De divers arbres i ot tant
 3762   Car Dangiers devient plus divers

divers   (CONT.)
                  004

diverses
    64   E de maintes colors diverses,
  1409   De flors de diverses colors,
                  002

diverseté
   886   Par diverseté de colors.
                  001

diz
  1021   Osast rien par faiz ne par diz,
  1237   De biaus respons e de biaus diz;
                  002

doblant
  2661   Encor vait cil solaz doblant
                  001

doblez
  1722   Por le perill qui fu doblez:
  3300   Mais ore est ses enuiz doblez;
                  002

doi (SUBST.)
   758   Sor un doi, qu'onques n'i failloient.
   836   Deduiz la tint par mi le doi
  2005   Ele est mendre de ton doi mame,
                  003

doi (V.)
  4043   N'en doi je bien avoir peor
                  001

doie
  2870   Quanqu'il set qui me doie plaire.
                  001

doigne
  3401   Que dou baisier congié ne doigne
                  001

doignent
  2214   Doignent dou lor plus largement
                  001

doing
  2640   E avueques ce je te doing
  2764   Mais je te doing a ja itant."
                  002

doint
    40   Or doint Deus qu'en gré le reçueve
                  001

doit
    44   Qu'el doit estre Rose clamee.
   486   Toz li monz s'en doit esjoïr.
   956   S'en doit estre sa dolor mendre.
  1783   E me doit bien espoenter,
  1784   Qu'eschaudez doit eve doter.
  1890   Vers celui qu'il doit losengier
  1939   Ainz doit estre cortois e frans
  2112   Ne doit ta bouche estre desclose;
  2132   De ce que fins amanz doit faire.
  2134   Il se doit cointement mener:
  2175   Après ce te doit sovenir
  2192   Chascuns doit faire en toutes places
  2223   Doit bien, après si riche don,
  2230   Cortois e senz orgueil doit estre;
  2258   Doit estre granz li guerredons.
  2261   Car l'en doit chose avoir mout chiere

  2373   Torner te doit a grant contraire,
  2532   Bien doit fame aucune pitié
  2578   Amanz doit faire mon servise:
  2730   Ne lor doit mie mescheoir:
  2846   Chasteé, qui dame doit estre
  3017   L'en ne s'en doit pas merveillier.
  3412   L'en ne doit mie ome enchaucier
  3838   Li murs ne doit pas faire faute
  3894   Qu'il doit la nuit faire le guiet.
                  025

doivent
  2309   Doivent se il ci arester?
  3967   Quant li espi doivent florir,
                  002

doives
  2392   La bele en point que tu la doives
                  001

doiz (CONDUIT)
  1532   Par deus doiz crueses e parfondes.
                  001

doiz (FINGER)
  2289   Senz piez, senz mains, senz doiz croler
                  001

doiz (V.)
  1943   Enor mout grant, e si doiz estre
  2145   E si doiz ta robe baillier
  2159   Mais au plus bel te doiz deduire
  2198   Tu doiz poindre amont e aval;
  2204   Tu ne doiz mie querre essoine
  2535   Si te dirai que tu doiz faire
  2563   Doiz enorer e chiers tenir;
  2574   Tu ne doiz guieres sejorner;
  3031   Si en doiz avoir grant Peor,
  3069   Tu doiz metre force e defense
                  010

dolent
   333   Car qui le cuer a bien dolent,
                  001

dolente
   313   Mout sembloit bien estre dolente,
  3596   De bien faire, j'en sui dolente;
                  002

dolenz
  3488   Je ne serai ja si dolenz,
  3830   Por faire ceus dehors dolenz,
                  002

dolereuse
   330   La dolereuse, la chaitive;
                  001

dolereuses
   601   Ainz sont dolereuses e tristes,
                  001

dolez
   917   Si fu bien faiz e bien dolez,
                  001

doloir
  1922   Je ne m'en puis de rien doloir;
  2896   Que ja ne m'en feroiz doloir
                  002

dolor
   294   Qu'ele avoit au cuer grant dolor,

dolor   (CONT.)
   956   S'en doit estre sa dolor mendre.
  1828   La grant dolor me renovele
  1832   Car ma dolor croist e empire
  1871   La plaie si que la dolor
  2650   Qui l'ire e la dolor despiece,
  2666   La dolor d'amor e la rage.
  2967   De ma dolor la quarte part;
  3040   Ce qui te fait a dolor vivre,
  3482   Qui en geta la dolor hors
                        010

dolors
  1732   M'alejoit mout de mes dolors.
  2276   Friçons e autres dolors maintes;
  2283   Les dolors d'amors essaiees.
  2742   Que li cuers oblit ses dolors
  2902   Ja les dolors n'en seront traites
  3792   De teus dolors avrai je maintes,
                        006

doloser
  2529   Qu'el t'oie plaindre e doloser,
                        001

dolui
  2770   De mes plaies mout me dolui,
                        001

dolut
  1870   Mais toutesvoies me dolut
                        001

domage
   239   Aucun grant domage retraire.
                        001

domesches
  1347   Ou vergier ot arbres domesches
                        001

don   (ADV.)
   723   Don si très beles genz pooient
  2451   Ceste pensee don me vint?
                        002

don   (SUBST.)
  1142   Tant avoit fait par son bel don.
  2223   Doit bien, après si riche don,
  2253   Mais done le en don tot quite,
  2263   E je ne pris le don un pois
                        004

don   (PRON.)
   727   Ceste gent don je vos parole
   792   Don Cortoisie me preia
   911   Don li fruiz est mal savorez.
  1154   Don il face sa volenté.
  1328   Don il n'i ait ou un ou deus
  1356   Don il n'a quieres ici près.
  1410   Don mout estoit bone l'olors.
  1463   Don il ne peüst joie atendre;
  1569   Don demontrance n'i soit faite,
  1574   Don il jut puis morz toz envers.
  1598   Don plusor ont en maint endroit
  1624   Don maint autre ome ont esté pris,
  1697   Don j'ai desoz chaut peliçon
  1819   Mon cuer, don il a fait bersaut,
  1929   Don tu as respondu issi.
  1944   Mout liez don tu as si bon maistre
  1957   Don sa bouche baisa la moie:
  1958   Ce fu ce don j'oi graignor joie.
  1962   Don j'ai puis esté deceüz;
  2238   Don la joie tant te demeure.
  2273   Le mal don tu es angoisseus.
  2298   Don tu es or si esmaiez.
  2311   Ce don li cuers a tel talent.
  2334   Ce don tu es en si grant cure;
  2371   Don tu n'as la bele aparlee
  2470   Don je demandai tel outrage,
  2484   Don ja n'avrai joie ne preu.
  2602   Li bien don l'en a mal eü.
  2625   Les maus don nus ne set le conte,
  2658   Don l'aleine est si savoree;
  2752   Ce don je te vi esgaré,
  2815   Don en la haie avoit assez,
  2821   Don je me poi si près remaindre
  2954   Don onques dis ce que je pens.
  3003   Ou vergier don Oiseuse porte
  3004   La clef don el t'ovri la porte;
  3020   Don je te voi si afoibli
  3113   Don je me sentoie encloé,
  3162   Don je vos fis onques iraistre,
  3166   Don je ne puis mon cuer retraire;
  3168   A rien don vos aiez pesance;
  3282   Celui don l'en est au deseure;
  3425   En sa main destre, don la flame
  3454   Ainz est enfes, don il vaut miauz.
  3538   Don j'ai mauvaise sospeçon?
  3580   Teus genz don il n'avoit que faire.
  3650   Don il nos covient oïr noise
  3651   De ce don nos ne poon mais.
  3659   Don il n'a graignor poine mise
  3743   Don nus i mist onques les piez;
  3768   Don j'ai Bel Acueil adirié,
  3824   Don li murs est espès e hauz.
  3918   Don li uis est si bien barrez
  3940   Don se prist a asseürer.
                        054

dona
   835   De s'amor li dona l'otroi.
  2992   E li dona tel avantage
  3149   Me dona d'aler essaier
                        003

donc
  2259   Done le donc tot quitement,
  3079   Cuidiez vos donc qu'Amors consente
                        002

done
  1162   Li ors qu'en done e li argenz.
  1913   Ne me done la guerison,
  2253   Mais done le en don tot quite,
  2259   Done le donc tot quitement,
  2264   Que l'en done desus son pois.
  2560   Un garnement li done tel
  2874   De tot ce me done congié,
                        007

doné
  2222   Doné son cuer tot enterin
  2265   Quant tu avras ton cuer doné,
  3942   Li a doné grant reconfort;
                        003

donee
  2257   Mais de chose donee en dons
  2262   Qui est donee a bele chiere,
  2877   Lez le bouton, qu'il m'a donee,
                        003

doneier
  1294   Soz ces arbres, por doneier.
                        001

doner
    171 De prendre e de neient doner,
   1135 Con Largece estoit de doner;
   1138 Tant doner come el plus avoit.
   2217 Cui il n'abelist a doner.
   2224 Doner l'avoir tot a bandon.
              005

donez
   3470 Donez lui, se vos m'en creez,
              001

donoit
   1125 Qu'el li donoit autant deniers
   1791 Me donoit cuer e hardement
              002

donques
   2579 Or le fai donques, se tu viaus
   3706 Volez vos donques as genz plaire
              002

donrai
   2036 Je te donrai tel deauté
              001

donroit
   1447 Qu'ele li dist qu'il li donroit
              001

donront
   4042 Qui me donront, ce croi, la mort.
              001

dons (CONJ.)
   3392 Por Deu, sire, dites moi dons
              001

dons (SUBST.)
   1157 Mais par biaus dons amis aquiere;
   2257 Mais de chose donee en dons.
   3391 Je le vos requerroie en dons.
   3475 M'otreia un baisier en dons,
              004

doré
   1084 Qui furent ou tessu doré;
   1307 Son arc doré; senz plus atendre
   3434 Ne de son treçoer doré,
              003

dorez
    861 D'un samit qui iert toz dorez
              001

dormant
     26 Si vi un songe en mon dormant
     87 Lors m'iere avis en mon dormant
   3946 E en veillant e en dormant
              003

dormez
   3678 "Coment dormez vos a ceste eure,"
   3689 Quant vos dormez, nos en oon
              002

dormir
   2427 Car quant tu cuideras dormir,
   3790 Longues pensees senz dormir,
              002

dormoie
     25 E me dormoie mout forment;
              001

dort
   2496 Quant l'en ne dort ne ne repose.
              001

dot
   2018 Car point ne dot vostre servise,
   2247 Mais de celui point ne me dot
   3605 N'est merveille se je me dot,
              003

doter
   1784 Qu'eschaudez doit eve doter.
              001

dotez
   1991 E sor tot ce, se rien dotez,
              001

dou
    135 Dou mur volentiers remirai.
    219 Mais Avarice dou vestir
    310 Dou duel qu'ele avoit a son cuer.
    429 Dou tot a bones uevres faire;
    515 E la cloison dou mur carré,
    690 Le guichet dou vergier ramé.
    696 E dou vergier trestot a tire
    738 Ferir dou pié e envoisier;
    849 Je ne vos sai dou nés que dire:
    903 Qui fust tot droit venuz dou ciel,
   1078 Qui guerissoit dou mal des denz,
   1130 El fu dou lignage Alixandre,
   1176 Tint un chevalier dou lignage
   1258 Le guichet dou vergier flori.
   1412 Dou leu plaisant e delitable;
   1415 Dou vergier toute la biauté
   1419 Dou vergier cerchié e veü.
   1476 Dou chaut, e por la lasseté,
   1490 Dou grant orgueil e dou dangier
   1490 Dou grant orgueil e dou dangier
   1561 Tot l'estre dou vergier encusent
   1564 L'une moitié dou vergier voient,
   1634 Mais peor oi dou repentir,
   1636 Peser au seignor dou vergier.
   1751 Dou bouton bien entalentez,
   1806 Si près que dou bouton sentoie
   1885 Dou destorner ne dou defendre;
   1885 Dou destorner ne dou defendre;
   1996 Il est assez sires dou cors
   2046 Je sui dou faire encoragiez,
   2065 Car la fin dou songe est mout bele
   2067 Qui dou songe la fin orra,
   2072 Dou songe la senefiance:
   2107 Ainz te garnis dou salu rendre
   2214 Doignent dou lor plus largement
   2341 E saches que dou regarder
   2358 Qui plus est près dou feu plus art.
   2441 Dou tot t'amie e ta compaigne;
   2536 Por l'amor dou haut saintuaire
   2569 Dou païs guieres ne t'esloigne;
   2573 E pense dou tost retorner.
   2783 Dou bouton qui iaut miauz de basme,
   2844 Mais dou veoir Honte conçut.
   2915 Vilains estes dou demander;
   2918 Dou rosier qui l'a aporté
   3039 Ou dou laissier ou dou porsivre
   3039 Ou dou laissier ou dou porsivre
   3045 Ne a nul preu dou monde entendre:
   3056 Qui en la fin dou tot i faillent.
   3119 Dou bouton a cui je beoie,
   3401 Que dou baisier congié ne doigne
   3408 Si a erres dou remenant."
   3419 Dou baisier que je desiroie,
   3429 Dou grant ator que ele avoit
   3474 Dou brandon, senz plus delaier,

67

dou						(CONT.)
	3514	Se prist garde dou bel atrait
	3527	De moi e dou fill Cortoisie
	3646	Toz li maigres dou cul lor tremble.
	3742	Mout ai irié le cuer dou ventre
	3767	Mout ai le cuer dou ventre irié
	3773	E quant dou baisier me recors,
	3835	Cil qui dou faire furent maistre:
	4020	E dou dangier qu'ele vos montre
			063

douce
	535	Douce aleine ot e savoree,
	667	Qu'onc mais si douce melodie
	1222	Senefioit que douce e franche
	1390	Une noise douce e plaisant.
	1396	Car la terre estoit douce e moiste
	1807	La douce olor qui en issoit,
	2237	E te membre de la douce eure
	3461	Qu'il a, ce cuit, mout douce aleine;
	3775	Assez plus douce que de basme,
	3778	La douce savor de la rose;
			010

doucement
	2795	De la haie mout doucement,
	3217	Mout me conforta doucement
	3344	Me salua mout doucement;
			003

doucereus
	80	Por le tens bel e doucereus;
	2669	Qui n'est mie moins doucereus,
	3444	D'avoir un baisier doucereus?
			003

douçor
	707	La douçor e la melodie
	1010	Mout grant douçor au cuer me touche,
	1874	Douçor i a e amertume.
			003

dougié
	548	Le cors ot bien fait e dougié;
			001

doutance
	968	Noviaus Pensers fu senz doutance
	2758	S'avras Douz Penser, senz doutance,
			002

doute
	607	Encore orendroit est senz doute
	977	As autres cinc orent senz doute;
	2012	E quant je l'oi mis hors de doute:
			003

doutent
	2731	Il ne doutent poudre ne vent,
	3828	Qui ne doutent cop de perriere;
			002

douteuse
	622	Ja de ce ne seiez douteuse,
			001

doutoit
	1072	De nul venin rien ne doutoit:
			001

douz
	83	As oisiaus les douz chanz piteus.
	669	Tant estoit cil chanz douz e biaus
	701	Grant servise douz e plaisant
	1199	Le cuer ot douz e debonaire:
	1206	E si douz e si amiable
	1863	Se li douz oignemenz ne fust:
	1949	Si douz, si frans e si gentis.
	2100	De paroles douz e raisnables
	2184	Une eure douz e autre amer;
	2221	Ou por un ris douz e serin,
	3452	E douz e frans vers toutes genz;
	3478	Un baisier douz e savoré
	3697	Se Bel Acueil est frans e douz,
	4003	Ha! Bel Acueil, biaus douz amis,
			014

Douz Parler
	2683	Cele de Douz Parler savoit
	2759	E Douz Parler e Douz Regart.
			002

Douz Parlers
	2671	Li autres biens est Douz Parlers,
			001

Douz Penser
	2758	S'avras Douz Penser, senz doutance,
			001

Douz Pensers
	2645	C'est Douz Pensers, qui lor recorde
	2649	Douz Pensers vient a chief de piece,
	2665	Douz Pensers ensi assoage
			003

Douz Regart
	1305	Trestot maintenant Douz Regart.
	2721	Près des teues por Douz Regart,
	2759	E Douz Parler e Douz Regart.
			003

Douz Regarz
	906	Douz Regarz estoit apelez.
	921	O ces deus ars tint Douz Regarz,
	2718	C'est Douz Regarz, qui siaut tarder
	2746	Tot ausi Douz Regarz esface
			004

doze
	1262	Si con je cuit, doze anz d'assez.
			001

drapiaus
	2545	Fait as amanz soz les drapiaus
			001

drecié
	3155	Je le trovai en piez drecié,
			001

dreciez
	1793	Je me sui lors en piez dreciez,
	3755	Lors s'est Dangiers en piez dreciez,
			002

droit (ADJ.)
	397	Quant ele iert en son droit aage;
	2738	Car li ueil, con droit messagier,
			002

droit (ADV.)
	554	Ne l'avroie droit devisié.
	714	Lors m'en alai tot droit a destre,
	903	Qui fust tot droit venuz dou ciel.
	1215	Qui a son droit ne fust assise.
	1597	La Fontaine d'Amors par droit,
	2515	Tot droit vers la maison t'amie,

droit (ADV.)   (CONT.)
 2789 Je vi vers moi tot droit venant
 2838 E sachiez que, qui a droit conte
 2977 Si est tot droit a moi venue.
 3251 A Dangier vont andeus tot droit,
        010

droit (SUBST.)
 1967 Se je les puis a mon droit prendre,
        001

droite
 1324 Fu toz de droite carreüre,
 1665 La queue est droite come jons,
 3815 Qu'il est de droite carreüre;
        003

droites (ADJ.)
  187 Lor droites eritez tolues.
 1359 Coudres droites, trembles e fresnes,
        002

droites (ADV.)
 3367 Qui amont droites se levoient
        001

droiture (ADV.)
  532 Le nés ot bien fait a droiture,
        001

droiture (SUBST.)
 2913 De son rosier; n'est pas droiture
        001

droiz
  190 Si fu droiz, que toz jorz enrage
  801 Deduiz fu biaus e lons e droiz:
 1903 Car il n'est pas raison ne droiz;
 2084 Por ce n'est pas droiz que je l'ains.
 2299 Après est droiz qu'il te soveigne
 2384 Il est droiz que toutes tes voies
 2472 Bien est droiz que l'en l'escondie.
 3340 Fait Bel Acueil, "car il est droiz,
 3499 Des ore est droiz que je vos conte
        009

drue (ADJ.)
 1393 Poignoit l'erbe bassete e drue:
 1534 Qui vient, por l'eve, espesse e drue;
 3963 A estre bele e drue en erbe,
        003

drue (SUBST.)
 1394 Ausi i peüst l'en sa drue
        001

druerie
  828 Par druerie e par solaz
 2135 On qui porchace druerie
        002

duel
  263 E a tel duel quant genz bien font
  310 Dou duel qu'ele avoit a son cuer.
  312 E son duel parfont comencié.
  329 Mout iere a duel faire ententive
  337 Qui duel eüst, a joie faire;
 1454 Si en ot tel duel e tel ire
 1465 Quel duel ont li leial amant
 2589 En duel, en sospirs e en lermes,
 2648 E est en duel e en martire,
 2957 A duel, a poine e a martire.
 3099 Je remés d'ire e de duel pleins,
 3949 Sui livrez a duel e a poine.

 4055 Si en ai duel e desconfort.
        013

dui
  338 Car joie e diaus sont dui contraire.
        001

duit
 2734 Il sont si apris e si duit
        001

duite
 1128 Qui bien fu duite e bien aprise
        001

dur
   81 Mout a dur cuer qui en mai n'aime,
 3189 Mout trovai Dangier dur e lent
 3283 Mout a dur cuer qui ne se ploie
        003

dure (ADJ.)
   54 Qui sont sec tant come ivers dure;
  378 Ne fers ne chose tant soit dure,
 2534 Tel mal por li, se mout n'est dure.
 3037 Mout as a faire a dure gent.
 3809 Ainz est fondez sor roche dure.
 3844 Si est dure come aïmant.
 4017 Se Jalosie est vers vos dure
        007

dure (V.)
  377 Li Tens vers cui neienz ne dure,
 2418 C'est li contenz qui toz jorz dure:
 2456 Mais ce m'a mort que poi me dure.
 2504 E son enui qui trop me dure.'
 2587 Coment vit on e coment dure
 3053 Qui joie en a, petit li dure,
 3287 E quant trop dure l'engrestiez,
 3816 Chascuns des pans cent toises dure,
        008

duree
 3052 E la joie a corte duree.
        001

durement
   88 Qu'il estoit matins durement:
  229 E la nooit si durement
  389 Si durement qu'au mien cuidier
  488 Si durement, quant je l'oï,
  666 Mout durement m'en esjoï;
  877 Crien durement qu'encombrez soie;
 1107 Durement li vis e la face,
 1808 E durement m'abelissoit
 2144 Amendent ome durement;
 2546 Durement amaigrir les piaus.
 2861 Peor, qui bee durement
 2899 Qu'Amors durement me tormente;
 3024 Car mout te bee durement
 3067 Pren durement as denz le frein,
 3387 Que durement sui envieus
 3438 Qu'ele fu cointe durement,
 4053 Mais durement sui esmaiez
        017

durent (OUGHT)
 1366 Si loing a loing come estre durent:
        001

durent (LAST)
 1647 Mais li bouton durent tuit frois
 2780 Clos environ si come il durent,
        002

durer
    3317 Lors ne pot plus Dangiers durer,
    3723 E juré qu'il ne puet durer
                002

dures
    2268 Qui as amanz sont griés e dures.
                001

durroit
    3666 Qu'il ne durroit pas a la guerre
                001

durs
    325   Nus tant fust durs ne la veïst
                001

dus
    1060 Estoires de dus e de rois.
                001

e
    2   N'a se fables non e mençonges;
    12   Que soit folor e musardie
    17   Des biens as genz e des enuiz;
    25   E me dormoie mout forment;
    27   Qui mout fu biaus e mout me plot;
    33   Qu'Amors le me prie e comande.
    34   E se nus ne nule demande
    39   La matire en est bone e nueve;
    43   E tant est dine d'estre amee
    52   E covrir de novele fueille.
    57   E oblie la povreté
    63   L'erbe e les flors blanches e perses,
    63   L'erbe e les flors blanches e perses,
    64   E de maintes colors diverses,
    69   E le tens divers e frarin,
    69   E le tens divers e frarin,
    75   De chanter e de faire noise;
    76   Lors se deduit e lors s'envoise
    77   Li papegauz e la calandre;
    79   A estre gais e amoreus,
    80   Por le tens bel e doucereus;
    90   Chauçai moi e mes mains lavai.
    92   D'un aguillier mignot e gent,
    100   E les oiselez escoutant,
    103   Jolis, gais e pleins de leece,
    109   Descendoit l'eve grant e roide.
    110   Clere estoit l'eve e ausi froide
    116   Si m'abelissoit e seoit
    118   De l'eve clere e reluisant
    119   Mon vis rafreschi e lavai;
    120   Si vi tot covert e pavé
    122   La praerie grant e bele
    124   Clere e serie e bele estoit
    124   Clere e serie e bele estoit
    125   La matinee e atempree;
    130   Si vi un vergier grant e lé,
    132   Portrait dehors e entaillié
    134   Les images e les pointures
    136   Si vos conterai e dirai
    140   Qui de corroz e d'ataïne
    142   Corroceuse e tençonerresse,
    143   E pleine de grant cuvertage
    147   Rechignié avoit e froncié
    148   Le vis, e le nés secorcié;
    149   Hisdeuse estoit e roïlliee;
    150   E si estoit entortilliee
    159   Con ces deus e d'autel faiture;
    161   E sembla bien estre outrageuse
    162   E mesdisant e ramponeuse;
    162   E mesdisant e ramponeuse;
    163   Mout sot bien poindre e bien portraire
    167   E fame qui petit seüst

    171   De prendre e de neient doner,
    172   E les granz avoirs aüner;
    175   D'avoir conquerre e assembler;
    177   Les larrons e les ribaudiaus;
    178   Si est granz pechiez e granz diaus,
    181   Rober, tolir e bareter,
    182   E bescochier e mesconter;
    182   E bescochier e mesconter;
    184   Fait toz e les faus plaideors,
    186   Ont as vallez e as puceles
    188   Recorbelees e crochues
    198   Laide estoit e sale e folee
    198   Laide estoit e sale e folee
    199   Cele image, e maigre e chaitive,
    199   Cele image, e maigre e chaitive,
    200   E ausi vert come une cive;
    205   Pestri a lessu fort e aigre.
    206   E avuec ce qu'ele iere maigre,
    208   Cote avoit viez e derompue,
    210   Povre estoit la cote e esrese
    211   E pleine de viez paletiaus.
    214   E une cote de brunete;
    216   Mais mout vil e de povre afaire,
    217   D'aigniaus noirs, veluz e pesanz.
    223   Car s'el fust usee e mauvaise,
    225   De robe nueve e grant disete
    229   E la nooit si durement
    241   Con fait maus e mesaventure.
    248   E quant aucuns a enor monte
    249   Par son sen e par sa proece,
    263   E a tel duel quant genz bien font
    266   Que de li Deu e la gent venche.
    273   E s'il iere si bien apris
    277   Sa proece au moins e s'enor
    287   Qu'ele fondoit d'ire e ardoit
    295   E sembloit avoir la jaunice,
    298   Car li esmais e la destrece
    299   E la pesance e li enuiz
    299   E la pesance e li enuiz
    300   Qu'el sofroit de jorz e de nuiz
    302   E maigre e pale devenir.
    302   E maigre e pale devenir.
    312   E son duel parfont comencié
    320   E espandu par son col jurent;
    322   De mautalent e de corroz.
    327   Qu'el se derompoit e batoit
    328   E ses poinz ensemble hurtoit.
    338   Car joie e diaus sont dui contraire.
    343   Tant estoit vieille e redotee
    347   E blanche con s'el fust florie.
    351   De vieillece e aneientiz
    353   Qui fu jadis soés e plains;
    356   E toutes les denz si perdues
    361   Li Tens qui s'en vait nuit e jor,
    362   Senz repos prendre e senz sejor,
    363   E qui de nos se part e emble
    363   E qui de nos se part e emble
    366   E il ne s'i areste point,
    379   Car Tens gaste tot e manjue;
    381   Qui tot fait croistre e tot norrist
    382   E qui tot use e tot porrist;
    382   E qui tot use e tot porrist;
    384   Qui vieillist rois e empereres
    385   E qui toz nos enveillira,
    396   Ele avoit esté sage e entre,
    402   Abrié e vestu son cors.
    414   Si a le vis simple e piteus,
    415   E semble sainte creature,
    421   E si fu chauciee e vestue
    421   E si fu chauciee e vestue
    426   E d'apeler e sainz e saintes.
    426   E d'apeler e sainz e saintes.
    426   E d'apeler e sainz e saintes.
    430   E si avoit vestu la haire.

(CONT.)

433	S'avoit la color pale e morte.
434	A li e as siens iert la porte
439	E por un poi de gloire vaine,
440	Qui lor toudra Deu e son reine.
450	C'estoit sa cote e ses mantiaus;
455	Se cropoit e atapissoit;
457	Est toz jorz honteuse e despite.
465	Furent a or e a azur
467	Hauz fu li murs e toz carrez;
468	Si en estoit clos e barrez,
491	Que enz n'entrasse e ne veïsse
495	Les dances d'Amors e les notes
496	Plaisanz, cortoises e mignotes.
508	Destroiz fui mout e angoisseus,
515	E la cloison dou mur carré,
517	Trovai, petitet e estroit;
521	Assez i feri e boutai,
522	E par maintes foiz escoutai
526	Qui assez estoit gente e bele.
533	E les iauz vairs come uns faucons,
535	Douce aleine ot e savoree,
536	E face blanche e coloree,
536	E face blanche e coloree,
537	La bouche petite e grossete;
540	Gros assez e lons par raison,
544	Poliz iert e soés au tast.
548	Le cors ot bien fait e dougié;
560	Bien e bel e estroitement
560	Bien e bel e estroitement
562	E, por garder que ses mains blanches
569	E bien paree e atornee,
569	E bien paree e atornee,
571	Mout avoit bon tens e bon mai,
578	E si li demandai coment
579	Ele avoit non e qui ele iere.
584	Riche fame sui e poissanz.
587	Qu'a moi joer e solacier,
588	E a moi pignier e trecier.
588	E a moi pignier e trecier.
589	Privee sui mout e acointe
598	E si fist au dehors portraire
601	Ainz sont dolereuses e tristes,
605	Deduiz e les genz qui le sivent,
606	Qui en joie e en solaz vivent.
610	Mauviz e autres oiselez.
611	Il se jeue iluec e solace
618	Qu'il moine avuec soi e conduit."
620	E j'oi mout bien tot escouté,
630	E cortoise e bien enseignie."
630	E cortoise e bien enseignie."
633	Ou vergier, e quant je fui enz,
634	Je fui liez e bauz e joianz;
634	Je fui liez e bauz e joianz;
635	E sachiez que je cuidai estre
646	D'autre part jais e estorniaus;
648	De roietiaus e de tortoles,
650	D'aloes e de larderoles;
654	Melles i avoit e mauviz,
658	E mainz oisiaus qui par ces gauz
659	E par ces bois ou il abitent
665	E bien sachiez, quant je l'oï,
669	Tant estoit cil chanz douz e biaus
674	E series, ont non sereines.
679	E je vi le leu verdeier,
685	E lores soi je bien e vi
685	E lores soi je bien e vi
694	E quel compaignie il avoit,
696	E dou vergier trestot a tire
701	Grant servise douz e plaisant
703	Lais d'amors e sonez cortois
707	La douçor e la melodie
713	Son contenement e son estre.
716	Pleine de fenoil e de mente;
729	E une dame lor chantoit,
731	Bien sot chanter e plaisamment,
735	Qu'ele avoit la voiz clere e saine.
736	E si n'estoit mie vilaine,
738	Ferir dou pié e envoisier.
744	E genz mignotement baler
745	E faire mainte bele tresche
746	E maint bel tor sor l'erbe fresche.
748	E menestreus e jogleors;
748	E menestreus e jogleors;
754	Iluec entor e timberresses,
761	E treciees a une trece,
767	Contre l'autre, e quant eus estoient
776	De queroler e de dancier.
781	La vaillant e la debonaire,
786	E avueques nos vos prenez
788	Senz demorance e senz arest
793	E me dist que je querolasse;
795	Estoie envieus e sorpris.
797	Les cors, les façons e les chieres,
798	Les semblances e les manieres
801	Deduiz fu biaus e lons e droiz:
801	Deduiz fu biaus e lons e droiz:
805	Vermeille e blanche tot entor;
806	Cointes fu e de bel ator.
808	E le nés fait par grant entente.
811	E grailles par mi la ceinture.
813	Tant estoit biaus e acesmez,
814	E de toz membres bien formez.
815	Remuanz fu e preuz e vistes,
815	Remuanz fu e preuz e vistes;
825	E decopee par cointise.
828	Par druerie e par solaz
831	E savez vos qui iert s'amie?
837	A la querole, e ele lui;
839	Qu'il estoit biaus e ele bele.
845	Les sorciz bruns e enarchiez,
846	Les iauz gais e si envoisiez
852	E por baisier son ami prete;
853	S'ot le chief blont e reluisant.
855	Bele fu e bien atornee.
858	Je, qu'en ai veü vint e nuef,
862	Fu ses cors vestuz e parez,
869	E qui abat l'orgueil des genz,
870	E si fait des seignors sergenz,
871	E des dames refait baesses,
883	E a bestes e a leparz
883	E a bestes e a leparz
885	Portraite, e ovree de flors
894	Fueilles de roses granz e lees.
901	De calandres e de mesenges.
908	Les queroles, e si gardoit
912	Toz pleins de neuz e bocerez
913	Fu cil ars desoz e deseure,
914	E si estoit plus noirs que meure.
916	Longuet e de gente façon;
917	Si fu bien faiz e bien dolez,
918	E si fu mout bien pipolez.
920	E vallez envoisiez e cointes.
920	E vallez envoisiez e cointes.
926	Les penons bien faiz e les coiches,
928	Forz e trenchanz orent les pointes
929	E aguës por bien percier;
932	Fors que les penons e le fust,
935	La meillor e la plus isnele
936	De ces floiches, e la plus bele,
937	E cele ou li meillor penon
943	De valor e de cortoisie.
959	Li fust estoient e li fer
965	Toute teinte e envenimee.
967	E la quarte Deseperance
971	Furent e toutes resemblables.
974	E pleins de neuz e bocereus;
974	E pleins de neuz e bocereus;

71

e   (CONT.)

981	Contee e la senefiance,	1260	Jonece au vis cler e riant,
988	E les façons e les semblances.	1265	Mais mout iert envoisiee e gaie,
988	E les façons e les semblances.	1276	Li vallez fu juenes e biaus,
1001	E blanche come flor de lis.	1278	Con s'amie e d'autel corage.
1002	Ele ot le vis cler e alis,	1280	Cestes genz, e autres avueques,
1003	S'estoit graillete e aligniee.	1282	Franches genz e bien enseignies
1007	Les cheveus ot blondez e lons,	1283	E genz de bel afaitement
1009	Nés ot bien fait e iauz e bouche.	1288	Alasse veoir e cerchier,
1009	Nés ot bien fait e iauz e bouche.	1289	E remirer ces biaus loriers,
1014	Briement il fu jonete e blonde,	1304	E li deus d'Amors apela
1015	Sade, plaisant, aperte e cointe,	1309	E cil guieres n'i atendi:
1016	Grasse, graillete, gente e jointe.	1311	Si li bailla, e cinc saietes,
1019	De grant pris e de grant afaire.	1312	Forz e luisanz, de traire pretes.
1022	Il fust mout fiers e mout hardiz;	1320	E cil pensa bien de moi sivre,
1023	Qu'ele puet mout nuire e aidier.	1338	E si ot ou vergier planté
1026	De faire e aïde e grevance.	1339	Maint fier e maint biau datier;
1026	De faire e aïde e grevance.	1342	Clos de girofle e ricalice,
1027	Tuit li graignor e li menor	1344	Citoal, anis e canele,
1037	De desprisier e de blasmer	1345	E mainte espice delitable
1041	E tot le mont par parole oignent;	1348	Qui charjoient e coinz e pesches,
1045	E desloent les alosez.	1348	Qui charjoient e coinz e pesches,
1055	Que je vos di bien e afiche	1349	Chastaignes, noiz, pomes e poires,
1060	Estoires de dus e de rois.	1350	Nesfles, prunes blanches e noires,
1064	E s'i ot, ce sachiez senz faille,	1352	Cormes, alies e noisetes.
1070	Qui ot grant force e grant vertu;	1353	De granz loriers e de hauz pins
1079	E si avoit un tel eür	1355	E d'oliviers e de ciprès,
1085	Si estoient gros e pesant:	1355	E d'oliviers e de ciprès,
1101	E la pierre si clere estoit	1357	Ormes i ot branchuz e gros,
1107	Durement li vis e la face,	1358	E avuec ce charmes e fos,
1108	E entor li toute la place.	1358	E avuec ce charmes e fos,
1114	Il se chauçoit bien e vestoit;	1359	Coudres droites, trembles e fresnes,
1120	De Richece e la bienvoillance	1360	Esrables, hauz sapins e chesnes.
1123	E el les pooit bien fornir,	1369	Mais li rain furent lonc e haut,
1124	E ses despenses maintenir;	1370	E, por le leu garder de chaut,
1128	Qui bien fu duite e bien aprise	1375	Ou vergier ot dains e chevriaus;
1129	De faire enor e de despendre.	1380	E en plus de trente manieres
1136	E Deus li faisoit foisoner	1384	Senz barbelotes e senz raines,
1139	Mout ot Largece pris e los;	1390	Une noise douce e plaisant.
1140	Ele ot les sages e les fos	1391	Entor les ruissiaus e les rives
1146	E por ce ot ele a devise	1392	Des fontaines cleres e vives
1147	L'amor des povres e des riches.	1393	Poignoit l'erbe bassete e drue:
1162	Li ors qu'en done e li argenz.	1396	Car la terre estoit douce e moiste
1165	S'ot le vis bel e bien formé;	1402	Toz jorz e iver e esté.
1172	E la gorge estoit descoverte	1402	Toz jorz e iver e esté.
1179	De valor e le gonfanon.	1404	E parvenche fresche e novele,
1182	E devant rois e devant contes.	1404	E parvenche fresche e novele,
1182	E devant rois e devant contes.	1405	S'i ot flors blanches e vermeilles,
1186	Mainte joste e mainte envaïe	1408	Qu'ele estoit pipolee e pointe
1188	E percié maint escu boclé,	1412	Dou leu plaisant e delitable;
1189	E maint chevalier abatu	1417	Mais j'alai tant destre e senestre
1190	E pris par force e par vertu.	1418	Que j'oi tot l'afaire e tot l'estre
1190	E pris par force e par vertu.	1419	Dou vergier cerchié e veü.
1194	E si n'ot pas nés orlenois,	1420	E li deus d'Amors m'a seü,
1195	Ançois ot nés lonc e traitiz,	1430	E si estoit as hauz creüz
1197	S'ot les cheveus blondez e lons;	1441	E tant le sot Amors destreindre,
1198	E fu simple come uns colons.	1442	E tant le fist plorer e plaindre,
1199	Le cuer ot douz e debonaire:	1442	E tant le fist plorer e plaindre,
1202	E s'ele un ome coneüst	1446	E fu por lui si mal menee
1206	E si douz e si amiable	1450	Pleins de desdein e de fierté,
1206	E si douz e si amiable	1454	Si en ot tel duel e tel ire
1213	E si fu si cuillie e jointe	1455	E le tint a si grant despit
1213	E si fu si cuillie e jointe	1458	Ele pria Deu e requist
1219	Fame est plus cointe e plus mignote	1462	E eschaufez de tel amor
1222	Senefioit que douce e franche	1464	Si porroit savoir e entendre
1227	Mais biaus iert e genz s'il fust ores	1468	E por ce la fist Deus estable;
1236	Mais sage e entre, senz outrage.	1470	A la fontaine clere e pure
1237	De biaus respons e de biaus diz;	1474	De corre e amont e aval,
1241	Le vis avoit cler e luisant:	1474	De corre e amont e aval,
1246	Acointables e biaus parliers,	1476	Dou chaut, e por la lasseté,
1248	Li chevaliers fu biaus e genz,	1478	E quant il vint a la fontaine,
1249	E as armes bien acesmez,	1483	Si vit en l'eve clere e nete
1250	E de s'amie bien amez.	1484	Son vis, son nés e sa bouchete,
1254	Dite la façon e la taille;	1485	E cil maintenant s'esbaï,
		1490	Dou grant orgueil e dou dangier

e   (CONT.)
1499   E qu'il estoit si pris par fort
1503   E fu morz en poi de termine.
1506   Son guerredon e sa merite.
1526   E la gravele qui paroit
1530   L'eve est toz jorz fresche e novele,
1531   Qui nuit e jor sort a granz ondes
1532   Par deus doiz crueses e parfondes.
1534   Qui vient, por l'eve, espesse e drue;
1535   E en iver ne puet morir
1545   E la clarté aval descent,
1550   E tel force ont que toz li leus,
1551   Arbre e flors, e quanque aorne
1551   Arbre e flors, e quanque aorne
1553   E por faire la chose entendre,
1557   E i voit l'en senz coverture
1558   E lor color e lor figure,
1558   E lor color e lor figure,
1565   E s'il se tornent, maintenant
1573   Mira sa face e ses iauz vairs,
1582   I sont tost pris e agaitié.
1591   E fist ses laz environ tendre,
1592   E ses engins i mist, por prendre
1593   Damoiseles e damoiseaus.
1599   Parlé en romanz e en livre;
1605   E as cristaus, qui me montroient
1611   Queus sa force iert e sa vertuz,
1614   Qui maint ome a pris e traï.
1619   E lors m'en prist si grant envie
1626   E sachiez bien, quant je fui près,
1639   S'i ot boutons petiz e clos,
1640   E teus qui sont un poi plus gros;
1643   E s'aprestent d'espaneïr.
1645   Les roses overtes e lees
1660   Qui est si vermeille e si fine
1666   E par desus siet li boutons
1671   E quant jou senti si flairier,
1675   Mais chardon agu e poignant
1677   Espines trenchanz e agües,
1678   Orties e ronces crochues
1683   A moi porsivre e espier,
1685   E quant il ot aperceü
1690   E quant la corde fu en coiche,
1693   E traist a moi par tel devise
1696   E lors me prist une froidor,
1703   E quant je vin de pasmoison
1704   E j'oi mon sen e ma raison,
1704   E j'oi mon sen e ma raison,
1705   Je fui mout vains e si cuidiai
1711   E començai fort a tirer
1712   E en tirant a sospirer;
1713   E tant tirai que j'amenai
1720   E si n'eñ issi onques sans.
1721   Angoisseus fui mout e troblez
1731   Li veoirs senz plus e l'olors
1735   E Amors ot ja recovree
1739   E mainte fame a fait amer.
1753   E quant li maus plus m'angoissoit,
1754   E la volentez me croissoit
1763   De moi grever e mout se poine,
1768   La plaie fu parfonde e lee,
1773   Je pris la floiche e si ostai
1778   Mout angoisseus e mout pensis.
1780   E me semont que je me traie
1783   E me doit bien espoenter,
1787   Carriaus e pierres pelle melle,
1791   Me donoit cuer e hardement
1794   Foibles e vains come on bleciez,
1795   E m'esforçai mout de marchier,
1799   Chardons e ronces, qu'onques n'oi
1808   E durement m'abelissoit
1812   Por le delit e por la joie.
1821   E trait, por moi metre a meschief,
1831   Au revenir plaing e sospire,

1832   Car ma dolor croist e empire
1841   E que je tieng a mout poissant,
1846   E trenchant con rasoirs d'acier;
1856   E por lor maus miauz deporter.
1862   Je fusse morz e mal bailliz
1874   Douçor i a e amertume.
1875   J'ai bien senti e coneü
1876   Qu'el m'a aidié e m'a neü.
1888   E plus tost a merci vendras;
1891   E qu'il covient a soupleier:
1893   E si te vueil bien enseignier
1897   En pais e debonairement."
1898   E je respondi simplement.
1910   J'atent par vos joie e santé,
1914   E se de moi vostre prison
1917   E sachiez que n'en ai point d'ire.
1920   Cuer e cors en vostre servise,
1925   E par tel covent me rent gié."
1928   E me dist: "Je t'ain mout e pris
1928   E me dist: "Je t'ain mout e pris
1932   E si i as tant gaaignié
1939   Ainz doit estre cortois e frans
1941   Senz faille il i a poine e fais
1943   Enor mout grant, e si doiz estre
1945   E seignor de si haut renon,
1947   De Cortoisie e la baniere;
1949   Si douz, si frans e si gentis.
1951   A li servir e enorer,
1956   E sachiez que mout me fis cointes
1961   E d'uns e d'autres receüz;
1961   E d'uns e d'autres receüz;
1971   E te vueil si a moi lier
1982   E si pris que, s'il bien voloit,
1990   Qui le garde bien e jostise;
1991   E sor tot ce, se rien dotez,
1993   E la clef soit en leu d'ostages."
2007   E si a mout grant poesté."
2009   E ferma mon cuer si soef
2012   E quant je l'oi mis hors de doute:
2026   E te metrai en haut degré,
2030   Il i covient poine e demeure.
2031   Atent e suefre la destrece
2032   Qui orendroit te cuit e blece,
2040   E coment tu acompliras
2041   Nuit e jor les comandemenz
2052   Or les entent e les retien.
2066   E la matire en est novele;
2071   Que j'espoigne e que j'enromance
2078   Ce dist Amors, "vueil e comant
2081   Si maudi e escomenie
2085   Vilains est fel e senz pitié,
2086   Senz servise e senz amitié.
2092   Fu mal renomez e haïz.
2096   Por ce qu'il fu fel e crueus,
2097   Ramponierres e mal parliers
2099   Soies entres e acointables,
2100   De paroles douz e raisnables
2101   E as granz genz e as menues;
2101   E as granz genz e as menues;
2102   E quant tu iras par les rues,
2105   S'aucuns avant te salue,
2108   Senz demorer e senz atendre.
2114   Qui orde chose e laide nome.
2115   Toutes fames serf e eneure,
2116   En eus servir poine e labeure;
2117   E se tu oz nul mesdisant
2119   Blasme le e di qu'il se taise.
2121   As dames e as damoiseles,
2123   De toi e dire e raconter:
2123   De toi e dire e raconter:
2126   Car, qui entent bien e esgarde,
2127   Orguiauz est folie e pechiez;
2128   E qui d'orgueil est entechiez,
2142   E de robe e de chaucemente:

e   (CONT.)

2142	E de robe e de chaucemente:
2143	Bele robe e bel garnement
2145	E si doiz ta robe baillier
2148	E les manches vestanz e cointes.
2148	E les manches vestanz e cointes.
2149	Solers a laz e estiviaus
2150	Aies sovent frois e noviaus,
2151	E gar qu'il soient si chauçant
2154	E de quel part tu en istras.
2156	E de ceinture te cointoie,
2157	E se tu n'es de la richece
2177	A joie e a deduit t'atorne:
2180	Ou l'en jeue e rit e envoise.
2180	Ou l'en jeue e rit e envoise.
2182	Ont par eures joie e torment;
2184	Une eure douz e autre amer,
2188	Une eure pleure e autre chante.
2194	Car los e pris e grace en vient.
2194	Car los e pris e grace en vient.
2195	Se tu te senz viste e legier,
2197	E se tu es bien a cheval,
2198	Tu doiz poindre amont e aval;
2199	E se tu sez lances brisier,
2201	E s'as armes es acesmez,
2203	Se tu as la voiz clere e saine,
2209	De fleüter e de dancier:
2215	Que cil vilain entulle e sot.
2221	Ou por un ris douz e serin,
2230	Cortois e senz orgueil doit estre;
2231	Cointes se teigne e envoisiez,
2232	E de largece soit proisiez.
2234	Que nuit e jor, senz repentance,
2237	E te membre de la douce eure
2239	E, por ce que fins amanz soies,
2240	Vueil je e comant que tu aies
2256	Est tost rendue e aquitee.
2263	E je ne pris le don un pois
2268	Qui as amanz sont griés e dures.
2275	Lors te vendront sospir e plaintes,
2276	Friçons e autres dolors maintes;
2278	Une eure chauz e autre froiz,
2286	E une grant piece seras
2290	Senz iauz movoir e senz parler.
2292	En ta memoire e tressaudras
2295	E sospirras de cuer parfont,
2304	Adès i pens e rien n'en voi :
2319	E iras la par tel covent
2321	E gasteras en vain tes pas;
2324	Senz plus faire, pensis e mornes.
2326	E te vendront tot de rechief
2327	Sospir e pointes e friçons,
2327	Sospir e pointes e friçons,
2335	E se tu te puez tant pener
2338	A tes iauz saouler e paistre,
2341	E saches que dou regarder
2342	Feras ton cuer frire e larder,
2343	E tot adès en regardant
2346	Plus alume son cuer e larde;
2347	Cil larz alume e fait flamer
2350	Le feu qui l'art e qui l'alume;
2352	E il s'en vait plus apressant.
2356	E il plus est d'amer engrès.
2357	Ce sevent tuit sage e musart :
2361	E quant partir t'en covendra,
2369	Lez li, con fos e entrepris.
2378	E querras achoison d'aler
2385	E tes alees e ti tor
2385	E tes alees e ti tor
2388	E quier autre achoison que cele
2396	Parole te faudra e sens
2398	E se tant te puez avancier
2409	Il dient un e pensent el
2431	E puis envers, e puis adenz,
2431	E puis envers, e puis adenz,
2434	E la façon e la semblance
2434	E la façon e la semblance
2441	Dou tot t'amie e ta compaigne;
2443	E avras joie de neient
2446	Ou il n'a que mençonge e fable
2449	E diras: 'Deus, ai je songié?
2454	El me paist tot e replenist
2455	De joie e de bone aventure;
2463	Mout me grieve Amors e tormente;
2464	Sovent me plaing e me demente.
2474	Maint plus preu e plus alosé
2485	Si di je que fos e que garz,
2497	Mout m'enuie certes e grieve
2499	E que la nuit tost ne trespasse,
2504	E son enui qui trop me dure.'
2506	E de repos petit prendras,
2508	E quant tu ne porras l'enui
2511	Vestir, chaucier e atorner,
2517	E a toi ne pensera guieres;
2520	E jucheras iluec defors,
2521	Toz seus, a la pluie e au vent;
2523	E se tu trueves fendeüre
2525	Oreille e escoute par mi
2527	E se la bele, senz plus, veille
2528	Ce te lo je bien e conseille
2529	Qu'el t'oie plaindre e doloser,
2539	E, por ce que l'en ne te voie
2554	Qu'il ont perdu boivre e mangier,
2555	E je te voi, les jangleors,
2557	Encor te comant e encharge
2562	T'amie e toz ses bienvoillanz
2563	Doiz enorer e chiers tenir;
2567	Preu e cortois e afaitié,
2567	Preu e cortois e afaitié,
2570	E se tu as si grant besoigne
2573	E pense dou tost retorner.
2587	Coment vit on e coment dure
2588	Qui est en poine e en ardure,
2589	En duel, en sospirs e en lermes,
2590	E en toz poinz e en toz termes
2590	E en toz poinz e en toz termes
2591	Est en soussi e en esveil?
2596	E ma demande bien m'espont:
2601	E plus en gré sont receü
2608	E toutesvoies covient vivre
2612	En verminier e en ordure,
2616	E se cuide veoir delivre
2622	E cuer e talent li aporte
2622	E cuer e talent li aporte
2628	E fait que li amant vivaint.
2640	E avueques ce je te doing
2647	Quant li amanz plaint e sospire,
2648	E est en duel e en martire,
2648	E est en duel e en martire,
2650	Qui l'ire e la dolor despiece,
2651	E a l'amant en son venir
2654	E après au devant li met
2657	E la bouchete coloree,
2666	La dolor d'amor e la rage
2668	E se tu l'autre refusoies,
2673	E a maintes dames secors,
2686	Or te lo e vueil que tu quieres
2687	Un compaignon sage e celant
2689	E descuevres tot ton corage;
2693	E parleroiz andui ensemble
2696	E de sa simple contenance
2698	E conseil li demanderas
2706	Qui ele est e coment a non:
2710	E tu a lui e il a toi.
2710	E tu a lui e il a toi.
2713	Son conseil dire e son segré.
2715	E t'en tendras a bien paié
2724	Delitables e savoreus;

e   (CONT.)
2733 E quant li ueil sont en deduit,
2734 Il sont si apris e si duit
2737 E font ses maus rassoagier,
2741 E por la joie covient lors
2743 E les tenebres ou il iere.
2748 Qui nuit e jor d'amors languist,
2755 Les amanz e garder de mort;
2759 E Douz Parler e Douz Regart.
2759 E Douz Parler e Douz Regart.
2771 E soi que guerir ne pooie
2773 Tot mon cuer mis e ma beance,
2790 Un vallet bel e avenant,
2796 E me dist amiablement:
2809 Si vous rent graces e merites
2812 E, quant vos plaist, vostre servise
2814 Par ronces e par aiglentiers,
2819 E Bel Acueil me conveia;
2828 E garde de toz les rosiers.
2830 D'erbe e de fueilles toz coverz,
2831 Por ceus espier e sorprendre
2836 E avuec lui Honte e Peor.
2836 E avuec lui Honte e Peor.
2838 E sachiez que, qui a droit conte
2839 Son parenté e son lignage,
2841 E ses peres ot non Mesfaiz,
2842 Qui est si hisdeus e si laiz
2847 E des roses e des boutons,
2847 E des roses e des boutons,
2851 Qui nuit e jor sovent li emble
2852 Boutons e roses tot ensemble;
2857 E li preta, a sa requeste,
2858 Honte, qui est simple e oneste;
2859 E, por les rosiers miauz garnir,
2872 Vers le bouton e d'atouchier
2880 E quant je me senti acointes
2881 De Bel Acueil e si privez,
2883 Lors ai pris cuer e hardement
2885 Amors m'avoit pris e navré:
2908 E me dist: "Frere, vos beez
2916 Laissiez le croistre e amender.
2922 Granz fu e noirs e hericiez,
2922 Granz fu e noirs e hericiez,
2925 E s'escrie con forsenez:
2934 E il vos quiert honte e contraire.
2934 E il vos quiert honte e contraire.
2944 Por le vilain hisdeus e noir,
2947 A grant peor e a grant heste;
2948 E li vilains crole la teste,
2949 E dit se jamais i retor
2952 E je remés essaboïz,
2953 Honteus e maz, si me repens
2957 A duel, a poine e a martire.
2958 E de ce ai la plus grant ire
2985 A son semblant e a son vis
2991 A sa semblance e a s'image,
2992 E li dona tel avantage
2993 Qu'ele a pooir e seignorie
2998 "Biaus amis, folie e enfance
2999 T'ont mis en poine e en esmai;
3007 El t'a traï e deceü;
3013 E garde bien que plus ne croies
3016 E quant juenes on fait folie,
3018 Or te vueil dire e conseillier
3021 E si conquis e tormenté.
3021 E si conquis e tormenté.
3027 E de Dangier neient ne monte
3029 Qui les roses defent e garde
3047 E se il fait autre mestier,
3052 E la joie a corte duree.
3054 E de l'avoir est aventure.
3064 Qui te fait vivre e non valoir,
3068 Si dente ton cuer e refrain.
3069 Tu doiz metre force e defense

3080 Que je refraigne e que je dente
3099 Je remés d'ire e de duel pleins,
3115 E me plains a lui de Dangier;
3117 E Bel Acueil en fist aler
3120 E me dist que jou comparroie
3126 Seürs e ne vos esmaiez;
3129 A laidir e a menacier
3136 Par chuer e par soupleier.
3140 Par amor e par acordance;
3141 E li metez bien en covent
3145 Qui le chue e qui le blandist."
3146 Tant parla Amis e tant dist
3148 E hardement e volenté
3148 E hardement e volenté
3156 Fel par semblant e corrocié,
3159 E le dis: "Sire, je sui ci
3172 Pitié de moi e apaiez
3174 E je vos jur e acreante
3174 E je vos jur e acreante
3189 Mout trovai Dangier dur e lent
3191 E si le m'a il pardoné
3193 E me dist par parole brieve:
3197 E se tu aimes, moi que chaut?
3204 E je l'alai conter en heste
3213 Or devez sofrir e atendre
3216 Par sofrir felon e refraint."
3231 Por lui acointier e atraire;
3235 E que je me plaing e sospir,
3235 E que je me plaing e sospir,
3239 E tant qu'il a certainement
3242 E qu'il n'i a point de feintise
3249 Franchise, e avuec li Pitié.
3252 Car l'une e l'autre me voudroit
3257 E dist: "Dangiers, si Deus m'ament,
3272 De li faire enui e grevance
3274 Por ce qu'il vos redoute e prise,
3275 E que il est vostre sougiez?
3277 E le fait a vos obeïr,
3287 E quant trop dure l'engrestiez,
3288 C'est felonie e mauvaistiez:
3301 Or est il morz e mal bailliz
3313 E le vos prie e amoneste
3313 E le vos prie e amoneste,
3315 Mout par est fel e deputaire
3327 E li a dit cortoisement:
3331 Mout a esté pensis e tristes
3335 E de faire sa volenté.
3337 Entre moi e Pitié Dangier,
3359 E vi qu'ele estoit puis creüe
3368 E la place dedenz emploient,
3373 Qu'el n'iere avant e plus vermeille.
3375 E Amors plus e plus me lie
3375 E Amors plus e plus me lie
3377 E tot adès estreint ses laz
3381 E grant compaignie trovee;
3382 E quant je voi qu'il ne me vee
3390 E, s'il ne vos devoit desplaire,
3405 E sachiez bien cui l'en otroie
3407 Le miauz e le plus avenant,
3427 Si fu si cointe e si tifee
3433 De sa robe e de son oré,
3439 E si n'ot point en li d'orgueil.
3446 Car vos savez bien e veez
3447 Qu'il sert e aime en leiauté,
3452 E douz e frans vers toutes genz;
3452 E douz e frans vers toutes genz;
3453 E avuec ce il n'est pas viauz,
3462 E sa bouche n'est pas vilaine,
3464 Por solacier e por deduire,
3466 E les denz blanches e si netes
3466 E les denz blanches e si netes
3476 Tant fist Venus e ses brandons;
3478 Un baisier douz e savoré
3483 E adouci les maus d'amer

e   (CONT.)
3487 Qui est si sade e bien olanz.
3490 Toz pleins de delit e de joie;
3491 E neporquant j'ai mainz enuiz
3492 Soferz e maintes males nuiz
3497 Il oint une eure e autre point,
3502 E coment li murs fu levez
3503 E li chastiaus riches e forz,
3503 E li chastiaus riches e forz,
3512 De mainz amanz pense e devine,
3513 E tot le mal qu'il set retrait,
3516 E tant que il ne se pot taire,
3519 E mout poignant e mout amere:
3519 E mout poignant e mout amere:
3523 E dist que il metroit son ueil
3524 Que entre moi e Bel Acueil
3527 De moi e dou fill Cortoisie
3531 E quant ele se fu levee,
3546 E si ne s'est pas bien poigniee
3547 De toi garder e tenir cort;
3552 Por moi e li avilenir."
3556 E pris avuec moi tot prové.
3558 Qui contre nos plaide e estrive,
3563 Si fu umeliant e simple,
3564 E ot un voile en leu de guimple
3566 E, por ce qu'el fu esbaïe,
3571 E maint prodome a amusé.
3576 De vallez e de damoiseles.
3591 E qu'il jeue as genz e parole.
3591 E qu'il jeue as genz e parole.
3593 De lui garder e chastier.
3611 Clore les rosiers e les roses;
3614 Car je voi bien e sai de fi
3635 Fol e bergier a decevoir;
3644 E Jalosie atant s'en part:
3645 Peor e Honte laisse ensemble.
3652 Maintes foiz est avris e mais
3654 Or nos laidenge e nos mesasme
3657 Si li montron bien e dison
3675 E començoit a someillier;
3677 Qui le laidenge e li cort seure:
3683 Trop estes recreanz e lasches,
3685 E tot le monde estouteier.
3692 Levez tost sus, e si bouchiez
3694 E ne portez nului menaie.
3697 Se Bel Acueil est frans e douz,
3698 E vos seiez fel e estouz,
3698 E vos seiez fel e estouz,
3699 Pleins de rampones e d'outrage:
3710 Que vos estes lasches e mos
3711 E que vos creez jangleors."
3718 Qu'ele est mout fiere e mout grifaigne,
3719 E de tencier apareillie.
3721 E a chacié par sa maisnie
3723 E juré qu'il ne puet durer
3729 E en avroiz poine e enui,
3729 E en avroiz poine e enui,
3734 E fu pleins d'ire e de roïlle
3734 E fu pleins d'ire e de roïlle
3754 Je le vos jur e acreant."
3758 E vait cerchant par le porpris
3763 E plus fel qu'il ne soloit estre.
3769 E bien sachiez que tuit li membre
3773 E quant dou baisier me recors,
3779 E sachiez, quant il me sovient
3783 E a mes iauz e a ma bouche,
3783 E a mes iauz e a ma bouche,
3788 Qui esprent mon cuer e atise.
3789 Or revendront plor e sospir,
3791 Friçons e pointes e complaintes.
3791 Friçons e pointes e complaintes.
3795 Sa langue desleial e fausse
3805 Qu'il sont mout lé e mout parfont.
3812 E vient amont en estreçant,

3820 E faites de pierres tailliees.
3823 E si i a quatre portauz,
3824 Don li murs est espès e hauz.
3827 E deus de coste e un derriere,
3827 E deus de coste e un derriere,
3831 E por aus prendre e retenir
3831 E por aus prendre e retenir
3837 Qu'ele est e grant e lee e haute.
3837 Qu'ele est e grant e lee e haute.
3837 Qu'ele est e grant e lee e haute.
3841 De fort vin aigre e de chauz vive.
3850 Si qu'entre le baile e la tor
3854 E engins de maintes manieres:
3857 E as archieres tot entor
3874 E l'autre porte garde Honte,
3876 El fu mout sage, e si vos di
3880 E fu a garder establie
3885 E si ne l'uevre pas sovent,
3892 E si sachiez qu'as autres trois
3893 Vait il e vient quant il li siet,
3896 E atempre ses chalumiaus
3897 E ses buisines e ses corz:
3897 E ses buisines e ses corz:
3898 Une foiz dit lais e descorz
3899 E sons noviaus de controvaille,
3906 E ceste folement regarde,
3908 E ceste si a trop parole."
3913 E si sachiez qu'ele i a mis
3916 E Bel Acueil est en prison,
3928 Qu'ele ot des biens e de l'angoisse
3931 Bel Acueil se taist e escoute
3933 E n'est si hardiz qu'il se mueve,
3939 E ele l'ot fait enmurer,
3946 E en veillant e en dormant
3946 E en veillant e en dormant
3949 Sui livrez a duel e a poine.
3962 E a joie quant el comence
3963 A estre bele e drue en erbe,
3965 L'empire, tel eure est, e grieve
3969 E l'esperance au vilain tost
3972 E m'esperance e m'atendue,
3972 E m'esperance e m'atendue,
3983 Autre eure les aplaigne e chue.
3987 E quant ele viaut ele met
3989 E celui qui est sor la roe
3991 E je sui cil qui est versez!
3992 Mar vi les murs e les fossez
3996 Car ma joie e ma guerison
3997 Est toute en lui e en la rose,
3999 E de la covendra qu'il isse
4006 E ne sofrez a nes un fuer
4010 E s'el vos chastie defors,
4018 E vos fait enui e laidure,
4018 E vos fait enui e laidure,
4020 E dou dangier qu'ele vos montre
4040 Qui est si grant e si aperte;
4041 Si ai peor e desconfort,
4045 E traïtor e envieus
4045 E traïtor e envieus
4049 E faire tant par lor favele
4051 E, se devient, si ont il fait.
4055 Si en ai duel e desconfort.
              996

Echo
1444 Car Echo, une haute dame,
              001

el (PRON.)
  44 Qu'el doit estre Rose clamee.
  60 Qu'el viaut avoir novele robe;
 165 Qu'el sembloit bien chose vilaine;
 202 Qu'el sembloit estre enlangoree;
 209 Come s'el fust as chiens remese;

76

el   (PRON.)   (CONT.)
   223 Car s'el fust usee e mauvaise,
   228 Une borse qu'el reponoit,
   230 Qu'el demorast mout longuement
   232 Mais el n'avoit de ce que faire:
   233 El n'aloit pas a ce beant
   238 S'ele ne vit ou s'el n'oï
   242 Quant el voit grant desconfiture
   246 Quant el voit aucun grant lignage
   257 A cui el ne soit anemie;
   258 Car certes el ne voudroit mie
   274 Qu'el peüst de tot son pris
   284 Car el ne peüst au visage
   300 Qu'el sofroit de jorz e de nuiz
   308 N'el ne se vosist pas retraire
   314 Car el n'avoit pas esté lente
   316 N'el n'avoit pas sa robe chiere:
   321 Qu'el les avoit trestoz deroz
   324 Qu'el ploroit mout parfondement:
   327 Qu'el se derompoit e batoit
   342 A poine qu'el se pooit paistre,
   347 E blanche con s'el fust florie.
   359 Qu'el n'alast mie la montance
   390 El ne se pooit mais aidier,
   392 Car certes el n'avoit poissance,
   398 Mais je cuit qu'el n'iere mais sage,
   413 El fait dehors le marmiteus,
   420 Qu'el fu de simple contenance,
   427 El ne fu gaie ne jolive,
   431 Si sachiez qu'el n'iere pas grasse,
   443 N'eüst pas, s'el se deüst pendre,
   448 Qu'el n'avoit qu'un viez sac estroit,
   451 El n'avoit plus que afubler:
   572 Qu'el n'avoit soussi ne esmai
   834 Qui, des qu'el n'avoit que set anz,
   840 El resembloit rose novele
   946 El n'estoit pas d'aler loing prete;
   951 Neporquant el fait mout grant plaie;
   995 El ne fu oscure ne brune,
  1005 Car el n'avoit mie mestier
  1014 Briement el fu jonete e blonde,
  1123 E el les pooit bien fornir,
  1125 Qu'el li donoit autant deniers
  1126 Con s'el les puisast en greniers.
  1130 El fu dou lignage Alixandre,
  1132 Con quant el pooit dire: "tien."
  1138 Tant doner come el plus avoit.
  1201 A nului rien qu'el ne deüst;
  1208 S'el ne li aidast, el crainsist
  1208 S'el ne li aidast, el crainsist
  1209 Qu'el feïst mout grant vilanie.
  1210 El fu en une sorquenie
  1231 Qu'el n'iere orguilleuse ne fole.
  1235 El ne fu ne nice n'ombrage,
  1718 Qu'el n'en pot estre hors sachiee,
  1849 Por ce qu'el ne peüst trop nuire;
  1876 Qu'el m'a aidié e m'a neü.
  2440 Ausi con s'el fust devenue
  2454 El me paist tot e replenist
  2529 Qu'el t'oie plaindre e doloser,
  2530 Si qu'el sache que reposer
  2561 Qu'el die que tu es vaillanz.
  2632 El ne laira ja une toise
  2639 Qu'el ne te secueure au besoing.
  2684 Quanqu'il en iert, car el l'avoit
  2840 El fu fille Raison la sage,
  2978 El ne fu juene ne chenue,
  2986 Pert qu'el fu faite en parevis,
  3004 La clef don el t'ovri la porte;
  3007 El t'a traï e deceü;
  3363 Ce qu'el n'iere pas si overte,
  3373 Qu'el n'iere avant e plus vermeille.
  3428 Qu'el resembla deesse ou fee;
  3431 Qu'el n'est pas de religion.

   3495 Qu'el ne soit troble a poi de vent;
   3510 Miauz que nule quant el voudra.
   3555 S'el ne l'eüst iluec trové
   3566 E, por ce qu'el fu esbaïe,
   3587 Qu'el n'ama onques ome entulle.
   3642 Por ce qu'el la savoit en ire.
   3724 Qu'el nou face vif enmurer;
   3876 El fu mout sage, e si vos di
   3884 S'el n'est fermee a serreüre;
   3887 Ou el voit saillir deus langoutes,
   3927 Qu'il n'est baraz qu'el ne conoisse,
   3936 Qu'el set toute la vieille dance.
   3943 El n'a mais garde que glouton
   3962 E a joie quant el comence
   4010 E s'el vos chastie defors,
                          093

el   (SUBST.)
   1838 Je ne m'en puis par el partir.
   2409 Il dient un e pensent el
                          002

ele
     58 Ou ele a tot l'iver esté;
    113 Mais qu'ele estoit plus espandue.
    168 D'enorer ce qu'ele deüst.
    206 E avuec ce qu'ele iere maigre,
    207 Iert ele povrement vestue:
    226 Avant qu'ele eüst autre faite.
    231 Ançois qu'ele en peüst rien traire;
    238 S'ele ne vit ou s'el n'oï
    245 Ele est trop liee en son corage
    254 Qu'ele ne porte leiauté
    256 N'ele n'a parent, tant li teigne,
    260 Mais sachiez bien qu'ele compere
    262 Qu'ele est en si tres grant torment
    264 Que par un poi qu'ele n'en font.
    269 Je cuit que s'ele conoissoit
    272 Si le voudroit ele blasmer;
    276 Si voudroit ele apetisier
    281 Ele ne regardast neient
    287 Qu'ele fondoit d'ire e ardoit
    288 Quant aucuns qu'ele regardoit
    294 Qu'ele avoit au cuer grant dolor,
    305 Come il sembloit que ele eüst;
    310 Dou duel qu'ele avoit a son cuer.
    341 De tel come ele soloit estre;
    349 S'ele morist, ne granz pechiez,
    357 Qu'ele n'en avoit mais nes une.
    396 Ele avoit esté sage e entre,
    397 Quant ele iert en son droit aage;
    400 Ele ot d'une chape forree
    404 Car ele eüst froit autrement:
    417 Qu'ele ne penst en son corage.
    445 Qu'ele estoit nue come vers.
    447 Je cuit qu'ele acorast de froit,
    456 Car povre chose, ou qu'ele soit,
    567 Qu'ele estoit poi embesoigniee.
    568 Quant ele s'estoit bien pigniee,
    570 Ele avoit faite sa jornee.
    579 Ele avoit non e qui ele iere.
    579 Ele avoit non e qui ele iere.
    580 Ele ne fu pas vers moi fiere
    582 "Je me faz," ce dist ele, "Oiseuse
    689 Quant ele m'avoit desfermé
    735 Qu'ele avoit la voiz clere e saine.
    739 Ele estoit adès costumiere
    742 Qu'ele faisoit plus volentiers.
    837 A la querole, e ele lui.
    839 Qu'il estoit biaus e ele bele.
    851 Ele ot la bouche petitete,
   1002 Ele ot le vis cler e alis,
   1023 Qu'ele puet mout nuire e aidier.
   1075 Ele vausist a un riche ome

ele	(CONT.)	embasmez	
1137	Toz ses biens, qu'ele ne savoit	1629	Que por neient fusse embasmez.
1140	Ele ot les sages e les fos		001
1144	Si cuit je que ele en feïst		
1146	E por ce ot ele a devise	embatuz	
1166	Mais ele ot son col desfermé;	1612	Ne m'i fusse ja embatuz,
1167	Qu'ele avoit iluec en present		001
1200	Ele n'osast dire ne faire		
1202	E s'ele un ome coneüst	embelie	
1205	Qu'ele ot le cuer si piteable	3376	De tant come ele est embelie,
1240	Ele fu une clere brune;		001
1243	Ele iere en toutes corz bien dine		
1257	Me fist si grant qu'ele m'ovri	embelissoit	
1408	Qu'ele estoit pipolee e pointe	1399	Mais mout embelissoit l'afaire
1447	Qu'ele li dist qu'il li donroit		001
1448	S'amor, ou ele se morroit.		
1453	Quant s'oï escondire,	embesoigniee	
1456	Qu'ele fu morte senz respit.	567	Qu'ele estoit poi embesoigniee.
1457	Mais, tot avant qu'ele morist,		001
1458	Ele pria Deu e requist		
1460	Qu'ele ot trové d'amor si lasche,	emble	
1570	Con s'ele iert es cristaus portraite.	363	E qui de nos se part e emble
1845	Ele est aguë por percier,	2694	De la bele qui ton cuer emble,
2005	Ele est mendre de ton doi mame,	2851	Qui nuit e jor sovent li emble
2006	Mais ele est de mon escrin dame,		003
2228	A retenir quant ele est brieve:		
2372	Avant qu'ele s'en fust alee.	emblee	
2453	Voudroie qu'ele revenist:	626	Ne m'iert pas, se je puis, emblee
2636	Fait ele adès merci atendre.		001
2679	'Mout sui,' fait ele, 'a bone escole,		
2706	Qui ele est e coment a non:	emblent	
2849	Si qu'ele avoit mestier d'aïe,	3944	Li emblent rose ne bouton:
2993	Qu'ele a pooir e seignorie		001
3066	Qui ne fait tant qu'ele remaigne.		
3359	E vi qu'ele estoit puis creüe	embler	
3371	Ele fu, Deus la beneïe,	176	C'est cele qui semont d'embler
3376	De tant come ele est embelie,	2786	Que les roses vosisse embler.
3400	Ele me siaut toz jorz defendre		002
3424	Ele tint un brandon flamant		
3429	Dou grant ator que ele avoit	emparlee	
3438	Qu'ele fu cointe durement,	3326	Franchise, la bien emparlee,
3457	S'ele faisoit de lui dangier.		001
3530	Quant ele oï le jangleor.		
3531	E quant ele se fu levee,	empené	
3532	Ele corut come desvee	1714	Le fust a moi tot empené.
3548	Si m'est avis qu'ele secort		001
3639	Mais ele fu si esbaïe		
3640	Quant ele a Jalosie oïe	empenee	
3649	"Honte," fait ele, "mout me poise	942	Franchise: cele iert empenee
3668	S'ele le cuilloit en haïne."		001
3679	Fait ele, "par male aventure?		
3718	Qu'ele est mout fiere e mout grifaigne,	empenez	
3720	Ele a ui bien Honte assaillie,	725	Tot por voir anges empenez.
3801	Ne pionier qu'ele ne mant.		001
3837	Qu'ele est e grant e lee e haute.		
3848	Ele est dehors avironee	empereres	
3877	Qu'ele ot sergenz a grant plenté,	384	Qui vieillist rois e empereres
3886	Car, quant ele ot bruire le vent,		001
3904	S'ele ot parler de lecherie;		
3913	E si sachiez qu'ele i a mis	empereriz	
3928	Qu'ele ot des biens e de l'angoisse	1244	D'estre empereriz ou reïne.
3939	E ele l'ot fait enmurer,		001
3941	Ses chastiaus, qu'ele vit si fort,		
3947	Puet ele estre bien asseür.	empire	
3986	Ele a une roe qui torne,	1832	Car ma dolor croist e empire
3987	E quant ele viaut ele met	3965	L'empire, tel eure est, e grieve
3987	E quant ele viaut ele met		002
4009	Ensi come ele a fait le cors;		
4020	E dou dangier qu'ele vos montre	empiriez	
	119	3346	Ne se fu de rien empiriez,
			001
eles			
673	Qui, por lor voiz qu'eles ont saines	empleiez	
	001	954	Ses maus si est bien empleiez,

empleiez (CONT.)
3460 Mout iert en lui bien empleiez,
         002

emploient
3368 E la place dedenz emploient,
         001

emport
2865 Que nus bouton ne rose emport.
         001

emportez
1992 Faites i clef, si l'emportez,
         001

empris
  41 Cele por cui je l'ai empris;
         001

emprise
3061 La folie fu tost emprise,
3273 Avez vos guerre a lui emprise
         002

en (ADV,PRON)
   6 Si en puis bien traire a garant
  14 Qui ce voudra, por fol m'en teigne;
  39 La matire en est bone e nueve,
  99 M'en vois lors toz seus esbatant,
 126 Lors m'en alai par mi la pree,
 179 Qu'en la fin maint en covient pendre;
 231 Ançois qu'ele en peüst rien traire;
 264 Que par un poi qu'ele n'en font.
 326 A cui grant pitié n'en preïst;
 357 Qu'ele n'en avoit mais nes une.
 361 Li Tens qui s'en vait nuit e jor,
 376 N'il n'en retorne arriere goute;
 411 Quant nus ne s'en puet prendre garde,
 468 Si en estoit clos e barrez,
 474 Je l'en seüsse mout bon gré;
 486 Toz li monz s'en doit esjoïr.
 487 Je endroit moi m'en esjoï
 489 Que n'en preïsse pas cent livres,
 513 Lors m'en alai grant aleüre,
 577 Je l'en merciai bonement,
 666 Mout durement m'en esjoï;
 714 Lors m'en alai tot droit a destre,
 719 M'en entrai ou Deduiz estoit.
 772 Ne vos en sai que devisier,
 858 Je, qu'en ai veü vint e nuef,
 864 Si en estoit assez plus gobe.
 898 Les fueilles jus en abatoient;
 924 Il en tint cinc en sa main destre;
 941 Une autre en i ot, apelee
 947 Mais qui de pres en vosist traire,
 948 Il en peüst assez mal faire.
 956 S'en doit estre sa dolor mendre.
 980 Bien vos en iert la verité
1103 L'en s'en veoit bien au besoing
1106 Que Richece en resplendissoit
1144 Si cuit je que ele en feïst
1204 Tost en eüst, ce cuit, pitié;
1255 Ja plus ne vos en iert conté,
1273 Il n'en fussent ja vergondeus;
1292 Car tuit li plusor s'en aloient,
1302 Si m'en alai seus esbatant
1330 Pomiers i ot, bien m'en sovient,
1340 Si trovast, qu'en eüst mestier,
1363 Que mout en seroie encombrez
1386 Mais n'en sai pas dire le nombre.
1389 S'eve aloit l'eve aval, faisant
1406 De jaunes en i ot merveilles:
1413 Orendroit m'en covendra taire,

1454 Si en ot tel duel e tel ire
1495 Si en fu morz a la parclose:
1500 Qu'il n'en pooit avoir confort
1518 Cui malement en mesavint;
1522 Por folie m'en esmaioie.
1608 Las! Tant en ai puis sospiré!
1619 E lors m'en prist si grant envie
1631 Ne cremisse estre, j'en cuillisse
1635 Car il en peüst de legier
1641 Si en i a d'autre moison
1651 Qui en porroit un acrochier,
1653 Se chapel en peüsse avoir,
1655 Entre ces boutons en eslui
1669 La soatume qui en ist
1676 M'en aloient mout esloignant;
1718 Qu'el n'en pot estre hors sachiee,
1720 E si en issi onques sans.
1726 N'en atendoie medecine;
1744 La saiete, qui n'en istra
1746 Car au tirer en amenai
1757 Si m'en venist miauz reüser,
1775 Mais la saiete n'en poi traire
1785 Mais grant chose a en estovoir:
1807 La douce olor qui en issoit,
1810 S'en avoie tel guerredon
1811 Que mes maus en entroblioie,
1816 N'en queïsse partir nul jor.
1838 Je ne m'en puis par el partir.
1867 S'en i ot cinc bien encrotees,
1868 Qui jamais n'en seront ostees.
1916 Ne m'en tieng pas a enginiez;
1917 E sachiez que n'en ai point d'ire.
1922 Je ne m'en puis de rien doloir;
1966 Mais il savront come il m'en poise:
1988 Nus ne vos en puet dessaisir;
2003 Ton cuer, n'en quier autre apoial,
2056 Si qu'il l'en puisse sovenir."
2066 E la matire en est novele;
2138 Qui est cointes il en vaut miauz,
2154 E de quel part tu en istras.
2194 Car los e pris e grace en vient.
2200 Tu t'en puez faire mout prisier;
2205 De chanter, se l'en t'en semont,
2246 Par tot en a petite part;
2254 Si en avras graignor merite,
2282 Bien avras, ainz que tu t'en partes,
2304 Adès i pens e rien n'en voi :
2314 Si m'aïst Deus, por fol m'en tiens.
2317 Devant qu'aucune enseigne en oie.'
2352 E il s'en vait plus apressant.
2360 Jamais movoir ne t'en querras;
2361 E quant partir t'en covendra,
2372 Avant qu'ele s'en fust alee.
2374 Car se tu en peüsses traire
2386 S'en reveignent par la entor.
2401 Tu n'en diras mie les deus,
2422 Tant que j'en vueille la pais querre.
2513 Lors t'en iras en recelee,
2568 Miauz t'en prisera la moitié.
2586 Forment en sui espoentez
2675 Ot parler toz s'en esbaudist;
2682 Qui m'en parole, quoi qu'il die.'
2684 Quanqu'il en iert, car el l'avoit
2715 E t'en tendras a bien paié
2768 Si en fui mout essaboïz
2778 S'Amors ne s'en entremetoit.
2784 Se je n'en crainsisse avoir blasme;
2804 Ja ne m'en quier faire plaidier,
2817 Vers le bouton m'en vois errant
2894 Que vos en fussiez corrociez."
2896 Que ja ne m'en feroiz doloir
2902 Ja les dolors n'en seront traites
2932 Qui felon sert itant en a.
2951 Lors s'en est Bel Acueil foïz,

en   (ADV,PRON)   (CONT.)
    3017   L'en ne s'en doit pas merveillier.
    3031   Si en doiz avoir grant Peor,
    3048   Il n'en puet guieres esploitier.
    3051   La poine en est desmesuree
    3053   Qui joie en a, petit li dure,
    3055   Car je voi que maint s'en travaillent
    3111   A lui m'en vin grant aleüre,
    3117   E Bel Acueil en fist aler
    3205   A Ami, qui s'en esjoï,
    3224   Des qu'avoir n'en puis autre joie.
    3254   Qu'eus voient qu'il en est mestiers.
    3266   Qu'il en a poines maintes traites.
    3268   Que il s'en puisse repentir;
    3270   Ne s'en porroit il pas garder.
    3338   Qui vos en faisoit estrangier."
    3402   A nul amant qui m'en semoigne,
    3470   Donez lui, se vos m'en creez,
    3482   Qui en geta la dolor hors
    3489   S'il m'en sovient, que je ne soie
    3509   Qui le guerredon m'en rendra
    3520   Bien en retraioit a sa mere.
    3594   Si vos en vueil merci crier.
    3596   De bien faire, j'en sui dolente;
    3600   Jamais ne m'en quier retarder."
    3618   Se je ne m'en prenoie garde.
    3619   Mestiers est que je m'en porvoie.
    3644   E Jalosie atant s'en part:
    3663   Si covendra qu'il s'en ament,
    3670   Puis en sont a Dangier venues,
    3689   Quant vos dormez, nos en oon
    3690   La noise, qui mais n'en poon.
    3716   Tost en porroiz estre grevez,
    3728   Mais vos en seroiz mal bailliz,
    3729   E en avroiz poine e enui,
    3746   J'ai fait que fos, bien m'en recors,
    3780   Que a consirrer m'en covient,
    3813   S'en est l'uevre plus fort assez.
    3821   As quatre coignez en a quatre,
    3825   Il en a un ou front devant,
    3888   Si l'en prent il tel eure est soutes.
    3919   Qu'il n'a pooir que il en isse.
    3951   Il en devroit grant pitié prendre.
    3964   Mais, avant qu'il en cueille gerbe,
    4024   Je m'en tendroie a bien paiez.
    4036   Car j'en suefre la penitence
    4043   N'en doi je bien avoir peor
    4055   Si en ai duel e desconfort.
                169

en   (PRON.)
    3   Mais l'en puet teus songes songier
    20   Que l'en voit puis apertement.
    50   Que l'en ne voit boisson ne haie
    368   Que l'en ne puet neïs penser
    371   Car ainz que l'en l'eüst pensé
    505   Ne leu par ou l'en i entrast;
    671   Ainz le peüst l'en aesmer
    751   Por ce qu'en fait en Lohereine
    842   Que l'en li peüst toute fendre
    850   L'en nou feïst pas miauz de cire.
    1094   Car l'en ne porroit pas prisier
    1103   L'en s'en veoit bien au besoing
    1162   Li ors qu'en done e li argenz.
    1181   Que l'en conte de lui les contes
    1394   Ausi i peüst l'en sa drue
    1466   Que l'en refuse si vilment.
    1557   E i voit l'en senz coverture
    2022   Au seignor cui l'en le presente."
    2180   Ou l'en jeue e rit e envoise.
    2205   De chanter, se l'en t'en semont,
    2261   Car l'en doit chose avoir mout chiere
    2264   Que l'en done desus son pois.
    2472   Bien est droiz que l'en l'escondie.

    2496   Quant l'en ne dort ne ne repose.
    2539   E, por ce que l'en ne te voie
    2599   Si aime l'en miauz le cheté
    2600   Quant l'en l'a plus chier acheté,
    2602   Li bien don l'en a mal eü,
    2605   Ne qu'en puet espuisier la mer
    2611   Cil que l'en met en chartre oscure,
    2635   Nes au larron que l'en viaut pendre
    2712   Quant l'en a ome a cui l'en ose
    2712   Quant l'en a ome a cui l'en ose
    2914   Que l'en l'oste de sa nature.
    3017   L'en ne s'en doit pas merveillier.
    3215   J'ai bien esprové que l'en vaint
    3281   Cortoisie est que l'en secueure
    3282   Celui don l'en est au deseure;
    3405   E sachiez bien cui l'en otroie
    3412   L'en ne doit mie ome enchaucier
    3415   Ne cope l'en mie le chesne,
    3416   Ne l'en n'a pas le vin de l'aisne
    3579   L'en li a sofert a atraire
    3615   Que en meillor garde pert l'en.
    3617   Que l'en me tendroit por musarde
    3665   Foïr l'en estuet de la terre,
    3702   Ne l'en ne puet faire esprevier
    3740   Tot vif me face l'en larder
    3840   Car l'en destrempa le mortier
    3843   De quoi l'en fist le fondement,
                050

en   (PREP.)
    1   Maintes genz dient que en songes
    26   Si vi un songe en mon dormant
    28   Mais en cel songe onques rien n'ot
    40   Or doint Deus qu'en gré le receuve
    47   Qu'en mai estoie, ce sonjoie,
    51   Qui en mai parer ne se vueille
    70   Sont en mai, por le tens serin
    71   Si lié qu'il montrent en chantant
    72   Qu'en lor cuers a de joie tant
    81   Mout a dur cuer qui en mai n'aime,
    84   En icelui tens deliteus,
    87   Lors m'iere avis en mon dormant
    97   En icele saison novele.
    138   Si com moi vient en remembrance.
    139   Enz en le mileu vi Haïne,
    179   Qu'en la fin maint en covient pendre;
    227   Avarice en sa main tenoit
    236   Qui ne rist onques en sa vie,
    245   Ele est trop liee en son corage
    262   Qu'ele est en si très grant torment
    279   Lors vi qu'Envie en la pointure
    282   Fors de travers en borgneiant;
    285   Regarder rien de plain en plain,
    292   Tristece pointe en la maisiere;
    303   Onques rien nee en tel martire
    317   En maint leu l'avoit desciriee,
    365   Qu'il s'arest adès en un point,
    387   Li Tens, qui tot a en baillie
    391   Ainz retornoit ja en enfance;
    397   Quant ele iert en son droit aage;
    410   C'est cele qui en recelee,
    417   Qu'ele ne penst en son corage.
    423   En sa main un sautier tenoit;
    454   Com povres chiens en un coignet
    469   En leu de haies, uns vergiers,
    471   Cil vergiers en trop bel leu sist.
    477   Come il avoit en cel vergier,
    483   Qu'en tot le reiaume de France.
    510   Qu'onques en nul sen ce n'avint
    511   Qu'en si bel vergier n'eüst uis,
    542   N'avoit jusqu'en Jerusalen
    549   Il n'esteüst en nule terre
    557   En sa main tint un miroer;
    604   Se vient en cest leu ombreier

en (PREP.)　　　(CONT.)

606	Qui en joie e en solaz vivent.
606	Qui en joie e en solaz vivent.
625	En cest vergier, ceste assemblee
636	Por voir en parevis terrestre;
640	Il ne fait en nul parevis
645	En un leu avoit rossigniaus,
652	En un autre leu, qui lassees
660	En lor bel chanter se delitent.
687	Qui m'avoit en ce deduit mis;
699	Mais tot vos conterai en ordre,
704	Chantoient en lor serventois,
705	Li un en haut, li autre en bas.
705	Li un en haut, li autre en bas.
718	Car maintenant en un reduit
740	De chanter en toz leus premiere,
751	Por ce qu'en fait en Lohereine
752	Plus beles notes qu'en nul reine.
757	Le timbre en haut, sel recuilloient
760	Qui estoient en pures cotes
763	En mi la querole baler;
777	La querole tot en estant
824	Si iert en maint leu encisiee
889	Nule flor en esté ne naist
924	Il en tint cinc en sa main destre;
945	En cele ot mout pesant saiete;
982	Nou metrai pas en obliance,
994	En li ot mout de bones toiches:
1033	Toz li monz iert en son dangier.
1086	En chascun ot bien un besant.
1096	Qui en l'or assises estoient,
1112	C'est uns on qui en biaus osteus
1118	Se en s'estable eüst roncin.
1126	Con s'el les puisast en greniers.
1158	Car trestot en autel maniere
1167	Qu'ele avoit iluec en present
1210	El fu en une sorquenie
1220	En sorquenie que en cote.
1220	En sorquenie que en cote.
1243	Ele iere en toutes corz bien dine
1269	En tel guise qu'il la baisoit
1303	Par le vergier de ça en la;
1321	Mais en nul leu ne m'arestai
1334	Qui charjoient en la saison
1372	Que li solauz en nes eure
1380	E en plus de trente manieres
1423	Que la beste en bon leu se mete
1425	En un trop bel leu arivai
1440	Cui Amors tint en ses roisiaus,
1483	Si vit en l'eve clere e nete
1501	En nule fin ne en nul sen,
1501	En nule fin ne en nul sen,
1503	E fu morz en poi de termine.
1514	Je me trais lors un poi en sus;
1529	En tot le monde n'ot si bele.
1535	E en iver ne puet morir
1544	Ses rais en la fontaine giete
1575	Qui en cel miroer se mire
1578	Qui d'amer l'a tost mis en voie.
1598	Don plusor ont en maint endroit
1599	Parlé en romanz e en livre;
1599	Parlé en romanz e en livre;
1617	Qui estoient en un destor,
1628	M'entra jusques en la coree,
1633	En ma main, por l'odor sentir;
1646	Sont en un jor toutes alees,
1690	E quant la corde fu en coiche,
1712	E en tirant a sospirer;
1729	Se je l'eüsse en ma baillie,
1777	En mon seant lores m'assis,
1793	Je me sui lors en piez dreciez,
1830	Trois foiz me pasme en un tenant.
1836	Car en la fin, ce m'est avis,
1877	Il a angoisse en la pointure,
1883	En ce qu'il vint si m'escria:
1895	En la folie n'en orgueil;
1895	En la folie n'en orgueil;
1897	En pais e debonairement."
1907	Car ma vie est en vostre main:
1920	Cuer e cors en vostre servise.
1923	Encor, ce cuit, en aucun tens
1935	Si me baiseras en la bouche,
1942	En moi servir, mais je te fais
1993	E la clef soit en leu d'ostages."
1997	Qui a le cuer en sa comande.
2016	En gré, foi que vos me devez.
2019	Mais sergenz en vain se travaille
2024	Puis que mis t'es en ma menaie,
2025	Ton servise prendrai en gré
2026	E te metrai en haut degré,
2029	Granz biens ne vient pas en poi d'eure;
2035	Se tu te tiens en leiauté,
2049	Por ce sui en grant de l'aprendre
2116	En eus servir poine e labeure.
2124	Par ce porras en pris monter.
2153	En quel guise tu i entras
2167	S'en tes ongles pert point de noir,
2186	Or est li amanz en ses jeus,
2192	Chascuns doit faire en toutes places
2233	Après t'enjoing en penitence
2235	En amors metes ton penser:
2241	En un seul leu tot ton cuer mis,
2245	Qui en mainz leus son cuer depart,
2248	Qui en un leu met son cuer tot;
2249	Por ce vueil qu'en un leu le metes.
2253	Mais done le en don tot quite,
2257	Mais de chose donee en dons
2277	En plusors sens seras destroiz,
2285	Qu'en pensant t'entroblieras
2292	En ta memoire e tressaudras
2293	Au revenir en esfreor,
2321	E gasteras en vain tes pas;
2334	Ce don tu es en si grant cure;
2339	Grant joie en ton cuer demerras
2343	E tot adès en regardant
2379	De rechief encore en la rue
2382	Mout iroies en sa maison
2392	La bele point que tu la doives
2404	Qui en ce point n'oblit assez,
2416	Lors reseras en grant martire.
2420	Toz jorz li faut, ja en pais n'iert.
2425	Tu te coucheras en ton lit,
2433	Lors te vendra en remembrance
2442	Lors feras chastiaus en Espaigne
2445	En la pensee delitable
2458	En itel point con je pensoie?
2476	En un loier assez menor.
2483	Quant j'ai mis mon cuer en tel leu
2492	Trop ai en cest lit sejorné;
2509	Sofrir en ton lit de veillier,
2513	Lors t'en iras en recelee,
2531	Ne puez en lit por s'amitié:
2540	Devant la maison n'en la voie,
2576	Celi qui ton cuer a en garde.
2577	Or t'ai dit coment n'en quel guise
2583	"Sire, en quel guise ne coment
2588	Qui est en poine e en ardure,
2588	Qui est en poine e en ardure,
2589	En duel, en sospirs e en lermes,
2589	En duel, en sospirs e en lermes,
2589	En duel, en sospirs e en lermes,
2590	E en toz poinz e en toz termes
2590	E en toz poinz e en toz termes
2591	Est en soussi e en esveil?
2591	Est en soussi e en esveil?
2594	Puet un an vivre en tel enfer."
2601	E plus en gré sont receü
2607	Conter en romanz ne en livre;

en (PREP.) (CONT.)
2607 Conter en romanz ne en livre;
2611 Cil que l'en met en chartre oscure,
2612 En verminier e en ordure,
2612 En verminier e en ordure,
2619 A cil qu'Amors tient en prison:
2642 Font a ceus qui sont en mes laz.
2648 E est en duel e en martire,
2648 E est en duel e en martire,
2651 E a l'amant en son venir
2678 En sa chançon, un cortois mot:
2685 Essaié en maintes manieres
2702 En bien amer son cuer a mis,
2714 Cel deduit prendras mout en gré,
2733 E quant li ueil sont en deduit,
2774 Si n'avoie en nului fiance
2791 En cui il n'ot rien que blasmer:
2808 "Ceste promesse en gré recueil,
2815 Don en la haie avoit assez,
2829 En un destor fu li cuverz,
2931 Qui en cest vergier l'amena!
2940 Ne me quier plus en vos fier,
2971 En cest point ai grant piece esté,
2981 Li ueil qui en son chief estoient
2986 Pert qu'el fu faite en parevis,
2999 T'ont mis en poine e en esmai;
2999 T'ont mis en poine e en esmai;
3019 Que l'amor metes en obli
3036 L'a il ja en cent leus retraite.
3056 Qui en la fin dou tot i faillent.
3060 Te fist entrer en tel folage,
3063 Or met l'amor en nonchaloir,
3089 En oiseuse vostre françois.
3102 Tant qu'il me vint en remembrance
3141 E li metez bien en covent
3142 Que jamais des ore en avant
3155 Je le trovai en piez drecié,
3157 En sa main un baston d'espine.
3192 En la fin, tant l'ai sarmoné,
3204 E je l'alai conter en heste
3211 S'il iere pris en bone voine,
3214 Tant qu'en bon point le puissiez prendre
3243 En moi ne de desleiauté;
3247 Si con j'estoie en ceste poine,
3276 S'Amors le tient pris en ses giez
3296 Des lors en ça que l'acointance
3354 De grant enfer en parevis,
3380 Qu'en Bel Acueil grant amor ai
3391 Je le vos requerroie en dons.
3425 En sa main destre, don la flame
3439 E si n'ot point en li d'orgueil.
3447 Qu'il sert e aime en leiauté,
3448 Si a en lui assez biauté,
3460 Mout iert en lui bien empleiez,
3475 M'otreia un baisier en dons,
3498 Amors n'est guieres en un point.
3521 Male Bouche des lors en ça
3529 Qui se leva en esfreor
3541 Ne me vueil plus en toi fier.
3543 Ou enserrer en une tor,
3551 En nostre porprise venir
3559 Je sui tantost tornez en fuie,
3564 E ot un voile en leu de guimple
3567 Comença a parler en bas:
3588 En Bel Acueil n'a autre hulle,
3599 Des or en Bel Acueil garder;
3608 En abaïe ne en cloistre
3608 En abaïe ne en cloistre
3613 Qu'en vostre garde poi me fi,
3615 Que en meillor garde pert l'en.
3627 Por Bel Acueil metre en prison,
3642 Por ce qu'el la savoit en ire.
3643 En sus se trait a une part;
3662 A faire son gré en apert,

3668 S'ele le cuilloit en haïne."
3673 Il ot, en leu de chevecel,
3680 Fos est qui en vos s'asseüre
3682 Ne qu'en la queue d'un mouton.
3701 Ce oï dire en reprovier,
3703 En nule guise de busart.
3714 Que vos n'estes en grant esveil
3726 Qu'en vos n'a mais point d'engrestié.
3755 Lors s'est Dangiers en piez dreciez,
3757 En sa main a un baston pris
3793 Car je sui en enfer cheoiz.
3799 Qui est en male sospeçon.
3812 E vient amont en estreçant,
3846 Il n'ot si riche en tot le monde,
3916 E Bel Acueil est en prison,
3917 Amont en la tor enserrez,
3930 En jonece eü bien sa part.
3934 Que la vieille en lui n'aperçoive
3946 E en veillant e en dormant
3946 E en veillant e en dormant
3961 Qui giete en terre sa semence,
3963 A estre bele e drue en erbe,
3979 Qu'il me toli tot en une eure,
3984 En poi d'eure son semblant mue:
3990 Reverse a un tor en la boe.
3995 Que Bel Acueil fu en prison,
3997 Est toute en lui e en la rose,
3997 Est toute en lui e en la rose,
4004 Se vos estes en prison mis,
4008 Mete vostre cuer en servage
4013 Se li cors en prison remaint,
4021 Vos vengiez, au moins en pensant,
4025 Mais je sui en mout grant soussi
4029 Esté por moi mis en prison.
298

enarchiez
845 Les sorciz bruns e enarchiez,
001

encarrelees
933 Car eus furent encarrelees
001

encharge
2557 Encor te comant e encharge
001

enchargiez
2045 Voz comandemenz m'enchargiez;
001

encharja
2057 Li deus d'Amors lors m'encharja,
001

enchaucier
3412 L'en ne doit mie ome enchaucier
001

encisiee
824 Si iert en maint leu encisiee
001

encline
3158 Je tin vers lui la teste encline,
3647 Peor, qui tint la teste encline,
002

encloé
3113 Don je me sentoie encloé,
001

encloeüre
   3112   Si li desclos l'encloeüre
   3589   Ce sachiez, n'autre encloeüre,
            002

enclose
    38   Ou l'Art d'Amors est toute enclose.
   1568   Tant soit reposte ne enclose,
   2888   Que j'ai dedenz le cuer enclose
   3365   Ançois estoit encore enclose
   3777   Qu'encor ai je ou cuer enclose
   3998   Qui est entre les murs enclose;
           006

encombrez
    877   Crien durement qu'encombrez soie;
   1363   Que mout en seroie encombrez
           002

encontre (ADV.)
   1556   Les choses qui sont a l'encontre,
           001

encontre (PREP.)
   3070   Encontre ce que tes cuers pense:
   4012   Encontre son chastiement.
   4019   Faites li engrestié encontre;
           003

encontre (SUBST.)
   2725   Mout ont au matin bone encontre
           001

encontrer
    501   Mais je ne poi onc encontrer
           001

encor
   1719   Ainz remest enz, encor l'i sens,
   1923   Encor, ce cuit, en aucun tens
   2557   Encor te comant e encharge
   2617   Encor par aucune cheance;
   2661   Encor vait cil solaz doblant
   3208   Encor vos sera debonaire
   3245   Qu'il ne se deigne encor refraindre,
   3777   Qu'encor ai je ou cuer enclose
           008

encoragiez
   2046   Je sui dou faire encoragiez,
           001

encore
    607   Encore orendroit est senz doute
    627   Que ne la voie encore enuit.
    681   Si n'avoie esté encore onques
   1180   Encore est il de tel renon
   1261   Qui n'avoit encore passez,
   1461   Fust aspreiez encore un jor,
   2332   Ainz iras encore essaier
   2379   De rechief encore en la rue
   3261   Car je n'ai mie encore apris
   3365   Ançois estoit encore enclose
   4031   Que j'aie encore vers vos faite,
           011

encores
   1088   Un cercle d'or; onques encores
           001

encrotees
   1867   S'en i ot cinc bien encrotees,
           001

encuse
   2708   A t'amie ne qu'il t'encuse;
           001

encusé
   3572   S'il a Bel Acueil encusé,
           001

encusent
   1561   Tot l'estre dou vergier encusent
           001

encuser
   3522   A encuser me comença,
           001

encusez
   1046   Mainz prodomes ont encusez
           001

endementieres
   1421   Endementieres agaitant,
   1839   Il a endementieres prise
           002

endormi
   2526   S'il se sont laienz endormi;
           001

endormie
   2516   Qui se sera bien endormie
           001

endroit (PREP.)
    15   Car endroit moi ai je fiance
   487   Je endroit moi m'en esjoï
           002

endroit (SUBST.)
   1598   Don plusor ont en maint endroit
           001

endure
   2533   Avoir de celui qui endure
           001

endurer
   2584   Pueent endurer cil amant
           001

eneure
   2115   Toutes fames serf e eneure,
           001

enfance
    391   Ainz retornoit ja en enfance;
   2998   "Biaus amis, folie e enfance
           002

enfant
   1488   D'un enfant bel a desmesure.
           001

enfer
    960   Plus noir que deables d'enfer.
   2594   Puet un an vivre en tel enfer."
   3354   De grant enfer en parevis,
   3793   Car je sui en enfer cheoiz.
           004

enfes
    394   Ne plus que uns enfes d'un an.
   3454   Ainz est enfes, don il vaut miauz.
           002

enfiler
    93   Si pris l'aguille a enfiler.
            001

engignier
  3925   Nus ne la porroit engignier
            001

engigniez
  1916   Ne m'en tieng pas a engigniez;
            001

engin
   499   Par quel art ne par quel engin
  1264   Nul mal ne nul engin qui soit;
  3839   Por engin qui sache getier,
            003

engins
  1592   E ses engins i mist, por prendre
  3854   E engins de maintes manieres:
            002

engraigne
  3065   Car la folie adès engraigne,
  3717   Se l'ire Jalosie engraigne,
            002

engrès
  2356   E il plus est d'amer engrès.
            001

engresses
   872   Quant il les trueve trop engresses.
            001

engrestié
  3286   Qu'engrestié vaint umilitez;
  3726   Qu'en vos n'a mais point d'engrestié.
  4019   Faites li engrestié encontre;
            003

engrestiez
  3287   E quant trop dure l'engrestiez,
            001

engrieve
  2227   Car la parole moins engrieve
            001

engroissiee
  3358   Un poi la trovai engroissiee,
            001

enhaïst
  3396   Se Chasteé ne m'enhaïst,
            001

enhastir
   220   Se viaut mout a tart enhastir;
            001

enjoing
  2233   Après t'enjoing en penitence
            001

enlace
  2644   Ceus que li laz d'Amors enlace,
            001

enlangoree
   202   Qu'el sembloit estre enlangoree;
            001

enlumine
  1659   Car une color l'enlumine
            001

enmurer
  3724   Qu'el nou face vif enmurer:
  3939   E ele l'ot fait enmurer,
            002

enor
   248   E quant aucuns a enor monte
   277   Sa proece au moins e s'enor
  1028   Portoient a Richece enor;
  1129   De faire enor e de despendre.
  1247   Qui bien sot faire enor as genz.
  1943   Enor mout grant, e si doiz estre
  2475   De moi avroient grant enor
  4002   Enor ne bien, santé ne joie!
            008

enorer
   168   D'enorer ce qu'ele deüst.
  1951   A li servir e enorer,
  2563   Doiz enorer e chiers tenir;
            003

enrage
   190   Si fu droiz, que toz jorz enrage
  3700   Vilains qui est cortois enrage,
            002

enromance
  2071   Que j'espoigne e que j'enromance
            001

enseigne (STANDARD)
  1178   Ce fu cil qui porta l'enseigne
            001

enseigne (NEWS)
  2317   Devant qu'aucune enseigne en oie.'
            001

enseigne (V.)
  3585   Qui est sa mere, li enseigne
            001

enseignie
   630   E cortoise e bien enseignie."
            001

enseignié
  1931   D'ome vilain mal enseignié;
            001

enseignier
  1893   E si te vueil bien enseignier
            001

enseignies
  1282   Franches genz e bien enseignies
            001

ensemble
   328   E ses poinz ensemble hurtoit.
   698   Tot ensemble dire ne puis,
  2693   E parleroiz andui ensemble
  2852   Boutons e roses tot ensemble;
  3645   Peor e Honte laisse ensemble.
            005

enserrer
  3543   Ou enserrer en une tor,
            001

enserrez
   3917 Amont en la tor enserrez,
              001

ensi
    575 Quant ensi m'ot l'uis desfermé
    775 Ceste gent ensi esforcier
   1143 S'ensi fust qu'aucuns la haïst,
   1279 Ensi queroloient ilueques
   1504 Ensi si ot de la meschine,
   1686 Que j'avoie ensi esleü
   1699 Quant j'oi ensi esté bersez,
   1880 Ensi m'aïde, ensi me nuit.
   1880 Ensi m'aïde, ensi me nuit.
   1940 Cil que j'ensi a ome prens.
   2011 Ensi fis sa volenté toute;
   2058 Tot ensi con vos orroiz ja,
   2181 Il est ensi que li amant
   2296 Car bien saches qu'ensi le font
   2359 Tant con ta joie ensi verras,
   2505 La nuit ensi te contendras
   2630 Qui les amanz ensi avance!
   2665 Douz Pensers ensi assoage
   2787 Ensi con je me porpensoie
   2972 Tant que me vit ensi maté
   2996 Ensi con je me dementoie,
   3203 Ensi m'otreia ma requeste,
   3409 Quant je l'oï ensi respondre,
   3612 Nes lairai plus ensi descloses,
   4009 Ensi come ele a fait le cors;
   4023 Se vos ensi le faisiez,
   4026 Que vos ne faciez pas ensi,
              027

ensorquetot
   3049 Ensorquetot il a plus poine
              001

entaillié
    132 Portrait dehors e entaillié
              001

entalentez
   1751 Dou bouton bien entalentez,
              001

enté
    938 Furent enté, Biautez ot non.
              001

entechiez
   2128 E qui d'orgueil est entechiez,
              001

entende
   2061 Qui amer viaut or i entende,
              001

entendez
   1977 "Sire," fis je, "or m'entendez:
              001

entendre
     78 Lors estuet juenes genz entendre
    192 Covoitise ne set entendre
   1464 Si porroit savoir e entendre
   1553 E por faire la chose entendre,
   3045 Ne a nul preu dou monde entendre:
              005

entendroiz
   1542 Maintenant que vos l'entendroiz:
              001

entendu
   1682 Avoit toz jorz mout entendu
              001

entens
    586 Car a nule rien je n'entens
              001

entent
   2052 Or les entent e les retien.
   2126 Car, qui entent bien e esgarde,
              002

entente
    808 E le nés fait par grant entente.
   1539 Qu'a grant entente remirai;
              002

ententif
    675 A chanter furent ententif
              001

ententis
   1950 Que, quiconques est ententis
   2337 Tu voudras mout ententis estre
              002

ententive
    329 Mout iere a duel faire ententive
    428 Ainz fu par semblant ententive
   1134 N'iert pas si a prendre ententive
              003

enterin
   2222 Doné son cuer tot enterin
              001

enterine
   2466 De m'amie enterine joie,
              001

entesa
   1691 Il entesa jusqu'a l'oreille
              001

entiers
   2243 Mais toz entiers, senz tricherie,
   2487 Que d'autre li deduiz entiers.
              002

entor
    565 Cousue a ligruel tot entor.
    597 Fist Deduiz lors tot entor faire;
    754 Iluec entor e timberresses,
    805 Vermeille e blanche tot entor;
    897 Qui entor son chief voletoient,
   1108 E entor li toute la place.
   1391 Entor les ruissiaus e les rives
   1533 Tot entor croist l'erbe menue,
   1618 D'une haiete clos entor;
   1668 L'odor de lui entor s'espant:
   2386 S'en reveignent par la entor.
   2927 Entor ces rosiers cest vassaut?
   3625 Qui les rosiers clorra entor.
   3803 Entor les rosiers uns fossez,
   3849 D'un baile qui vait tot entor,
   3857 E as archieres tot entor
              016

entortilliee
    150 E si estoit entortilliee
              001

entr
   1274   Ainz les veïssiez entr'aus deus
   1381   Aloient entr'aus torneiant
               002

entra
   1628   M'entra jusques en la coree,
   1743   Si que par l'ueil ou cuer m'entra
   3481   Car une odor m'entra ou cors
               003

entrai
    631   Lors entrai, senz plus dire mot,
    719   M'en entrai ou Deduiz estoit.
               002

entras
   2153   En quel guise tu i entras
               001

entrasse
    491   Que enz n'entrasse e ne veïsse
               001

entrast
    505   Ne leu par ou l'en i entrast;
               001

entravenoient
    838   Bien s'entravenoient andui,
               001

entre (ADJ.)
    396   Ele avoit esté sage e entre,
   1236   Mais sage e entre, senz outrage,
               002

entre (PREP.)
    802   Jamais entre gent ne vendroiz
   1615   Ou miroer, entre mil choses,
   1655   Entre ces boutons en eslui
   2439   Entre tes braz trestoute nue,
   3337   Entre moi e Pitié Dangier,
   3366   Entre les fueilles de la rose,
   3524   Que entre moi e Bel Acueil
   3850   Si qu'entre le baile e la tor
   3998   Qui est entre les murs enclose;
               009

entre (V.)
   3741   Se jamais on vivanz i entre.
               001

entré
    470   Ou onc n'avoit entré bergiers.
               001

entrebaisassent
    770   Qu'eus s'entrebaisassent ou vis.
               001

entree
    520   Qu'autre entree n'i soi querir.
               001

entrejetoient
    768   Près a près, si s'entrejetoient
               001

entremellees
    893   S'i ot par leus entremellees
               001

entremetoit
   2778   S'Amors ne s'en entremetoit.
               001

entreporteroiz
   2709   Ainz vos entreporteroiz foi,
               001

entreprendre
   3750   Se j'i puis nului entreprendre,
               001

entrepris
    790   Si ne fui pas trop entrepris;
   2369   Lez li, con fos e entrepris.
               002

entrer
    500   Je porroie entrer ou jardin.
    502   Leu par ou j'i peüsse entrer;
   3060   Te fist entrer en tel folage,
               003

entres
   2099   Soies entres e acointables,
               001

entriauz
    530   Li entriauz ne fu pas petiz,
               001

entroblié
   4054   Que entroblié ne m'aiez,
               001

entroblieras
   2285   Qu'en pensant t'entroblieras
               001

entroblioie
   1811   Que mes maus en entroblioie,
               001

entroit
    518   Par autre leu nus n'i entroit.
               001

entulle
   2215   Que cil vilain entulle e sot.
   3587   Qu'el n'ama onques ome entulle.
               002

enui
   2504   E son enui qui trop me dure.'
   2508   E quant tu ne porras l'enui
   3272   De li faire enui e grevance?
   3696   Que vos faciez se enui non.
   3729   E en avroiz poine e enui,
   4018   E vos fait enui e laidure,
               006

enuie
   2497   Mout m'enuie certes e grieve
   3095   Si m'enuie qui me chastie."
   3560   Por la riote qui m'enuie.
               003

enuieuse
   2495   Gesirs est enuieuse chose
               001

enuit
    627   Que ne la voie encore enuit.
               001

enuiz
- 17 Des biens as genz e des enuiz;
- 299 E la pesance e li enuiz
- 2424 Lors avras plus de mil enuiz.
- 3300 Mais ore est ses enuiz doblez;
- 3491 E neporquant j'ai mainz enuiz
  005

envaïe
- 1186 Mainte joste e mainte envaïe;
- 2850 Car Venus l'avoit envaïe,
  002

enveié
- 3342 Lors le m'a Franchise enveié.
  001

enveier
- 2305 Quant ne puis les iauz enveier
  001

envenimee
- 965 Toute teinte e envenimee.
  001

envenimer
- 1073 Nus nou pooit envenimer.
  001

envers (ADV.)
- 1574 Don il jut puis morz toz envers.
- 2431 E puis envers, e puis adenz,
  002

envers (PREP.)
- 997 Envers cui les autres estoiles
- 1656 Un si très bel qu'envers celui
- 3028 Envers que de ma fille Honte,
  003

envie
- 534 Por faire envie a ces bricons.
- 1051 Icil losengier plein d'envie!
- 1296 Fos est qui n'a de tel envie.
- 1619 E lors m'en prist si grant envie
- 2906 De nule rien n'ai plus envie."
  005

Envie
- 235 Après refu portraite Envie,
- 253 Envie est de tel cruauté
- 267 Envie ne fine nule eure
- 279 Lors vi qu'Envie en la pointure
- 291 Delez Envie auques près iere
  005

envieilli
- 383 Li Tens qui envieilli noz peres,
  001

envieillira
- 385 E qui toz nos envieillira,
  001

envieus (ADJ.)
- 795 Estoie envieus e sorpris.
- 2728 De quoi il sont si envieus.
- 3387 Que durement sui envieus
  003

envieus (SUBST.)
- 1035 Maint traïtor, maint envieus:
- 4045 E traïtor e envieus
  002

environ
- 1591 E fist ses laz environ tendre,
- 2780 Clos environ si come il durent,
  002

enviz
- 653 De chanter fussent a enviz;
  001

envoi
- 2303 Mon cuer seul por quoi i envoi ?
  001

envoient
- 2739 Tot maintenant au cuer envoient
  001

envoise
- 76 Lors se deduit e lors s'envoise
- 2180 Ou l'en jeue e rit e envoise.
  002

envoiseüre
- 2176 D'envoiseüre maintenir.
- 3590 Fors qu'il est pleins d'envoiseüre
  002

envoisie
- 779 Qu'une dame mout envoisie
  001

envoisiee
- 833 L'envoisiee, la bien chantanz,
- 1057 Ou monde ne si envoisiee.
- 1265 Mais mout iert envoisiee e gaie,
  003

envoisieement
- 494 Qui envoisieement chantoient
  001

envoisier
- 331 Il ne li tenoit d'envoisier
- 738 Ferir dou pié e envoisier;
  002

envoisiez
- 846 Les iauz gais e si envoisiez
- 920 E vallez envoisiez e cointes.
- 2231 Cointes se teigne e envoisiez,
  003

enz
- 139 Enz en le mileu vi Haïne,
- 491 Que enz n'entrasse e ne veïsse
- 633 Ou vergier, e quant je fui enz,
- 1719 Ainz remest enz, encor l'i sens,
- 1748 Mais la saiete remest enz.
- 1865 Mais la saiete est enz remese,
- 3833 Enz ou mileu de la porprise
  007

erbe
- 63 L'erbe e les flors blanches e perses,
- 746 E maint bel tor sor l'erbe fresche.
- 1374 Ne faire mal a l'erbe tendre.
- 1382 Sor l'erbe fresche verdeiant.
- 1393 Poignoit l'erbe bassete e drue:
- 1398 Tant d'erbe come il covenoit.
- 1533 Tot entor croist l'erbe menue,
- 1725 Que par erbe ne par racine
- 2830 D'erbe e de fueilles toz coverz,
- 3674 A son chief, d'erbe un grant moncel,
- 3963 A estre bele e drue en erbe,

erbe   (CONT.)
                      011

eritez
    187 Lor droites eritez tolues.
                      001

ermite
    3050 Que n'ont ermite ne blanc moine.
                      001

errant
    2817 Vers le bouton m'en vois errant
                      001

erraument
    3479 Ai pris de la rose erraument.
                      001

erres
    3408 Si a erres dou remenant."
                      001

es   (PREP-ART)
    1547 Es cristaus, qui, por le soleil,
    1570 Con s'ele iert es cristaus portraite.
    2462 Se je moroie es braz m'amie.
                      003

es   (ES VOS)
    2997 Atant es vos Raison comence:
    3248 Atant es vos que Deus m'amoine
                      002

es   (V.)
    1884 "Vassaus, pris es, neient n'i a
    2024 Puis que mis t'es en ma menaie,
    2157 E se tu n'es de la richece
    2197 E se tu es bien a cheval,
    2201 E s'as armes es acesmez,
    2273 Le mal don tu es angoisseus.
    2298 Don tu es or si esmaiez.
    2334 Ce don tu es en si grant cure;
    2561 Qu'el die que tu es vaillanz.
                      009

esbaï
    1485 E cil maintenant s'esbaï,
    3374 Toz m'esbaï de la merveille:
                      002

esbaïe
    3566 E, por ce qu'el fu esbaïe,
    3639 Mais ele fu si esbaïe
                      002

esbaneiant
    127 Contreval l'eve esbaneiant,
    1318 M'alai adès esbaneiant
                      002

esbaneier
    603 Maintes foiz por esbaneier
                      001

esbatant
    99   M'en vois lors toz seus esbatant,
    1302 Si m'en alai seus esbatant
                      002

esbatoit
    720 Deduiz ilueques s'esbatoit;
                      001

esbaudist
    2675 Ot parler toz s'en esbaudist;
                      001

esberuce
    3732 Frote ses iauz, si s'esberuce,
                      001

escarbocle
    1100 Une escarbocle ou cercle assise;
                      001

eschaudez
    1784 Qu'eschaudez doit eve doter.
                      001

eschaufee
    3426 A eschaufee mainte dame;
                      001

eschaufez
    1462 E eschaufez de tel amor
                      001

eschiele
    473 Ou par eschiele ou par degré,
    512 Ou eschiele ou quelque pertuis.
                      002

escient
    1259 Après se tint, mien escient,
    3872 Avuec lui, au mien escient,
                      002

escientre
    395 Neporquant, au mien escientre,
                      001

esclairiez
    2542 Ainz que li jorz soit esclairiez.
                      001

escole
    2679 'Mout sui,' fait ele, 'a bone escole,
                      001

escoles
    647 Si ravoit aillors granz escoles
                      001

escomenie
    2081 Si maudi e escomenie
                      001

escondie
    2472 Bien est droiz que l'en l'escondie.
                      001

escondire
    1453 Quant ele s'oï escondire,
    3195 Si ne te vueil pas escondire.
    3320 Escondire de ceste chose,
                      003

escondite
    1505 Qu'il avoit devant escondite,
                      001

escoutai
    522 E par maintes foiz escoutai
                      001

escoutant
    100 E les oiselez escoutant,

escoutant (CONT.)
001

escoute
 608 Deduiz laienz, ou il escoute
2054 Quant li deciples qui escoute
2525 Oreille e escoute par mi
3931 Bel Acueil se taist e escoute,
 004

escouté
 620 E j'oi mout bien tot escouté,
 709 Mais quant j'oi escouté un poi
 002

escouter
2063 Des or le fait bon escouter,
 001

escria
1883 En ce qu'il vint si m'escria:
 001

escrie
2925 E s'escrie con forsenez:
 001

escrin
2006 Mais ele est de mon escrin dame,
 001

escrist
 9 Ançois escrist l'avision
 001

escrite
 407 Une image ot après escrite
 001

escrites
1435 Si ot dedenz la pierre escrites,
 001

escritures
 133 A maintes riches escritures.
 001

escrivre
3506 Ja parece ne m'iert d'escrivre,
 001

escriz
1511 Quant li escriz m'ot fait savoir
 001

escu
1188 E percié maint escu boclé,
 001

escuciaus
 881 A losenges, a escuciaus,
 001

escure
2166 Lave tes mains, tes denz escure;
 001

escuriaus
1376 S'i ot grant plenté d'escuriaus,
 001

esface
2746 Tot ausi Douz Regarz esface
 001

esforçai
1795 E m'esforçai mout de marchier,
 001

esforce
 74 Li rossigniaus lores s'esforce
1762 Mais li archiers, qui mout s'esforce
 002

esforcier
 775 Ceste gent ensi esforcier
 001

esforz
3504 Qu'Amors prist puis par ses esforz.
 001

esfreez
2907 Lors s'est Bel Acueil esfreez,
 001

esfreor
2293 Au revenir en esfreor,
3529 Qui se leva en esfreor
 002

esfroie
 85 Que toute rien d'amer s'esfroie,
 001

esgaie
 49 Ou tens ou toute rien s'esgaie,
 001

esgaier
 32 Por voz cuers plus faire esgaier,
 680 Je me pris mout a esgaier;
3001 Qui fist ton cuer trop esgaier;
 003

esgarde
2126 Car, qui entent bien e esgarde,
2974 Qui de sa tor aval esgarde;
 002

esgardeüre
 280 Avoit trop laide esgardeüre:
 001

esgaré
2752 Ce don je te vi esgaré,
 001

esgratiner
 315 D'esgratiner toute sa chiere;
 001

esjoï
 237 N'onques por riens ne s'esjoï
 487 Je endroit moi m'en esjoï
 666 Mout durement m'en esjoï;
3205 A Ami, qui s'en esjoï,
 004

esjoie
2736 Ainz vuelent que li cuers s'esjoie,
 001

esjoïr
 486 Toz li monz s'en doit esjoïr.
 001

eslargissoit
3361 La rose auques s'eslargissoit

eslargissoit   (CONT.)
                      001

esleü
    1686   Que j'avoie ensi esleü
                      001

esloignant
    1676   M'en aloient mout esloignant;
                      001

esloigne
    2569   Dou païs guieres ne t'esloigne;
                      001

esloigniee
    3545   Trop s'est de toi Honte esloigniee
                      001

esloignier
    2571   Que il esloignier te coveigne,
    2970   Que si esloignier me covient.
                      002

esloigniez
    3329   Bel Acueil, grant piece esloigniez,
                      001

eslui
    1655   Entre ces boutons en eslui
                      001

esmai
     572   Qu'el n'avoit soussi ne esmai
    2999   T'ont mis en poine e en esmai;
                      002

esmaie
    1266   Car juene chose ne s'esmaie
    2023   Amors respont: "Or ne t'esmaie;
                      002

esmaiez
    2298   Don tu es or si esmaiez.
    3126   Seürs e ne vos esmaiez;
    4053   Mais durement sui esmaiez
                      003

esmaioie
    1522   Por folie m'en esmaioie.
                      001

esmais
     298   Car li esmais e la destrece
                      001

esmaus
    1062   A esmaus fu au col orlee
                      001

esme
    2320   Qu'a ton esme faudras sovent
                      001

esmeraudes
    1098   Esmeraudes plus de deus onces.
                      001

esmeré
    1083   Li clou furent d'or esmeré
    2001   Qui fu de fin or esmeré:
                      002

Espaigne
    2442   Lors feras chastiaus en Espaigne
                      001

espandi
    1859   Mais li oignemenz s'espandi
                      001

espandu
     320   E espandu par son col jurent;
                      001

espandue
     113   Mais qu'ele estoit plus espandue.
                      001

espaneïe
    3372   Assez plus bele espaneïe
                      001

espaneïr
    1643   E s'aprestent d'espaneïr.
                      001

espant
    1668   L'odor de lui entor s'espant:
                      001

espaules
     810   Par espaules fu auques lez,
                      001

espens
    1121   Qu'il avoit toz jorz son espens
                      001

esperance
    1833   Si que je n'ai mais esperance
    2621   Ceste esperance le conforte,
    3969   E l'esperance au vilain tost
    3972   E m'esperance e m'atendue,
                      004

Esperance
    2615   Esperance confort li livre,
    2624   Esperance li fait sofrir
    2627   Esperance par sofrir vaint
    2629   Beneoite soit Esperance,
    2631   Mout est Esperance cortoise:
    2646   Ce ou Esperance s'acorde.
    2653   Que Esperance li promet;
    2757   Qu'au moins avras tu Esperance,
                      008

esperitables
     638   Qu'il sembloit estre esperitables;
                      001

esperitel
     664   Con fussent ange esperitel;
                      001

esperne
    3909   Male Bouche, qui riens n'esperne,
                      001

espernier
    3279   Ainz le deüssiez espernier
                      001

espès
    1371   Furent si espès par deseure
    1788   Ausi espès come la grelle,
    3824   Don li murs est espès e hauz.

espès   (CONT.)
  3851   Sont li rosier espès planté,
                       004

espesse
  1534   Qui vient, por l'eve, espesse e drue;
                       001

espi
  3967   Quant li espi doivent florir,
                       001

espice
  1341   Ou vergier mainte bone espice:
  1345   E mainte espice delitable
                       002

espier
  1683   A moi porsivre e espier,
  2831   Por ceus espier e sorprendre
  3622   Vienent mes roses espier.
  3923   Fors espier tant solement
                       004

espiez
  3744   Miauz amasse de deus espiez
                       001

espine
  3157   En sa main un baston d'espine.
                       001

espines
  1677   Espines trenchanz e aguës,
  1798   Mais espines i avoit tant,
  1804   Faite d'espines mout poignanz.
                       003

espinoi
  1800   Pooir de passer l'espinoi,
                       001

esploitier
  3048   Il n'en puet guieres esploitier.
                       001

espoente
  3173   Vostre ire, qui trop m'espoente,
                       001

espoenté
  3124   Il ne m'a mie espoenté,
                       001

espoenter
  1783   E me doit bien espoenter,
                       001

espoentez
  2586   Forment en sui espoentez.
                       001

espoigne
  2071   Que j'espoigne e que j'enromance
                       001

espoir
  2028   Mais espoir ce n'iert mie tost:
  2047   Mais espoir, se je nes savoie,
                       002

espoire
  2620   Il espoire sa guerison.
                       001

espondre
  2075   Quant espondre m'orroiz le songe,
                       001

espons
  1602   Quant j'avrai espons le mistere.
                       001

espont
  2596   E ma demande bien m'espont:
                       001

esposee
  1000   Simple fu come une esposee,
                       001

esprent
  3788   Qui esprent mon cuer e atise.
                       001

esprevier
  3702   Ne l'en ne puet faire esprevier
                       001

esprové
  3131   Pieç'a que je l'ai esprové.
  3215   J'ai bien esprové que l'en vaint
                       002

esprovee
  2941   Car bien est ores esprovee
                       001

espuisier
  2605   Ne qu'en puet espuisier la mer
                       001

esrables
  1360   Esrables, hauz sapins e chesnes.
                       001

esrese
   210   Povre estoit la cote e esrese
                       001

essaboïz
  2768   Si en fui mout essaboïz
  2952   E je remés essaboïz,
                       002

essaie
  2960   Nus n'a mal qui Amors n'essaie.
                       001

essaié
  2685   Essaié en maintes manieres.
  2716   Puis que tu l'avras essaié.
                       002

essaiee
  3786   Se j'ai la savor essaiee,
                       001

essaiees
  2283   Les dolors d'amors essaiees.
                       001

essaier
  2332   Ainz iras encore essaier
  3026   Tu ne l'as mie a essaier.
  3149   Me dona d'aler essaier
                       003

essaiez
          2297 Cil qui ont les maus essaiez
                        001

essaïmes
          2548 Il covient que tu t'essaïmes,
                        001

essauciez
           462 N'il n'est amez ne essauciez.
                        001

essemple
          1507 Dames, c'est essemple aprenez,
          1554 Un essemple vos vueil aprendre:
                        002

essille
          2854 Chasteé, que Venus essille,
                        001

essoine
          2204 Tu ne doiz mie querre essoine
                        001

est
            16 Que songes est senefiance
            37 Ce est li Romanz de la Rose,
            38 Ou l'Art d'Amors est toute enclose.
            39 La matire en est bone e nueve;
            42 C'est cele qui tant a de pris
            43 E tant est dine d'estre amee
            65 C'est la robe que je devise,
           170 C'est cele qui les genz atise
           173 C'est cele qui fait a usure
           176 C'est cele qui semont d'embler
           178 Si est granz pechiez e granz diaus,
           180 C'est cele qui fait l'autrui prendre,
           183 C'est cele qui les tricheors
           245 Ele est trop liee en son corage
           250 C'est la chose qui plus la blece;
           253 Envie est de tel cruauté
           262 Qu'ele est en si trés grant torment
           369 Queus tens ce est qui est presenz,
           369 Queus tens ce est qui est presenz,
           406 Bien savez que c'est lor nature.
           410 C'est cele qui en recelee,
           412 De nul mal faire n'est coarde;
           457 Est toz jorz honteuse e despite.
           462 N'il n'est amez ne essauciez.
           546 Come est la nois desus la branche,
           591 Ce est cil cui est cist jardins,
           591 Ce est cil cui est cist jardins,
           607 Encore orendroit est senz doute
           624 Est orendroit avuec ses genz
           629 Que bele est cele compaignie
           868 C'est cil qui les amanz jostise,
           911 Don li fruiz est mal savorez.
           940 Rot non, ce m'est avis, Simplece.
           953 Qui de cele floiche est plaiez,
           954 Ses maus si est bien empleiez,
          1024 Ce n'est mie ne d'ui ne d'ier
          1112 C'est uns on qui en biaus osteus
          1148 Mout est fos hauz on qui est chiches.
          1148 Mout est fos hauz on qui est chiches.
          1180 Encore est il de tel renon
          1217 Car nule robe n'est si bele
          1219 Fame est plus cointe e plus mignote
          1232 C'est cele qui a la querole,
          1296 Fos est qui n'a de tel envie.
          1299 Qu'il n'est nus graindres parevis
          1326 Il n'est nus arbres qui fruit charge,
          1327 Se n'est aucuns arbres hisdeus,
          1332 C'est uns mangiers bons a malades.

          1528 De la fontaine c'est la fins:
          1530 L'eve est toz jorz fresche e novele,
          1571 C'est li miroers perilleus,
          1586 Ci est d'amer volenté pure,
          1660 Qui est si vermeille e si fine
          1665 La queue est droite come jons,
          1737 Simplece ot non, c'est la segonde,
          1826 Il n'est nule qui plus tost mete
          1836 Car en la fin, ce m'est avis,
          1842 C'est Biaus Semblanz, qui ne consent
          1845 Ele est agüe por percier,
          1865 Mais la saiete est enz remese,
          1881 Lors est tot maintenant venuz
          1889 Il est fos qui moine dangier
          1903 Car il n'est pas raison ne droiz;
          1907 Car ma vie est en vostre main:
          1909 Se n'est par vostre volenté.
          1948 Si est de si bone maniere
          1950 Que, quiconques est ententis
          1985 Li cuers est vostres, non pas miens,
          1994 "Par mon chief, ce n'est mie outrages,"
          1996 Il est assez sires dou cors
          1998 Outrageus est qui plus demande."
          2005 Ele est mendre de ton doi mame,
          2006 Mais ele est de mon escrin dame,
          2064 S'il est qui le sache conter,
          2065 Car la fin dou songe est mout bele
          2066 E la matire en est novele;
          2073 La verité, qui est coverte,
          2084 Por ce n'est pas droiz que je l'ains.
          2085 Vilains est fel e senz pitié,
          2089 N'est pas proece de mesdire.
          2127 Orguiauz est folie e pechiez;
          2128 E qui d'orgueil est entechiez,
          2137 Cointerie n'est pas orguiauz:
          2138 Qui est cointes il en vaut miauz,
          2179 C'est maladie mout courtoise,
          2181 Il est ensi que li amant
          2185 Maus d'amer est mout corageus:
          2186 Or est li amanz en ses jeus,
          2187 Or est destroiz, or se demente,
          2228 A retenir quant ele est brieve:
          2256 Est tost rendue e aquitee,
          2262 Qui est donee a bele chiere,
          2299 Après est droiz qu'il te soveigne
          2300 Que t'amie t'est trop lointaigne;
          2302 Quant la ou mes cuers est ne vais !
          2353 Li feus si est ce qu'il remire
          2356 E il plus est d'amer engrés,
          2358 Qui plus est près dou feu plus art.
          2384 Il est droiz que toutes tes voies
          2390 Qu'il est granz sens de soi celer.
          2405 Se teus n'est que de guile serve;
          2417 C'est la bataille, c'est l'ardure,
          2417 C'est la bataille, c'est l'ardure,
          2418 C'est li contenz qui toz jorz dure:
          2450 Qu'est ice? Ou estoie gié?
          2472 Bien est droiz que l'en l'escondie.
          2481 Mais fort chose est a avenir;
          2495 Gesirs est enuieuse chose
          2519 Savoir s'il est remés desclos,
          2534 Tel mal por li, se mout n'est dure.
          2588 Qui est en poine e en ardure,
          2591 Est en soussi e en esveil?
          2603 Il est voirs que nus maus n'ataint
          2609 Les amanz, qu'il lor est mestiers.
          2631 Mout est Esperance cortoise,
          2645 C'est Douz Pensers, qui lor recorde
          2648 E est en duel e en martire,
          2656 Qui n'est trop granz ne trop petiz,
          2658 Don l'aleine est si savoree;
          2669 Qui n'est mie moins doucereus,
          2671 Li autres biens est Douz Parlers,
          2704 Si est raison qu'il te redie

est   (CONT.)
2705 Se s'amie est pucele ou non,
2706 Qui ele est e coment a non:
2711 Saches que c'est mout plaisant chose
2718 C'est Douz Regarz, qui siaut tarder
2723 Car il est mout as amoreus
2751 Or t'ai, ce m'est vis, declaré
2842 Qui est si hisdeus e si laiz
2858 Honte, qui est simple e oneste;
2887 Joie se n'est par une chose,
2904 Qui est des autres miauz tailliez.
2905 Ce est ma mort, ce est ma vie,
2905 Ce est ma mort, ce est ma vie,
2907 Lors s'est Bel Acueil esfreez,
2913 De son rosier; n'est pas droiture
2941 Car bien est ores esprovee
2951 Lors s'en est Bel Acueil foïz,
2956 Si voi que livrez est mes cors
2962 S'il n'a amé, qu'est grant angoisse.
2976 Lors est de sa tor devalee
2977 Si est tot droit a moi venue.
3005 Fos est qui s'acointe d'Oiseuse:
3006 S'acointance est trop perilleuse.
3010 Ou bel vergier qui est Deduit.
3030 Con cele qui n'est pas musarde,
3033 Avueques ceus est Male Bouche,
3038 Or garde lequel est plus gent
3041 C'est li maus qui amors a non,
3046 S'il est clers, il pert son aprendre,
3051 La poine en est desmesuree
3054 E de l'avoir est aventure.
3081 Le cuer qui est siens trestoz quites?
3084 Qu'il n'est mais a ma volenté;
3096 Atant Raison s'est departie,
3144 C'est une rien qui mout l'apaise,
3244 Mais il est de tel cruauté
3254 Qu'eus voient qu'il en est mestiers.
3259 Qui par vos est trop mal menez.
3275 E que il est vostre sougiez?
3281 Cortoisie est que l'en secueure
3282 Celui don l'en est au deseure;
3285 Pitiez respont: "C'est veritez
3288 C'est felonie e mauvaistiez
3293 Avis m'est que vos le grevez
3298 Car c'est la rien qu'il plus covoite.
3300 Mais ore est ses enuiz doblez;
3301 Or est il morz e mal bailliz
3302 Quant Bel Acueil li est failliz.
3315 Mout par est fel e deputaire
3325 Lors est a Bel Acueil alee
3340 Fait Bel Acueil, "car il est droiz,
3353 Or sui cheoiz, ce m'est avis,
3376 De tant come ele est embelie,
3422 Ce est la mere au deu d'Amors,
3431 Qu'el n'est pas de religion.
3449 Par quoi est dignes d'estre amez.
3450 Veez come il est acesmez,
3451 Come il est biaus, come il est genz
3451 Come il est biaus, come il est genz
3453 E avuec ce il n'est pas viauz,
3454 Ainz est enfes, don il vaut miauz.
3455 Il n'est dame ne chastelaine
3462 E sa bouche n'est pas vilaine,
3468 Bien est, ce m'est avis, mesure
3468 Bien est, ce m'est avis, mesure
3486 Mout est gueriz qui tel flor baise,
3487 Qui est si sade e bien olanz.
3498 Amors n'est quieres en un point.
3499 Des ore est droiz que je vos conte
3545 Trop s'est de toi Honte esloigniee
3546 E si ne s'est pas bien poigniee
3548 Si m'est avis qu'ele secort
3561 Honte s'est lores avant traite,
3570 C'est uns on qui ment de legier,
3573 Ce n'est ore pas li premiers;
3574 Male Bouche est bien costumiers
3577 Senz faille, ce n'est pas menconge,
3584 Mais il est voirs que Cortoisie,
3585 Qui est sa mere, li enseigne
3590 Fors qu'il est pleins d'envoiseüre
3603 Car Lecherie est tant montee
3605 N'est merveille se je me dot,
3609 N'est mais Chasteé asseür:
3619 Mestiers est que je m'en porvoie.
3652 Maintes foiz est avris e mais
3680 Fos est qui en vos s'asseüre
3697 Se Bel Acueil est frans e douz,
3700 Vilains qui est cortois enrage,
3718 Qu'ele est mout fiere e mout grifaigne,
3725 C'est tot par vostre mauvaistié
3727 Je cuit que cuers vos est failliz;
3755 Lors s'est Dangiers en piez dreciez,
3761 Des or est mout changiez li vers,
3787 Tant est graindre la covoitise
3797 Des or est tens que je vos die
3799 Qui est en male sospeçon.
3809 Ainz est fondez sor roche dure.
3813 S'en est l'uevre plus fort assez.
3814 Li murs est si si compassez
3815 Qu'il est de droite carreüre;
3817 Si est autant lons come lez.
3824 Don li murs est espès e hauz.
3837 Qu'ele est e grant e lee e haute.
3842 La pierre est de roche naïve
3844 Si est dure come aïmant.
3848 Ele est dehors avironee
3869 Si m'est avis que Dangiers porte
3881 L'autre porte, qui est assise
3884 S'el n'est fermee a serreüre;
3888 Si l'en prent il tel eure est soutes.
3903 "Il n'est nule qui ne se rie
3905 Ceste est pute, ceste se farde,
3907 Ceste est vilaine, ceste est fole,
3907 Ceste est vilaine, ceste est fole,
3916 E Bel Acueil est en prison,
3918 Don li uis est si bien barrez
3927 Qu'il n'est baraz qu'el ne conoisse,
3933 E n'est si hardiz qu'il se mueve,
3965 L'empire, tel eure est, e grieve
3978 Mais Amors est si corageus
3981 Ce est ausi con de Fortune,
3985 Une eure rit, autre eure est morne;
3989 E celui qui est sor la roe
3991 E je sui cil qui est versez!
3997 Est toute en lui e en la rose,
3998 Qui est entre les murs enclose;
4017 Se Jalosie est vers vos dure
4030 Si n'est ce pas por mesprison
4040 Qui est si grant e si aperte;
            250

estable (ADJ.)
1468 E por ce la fist Deus estable;
            001

estable (SUBST.)
1118 Se en s'estable eüst roncin.
            001

establie
3880 E fu a garder establie
            001

Estampes
3534 Estre a Estampes ou a Miauz,
            001

estant
    777   La querole tot en estant
              001

esté (SUBST.)
    889   Nule flor en esté ne naist
   1402   Toz jorz e iver e esté.
              002

esté (V.)
     58   Ou ele a tot l'iver esté;
    314   Car el n'avoit pas esté lente
    396   Ele avoit esté sage e entre,
    681   Si n'avoie esté encore onques
   1322   Tant que j'oi par trestot esté.
   1624   Don maint autre ome ont esté pris,
   1699   Quant j'oi ensi esté bersez,
   1750   Que, se j'avoie avant esté
   1817   Mais quant j'i oi esté grant piece,
   1866   Qui ot esté de novel rese.
   1962   Don j'ai puis esté deceüz;
   2368   Ainz as esté senz mot soner
   2878   Por ce que près ot esté nee.
   2971   En cest point ai grant piece esté,
   3331   Mout a esté pensis e tristes
   3345   S'il ot esté vers moi iriez,
   3592   Senz faille, j'ai esté trop mole
   3595   Se j'ai esté un poi trop lente
   4029   Esté por moi mis en prison.
              019

ester
   3087   Or me laissiez trestot ester,
              001

estes
   2915   Vilains estes dou demander;
   3328   "Trop vos estes de cel amant,
   3683   Trop estes recreanz e lasches,
   3710   Que vos estes lasches e mos
   3714   Que vos n'estes en grant esveil
   4004   Se vos estes en prison mis,
              006

esteüst
    549   Il n'esteüst en nule terre
   1789   S'esteüst il que j'i alasse;
              002

estiez
   3691   Estiez vos ore couchiez?
              001

estives
   3900   As estives de Cornoaille;
              001

estiviaus
   2149   Solers a laz e estiviaus
              001

estoie
     23   Des juenes genz, couchiez m'estoie
     47   Qu'en mai estoie, ce sonjoie,
     86   Sonjai une nuit que j'estoie;
    507   N'iert iluec, car j'estoie seus.
    795   Estoie envieus e sorpris.
   1805   Mais bel me fu que je estoie
   2450   Qu'est ice? Ou estoie gié?
   3247   Si con j'estoie en ceste poine,
              008

estoient
    493   Des oisiaus qui laienz estoient,
    728   S'estoient pris a la querole,
    760   Qui estoient en pures cotes
    767   Contre l'autre, e quant eus estoient
    800   Si vos dirai quel il estoient.
    959   Li fust estoient e li fer
   1085   Si estoient gros e pesant;
   1093   Qui i estoient devisier;
   1096   Qui en l'or assises estoient:
   1281   Qui estoient de lor maisnies;
   1284   Estoient tuit comunement.
   1617   Qui estoient en un destor,
   2981   Li ueil qui en son chief estoient
              013

estoiles
    997   Envers cui les autres estoiles
   2982   Con deus estoiles reluisoient;
              002

estoire
   3505   Toute l'estoire vueil porsivre,
              001

estoires
   1060   Estoires de dus e de rois.
              001

estoit
     45   Avis m'iere qu'il estoit mais,
     88   Qu'il estoit matins durement.
    110   Clere estoit l'eve e ausi froide
    112   Si estoit poi mendre de Seine,
    113   Mais qu'ele estoit plus espandue.
    124   Clere e serie e bele estoit
    144   Estoit par semblant cele image;
    145   Si n'estoit pas bien atornee,
    149   Hisdeuse estoit e roülliee;
    150   E si estoit entortilliee
    155   Apelee estoit Felonie.
    158   Qui estoit auques d'autel estre
    197   Avarice estoit apelee.
    198   Laide estoit e sale e folee
    201   Tant par estoit descoloree
    210   Povre estoit la cote e esrese
    289   Estoit ou preuz ou biaus ou genz
    340   Qui estoit bien un pié retraite
    343   Tant estoit vieille e redotee.
    344   Mout estoit sa biauté gastee,
    345   Mout estoit laide devenue.
    346   Toute sa teste estoit chenue
    350   Car toz ses cors estoit sechiez
    352   Mout estoit ja ses vis flestiz,
    354   Or estoit toz de fronces pleins.
    358   Tant par estoit de grant vieillune
    399   Ainz estoit toute rassotee,
    445   Qu'ele estoit nue come vers.
    450   C'estoit sa cote e ses mantiaus;
    468   Si en estoit clos e barrez,
    479   N'estoit ne desdeigneus ne chiches;
    484   Mout estoit bele l'acordance
    524   Le guichet, qui estoit de charme,
    526   Qui assez estoit gente e bele.
    567   Qu'ele estoit poi embesoigniee.
    568   Quant ele s'estoit bien pigniee,
    637   Tant estoit li leus delitables
    669   Tant estoit cil chanz douz e biaus
    706   De lor chant, n'estoit mie gas,
    719   M'en entrai ou Deduiz estoit.
    730   Qui Leece apelee estoit.
    736   E si n'estoit mie vilaine,
    739   Ele estoit adès costumiere
    741   Car chanters estoit li mestiers
    813   Tant estoit biaus e acesmez,
    821   Qui estoit toz a or batuz,

estoit (CONT.)
839 Qu'il estoit biaus e ele bele.
856 D'un fil d'or estoit galonee;
864 Si en estoit assez plus gobe.
899 Qu'il estoit toz coverz d'oisiaus,
906 Douz Regarz estoit apelez.
914 E si estoit plus noirs que meure.
946 El n'estoit pas d'aler loing prete;
972 Mout par lor estoit covenables
1003 S'estoit graillete e alignee.
1101 E la pierre si clere estoit
1135 Con Largece estoit de doner;
1172 E la gorge estoit descoverte
1192 Qui n'estoit pas brune ne bise,
1193 Ainz estoit blanche come nois;
1223 Estoit cele qui la vestoit.
1224 Uns bachelers juenes s'estoit
1230 Qui mout estoit de toz proisie,
1277 Si estoit bien d'autel aage
1396 Car la terre estoit douce e moiste
1400 Li leus, qui estoit de tel aire
1407 Trop par estoit la terre cointe,
1408 Qu'ele estoit pipolee e pointe
1410 Don mout estoit bone l'olors.
1430 E si estoit si hauz creüz
1499 E qu'il estoit si pris par fort
1512 Que ce estoit trestot por voir
1692 L'arc, qui estoit forz a merveille,
1716 Qui Biauté estoit apelee.
1803 Qui estoit as rosiers joignanz,
1853 Qui estoit toz de confort pleins.
1861 Le cuer qui m'estoit toz failliz.
1984 Se ce n'estoit par vostre otroi.
2593 Coment on, s'il estoit de fer,
2777 Que de l'avoir neienz estoit
2826 Près d'iluecques repoz estoit:
2921 De la ou il s'estoit muciez.
3359 E vi qu'ele estoit puis creüe
3365 Ançois estoit encore enclose
3370 Por la rose qui estoit pleine.
3977 Estoit de recevoir mes jeus;
086

estorniaus
646 D'autre part jais e estorniaus;
001

estouteier
3685 E tot le monde estouteier.
001

estouz
3698 E vos seiez fel e estouz,
001

estovoir
1785 Mais grant chose a en estovoir:
2271 Partir des genz par estovoir,
002

estovra
2394 Lors t'estovra color muer,
2430 Sor costé t'estovra torner,
2510 Lors t'estovra apareillier,
003

estranges
1048 Car il font ceus de cort estranges
3540 De legier as garçons estranges.
002

estrangier
3338 Qui vos en faisoit estrangier."
001

estre (SUBST.)
158 Qui estoit auques d'autel estre
713 Son contenement e son estre.
1418 Que j'oi tot l'afaire e tot l'estre
1561 Tot l'estre dou vergier encusent
2697 Tot ton estre li conteras,
005

estre (V.)
43 E tant est dine d'estre amee
44 Qu'el doit estre Rose clamee.
79 A estre gais e amoreus,
141 Sembla bien estre moverresse;
161 E sembla bien estre outrageuse
166 Bien sembloit estre d'afiz pleine
202 Qu'el sembloit estre enlangoree;
252 Estre iriee quant biens avient.
313 Mout sembloit bien estre dolente,
341 De tel come ele soloit estre;
408 Qui sembloit bien estre ypocrite;
458 L'eure puisse estre la maudite
635 E sachiez que je cuidai estre
638 Qu'il sembloit estre esperitables;
641 Si bon estre come il faisoit
688 Bien deüsse estre ses amis,
724 Estre venu, car il sembloient
905 Qu'il faisoit estre iluec delez;
922 Qui ne sembla pas estre garz,
956 S'en doit estre sa dolor mendre.
1049 Qui deüssent estre privé.
1050 Mal puissent il estre arivé,
1080 Que cil pooit estre aseür
1116 Il cuidast bien estre repris
1244 D'estre empereriz ou reïne.
1366 Si loing come estre durent:
1631 Ne cremisse estre, j'en cuillisse
1718 Qu'el n'en pot estre hors sachiee,
1815 Come estre iluecques a sejor:
1835 Miauz voudroie estre morz que vis,
1939 Ainz doit estre cortois e frans
1943 Enor mout grant, e si doiz estre
1970 De toi estre si bien certains.
2112 Ne doit ta bouche estre desclose;
2230 Cortois e senz orgueil doit estre;
2258 Doit estre granz li guerredons.
2337 Tu voudras mout ententis estre
2846 Chasteé, qui dame doit estre
2882 Je cuidai estre arivez;
2893 Piece a piece estre despeciez
3072 Ne puet estre qu'il ne foloit."
3082 Ce ne puet estre que vos dites:
3161 Mout me poise s'il peüst estre
3445 Ne li deüst estre veez,
3449 Par quoi est dignes d'estre amez.
3463 Ainz semble estre faite a estuire
3484 Qui me soloient estre amer.
3534 Estre a Estampes ou a Miauz,
3562 Qui se crient mout estre forfaite;
3602 "Grant peor ai d'estre traïe,
3604 Que tost porroie estre ahontee.
3684 Qui deüssiez estre farasches
3716 Tost en porroiz estre grevez,
3745 Estre feruz par mi le cors.
3751 Miauz li vendroit estre a Pavie.
3756 Semblant fait d'estre corrociez.
3763 E plus fel qu'il ne soloit estre.
3781 Miauz voudroie estre morz que vis.
3836 Nule plus bele ne pot estre,
3947 Puet ele estre bien aseür.
3963 A estre bele e drue en erbe,
3980 Quant je cuidai estre au deseure.
062

estreçant
    3812   E vient amont en estreçant,
                    001

estrece
    2158   Quel puisses faire, si t'estrece;
                    001

estreint
    3377   E tot adès estreint ses laz
                    001

estrive
    3558   Qui contre nos plaide e estrive,
                    001

estroit
    448   Qu'el n'avoit qu'un viez sac estroit,
    517   Trovai, petitet e estroit;
                    002

estroitement
    560   Bien e bel e estroitement
                    001

estroiz
    3417   Tant que li pressoirs soit estroiz.
                    001

estuet
    73   Qu'il lor estuet chanter par force.
    78   Lors estuet juenes genz entendre
    628   Veoir la m'estuet, car je cuit
    987   M'estuet dire les contenances
    3665   Foïr l'en estuet de la terre,
                    005

estuire
    3463   Ainz semble estre faite a estuire
                    001

estut
    1802   Lez la haie m'estut remaindre
                    001

esvanoïz
    2767   Que il se fu esvanoïz,
                    001

esveil
    2591   Est en soussi e en esveil?
    3714   Que vos n'estes en grant esveil
                    002

esveillier
    3528   Qu'il fist esveillier Jalosie,
    3676   Mais Honte l'a fait esveillier,
                    002

esvertuer
    1772   Quant je me poi esvertuer,
                    001

eü
    68   Tant come il ont le froit eü
    2602   Li bien don l'en a mal eü.
    3930   En jonece eü bien sa part.
                    003

eüe
    3582   Que il ait eüe beance
    3958   Que s'onques ne l'eüsse eüe.
    3970   Qu'il avoit eüe trop tost.
                    003

eür
    1079   E si avoit un tel eür
    1520   Senz peor de mauvais eür,
                    002

eure
    267   Envie ne fine nule eure
    458   L'eure puisse estre la maudite
    1372   Que li solauz en nes une eure
    1607   Mais de fort eure m'i mirai.
    2029   Granz biens ne vient pas en poi d'eure;
    2184   Une eure douz e autre amer;
    2188   Une eure pleure e autre chante.
    2237   E te membre de la douce eure
    2278   Une eure chauz e autre froiz,
    2279   Vermauz une eure, une autre pales;
    2518   Une eure iras a l'uis derrieres,
    3497   Il oint une eure e autre point.
    3678   "Coment dormez vos a ceste eure,"
    3888   Si l'en prent il tel eure est soutes.
    3965   L'empire, tel eure est, e grieve
    3979   Qu'il me toli tot en une eure,
    3983   Autre eure les aplaigne e chue.
    3984   En poi d'eure son semblant mue:
    3985   Une eure rit, autre eure est morne;
    3985   Une eure rit, autre eure est morne;
                    020

eures
    2182   Ont par eures joie e torment;
    3071   Qui toutes eures son cuer croit,
                    002

eus
    765   Come eus baloient cointement;
    767   Contre l'autre, e quant eus estoient
    770   Qu'eus s'entrebaisassent ou vis.
    933   Car eus furent encarrelees
    2116   En eus servir poine e labeure;
    2122   Si qu'eus oient bones noveles
    2553   Il dient, por eus losengier,
    3253   Aidier, s'eus pueent, volentiers,
    3254   Qu'eus voient qu'il en est mestiers.
                    009

eüs
    2280   Onques fievres n'eüs si males,
    2367   N'eüs de li araisoner,
                    002

eüsmes
    3653   Passez qu'onques n'eüsmes blasme;
                    001

eüsse
    1729   Se je l'eüsse en ma baillie,
                    001

eüsse (AUX.)
    1364   Ainz que les eüsse nombrez.
    1610   Se j'eüsse avant coneü
    3958   Que s'onques ne l'eüsse eüe.
                    003

eüst
    224   Avarice eüst grant mesaise
    305   Come il sembloit que ele eüst;
    337   Qui duel eüst, a joie faire;
    404   Car ele eüst froit autrement:
    443   N'eüst pas, s'el se deüst pendre,
    511   Qu'en si bel vergier n'eüst uis,
    1118   Se en s'estable eüst roncin.
    1340   Si trovast, qu'en eüst mestier,
    3305   Il a tant mal que il n'eüst

eüst   (CONT.)
                009

eüst (AUX.)
  226 Avant qu'ele eüst autre faite.
  371 Car ainz que l'en l'eüst pensé
 1204 Tost en eüst, ce cuit, pitié;
 1730 Il m'eüst rendue la vie.
 2376 Si t'eüst il cent mars valu.
 3008 Amors ne t'eüst ja veü
 3009 S'Oiseuse ne t'eüst conduit
 3091 Qu'Amors m'eüst de fausseté
 3555 S'el ne l'eüst iluec trové
 3866 Qu'il n'i eüst avant mellee.
                010

Evangile
  437 Amaigrir, ce dit l'Evangile,
                001

eve
  109 Descendoit l'eve grant e roide.
  110 Clere estoit l'eve e ausi froide
  115 Cele eve qui si bien seoit;
  118 De l'eve clere e reluisant
  121 Le fonz de l'eve de gravele.
  123 Très au pié de l'eve batoit.
  127 Contreval l'eve esbaneiant,
  375 Con l'eve qui s'avale toute,
 1389 S'en aloit l'eve aval, faisant
 1483 Si vit en l'eve clere e nete
 1525 Por veoir l'eve qui coroit,
 1530 L'eve est toz jorz fresche e novele,
 1534 Qui vient, por l'eve, espesse e drue;
 1536 Ne que l'eve ne puet tarir.
 1562 A ceus qui dedenz l'eve musent,
 1784 Qu'eschaudez doit eve doter.
                016

fable
  695 Senz longue fable vos vueil dire;
 1411 Ne vos tendrai pas longue fable
 2446 Ou il n'a que mençonge e fable
                003

fables
    2 N'a se fables non e mençonges;
                001

face (SUBST.)
  536 E face blanche e coloree,
  804 La face avoit, come une pome,
 1107 Durement li vis e la face,
 1573 Mira sa face e ses iauz vairs,
                004

face (V.)
 1154 Don il face sa volenté.
 1987 Que il face vostre plaisir:
 2088 Chose des genz qui face a taire:
 2147 Qui face bien seanz les pointes
 2643 Li premiers biens qui solaz face
 3309 Sofrez que Bel Acueil li face
 3624 Que ne face une forterece
 3724 Qu'el nou face vif enmurer:
 3740 Tot vif me face l'en larder
 3760 Ne pertuis qui a bouchier face.
                010

faces
 1934 Qu'orendroit me faces omage;
 2191 Je te comant que tu le faces:
 2558 Que tenir te faces por large
                003

faciez
 3696 Que vos faciez se enui non.
 4026 Que vos ne faciez pas ensi,
                002

façon
  697 La façon vos redirai puis.
  873 Li deus d'Amors de la façon
  916 Longuet e de gente façon;
 1012 De la façon de chascun membre,
 1254 Dite la façon e la taille;
 2434 E la façon e la semblance
                006

façons
  797 Les cors, les façons e les chieres,
  988 E les façons e les semblances.
                002

fades
 1336 Qui ne sont ameres ne fades.
                001

fai
 1886 Ne fai pas dangier de toi rendre:
 2120 Fai, se tu puez, chose qui plaise
 2196 Ne fai pas de saillir dangier;
 2211 Ne te fai tenir por aver,
 2260 Si le fai debonairement,
 2503 Fai departir la nuit oscure
 2575 Fai semblant qu'a veoir te tarde
 2579 Or le fai donques, se tu viaus
 3012 Or fai tant qu'il soit recovré,
                009

faille
 1064 E s'i ot, ce sachiez senz faille,
 1253 De cele vos ai je senz faille
 1941 Senz faille il i a poine e fais
 3165 Senz faille Amors le me fist faire,
 3577 Senz faille, ce n'est pas mençonge,
 3592 Senz faille, j'ai esté trop mole
                006

faillent
 3056 Qui en la fin dou tot i faillent.
                001

failli
 3536 "Garz neienz, por quoi t'a failli
                001

failliz
 1861 Le cuer qui m'estoit toz failliz.
 3302 Quant Bel Acueil li est failliz.
 3727 Je cuit que cuers vos est failliz;
                003

failloient
  758 Sor un doi, qu'onques n'i failloient.
                001

fain
  203 Chose sembloit morte de fain,
                001

faire
   32 Por voz cuers plus faire esgaier,
   61 Si set si cointe robe faire
   75 De chanter e de faire noise;
  164 Cil qui sot tel image faire,
  232 Mais el n'avoit de ce que faire:
  278 Par parole faire menor.
  307 Faire rien qui li peüst plaire;

faire   (CONT.)
   329   Mout iere a duel faire ententive
   337   Qui duel eüst, a joie faire;
   412   De nul mal faire n'est coarde;
   425   De faire a Deu prieres feintes,
   429   Dou tot a bones uevres faire.
   534   Por faire envie a ces bricons.
   597   Fist Deduiz lors tot entor faire;
   745   E faire mainte bele tresche
   948   Il en peüst assez mal faire.
  1026   De faire e aïde e grevance.
  1129   De faire enor e de despendre.
  1200   Ele n'osast dire ne faire
  1247   Qui bien sot faire enor as genz.
  1374   Ne faire mal a l'erbe tendre.
  1388   I ot fait faire par conduiz,
  1553   E por faire la chose entendre,
  1661   Con Nature la pot plus faire.
  1680   Car je me cremoie mal faire.
  1723   Ne soi que faire ne que dire
  1776   Por rien que je peüsse faire.
  1792   De faire son comandement.
  1905   Faire de moi, pendre ou tuer;
  1915   Volez faire ne ne deigniez,
  1974   Ne faire nul desavenant:
  1983   Ne puet il rien faire por moi,
  2014   De faire vostre volenté;
  2020   De faire servise qui vaille,
  2046   Je sui dou faire encoragiez,
  2132   De ce que fins amanz doit faire.
  2158   Quel puisses faire, si t'estrece:
  2189   Se tu sez nul bel deduit faire,
  2192   Chascuns doit faire en toutes places
  2200   Tu t'en puez faire mout prisier;
  2229   Qui d'Amors viaut faire son maistre
  2324   Senz plus faire, pensis e mornes.
  2535   Si te dirai que tu doiz faire.
  2578   Amanz doit faire mon servise:
  2699   Coment tu porras chose faire
  2804   Ja ne m'en quier faire plaidier,
  2856   Vost Raison faire sa priere
  2862   A faire son servise.
  2869   Bel Acueil se poine de faire
  2933   Vos li cuidiez bonté faire
  2988   Uevre faire de tel compas.
  3037   Mout as a faire a dure gent.
  3044   On qui aime ne puet bien faire
  3152   De ma pais faire covoiteus.
  3165   Senz faille Amors le me fist faire,
  3170   Que faire rien qui vos desplaise.
  3230   De faire son comandement,
  3272   De li faire enui e grevance?
  3316   Qui por nos deus ne viaut rien faire."
  3335   E de faire sa volenté.
  3356   Qui de mon gré faire se poine.
  3515   Que Bel Acueil me deignoit faire,
  3580   Teus genz don il n'avoit que faire.
  3596   De bien faire, j'en sui dolente;
  3662   A faire son gré en apert,
  3702   Ne l'en ne puet faire esprevier
  3707   Ne faire bonté ne servise?
  3802   Si fait faire, au comencement,
  3830   Por faire ceus dehors dolenz,
  3835   Cil qui dou faire furent maistre:
  3838   Li murs ne doit pas faire faute
  3861   Il porroit bien faire que nices.
  3878   Prez de faire sa volenté.
  3894   Qu'il doit la nuit faire le guiet.
  4049   E faire tant par lor favele
                    075

fais   (SUBST.)
  1706   Grant fais de sanc avoir vuidié;
  1941   Senz faille il i a poine e fais

fais   (SUBST.)   (CONT.)
                    002
fais   (V.)
  1942   En moi servir, mais je te fais
                    001
faisant
   702   Aloient li oisel faisant;
  1389   S'en aloit l'eve aval, faisant
                    002
faisiez
  4023   Se vos ensi le faisiez,
                    001
faisoient
   661   Trop par faisoient bel servise
  1385   Cui li arbre faisoient ombre,
                    002
faisoit
   641   Si bon estre come il faisoit
   742   Qu'ele faisoit plus volentiers.
   762   Faisoit Deduiz par grant noblece
   905   Qu'il faisoit estre iluec delez;
  1074   Bien faisoit tel pierre a amer:
  1136   E Deus li faisoit foisoner
  1688   Que nus des autres ne faisoit,
  1872   Me faisoit muer la color.
  2792   Bel Acueil se faisoit clamer,
  3304   Trop li faisoit Amors mal traire.
  3338   Qui vos en faisoit estrangier."
  3457   S'ele faisoit de lui dangier.
                    012

fait   (V.)
   173   C'est cele qui fait a usure
   180   C'est cele qui fait l'autrui prendre,
   184   Fait toz e les faus plaideors,
   241   Con fait maus e mesaventure.
   381   Qui tot fait croistre e tot norrist
   413   El fait dehors le marmiteus,
   532   Le nés ot bien fait a droiture,
   548   Le cors ot bien fait e dougié;
   640   Il ne fait en nul parevis
   751   Por ce qu'en fait en Lohereine
   764   Mais de ce ne fait a parler
   808   E le nés fait par grant entente.
   829   Li ot s'amie fait chapel
   870   E si fait des seignors sergenz,
   951   Neporquant el fait mout grant plaie;
  1009   Nés ot bien fait e iauz e bouche.
  1142   Tant avoit fait par son bel don.
  1168   A une dame fait present.
  1316   Se il fait tant que a moi traie!
  1346   Que bon mangier fait après table.
  1388   I ot fait faire par conduiz,
  1511   Quant li escriz m'ot fait savoir
  1739   E mainte fame a fait amer.
  1765   Ainz m'a fait, por miauz afoler,
  1819   Mon cuer, don il a fait bersaut,
  1824   Me fait une plaie novele.
  1854   Amors l'avoit fait a ses mains,
  2063   Des or le fait bon escouter,
  2083   Vilanie fait les vilains,
  2131   Orguilleus fait tot le contraire
  2347   Cil larz alume e fait flamer
  2348   Le feu qui fait les genz amer.
  2354   S'amie qui le fait defrire;
  2389   Qui cele part te fait aler,
  2465   Mais se tant fait Amors que j'aie
  2545   Fait as amanz soz les drapiaus
  2624   Esperance li fait sofrir

fait (V.)   (CONT.)
    2628 E fait que li amant vivaint.
    2636 Fait ele adès merci atendre.
    2652 Fait de la joie sovenir
    2664 Que fait li a s'amie chiere.
    2672 Qui a fait a mainz bachelers
    2946 La haie me fait tressaillir
    3016 E quant juenes on fait folie,
    3040 Ce qui te fait a dolor vivre,
    3047 E se il fait autre mestier,
    3064 Qui te fait vivre e non valoir,
    3066 Qui ne fait tant qu'ele remaigne.
    3198 Ce ne me fait ne froit ne chaut.
    3209 Dangiers, qui fait a mainz lor bon
    3236 Por ce qu'il me fait trop cropir
    3263 S'Amors le fait par force amer,
    3277 E le fait a vos obeïr,
    3348 Qu'il n'avoit onques fait devant.
    3385 Qui bien fait a amentevoir:
    3458 Ses cors ne fait pas a changier
    3676 Mais Honte l'a fait esveillier,
    3746 J'ai fait que fos, bien m'en recors,
    3756 Semblant fait d'estre corrociez.
    3764 Mort m'a qui si l'a fait iraistre,
    3802 Si fait faire, au comencement,
    3922 Qui ne fait nul autre mestier
    3939 E ele l'ot fait enmurer,
    3968 Si fait le grain dedenz morir,
    4009 Ensi come ele a fait le cors;
    4018 E vos fait enui e laidure,
    4051 E, se devient, si ont il fait.
                    067

fait (SAY)
     785 Fait Cortoisie, "ça venez,
    1960 "Amis," fait il, "j'ai mainz omages
    2679 'Mout sui,' fait ele, 'a bone escole,
    2895 "Dites," fait il, "vostre voloir,
    3207 "Or vait," fait il, "bien vostre afaire:
    3340 Fait Bel Acueil, "car il est droiz,
    3395 "Amis," fait il, "si Deus m'aïst,
    3601 "Honte, Honte," fait Jalosie,
    3649 "Honte," fait ele, "mout me poise
    3679 Fait ele, "par male aventure?
    3736 "Bien puis," fait il, "or forsener,
                    011

faite
     226 Avant qu'ele eüst autre faite.
     301 L'avoient mout faite jaunir
     419 Qui faite fu a sa semblance;
     570 Ele avoit faite sa jornee.
     880 Faite par fines amoretes.
    1185 Ou il ot faite por s'amie
    1569 Don demontrance n'i soit faite,
    1804 Faite d'espines mout poignanz.
    1858 Si m'a ou cuer grant plaie faite;
    2000 Une petite clef bien faite,
    2845 Quant Deus ot Honte faite naistre,
    2986 Pert qu'el fu faite en parevis,
    3035 Avant que la chose soit faite
    3086 Qu'il i a faite clef fermant.
    3463 Ainz semble estre faite a estuire
    3658 Qu'il a faite grant mesprison
    4031 Que j'aie encore vers vos faite,
                    017

faites
     784 "Biaus amis, que faites vos la?"
    1992 Faites i clef, si l'emportez,
    2901 Il m'a ou cuer cinc plaies faites,
    2928 Vos faites mal, si Deus me saut,
    3265 Plus i pert il que vos ne faites,
    3303 Por quoi li faites nul contraire?
    3442 "Por quoi vos faites vos, biaus sire,
    3820 E faites de pierres tailliees.
    4019 Faites li engrestié encontre;
                    009

faiture
     159 Con ces deus e d'autel faiture;
                    001

faiz (ADJ.)
     917 Si fu bien faiz e bien dolez,
     926 Les penons bien faiz e les coiches,
                    002

faiz (SUBST.)
    1021 Osast rien par faiz ne par diz,
                    001

fame
     146 Ainz sembloit fame forsenee.
     167 E fame qui petit seüst
     422 Tot ausi con fame rendue.
     543 Fame qui plus bel col portast;
     550 Nul plus bel cors de fame querre.
     584 Riche fame sui e poissanz.
    1013 Qu'il n'ot si bele fame ou monde.
    1219 Fame est plus cointe e plus mignote
    1242 Je ne sai fame plus plaisant.
    1739 E mainte fame a fait amer.
    2532 Bien doit fame aucune pitié
    3902 Qu'onques ne trova fame juste:
                    012

fames
    2115 Toutes fames serf e eneure,
    2118 Qui aille fames despisant,
                    002

farasche
    1459 Que Narcisus au cuer farasche,
                    001

farasches
    3684 Qui deüssiez estre farasches
                    001

farde
    2170 Mais ne te farde ne ne guigne:
    3905 Ceste est pute, ceste se farde,
                    002

fardee
    1004 Ne fu fardee ne guigniee,
                    001

faucons
     533 E les iauz vairs come uns faucons,
                    001

faudra
    2396 Parole te faudra e sens
                    001

faudras
    2320 Qu'a ton esme faudras sovent
                    001

faus
     184 Fait toz e les faus plaideors,
    2406 Mais faus amant content lor verve
                    002

fausse
    3795 Sa langue desleial e fausse

fausse	(CONT.)	3698	E vos seiez fel e estouz,
	001	3763	E plus fel qu'il ne soloit estre.
			007

fausses
3575   De raconter fausses noveles
       001

felon
1963   Li felon, plein de fausseté,
2410   Li traïtor felon mortel.
2932   Qui felon sert itant en a.
3132   Se vos l'avez felon trové,
3216   Par sofrir felon e refraint."
       005

fausseté
1963   Li felon, plein de fausseté,
3091   Qu'Amors m'eüst de fausseté
       002

faut
1701   Li cuers me faut, li cuers me ment:
2420   Toz jorz li faut, ja en pais n'iert.
       002

felonie
964   Cele si fu de felonie
3288   C'est felonie e mauvaistiez:
       002

faute
3838   Li murs ne doit pas faire faute
       001

Felonie
155   Apelee estoit Felonie.
       001

favele
4049   E faire tant par lor favele
       001

felons
265   Ses felons cuers si la detrenche
       001

faveles
185   Qui maintes foiz par lor faveles
       001

fendeüre
2523   E se tu trueves fendeüre
       001

faz
582   "Je me faz," ce dist ele, "Oiseuse
1921   Car, se je faz vostre voloir,
       002

fendre
842   Que l'en li peüst toute fendre
       001

fee
3428   Qu'el resembla deesse ou fee;
       001

fenestre
2524   Ne fenestre ne serreüre,
       001

feiee
3785   Tot de rechief autre feiee;
       001

fenie
2411   Quant ta raison avras fenie,
       001

feiees
2284   Or t'avendra maintes feiees
       001

fenoil
716   Pleine de fenoil e de mente;
       001

feigne
3586   Que d'acointier genz ne se feigne,
       001

fer
930   Mais il n'i ot fer ne acier:
959   Li fust estoient e li fer
1160   Trait a soi le fer soutilment,
1742   La floiche, ou n'ot fer ne acier,
2593   Coment on, s'il estoit de fer,
       005

feintes
425   De faire a Deu prieres feintes,
       001

feintise
2806   Je le vos di tot senz feintise."
3242   E qu'il n'i a point de feintise
       002

fera
1837   Fera Amors de moi martir.
2690   Cil te fera grant avantage.
2756   Or sez qui te fera confort,
2950   Il me fera prendre un mal tor.
       004

feïst
296   Si n'i feïst riens Avarice
850   L'en nou feïst pas miauz de cire.
1144   Si cuit je que ele en feïst
1209   Qu'el feïst mout grant vilanie.
3688   Ome qui blasmer nos feïst.
4033   Chose qui a celer feïst,
       006

ferai
3182   Ferai se ce me consentez;
3339   "Je ferai quanque vos voudroiz,"
3432   Ne ferai or pas mencion
3542   Certes, je te ferai lier,
3610   Por ce ferai de novel mur
       005

fel
2085   Vilains est fel e senz pitié,
2096   Por ce qu'il fu fel e crueus,
3025   Dangiers li fel a guerreier:
3156   Fel par semblant e corrocié,
3315   Mout par est fel e deputaire

feras
2342   Feras ton cuer frire e larder,
2442   Lors feras chastiaus en Espaigne
       002

feri
   521   Assez i feri e boutai,
           001

ferir
   519   A l'uis començai a ferir,
   738   Ferir dou pié e envoisier;
           002

ferma
  2009   E ferma mon cuer si soef
           001

fermail
  3435   Ne de fermail, ne de corroie,
           001

fermal
  1169   N'avoit guieres, de son fermal;
           001

fermant
  3086   Qu'il i a faite clef fermant.
           001

fermee
  3884   S'el n'est fermee a serreüre;
           001

fermerai
  2002   "A ceste," dist il, "fermerai
           001

feroiz
  2896   Que ja ne m'en feroiz doloir
  3137   Or vos dirai que vos feroiz:
  3143   Ne feroiz rien qui li desplaise;
           003

fers
   378   Ne fers ne chose tant soit dure,
           001

feruz
  3745   Estre feruz par mi le cors.
           001

feu
  2344   Aviveras le feu ardent:
  2348   Le feu qui fait les genz amer.
  2350   Le feu qui l'art e qui l'alume;
  2351   Quant il le feu de plus près sent,
  2358   Qui plus est près dou feu plus art.
           005

feus
  2353   Li feus si est ce qu'il remire
  2923   S'ot les iauz roges come feus,
           002

fi (SUBST.)
  3614   Car je voi bien e sai de fi
           001

fi (V.)
  3613   Qu'en vostre garde poi me fi,
           001

fiance
    15   Car endroit moi ai je fiance
  2774   Si n'avoie en nului fiance
  4058   Que je n'ai mais aillors fiance.
           003

fichiee
  1717   Fu si dedenz mon cuer fichiee
           001

fier (SUBST.)
  1339   Maint fier e maint biau datier;
  1684   S'iert arestez lez un fier;
           002

fier (V.)
  2940   Ne me quier plus en vos fier,
  3541   Ne me vueil plus en toi fier.
           002

fiere
   580   Ele ne fu pas vers moi fiere
  1873   Ceste floiche a fiere costume:
  2436   Si te dirai fiere merveille:
  3718   Qu'ele est mout fiere e mout grifaigne,
           004

fiers
  1022   Il fust mout fiers e mout hardiz;
           001

fierté
  1450   Pleins de desdein e de fierté,
           001

fievres
  2280   Onques fievres n'eüs si males,
           001

figure
  1487   Qu'il cuida veoir la figure
  1558   E lor color e lor figure,
           002

fil
   856   D'un fil d'or estoit galonee;
           001

fill
  3527   De moi e dou fill Cortoisie
           001

fille
  2840   El fu fille Raison la sage,
  2853   Lors requist a Raison sa fille.
  3028   Envers que de ma fille Honte,
           003

fin (ADJ.)
  1090   Li cercles fu d'or fin recuit;
  2001   Qui fu de fin or esmeré:
           002

fin (SUBST.)
   179   Qu'en la fin maint en covient pendre;
  1501   En nule fin ne en nul sen,
  1836   Car en la fin, ce m'est avis,
  2065   Car la fin dou songe est mout bele
  2067   Qui dou songe la fin orra,
  2421   Ja fin ne prendra ceste guerre,
  3056   Qui en la fin dou tot i faillent.
  3192   En la fin, tant l'ai sarmoné,
           008

fine (ADJ.)
  1660   Qui est si vermeille e si fine
           001

fine (V.)
   267   Envie ne fine nule eure

101

fine (V.)   (CONT.)
    367 Ainz ne fine de trespasser,
    984 Ançois que je fine mon conte.
   3607 Ses pooirs ne fine de croistre.
                004

fines
    880 Faite par fines amoretes.
                001

finoient
    756 Qui ne finoient de ruer
                001

fins (ADJ.)
   1527 Au fonz, plus clere qu'argenz fins.
   1855 Por les fins amanz conforter,
   2042 Que je comant as fins amanz."
   2132 De ce que fins amanz doit faire.
   2239 E, por ce que fins amanz soies,
   2550 Sor fins amanz color ne graisse;
                006

fins (SUBST.)
   1528 De la fontaine c'est la fins:
                001

fis (V.)
   1956 E sachiez que mout me fis cointes
   2011 Ensi fis sa volenté toute;
   2879 De la fueille me fis mout cointes,
   3162 Don je vos fis onques iraistre,
                004

fis (SAY)
   1977 "Sire," fis je, "or m'entendez:
   2013 "Sire," fis je, "grant talent ai
   2043 "Sire," fis je, "por Deu merci,
   2807 "Sire," fis je a Bel Acueil,
   2886 "Sire," fis je, "jamais n'avrai
   3386 "Sire," fis je, "sachiez de voir
                006

fist
    593 Fist ça les arbres aporter
    594 Qu'il fist par le vergier planter.
    597 Fist Deduiz lors tot entor faire;
    598 E si fist au dehors portraire
    875 De biauté fist mout a prisier
   1257 Me fist si grant qu'ele m'ovri
   1442 E tant le fist plorer e plaindre,
   1468 E por ce la fist Deus estable;
   1591 E fist ses laz environ tendre,
   2860 I fist Jalosie venir
   2990 Que Deus la fist demainement,
   3001 Qui fist ton cuer trop esgaier;
   3060 Te fist entrer en tel folage,
   3117 E Bel Acueil en fist aler
   3165 Senz faille Amors le me fist faire,
   3476 Tant fist Venus e ses brandons,
   3528 Qu'il fist esveillier Jalosie,
   3637 Mar lor fist onques bel semblant."
   3686 Folie vos fist otreier
   3843 De quoi l'en fist le fondement,
                020

fiz
   1228 Fiz au seignor de Guindesores.
   1588 Car Cupido, li fiz Venus,
   2793 Fiz fu Cortoisie la sage.
   3517 Qu'il fu fiz d'une vieille iraise,
                004

flaire
   1734 Vers le bouton, qui soef flaire.
   3389 De la rose qui soef flaire,
                002

flairier
   1671 E quant jou senti si flairier,
                001

flamant
   3424 Ele tint un brandon flamant
                001

flame
   3425 En sa main destre, don la flame
                001

flamer
   2347 Cil larz alume e fait flamer
                001

flestiz
    352 Mout estoit ja ses vis flestiz,
                001

fleüste
   3901 Autre foiz dit a la fleüste
                001

fleüteors
    747 La veïssiez fleüteors,
                001

fleüter
   2209 De fleüter e de dancier:
                001

floiche
    953 Qui de cele floiche est plaiez;
   1689 Il a tantost pris une floiche,
   1710 Je pris lors a deus mains la floiche
   1736 Une autre floiche a or ovree;
   1742 La floiche, ou n'ot fer ne acier,
   1766 La tierce floiche au cuer voler,
   1773 Je pris la floiche e si ostai
   1822 Une autre floiche de rechief,
   1840 Une autre floiche, que mout prise
   1857 Il a cele floiche a moi traite,
   1873 Ceste floiche a fiere costume:
                011

floiches
    923 Jusqu'a dis des floiches son maistre.
    925 Mais mout orent ices cinc floiches
    936 De ces floiches, e la plus bele
    957 Cinc floiches i ot d'autre guise,
    970 Ces cinc floiches d'une maniere
    975 Il devoit bien teus floiches traire.
    976 Ces cinc floiches force contraire
    993 Ausi come une des cinc floiches.
                008

flor
    889 Nule flor en esté ne naist
    890 Qui n'i fust, nes flor de genest,
    892 Ne flor jaune n'inde ne blanche.
   1001 E blanche come flor de lis.
   3486 Mout est gueriz qui tel flor baise,
                005

floretes
    879 Ainz avoit robe de floretes,
                001

flori
  1258 Le guichet dou vergier flori.
                001

florie
  347 E blanche con s'el fust florie.
                001

florir
  3967 Quant li espi doivent florir,
                001

florissoient
  102 Por les vergiers qui florissoient.
                001

flors
   63 L'erbe e les flors blanches e perses,
  885 Portraite, e ovree de flors
  887 Flors i avoit de maintes guises,
  1401 Qu'il i avoit de flors planté
  1405 S'i ot flors blanches e vermeilles,
  1409 De flors de diverses colors,
  1551 Arbre e flors, e quanque aorne
  2161 Chapel de flors, qui petit coste,
                008

foi
  2016 En gré, foi que vos me devez.
  2709 Ainz vos entreporteroiz foi,
                002

foibles
  1794 Foibles e vains come on bleciez,
                001

foïr
  3665 Foïr l'en estuet de la terre,
                001

foison
  1333 De noiers i ot grant foison
                001

foisoner
  1136 E Deus li faisoit foisoner
                001

foiz
  185 Qui maintes foiz par lor faveles
  522 E par maintes foiz escoutai
  603 Maintes foiz por esbaneier
  1270 Toutes les foiz qu'il li plaisoit,
  1830 Trois foiz me pasme en un tenant.
  1964 M'ont par maintes foiz bareté.
  2437 Tel foiz sera qu'il t'iert avis
  2452 Certes le jor dis foiz ou vint
  3234 Il voit maintes foiz que je pleure
  3652 Maintes foiz est avris e mais
  3898 Une foiz dit lais e descorz
  3901 Autre foiz dit a la fleüste
                012

foïz
  2951 Lors s'en est Bel Acueil foïz,
                001

fol
   14 Qui ce voudra, por fol m'en teigne;
  2314 Si m'aïst Deus, por fol m'en tiens.
  2482 Je me puis bien por fol tenir
  3635 Fol e bergier a decevoir;
                004

folage
  3060 Te fist entrer en tel folage,
                001

folages
  818 Se petiz peus folages non;
                001

fole
  1231 Qu'el n'iere orguilleuse ne fole.
  3907 Ceste est vilaine, ceste est fole,
  3935 Aucune fole contenance,
                003

folee
  198 Laide estoit e sale e folee
                001

foleiant
  2444 Tant con tu iras foleiant
                001

folement
  3011 Se tu as folement ovré,
  3526 Tant parla li gloz folement
  3906 E ceste folement regarde,
  3924 Qu'il ne se moine folement.
                004

folie
  1522 Por folie m'en esmaioie.
  1895 En la folie n'en orgueil;
  2127 Orguiauz est folie e pechiez;
  2802 Por quoi vos gardez de folie;
  2955 De ma folie me recors,
  2994 De garder ome de folie,
  2998 "Biaus amis, folie e enfance
  3016 E quant juenes on fait folie,
  3042 Ou il n'a se folie non.
  3043 Folie, si m'aïst Deus, voire!
  3061 La folie fu tost emprise,
  3065 Car la folie adès engraigne,
  3583 De mauvaistié ne de folie,
  3597 De ma folie me repens;
  3686 Folie vos fist otreier
                015

foloie
  3015 Bel foloie qui se chastie;
                001

foloies
  3014 Le conseil par quoi tu foloies.
                001

foloit
  3072 Ne puet estre qu'il ne foloit."
                001

folor
   12 Que soit folor e musardie
                001

fondement
  3843 De quoi l'en fist le fondement,
                001

fondemenz
  3810 Li fondemenz tot a mesure
                001

fondez
  3809 Ainz est fondez sor roche dure.
                001

fondoit
   287   Qu'ele fondoit d'ire e ardoit
          001

font (DO)
   263   E a tel duel quant genz bien font
   436   Car iceste gent font lor vis
  1038   Toz ceus qui miauz font a amer.
  1048   Car il font ceus de cort estranges
  1644   Icil ne font pas a haïr:
  2296   Car bien saches qu'ensi le font
  2642   Font a ceus qui sont en mes laz.
  2737   E font ses maus rassoagier,
  3806   Li maçon sor les fossez font
  3834   Font une tor par grant maistrise
          010

font (MELT)
   264   Que par un poi qu'ele n'en font.
  4038   Par un poi que je ne font d'ire
          002

fontaine
   111   Come puiz ou come fontaine;
  1427   Une fontaine soz un pin;
  1434   Soz le pin la fontaine assise;
  1470   A la fontaine clere e pure
  1478   E quant il vint a la fontaine,
  1481   Sor la fontaine toz adenz
  1493   Qu'il musa tant a la fontaine
  1513   La fontaine au bel Narcisus,
  1521   A la fontaine aler pooie;
  1523   De la fontaine m'apressai;
  1528   De la fontaine c'est la fins:
  1537   Ou fonz de la fontaine aval
  1544   Ses rais en la fontaine giete
  1590   Qui toute a teinte la fontaine,
  1596   Fu cele fontaine clamee
  1604   A la fontaine remirer,
          016

Fontaine d'Amors
  1597   La Fontaine d'Amors par droit,
          001

fontaines
  1383   Il ot par leus cleres fontaines,
  1392   Des fontaines cleres e vives
  1397   Por les fontaines, s'i venoit
          003

fonz
   121   Le fonz de l'eve de gravele.
  1527   Au fonz, plus clere qu'argenz fins.
  1537   Ou fonz de la fontaine aval
          003

force
    73   Qu'il lor estuet chanter par force.
   393   Ce cuit je, ne force ne sen,
   976   Ces cinc floiches force contraire
   979   Lor force ne lor poesté;
  1070   Qui ot grant force e grant vertu;
  1190   E pris par force e par vertu.
  1550   E tel force ont que toz li leus,
  1611   Queus sa force iert e sa vertuz,
  1761   Me covenoit aler par force.
  3069   Tu doiz metre force e defense
  3263   S'Amors le fait par force amer,
          011

forceier
  1892   Tu ne puez vers moi forceier;
          001

forfaite
  3562   Qui se crient mout estre forfaite;
          001

formé
  1165   S'ot le vis bel e bien formé;
          001

forment
    25   E me dormoie mout forment;
   498   Forment me pris a dementer
  2586   Forment en sui espoentez.
  3085   Il le jostise si forment
  3945   Trop sont li rosier clos forment;
          005

formez
   814   E de toz membres bien formez.
          001

fornir
  1123   E el les pooit bien fornir,
          001

forree
   400   Ele ot d'une chape forree
          001

fors
   193   Fors que a l'autrui acrochier;
   282   Fors de travers en borgneiant;
   573   De nule rien, fors solement
   932   Fors que les penons e le fust,
  1267   Fors de joer, bien le savez.
  2375   Fors solement un bel salu,
  2772   Fors par le bouton ou j'avoie
  2775   Fors ou deu d'Amors de l'avoir;
  3590   Fors qu'il est pleins d'envoiseüre
  3923   Fors espier tant solement
          010

forsenee
   146   Ainz sembloit fame forsenee.
          001

forsener
  3736   "Bien puis," fait il, "or forsener,
          001

forsenez
  2925   E s'escrie con forsenez:
          001

fort (ADJ.)
   205   Pestri a lessu fort e aigre.
  1607   Mais de fort eure m'i mirai.
  2408   Icil sont fort losengeor :
  2481   Mais fort chose est a avenir;
  3813   S'en est l'uevre plus fort assez.
  3841   De fort vin aigre e de chauz vive.
  3941   Ses chastiaus, qu'ele vit si fort,
          007

fort (ADV.)
  1499   E qu'il estoit si pris par fort
  1711   E començai fort a tirer
  2691   Quant ti mal t'angoisseront fort,
          003

forterece
  3624   Que ne face une forterece
          001

Fortune
   3981   Ce est ausi con de Fortune,
           001

forz
    928   Forz e trenchanz orent les pointes
   1312   Forz e luisanz, de traire pretes.
   1692   L'arc, qui estoit forz a merveille,
   3503   E li chastiaus riches e forz,
   3822   Qui seroient forz a abatre;
   3863   De bons murs forz, a creniaus bas,
           006

fos (ADJ.)
   1148   Mout est fos hauz on qui est chiches.
   1296   Fos est qui n'a de tel envie.
   1889   Il est fos qui moine dangier
   2140   Qu'il ne soit fos n'outrecuidiez.
   2369   Lez li, con fos e entrepris.
   2485   Si di je que fos e que garz,
   3005   Fos est qui s'acointe d'Oiseuse:
   3680   Fos est qui en vos s'asseüre
           008

fos (FOOL)
   1140   Ele ot les sages e les fos
   3746   J'ai fait que fos, bien m'en recors,
           002

fos (BEECH)
   1358   E avuec ce charmes e fos,
           001

fossete
    538   S'ot ou menton une fossete.
           001

fossez
   3803   Entor les rosiers uns fossez,
   3806   Li maçon sor les fossez font
   3811   Jusqu'au pié des fossez descent
   3862   Hors des fossez a unes lices
   3865   Jusqu'as fossez venir d'alee
   3992   Mar vi les murs e les fossez
           006

France
    483   Qu'en tot le reiaume de France.
           001

franche
   1222   Senefioit que douce e franche
           001

franches
   1282   Franches genz e bien enseignies
           001

franchise
   2811   Car mout vos muet de grant franchise;
           001

Franchise
    942   Franchise; cele iert empenee
   1191   Après toz ceus se tint Franchise,
   1216   Mout fu bien vestue Franchise,
   1225   Pris a Franchise lez a lez.
   3249   Franchise, e avuec li Pitié.
   3256   Seue merci, dame Franchise,
   3312   Puis que Franchise s'i acorde
   3326   Franchise, la bien emparlee,
   3342   Lors le m'a Franchise enveié.
           009

françois
   3089   En oiseuse vostre françois.
           001

frans
   1939   Ainz doit estre cortois e frans
   1949   Si douz, si frans e si gentis.
   2868   Car li frans, li bien afaitiez,
   3452   E douz e frans vers toutes genz;
   3697   Se Bel Acueil est frans e douz,
   4015   Frans cuers ne lait mie a amer
           006

frarin
    69   E le tens divers e frarin,
           001

frein
   3067   Pren durement as denz le frein,
           001

fremir
   2428   Tu comenceras a fremir,
           001

fremira
   2395   Si te fremira toz li sans;
           001

fremissent
   3770   Me fremissent quant il me membre
           001

frere
   2908   E me dist: "Frere, vos beez
           001

fresche
    746   E maint bel tor sor l'erbe fresche.
   1163   Largece ot robe toute fresche
   1382   Sor l'erbe fresche verdeiant.
   1404   E parvenche fresche e novele,
   1530   L'eve est toz jorz fresche e novele,
           005

freschement
    547   Quant il a freschement negié.
           001

fresches
   1351   Cerises fresches vermeilletes,
           001

fresnes
   1359   Coudres droites, trembles e fresnes,
           001

friçon
   1698   Sentie puis mainte friçon.
           001

friçons
   2276   Friçons e autres dolors maintes;
   2327   Sospir e pointes e friçons,
   3791   Friçons e pointes e complaintes.
           003

frire
   2342   Feras ton cuer frire e larder,
           001

froide
    110   Clere estoit l'eve e ausi froide
           001

froidor
    1696 E lors me prist une froidor,
                001

froidure
     405 Ces vieilles genz ont tost froidure;
                001

frois
     555 Un chapel de roses tot frois
    1647 Mais li bouton durent tuit frois
    2150 Aies sovent frois e noviaus,
                003

froit
      68 Tant come il ont le froit eü
     404 Car ele eüst froit autrement:
     447 Je cuit qu'ele acorast de froit,
    3198 Ce ne me fait ne froit ne chaut.
                004

froiz
    2278 Une eure chauz e autre froiz,
                001

fronce
     844 Le front ot blanc, poli, senz fronce,
    3733 Fronce le nés, les iauz roïlle,
                002

fronces
     354 Or estoit toz de fronces pleins.
                001

froncié
     147 Rechignié avoit e froncié
    2924 Le nés froncié, le vis hisdeus,
                002

front
     529 Front reluisant, sorciz voutiz.
     844 Le front ot blanc, poli, senz fronce,
    3825 Il en a un ou front devant,
                003

frote
    3732 Frote ses iauz, si s'esberuce,
                001

fruit
    1326 Il n'est nus arbres qui fruit charge,
    1335 Tel fruit come sont noiz musgades,
                002

fruiz
     911 Don li fruiz est mal savorez.
                001

fu
      27 Qui mout fu biaus e mout me plot;
     169 Après fu pointe Covoitise;
     190 Si fu droiz, que toz jorz enrage
     304 Ne fu mais ne n'ot si grant ire
     339 Après fu Vieillece portraite,
     353 Qui fu jadis soés e plains;
     403 Bien fu vestue chaudement,
     419 Qui faite fu a sa semblance;
     420 Qu'el fu de simple contenance,
     421 E si fu chauciee e vestue
     427 El ne fu gaie ne jolive,
     428 Ainz fu par semblant ententive
     441 Portraite fu au derrenier
     453 Des autres fu un poi loignet;
     459 Que povres on fu conceüz!
     467 Hauz fu li murs e toz carrez;
     480 Onc mais ne fu nus leus si riches
     530 Li entriauz ne fu pas petiz,
     539 Li cos fu de bone moison,
     580 Ele ne fu pas vers moi fiere
     668 Ne fu d'ome mortel ore.
     780 Me tresvit, ce fu Cortoisie,
     801 Deduiz fu biaus e lons e droiz:
     806 Cointes fu e de bel ator.
     810 Par espaules fu auques lez,
     815 Remuanz fu e preuz e vistes:
     822 Fu ses cors richement vestuz,
     823 Mout fu la robe desguisiee;
     855 Bele fu e bien atornee.
     862 Fu ses cors vestuz e parez,
     884 Fu la robe de toutes parz
     910 Li uns des ars si fu d'un bois
     913 Pu cil ars desoz e deseure,
     915 Li autres ars fu d'un plançon
     917 Si fu bien faiz e bien dolez,
     918 E si fu mout bien pipolez.
     950 Ce fu toute la moins grevanz;
     963 Fu apelee Vilanie:
     964 Cele si fu de felonie
     966 La tierce fu Honte clamee,
     968 Noviaus Pensers fu senz doutance
     973 Li uns des ars, qui fu hisdeus
     989 Li deus d'Amors se fu bien pris;
     991 Se fu de mout près ajostez.
     995 El ne fu oscure ne brune,
     996 Ainz fu clere come la lune,
    1000 Simple fu come une esposee,
    1004 Ne fu fardee ne guigniee,
    1014 Briement el fu jonete e blonde,
    1058 La porpre fu toute orfroisiee;
    1062 A esmaus fu au col orlee
    1069 La bocle d'une pierre fu
    1089 Ne fu veüz si biaus, ce cuit.
    1090 Li cercles fu d'or fin recuit;
    1111 Qui fu ses amis veriteus.
    1127 Après se fu Largece prise,
    1128 Qui bien fu duite e bien aprise
    1130 El fu dou lignage Alixandre,
    1178 Ce fu cil qui porta l'enseigne
    1184 Fu venuz d'un tornoiement,
    1198 E fu simple come uns colons.
    1210 El fu en une sorquenie
    1211 Qui ne fu mie de borraz:
    1213 E si fu si cuillie e jointe
    1216 Mout fu bien vestue Franchise,
    1221 La sorquenie, qui fu blanche,
    1235 El ne fu ne nice n'ombrage,
    1238 Onc ne fu nus par li laidiz,
    1240 Ele fu une clere brune;
    1248 Li chevaliers fu biaus e genz,
    1256 Car ce fu cele qui bonté
    1263 Nicete fu, si ne pensoit
    1268 Ses amis fu de li privez
    1276 Li vallez fu juenes e biaus,
    1324 Fu toz de droite carreüre,
    1367 Li uns fu loing de l'autre assis
    1429 Ne fu ausi biaus pins veüz;
    1439 Narcisus fu uns damoisiaus
    1446 E fu por lui si mal menee
    1449 Mais cil fu, por sa grant biauté,
    1456 Qu'ele fu morte senz respit.
    1467 Cele priere fu raisnable,
    1492 Bien li fu lors guerredoné;
    1495 Si en fu morz a la parclose:
    1496 Ce fu la some de la chose,
    1503 E fu morz en poi de termine.
    1595 Por la graine qui fu semee
    1596 Fu cele fontaine clamee
    1690 E quant la corde fu en coiche,

fu   (CONT.)
   1709   Ainz fu la plaie toute soiche.
   1717   Fu si dedenz mon cuer fichiee
   1722   Por le perill qui fu doblez:
   1752   Or fu graindre la volentez,
   1768   La plaie fu parfonde e lee,
   1805   Mais bel me fu que je estoie
   1958   Ce fu ce don j'oi graignor joie.
   2001   Qui fu de fin or esmeré:
   2092   Fu mal renomez e haïz
   2096   Por ce qu'il fu fel e crueus,
   2767   Que il se fu esvanoïz,
   2793   Fiz fu Cortoisie la sage.
   2827   Dangiers ot non, si fu closiers
   2829   En un destor fu li cuverz,
   2833   Ne fu mie seus li gaignons,
   2837   Li miauz vaillanz d'aus si fu Honte;
   2840   El fu fille Raison la sage,
   2922   Granz fu e noirs e hericiez,
   2975   Raison fu la dame apelee.
   2978   El ne fu juene ne chenue,
   2979   Ne fu trop haute ne trop basse,
   2980   Ne fu trop graille ne trop grasse,
   2986   Pert qu'el fu faite en parevis,
   3061   La folie fu tost emprise,
   3346   Ne se fu de rien empiriez,
   3371   Ele fu, Deus la beneïe,
   3427   Si fu si cointe e si tifee
   3438   Qu'ele fu cointe durement,
   3502   E coment li murs fu levez
   3517   Qu'il fu fiz d'une vieille iraise,
   3531   E quant ele se fu levee,
   3563   Si fu umeliant e simple,
   3566   E, por ce qu'el fu esbaïe,
   3639   Mais ele fu si esbaïe
   3734   E fu pleins d'ire e de roïlle
   3845   La tor si fu toute roonde;
   3876   El fu mout sage, e si vos di
   3880   E fu a garder establie
   3938   Se fu de Bel Acueil saisie,
   3995   Que Bel Acueil fu en prison,
   4032   Qu'onques par moi ne fu retraite
                   130

fueille
     52   E covrir de novele fueille.
   2876   Si a cuilli une vert fueille
   2879   De la fueille me fis mout cointes,
                   003

fueilles
    894   Fueilles de roses granz e lees.
    898   Les fueilles jus en abatoient;
   1662   De fueilles i ot quatre paire,
   2830   D'erbe e de fueilles toz coverz,
   3366   Entre les fueilles de la rose,
                   005

fuer
    309   Ne reconforter a nul fuer
   4006   E ne sofrez a nes un fuer
                   002

fui
    508   Destroiz fui mout e angoisseus,
    633   Ou vergier, e quant je fui enz,
    634   Je fui liez e bauz e joianz;
    684   Fui pleins de grant joliveté;
    790   Si ne fui pas trop entrepris;
   1524   Quant je fui près, si m'abaissai,
   1626   E sachiez bien, quant je fui près,
   1700   A terre fui tantost versez;
   1705   Je fui mout vains e si cuidiai
   1721   Angoisseus fui mout e troblez

   1813   Mout fui gueriz, mout fui aaise,
   1813   Mout fui gueriz, mout fui aaise,
   2768   Si en fui mout essaboïz
   3485   Onques mais ne fui si aaise.
   3500   Coment je fui mellez a Honte,
   3501   Par cui je fui puis mout grevez,
                   016

fuie
   3559   Je sui tantost tornez en fuie,
                   001

fuiez
   2935   Fuiez, vassaus, fuiez de ci,
   2935   Fuiez, vassaus, fuiez de ci,
                   002

fuit
   2610   Chascuns fuit la mort volentiers.
                   001

furent
    319   Si chevel tuit destrecié furent,
    465   Furent a or e a azur
    595   Quant li arbre furent creü,
    675   A chanter furent ententif
    677   Ne furent pas ne non sachant;
    888   Qui furent par grant sen assises.
    927   Si furent toutes a or pointes;
    933   Car eus furent encarrelees
    938   Furent enté, Biautez ot non.
    958   Qui furent laides a devise;
    971   Furent e toutes resemblables.
   1083   Li clou furent d'or esmeré
   1084   Qui furent ou tessu doré
   1365   Mais li arbre, ce sachiez, furent
   1369   Mais li rain furent lonc e haut,
   1371   Furent si espès par deseure
   2779   Li rosier d'une haie furent
   3835   Cil qui dou faire furent maistre:
                   018

fusse
   1612   Ne m'i fusse ja embatuz,
   1629   Que por neient fusse embasmez.
   1862   Je fusse morz e mal bailliz
   2866   Je fusse arivez a bon port
   2867   Se par aus ne fusse agaitiez,
                   005

fussent
    653   De chanter fussent a enviz;
    664   Con fussent ange esperitel;
   1273   Il n'en fussent ja vergondeus;
                   003

fusses
   3537   Sens, que bien fusses d'un garçon
                   001

fussiez
   2894   Que vos en fussiez corrociez."
                   001

fust   (SUBST.)
    932   Fors que les penons e le fust,
    959   Li fust estoient e li fer
   1714   Le fust a moi tot empené.
   1747   Le fust a moi senz grant contenz,
   1774   Tantost le fust de mon costé,
   1864   Lors ai a moi tiré le fust,
                   006

fust   (V.)
    209 Come s'el fust as chiens remese;
    223 Car s'el fust usee e mauvaise,
    325 Nus tant fust durs ne la veïst
    347 E blanche con s'el fust florie.
    348 Ce ne fust mie grant morie
    446 Se li tens fust un poi divers,
    490 Se li passages fust delivres,
    769 Les bouches, qu'il vos fust avis
    890 Qui n'i fust, nes flor de genest,
    902 Il sembloit que ce fust uns anges
    903 Qui fust tot droit venuz dou ciel.
    931 Onc n'i ot rien qui d'or ne fust,
   1022 Il fust mout fiers e mout hardiz;
   1143 S'ensi fust qu'aucuns la haïst,
   1203 Qui fust destroiz por s'amitié,
   1215 Qui a son droit ne fust assise.
   1227 Mais biaus iert e genz s'il fust ores
   1461 Fust aspreiez encore un jor,
   1863 Se li douz oignemenz ne fust:
   2372 Avant qu'ele s'en fust alee.
   2415 Qui te fust avenant a dire;
   2440 Ausi con s'el fust devenue
   2490 Gueriz fust qui or la veïst.
   2500 Car, s'il fust jorz, je me levasse.
   3188 D'argent, qu'il fust sor vostre pois."
   3364 Que la graine fust descoverte;
   3397 Ja ne vos fust par moi veé,
   3554 Ançois se fust alez repondre,
                028

gaaignié
   1932 E si i as tant gaaignié
                001

gaaignier
   1894 Que tu ne puez rien gaaignier
                001

gaaigniez
   3308 Que vos n'i gaaigniez neient;
                001

gaie
    427 El ne fu gaie ne jolive,
   1265 Mais mout iert envoisiee e gaie,
                002

gaignons
   2833 Ne fu mie seus li gaignons,
                001

gais
     79 A estre gais e amoreus,
    103 Jolis, gais e pleins de leece,
    682 Si gais con je devin adonques.
    846 Les iauz gais e si envoisiez
                004

gaitier
   3921 A avuec lui, por lui gaitier,
                001

galonee
    856 D'un fil d'or estoit galonee;
                001

ganz
    563 Ne halassent, ot uns blans ganz.
   2155 De ganz, d'aumosniere de soie
                002

Ganz
    564 Cote ot d'un riche vert de Ganz,

Ganz   (CONT.)
                001

gar
   2103 Gar que tu soies costumiers
   2151 E gar qu'il soient si chauçant
   2541 Gar que tu soies repairiez
                003

garant
      6 Si en puis bien traire a garant
   1576 Ne puet avoir garant ne mire
                002

garantir
   2754 Les biens qui pueent garantir
   2800 Je vos i puis bien garantir.
                002

garantira
   2637 Iceste te garantira,
                001

garçon
    874 Ne resembla mie garçon;
   3537 Sens, que bien fusses d'un garçon
   3550 Qui laisse un garçon desreé
                003

garçons
   3540 De legier as garçons estranges.
   3632 As garçons, qui, por lui honir,
                002

garde   (SUBST.)
    411 Quant nus ne s'en puet prendre garde,
   2576 Celi qui ton cuer a en garde.
   2828 E garde de toz les rosiers.
   3225 Dangiers se prent garde sovent
   3514 Se prist garde dou bel atrait
   3613 Qu'en vostre garde poi me fi,
   3615 Que en meillor garde pert l'en.
   3618 Se je ne m'en prenoie garde.
   3943 El n'a mais garde que glouton
                009

garde   (V.)
   1990 Qui le garde bien e jostise;
   2087 Or te garde bien de retraire
   2109 Après garde que tu ne dies
   2125 Après tot ce d'orgueil te garde,
   2250 Mais garde bien que tu nou pretes,
   2572 Garde bien que tes cuers remaigne,
   3013 E garde bien que plus ne croies
   3029 Qui les roses defent e garde
   3038 Or garde lequel est plus gent
   3221 A la haie que Dangiers garde
   3874 E l'autre porte garde Honte,
   3891 Cil garde la porte detrois;
                012

garder
    562 E, por garder que ses mains blanches
   1370 E, por le leu garder de chaut,
   2755 Les amanz e garder de mort;
   2863 Or sont as rosiers garder quatre,
   2994 De garder ome de folie
   3270 Ne s'en porroit il pas garder.
   3547 De toi garder e tenir cort;
   3593 De lui garder e chastier,
   3599 Des or en Bel Acueil garder;
   3629 Je cuit si bien garder son cors
   3660 A bien garder ceste porprise;
   3681 De garder rose ne bouton

garder (CONT.)
  3715 De garder ce que vos devez.
  3739 Se cest porpris ne puis garder.
  3880 E fu a garder establie
        015

gardez
  2802 Por quoi vos gardez de folie;
  4005 Gardez moi au moins vostre cuer,
  4014 Gardez au moins que li cuers m'aint:
        003

gardoit
  908   Les queroles, e si gardoit
        001

garnement
  2143 Bele robe e bel garnement
  2560 Un garnement li done tel
        002

garnie
  3912 A garnie la tor roonde,
        001

garnir
  2859 E, por les rosiers miauz garnir,
        001

garnis
  2107 Ainz te garnis dou salu rendre
        001

garnison
  1989 Tel garnison i avez mise
  3867 Jalosie a garnison mise
  3915 Tant qu'il i ot grant garnison.
        003

garra
  2037 Qui de tes plaies te garra;
        001

gart
  1306 N'a or plus cure qu'il li gart
  1315 Or me gart Deus de mortel plaie,
  2219 D'avarice tres bien se gart,
  2760 Chascuns de ceus vueil qu'il te gart
        004

garz
  922   Qui ne sembla pas estre garz,
  2485 Si di je que fos e que garz,
  3536 "Garz neienz, por quoi t'a failli
        003

gas
  706   De lor chant, n'estoit mie gas,
        001

gaste
  379   Car Tens gaste tot e manjue;
        001

gastee
  344   Mout estoit sa biauté gastee,
        001

gaster
  3088 Car vos porriez bien gaster
        001

gasteras
  2321 E gasteras en vain tes pas;

gasteras (CONT.)
        001

Gauvains
  2093 Tant con Gauvains, li bien apris,
        001

gauz
  658   E mainz oisiaus qui par ces gauz
        001

ge
  3971 Ge crien ausi avoir perdue
        001

gelee
  2514 Soit par pluie, soit par gelee,
        001

genest
  890   Qui n'i fust, nes flor de genest,
        001

gent (ADJ.)
  92   D'un aguillier mignot e gent,
  3038 Or garde lequel est plus gent
        002

gent (SUBST.)
  266   Que de li Deu e la gent venche.
  436   Car iceste gent font lor vis
  727   Ceste gent don je vos parole
  775   Ceste gent ensi esforcier
  802   Jamais entre gent ne vendroiz
  2387 Mais vers la gent tres bien te cele,
  3037 Mout as a faire a dure gent.
        007

gente
  526   Qui assez estoit gente e bele.
  807   Les iauz ot vairs, la bouche gente,
  916   Longuet e de gente façon;
  1016 Grasse, graillete, gente e jointe.
        004

gentis
  1949 Si douz, si frans e si gentis.
        001

genz (ADJ.)
  289   Estoit ou preuz ou biaus ou genz
  623   Puis que Deduiz, li biaus, li genz,
  1227 Mais biaus iert e genz s'il fust ores
  1248 Li chevaliers fu biaus e genz,
  3451 Come il est biaus, come il est genz
        005

genz (SUBST.)
  1   Maintes genz dient que en songes
  17   Des biens as genz e des enuiz;
  23   Des juenes genz, couchiez m'estoie
  78   Lors estuet juenes genz entendre
  170   C'est cele qui les genz atise
  263   E a tel duel quant genz bien font
  268   D'aucun blasme metre as genz seure;
  290   Ou amez ou loez de genz.
  388   Des genz vieillir, l'avoit vieillie
  405   Ces vieilles genz ont tost froidure;
  605   Deduiz e les genz qui le sivent,
  612   O ses genz, que plus bele place
  615   Les plus beles genz,ce sachiez,
  624   Est orendroit avuec ses genz
  721   S'avoit si beles genz o soi
  723   Don si tres beles genz pooient

genz (SUBST.)   (CONT.)
    726 Si beles genz ne vit on nez.
    744 E genz mignotement baler
    799 Des genz qui iluec queroloient;
    869 E qui abat l'orgueil des genz,
    986 Des nobles genz de la querole
   1025 Que riches genz ont grant poissance
   1040 Loent les genz li losengier,
   1042 Mais lor losenges les genz poignent
   1161 Ausi atrait le cuer des genz
   1247 Qui bien sot faire enor as genz.
   1280 Cestes genz, e autres avueques,
   1282 Franches genz e bien enseignies
   1283 E genz de bel afaitement
   1583 Ci sort as genz novele rage,
   2088 Chose des genz qui face a taire:
   2101 E as granz genz e as menues;
   2104 De saluer les genz premiers;
   2190 Par quoi tu puisses as genz plaire,
   2271 Partir des genz par estovoir,
   2348 Le feu qui fait les genz amer.
   3452 E douz e frans vers toutes genz;
   3580 Teus genz don il n'avoit que faire.
   3586 Que d'acointier genz ne se feigne,
   3591 E qu'il jeue as genz e parole.
   3706 Volez vos donques as genz plaire
   3982 Qui met ou cuer des genz rancune,
            042

gerbe
   3964 Mais, avant qu'il en cueille gerbe,
            001

gesir
   2493 Je ne pris guieres tel gesir
            001

gesirs
   2495 Gesirs est enuieuse chose
            001

geta
   3482 Qui en geta la dolor hors
            001

getier
   3839 Por engin qui sache getier,
            001

gié
   1925 E par tel covent me rent gié."
   2450 Qu'est ice? Ou estoie gié?
   3219 Vosist autresi bien con gié.
            003

giete
   1544 Ses rais en la fontaine giete
   3961 Qui giete en terre sa semence,
            002

giez
   3276 S'Amors le tient pris en ses giez
            001

girofle
   1342 Clos de girofle e ricalice,
            001

gisant
   3672 Desoz un aubespin gisant.
            001

gist
   2747 Les tenebres ou li cuers gist

gist   (CONT.)
            001

glaive
   1579 Maint vaillant ome a mis a glaive
            001

gloire
    439 E por un poi de gloire vaine,
            001

glouton
   3943 El n'a mais garde que glouton
            001

gloutons
   2848 Iert assaillie des gloutons
            001

gloz
   3526 Tant parla li gloz folement
            001

gobe
     59 Lors devient la terre si gobe
    864 Si en estoit assez plus gobe.
            002

gonfanon
   1179 De valor e le gonfanon.
   1946 Qu'Amors porte le gonfanon
            002

gordeiant
   3307 Or ne l'alez plus gordeiant,
            001

gorge
    545 La gorge avoit autresi blanche
   1172 E la gorge estoit descoverte
            002

goute
    376 N'il n'en retorne arriere goute;
            001

grace
   2194 Car los e pris e grace en vient.
   3310 Des ore mais aucune grace:
            002

graces
   2809 Si vous rent graces e merites
            001

graignor (ADJ.)
   1622 La ou je vi la graignor tasse.
   1958 Ce fu ce don j'oi graignor joie.
   2254 Si en avras graignor merite,
   2763 Mais graignor, avras ça avant;
   3659 Don il n'a graignor poine mise
            005

graignor (SUBST.)
   1027 Tuit li graignor e li menor
            001

graille
   2980 Ne fu trop graille ne trop grasse,
            001

grailles
    811 E grailles par mi la ceinture.
            001

graillete
- 213 A une perchete graillete,
- 1003 S'estoit graillete e aligniee.
- 1016 Grasse, graillete, gente e jointe.
  003

grain
- 3968 Si fait le grain dedenz morir,
  001

graindre
- 1752 Or fu graindre la volentez;
- 3787 Tant est graindre la covoitise
  002

graindres
- 1299 Qu'il n'est nus graindres parevis
  001

graine
- 1343 Graine de parevis novele,
- 1589 Sema ici d'Amors la graine,
- 1595 Por la graine qui fu semee
- 3364 Que la graine fust descoverte;
- 3369 Si ne pooit paroir la graine,
  005

graisse
- 2550 Sor fins amanz color ne graisse;
  001

grant (ADJ.)
- 109 Descendoit l'eve grant e roide.
- 122 La praerie grant e bele
- 130 Si vi un vergier grant e lé,
- 143 E pleine de grant cuvertage.
- 174 Prester mainz por la grant ardure
- 224 Avarice eüst grant mesaise
- 225 De robe nueve e grant disete
- 239 Aucun grant domage retraire.
- 242 Quant el voit grant desconfiture
- 246 Quant el voit aucun grant lignage
- 262 Qu'ele est en si trés grant torment
- 294 Qu'ele avoit au cuer grant dolor,
- 304 Ne fu mais ne n'ot si grant ire
- 326 A cui grant pitié n'en preïst;
- 348 Ce ne fust mie grant morie
- 358 Tant par estoit de grant vieillune
- 452 Grant loisir avoit de trembler.
- 513 Lors m'en alai grant aleüre,
- 683 Por la grant delitableté,
- 684 Fui pleins de grant joliveté;
- 701 Grant servise douz e plaisant
- 708 Me mist ou cuer grant reverdie;
- 762 Faisoit Deduiz par grant noblece
- 808 E le nés fait par grant entente.
- 826 Chauciez refu par grant maistrise
- 888 Qui furent par grant sen assises.
- 951 Neporquant el fait mout grant plaie;
- 1010 Mout grant douçor au cuer me touche,
- 1018 Une dame de grant hautece
- 1019 De grant pris e de grant afaire.
- 1019 De grant pris e de grant afaire.
- 1025 Que riches genz ont grant poissance
- 1065 De riches pierres grant plenté,
- 1066 Qui mout rendoient grant clarté.
- 1070 Qui ot grant force e grant vertu;
- 1070 Qui ot grant force e grant vertu;
- 1099 Mais devant ot par grant maistrise
- 1110 Un vallet de grant biauté plein,
- 1145 Son ami par son grant servise;
- 1152 Ne seignorie ne grant terre.
- 1209 Qu'el feïst mout grant vilanie.
- 1257 Me fist si grant qu'ele m'ovri
- 1333 De noiers i ot grant foison
- 1376 S'i ot grant plenté d'escuriaus,
- 1416 Ne la grant delitableté;
- 1433 Ot Nature par grant maistrise
- 1449 Mais cil fu, por sa grant biauté,
- 1455 E le tint a si grant despit
- 1473 Qu'il avoit sofert grant traval
- 1490 Dou grant orgueil e dou dangier
- 1539 Qu'a grant entente remirai;
- 1619 E lors m'en prist si grant envie
- 1663 Que Nature par grant maistire
- 1695 La saiete par grant roidor.
- 1706 Grant fais de sanc avoir vuidié;
- 1747 Le fust a moi senz grant contenz,
- 1771 Grant piece i jui senz remuer.
- 1785 Mais grant chose a en estovoir:
- 1817 Mais quant j'i oi esté grant piece,
- 1828 La grant dolor me renovele
- 1858 Si m'a ou cuer grant plaie faite;
- 1943 Enor mout grant, e si doiz estre
- 2007 E si a mout grant poesté."
- 2010 Qu'a grant poine senti la clef.
- 2013 "Sire," fis je, "grant talent ai
- 2164 Qu'il n'i covient pas grant avoir.
- 2286 E une grant piece seras
- 2325 Lores seras a grant meschief
- 2334 Ce don tu es en si grant cure;
- 2339 Grant joie en ton cuer demerras
- 2373 Torner te doit a grant contraire,
- 2416 Lors reseras en grant martire.
- 2475 De moi avroient grant enor
- 2570 E se tu as si grant besoigne
- 2690 Cil te fera grant avantage.
- 2811 Car mout vos muet de grant franchise;
- 2825 Mais uns vilains, qui grant honte ait,
- 2947 A grant peor e a grant heste;
- 2947 A grant peor e a grant heste;
- 2958 E de ce ai la plus grant ire
- 2962 S'il n'a amé, qu'est grant angoisse.
- 2971 En cest point ai grant piece esté,
- 3031 Si en doiz avoir grant Peor,
- 3062 Mais a l'issir a grant maistrise
- 3106 Ce m'osteroit de grant torment.
- 3111 A lui m'en vin grant aleüre,
- 3232 Mais ce me torne a grant contraire
- 3321 Que trop seroit grant vilanie.
- 3329 Bel Acueil, grant piece esloigniez,
- 3354 De grant enfer en parevis,
- 3379 Grant piece ai iluec demoré,
- 3380 Qu'en Bel Acueil grant amor ai
- 3381 E grant compaignie trovee;
- 3429 Dou grant ator que ele avoit
- 3602 "Grant peor ai d'estre traïe,
- 3658 Qu'il a faite grant mesprison
- 3674 A son chief, d'erbe un grant moncel,
- 3714 Que vos n'estes en grant esveil
- 3834 Font une tor par grant maistrise
- 3837 Qu'ele est e grant e lee e haute.
- 3877 Qu'ele ot sergenz a grant plenté,
- 3879 Peor rot grant conestablie,
- 3915 Tant qu'il i ot grant garnison.
- 3942 Li a doné grant reconfort;
- 3951 Il en devroit grant pitié prendre.
- 3956 Car je sui a plus grant meschief,
- 4025 Mais je sui en mout grant soussi
- 4037 Plus grant que nus ne porroit dire.
- 4040 Qui est si grant e si aperte;
  109

grant (SUBST.)
- 2049 Por ce sui en grant de l'aprendre
  001

granz
    172   E les granz avoirs aüner;
    178   Si est granz pechiez e granz diaus,
    178   Si est granz pechiez e granz diaus,
    349   S'ele morist, ne granz pechiez,
    531   Ainz iert assez granz par mesure;
    647   Si ravoit aillors granz escoles
    894   Fueilles de roses granz e lees.
   1122   A demener les granz despens,
   1353   De granz loriers e de hauz pins
   1531   Qui nuit e jor sort a granz ondes
   1637   Des roses i ot granz monciaus,
   2029   Granz biens ne vient pas en poi d'eure;
   2101   E as granz genz e as menues;
   2258   Doit estre granz li guerredons.
   2390   Qu'il est granz sens de soi celer.
   2564   Granz biens te puet par aus venir:
   2641   Trois autres biens qui granz solaz
   2656   Qui n'est trop granz ne trop petiz,
   2922   Granz fu e noirs e hericiez,
   3975   A dire mes granz privetez
           020

gras
   2556   Plus gras qu'abez ne que priors.
           001

grasse
    431   Si sachiez qu'el n'iere pas grasse,
   1016   Grasse, graillete, gente e jointe.
   2980   Ne fu trop graille ne trop grasse,
           003

gravele
    121   Le fonz de l'eve de gravele.
   1526   E la gravele qui paroit
           002

gravissoient
   1377   Qui par ces arbres gravissoient;
           001

gré
     40   Or doint Deus qu'en gré le reçueve
    474   Je l'en seüsse mout bon gré;
   2016   En gré, foi que vos me devez.
   2025   Ton servise prendrai en gré
   2601   E plus en gré sont receü
   2714   Cel deduit prendras mout en gré,
   2808   "Ceste promesse en gré recueil,
   3356   Qui de mon gré faire se poine.
   3413   Outre son gré n'angoissier trop.
   3662   A faire son gré en apert,
   4028   Mal gré de ce que vos avez
           011

greer
   3177   Por quoi vos me voilliez greer
           001

greez
   3469   Que uns baisiers lui soit greez.
           001

grelle
   1788   Ausi espès come la grelle,
           001

grenades
   1331   Qui charjoient pomes grenades:
           001

greniers
   1126   Con s'el les puisast en greniers.

greniers   (CONT.)
           001

grenon
    817   Si n'avoit barbe ne grenon,
           001

grevance
   1026   De faire aïde e grevance.
   3272   De li faire enui e grevance?
           002

grevant
   2732   Ne nule autre chose grevant;
           001

grevanz
    950   Ce fu toute la moins grevanz;
           001

grever
   1763   De moi grever e mout se poine,
   2212   Car ce te porroit mout grever:
           002

greveroit
   2461   La mort ne me greveroit mie
           001

grevez
   3293   Avis m'est que vos le grevez
   3501   Par cui je fui puis mout grevez,
   3716   Tost en porroiz estre grevez,
           003

griés
   2268   Qui as amanz sont griés e dures.
           001

griet
   1150   Qui tant li griet come avarice;
   3186   Cui qu'il soit bel ne cui qu'il griet;
           002

grieve
   2463   Mout me grieve Amors e tormente;
   2497   Mout m'enuie certes e grieve
   3194   "Ta requeste rien ne me grieve,
   3965   L'empire, tel eure est, e grieve
           004

grifaigne
   3718   Qu'ele est mout fiere e mout grifaigne,
           001

grive
   3557   Mais quant je vi venir la grive,
           001

gros
    540   Gros assez e lons par raison,
   1085   Si estoient gros e pesant:
   1357   Ormes i ot branchuz e gros,
   1640   E teus qui sont un poi plus gros;
           004

grossete
    537   La bouche petite e grossete;
           001

guerie
   2681   Si m'aïst Deus, il m'a guerie
           001

querir
    2771   E soi que querir ne pooie
                001

guerison
    1834   De guerison ne d'alejance.
    1913   Ne me done la guerison.
    2034   Tu seras traiz a guerison.
    2620   Il espoire sa guerison.
    3023   Ne ta guerison autrement,
    3996   Car ma joie e ma guerison
                006

guerisse
     492   L'assemblee, que Deus guerisse!
    3508   A la bele, que Deus guerisse,
    4000   S'Amors viaut ja que je guerisse,
                003

guerissoit
    1078   Qui guerissoit dou mal des denz,
                001

queriz
    1813   Mout fui queriz, mout fui aaise,
    2490   Gueriz fust qui or la veïst.
    3486   Mout est queriz qui tel flor baise,
                003

guerpisses
    2079   Que tu guerpisses senz reprendre,
                001

querre
    2421   Ja fin ne prendra ceste guerre,
    3273   Avez vos guerre a lui emprise
    3290   Que vos ne mainteniez plus guerre
    3666   Qu'il ne durroit pas a la guerre
                004

guerredon
    1506   Son guerredon e sa merite.
    1810   S'en avoie tel guerredon
    3509   Qui le guerredon m'en rendra
                003

guerredoné
    1492   Bien li fu lors guerredoné;
                001

guerredons
    2258   Doit estre granz li guerredons.
                001

guerreier
    3025   Dangiers li fel a guerreier:
                001

guerroie
    3420   Mais Venus, qui toz jorz guerroie
                001

guichet
     524   Le guichet, qui estoit de charme,
     690   Le guichet dou vergier ramé.
    1258   Le guichet dou vergier flori.
                003

guieres
    1169   N'avoit guieres, de son fermal;
    1309   E cil guieres n'i atendi:
    1356   Don il n'a guieres ici près.
    2493   Je ne pris guieres tel gesir
    2517   E a toi ne pensera guieres;
    2569   Dou païs guieres ne t'esloigne;
    2574   Tu ne doiz guieres sejorner;
    3048   Il n'en puet guieres esploitier.
    3498   Amors n'est guieres en un point.
                009

quiet
    3894   Qu'il doit la nuit faire le guiet.
                001

guigne
    2170   Mais ne te farde ne ne guigne:
                001

guigniee
    1004   Ne fu fardee ne guigniee,
                001

guignier
    3926   Ne de signier ne de guignier,
                001

guila
    3292   Qui d'amors onques ne guila.
                001

guile
    2405   Se teus n'est que de guile serve;
                001

guimple
    3564   E ot un voile en leu de guimple
                001

Guindesores
    1228   Fiz au seignor de Guindesores.
                001

guise
     957   Cinc floiches i ot d'autre guise,
    1269   En tel guise qu'il la baisoit
    2153   En quel guise tu i entras
    2577   Or t'ai dit coment n'en quel guise
    2583   "Sire, en quel guise ne coment
    3703   En nule guise de busart.
                006

guises
     887   Flors i avoit de maintes guises,
                001

ha
    2501   Ha! Solauz! Por Deu, car te heste,
    4003   Ha! Bel Acueil, biaus douz amis,
    4047   Ha! Bel Acueil, je sai de voir
                003

haie
      50   Que l'en ne voit boisson ne haie
    1802   Lez la haie m'estut remaindre
    2779   Li rosier d'une haie furent
    2788   S'outre la haie passeroie
    2795   De la haie mout doucement,
    2798   Passez la haie senz arest,
    2815   Don en la haie avoit assez,
    2946   La haie me fait tressaillir
    2959   Que je n'osai passer la haie.
    3153   Mais la haie ne passai pas,
    3202   Se tu passes jamais la haie."
    3221   A la haie que Dangiers garde
    3237   Delez la haie, que je n'ose
    3693   Toz les pertuis de ceste haie,
                014

haies
　　469　En leu de haies, uns vergiers,
　　　　001

haiete
　1618　D'une haiete clos entor;
　　　　001

haïne
　3668　S'ele le cuilloit en haïne."
　　　　001

Haïne
　　139　Enz en le mileu vi Haïne,
　　　　001

haïr
　1644　Icil ne font pas a haïr:
　3278　Devez le vos por ce haïr?
　　　　002

haire
　　430　E si avoit vestu la haire.
　　　　001

haïst
　1143　S'ensi fust qu'aucuns la haïst,
　　　　001

haïz
　2092　Fu mal renomez e haïz.
　　　　001

halassent
　　563　Ne halassent, ot uns blans ganz.
　　　　001

haoit
　　832　Leece, qui nou haoit mie,
　　　　001

hardement
　1791　Me donoit cuer e hardement
　2366　Que onques cuer ne hardement
　2883　Lors ai pris cuer e hardement
　3148　E hardement e volenté
　　　　004

hardiz
　1022　Il fust mout fiers e mout hardiz;
　3933　E n'est si hardiz qu'il se mueve,
　　　　002

haut (ADJ.)
　　131　Tot clos de haut mur bataillié,
　　990　A une dame de haut pris
　1369　Mais li rain furent lonc e haut,
　1431　Qu'ou vergier n'ot nul plus haut arbre.
　1945　E seignor de si haut renon,
　2026　E te metrai en haut degré,
　2536　Por l'amor dou haut saintuaire
　　　　007

haut (ADV.)
　　705　Li un en haut, li autre en bas.
　　757　Le timbre en haut, sel recuilloient
　　　　002

haute
　1444　Car Echo, une haute dame,
　2973　La dame de la haute angarde,
　2979　Ne fu trop haute ne trop basse,
　2984　Bien resembloit haute persone.
　3837　Qu'ele est e grant e lee e haute.

haute　　　(CONT.)
　　　　005

hautece
　1018　Une dame de grant hautece,
　　　　001

hauz
　　467　Hauz fu li murs e toz carrez;
　1148　Mout est fos hauz on qui est chiches.
　1149　Hauz on ne puet avoir nul vice
　1353　De granz loriers e de hauz pins
　1360　Esrables, hauz sapins e chesnes.
　1430　E si estoit si hauz creüz
　3824　Don li murs est espès e hauz.
　　　　007

herbergier
　　478　Car li leus d'oisiaus herbergier
　　　　001

hericiez
　2922　Granz fu e noirs e hericiez,
　　　　001

heriçons
　2328　Qui poignent plus que heriçons.
　　　　001

herne
　3910　Trueve a chascune quelque herne.
　　　　001

heste (SUBST.)
　2947　A grant peor e a grant heste;
　3204　E je l'alai conter en heste
　　　　002

heste (V.)
　2501　Ha! Solauz! Por Deu, car te heste,
　　　　001

hiaume
　1187　Maint vert hiaume i ot descerclé
　　　　001

hisdeus
　　973　Li uns des ars, qui fu hisdeus
　1327　Se n'est aucuns arbres hisdeus,
　2842　Qui est si hisdeus e si laiz
　2924　Le nés froncié, le vis hisdeus,
　2944　Por le vilain hisdeus e noir,
　　　　005

hisdeuse
　　149　Hisdeuse estoit e roïlliee;
　　　　001

hisdosement
　　151　Hisdosement d'une toaille.
　　　　001

honir
　2910　Coment! Me volez vos honir?
　3632　As garçons, qui, por lui honir,
　　　　002

honisse
　3920　Une vieille, que Deus honisse,
　　　　001

honte
　　247　Decheoir ou aler a honte:
　2825　Mais uns vilains, qui grant honte ait,

honte   (CONT.)
    2934   E il vos quiert honte e contraire.
                       003

Honte
     966   La tierce fu Honte clamee,
    2836   E avuec lui Honte e Peor.
    2837   Li miauz vaillanz d'aus si fu Honte;
    2844   Mais dou veoir Honte conçut.
    2845   Quant Deus ot Honte faite naistre,
    2858   Honte, qui est simple e oneste;
    3028   Envers que de ma fille Honte,
    3500   Coment je fui mellez a Honte,
    3545   Trop s'est de toi Honte esloigniee
    3561   Honte s'est lores avant traite,
    3601   "Honte, Honte," fait Jalosie,
    3601   "Honte, Honte," fait Jalosie,
    3645   Peor e Honte laisse ensemble.
    3648   Parole a Honte sa cosine:
    3649   "Honte," fait ele, "mout me poise
    3676   Mais Honte l'a fait esveillier,
    3720   Ele a ui bien Honte assaillie,
    3874   E l'autre porte garde Honte,
                       018

honteus
    2953   Honteus e maz, si me repens
    3151   A Dangier sui venuz honteus,
                       002

honteuse
     457   Est toz jorz honteuse e despite.
                       001

hors
      94   Hors de vile oi talent d'aler,
    1379   Toute jor hors de lor tesnieres,
    1718   Qu'el n'en pot estre hors sachiee,
    2012   E quant je l'oi mis hors de doute:
    2048   Tost porroie issir hors de voie;
    3482   Qui en geta la dolor hors
    3630   Qu'il n'avra pooir d'issir hors
    3722   Bel Acueil hors de ceste place,
    3862   Hors des fossez a unes lices
                       009

hulle
    3588   En Bel Acueil n'a autre hulle,
                       001

hurtoit
     328   E ses poinz ensemble hurtoit.
                       001

i
      62   Que de colors i a cent paire.
     195   Une autre image i ot assise
     296   Si n'i feïst riens Avarice
     366   E il ne s'i areste point,
     482   Qu'il i avoit d'oisiaus trois tanz
     502   Leu par ou j'i peüsse entrer;
     504   S'il i avoit pertuis ne voie
     505   Ne leu par ou l'en i entrast;
     518   Par autre leu nus n'i entroit.
     520   Qu'autre entree n'i soi querir.
     521   Assez i feri e boutai,
     541   Si n'i ot bube ne malan:
     599   Les images qui i sont pointes,
     654   Melles i avoit e mauviz,
     700   Que nus n'i sache que remordre.
     753   Assez i ot tableterresses
     758   Sor un doi, qu'onques n'i failloient.
     887   Flors i avoit de maintes guises,
     890   Qui n'i fust, nes flor de genest,

     893   S'i ot par leus entremellees
     919   Dames i ot de toz sens pointes,
     930   Mais il n'i ot fer ne acier:
     931   Onc n'i ot rien qui d'or ne fust,
     941   Une autre en i ot, apelee
     957   Cinc floiches i ot d'autre guise,
    1059   S'i ot portraites a orfrois
    1064   E s'i ot, ce sachiez senz faille,
    1093   Qui i estoient devisier;
    1097   Rubiz i ot, saphirs, jagonces,
    1187   Maint vert hiaume i ot descerclé
    1214   Qu'il n'i ot une seule pointe
    1309   E cil guieres n'i atendi:
    1328   Don il n'i ait ou un ou deus
    1330   Pomiers i ot, bien m'en sovient,
    1333   De noiers i ot grant foison
    1337   D'alemandiers i ot planté;
    1357   Ormes i ot branchuz e gros,
    1362   De divers arbres i ot tant
    1376   S'i ot grant planté d'escuriaus,
    1378   Conins i avoit, qui issoient
    1388   I ot fait faire par conduiz,
    1394   Ausi l'en peüst l'en sa drue
    1397   Por les fontaines, s'i venoit
    1401   Qu'il i avoit de flors planté
    1403   Violete i avoit trop bele
    1405   S'i ot flors blanches e vermeilles,
    1406   De jaunes en i ot merveilles:
    1552   Le vergier, i pert tot a orne.
    1557   E i voit l'en senz coverture
    1567   Si n'i a si petite chose,
    1569   Don demontrance n'i soit faite,
    1582   I sont tost pris e agaitié.
    1592   E ses engins i mist, por prendre
    1607   Mais de fort eure m'i mirai.
    1612   Ne m'i fusse ja embatuz
    1637   Des roses i ot granz monciaus,
    1639   S'i ot boutons petiz e clos,
    1641   Si en i a d'autre moison,
    1662   De fueilles i ot quatre paire,
    1664   I ot assises tire a tire
    1674   Se j'i osasse la main tendre;
    1719   Ainz remest enz, encor l'i sens,
    1764   Ne m'i lait pas aler senz poine;
    1771   Grant piece i jui senz remuer.
    1789   S'esteüst il que j'i alasse;
    1798   Mais espines i avoit tant,
    1817   Mais quant j'i oi esté grant piece,
    1867   S'en i ot cinc bien encrotees,
    1874   Douçor i a e amertume.
    1884   "Vassaus, pris es, neient n'i a
    1932   E si i as tant gaaignié
    1937   Je n'i laisse mie touchier
    1941   Senz faille il i a poine e fais
    1989   Tel garnison i avez mise
    1992   Faites i clef, si l'emportez,
    1995   Respont Amors, "Je m'i acors:
    2030   Il i covient poine e demeure.
    2038   Mais, par mon chief, or i parra
    2050   Que je n'i vueil de rien mesprendre."
    2061   Qui amer viaut or i entende,
    2076   Car il n'i a mot de mençonge.
    2153   En quel guise tu i entras
    2164   Qu'il n'i covient pas grant avoir.
    2168   Ne l'i laisse pas remenoir.
    2236   Toz jorz i pense senz cesser,
    2242   Si qu'il n'i soit mie demis,
    2303   Mon cuer seul por quoi i envoi ?
    2304   Adès i pens e rien n'en voi :
    2447   Mais poi i porras demorer.
    2800   Je vos i puis bien garantir.
    2801   N'i avroiz mal ne vilanie.
    2803   Se de rien vos i puis aidier,
    2860   I fist Jalosie venir

115

i   (CONT.)
 2949 E dit se jamais i retor
 3032 Car a ton ues n'i voi peor.
 3034 Qui ne suefre que nus i touche;
 3056 Qui en la fin dou tot i faillent.
 3086 Qu'il i a faite clef fermant.
 3176 Que ja de rien n'i mesprendrai,
 3242 E qu'il n'i a point de feintise
 3250 N'i ot onques plus respitié:
 3265 Plus i pert il que vos ne faites,
 3308 Que vos n'i gaaigniez neient;
 3312 Puis que Franchise s'i acorde
 3324 Je n'i metrai jamais arest."
 3436 Por ce que trop i demorroie;
 3467 Qu'il n'i a teigne ne ordure.
 3477 N'i ot onques plus demoré:
 3544 Car je n'i voi autre retor.
 3741 Se jamais on vivanz i entre.
 3743 Don nus i mist onques les piez;
 3750 Se j'i puis nului entreprendre,
 3784 S'Amors ne suefre que j'i touche
 3823 E si i a quatre portauz,
 3829 S'i a bones portes colanz,
 3866 Qu'il n'i eüst avant mellee.
 3883 Peor n'i sera ja seüre,
 3913 E si sachiez qu'ele i a mis
 3915 Tant qu'il i ot grant garnison.
                  119

iaut
 2783 Dou bouton qui iaut miauz de basme,
                  001

iauz
  533 E les iauz vairs come uns faucons,
  807 Les iauz ot vairs, la bouche gente,
  846 Les iauz gais e s'envoisiez
 1009 Nés ot bien fait e iauz e bouche.
 1196 Iauz vairs, rianz, sorciz voutiz;
 1573 Mira sa face e ses iauz vairs,
 1577 Que tel chose a ses iauz ne voie
 2290 Senz iauz movoir e senz parler.
 2305 Quant ne puis les iauz enveier
 2338 A tes iauz saouler e paistre,
 2655 Les iauz rianz, le nés traitiz,
 2923 S'ot les iauz roges come feus,
 3732 Frote ses iauz, si s'esberuce,
 3733 Fronce le nés, les iauz roïlle,
 3783 E a mes iauz e a ma bouche,
                  015

ice
  244 Ice li plaist mout a veoir.
 2163 Ice puet bien chascuns avoir,
 2450 Qu'est ice? Ou estoie gié?
                  003

icele
   97 En icele saison novele.
  189 Avoit les mains icele image:
  992 Icele dame ot non Biautez,
 1779 Mout me destreint icele plaie
                  C04

icelui
   84 En icelui tens deliteus,
                  001

ices
  925 Mais mout orent ices cinc floiches
                  001

iceste
  436 Car iceste gent font lor vis

 2637 Iceste te garantira,
                  002

icestui
 2667 Icestui vueil bien que tu aies;
                  001

ici
 1356 Don il n'a guieres ici près.
 1584 Ici se changent li corage,
 1589 Sema ici d'Amors la graine,
                  003

icil   (ADJ.)
  907 Icil bachelers regardoit
 1051 Icil losengier plein d'envie!
 1649 Icil bouton mout m'abelurent:
 2543 Icil venirs, icil alers,
 2543 Icil venirs, icil alers,
 2544 Icil veilliers, icil parlers
 2544 Icil veilliers, icil parlers
 3634 Trop l'ont trové icil truant
                  008

icil   (PRON.)
 1644 Icil ne font pas a haïr:
 2408 Icil sont fort losengeor :
                  002

ier
 1024 Ce n'est mie ne d'ui ne d'ier
                  001

iere
   45 Avis m'iere qu'il estoit mais,
   87 Lors m'iere avis en mon dormant
  108 D'un tertre qui près d'iluec iere
  206 E avuec ce qu'ele iere maigre,
  273 E s'il iere si bien apris
  291 Delez Envie auques près iere
  329 Mout iere a duel faire ententive
  398 Mais je cuit qu'el n'iere mais sage,
  431 Si sachiez qu'el n'iere pas grasse,
  579 Ele avoit non e qui ele iere.
 1231 Qu'el n'iere orguilleuse ne fole.
 1243 Ele iere en toutes corz bien dine
 2743 E les tenebres ou il iere.
 2855 Por ce que desconseilliee iere,
 3211 S'il iere pris en bone voine,
 3299 Il iere avant assez troblez,
 3363 Ce qu'el n'iere pas si overte
 3373 Qu'el n'iere avant e plus vermeille.
                  018

iert   (FUT.)
  434 A li e as siens iert la porte
  626 Ne m'iert pas, se je puis, emblee
  980 Bien vos en iert la verité
 1255 Ja plus ne vos en iert conté,
 1814 Jamais n'iert rien qui tant me plaise
 2028 Mais espoir ce n'iert mie tost:
 2403 Il n'iert ja nus si apensez
 2420 Toz jorz li faut, ja en pais n'iert.
 2437 Tel foiz sera qu'il t'iert avis
 2701 Se cil qui tant iert tes amis
 3133 Il iert autres au derrenier;
 3394 Car ce n'iert ja tant qu'il vos plaise."
 3460 Mout iert en lui bien empleiez,
 3494 La mer n'iert ja si apaisiee
 3506 Ja parece ne m'iert d'escrivre,
 4056 Jamais n'iert rien qui me confort
                  016

iert (IMPERF.)
```
 207  Iert ele povrement vestue:
 318  Con cele qui mout iert iriee.
 397  Quant ele iert en son droit aage;
 409  Papelardie iert apelee.
 507  N'iert iluec, car j'estoie seus.
 531  Ainz iert assez granz par mesure;
 544  Poliz iert e soés au tast.
 639  Car, si come lors m'iert avis,
 819  Car il iert juenes damoisiaus.
 824  Si iert en maint leu encisiee
 831  E savez vos qui iert s'amie?
 861  D'un samit qui iert toz dorez
 942  Franchise; cele iert empenee
1033  Toz li monz iert en son dangier.
1077  D'une autre pierre iert li mordanz,
1134  N'iert pas si a prendre ententive
1171  Que la cheveçaille iert overte,
1226  Ne sai coment iert apelez.
1227  Mais biaus iert e genz s'il fust ores
1265  Mais mout iert envoisiee e gaie,
1570  Con s'ele iert es cristaus portraite.
1611  Queus sa force iert e sa vertuz,
1684  S'iert arestez lez un fier;
1767  Qui Cortoisie iert apelee.
2684  Quanqu'il en iert, car el l'avoit
2848  Iert assaillie des gloutons
                                    026
```

il (SING.)
```
  45  Avis m'iere qu'il estoit mais,
  46  Il a ja bien cinc anz ou mais,
  73  Qu'il lor estuet chanter par force.
  82  Quant il ot chanter sor la raime
  88  Qu'il estoit matins durement:
 273  E s'il iere si bien apris
 305  Come il sembloit que ele eüst;
 331  Il ne li tenoit d'envoisier
 334  Sachiez de voir qu'il n'a talent
 364  Si celeement qu'il nos semble
 365  Qu'il s'arest adés en un point,
 366  E il ne s'i areste point,
 376  N'il n'en retorne arriere goute;
 460  Qu'il ne sera ja bien peüz,
 462  N'il n'est amez ne essauciez.
 477  Come il avoit en cel vergier;
 482  Qu'il i avoit d'oisiaus trois tanz
 504  S'il i avoit pertuis ne voie
 547  Quant il a freschement negié.
 549  Il n'esteüst en nule terre
 566  Il paroit bien a son ator
 594  Qu'il fist par le vergier planter.
 608  Deduiz laienz, ou il escoute
 611  Il se jeue iluec e solace
 614  Ne porroit il mie troer.
 618  Qu'il moine avuec soi e conduit."
 638  Qu'il sembloit estre esperitables;
 640  Il ne fait en nul parevis
 641  Si bon estre come il faisoit
 657  Il ravoit aillors papegauz,
 670  Qu'il ne sembloit pas chant d'oisiaus,
 694  E quel compaignie il avoit
 769  Les bouches, qu'il vos fust avis
 787  A la querole, s'il vos plaist."
 812  Il resembloit une pointure,
 819  Car il iert juenes damoisiaus.
 839  Qu'il estoit biaus e ele bele.
 872  Quant il les trueve trop engresses.
 878  Qu'il n'avoit pas robe de soie,
 895  Il ot ou chief un chapelet
 899  Qu'il estoit toz coverz d'oisiaus,
 902  Il sembloit que ce fust uns anges
 905  Qu'il faisoit estre iluec delez;
 924  Il en tint cinc en sa main destre;
 930  Mais il n'i ot fer ne acier:
 948  Il en peüst assez mal faire.
 955  Car il puet tost santé atendre,
 975  Il davoit bien teus floiches traire.
1011  Si m'aïst Deus, quant il me membre
1013  Qu'il n'ot si bele fame ou monde,
1022  Il fust mout fiers e mout hardiz;
1056  Qu'il n'ot si bele ne si riche
1102  Que, maintenant qu'il anuitoit,
1114  Il se chauçoit bien e vestoit;
1116  Il cuidast bien estre repris
1121  Qu'il avoit toz jorz son espens
1153  Car il n'a pas d'amis plenté
1154  Don il face sa volenté.
1180  Encore est il de tel renon
1185  Ou il ot faite por s'amie
1214  Qu'il n'i ot une seule pointe
1227  Mais biaus iert e genz s'il fust ores
1269  En tel guise qu'il la baisoit
1270  Toutes les foiz qu'il li plaisoit,
1299  Qu'il n'est nus graindres parevis
1306  N'a or plus cure qu'il li gart
1316  Se il fait tant que a moi traie!
1326  Il n'est nus arbres qui fruit charge,
1328  Don il n'i ait ou un ou deus
1356  Don il n'a guieres ici prés.
1383  Il ot par leus cleres fontaines,
1398  Tant d'erbe come il covenoit.
1401  Qu'il i avoit de flors plenté
1443  Qu'il li covint a rendre l'ame;
1447  Qu'ele li dist qu'il li donroit
1463  Don il ne peüst joie atendre;
1472  Un jor qu'il venoit de chacier,
1473  Qu'il avoit sofert grant traval
1475  Tant qu'il ot soif, por l'aspreté
1478  E quant il vint a la fontaine,
1480  Iluec pensa que il bevroit
1487  Qu'il cuida veoir la figure
1493  Qu'il musa tant a la fontaine
1494  Qu'il ama son ombre demaine,
1497  Car, quant il vit qu'il ne porroit
1497  Car, quant il vit qu'il ne porroit
1498  Acomplir ce qu'il desiroit,
1499  E qu'il estoit si pris par fort
1500  Qu'il n'en pooit avoir confort
1502  Il perdi d'ire tot le sen,
1505  Qu'il avoit devant escondite,
1574  Don il jut puis morz toz envers.
1635  Car il en peüst de legier
1652  Il le devroit avoir mout chier;
1667  Si qu'il ne cline ne ne pent.
1685  E quant il ot aperceü
1689  Il a tantost pris une floiche,
1691  Il entesa jusqu'a l'oreille
1730  Il m'eüst rendue la vie.
1741  Il traist a moi, senz menacier,
1760  Tot adés la ou il tendoit
1789  S'esteüst il que j'i alasse;
1819  Mon cuer, don il a fait bersaut,
1826  Il n'est nule qui plus tost mete
1839  Il a endementieres prise
1843  A nul amant qu'il se repente
1844  D'Amors servir, por mal qu'il sente.
1850  Car il ne viaut pas que je muire,
1857  Il a cele floiche a moi traite,
1877  Il a angoisse en la pointure,
1883  En ce qu'il vint si m'escria:
1889  Il est fos qui moine dangier
1890  Vers celui qu'il doit losengier
1891  E qu'il covient a soupleier:
1903  Car il n'est pas raison ne droiz;
1927  Mais il m'a par mi la main pris,
1941  Senz faille il i a poine e fais
1959  Il m'a lores requis ostages:
```

il (SING.) (CONT.)

1960	"Amis," fait il, "j'ai mainz omages
1966	Mais il savront come il m'en poise:
1976	Qu'il me semble que leiaus soies."
1982	E si pris que, s'il bien voloit,
1983	Ne puet il rien faire por moi,
1986	Car il covient, soit maus ou biens,
1987	Que il face vostre plaisir:
1996	Il est assez sires dou cors
2002	"A ceste," dist il, "fermerai
2030	Il i covient poine e demeure.
2056	Si qu'il l'en puisse sovenir."
2064	S'il est qui le sache conter,
2068	Je vos di bien que il porra
2070	Por quoi il vueille tant atendre
2076	Car il n'i a mot de mençonge.
2096	Por ce qu'il fu fel e cruieus,
2119	Blasme le e di qu'il se taise.
2129	Il ne puet son cuer apleier
2134	Il se doit cointement mener:
2138	Qui est cointes il en vaut miauz,
2139	Por quoi il soit d'orgueil vuidiez,
2140	Qu'il ne soit fos n'outrecuidiez.
2164	Qu'il n'i covient pas grant avoir.
2181	Il est ensi que li amant
2193	Ce qu'il set qui miauz li avient,
2208	Que il sache de vieler,
2213	Il avient bien que li amant
2217	Cui il n'abelist a doner.
2242	Si qu'il n'i soit mie demis,
2269	Sovent, quant il te sovendra
2299	Après est droiz qu'il te soveigne
2345	Qui ce qu'il aime plus regarde,
2351	Quant il le feu de plus près sent,
2352	E il s'en vait plus apressant.
2353	Li feus si est ce qu'il remire
2355	Quant il se tient de li plus près,
2356	E il plus est d'amer engrès.
2376	Si t'eüst il cent mars valu.
2384	Il est droiz que toutes tes voies
2390	Qu'il est granz sens de soi celer.
2391	S'il avient chose que tu trueves
2403	Il n'iert ja nus si apensez
2419	Amanz n'avra ja ce qu'il quiert,
2423	Quant ce vendra qu'il sera nuiz,
2437	Tel foiz sera qu'il t'iert avis
2446	Ou il n'a que mençonge e fable
2491	Deus! Quant sera il ajorné?
2500	Car, s'il fust jorz, je me levasse.
2519	Savoir s'il est remés desclos,
2548	Il covient que tu t'essaïmes,
2571	Que il esloignier te coveigne,
2593	Coment on, s'il estoit de fer,
2598	Nus n'a bien s'il ne le compere:
2603	Il est voirs que nus maus n'ataint
2609	Les amanz, qu'il lor est mestiers.
2620	Il espoire sa guerison.
2659	Si li plaist mout quant il li membre
2681	Si m'aïst Deus, il m'a guerie
2682	Qui m'en parole, quoi qu'il die.'
2684	Quanqu'il en iert, car el l'avoit
2704	Si est raison qu'il te redie
2707	Si n'avras pas peor qu'il muse
2708	A t'amie ne qu'il t'encuse;
2710	E tu a lui e il a toi.
2723	Car il est mout as amoreus
2743	E les tenebres ou il iere.
2750	Quant li ueil voient ce qu'il viaut.
2760	Chascuns de ceus vueil qu'il te gart
2767	Que il se fu esvanoïz,
2791	En cui il n'ot rien que blasmer:
2797	"Biaus amis chiers, se il vos plaist,
2832	Qu'il voit as roses la main tendre.
2870	Quanqu'il set qui me doie plaire.
2875	Por ce qu'il cuide que jou vueille;
2877	Lez le bouton, qu'il m'a donee,
2895	"Dites," fait il, "vostre voloir,
2901	Il m'a ou cuer cinc plaies faites,
2921	De la ou il s'estoit muciez,
2929	Qu'il bee a vostre avilement.
2934	E il vos quiert honte e contraire.
2950	Il me fera prendre un mal tor.
2962	S'il n'a amé, qu'est grant angoisse.
2964	De la poine qu'il m'avoit dite.
2995	Por quoi il soit teus qu'il la croie.
2995	Por quoi il soit teus qu'il la croie.
3012	Or fai tant qu'il soit recovré,
3036	L'a il ja en cent leus retraite.
3042	Ou il n'a se folie non.
3046	S'il est clers, il pert son aprendre,
3046	S'il est clers, il pert son aprendre,
3047	E se il fait autre mestier,
3048	Il n'en puet guieres esploitier.
3049	Ensorquetot il a plus poine
3072	Ne puet estre qu'il ne foloit."
3084	Qu'il n'est mais a ma volenté;
3085	Il le jostise si forment
3086	Qu'il i a faite clef fermant.
3102	Tant qu'il me vint en remembrance
3118	Quant il me vit a lui parler
3124	Il ne m'a mie espoenté,
3128	Il a apris a laidengier,
3133	Il iert autres au derrenier;
3135	Il se set bien amoleier
3139	Qu'il vos pardoint sa malvoillance
3147	Qu'il m'a auques reconforté,
3154	Por ce qu'il m'ot veé le pas
3161	Mout me poise s'il peüst estre
3185	Car j'amerai puis qu'il me siet,
3186	Cui qu'il soit bel ne cui qu'il griet,
3186	Cui qu'il soit bel ne cui qu'il griet;
3188	D'argent, qu'il fust sor vostre pois."
3191	E si le m'a il pardoné
3206	Con bons compainz, quant il l'oï.
3207	"Or vait," fait il, "bien vostre afaire:
3210	Quant il a montré son bobon.
3211	S'il iere pris en bone voine,
3234	Il voit maintes foiz que je pleure
3236	Por ce qu'il me fait trop cropir
3239	E tant qu'il a certainement
3242	E qu'il n'i a point de feintise
3244	Mais il est de tel cruauté
3245	Qu'il ne se deigne encor refraindre,
3254	Qu'eus voient qu'il en est mestiers.
3262	Qu'il ait de rien vers vos mespris.
3265	Plus i pert il que vos ne faites,
3266	Qu'il en a poines maintes traites.
3268	Que il s'en puisse repentir;
3270	Ne s'en porroit il pas garder.
3274	Por ce qu'il vos redoute e prise,
3275	E que il est vostre sougiez?
3284	Quant il trueve qui le souploie."
3295	Il trait trop male penitence
3298	Car c'est la rien qu'il plus covoite.
3299	Il iere avant assez troblez
3301	Or est il morz e mal bailliz
3305	Il a tant mal que il n'eüst
3305	Il a tant mal que il n'eüst
3306	Mestier de pis, s'il vos pleüst.
3318	Il le covint amesurer
3319	"Dames," dist il, "je ne vos ose
3322	Je vueil qu'il ait la compaignie
3323	Bel Acueil, puis que il vos plaist.
3340	Fait Bel Acueil, "car il est droiz,
3345	S'il ot esté vers moi iriez,
3348	Qu'il n'avoit onques fait devant.
3349	Il m'a lores par la main pris
3382	E quant je voi qu'il ne me vee

118

il (SING.)	(CONT.)
3390	E, s'il ne vos devoit desplaire,
3393	Se il vos plaist que je la baise,
3394	Car ce n'iert ja tant qu'il vos plaise."
3395	"Amis," fait il, "si Deus m'aïst,
3406	Le baisier, il a de la proie
3447	Qu'il sert e aime en leiauté,
3450	Veez come il est acesmez,
3451	Come il est biaus, come il est genz
3451	Come il est biaus, come il est genz
3453	E avuec ce il n'est pas viauz,
3454	Ainz est enfes, don il vaut miauz.
3455	Il n'est dame ne chastelaine
3461	Qu'il a, ce cuit, mout douce aleine;
3467	Qu'il n'i a teigne ne ordure.
3489	S'il m'en sovient, que je ne soie
3497	Il oint une eure e autre point,
3507	Por quoi je cuit qu'il abelisse
3513	E tot le mal qu'il set retrait,
3516	E tant que il ne se pot taire,
3517	Qu'il fu fiz d'une vieille iraise,
3523	E dist que il metroit son ueil
3528	Qu'il fist esveillier Jalosie,
3572	S'il a Bel Acueil encusé,
3580	Teus genz don il n'avoit que faire.
3582	Que il ait eüe beance
3584	Mais il est voirs que Cortoisie,
3590	Fors qu'il est pleins d'envoiseüre
3591	E qu'il jeue as genz e parole.
3623	Il ne me sera ja parece
3630	Qu'il n'avra pooir d'issir hors
3636	Mais, se je vif, sache il de voir
3650	Don il nos covient oïr noise
3658	Qu'il a faite grant mesprison
3659	Don il n'a graignor poine mise
3663	Si covendra qu'il s'en ament,
3664	Ou sache il bien veraiement
3666	Qu'il ne durroit pas a la guerre
3673	Il ot, en leu de chevecel,
3695	Il n'afiert pas a vostre non
3723	E juré qu'il ne puet durer
3735	Quant il s'oï si mal mener:
3736	"Bien puis," fait il, "or forsener,
3759	S'il trovera sentier ne trace
3763	E plus fel qu'il ne soloit estre.
3770	Me fremissent quant il me membre
3779	E sachiez, quant il me sovient
3815	Qu'il est de droite carreüre;
3825	Il en a un ou front devant,
3846	Il n'ot si riche en tot le monde,
3852	Ou il a roses a plenté.
3861	Il porroit bien faire que nices.
3866	Qu'il n'i eüst avant mellee.
3888	Si l'en prent il tel eure est soutes.
3893	Vait il e vient quant il li siet,
3893	Vait il e vient quant il li siet,
3894	Qu'il doit la nuit faire le quiet.
3895	Il monte le soir as creniaus
3903	"Il n'est nule qui ne se rie
3915	Tant qu'il i ot grant garnison.
3919	Qu'il n'a pooir que il en isse.
3919	Qu'il n'a pooir que il en isse.
3924	Qu'il ne se moine folement.
3927	Qu'il n'est baraz qu'el ne conoisse.
3932	Por la vieille que il redoute,
3933	E n'est si hardiz qu'il se mueve,
3951	Il en devroit grant pitié prendre.
3953	Les biens que il m'avoit pretez;
3964	Mais, avant qu'il en cueille gerbe,
3970	Qu'il avoit eüe trop tost.
3979	Qu'il me toli tot en une eure,
3999	E de la covendra qu'il isse
4039	Quant il me membre de ma perte,
4052	Je ne sai or coment il vait,

il (SING.)	(CONT.)
	338

il (PL.)	
68	Tant come il ont le froit eü
71	Si lié qu'il montrent en chantant
659	E par ces bois ou il abitent
663	Il chantoient un chant itel
724	Estre venu, car il sembloient
800	Si vos dirai quel il estoient.
847	Qu'il rioient toz jorz avant
1044	Qu'il abaissent des bons les los
1048	Car il font ceus de cort estranges
1050	Mal puissent il estre arivé,
1273	Il n'en fussent ja vergondeus;
1563	Car toz jorz, quelque part qu'il soient,,
1565	E s'il se tornent, maintenant
1966	Mais il savront come il m'en poise:
2151	E gar qu'il soient si chauçant
2272	Qu'il ne puissent apercevoir
2308	Je ne pris rien quanque il voient.
2309	Doivent se il ci arester?
2407	Si come il vuelent, senz peor;
2409	Il dient un e pensent el
2526	S'il se sont laienz endormi;
2553	Il dient, por eus losengier,
2554	Qu'il ont perdu boivre e mangier,
2566	Li conteront qu'il t'ont trové
2728	De quoi il sont si envieus
2729	Le jor qu'il le pueent veoir
2731	Il ne doutent poudre ne vent,
2734	Il sont si apris e si duit
2740	Noveles de ce que il voient;
2780	Clos environ si come il durent,
3805	Qu'il sont mout lé e mout parfont.
3832	S'il osoient avant venir.
4048	Qu'il vos beent a decevoir,
4050	Qu'il vos traient a lor cordele,
4051	E, se devient, si ont il fait.
	035

iluec	
108	D'un tertre qui près d'iluec iere
507	N'iert iluec, car j'estoie seus.
611	Il se jeue iluec e solace
754	Iluec entor e timberresses,
778	Regardai iluec jusqu'a tant
799	Des genz qui iluec queroloient;
905	Qu'il faisoit estre iluec delez;
1167	Qu'ele avoit iluec en present
1437	Qui disoient qu'iluec desus
1480	Iluec pensa que il bevroit:
1702	Pasmez jui iluec longuement;
1786	Se je veïsse iluec plovoir
2520	E jucheras iluec defors,
2943	N'osai iluec plus remenoir,
3379	Grant piece ai iluec demoré,
3555	S'el ne l'eüst iluec trové
	016

ilueques	
105	Que j'oï près d'ilueques bruire;
720	Deduiz ilueques s'esbatoit;
1279	Ensi queroloient ilueques
1301	D'ilueques me parti atant,
1815	Come estre ilueques a sejor:
2826	Près d'ilueques repoz estoit:
	006

image	
144	Estoit par semblant cele image;
152	Une autre image d'autel taille
156	Une image qui Vilanie
164	Cil qui sot tel image faire,

image   (CONT.)
    189 Avoit les mains icele image :
    195 Une autre image i ot assise
    199 Cele image, e maigre e chaitive,
    407 Une image ot après escrite
    418 Mout la resembloit bien l'image,
    2287 Ausi come une image mue,
    2991 A sa semblance e a s'image,
                011

images
    134 Les images e les pointures
    137 De ces images la semblance,
    463 Les images bien avisai,
    599 Les images qui i sont pointes,
                004

inde
    892 Ne flor jaune n'inde ne blanche.
    1548 Devienent jaune, inde, vermeil.
                002

irai
    2315 Or irai, plus nou laisserai;
                001

iraise
    3517 Qu'il fu fiz d'une vieille iraise,
                001

iraistre
    3162 Don je vos fis onques iraistre,
    3764 Mort m'a qui si l'a fait iraistre,
                002

iras
    2102 E quant tu iras par les rues,
    2274 A une part iras toz seus:
    2319 E iras la par tel covent
    2332 Ainz iras encore essaier
    2444 Tant con tu iras foleiant
    2513 Lors t'en iras en recelee,
    2518 Une eure iras a l'uis derrieres,
    2692 Tu iras a lui por confort,
                008

ire
    287 Qu'ele fondoit d'ire e ardoit
    304 Ne fu mais ne n'ot si grant ire
    1454 Si en ot tel duel e tel ire
    1502 Il perdi d'ire tot le sen,
    1917 E sachiez que n'en ai point d'ire.
    2650 Qui l'ire e la dolor despiece,
    2958 E de ce ai la plus grant ire
    3099 Je remés d'ire e de duel pleins,
    3173 Vostre ire, qui trop m'espoente,
    3196 Saches je n'ai vers toi point d'ire,
    3642 Por ce qu'el la savoit en ire.
    3717 Se l'ire Jalosie engraigne,
    3734 E fu pleins d'ire e de roïlle
    4038 Par un poi que je ne font d'ire
                014

irié
    3742 Mout ai irié le cuer dou ventre
    3767 Mout ai le cuer dou ventre irié
                002

iriee
    252 Estre iriee quant biens avient.
    318 Con cele qui mout iert iriee.
                002

irieement
    3074 Je respondi irieement:
                001

iriez
    3345 S'il ot esté vers moi iriez,
                001

iroie
    854 Que vos iroie je disant?
    1361 Qu'iroie je ci arestant?
    3959 Que vos iroie je disant?
                003

iroies
    2382 Mout iroies en sa maison
                001

isnele
    935 La meillor e la plus isnele
                001

isse
    3919 Qu'il n'a pooir que il en isse.
    3999 E de la covendra qu'il isse
                002

issi   (ADV.)
    1929 Don tu as respondu issi.
                001

issi   (V.)
    1720 E si n'en issi onques sans.
    1930 Onques tel response n'issi
                002

issir
    2048 Tost porroie issir hors de voie;
    3062 Mais a l'issir a grant maistrise.
    3630 Qu'il n'avra pooir d'issir hors
                003

issoient
    1378 Conins i avot, qui issoient
                001

issoit
    1105 Tel clarté des pierres issoit
    1807 La douce olor qui en issoit,
                002

ist
    1669 La soatume qui en ist
                001

istra
    1744 La saiete, qui n'en istra
                001

istras
    2154 E de quel part tu en istras.
                001

itant
    2764 Mais je te doing a ja itant."
    2932 Qui felon sert itant en a.
                002

itel
    663 Il chantoient un chant itel
    2458 En itel point con je pensoie?
                002

iver
      58 Ou ele a tot l'iver esté;
    1402 Toz jorz è iver e esté.
    1535 E en iver ne puet morir
                    003

ivers
      54 Qui sont sec tant come ivers dure;
                    001

j
      86 Sonjai une nuit que j'estoie;
     105 Que j'oï près d'ilueques bruire;
     129 Quant j'oi un poi avant alé,
     464 Car, si come j'ai devisé,
     497 Quant j'oï les oisiaus chanter,
     502 Leu par ou j'i peüsse entrer,
     507 N'iert iluec, car j'estoie seus.
     523 Se j'orroie venir nule arme.
     620 E j'oi mout bien tot escouté,
     678 Si sachiez, quant j'oï le chant
     692 Vos conterai coment j'ovrai:
     709 Mais quant j'oi escouté un poi
     794 Car de queroler, se j'osasse,
    1285 Quant j'oi veües les semblances
    1287 J'oi lors talent que le vergier
    1322 Tant que j'oi par trestot esté.
    1417 Mais j'alai tant destre e senestre
    1418 Que j'oi tot l'afaire e tot l'estre
    1602 Quant j'avrai espons le mistere.
    1610 Se j'eüsse avant coneü
    1631 Ne cremisse estre, j'en cuillisse
    1674 Se j'i osasse la main tendre;
    1686 Que j'avoie ensi esleü
    1697 Don j'ai desoz chaut peliçon
    1699 Quant j'oi ensi esté bersez,
    1704 E j'oi mon sen e ma raison,
    1713 E tant tirai que j'amenai
    1750 Que, se j'avoie avant esté
    1789 S'esteüst il que j'i alasse;
    1817 Mais quant j'i oi esté grant piece,
    1851 Ainz viaut que j'aie alegement
    1875 J'ai bien senti e coneü
    1902 Que j'aie ja vers vos defense,
    1910 J'atent par vos joie e santé,
    1924 Avrai la merci que j'atens;
    1940 Cil que j'ensi a ome prens.
    1958 Ce fu ce don j'oi graignor joie.
    1960 "Amis," fait il, "j'ai mainz omages
    1962 Don j'ai puis esté deceüz;
    2071 Que j'espoigne e que j'enromance
    2071 Que j'espoigne e que j'enromance
    2422 Tant que j'en vueille la pais querre.
    2465 Mais se tant fait Amors que j'aie
    2480 De la poine que j'ai soferte,
    2483 Quant j'ai mis mon cuer en tel leu
    2507 Se j'onques mal d'amer conui;
    2772 Fors par le bouton ou j'avoie
    2888 Que j'ai dedenz le cuer enclose
    3073 Quant j'oï cest chastiement,
    3107 Lors me porpensai que j'avoie
    3179 Voilliez que j'ain tant solement,
    3185 Car j'amerai puis qu'il me siet,
    3215 J'ai bien esprové que l'en vaint
    3247 Si con j'estoie en ceste poine,
    3357 Si con j'oi la rose apressiee,
    3480 Se j'oi joie nus ne nou demant,
    3491 E neporquant j'ai mainz enuiz
    3493 Puis que j'oi la rose baisiee.
    3538 Don j'ai mauvaise sospeçon?
    3592 Senz faille, j'ai esté trop mole
    3595 Se j'ai esté un poi trop lente
    3596 De bien faire, j'en sui dolente;
    3628 Car j'ai peor de traïson.
    3746 J'ai fait que fos, bien m'en recors,
    3750 Se j'i puis nului entreprendre,
    3768 Don j'ai Bel Acueil adirié;
    3784 S'Amors ne suefre que j'i touche
    3786 Se j'i la savor essaiee.
    3957 Por la joie que j'ai perdue,
    3974 Que j'avoie ja comencié
    4001 Car ja d'aillors ne quier que j'aie
    4031 Que j'aie encore vers vos faite,
    4036 Car j'en suefre la penitence
                    073

ja
      46 Il a ja bien cinc anz ou mais,
     352 Mout estoit ja ses vis flestiz,
     372 Seroient ja troi tens passé.
     391 Ainz retornoit ja en enfance;
     460 Qu'il ne sera ja bien peüz,
     622 Ja de ce ne seiez douteuse,
    1255 Ja plus ne vos en iert conté,
    1273 Il n'en fussent ja vergondeus;
    1291 Les queroles ja remanoient,
    1612 Ne m'i fusse ja embatuz,
    1735 E Amors ja e recovree
    1900 Ja vers vos ne me defendrai;
    1901 Ja Deu ne plaise que je pense
    1902 Que j'aie ja vers vos defense,
    1911 Que ja par autre ne l'avrai;
    1980 Ja savez vos de verité
    2058 Tot ensi con vos orroiz ja,
    2111 Ja por nomer vilaine chose
    2403 Il n'iert ja nus si apensez
    2419 Amanz n'avra ja ce qu'il quiert,
    2420 Toz jorz li faut, ja en pais n'iert.
    2421 Ja fin ne prendra ceste guerre,
    2457 Deus! Verrai je que je soie,
    2484 Don ja n'avrai joie ne preu.
    2632 El ne laira ja une toise
    2638 Ne ja de toi ne partira
    2764 Mais je te doing a ja itant."
    2804 Ja ne m'en quier faire plaidier,
    2896 Que ja m'en feroiz doloir
    2902 Ja les dolors n'en seront traites
    3008 Amors ne t'eüst ja veü
    3036 L'a il ja en cent leus retraite.
    3176 Que ja de rien n'i mesprendrai,
    3184 Ja ne vos quier de ce lober,
    3201 Ja ne te porterai menaie
    3394 Car ce n'iert ja tant qu'il vos plaise.""
    3397 Ja ne vos fust par moi veé,
    3488 Je ne serai ja si dolenz,
    3494 La mer n'iert ja si apaisiee
    3506 Ja parece ne m'iert d'escrivre,
    3616 Ja ne verroie passer l'an
    3623 Il ne me sera ja parece
    3883 Peor n'i sera ja seüre,
    3974 Que j'avoie ja comencié
    4000 S'Amors viaut ja que je guerisse,
    4001 Car ja d'aillors ne quier que j'aie
                    046

jadis
     353 Qui fu jadis soés e plains;
    2091 Qui jadis par son moqueïz
                    002

jagonces
    1097 Rubiz i ot, saphirs, jagonces,
                    001

jais
     646 D'autre part jais e estorniaus;
                    001

Jalosie
- 2860 I fist Jalosie venir
- 3528 Qu'il fist esveillier Jalosie,
- 3601 "Honte, Honte," fait Jalosie,
- 3640 Quant ele a Jalosie oïe
- 3644 E Jalosie atant s'en part:
- 3655 Jalosie, qui nos mescroit:
- 3667 Jalosie n'a l'ataïne,
- 3717 Se l'ire Jalosie engraigne,
- 3730 S'onques Jalosie conui."
- 3798 La contenance Jalosie,
- 3867 Jalosie a garnison mise
- 3911 Jalosie, que Deus confonde,
- 3937 Tot maintenant que Jalosie
- 4007 Que Jalosie la sauvage
- 4017 Se Jalosie est vers vos dure
   015

jamais
- 616 Que vos jamais nul leu truissiez,
- 802 Jamais entre gent ne vendroiz
- 1600 Mais jamais n'orroiz miauz descrivre
- 1745 Jamais, ce cuit, par ome né,
- 1814 Jamais n'iert rien qui tant me plaise
- 1868 Qui jamais n'en seront ostees.
- 2316 Jamais a aise ne serai
- 2360 Jamais movoir ne t'en querras;
- 2886 "Sire," fis je, "jamais n'avrai
- 2949 E dit se jamais i retor
- 3121 Se jamais por nule achoison
- 3142 Que jamais des ore en avant
- 3167 Mais jamais jor n'avrai beance
- 3202 Se tu passes jamais la haie."
- 3324 Je n'i metrai jamais arest."
- 3600 Jamais ne m'en quier retarder."
- 3741 Se jamais on vivanz i entre.
- 3748 Jamais ne serai pareceus
- 3752 Jamais a nul jor de ma vie
- 3765 Car je n'avrai jamais loisir
- 4056 Jamais n'iert rien qui me confort
   021

jangleor
- 2835 Male Bouche le jangleor,
- 3530 Quant ele oï le jangleor.
   002

jangleors
- 2555 E je les voi, les jangleors,
- 3711 E que vos creez jangleors."
   002

jardin
- 500 Je porroie entrer ou jardin.
   001

jardins
- 591 Ce est cil cui est cist jardins,
- 1354 Refu pueplez toz li jardins,
   002

jaune
- 892 Ne flor jaune n'inde ne blanche.
- 1548 Devienent jaune, inde, vermeil.
   002

jaunes
- 1406 De jaunes en i ot merveilles:
   001

jaunice
- 295 E sembloit avoir la jaunice,
   001

jaunir
- 301 L'avoient mout faite jaunir
   001

je
- 15 Car endroit moi ai je fiance
- 24 Une nuit, si con je soloie,
- 35 Coment je vueil que li romanz
- 36 Soit apelez que je comenz,
- 41 Cele por cui je l'ai empris;
- 65 C'est la robe que je devise.
- 269 Je cuit que s'ele conoissoit
- 306 Je cuit que nus ne li seüst
- 393 Ce cuit je, ne force ne sen,
- 398 Mais je cuit qu'el n'iere mais sage,
- 401 Mout bien, si con je me recors,
- 447 Je cuit qu'ele acorast de froit,
- 474 Je l'en seüsse mout bon gré,
- 476 Ne vit mais on, si con je cuit,
- 487 Je endroit moi m'en esjoï
- 488 Si durement, quant je l'oï,
- 500 Je porroie entrer ou jardin.
- 501 Mais je ne poi onc encontrer
- 503 Si sachiez que je ne savoie
- 577 Je l'en merciai bonement.
- 582 "Je me faz," ce dist ele, "Oiseuse
- 586 Car a nule rien je n'entens
- 621 Je li dis lores: "Dame Oiseuse,
- 626 Ne m'iert pas, se je puis, emblee
- 628 Veoir la m'estuet, car je cuit
- 633 Ou vergier, e quant je fui enz,
- 634 Je fui liez e bauz e joianz;
- 635 E sachiez que je cuidai estre
- 662 Cil oisel que je vos devise.
- 665 E bien sachiez, quant je l'oï,
- 679 E je vi le leu verdeier,
- 680 Je me pris mout a esgaier;
- 682 Si gais con je devin adonques.
- 685 E lores soi je bien e vi
- 691 Dès ore, si con je savrai,
- 722 Que, quant je les vi, je ne soi
- 722 Que, quant je les vi, je ne soi
- 727 Ceste gent don je vos parole
- 774 Remuer tant con je veïsse
- 793 E me dist que je querolasse;
- 849 Je ne vos sai dou nés que dire:
- 854 Que vos iroie je disant?
- 858 Je, qu'en ai veü vint e nuef,
- 984 Ançois que je fine mon conte.
- 1055 Que je vos di bien e afiche
- 1144 Si cuit je que ele en feïst
- 1234 Ainz que nule, quant je vin la.
- 1242 Je ne sai fame plus plaisant.
- 1253 De cele vos ai je senz faille
- 1262 Si con je cuit, doze anz d'assez.
- 1317 Je, qui de ce ne soi neient,
- 1361 Qu'iroie je ci arestant?
- 1414 Car je ne porroie retraire
- 1426 Au derrenier, ou je trovai
- 1514 Je me trais lors un poi en sus;
- 1519 Mais je me pensai qu'asseür,
- 1524 Quant je fui près, si m'abaissai,
- 1621 Ne por Paris que je n'alasse
- 1622 La ou je vi la graignor tasse.
- 1626 E sachiez bien, quant je fui près,
- 1632 Au moins une, que je tenisse
- 1654 Je n'amasse tant nul avoir.
- 1658 Puis que je l'oi bien avisé,
- 1672 Je n'oi talent de repairier,
- 1680 Car je me cremoie mal faire.
- 1703 E quant je vin de pasmoison
- 1705 Je fui mout vains e si cuidiai
- 1710 Je pris lors a deus mains la floiche
- 1729 Se je l'eüsse en ma baillie,

je (CONT.)

1733	Je me començai lors a traire	2781	Mais je passasse la cloison
1772	Quant je me poi esvertuer,	2784	Se je n'en crainsisse avoir blasme;
1773	Je pris la floiche e si ostai	2787	Ensi con je me porpensoie
1776	Por rien que je peüsse faire.	2789	Je vi vers moi tot droit venant
1780	E me semont que je me traie	2800	Je vos i puis bien garantir.
1786	Se je veïsse iluec plovoir	2806	Je le vos di tot senz feintise."
1793	Je me sui lors en piez dreciez,	2807	"Sire," fis je a Bel Acueil,
1805	Mais bel me fu que je estoie	2821	Don je me poi si près remaindre
1833	Si que je n'ai mais esperance	2866	Je fusse arivez a bon port
1838	Je ne m'en puis par el partir.	2880	E quant je me senti acointes
1841	E que je tieng a mout poissant,	2882	Je cuidai bien estre arivez;
1850	Car il ne viaut pas que je muire,	2886	"Sire," fis je, "jamais n'avrai
1862	Je fusse morz e mal bailliz	2890	Mais ne sai coment je la die,
1896	Mais rent toi pris, que je le vueil,	2891	Car je vos crien trop corrocier;
1898	E je respondi simplement:	2900	Ne cuidiez pas que je vos mente:
1901	Ja Deu ne plaise que je pense	2936	Par poi que je ne vos oci.
1906	Bien sai que je nou puis muer,	2952	E je remés essaboïz,
1921	Car, se je faz vostre voloir,	2954	Don onques dis ce que je pens.
1922	Je ne m'en puis de rien doloir;	2959	Que je n'osai passer la haie.
1928	E me dist: "Je t'ain mout e pris,	2996	Ensi con je me dementoie,
1933	Que je vueil, por ton avantage,	3020	Don je te voi si afoibli
1937	Je n'i laisse mie touchier	3022	Je ne voi mie ta santé
1942	En moi servir, mais je te fais	3055	Car je voi que maint s'en travaillent
1967	Se je les puis a mon droit prendre,	3074	Je respondi irieement:
1968	Je lor voudrai chierement vendre.	3075	"Dame, je vos vueil mout prier
1969	Or vueil je, por ce que je t'ains,	3077	Vos me dites que je refraigne
1969	Or vueil je, por ce que je t'ains,	3080	Que je refraigne e que je dente
1977	"Sire," fis je, "or m'entendez:	3080	Que je refraigne e que je dente
1995	Respont Amors, "Je m'i acors:	3090	Je voudroie morir ançois
2012	E quant je l'oi mis hors de doute:	3093	Je me vueil loer ou blasmer,
2013	"Sire," fis je, "grant talent ai	3099	Je remés d'ire e de duel pleins,
2033	Car je sai bien par quel poison	3103	Qu'Amors me dist que je queïsse
2036	Je te donrai tel deauté	3104	Un compaignon cui je deïsse
2042	Que je comant as fins amanz."	3108	Un compaignon que je savoie
2043	"Sire," fis je, "por Deu merci,	3113	Don je me sentoie encloé,
2046	Je sui dou faire encoragiez,	3119	Dou bouton a cui je beoie,
2047	Mais espoir, se je nes savoie,	3127	Je conois bien pieç'a Dangier:
2050	Que je n'i vueil de rien mesprendre."	3131	Pieç'a que je l'ai esprové.
2068	Je vos di bien que il porra	3134	Je le conois come un denier:
2084	Por ce n'est pas droiz que je l'ains.	3138	Je lo que vos li requeroiz
2113	Je ne tieng pas a cortois ome	3155	Je le trovai en piez dreci é
2191	Je te comant que tu le faces:	3158	Je tin vers lui la teste encline,
2240	Vueil je e comant que tu aies	3159	E le dis: "Sire, je sui ci
2244	Car je n'ain pas moiteierie.	3162	Don je vos fis onques iraistre,
2263	E je ne pris le don un pois	3166	Don je ne puis mon cuer retraire;
2266	Si con je t'ai ci sarmoné,	3169	Je vueil miauz sofrir ma mesaise
2308	Je ne pris rien quanque il voient.	3174	E je jur e acreante
2312	Je me puis bien tenir a lent	3196	Saches je n'ai vers toi point d'ire,
2449	E diras: 'Deus, ai je songié?	3204	E je l'alai conter en heste
2457	Deus! Verrai je ja que je soie	3223	Que je le bouton au moins voie,
2457	Deus! Verrai je ja que je soie	3226	Se je li tieng bien son covent;
2458	En itel point con je pensoie?	3227	Mais je redot tant sa menace
2460	Que je morisse maintenant.	3234	Il voit maintes foiz que je pleure
2462	Se je moroie es braz m'amie.	3235	E que je me plaing e sospir,
2468	Las! Je demant trop chier cheté;	3237	Delez la haie, que je n'ose
2469	Je ne me tieng mie por sage	3261	Car je n'ai mie encore apris
2470	Don je demandai tel outrage.	3319	"Dames," dist il, "je ne vos ose
2482	Je me puis bien por fol tenir	3322	Je vueil qu'il ait la compaignie
2485	Si di je que fos e que garz,	3324	Je n'i metṛai jamais arest.
2493	Je ne pris guieres tel gesir	3339	"Je ferai quanque vos voudroiz,"
2494	Quant je n'ai ce que je desir.	3360	Que je ne l'oi de près veüe;
2494	Quant je n'ai ce que je desir.	3378	Tant con je voi plus de solaz.
2500	Car, s'il fust jorz, je me levasse.	3382	E quant je voi qu'il ne me vee
2528	Ce te lo bien e conseille	3386	"Sire," fis je, "sachiez de voir
2555	E je les voi, les jangleors,	3391	Je le vos requerroie en dons.
2582	Je li ai lores demandé:	3393	Se il vos plaist que je la baise,
2640	E avueques ce je te doing	3398	Mais je n'ose por Chasteé,
2720	Mais je te lo que tu te teignes	3399	Vers cui je ne vueil pas mesprendre.
2752	Ce don je te vi esgaré,	3409	Quant je l'oï ensi respondre,
2753	Car je t'ai conté, senz mentir,	3410	Je nou vos plus de ce semondre,
2764	Mais je te doing o ja itant."	3419	Dou baisier que je desiroie,
2766	Son plaisir dit, je ne soi mot	3456	Que je ne tenisse a vilaine
2769	Quant je ne vi lez moi nului.	3488	Je ne serai ja si dolenz,
		3489	S'il m'en sovient, que je ne soie

je   (CONT.)
3499 Des ore est droiz que je vos conte
3500 Coment je fui mellez a Honte,
3501 Par cui je fui puis mout grevez,
3507 Por quoi je cuit qu'il abelisse
3542 Certes, je te ferai lier,
3544 Car je n'i voi autre retor.
3557 Mais quant je vi venir la grive,
3559 Je sui tantost tornez en fuie,
3581 Mais certes je n'ai pas creance
3598 Mais je metrai tot mon apens
3605 N'est merveille se je me dot,
3614 Car je voi bien e sai de fi
3618 Se je ne m'en prenoie garde.
3619 Mestiers est que je m'en porvoie.
3620 Certes je lor clorrai la voie
3629 Je cuit si bien garder son cors
3636 Mais, se je vif, sache il de voir
3727 Je cuit que cuers vos est failliz;
3738 Certes, or ai je trop vescu
3754 Je le vos jur e acreant."
3765 Car je n'avrai jamais loisir
3766 De veoir ce que je desir,
3771 De la rose que je soloie
3772 Veoir de près quant je voloie;
3776 Par un poi que je ne me pasme,
3777 Qu'encor ai je ou cuer enclose
3792 De teus dolors avrai je maintes,
3793 Car je sui en enfer cheoiz;
3797 Des or est tens que je vos die
3868 Ou chastel que je vos devise;
3948 Mais je, qui sui dehors le mur,
3950 Qui savroit quel vie je moine,
3956 Car je sui a plus grant meschief,
3959 Que vos iroie je disant?
3960 Je resemble le païsant
3980 Quant je cuidai estre au deseure.
3991 E je sui cil qui est versez!
3993 Que je n'os passer ne ne puis.
3994 Je n'oi bien ne joie onques puis
4000 S'Amors viaut ja que je guerisse,
4024 Je m'en tendroie a bien paiez.
4025 Mais je sui en mout grant soussi
4038 Par un poi que je ne font d'ire
4043 N'en doi je bien avoir peor
4044 Quant je sai que losengeor
4047 Ha! Bel Acueil, je sai de voir
4052 Je ne sai or coment il vait,
4057 Se je pert vostre bienvoillance,
4058 Que je n'ai mais aillors fiance.
              265

Jerusalen
542   N'avoit jusqu'en Jerusalen
              001

jes
3954 Jes cuidoie avoir achetez,
              001

jeue
611   Il se jeue iluec e solace
2180 Ou l'en jeue e rit e envoise.
3591 E qu'il jeue as genz e parole.
              003

jeün
1082 Qui a jeün l'avoit veüe.
              001

jeüner
432   Ainz sembloit de jeüner lasse,
              001

jeus
2069 Des jeus d'Amors assez aprendre,
2186 Or est li amanz en ses jeus,
3977 Estoit de recevoir mes jeus;
              003

joer
587   Qu'a moi joer e solacier,
613   Ne plus bel leu por soi joer
755   Qui mout savoient bien joer,
1267 Fors de joer, bien le savez.
              004

jogleors
748   E menestreus e jogleors;
              001

joial
2004 Soz ceste clef sont mi joial.
              001

joianz
634   Je fui liez e bauz e joianz;
              001

joie
48   Ou tens amoreus, plein de joie,
72   Qu'en lor cuers a de joie tant
337   Qui duel eüst, a joie faire;
338   Car joie e diaus sont dui contraire.
475   Car tel joie ne tel deduit
606   Qui en joie e en solaz vivent.
1131 Si n'avoit tel joie de rien
1463 Don il ne peüst joie atendre;
1812 Por le delit e por la joie.
1910 J'atent par vos enter e santé,
1958 Ce fu ce don j'oi graignor joie.
2177 A joie e a deduit t'atorne:
2182 Ont par eures joie e torment;
2238 Don la joie tant te demeure.
2339 Grant joie en ton cuer demerras
2359 Tant con ta joie ensi verras,
2443 E avras joie de neient
2455 De joie e de bone aventure;
2466 De m'amie enterine joie,
2484 Don ja n'avrai joie ne preu.
2626 Por la joie qui cent tanz monte.
2652 Fait de la joie sovenir
2735 Que seul ne sevent avoir joie,
2741 E por la joie covient lors
2887 Joie se n'est par une chose,
3052 E la joie a corte duree.
3053 Qui joie en a, petit li dure,
3224 Des qu'avoir n'en puis autre joie.
3480 Se j'oi joie nus nou demant,
3490 Toz pleins de delit e de joie;
3957 Por la joie que j'ai perdue,
3962 E a joie quant el comence
3994 Je n'oi bien ne joie onques puis
3996 Car ma joie e ma guerison
4002 Enor ne bien, santé ne joie!
              035

joignanz
1803 Qui estoit as rosiers joignanz,
              001

jointe
1016 Grasse, graillete, gente e jointe.
1213 E si fu si cuillie e jointe
              002

jointes
1955 Atant devin ses on mains jointes.

jointes (CONT.)
001

joïr
3334 Se de m'amor volez joïr,
001

jolis
103 Jolis, gais e pleins de leece,
001

jolive
427 El ne fu gaie ne jolive,
001

joliveté
684 Fui pleins de grant joliveté;
001

jonece
3930 En jonece eü bien sa part.
001

Jonece
1260 Jonece au vis cler e riant,
001

jonete
1014 Briement el fu jonete e blonde,
001

jons
1665 La queue est droite come jons,
001

jor
361 Li Tens qui s'en vait nuit e jor,
773 Mais nul jor mais ne me queïsse
859 A nul jor mais veü n'avoie
1081 Trestot le jor de sa veüe
1379 Toute jor hors de lor tesnieres,
1461 Fust aspreiez encore un jor,
1472 Un jor qu'il venoit de chacier,
1531 Qui nuit e jor sort a granz ondes
1646 Sont en un jor toutes alees,
1816 N'en queïsse partir nul jor.
2041 Nuit e jor les comandemenz
2234 Que nuit e jor, senz repentance,
2362 Tot le jor puis te sovendra
2452 Certes le jor dis foiz ou vint
2729 Le jor qu'il le pueent veoir
2748 Qui nuit e jor d'amors languist,
2851 Qui nuit e jor sovent li emble
3167 Mais jamais jor n'avrai beance
3752 Jamais a nul jor de ma vie
019

jornee
570 Ele avoit faite sa jornee.
001

jorz
190 Si fu droiz, que toz jorz enrage
300 Qu'el sofroit de jorz e de nuiz
374 Ainz vait toz jorz senz retorner,
457 Est toz jorz honteuse e despite.
847 Qu'il rioient toz jorz avant
1121 Qu'il avoit toz jorz son espens
1402 Toz jorz e iver e esté.
1530 L'eve est toz jorz fresche e novele,
1563 Car toz jorz, quelque part qu'il soient,
1648 A tot le moins deus jorz ou trois.
1682 Avoit toz jorz mout entendu
1755 Toz jorz d'aler vers la rosete,
2236 Toz jorz i pense senz cesser,
2418 C'est li contenz qui toz jorz dure:
2420 Toz jorz li faut, ja en pais n'iert.
2500 Car, s'il fust jorz, je me levasse.
2542 Ainz que li jorz soit esclairiez.
3400 Ele me siaut toz jorz defendre
3420 Mais Venus, qui toz jorz guerroie
019

joste
1186 Mainte joste e mainte envaïe;
001

jostise
868 C'est cil qui les amanz jostise,
1990 Qui le garde bien e jostise;
3085 Il le jostise si forment
3241 Qu'Amors malement me jostise,
004

jou
1671 E quant jou senti si flairier,
1809 Ce que jou veoie a bandon;
2252 Jou tendroie a chaitiveté;
2459 Jou voudroie par covenant
2875 Por ce qu'il cuide que jou vueille;
3120 E me dist que jou comparroie
3411 Car jou cremoie corrocier:
007

jovenciel
904 Amors avoit un jovenciel
001

jucheras
2520 E jucheras iluec defors,
001

juene
1266 Car juene chose ne s'esmaie
2978 El ne fu juene ne chenue,
002

juenes
23 Des juenes genz, couchiez m'estoie
78 Lors estuet juenes genz entendre
819 Car il iert juenes damoisiaus.
1224 Uns bachelers juenes s'estoit
1276 Li vallez fu juenes e biaus.
3016 E quant juenes on fait folie,
006

jui
1702 Pasmez jui iluec longuement;
1771 Grant piece i jui senz remuer.
002

jur
3174 E je vos jur e acreante
3754 Je le vos jur e acreant."
002

juré
3723 E juré qu'il ne puet durer
001

jurent
320 E espandu par son col jurent;
001

jus
898 Les fueilles jus en abatoient;
001

125

jusqu
- 542 N'avoit jusqu'en Jerusalen
- 778 Regardai iluec jusqu'a tant
- 923 Jusqu'a dis des floiches son maistre.
- 1212 N'ot si riche jusqu'a Arraz;
- 1691 Il entesa jusqu'a l'oreille
- 1908 Ne puis vivre jusqu'a demain
- 2633 Nul vaillant ome jusqu'au chief,
- 3811 Jusqu'au pié des fossez descent
- 3865 Jusqu'as fossez venir d'alee
   009

jusque
- 2761 Jusque tu puisses miauz atendre,
   001

jusques
- 1043 Par derriere jusques a l'os;
- 1628 M'entra jusques en la coree,
   002

juste
- 3902 Qu'onques ne trova fame juste:
   001

jut
- 1574 Don il jut puis morz toz envers.
- 2843 Qu'onques a lui Raison ne jut,
   002

Keu
- 2090 A Keu le seneschal te mire,
   001

Keus
- 2095 Autretant ot de blasme Keus
   001

l (ART.)
- 3   Mais l'en puet teus songes songier
- 9   Ançois escrist l'avision
- 20   Que l'en voit puis apertement.
- 38   Ou l'Art d'Amors est toute enclose.
- 50   Que l'en ne voit boisson ne haie
- 58   Ou ele a tot l'iver esté;
- 63   L'erbe e les flors blanches e perses,
- 93   Si pris l'aguille a enfiler.
- 109 Descendoit l'eve grant e roide.
- 110 Clere estoit l'eve e ausi froide
- 118 De l'eve clere e reluisant
- 121 Le fonz de l'eve de gravele.
- 123 Trés au pié de l'eve batoit.
- 127 Contreval l'eve esbaneiant,
- 180 C'est cele qui fait l'autrui prendre,
- 191 Covoitise de l'autrui prendre,
- 193 Fors que a l'autrui acrochier;
- 194 Covoitise a l'autrui trop chier.
- 368 Que l'en ne puet neïs penser
- 371 Car ainz que l'en l'eüst pensé
- 375 Con l'eve qui s'avale toute,
- 418 Mout la resembloit bien l'image,
- 437 Amaigrir, ce dit l'Evangile,
- 458 L'eure puisse estre la maudite
- 484 Mout estoit bele l'acordance
- 492 L'assemblee, que Deus guerisse!
- 505 Ne leu par ou l'en i entrast;
- 519 A l'uis començai a ferir,
- 575 Quant ensi m'ot l'uis desfermé
- 632 Par l'uis que Oiseuse overt m'ot,
- 671 Ainz le peüst l'en aesmer
- 746 E maint bel tor sor l'erbe fresche.
- 766 L'une venoit tot belement
- 767 Contre l'autre, e quant eus estoient
- 833 L'envoisiee, la bien chantanz,
- 835 De s'amor li dona l'otroi.
- 842 Que l'en li peüst toute fendre
- 850 L'en nou feïst pas miauz de cire.
- 865 A li se tint de l'autre part
- 869 E qui abat l'orgueil des genz,
- 962 L'autre, qui ne valoit pas miauz,
- 1030 Por l'amor de li deservir;
- 1043 Par derriere jusques a l'os;
- 1094 Car l'en ne porroit pas prisier
- 1095 L'avoir que les pierres valoient
- 1096 Qui en l'or assises estoient:
- 1103 L'en s'en veoit bien au besoing
- 1119 Por ce amoit mout l'acointance
- 1147 L'amor des povres e des riches.
- 1159 Con la pierre de l'aïmant
- 1178 Ce fu cil qui porta l'enseigne
- 1181 Que l'en conte de lui les contes
- 1308 Li a comandé l'arc a tendre,
- 1310 Tot maintenant l'arc li tendi,
- 1314 Me prist a sivre, l'arc ou poing.
- 1367 Li uns fu loing de l'autre assis
- 1374 Ne faire mal a l'erbe tendre.
- 1382 Sor l'erbe fresche verdeiant.
- 1389 S'en aloit l'eve aval, faisant
- 1393 Poignoit l'erbe bassete e drue:
- 1394 Ausi i peüst l'en sa drue
- 1399 Mais mout embelissoit l'afaire
- 1410 Don mout estoit bone l'olors.
- 1418 Que j'oi tot l'afaire e tot l'estre
- 1418 Que j'oi tot l'afaire e tot l'estre
- 1443 Qu'il li covint a rendre l'ame;
- 1466 Que l'en refuse si vilment.
- 1475 Tant qu'il ot soif, por l'aspreté
- 1477 Qui li ot tolue l'aleine.
- 1483 Si vit en l'eve clere e nete
- 1525 Por veoir l'eve qui coroit,
- 1530 L'eve est toz jorz fresche e novele,
- 1533 Tot entor croist l'erbe menue,
- 1534 Qui vient, por l'eve, espesse e drue;
- 1536 Ne que l'eve ne puet tarir.
- 1556 Les choses qui sont a l'encontre,
- 1557 E i voit l'en senz coverture
- 1561 Tot l'estre dou vergier encusent
- 1562 A ceus qui dedenz l'eve musent,
- 1564 L'une moitié dou vergier voient,
- 1627 L'odor des roses savoree
- 1633 En ma main, por l'odor sentir;
- 1668 L'odor de lui entor s'espant:
- 1681 Li deus d'Amors, qui, l'arc tendu,
- 1691 Il entesa jusqu'a l'oreille
- 1692 L'arc, qui estoit forz a merveille,
- 1694 Que par mi l'ueil m'a ou cuer mise
- 1731 Li veoirs senz plus e l'olors
- 1743 Si que par l'ueil ou cuer m'entra
- 1796 Nou laissai onques por l'archier,
- 1800 Pooir de passer l'espinoi,
- 1852 Par l'ointure de l'oignement,
- 1852 Par l'ointure de l'oignement,
- 1878 Si me rassoage l'ointure;
- 2022 Au seignor qui l'en le presente."
- 2180 Ou l'en jeue e rit e envoise.
- 2205 De chanter, se l'en t'en semont,
- 2224 Doner l'avoir tot a bandon.
- 2261 Car l'en doit chose avoir mout chiere
- 2264 Que l'en done desus son pois.
- 2350 Le feu qui l'art e qui l'alume;
- 2417 C'est la bataille, c'est l'ardure,
- 2472 Bien est droiz que l'en l'escondie.
- 2496 Quant l'en ne dort ne ne repose.
- 2498 Que l'aube orendroites ne crieve,
- 2508 E quant tu ne porras l'enui
- 2518 Une eure iras a l'uis derrieres,
- 2522 Après vendras a l'uis devant,
- 2536 Por l'amor dou haut saintuaire

l (ART.)   (CONT.)
2539 E, por ce que l'en ne te voie
2559 A la pucele de l'ostel:
2597 "Biaus amis, par l'ame mon pere,
2599 Si aime l'en miauz le cheté
2600 Quant l'en l'a plus chier acheté,
2602 Li bien don l'en a mal eü.
2611 Cil que l'en met en chartre oscure,
2635 Nes au larron que l'en viaut pendre
2650 Qui l'ire e la dolor despiece,
2651 E a l'amant en son venir
2658 Don l'aleine est si savoree;
2668 E se tu l'autre refusoies,
2712 Quant l'en a ome a cui l'en ose
2712 Quant l'en a ome a cui l'en ose
2782 Mout volentiers, por l'achoison
2799 Pour l'odor des roses sentir.
2914 Que l'en l'oste de sa nature.
3017 L'en ne s'en doit pas merveillier.
3019 Que l'amor metes en obli
3062 Mais a l'issir a grant maistrise.
3063 Or met l'amor en nonchaloir,
3215 J'ai bien esprové que l'en vaint
3252 Car l'une e l'autre me voudroit
3252 Car l'une e l'autre me voudroit
3281 Cortoisie est que l'en secueure
3282 Celui don l'en est au deseure;
3287 E quant trop dure l'engrestiez,
3296 Des lors en ça que l'acointance
3405 E sachiez bien cui l'en otroie
3412 L'en ne doit mie ome enchaucier
3415 Ne cope l'en mie le chesne,
3416 Ne l'en n'a pas le vin de l'aisne
3416 Ne l'en n'a pas le vin de l'aisne
3473 Bel Acueil, qui senti l'aier
3505 Toute l'estoire vueil porsivre,
3579 L'en li a sofert a atraire
3615 Que en meillor garde pert l'en.
3616 Ja ne verroie passer l'an
3617 Que l'en me tendroit por musarde
3665 Foïr l'en estuet de la terre,
3667 Jalosie n'a l'ataïne,
3702 Ne l'en ne puet faire esprevier
3717 Se l'ire Jalosie engraigne,
3740 Tot vif me face l'en larder
3813 S'en est l'uevre plus fort assez.
3840 Car l'en destrempa le mortier
3843 De quoi l'en fist le fondement,
3874 E l'autre porte garde Honte,
3881 L'autre porte, qui est assise
3888 Si l'en prent il tel eure est soutes.
3928 Qu'ele ot des biens e de l'angoisse
3965 L'empire, tel eure est, e grieve
3969 E l'esperance au vilain tost
                162

l (PRON.)
  41 Cele por cui je l'ai empris;
 301 L'avoient mout faite jaunir
 317 En maint leu l'avoit desciriee,
 371 Car ainz que l'en l'eüst pensé
 388 Des genz vieillir, l'avoit vieillie
 474 Je l'en seüsse mout bon gré;
 488 Si durement, quant je l'oï,
 554 Ne l'avroie droit devisié
 577 Je l'en merciai bonement,
 665 E bien sachiez, quant je l'oï,
1082 Qui a jeün l'avoit veüe.
1445 L'avoit amé plus que rien nee,
1542 Maintenant que vos l'entendroiz:
1578 Qui d'amer l'a tost mis en voie.
1658 Puis que je l'oi bien avisé
1659 Car une color l'enlumine
1719 Ainz remest enz, encor l'i sens,
1729 Se je l'eüsse en ma baillie,
1854 Amors l'avoit fait a ses mains,
1911 Que ja par autre ne l'avrai;
1992 Faites i clef, si l'emportez,
2012 E quant je l'oi mis hors de doute,
2049 Por ce sui en grant de l'aprendre
2056 Si qu'il l'en puisse sovenir."
2084 Por ce n'est pas droiz que je l'ains.
2168 Ne l'i laisse pas remenoir.
2251 Car se tu l'avoies preté,
2350 Le feu qui l'art e qui l'alume;
2472 Bien est droiz que l'en l'escondie.
2473 Ne sai coment dire l'osai:
2600 Quant l'en l'a plus chier acheté,
2684 Quanqu'il en iert, car el l'avoit
2716 Puis que tu l'avras essaié.
2775 Fors ou deu d'Amors de l'avoir;
2777 Que de l'avoir neienz estoit
2850 Car Venus l'avoit envaïe,
2873 Au rosier qui l'avoit chargié;
2914 Que l'en l'oste de sa nature.
2918 Dou rosier qui l'a aporté
2919 Por nul ome vivant, tant l'ains."
2931 Qui en cest vergier l'amena!
3026 Tu ne l'as mie a essaier.
3036 L'a il ja en cent leus retraite.
3054 E de l'avoir est aventure,
3112 Si li desclos l'encloeüre
3131 Pieç'a que je l'ai esprové
3132 Se vos l'avez felon trové,
3144 C'est une rien qui mout l'apaise,
3163 Mais or sui prez de l'amender
3192 En la fin, tant l'ai sarmoné,
3204 E je l'alai conter en heste
3206 Con bons compainz, quant il l'oï.
3307 Or ne l'alez plus gordeiant,
3341 Puis que Dangiers l'a otreié."
3360 Que je ne l'oi de près veüe;
3409 Quant je l'oï ensi respondre,
3535 Lors l'a par parole assailli:
3555 S'el ne l'eüst iluec trové
3634 Trop l'ont trové icil truant
3676 Mais Honte l'a fait esveillier,
3747 Or l'amenderai par vos deus;
3764 Mort m'a qui si l'a fait iraistre,
3885 E si ne l'uevre pas sovent,
3939 E ele l'ot fait enmurer,
3958 Que s'onques ne l'eüsse eüe.
                065

la (ADV.)
 747 La veïssiez fleüteors,
 784 "Biaus amis, que faites vos la?"
1234 Ainz que nule, quant je vin la.
1303 Par le vergier de ça en la;
1622 La ou je vi la graignor tasse.
1760 Tot adès la ou il tendoit
2302 Quant la ou mes cuers est ne vais !
2319 E iras la par tel covent
2921 De la ou il s'estoit muciez.
3291 Vers cel chaitif qui languist la,
3999 E de la covendra qu'il isse
                011

la (ART.)
  37 Ce est li Romanz de la Rose,
  39 La matire en est bone e nueve;
  55 La terre meïsmes s'orgueille
  56 Por la rosee qui la mueille,
  57 E oblie la povreté
  59 Lors devient la terre si gobe
  65 C'est la robe que je devise,
  66 Por quoi la terre miauz se prise.
  77 Li papegauz e la calandre;

127

la (ART.)   (CONT.)
  82 Quant il ot chanter sor la raime
 122 La praerie grant e bele
 125 La matinee e atempree;
 126 Lors m'en alai par mi la pree,
 137 De ces images la semblance,
 174 Prester mainz por la grant ardure
 179 Qu'en la fin maint en covient pendre;
 210 Povre estoit la cote e esrese
 234 Que de la borse ostast neant.
 250 C'est la chose qui plus la blece,
 266 Que de li Deu e la gent venche.
 279 Lors vi qu'Envie en la pointure
 292 Tristece pointe en la maisiere;
 295 E sembloit avoir la jaunice,
 298 Car li esmais e la destrece
 299 E la pesance e li enuiz
 330 La dolereuse, la chaitive;
 330 La dolereuse, la chaitive;
 359 Qu'el n'alast mie la montance
 430 E si avoit vestu la haire.
 433 S'avoit la color pale e morte.
 434 A li e as siens iert la porte
 438 Por avoir los par mi la vile,
 458 L'eure puisse estre la maudite
 514 Aceignant la compasseüre
 515 E la cloison dou mur carré,
 528 La char plus tendre qu'uns poucins,
 537 La bouche petite e grossete,
 545 La gorge avoit autresi blanche
 546 Come est la nois desus la branche,
 546 Come est la nois desus la branche,
 576 La pucele au cors acesmé,
 592 Qui de la terre as Sarradins
 683 Por la grant delitableté,
 697 La façon vos redirai puis.
 707 La douçor e la melodie
 707 La douçor e la melodie
 728 S'estoient pris a la querole,
 735 Qu'ele avoit la voiz clere e saine.
 763 En mi la querole baler;
 777 La querole tot en estant
 781 La vaillant e la debonaire,
 781 La vaillant e la debonaire,
 787 A la querole, s'il vos plaist."
 789 A la querole me sui pris,
 804 La face avoit, come une pome,
 807 Les iauz ot vairs, la bouche gente,
 811 E grailles par mi la ceinture
 823 Mout fu la robe desguisiee;
 833 L'envoisiee, la bien chantanz,
 837 A la querole, e ele lui;
 841 De la color sor la char tendre,
 841 De la color sor la char tendre,
 848 Que la bouchete par covent.
 851 Ele ot la bouche petitete,
 873 Li deus d'Amors de la façon
 884 Fu la robe de toutes parz
 935 La meillor e la plus isnele
 935 La meillor e la plus isnele
 936 De ces floiches, e la plus bele,
 944 La quarte avoit non Compaignie;
 949 La cinquieme ot non Biaus Semblanz:
 950 Ce fu toute la moins grevanz;
 961 La premiere avoit non Orguiauz;
 966 La tierce fu Honte clamee,
 967 E la quarte Desesperance;
 969 Apelee la derreniere.
 980 Bien vos en iert la verité
 981 Contee e la senefiance,
 986 Des nobles genz de la querole
 996 Ainz fu clere come la lune,
 999 Tendre ot la char come rosee;
1012 De la façon de chascun membre,
1058 La porpre fu toute orfroisiee;
1063 Mout richement la cheveçaille.
1069 La bocle d'une pierre fu
1101 E la pierre si clere estoit
1107 Durement li vis e la face,
1108 E entor li toute la place.
1109 Richece tint par mi la main
1120 De Richece e la bienvoillance
1133 Nes Avarice la chaitive
1159 Con la pierre de l'aïmant
1171 Que la cheveçaille iert overte,
1172 E la gorge estoit descoverte
1173 Si que par outre la chemise
1174 Li blancheioit la char alise.
1175 Largece la vaillant, la sage,
1175 Largece la vaillant, la sage,
1221 La sorquenie, qui fu blanche
1232 C'est cele qui a la querole,
1233 La seue merci, m'apela
1251 La bele Oiseuse vint après,
1254 Dite la façon e la taille;
1254 Dite la façon e la taille;
1271 Veianz toz ceus de la querole,
1334 Qui charjoient en la saison
1396 Car la terre estoit douce e moiste
1407 Trop par estoit la terre cointe,
1415 Dou vergier toute la biauté
1416 Ne la grant delitableté;
1423 Que la beste en bon leu se mete
1424 Por laissier aler la saiete.
1434 Soz le pin la fontaine assise;
1435 Si ot dedenz la pierre escrites,
1470 A la fontaine clere e pure
1476 Dou chaut, e por la lasseté,
1478 E quant il vint a la fontaine,
1481 Sor la fontaine toz adenz
1487 Qu'il cuida veoir la figure
1493 Qu'il musa tant a la fontaine
1495 Si en fu morz a la parclose:
1496 Ce fu la some de la chose,
1496 Ce fu la some de la chose,
1504 Ensi si ot de la meschine
1513 La fontaine au bel Narcisus,
1521 A la fontaine aler pooie;
1523 De la fontaine m'apressai;
1526 E la gravele qui paroit
1528 De la fontaine c'est la fins:
1528 De la fontaine c'est la fins:
1537 Ou fonz de la fontaine aval
1544 Ses rais en la fontaine giete
1545 E la clarté aval descent,
1553 E por faire la chose entendre,
1589 Sema ici d'Amors la graine,
1590 Qui toute a teinte la fontaine,
1595 Por la graine qui fu semee
1597 La Fontaine d'Amors par droit,
1601 La verité de la matere
1601 La verité de la matere
1604 A la fontaine remirer,
1622 La ou je vi la graignor tasse.
1628 M'entra jusques en la coree,
1665 La queue est droite come jons,
1669 La soatume qui en ist
1670 Toute la place replenist.
1674 Se j'i osasse la main tendre;
1690 E quant la corde fu coiche,
1695 La saiete par grant roidor.
1707 Mais la saiete qui m'ot point
1709 Ainz fu la plaie toute soiche.
1710 Je pris lors a deus mains la floiche
1715 Mais la saiete barbelee,
1730 Il m'eüst rendue la vie
1737 Simplece ot non, c'est la segonde,
1742 La floiche, ou n'ot fer ne acier,

la (ART.)   (CONT.)

1744	La saiete, qui n'en istra	2626	Por la joie qui cent tanz monte.
1748	Mais la saiete remest enz.	2650	Qui l'ire e la dolor despiece,
1752	Or fu graindre la volentez;	2652	Fait de la joie sovenir
1754	E la volentez me croissoit	2657	E la bouchete coloree,
1755	Toz jorz d'aler vers la rosete,	2660	De la biauté de chascun membre.
1766	La tierce floiche au cuer voler,	2666	La dolor d'amor e la rage
1768	La plaie fu parfonde e lee,	2666	La dolor d'amor e la rage.
1773	Je pris la floiche e si ostai	2694	De la bele qui ton cuer emble,
1775	Mais la saiete n'en poi traire	2703	Lors vaudra miauz la compaignie;
1788	Ausi espès come la grelle,	2741	E por la joie covient lors
1802	Lez la haie m'estut remaindre	2744	Tot autresi con la lumiere,
1807	La douce olor qui en issoit,	2781	Mais je passasse la cloison
1812	Por le delit e por la joie.	2788	S'outre la haie passeroie,
1823	Si que ou cuer soz la mamele	2793	Fiz fu Cortoisie la sage.
1825	Compaignie ot non la saiete;	2795	De la haie mout doucement,
1828	La grant dolor me renovele	2798	Passez la haie senz arest,
1836	Car en la fin, ce m'est avis,	2810	De la bonté que vos me dites,
1847	Mais Amors a mout bien la pointe	2815	Don en la haie avoit assez,
1865	Mais la saiete est enz remese,	2832	Qu'il voit as roses la main tendre.
1871	La plaie si que la dolor	2840	El fu fille Raison la sage,
1871	La plaie si que la dolor	2879	De la fueille me fis mout cointes,
1872	Me faisoit muer la color.	2942	La traïson qu'avez covee."
1877	Il a angoisse en la pointure,	2946	La haie me fait tressaillir
1895	En la folie n'en orgueil;	2948	E li vilains crole la teste,
1913	Ne me done la querison,	2958	E de ce ai la plus grant ire
1924	Avrai la merci que j'atens;	2959	Que je n'osai passer la haie.
1927	Mais il m'a par mi la main pris,	2964	De la poine qu'il m'avoit dite.
1935	Si me baiseras en la bouche,	2967	De ma dolor la quarte part;
1947	De Cortoisie e la baniere,	2969	Quant de la rose me sovient,
1957	Don sa bouche baisa la moie:	2973	La dame de la haute angarde
1993	E la clef soit en leu d'ostages."	2973	La dame de la haute angarde
2010	Qu'a grant poine senti la clef.	2975	Raison fu la dame apelee.
2031	Atent e suefre la destrece	2989	Sachiez, se la lettre ne ment,
2065	Car la fin dou songe est mout bele	3004	La clef don el t'ovri la porte;
2066	E la matire en est novele;	3004	La clef don el t'ovri la porte;
2067	Qui dou songe la fin orra,	3035	Avant que la chose soit faite
2072	Dou songe la senefiance:	3051	La poine en est desmesuree
2073	La verité, qui est coverte,	3052	E la joie a corte duree.
2157	E se tu n'es de la richece	3056	Qui en la fin dou tot i faillent.
2203	Se tu as la voiz clere e saine,	3061	La folie fu tost emprise,
2227	Car la parole moins engrieve	3065	Car la folie adès engraigne,
2237	E te membre de la douce eure	3122	Me veoit passer la cloison.
2238	Don la joie tant te demeure.	3123	Quant Amis sot la verité,
2318	Lores te metras a la voie	3153	Mais la haie ne passai pas,
2340	De la biauté que tu verras,	3158	Je tin vers lui la teste encline,
2371	Don tu n'as la bele aparlee	3192	En la fin, tant l'ai sarmoné,
2379	De rechief encore en la rue	3202	Se tu passes jamais la haie."
2386	S'en reveignent par la entor.	3221	A la haie que Dangiers garde
2387	Mais vers la gent très bien te cele,	3237	Delez la haie, que je n'ose
2392	La bele en point que tu la doives	3238	Passer por aler a la rose,
2417	C'est la bataille, c'est l'ardure,	3255	La parole a premiere prise,
2422	Tant que j'en vueille la pais querre.	3298	Car c'est la rien qu'il plus covoite.
2434	E la façon e la semblance	3322	Je vueil qu'il ait la compaignie
2434	E la façon e la semblance	3326	Franchise, la bien emparlee,
2445	En la pensee delitable	3349	Il m'a lores par la main pris
2461	La mort ne me greveroit mie	3357	Si con j'oi la rose apressiee,
2478	Me deignoit la bele aaisier,	3361	La rose auques s'eslargissoit
2480	De la poine que j'ai soferte;	3364	Que la graine fust descoverte;
2499	E que la nuit tost ne trespasse,	3366	Entre les fueilles de la rose,
2503	Fai departir la nuit oscure	3368	E la place dedenz emploient,
2505	La nuit ensi te contendras	3369	Si ne pooit paroir la graine,
2515	Tot droit vers la maison t'amie,	3370	Por la rose qui estoit pleine.
2521	Toz seus, a la pluie e au vent;	3374	Toz m'esbaï de la merveille:
2527	E se la bele, senz plus, veille,	3389	De la rose qui soef flaire,
2538	Au revenir la porte baise;	3406	Le baisier, il a de la proie
2540	Devant la maison n'en la voie,	3422	Ce est la mere au deu d'Amors,
2540	Devant la maison n'en la voie,	3425	En sa main destre, don la flame
2559	A la pucele de l'ostel:	3479	Ai pris de la rose erraument.
2568	Miauz t'en prisera la moitié.	3482	Qui en geta la dolor hors
2580	De la bele avoir tes aviaus."	3493	Puis que j'oi la rose baisiee.
2605	Ne qu'en puet espuisier la mer	3494	La mer n'iert ja si apaisiee
2610	Chascuns fuit la mort volentiers.	3508	A la bele, que Deus guerisse,
2614	Ne se muert mie por la poine:	3518	Si ot la langue mout punaise
		3557	Mais quant je vi venir la grive,

la (ART.)   (CONT.)
    3560 Por la riote qui m'enuie.
    3620 Certes je lor clorrai la voie
    3647 Peor, qui tint la teste encline,
    3665 Foïr l'en estuet de la terre,
    3666 Qu'il ne durroit pas a la guerre
    3682 Ne qu'en la queue d'un mouton.
    3690 La noise, qui mais n'en poon.
    3771 De la rose que je soloie
    3778 La douce savor de la rose;
    3778 La douce savor de la rose.
    3782 Mar touchai la rose a mon vis
    3786 Se j'ai la savor essaiee,
    3787 Tant est graindre la covoitise
    3798 La contenance Jalosie,
    3833 Enz ou mileu de la porprise
    3842 La pierre est de roche naïve
    3845 La tor si fu toute roonde;
    3850 Si qu'entre le baile e la tor
    3870 La clef de la premiere porte,
    3870 La clef de la premiere porte,
    3891 Cil garde la porte detrois;
    3894 Qu'il doit la nuit faire le guiet.
    3901 Autre foiz dit a la fleüste
    3912 A garnie la tor roonde,
    3917 Amont en la tor enserrez,
    3925 Nus ne la porroit engignier
    3932 Por la vieille que il redoute,
    3934 Que la vieille en lui n'aperçoive
    3936 Qu'el set toute la vieille dance.
    3957 Por la joie que j'ai perdue,
    3989 E celui qui est sor la roe
    3990 Reverse a un tor en la boe.
    3997 Est toute en lui e en la rose,
    4007 Que Jalosie la sauvage
    4035 Plus qu'a vos de la mescheance,
    4036 Car j'en suefre la penitence
    4042 Qui me donront, ce croi, la mort.
                          340

la (PRON.)
    56   Por la rosee qui la mueille,
    229   E la nooit si durement
    250   C'est la chose qui plus la blece;
    251   Car sachiez que mout la covient
    265   Ses felons cuers si la detrenche
    325   Nus tant fust durs ne la veïst
    418   Mout la resembloit bien l'image,
    627   Que ne la voie encore enuit.
    628   Veoir la m'estuet, car je cuit
    836   Deduiz la tint par mi le doi
    1031 Chascuns sa dame la clamoit,
    1032 Car toz li mondes la cremoit,
    1071 Car cil qui sor soi la portoit
    1143 S'ensi fust qu'aucuns la haïst,
    1223 Estoit cele qui la vestoit.
    1269 En tel guise qu'il la baisoit,
    1451 Si ne la li vost otreier,
    1468 E por ce la fist Deus estable;
    1661 Con Nature la pot plus faire.
    2008 Lors la me toucha au costé,
    2392 La bele en point que tu la doives
    2488 Mout la verroie volentiers
    2490 Gueriz fust qui or la veïst.
    2890 Mais ne sai coment je la die,
    2990 Que Deus la fist demainement,
    2995 Por quoi il soit teus qu'il la croie.
    3358 Un poi la trovai engroissiee,
    3371 Ele fu, Deus la beneïe,
    3393 Se il vos plaist que je la baise,
    3430 Bien puet conoistre qui la voit
    3642 Por ce qu'el la savoit en ire.
                          031

labeure
    2116 En eus servir poine e labeure;
                          001

laide
    198   Laide estoit e sale e folee
    280   Avoit trop laide esgardeüre:
    345   Mout estoit laide devenue.
    2114 Qui orde chose e laide nome.
                          004

laidement
    261   Sa malice trop laidement;
    2365 D'une chose mout laidement :
                          002

laidenge
    3654 Or nos laidenge e nos mesasme
    3677 Qui le laidenge e li cort seure:
                          002

laidengier
    3128 Il a apris a laidengier,
                          001

laides
    958   Qui furent laides a devise;
                          001

laidir
    3129 A laidir e a menacier
                          001

laidiz
    1238 Onc ne fu nus par li laidiz,
                          001

laidure
    4018 E vos fait enui e laidure,
                          001

laienz
    493   Des oisiaus qui laienz estoient,
    608   Deduiz laienz, ou il escoute
    2526 S'il se sont laienz endormi;
                          003

laira
    2632 El ne laira ja une toise
                          001

lairai
    3612 Nes lairai plus ensi descloses,
                          001

lairont
    2864 Qui se lairont avant bien batre
                          001

lais
    703   Lais d'amors e sonez cortois
    3898 Une foiz dit lais e descorz
                          002

laissai
    1796 Nou laissai onques por l'archier,
                          001

laissasse
    1620 Que ne laissasse por Pavie
                          001

laisse
    1937 Je n'i laisse mie touchier

laisse   (CONT.)
    2168   Ne l'i laisse pas remenoir.
    2549   Car bien saches qu'amors ne laisse
    3550   Qui laisse un garçon desreé
    3645   Peor e Honte laisse ensemble.
           005

laisserai
    2315   Or irai, plus nou laisserai;
           001

laissier
    1424   Por laissier aler la saiete.
    3039   Ou dou laissier ou dou porsivre
           002

laissiez
    1509   Car, se vos les laissiez morir,
    2916   Laissiez le croistre e amender.
    3076   Que me laissiez a chastier.
    3087   Or me laissiez trestot ester,
           004

laissoient
    1679   Ne me laissoient avant traire,
           C01

lait
    1764   Ne m'i lait pas aler senz poine;
    4015   Frans cuers ne lait mie a amer
           002

laiz
    2842   Qui est si hisdeus e si laiz
           001

lances
    2199   E se tu sez lances brisier,
           001

langoutes
    3887   Ou el voit saillir deus langoutes,
           001

langue
    3518   Si ot la langue mout punaise
    3795   Sa langue desleial e fausse
           002

languist
    2748   Qui nuit e jor d'amors languist,
    3291   Vers cel chaitif qui languist la,
           002

larde
    2346   Plus alume son cuer e larde;
           001

larder
    2342   Feras ton cuer frire e larder,
    3269   Qui le devroit tot vif larder,
    3740   Tot vif me face l'en larder
           003

lardereles
    650   D'aloes e de lardereles;
           001

large   (ADJ.)
    2558   Que tenir te faces por large
           001

large   (SUBST.)
    1325   S'ot autant de lonc con de large.

large   (SUBST.)   (CONT.)
           001

largece
    2232   E de largece soit proisiez.
           001

Largece
    1127   Après se fu Largece prise,
    1135   Con Largece estoit de doner;
    1139   Mout ot Largece pris e los;
    1163   Largece ot robe toute fresche
    1175   Largece la vaillant, la sage,
           005

largement
    2214   Doignent dou lor plus largement
           001

larrecin
    1117   Ou de murtre ou de larrecin
           001

larron
    2635   Nes au larron que l'en viaut pendre
           001

larrons
    177   Les larrons e les ribaudiaus;
           001

larz
    2347   Cil larz alume e fait flamer
           001

las
    1608   Las! Tant en ai puis sospiré!
    2468   Las! Je demant trop chier cheté;
           002

lasche
    1460   Qu'ele ot trové d'amor si lasche,
           001

lasches
    3683   Trop estes recreanz e lasches,
    3710   Que vos estes lasches e mos
           002

lasse
    432   Ainz sembloit de jeüner lasse,
           001

lassees
    652   En un autre leu, qui lassees
           001

lasseté
    1476   Dou chaut, e por la lasseté,
           001

lavai
    90   Chauçai moi e mes mains lavai.
    119   Mon vis rafreschi e lavai;
           002

lave
    2166   Lave tes mains, tes denz escure;
           001

laz
    827   D'uns solers decopez a laz.
    1591   E fist ses laz environ tendre,
    1613   Car maintenant ou laz chaï

laz   (CONT.)
    2149 Solers a laz e estiviaus
    2642 Font a ceus qui sont en mes laz.
    2644 Ceus que li laz d'Amors enlace,
    3377 E tot adès estreint ses laz
             007

le   (ART.)
      22 Ou point qu'Amors prent le paage
      68 Tant come il ont le froit eü
      69 E le tens divers e frarin,
      70 Sont en mai, por le tens serin,
      80 Por le tens bel e doucereus;
     117 A regarder le leu plaisant.
     121 Le fonz de l'eve de gravele.
     128 Tot le rivage costeiant.
     139 Enz en le mileu vi Haïne,
     148 Le vis, e le nés secorcié;
     148 Le vis, e le nés secorcié;
     270 Le très plus prodome qui soit
     333 Car qui le cuer a bien dolent,
     413 El fait dehors le marmiteus,
     414 Si a le vis simple e piteus,
     483 Qu'en tot le reiaume de France.
     524 Le guichet, qui estoit de charme,
     532 Le nés ot bien fait a droiture,
     548 Le cors ot bien fait e dougié;
     556 Ot desus le chapel d'orfrois.
     590 De Deduit le mignot, le cointe,
     590 De Deduit le mignot, le cointe,
     594 Qu'il fist par le vergier planter.
     596 Le mur que vos avez veü
     644 Par tot le vergier amassez.
     678 Si sachiez, quant j'oï le chant
     679 E je vi le leu verdeier.
     690 Le guichet dou vergier ramé.
     757 Le timbre en haut, sel recuilloient
     808 E le nés fait par grant entente.
     836 Deduiz la tint par mi le doi
     844 Le front ot blanc, poli, senz fronce,
     853 S'ot le chief blont e reluisant.
     932 Fors que les penons e le fust,
    1002 Ele ot le vis cler e alis.
    1041 E tot le mont par parole oignent;
    1081 Trestot le jor de sa veüe
    1160 Trait a soi le fer soutilment,
    1161 Ausi atrait le cuer des genz
    1165 S'ot le vis bel e bien formé;
    1177 Le bon roi Artu de Bretaigne:
    1179 De valor e le gonfanon.
    1199 Le cuer ot douz e debonaire:
    1205 Qu'ele ot le cuer si piteable
    1241 Le vis avoit cler e luisant:
    1258 Le quichet dou vergier flori.
    1287 J'oi lors talent que le vergier
    1303 Par le vergier de ça en la;
    1319 Par le vergier tot a delivre;
    1370 E, por le leu garder de chaut,
    1386 Mais n'en sai pas dire le nombre.
    1434 Soz le pin la fontaine assise;
    1471 Se vint soz le pin ombreier,
    1502 Il perdi d'ire tot le sen,
    1529 En tot le monde n'ot si bele.
    1547 Es cristaus, qui, por le soleil,
    1552 Le vergier, i pert tot a orne.
    1566 Pueent veoir le remenant;
    1602 Quant j'avrai espons le mistere.
    1648 A tot le moins deus jorz ou trois.
    1714 Le fust a moi tot empené.
    1722 Por le perill qui fu doblez:
    1727 Mais vers le bouton me traioit
    1734 Vers le bouton, qui soef flaire.
    1738 Qui maint ome par mi le monde
    1747 Le fust a moi senz grant contenz,
    1774 Tantost le fust de mon costé,
    1781 Vers le bouton qui m'atalente.
    1797 Vers le rosier ou mes cuers tent;
    1812 Por le delit e por la joie.
    1861 Le cuer qui m'estoit toz failliz.
    1864 Lors ai a moi tiré le fust,
    1946 Qu'Amors porte le gonfanon
    1997 Qui a le cuer en sa comande.
    2075 Quant espondre m'orroiz le songe,
    2090 A Keu le seneschal te mire,
    2131 Orguilleus fait tot le contraire
    2183 Amant sentent le mal d'amer
    2263 E je ne pris le don un pois
    2273 Le mal don tu es angoisseus.
    2306 Après, por le cuer conveier,
    2344 Aviveras le feu ardent:
    2348 Le feu qui fait les genz amer.
    2350 Le feu qui l'art e qui l'alume;
    2351 Quant il le feu de plus près sent,
    2362 Tot le jor puis te sovendra
    2452 Certes le jor dis foiz ou vint
    2599 Si aime l'en miauz le cheté
    2625 Les maus don nus ne set le conte,
    2655 Les iauz rianz, le nés traitiz,
    2727 Le saintuaire precieus
    2729 Le jor qu'il le pueent veoir
    2772 Fors par le bouton ou j'avoie
    2794 Cil m'abandona le passage
    2817 Vers le bouton m'en vois errant
    2824 Quant le bouton de si près vi;
    2835 Male Bouche le jangleor,
    2872 Vers le bouton e d'atouchier
    2877 Lez le bouton, qu'il m'a donee,
    2888 Que j'ai dedenz le cuer enclose
    2903 Se le bouton ne me bailliez
    2912 Se le bouton avoie osté
    2924 Le nés froncié, le vis hisdeus,
    2924 Le nés froncié, le vis hisdeus,
    2944 Por le vilain hisdeus e noir,
    3000 Mar veïs le bel tens de mai
    3014 Le conseil par quoi tu foloies.
    3067 Pren durement as denz le frein,
    3081 Le cuer qui as siens trestoz quites?
    3154 Por ce qu'il m'ot veü le pas
    3223 Que je le bouton au moins voie,
    3350 Por mener dedenz le porpris
    3406 Le baisier, il a de la proie
    3407 Le miauz e le plus avenant,
    3407 Le miauz e le plus avenant,
    3415 Ne cope l'en mie le chesne,
    3416 Ne l'en n'a pas le vin de l'aisne
    3459 Se le baisier li otreiez;
    3509 Qui le guerredon m'en rendra
    3513 E tot le mal qu'il set retrait,
    3530 Quant ele oï le jangleor
    3569 Male Bouche le losengier:
    3671 Si ont trové le païsant
    3685 E tot le monde estouteier.
    3709 Si avroiz mais par tot le los
    3733 Fronce le nés, les iauz roïlle,
    3742 Mout ai irié le cuer dou ventre
    3745 Estre feruz par mi le cors.
    3758 E vait cerchant par le porpris
    3767 Mout ai le cuer dou ventre irié
    3840 Car l'en destrempa le mortier
    3843 De quoi l'en fist le fondement,
    3846 Il n'ot si riche en tot le monde,
    3850 Si qu'entre le baile e la tor
    3853 Dedenz le chastel a perrieres
    3886 Car, quant ele ot bruire le vent,
    3894 Qu'il doit la nuit faire le guiet.
    3895 Il monte le soir as creniaus
    3948 Mais je, qui sui dehors le mur,
    3960 Je resemble le païsant

le (ART.)	(CONT.)	4023	Se vos ensi le faisiez,
3968	Si fait le grain dedenz morir,		068
3988	Le plus bas amont ou somet,		
4009	Ensi come ele a fait le cors;	lé	
	143	130	Si vi un vergier grant e lé,
		3805	Qu'il sont mout lé e mout parfont.
le (PRON.)			002
33	Qu'Amors le me prie e comande.		
40	Or doint Deus qu'en gré le receuve	lecherie	
272	Si le voudroit ele blasmer;	3904	S'ele ot parler de lecherie;
506	Ne nus on qui le me montrast		001
605	Deduiz e les genz qui le sivent,	Lecherie	
671	Ainz le peüst l'en aesmer	3603	Car Lecherie est tant montee
1267	Fors de joer, bien le savez.		001
1441	E tant le sot Amors destreindre,	lee	
1442	E tant le fist plorer e plaindre,	1768	La plaie fu parfonde e lee,
1455	E le tint a si grant despit	3837	Qu'ele est e grant e lee e haute.
1486	Car ses ombres si le traï		002
1510	Deus le vos savra bien merir.	leece	
1652	Il le devroit avoir mout chier;	103	Jolis, gais e pleins de leece,
1673	Ainz m'aprochasse por le prendre,		001
1896	Mais rent toi pris, que je le vueil,	Leece	
1990	Qui le garde bien e jostise;	730	Qui Leece apelee estoit.
2022	Au seignor cui l'en le presente."	832	Leece, qui nou haoit mie,
2027	Se mauvaistié ne le te tost;		002
2063	Des or le fait bon escouter,	lees	
2064	S'il est qui le sache conter,	894	Fueilles de roses granz e lees.
2119	Blasme le e di qu'il se taise.	1645	Les roses overtes e lees
2191	Je te comant que tu le faces:		002
2249	Por ce vueil qu'en un leu le metes.		
2253	Mais done le en don tot quite,	legier (ADJ.)	
2259	Done le donc tot quitement,	816	Plus legier ome ne veïstes.
2260	Si le fai debonairement,	2195	Se tu te senz viste e legier,
2296	Car bien saches qu'ensi le font		002
2329	Qui ne le set si le demant		
2329	Qui ne le set si le demant	legier (ADV.)	
2354	S'amie qui le fait defrire;	1635	Car il en peüst de legier
2547	Bien le savras par toi meïsmes:	3540	De legier as garçons estranges.
2579	Or le fai donques, se tu viaus	3570	C'est uns on qui ment de legier,
2598	Nus n'a bien s'il ne le compere;		003
2621	Ceste esperance le conforte,		
2729	Le jor qu'il le pueent veoir	leial	
2806	Je le vos di tot senz feintise."	1465	Quel duel ont li leial amant
2916	Laissiez le croistre e amender.	2330	A ceus qui sont leial amant.
2939	Si le beez a conchier.	3109	A mout leial: Amis ot non;
3085	Il le jostise si forment		003
3134	Je le conois come un denier:		
3145	Qui le chue e qui le blandist."	leiaus	
3145	Qui le chue e qui le blandist."	1976	Qu'il me semble que leiaus soies."
3155	Je le trovai en piez drecié,		001
3159	E le dis: "Sire, je sui ci		
3165	Senz faille Amors le me fist faire,	leiauté	
3191	E si le m'a il pardoné	254	Qu'ele ne porte leiauté
3214	Tant qu'en bon point le puissiez prendre	2035	Se tu te tiens en leiauté,
3263	S'Amors le fait par force amer,	3447	Qu'il sert e aime en leiauté,
3264	Devez le vos por ce blasmer?		003
3269	Qui le devroit tot vif larder,		
3276	S'Amors le tient pris en ses giez	lent	
3277	E le fait a vos obeïr,	2312	Je me puis bien tenir a lent
3278	Devez le vos por ce haïr?	3189	Mout trovai Dangier dur e lent
3279	Ainz le deüssiez espernier		002
3284	Quant il trueve qui le souploie."		
3293	Avis m'est que vos le grevez	lente	
3313	E le vos prie e amoneste,	314	Car el n'avoit pas esté lente
3318	Il le covint amesurer:	3595	Se j'ai esté un poi trop lente
3330	Qui regarder ne le deigniez.		002
3332	Des lors que vos ne le veïstes;		
3342	Lors le m'a Franchise enveïé.	leparz	
3391	Je le vos requerroie en dons,	883	E a bestes e a leparz
3511	Male Bouche, qui le covine		
3633	De paroles le vont chuant.		
3668	S'ele le cuilloit en haïne."		
3677	Qui le laidenge e li cort seure:		
3754	Je le vos jur e acreant."		

leparz   (CONT.)
                            001

lequel
    3038 Or garde lequel est plus gent
                            001

lermes
    2589 En duel, en sospirs e en lermes,
                            001

les   (ART.)
      63 L'erbe e les flors blanches e perses,
      83 As oisiaus les douz chanz piteus.
      95 Por oïr des oisiaus les sons,
     100 E les oiselez escoutant,
     102 Por les vergiers qui florissoient.
     134 Les images e les pointures
     134 Les images e les pointures
     170 C'est cele qui les genz atise
     172 E les granz avoirs aüner;
     177 Les larrons e les ribaudiaus;
     177 Les larrons e les ribaudiaus;
     183 C'est cele qui les tricheors
     184 Fait toz e les faus plaideors,
     189 Avoit les mains icele image :
     355 Les oreilles avoit mossues,
     356 E toutes les denz si perdues
     463 Les images bien avisai,
     495 Les dances d'Amors e les notes
     495 Les dances d'Amors e les notes
     497 Quant j'oï les oisiaus chanter,
     533 E les iauz vairs come uns faucons,
     593 Fist ça les arbres aporter
     599 Les images qui i sont pointes,
     605 Deduiz e les genz qui le sivent,
     609 A chanter les rossignolez
     615 Les plus beles genz,ce sachiez,
     710 Les oisiaus, tenir ne me poi
     769 Les bouches, qu'il vos fust avis
     797 Les cors, les façons e les chieres,
     797 Les cors, les façons e les chieres,
     797 Les cors, les façons e les chieres,
     798 Les semblances e les manieres
     798 Les semblances e les manieres
     807 Les iauz ot vairs, la bouche gente,
     845 Les sorciz bruns e enarchiez,
     846 Les iauz gais e si envoisiez
     868 C'est cil qui les amanz jostise,
     898 Les fueilles jus en abatoient;
     908 Les queroles, e si gardoit
     926 Les penons bien faiz e les coiches,
     926 Les penons bien faiz e les coiches,
     928 Forz e trenchanz orent les pointes
     932 Fors que les penons e le fust,
     987 M'estuet dire les contenances
     988 E les façons e les semblances.
     988 E les façons e les semblances.
     997 Envers cui les autres estoiles
    1007 Les cheveus ot blondez e lons,
    1040 Loent les genz li losengier,
    1042 Mais lor losenges les genz poignent
    1044 Qu'il abaissent des bons les los
    1045 E desloent les alosez.
    1092 Qui vos savroit toutes les pierres
    1095 L'avoir que les pierres valoient
    1115 Si avoit les chevaus de pris.
    1122 A demener les granz despens
    1140 Ele ot les sages e les fos
    1140 Ele ot les sages e les fos
    1181 Que l'en conte de lui les contes
    1197 S'ot les cheveus blondez e lons;
    1270 Toutes les foiz qu'il li plaisoit,
    1285 Quant j'oi veües les semblances

    1286 De ceus qui menoient les dances,
    1291 Les queroles ja remanoient,
    1391 Entor les ruissiaus e les rives
    1391 Entor les ruissiaus e les rives
    1397 Por les fontaines, s'i venoit
    1556 Les choses qui sont a l'encontre,
    1625 Vers les rosiers tantost me trais;
    1645 Les roses overtes e lees
    1855 Por les fins amanz conforter,
    1860 Par les plaies, si me rendi
    1882 Amors vers moi les sauz menuz.
    2041 Nuit e jor les comandemenz
    2083 Vilanie fait les vilains,
    2102 E quant tu iras par les rues,
    2104 De saluer les genz premiers;
    2147 Qui face bien seanz les pointes
    2148 E les manches vestanz e cointes.
    2267 Lors te vendront les aventures
    2283 Les dolors d'amors essaiees.
    2297 Cil qui ont les maus essaiez
    2305 Quant ne puis les iauz enveier
    2348 Le feu qui fait les genz amer.
    2401 Tu n'en diras mie les deus,
    2545 Fait as amanz soz les drapiaus
    2546 Durement amaigrir les piaus.
    2552 Qui vont les dames traïssant:
    2555 E je les voi, les jangleors,
    2585 Les maus que vos m'avez contez?
    2604 A celui qui les amanz teint;
    2606 Ne porroit nus les maus d'amer
    2609 Les amanz, qu'il lor est mestiers.
    2625 Les maus don nus ne set le conte,
    2630 Qui les amanz ensi avance!
    2655 Les iauz rianz, le nés traitiz,
    2743 E les tenebres ou il iere.
    2745 Les tenebres devant soi chace,
    2747 Les tenebres ou li cuers gist
    2754 Les biens qui pueent garantir
    2755 Les amanz e garder de mort;
    2786 Que les roses vosisse embler.
    2828 E garde de toz les rosiers.
    2859 E, por les rosiers miauz garnir,
    2902 Ja les dolors n'en seront traites
    2923 S'ot les iauz roges come feus,
    3029 Qui les roses defent e garde
    3366 Entre les fueilles de la rose,
    3465 Car les levres sont vermeillettes
    3466 E les denz blanches e si netes
    3483 E adouci les maus d'amer
    3539 Bien pert que tu croiz les losenges
    3611 Clore les rosiers e les roses;
    3611 Clore les rosiers e les roses;
    3625 Qui les rosiers clorra entor.
    3693 Toz les pertuis de ceste haie,
    3733 Fronce le nés, les iauz roïlle,
    3744 Don nus i mist onques les piez;
    3803 Entor les rosiers uns fossez,
    3806 Li maçon sor les fossez font
    3818 Les torneles sont lez a lez,
    3855 Vos peüssiez les mangoniaus
    3856 Veoir par desus les creniaus;
    3858 Sont les arbalestes a tor,
    3953 Les biens que il m'avoit pretez;
    3992 Mar vi les murs e les fossez
    3992 Mar vi les murs e les fossez
    3998 Qui est entre les murs enclose;
                            128

les   (PRON.)
     321 Qu'el les avoit trestoz deroz
     722 Que, quant je les vi, je ne soi
     872 Quant il les trueve trop engresses.
    1123 E el les pooit bien fornir,
    1126 Con s'el les puisast en greniers.

134

les (PRON.) (CONT.)
```
    1274  Ainz les veïssiez entr'aus deus
    1364  Ainz que les eüsse nombrez.
    1509  Car, se vos les laissiez morir,
    1967  Se je les puis a mon droit prendre,
    2052  Or les entent e les retien.
    2052  Or les entent e les retien.
    2060  Bien les devise cist romanz.
    2555  E je les voi, les jangleors,
    3955  Or les me vent tot de rechief,
    3983  Autre eure les aplaigne e chue.
                            015
```

lessu
```
     205  Pestri a lessu fort e aigre.
                            001
```

letres
```
    1436  Ou bort amont, letres petites,
                            001
```

lettre
```
    2989  Sachiez, se la lettre ne ment,
                            001
```

leu
```
     117  A regarder le leu plaisant.
     317  En maint leu l'avoit desciriee,
     469  En leu de haies, uns vergiers,
     471  Cil vergiers en trop bel leu sist.
     502  Leu par ou j'i peüsse entrer;
     505  Ne leu par ou l'en i entrast;
     518  Par autre leu nus n'i entroit.
     604  Se vient en cest leu ombreier
     613  Ne plus bel leu por soi joer
     616  Que vos jamais nul leu truissiez
     645  En un leu avoit rossigniaus,
     652  En un autre leu, qui lassees
     679  E je vi le leu verdeier,
     824  Si iert en maint leu encisiee
    1321  Mais en nul leu ne m'arestai
    1370  E, por le leu garder de chaut,
    1412  Dou leu plaisant e delitable;
    1423  Que la beste en bon leu se mete
    1425  En un trop bel leu arivai
    1650  Onques si bel nul leu ne crurent;
    1993  E la clef soit en leu d'ostages."
    2241  En un seul leu tot ton cuer mis,
    2248  Qui en un leu met son cuer tot;
    2249  Por ce vueil qu'en un leu le metes.
    2483  Quant j'ai mis mon cuer en tel leu
    3564  E ot un voile en leu de guimple
    3673  Il ot, en leu de chevecel,
                            027
```

leus
```
     478  Car li leus d'oisiaus herbergier
     480  Onc mais ne fu nus leus si riches
     637  Tant estoit li leus delitables
     740  De chanter en toz leus premiere,
     893  S'i ot par leus entremellees
    1383  Il ot par leus cleres fontaines,
    1400  Li leus, qui estoit de tel aire
    1550  E tel force ont que toz li leus,
    2245  Qui en mainz leus son cuer depart,
    3036  L'a il ja en cent leus retraite.
                            010
```

leva
```
    3529  Qui se leva en esfreor
    3731  Lors leva li vilains s'aumuce,
                            002
```

levai
```
      89  De mon lit tantost me levai,
                            001
```

levasse
```
    2500  Car, s'il fust jorz, je me levasse.
                            001
```

levee
```
    3531  E quant ele se fu levee,
                            001
```

levez
```
    3502  E coment li murs fu levez
    3692  Levez tost sus, e si bouchiez
                            002
```

levoient
```
    3367  Qui amont droites se levoient
                            001
```

levres
```
    3465  Car les levres sont vermeillettes
                            001
```

lez (ADJ.)
```
     810  Par espaules fu auques lez,
    3817  Si est autant lons come lez.
                            002
```

lez (PREP.)
```
    1684  S'iert arestez lez un fier;
    1802  Lez la haie m'estut remaindre
    2369  Lez li, con fos e entrepris.
    2769  Quant je ne vi lez moi nului.
    2877  Lez le bouton, qu'il m'a donee,
                            005
```

lez (SUBST.)
```
    1225  Pris a Franchise lez a lez.
    1225  Pris a Franchise lez a lez.
    3818  Les torneles sont lez a lez,
    3818  Les torneles sont lez a lez,
                            004
```

li (ART.)
```
      18  Car li plusor songent de nuiz
      30  Si con li songes recensoit
      35  Coment je vueil que li romanz
      37  Ce est li Romanz de la Rose,
      53  Li bois recuevrent lor verdure,
      67  Li oisel, qui se sont teü
      74  Li rossigniaus lores s'esforce
      77  Li papegauz e la calandre
     266  Que de li Deu e la gent venche.
     298  Car li esmais e la destrece
     299  E la pesance e li enuiz
     361  Li Tens qui s'en vait nuit e jor,
     373  Li Tens qui ne puet sejorner
     377  Li Tens vers cui neienz ne dure,
     380  Li Tens qui toute chose mue,
     383  Li Tens qui envieilli noz peres,
     387  Li Tens, qui tot a en baillie
     446  Se li tens fust un poi divers,
     467  Hauz fu li murs e toz carrez,
     478  Car li leus d'oisiaus herbergier
     486  Toz li monz s'en doit esjoïr.
     490  Se li passages fust delivres,
     530  Li entriauz ne fu pas petiz,
     539  Li cos fu de bone moison,
     595  Quant li arbre furent creü
     617  Si sont li compaignon Deduit,
     623  Puis que Deduiz, li biaus, li genz,
     623  Puis que Deduiz, li biaus, li genz,
```

li (ART.)   (CONT.)

637	Tant estoit li leus delitables	1863	Se li douz oignemenz ne fust:
676	Li oiselet, qui aprentif	1869	Li oignemenz mout me valut;
702	Aloient li oisel faisant;	1963	Li felon, plein de fausseté,
705	Li un en haut, li autre en bas.	1985	Li cuers est vostres, non pas miens,
705	Li un en haut, li autre en bas.	2021	Se li servises n'atalente
741	Car chanters estoit li mestiers	2053	Li maistres pert sa poine toute
749	Si chantoit li uns rotruenges,	2054	Quant li deciples qui escoute
750	Li autres notes loherenges,	2057	Li deus d'Amors lors m'encharja,
866	Li deus d'Amors, cil qui depart	2062	Que li romanz des or amende;
873	Li deus d'Amors de la façon	2093	Tant con Gauvains, li bien apris,
910	Li uns des ars si fu d'un bois	2181	Il est ensi que li amant
911	Don li fruiz est mal savorez.	2186	Or est li amanz en ses jeus,
915	Li autres ars fu d'un plançon	2213	Il avient bien que li amant
937	E cele ou li meillor penon	2258	Doit estre granz li guerredons.
959	Li fust estoient e li fer	2311	Ce don li cuers a tel talent.
959	Li fust estoient e li fer	2353	Li feus si est ce qu'il remire
973	Li uns des ars, qui fu hisdeus	2395	Si te fremira toz li sans;
989	Li deus d'Amors se fu bien pris;	2402	Tant seras vers li vergondeus.
1027	Tuit li graignor e li menor	2410	Li traïtor felon mortel.
1027	Tuit li graignor e li menor	2418	C'est li contenz qui toz jorz dure:
1032	Car toz li mondes la cremoit;	2487	Que d'autre li deduiz entiers.
1033	Toz li monz iert en son dangier.	2542	Ainz que li jorz soit esclairiez.
1040	Loent les genz li losengier,	2595	Li deus d'Amors lors me respont
1047	Li losengier par lor losenges,	2602	Li bien don l'en a mal eü.
1076	Miauz que trestoz li ors de Rome.	2628	E fait que li amant vivaint.
1077	D'une autre pierre iert li mordanz,	2643	Li premiers biens qui solaz face
1083	Li clou furent d'or esmeré	2644	Ceus que li laz d'Amors enlace,
1090	Li cercles fu d'or fin recuit;	2647	Quant li amanz plaint e sospire,
1107	Durement li vis e la face,	2671	Li autres biens est Douz Parlers,
1162	Li ors qu'en done e li argenz.	2717	Li tierz biens vient de regarder,
1162	Li ors qu'en done e li argenz.	2726	Li ueil quant Damedeus lor montre
1248	Li chevaliers fu biaus e genz,	2733	E quant li ueil sont en deduit,
1276	Li vallez fu juenes e biaus,	2736	Ainz vuelent que li cuers s'esjoie,
1292	Car tuit li plusor s'en aloient	2738	Car li ueil, con droit messagier,
1304	E li deus d'Amors apela	2742	Que li cuers oblit ses dolors
1313	Li deus d'Amors tantost de loing	2747	Les tenebres ou li cuers gist
1323	Li vergiers par compasseüre	2749	Car li cuers de rien ne se diaut
1354	Refu pueplez toz li jardins,	2750	Quant li ueil voient ce qu'il viaut.
1365	Mais li arbre, ce sachiez, furent	2779	Li rosier d'une haie furent
1367	Li uns fu loing de l'autre assis	2829	En un destor fu li cuverz,
1369	Mais li rain furent lonc e haut,	2833	Ne fu mie seus li gaignons,
1372	Que li solauz en nes une eure	2837	Li miauz vaillanz d'aus si fu Honte;
1385	Cui li arbre faisoient ombre,	2868	Car li frans, li bien afaitiez
1400	Li leus, qui estoit de tel aire	2868	Car li frans, li bien afaitiez,
1420	E li deus d'Amors m'a seü,	2920	Atant saut Dangiers li vilains
1422	Con li venierres qui atent	2948	E li vilains crole la teste,
1438	Se mori li biaus Narcisus.	2968	Par poi que li cuers ne me part
1465	Quel duel ont li leial amant	2981	Li ueil qui en son chief estoient
1479	Que li pins de ses rains covroit,	3025	Dangiers li fel a guerreier
1511	Quant li escriz m'ot fait savoir	3041	C'est li maus qui amors a non,
1543	Quant li solauz, qui tot aguiete,	3059	Li cuers que tu as trop volage
1549	Si sont li cristal merveilleus	3417	Tant que li pressoirs soit estroiz.
1550	E tel force ont que toz li leus,	3418	Adès me tarda li otroiz
1555	Ausi con li miroers montre	3502	E coment li murs fu levez
1560	Que li cristal, senz decevoir,	3503	E li chastiaus riches e forz,
1571	C'est li miroers perilleus,	3526	Tant parla li gloz folement
1572	Ou Narcisus li orguilleus	3573	Ce n'est ore pas li premiers;
1580	Cil miroers, car li plus saive,	3646	Toz li maigres dou cul lor tremble.
1581	Li plus preu, li miauz afaitié	3731	Lors leva li vilains s'aumuce,
1581	Li plus preu, li miauz afaitié	3761	Des or est mout changiez li vers,
1584	Ici se changent li corage,	3769	E bien sachiez que tuit li membre
1588	Car Cupido, li fiz Venus,	3806	Li maçon sor les fossez font
1647	Mais li bouton durent tuit frois	3810	Li fondemenz tot a mesure
1666	E par desus siet li boutons	3814	Li murs si est si compassez
1681	Li deus d'Amors, qui, l'arc tendu,	3824	Don li murs est espès e hauz.
1701	Li cuers me faut, li cuers me ment:	3838	Li murs ne doit pas faire faute
1701	Li cuers me faut, li cuers me ment:	3851	Sont li rosier espès planté
1731	Li veoirs senz plus e l'olors	3918	Don li uis est si bien barrez
1753	E quant li maus plus m'angoissoit,	3945	Trop sont li rosier clos forment;
1762	Mais li archiers, qui mout s'esforce	3967	Quant li espi doivent florir,
1782	Mais li archiers me respoente,	4013	Se li cors en prison remaint,
1818	Li deus d'Amors, qui tot despiece	4014	Gardez au moins que li cuers m'aint:
1859	Mais li oignemenz s'espandi	4019	Faites li engrestié encontre;

174

li   (PRON.)
  212   Delez li pendoit uns mantiaus
  221   Car sachiez que mout li pesast
  240   Nule rien ne li puet tant plaire
  244   Ice li plaist mout a veoir.
  256   N'ele n'a parent, tant li teigne,
  306   Je cuit que nus ne li seüst
  307   Faire rien qui li peüst plaire;
  331   Il ne li tenoit d'envoisier
  434   A li e as siens iert la porte
  578   E si li demandai coment
  621   Je li dis lores: "Dame Oiseuse,
  734   A chanter merveilles li sist,
  829   Li ot s'amie fait chapel
  830   De roses, qui mout li sist bel.
  835   De s'amor li dona l'otroi.
  842   Que l'en li peüst toute fendre
  865   A li se tint de l'autre part
  994   En li ot mout de bones toiches:
 1008   Qui li batoient as talons.
 1020   Qui a li ne as siens mesfaire
 1029   Tuit beoient a li servir
 1030   Por l'amor de li deservir;
 1108   E entor li toute la place.
 1125   Qu'el li donoit autant deniers
 1136   E Deus li faisoit foisoner
 1150   Qui tant li griet come avarice;
 1170   Mais ce ne li seoit pas mal
 1174   Li blancheioit la char alise.
 1207   Que, se nus por li mal traisist,
 1208   S'el ne li aidast, el crainsist
 1238   Onc ne fu nus par li laidiz,
 1245   A li se tint uns chevaliers
 1268   Ses amis fu de li privez
 1270   Toutes les foiz qu'il li plaisoit,
 1306   N'a or plus cure qu'il li gart
 1308   Li a comandé l'arc a tendre
 1310   Tot maintenant l'arc li tendi,
 1311   Si li bailla, e cinc saietes,
 1443   Qu'il li covint a rendre l'ame;
 1447   Qu'ele li dist qu'il li donroit
 1447   Qu'ele li dist qu'il li donroit
 1451   Si ne la li vost otreier,
 1477   Qui li ot tolue l'aleine.
 1491   Que Narcisus li ot mené.
 1492   Bien li fu lors guerredoné;
 1951   A li servir e enorer,
 2193   Ce qu'il set qui miauz li avient,
 2355   Quant il se tient de li plus près,
 2367   N'eüs de li araisoner,
 2369   Lez li, con fos e entrepris.
 2420   Toz jorz li faut, ja en pais n'iert.
 2486   Car miauz vaut de li uns regarz
 2534   Tel mal por li, se mout n'est dure.
 2560   Un garnement li done tel
 2565   Quant cil qui sont de li privé
 2566   Li conteront qu'il t'ont trové
 2582   Je li ai lores demandé:
 2615   Esperance confort li livre,
 2622   E cuer e talent li aporte
 2624   Esperance li fait sofrir
 2653   Que Esperance li promet;
 2654   E après au devant li met
 2659   Si li plaist mout quant il li membre
 2659   Si li plaist mout quant il li membre
 2663   Li membre ou d'une bele chiere
 2664   Que fait li a s'amie chiere.
 2697   Tot ton estre li conteras
 2698   E conseil li demanderas
 2851   Qui nuit e jor sovent li emble
 2857   E li preta, a sa requeste,
 2898   Lors li ai dit: "Sachiez, biaus sire,
 2933   Vos li cuidiez bonté faire
 2992   E li dona tel avantage

 3053   Qui joie en a, petit li dure,
 3112   Si li desclos l'encloeüre
 3138   Je lo que vos li requeroiz
 3141   E li metez bien en covent
 3143   Ne feroiz rien qui li desplaise;
 3226   Se je li tieng bien son covent;
 3228   Que n'ai talent que li mesface;
 3249   Franchise, e avuec li Pitié.
 3272   De li faire enui e grevance?
 3297   Bel Acueil li avez toloite,
 3302   Quant Bel Acueil li est failliz.
 3303   Por quoi li faites nul contraire?
 3304   Trop li faisoit Amors mal traire.
 3309   Sofrez que Bel Acueil li face
 3327   E li a dit cortoisement:
 3384   Une chose li ai requise
 3439   E si n'ot point en li d'orgueil.
 3441   Si li a comencié a dire:
 3445   Ne li deüst estre veez,
 3459   Se le baisier li otreiez;
 3552   Por moi e li avilenir."
 3579   L'en li a sofert a atraire
 3585   Qui est sa mere, li enseigne
 3641   Qu'onques mot ne li osa dire,
 3657   Si li montron bien e dison
 3677   Qui le laidenge e li cort seure:
 3751   Miauz li vendroit estre a Pavie.
 3893   Vait il e vient quant il li siet,
 3942   Li a doné grant reconfort;
 3944   Li emblent rose ne bouton:
                103

lices
 3862   Hors des fossez a unes lices
                001

lie
 3375   E Amors plus e plus me lie
                001

lié
   71   Si lié qu'il montrent en chantant
                001

liee
  245   Ele est trop liee en son corage
                001

lier
 1971   E te vueil si a moi lier
 3542   Certes, je te ferai lier,
                002

lieve
 3966   Une male nue qui lieve
                001

liez
  634   Je fui liez e bauz e joianz;
 1944   Mout liez don tu as si bon maistre
                002

lignage
  246   Quant el voit aucun grant lignage
 1130   El fu dou lignage Alixandre,
 1176   Tint un chevalier dou lignage
 2839   Son parenté e son lignage,
                004

ligñuel
  565   Cousue a ligñuel tot entor.
                001

lionciaus
   882   A oiselez, a lionciaus,
           001

lis
  1001   E blanche come flor de lis.
           001

lisanz
   370   Sel demandez as clers lisanz;
           001

lit
    89   De mon lit tantost me levai,
  2425   Tu te coucheras en ton lit,
  2492   Trop ai en cest lit sejorné;
  2509   Sofrir en ton lit de veillier,
  2531   Ne puez en lit por s'amitié:
           005

live
  1104   Conduire d'une live loing.
           001

livre (SUBST.)
  1599   Parlé en romanz e en livre;
  2607   Conter en romanz ne en livre;
           002

livre (V.)
  2615   Esperance confort li livre,
           001

livres
   489   Que n'en preïsse pas cent livres,
           001

livrez
  2956   Si voi que livrez est mes cors
  3949   Sui livrez a duel e a poine.
           002

lo
  2528   Ce te lo je bien e conseille
  2686   Or te lo e vueil que tu quieres
  2720   Mais je te lo que tu te teignes
  3138   Je lo que vos li requeroiz
           004

lobe
  1054   Nou tenez ore pas a lobe;
           001

lober
  3184   Ja ne vos quier de ce lober,
           001

lobes
     8   Qui ne tint pas songes a lobes,
           001

loé
  3114   Si come Amors m'avoit loé,
           001

loent
  1040   Loent les genz li losengier,
           001

loer
  3093   Je me vueil loer ou blasmer,
           001

loez
   290   Ou amez ou loez de genz.
           001

Lohereine
   751   Por ce qu'en fait en Lohereine
           001

loherenges
   750   Li autres notes loherenges,
           001

loier
  2476   En un loier assez menor.
           001

loignet
   453   Des autres fu un poi loignet;
           001

loing
   946   El n'estoit pas d'aler loing prete;
  1104   Conduire d'une live loing.
  1313   Li deus d'Amors tantost de loing
  1366   Si loing a loing come estre durent:
  1366   Si loing a loing come estre durent:
  1367   Li uns fu loing de l'autre assis
  3200   Loing de mes roses toutesvoies.
           007

lointaigne
  2300   Que t'amie t'est trop lointaigne;
           001

lointaignes
  2719   A ceus qui ont amors lointaignes;
           001

lointiens
  2313   Quant de mon cuer sui si lointiens;
           001

loisir
   452   Grant loisir avoit de trembler.
  3765   Car je n'avrai jamais loisir
           002

lonc (ADJ.)
  1195   Ançois ot nés lonc e traitiz,
  1369   Mais li rain furent lonc e haut,
           002

lonc (SUBST.)
  1325   S'ot autant de lonc con de large.
           001

longe
  3578   Bel Acueil a trop longue longe;
           001

longue
   695   Senz longue fable vos vueil dire;
  1411   Ne vos tendrai pas longue fable
  3578   Bel Acueil a trop longue longe;
           003

longuement
   230   Qu'el demorast mout longuement
  1702   Pasmez jui iluec longuement;
  3229   Ainz me sui penez longuement
           003

longues
  3790   Longues pensees senz dormir,

longues (CONT.)
001

longuet
  916 Longuet e de gente façon;
001

lons
  540 Gros assez e lons par raison,
  801 Deduiz fu biaus e lons e droiz:
 1007 Les cheveus ot blondez e lons,
 1197 S'ot les cheveus blondez e lons;
 3817 Si est autant lons come lez.
005

lor   (ADJ.)
   53 Li bois recuevrent lor verdure,
   72 Qu'en lor cuers a de joie tant
  185 Qui maintes foiz par lor faveles
  187 Lor droites eritez tolues.
  406 Bien savez que c'est lor nature.
  436 Car iceste gent font lor vis
  485 De lor piteus chant a oïr;
  660 En lor bel chanter se delitent.
  673 Qui, por lor voiz qu'eles ont saines
  704 Chantoient en lor serventois,
  706 De lor chant, n'estoit mie gas,
  979 Lor force ne lor poesté;
  979 Lor force ne lor poesté,
 1042 Mais lor losenges les genz poignent
 1047 Li losengier par lor losenges,
 1052 Car nus prodon n'aime lor vie.
 1281 Qui estoient de lor maisnies;
 1293 O lor amies ombreier
 1379 Toute jor hors de lor tesnieres,
 1558 E lor color e lor figure,
 1558 E lor color e lor figure,
 1642 Qui se traient a lor saison
 1856 E por lor maus miauz deporter.
 2406 Mais faus amant content lor verve
 3209 Dangiers, qui fait a mainz lor bon
 4049 E faire tant par lor favele
 4050 Qu'il vos traient a lor cordele,
027

lor   (PRON.)
   73 Qu'il lor estuet chanter par force.
  440 Qui lor toudra Deu e son reine.
  729 E une dame lor chantoit,
  972 Mout par lor estoit covenables
 1968 Je lor voudrai chierement vendre.
 2214 Doignent dou lor plus largement.
 2609 Les amanz, qu'il lor est mestiers.
 2645 C'est Douz Pensers, qui lor recorde
 2726 Li ueil quant Damedeus lor montre
 2730 Ne lor doit mie mescheoir:
 3620 Certes je lor clorrai la voie
 3637 Mar lor fist onques bel semblant."
 3646 Toz li maigres dou cul lor tremble.
013

lores
   74 Li rossigniaus lores s'esforce
  621 Je li dis lores: "Dame Oiseuse,
  685 E lores soi je bien e vi
  796 A regarder lores me pris
 1777 En mon seant lores m'assis,
 1959 Il m'a lores requis ostages:
 2074 Vos sera lores toute aperte
 2318 Lores te metras a la voie
 2325 Lores seras a grant meschief
 2582 Je li ai lores demandé:
 3349 Il m'a lores par la main pris
 3561 Honte s'est lores avant traite,

lores (CONT.)
012

loriers
 1289 E remirer ces biaus loriers,
 1353 De granz loriers e de hauz pins
002

lors
   59 Lors devient la terre si gobe
   76 Lors se deduit e lors s'envoise
   76 Lors se deduit e lors s'envoise
   78 Lors estuet juenes genz entendre
   87 Lors m'iere avis en mon dormant
   91 Lors trais une aguille d'argent
   99 M'en vois lors toz seus esbatant,
  126 Lors m'en alai par mi la pree,
  279 Lors vi qu'Envie en la pointure
  513 Lors m'en alai grant aleüre,
  597 Fist Deduiz lors tot entor faire;
  631 Lors entrai, senz plus dire mot,
  639 Car, si come lors m'iert avis,
  714 Lors m'en alai tot droit a destre,
  743 Lors veïssiez querole aler
  783 Cortoisie lors m'apela:
 1287 J'oi lors talent que le vergier
 1482 Se mist lors por boivre dedenz,
 1489 Lors se sot bien Amors vengier
 1492 Bien li fu lors guerredoné
 1514 Je me trais lors un poi en sus;
 1546 Lors perent colors plus de cent
 1619 E lors m'en prist si grant envie
 1696 E lors me prist une froidor,
 1710 Je pris lors a deus mains la floiche
 1733 Je me començai lors a traire
 1793 Je me sui lors en piez dreciez,
 1864 Lors ai a moi tiré le fust,
 1881 Lors est tot maintenant venuz
 1999 Lors a de s'aumosniere traite
 2008 Lors la me toucha au costé,
 2057 Li deus d'Amors lors m'encharja,
 2267 Lors te vendront les aventures
 2275 Lors te vendront sospir e plaintes,
 2301 Lors diras: 'Deus! Con sui mauvais
 2377 Lors te prendras a demaler,
 2394 Lors t'estovra color muer,
 2416 Lors reseras en grant martire.
 2424 Lors avras plus de mil enuiz.
 2433 Lors te vendra en remembrance
 2442 Lors feras chastiaus en Espaigne
 2448 Lors comenceras a plorer,
 2510 Lors t'estovra apareillier,
 2513 Lors t'en iras en recelee,
 2595 Li deus d'Amors lors me respont
 2703 Lors vaudra miauz la compaignie;
 2741 E por la joie covient lors
 2853 Lors requist a Raison sa fille.
 2883 Lors ai pris cuer e hardement
 2898 Lors li ai dit: "Sachiez, biaus sire,
 2907 Lors s'est Bel Acueil esfreez,
 2951 Lors s'en est Bel Acueil foïz,
 2976 Lors est de sa tor devalee,
 3107 Lors me porpensai que j'avoie
 3296 Des lors en ça que l'acointance
 3317 Lors ne pot plus Dangiers durer,
 3325 Lors est a Bel Acueil alee
 3332 Des lors que vos ne le veïstes;
 3342 Lors le m'a Franchise enveié.
 3521 Male Bouche des lors en ça
 3535 Lors l'a par parole assailli:
 3712 Lors a après parlé Peors,
 3731 Lors leva li vilains s'aumuce,
 3755 Lors s'est Dangiers en piez dreciez,
064

los
        438   Por avoir los par mi la vile,
       1044   Qu'il abaissent des bons les los
       1139   Mout ot Largece pris e los;
       2194   Car los e pris e grace en vient.
       3709   Si avroiz mais par tot le los
                         005

losengeor
       2408   Icil sont fort losengeor :
       4044   Quant je sai que losengeor
                         002

losenges   (LOSENGES)
        881   A losenges, a escuciaus,
                         001

losenges   (FLATTERY)
       1042   Mais lor losenges les genz poignent
       1047   Li losengier par lor losenges,
       3539   Bien pert que tu croiz les losenges
                         003

losengier   (SUBST.)
       1034   A sa cort ot maint losengier,
       1040   Loent les genz li losengier,
       1047   Li losengier par lor losenges,
       1051   Icil losengier plein d'envie!
       3569   Male Bouche le losengier:
                         005

losengier   (V.)
       1039   Par devant, por aus losengier,
       1890   Vers celui qu'il doit losengier
       2553   Il dient, por eus losengier,
                         003

lui   (PRON.)
        153   A senestre avoit delez lui;
        275   Abatre ne lui desprisier,
        837   A la querole, e ele lui;
       1181   Que l'en conte de lui les contes
       1446   E fu por lui si mal menee
       1668   L'odor de lui entor s'espant:
       1952   Dedenz lui ne puet demorer
       2692   Tu iras a lui por confort,
       2710   E tu a lui e il a toi.
       2836   E avuec lui Honte e Peor.
       2843   Qu'onques a lui Raison ne jut,
       3111   A lui m'en vin grant aleüre,
       3115   E me plains a lui de Dangier;
       3118   Quant il me vit a lui parler
       3158   Je tin vers lui la teste encline,
       3220   Atant ai pris de lui congié.
       3231   Por lui acointier e atraire;
       3273   Avez vos guerre a lui emprise
       3333   Or pensez de lui conjoïr,
       3448   Si a en lui assez biauté,
       3457   S'ele faisoit de lui dangier.
       3460   Mout iert en lui bien empleiez,
       3469   Que uns baisiers lui soit greez.
       3470   Donez lui, se vos m'en creez,
       3593   De lui garder e chastier,
       3632   As garçons, qui, por lui honir,
       3872   Avuec lui, au mien escient,
       3921   A avuec lui, por lui gaitier,
       3921   A avuec lui, por lui gaitier,
       3934   Que la vieille en lui n'aperçoive
       3997   Est toute en lui e en la rose,
                         031

lui   (V.)
        154   Son non desus sa teste lui :
                         001

luisant
       1241   Le vis avoit cler e luisant:
                         001

luisanz
       1312   Forz e luisanz, de traire pretes.
                         001

lumiere
       2744   Tot autresi con la lumiere
                         001

lune
        996   Ainz fu clere come la lune,
                         001

Luxure
       3606   Car Luxure reine par tot;
                         001

m   (ADJ.)
       2462   Se je moroie es braz m'amie.
       2466   De m'amie enterine joie.
       3334   Se de m'amor volez joïr,
                         003

m   (PRON.)
         14   Qui ce voudra, por fol m'en teigne;
         23   Des juenes genz, couchiez m'estoie
         45   Avis m'iere qu'il estoit mais,
         87   Lors m'iere avis en mon dormant
         99   M'en vois lors toz seus esbatant,
        104   Vers une riviere m'adrece
        116   Si m'abelissoit e seoit
        126   Lors m'en alai par mi la pree,
        487   Je endroit moi m'en esjoï
        513   Lors m'en alai grant aleüre,
        525   Adonc m'ovri une pucele,
        575   Quant ensi m'ot l'uis desfermé
        619   Quant Oiseuse m'ot ce conté,
        626   Ne m'iert pas, se je puis, emblee
        628   Veoir la m'estuet, car je cuit
        632   Par l'uis que Oiseuse overt m'ot,
        639   Car, si come lors m'iert avis,
        666   Mout durement m'en esjoï;
        686   Qu'Oiseuse m'avoit bien servi,
        687   Qui m'avoit en ce deduit mis;
        689   Quant ele m'avoit desfermé
        714   Lors m'en alai tot droit a destre,
        719   M'en entrai ou Deduiz estoit.
        783   Cortoisie lors m'apela:
        791   Mais sachiez que mout m'agrea
        940   Rot non, ce m'est avis, Simplece.
        987   M'estuet dire les contenances
       1011   Si m'aïst Deus, quant il me membre
       1233   La seue merci, m'apela
       1257   Me fist si grant qu'ele m'ovri
       1302   Si m'en alai seus esbatant
       1318   M'alai adès esbaneiant
       1321   Mais en nul leu ne m'arestai
       1330   Pomiers i ot, bien m'en sovient,
       1413   Orendroit m'en covendra taire,
       1420   E li deus d'Amors m'a seü,
       1511   Quant li escriz m'ot fait savoir
       1522   Por folie m'en esmaioie.
       1523   De la fontaine m'apressai,
       1524   Quant je fui près, si m'abaissai,
       1607   Mais de fort eure m'i mirai.
       1609   Cil miroers m'a deceü.
       1612   Ne m'i fusse ja embatuz,
       1619   E lors m'en prist si grant envie
       1623   Quant cele rage m'ot sorpris,
       1628   M'entra jusques en la coree,
       1649   Icil bouton mout m'abelurent:

m (PRON.) (CONT.)

1673 Ainz m'aprochasse por le prendre,
1676 M'en aloient mout esloignant;
1694 Que par mi l'ueil m'a ou cuer mise
1707 Mais la saiete qui m'ot point
1730 Il m'eüst rendue la vie.
1732 M'alejoit mout de mes dolors.
1743 Si que par l'ueil ou cuer m'entra
1753 E quant li maus plus m'angoissoit,
1757 Si m'en venist miauz reüser,
1764 Ne m'i lait pas aler senz poine;
1765 Ainz m'a fait, por miauz afoler,
1777 En mon seant lores m'assis,
1781 Vers le bouton qui m'atalente.
1795 E m'esforçai mout de marchier,
1802 Lez la haie m'estut remaindre
1808 E durement m'abelissoit
1836 Car en la fin, ce m'est avis,
1838 Je ne m'en puis par el partir.
1858 Si m'a ou cuer grant plaie faite;
1861 Le cuer qui m'estoit toz failliz.
1876 Qu'el m'a aidié e m'a neü.
1876 Qu'el m'a aidié e m'a neü.
1879 D'une part m'oint, d'autre me cuit,
1880 Ensi m'aïde, ensi me nuit.
1883 En ce qu'il vint si m'escria:
1912 Se vostre main, qui m'a navré,
1916 Ne m'en tieng pas a engigniez;
1922 Je ne m'en puis de rien doloir;
1927 Mais il m'a par mi la main pris,
1959 Il m'a lores requis ostages
1964 M'ont par maintes foiz bareté.
1966 Mais il savront come il m'en poise:
1977 "Sire," fis je, "or m'entendez:
1981 Que mon cuer m'avez si toloit
1995 Respont Amors, "Je m'i acors:
2045 Voz comandemenz m'enchargiez,
2057 Li deus d'Amors lors m'encharja,
2075 Quant espondre m'orroiz le songe,
2314 Si m'aïst Deus, por fol m'en tiens.
2314 Si m'aïst Deus, por fol m'en tiens.
2456 Mais ce m'a mort que poi me dure.
2489 Orendroites, si Deus m'aïst;
2497 Mout m'enuie certes e grieve
2581 Quant Amors m'ot ce comandé,
2585 Les maus que vos m'avez contez?
2592 Si m'aïst Deus, mout me merveil
2596 E ma demande bien m'espont:
2681 Si m'aïst Deus, il m'a guerie
2681 Si m'aïst Deus, il m'a guerie
2682 Qui m'en parole, quoi qu'il die.'
2751 Or t'ai, ce m'est vis, declaré
2765 Tot maintenant que Amors m'ot
2794 Cil m'abandona le passage
2804 Ja ne m'en quier faire plaidier,
2817 Vers le bouton m'en vois errant
2820 Si vos di que mout m'agrea
2823 Bel Acueil m'ot mout bien servi
2877 Lez le bouton, qu'il m'a donee,
2885 Amors m'avoit pris e navré:
2896 Que ja ne m'en feroiz doloir
2901 Il m'a ou cuer cinc plaies faites,
2911 Vos m'avriez bien assoté
2964 De la poine qu'il m'avoit dite.
3043 Folie, si m'aïst Deus, voire!
3091 Qu'Amors m'eüst de fausseté
3095 Si m'enuie qui me chastie."
3106 Ce m'osteroit de grant torment.
3111 A lui m'en vin grant aleüre,
3114 Si come Amors m'avoit loé,
3124 Il ne m'a mie espoenté,
3147 Qu'il m'a auques reconforté,
3154 Por ce qu'il m'ot veé le pas
3173 Vostre ire, qui trop m'espoente,

3191 E si le m'a il pardoné
3203 Ensi m'otreia ma requeste,
3246 Tant m'oïe dementer ne plaindre.
3248 Atant es vos que Deus m'amoine
3257 E dist: "Dangiers, si Deus m'ament,
3293 Avis m'est que vos le grevez
3342 Lors le m'a Franchise enveié.
3349 Il m'a lores par la main pris
3351 Que Dangiers m'avoit chalongié.
3353 Or sui cheoiz, ce m'est avis,
3362 Par amont; si m'abelissoit
3374 Toz m'esbaï de la merveille:
3395 "Amis," fait il, "si Deus m'aïst,
3396 Se Chasteé ne m'enhaïst,
3402 A nul amant qui m'en semoigne,
3468 Bien est, ce m'est avis, mesure
3470 Donez lui, se vos m'en creez,
3475 M'otreia un baisier en dons,
3481 Car une odor m'entra ou cors
3489 S'il m'en sovient, que je ne soie
3506 Ja parece ne m'iert d'escrivre,
3509 Qui le guerredon m'en rendra
3548 Si m'est avis qu'ele secort
3560 Por la riote qui m'enuie.
3600 Jamais ne m'en quier retarder."
3618 Se je ne m'en prenoie garde.
3619 Mestiers est que je m'en porvoie.
3746 J'ai fait que fos, bien m'en recors,
3764 Mort m'a qui si l'a fait iraistre,
3780 Que a consirrer m'en covient,
3796 M'a porchaciee ceste sausse.
3869 Si m'est avis que Dangiers porte
3953 Les biens que il m'avoit pretez;
3972 E m'esperance e m'atendue,
3972 E m'esperance e m'atendue,
3973 Qu'Amors m'avoit tant avancié
4014 Gardez au moins que li cuers m'aint:
4024 Je m'en tendroie a bien paiez.
4034 Ainz me poise, si Deus m'aïst,
4054 Que entroblié ne m'aiez,
    160

ma
 985 Or revendrai a ma parole:
1633 En ma main, por l'odor sentir;
1704 E j'oi mon sen e ma raison,
1724 Ne de ma plaie ou trover mire,
1729 Se je l'eüsse en ma baillie,
1832 Car ma dolor croist e empire
1907 Car ma vie est en vostre main:
2024 Puis que mis t'es en ma menaie,
2596 E ma demande bien m'espont:
2773 Tot mon cuer mis e ma beance,
2905 Ce est ma mort, ce est ma vie,
2905 Ce est ma mort, ce est ma vie,
2955 De ma folie me recors,
2967 De ma dolor la quarte part;
3028 Envers que de ma fille Honte,
3084 Qu'il n'est mais a ma volenté;
3152 De ma pais faire covoiteus;
3169 Je vueil miauz sofrir ma mesaise
3203 Ensi m'otreia ma requeste,
3597 De ma folie me repens;
3752 Jamais a nul jor de ma vie
3783 E a mes iauz e a ma bouche,
3996 Car ma joie e ma guerison
3996 Car ma joie e ma guerison
4039 Quant il me membre de ma perte,
    025

maçon
3800 Ou païs ne remest maçon
3806 Li maçon sor les fossez font
    002

141

Macrobes
        7   Un auctor qui ot non Macrobes,
            001

mai
       47   Qu'en mai estoie, ce sonjoie,
       51   Qui en mai parer ne se vueille
       70   Sont en mai, por le tens serin,
       81   Mout a dur cuer qui en mai n'aime,
      571   Mout avoit bon tens e bon mai,
     3000   Mar veïs le bel tens de mai
            006

maigre
      199   Cele image, e maigre e chaitive,
      206   E avuec ce qu'ele iere maigre,
      302   E maigre e pale devenir.
            003

maigrece
      297   De paleté ne de maigrece;
            001

maigres
     3646   Toz li maigres dou cul lor tremble.
            001

main
      227   Avarice en sa main tenoit
      423   En sa main un sautier tenoit;
      557   En sa main tint un miroer;
      924   Il en tint cinc en sa main destre;
     1109   Richece tint par mi la main
     1633   En ma main, por l'odor sentir;
     1674   Se j'i osasse la main tendre;
     1907   Car ma vie est en vostre main:
     1912   Se vostre main, qui m'a navré,
     1927   Mais il m'a par mi la main pris,
     2832   Qu'il voit as roses la main tendre.
     3157   En sa main un baston d'espine.
     3349   Il m'a lores par la main pris
     3425   En sa main destre, don la flame
     3757   En sa main a un baston pris
     3882   A main senestre, devers bise.
            016

mains
       90   Chauçai moi e mes mains lavai.
      189   Avoit les mains icele image :
      562   E, por garder que ses mains blanches
     1710   Je pris lors a deus mains la floiche
     1854   Amors l'avoit fait a ses mains,
     1955   Atant devin ses on mains jointes.
     2166   Lave tes mains, tes denz escure,
     2289   Senz piez, senz mains, senz doiz croler
            008

maint (ADJ.)
      317   En maint leu l'avoit desciriee,
      746   E maint bel tor sor l'erbe fresche.
      824   Si iert en maint leu encisiee
     1034   A sa cort ot maint losengier,
     1035   Maint traïtor, maint envieus:
     1035   Maint traïtor, maint envieus:
     1187   Maint vert hiaume i ot descerclé
     1188   E percié maint escu boclé,
     1189   E maint chevalier abatu
     1339   Maint fier e maint biau datier;
     1339   Maint fier e maint biau datier;
     1579   Maint vaillant ome a mis a glaive
     1598   Don plusor ont en maint endroit
     1614   Qui maint ome a pris e traï.
     1624   Don maint autre ome ont esté pris,
     1738   Qui maint ome par mi le monde

     3423   Qui a secoru maint amant.
     3571   E maint prodome a amusé.
            018

maint (PRON.)
      179   Qu'en la fin maint en covient pendre;
     2474   Maint plus preu e plus alosé
     3055   Car je voi que maint s'en travaillent
            003

mainte
      745   E faire mainte bele tresche
     1186   Mainte joste e mainte envaïe;
     1186   Mainte joste e mainte envaïe;
     1341   Ou vergier mainte bone espice:
     1345   E mainte espice delitable
     1698   Sentie puis mainte friçon,
     1739   E mainte fame a fait amer.
     1965   D'aus ai oïe mainte noise;
     3426   A eschaufee mainte dame;
            009

maintenant
      718   Car maintenant en un reduit
     1102   Que, maintenant qu'il anuitoit,
     1305   Trestot maintenant Douz Regart.
     1310   Tot maintenant l'arc li tendi,
     1485   E cil maintenant s'esbaï,
     1542   Maintenant que vos l'entendroiz:
     1565   E s'il se tornent, maintenant
     1613   Car maintenant ou laz chaï
     1829   De mes plaies tot maintenant;
     1881   Lors est tot maintenant venuz
     2460   Que je morisse maintenant.
     2739   Tot maintenant au cuer envoient
     2765   Tot maintenant que Amors m'ot
     2816   Sui maintenant outre passez.
     3937   Tot maintenant que Jalosie
            015

mainteniez
     3290   Que vos ne mainteniez plus guerre
            001

maintenir
     1113   Maintenir mout se delitoit.
     1124   E ses despenses maintenir;
     2176   D'envoiseüre maintenir.
            003

maintes
        1   Maintes genz dient que en songes
       19   Maintes choses covertement
       64   E de maintes colors diverses,
      133   A maintes riches escritures.
      185   Qui maintes foiz par lor faveles
      522   E par maintes foiz escoutai
      603   Maintes foiz por esbaneier
      887   Flors i avoit de maintes guises,
     1964   M'ont par maintes foiz bareté
     2276   Friçons e autres dolors maintes;
     2284   Or t'avendra maintes feiees
     2673   E a maintes dames secors,
     2685   Essaié en maintes manieres.
     3234   Il voit maintes foiz que je pleure
     3266   Qu'il en a poines maintes traites.
     3492   Soferz e maintes males nuiz
     3652   Maintes foiz est avris e mais
     3792   De teus dolors avrai je maintes,
     3854   E engins de maintes manieres:
            019

mainz (ADJ.)
      658   E mainz oisiaus qui par ces gauz

142

mainz (ADJ.)   (CONT.)
   1046 Mainz prodomes ont encusez
   1960 "Amis," fait il, "j'ai mainz omages
   2245 Qui en mainz leus son cuer depart,
   2672 Qui a fait a mainz bachelers
   3491 E neporquant j'ai mainz enuiz
   3512 De mainz amanz pense e devine,
                  007

mainz (PRON.)
    174 Prester mainz por la grant ardure
   3209 Dangiers, qui fait a mainz lor bon
                  002

mais (ADV.)
    114 Onques mais n'avoie veüe
    304 Ne fu mais ne n'ot si grant ire
    357 Qu'ele n'en avoit mais nes une.
    390 El ne se pooit mais aidier,
    398 Mais je cuit qu'el n'iere mais sage,
    476 Ne vit mais on, si con je cuit,
    480 Onc mais ne fu nus leus si riches
    667 Qu'onc mais si douce melodie
    773 Mais nul jor mais ne me queïsse
    859 A nul jor mais veü n'avoie
   1833 Si que je n'ai mais esperance
   3084 Qu'il n'est mais a ma volenté;
   3310 Des ore mais aucune grace:
   3485 Onques mais ne fui si aaise.
   3609 N'est mais Chasteé aseür,
   3651 De ce don nos ne poon mais.
   3690 La noise, qui mais n'en poon.
   3709 Si avroiz mais par tot le los
   3726 Qu'en vos n'a mais point d'engrestié.
   3943 El n'a mais garde que glouton
   4058 Que je n'ai mais aillors fiance.
                  021

mais (COMP.)
     46 Il a ja bien cinc anz ou mais,
                  001

mais (CONJ.)
      3 Mais l'en puet teus songes songier
     28 Mais en cel songe onques rien n'ot
    113 Mais qu'ele estoit plus espandue.
    216 Mais mout vil e de povre afaire,
    219 Mais Avarice dou vestir
    232 Mais el n'avoit de ce que faire:
    260 Mais sachiez bien qu'ele compere
    293 Mais bien paroit a sa color
    398 Mais je cuit qu'el n'iere mais sage,
    416 Mais soz ciel n'a male aventure
    501 Mais je ne poi onc encontrer
    699 Mais tot vos conterai en ordre,
    709 Mais quant j'oi escouté un poi
    717 Mais auques près trovai Deduit;
    764 Mais de ce ne fait a parler
    773 Mais nul jor mais ne me queïsse
    791 Mais sachiez que mout m'agrea
    876 Mais de sa robe devisier
    896 De roses; mais rossignolet,
    925 Mais mout orent ices cinc floiches
    930 Mais il n'i ot fer ne acier:
    947 Mais qui de près en vosist traire,
    952 Mais cil atent bone menaie
    978 Mais ne dirai ore pas toute
   1042 Mais lor losenges les genz poignent
   1091 Mais cil seroit bons devisierres
   1099 Mais devant ot par grant maistrise
   1155 Mais qui amis voudra avoir,
   1157 Mais par biaus dons amis aquiere;
   1166 Mais ele ot son col desfermé;
   1170 Mais ce ne li seoit pas mal

   1227 Mais biaus iert e genz s'il fust ores
   1236 Mais sage e entre, senz outrage,
   1265 Mais mout iert envoisiee e gaie,
   1321 Mais en nul leu ne m'arestai
   1365 Mais li arbre, ce sachiez, furent
   1369 Mais li rain furent lonc e haut,
   1386 Mais n'en sai pas dire le nombre.
   1399 Mais mout embelissoit l'afaire
   1417 Mais j'alai tant destre e senestre
   1428 Mais puis Charle ne puis Pepin
   1449 Mais cil fu, por sa grant biauté,
   1457 Mais, tot avant qu'ele morist,
   1519 Mais je me pensai qu'asseür,
   1540 Mais une chose vos dirai,
   1600 Mais jamais n'orroiz miauz descrivre
   1607 Mais de fort eure m'i mirai.
   1634 Mais peor oi dou repentir,
   1647 Mais li bouton durent tuit frois
   1675 Mais chardon agu e poignant
   1707 Mais la saiete qui m'ot point
   1715 Mais la saiete barbelee,
   1727 Mais vers le bouton me traioit
   1748 Mais la saiete remest enz.
   1758 Mais ne pooie refuser
   1762 Mais li archiers, qui mout s'esforce
   1775 Mais la saiete n'en poi traire
   1782 Mais li archiers me respoente,
   1785 Mais grant chose a en estovoir:
   1798 Mais espines i avoit tant,
   1805 Mais bel me fu que je estoie
   1817 Mais quant j'i oi esté grant piece,
   1847 Mais Amors a mout bien la pointe
   1859 Mais li oignemenz s'espandi
   1865 Mais la saiete est enz remese,
   1870 Mais toutesvoies me dolut
   1896 Mais rent toi pris, que je le vueil,
   1927 Mais il m'a par mi la main pris,
   1942 En moi servir, mais je te fais
   1966 Mais il savront come il m'en poise:
   2006 Mais ele est de mon escrin dame,
   2015 Mais mon servise recevez
   2019 Mais sergenz en vain se travaille
   2028 Mais espoir ce n'iert mie tost:
   2038 Mais, par mon chief, or i parra
   2047 Mais espoir, se je nes savoie,
   2133 Mais qui d'amors se viaut pener,
   2159 Mais au plus bel te doiz deduire
   2170 Mais ne te farde ne ne guigne:
   2243 Mais toz entiers, senz tricherie,
   2247 Mais de celui point ne me dot
   2250 Mais garde bien que tu nou pretes,
   2253 Mais done le en don tot quite,
   2257 Mais de chose donee en dons
   2310 Nenil, mais aillent visiter
   2387 Mais vers la gent très bien te cele,
   2406 Mais faus amant content lor verve
   2447 Mais poi i porras demorer.
   2456 Mais ce m'a mort que poi me dure.
   2465 Mais se tant fait Amors que j'aie
   2477 Mais, se, senz plus, d'un seul baisier
   2481 Mais fort chose est a avenir;
   2720 Mais je te lo que tu te teignes
   2763 Mais graignor, avras ça avant;
   2764 Mais je te doing a ja itant."
   2781 Mais je passasse la cloison
   2785 Mais assez tost peüst sembler
   2825 Mais uns vilains, qui grant honte ait,
   2844 Mais dou veoir Honte conçut.
   2890 Mais ne sai coment je la die,
   3062 Mais a l'issir a grant maistrise.
   3153 Mais la haie ne passai pas,
   3163 Mais or sui prez de l'amender
   3167 Mais jamais jor n'avrai beance
   3187 Mais ne voudroie, por mon pois

mais (CONJ.)   (CONT.)
    3199 Adès aime, mais que tu soies
    3227 Mais je redot tant sa menace
    3232 Mais ce me torne a grant contraire
    3244 Mais il est de tel cruauté
    3267 Mais Amors ne viaut consentir
    3271 Mais, biaus sire, que vos avance
    3300 Mais ore est ses enuiz doblez;
    3398 Mais je n'ose por Chasteé,
    3420 Mais Venus, qui toz jorz guerroie
    3437 Mais bien sachiez certainement
    3557 Mais quant je vi venir la grive,
    3581 Mais certes je n'ai pas creance
    3584 Mais il est voirs que Cortoisie,
    3598 Mais je metrai tot mon apens
    3636 Mais, se je vif, sache il de voir
    3639 Mais ele fu si esbaïe
    3676 Mais Honte l'a fait esveillier,
    3728 Mais vos en seroiz mal bailliz,
    3948 Mais je, qui sui dehors le mur,
    3964 Mais, avant qu'il en cueille gerbe,
    3978 Mais Amors est si corageus
    4025 Mais je sui en mout grant soussi
    4053 Mais durement sui esmaiez
                128

mais (SUBST.)
    45   Avis m'iere qu'il estoit mais,
    3652 Maintes foiz est avris e mais
                002

maisiere
    292   Tristece pointe en la maisiere;
                001

maisnies
    1281 Qui estoient de lor maisnies;
                001

maison
    2382 Mout iroies en sa maison
    2515 Tot droit vers la maison t'amie,
    2540 Devant la maison n'en la voie,
                003

maistire
    1663 Que Nature par grant maistire
                001

maistre
    923   Jusqu'a dis des floiches son maistre.
    1944 Mout liez don tu as si bon maistre
    2229 Qui d'Amors viaut faire son maistre
    3835 Cil qui dou faire furent maistre:
                004

maistres
    2053 Li maistres pert sa poine toute
                001

maistrise
    826   Chauciez refu par grant maistrise
    1099 Mais devant ot par grant maistrise
    1433 Ot Nature par grant maistrise
    3062 Mais a l'issir a grant maistrise.
    3834 Font une tor par grant maistrise
                005

mal (ADJ.)
    911   Don li fruiz est mal savorez.
    2097 Ramponierres e mal parliers
    2950 Il me fera prendre un mal tor.
    4028 Mal gré de ce que vos avez
                004

mal (ADV.)
    1170 Mais ce ne li seoit pas mal
    1446 E fu por lui si mal menee
    1862 Je fusse morz e mal bailliz
    1931 D'ome vilain mal enseignié;
    2092 Fu mal renomez e haïz
    2602 Li bien don l'en a mal eü.
    2937 Bel Acueil mal vos conoissoit
    3259 Qui par vos est trop mal menez.
    3301 Or est il morz e mal bailliz
    3304 Trop li faisoit Amors mal traire.
    3728 Mais vos en seroiz mal bailliz,
    3735 Quant il s'oï si mal mener:
                012

mal (SUBST.)
    412   De nul mal faire n'est coarde;
    948   Il en peüst assez mal faire.
    1050 Mal puissent il estre arivé,
    1078 Qui guerissoit dou mal des denz,
    1207 Que, se nus por li mal traisist,
    1264 Nul mal ne nul engin qui soit;
    1374 Ne faire mal a l'erbe tendre.
    1680 Car je me cremoie mal faire.
    1844 D'Amors servir, por mal qu'il sente.
    2183 Amant sentent le mal d'amer
    2273 Le mal don tu es angoisseus.
    2432 Come ome qui a mal as denz.
    2467 Bien seront mi mal acheté.
    2507 Se j'onques mal d'amer conui;
    2534 Tel mal por li, se mout n'est dure.
    2691 Quant ti mal t'angoisseront fort,
    2801 N'i avroiz mal ne vilanie,
    2928 Vos faites mal, si Deus me saut,
    2960 Nus n'a mal qui Amors n'essaie.
    3305 Il a tant mal que il n'eüst
    3513 E tot le mal qu'il set retrait,
                021

malades
    1332 C'est uns mangiers bons a malades.
                001

maladie
    2179 C'est maladie mout courtoise,
    2889 Une mout pesant maladie,
                002

malan
    541   Si n'i ot bube ne malan:
                001

male
    160   Bien sembla male creature,
    416   Mais soz ciel n'a male aventure
    2173 Qui amors par male aventure
    3295 Il trait trop male penitence
    3679 Fait ele, "par male aventure?
    3799 Qui est en male sospeçon.
    3966 Une male nue qui lieve
                007

Male Bouche
    2835 Male Bouche le jangleor,
    3033 Avueques ceus est Male Bouche,
    3511 Male Bouche, qui le covine
    3521 Male Bouche des lors en ça
    3569 Male Bouche le losengier
    3574 Male Bouche est bien costumiers
    3794 Male Bouche soit maleoiz!
    3889 Male Bouche, que Deus maudie,
    3909 Male Bouche, qui riens n'esperne,
                009

malement
   1518   Cui malement en mesavint;
   3241   Qu'Amors malement me jostise,
             002

maleoiz
   3794   Male Bouche soit maleoiz!
             001

males
   2280   Onques fievres n'eüs si males,
   3492   Soferz e maintes males nuiz
             002

malice
   261   Sa malice trop laidement;
             001

malvoillance
   3139   Qu'il vos pardoint sa malvoillance
             001

mame
   2005   Ele est mendre de ton doi mame,
             001

mamele
   1823   Si que ou cuer soz la mamele
             001

manches
   98   Cousant mes manches a videle,
   561   Ot andeus cousues ses manches;
   2148   E les manches vestanz e cointes.
   2169   Cous tes manches, tes cheveus pigne,
             004

mangier (SUBST.)
   2554   Qu'il ont perdu boivre e mangier,
             001

mangier (V.)
   1346   Que bon mangier fait après table.
   3116   Qui par poi ne me vost mangier,
             002

mangiers
   1332   C'est uns mangiers bons a malades.
             001

mangoniaus
   3855   Vos peüssiez les mangoniaus
             001

maniere
   970   Ces cinc floiches d'une maniere
   1158   Car trestot en autel maniere
   1948   Si est de si bone maniere,
             003

manieres
   798   Les semblances e les manieres
   1380   E en plus de trente manieres
   2685   Essaié en maintes manieres.
   3854   E engins de maintes manieres:
             004

manjue
   379   Car Tens gaste tot e manjue;
             001

mant
   3801   Ne pionier qu'ele ne mant,
             001

mantel
   215   Ou mantel n'ot pas penne vaire,
             001

mantiaus
   212   Delez li pendoit uns mantiaus
   450   C'estoit sa cote e ses mantiaus;
             002

mar
   3000   Mar vers le bel tens de mai
   3002   Mar t'alas onques ombreier
   3637   Mar lor fist onques bel semblant."
   3782   Mar touchai la rose a mon vis
   3992   Mar vi les murs e les fossez
             005

marbre
   1432   Dedenz une pierre de marbre
             001

marchier
   1795   E m'esforçai mout de marchier,
             001

marmiteus
   413   El fait dehors le marmiteus,
             001

mars
   2376   Si t'eüst il cent mars valu.
             001

martir
   1837   Fera Amors de moi martir.
             001

martire
   303   Onques rien nee en tel martire
   2416   Lors reseras en grant martire.
   2623   De son cors a martire ofrir;
   2648   E est en duel e en martire,
   2957   A duel, a poine e a martire.
             005

maté
   2972   Tant que me vit ensi maté
             001

matere
   1601   La verité de la matere
             001

matin
   2725   Mout ont au matin bone encontre
             001

matinee
   125   La matinee e atempree;
             001

matins
   88   Qu'il estoit matins durement:
             001

matire
   39   La matire en est bone e nueve;
   2066   E la matire en est novele;
             002

maudi
   2081   Si maudi e escomenie
             001

maudie
    3889   Male Bouche, que Deus maudie,
              001

maudite
    458   L'eure puisse estre la maudite
              001

maus
    241   Con fait maus e mesaventure.
    954   Ses maus si est bien empleiez,
  1753   E quant li maus plus m'angoissoit,
  1811   Que mes maus en entroblioie,
  1856   E por lor maus miauz deporter.
  1986   Car il covient, soit maus ou biens,
  2185   Maus d'amer est mout corageus:
  2297   Cil qui ont les maus essaiez
  2585   Les maus que vos m'avez contez?
  2603   Il est voirs que nus maus n'ataint
  2606   Ne porroit nus les maus d'amer
  2625   Les maus don nus ne set le conte,
  2737   E font ses maus rassoagier,
  3041   C'est li maus qui amors a non,
  3483   E adouci les maus d'amer
              015

mautalent
    322   De mautalent e de corroz.
  3190   De pardoner son mautalent;
              002

mauvais
    283   Si avoit un mauvais usage,
    449   Tot plein de mauvais paletiaus:
  1520   Senz peor de mauvais eür,
  2172   Ou a ceus de mauvais renon,
  2301   Lors diras: 'Deus! Con sui mauvais
  3525   Avoit mauvais acointement.
              006

mauvaise
    223   Car s'el fust usee e mauvaise,
  1954   Ne nule mauvaise aprison."
  3538   Don j'ai mauvaise sospeçon?
              003

mauvaisement
  3549   Mout mauvaisement Chasteé,
              001

mauvaistié
  2027   Se mauvaistié ne le te tost;
  3583   De mauvaistié ne de folie;
  3725   C'est tot par vostre mauvaistié,
              003

mauvaistiez
  3288   C'est felonie e mauvaistiez:
              001

mauviz
    610   Mauviz e autres oiselez.
    654   Melles i avoit e mauviz,
              002

maz
  2953   Honteus e maz, si me repens
              001

me
     25   E me dormoie mout forment;
     27   Qui mout fu biaus e mout me plot;
     33   Qu'Amors le me prie e comande.
     89   De mon lit tantost me levai,
    106   Car ne me soi aler deduire
    401   Mout bien, si con je me recors,
    472   Qui dedenz mener me vosist,
    498   Forment me pris a dementer
    506   Ne nus on qui le me montrast
    509   Tant qu'au derrenier me sovint
    582   "Je me faz," ce dist ele, "Oiseuse
    642   Ou vergier qui tant me plaisoit.
    680   Je me pris mout a esgaier;
    708   Me mist ou cuer grant reverdie;
    710   Les oisiaus, tenir ne me poi
    773   Mais nul jor mais ne me queïsse
    780   Me tresvit, ce fu Cortoisie,
    789   A la querole me sui pris,
    792   Don Cortoisie me preia
    793   E me dist que je querolasse;
    796   A regarder lores me pris
  1010   Mout grant douçor au cuer me touche,
  1011   Si m'aïst Deus, quant il me membre
  1257   Me fist si grant qu'ele m'ovri
  1301   D'ilueques me parti atant,
  1314   Me prist a sivre, l'arc ou poing.
  1315   Or me gart Deus de mortel plaie,
  1514   Je me trais lors un poi en sus;
  1517   Quant de Narcisus me sovint
  1519   Mais je me pensai qu'asseür,
  1603   Adès me plot a demorer
  1605   E as cristaus, qui me montroient
  1625   Vers les rosiers tantost me trais;
  1679   Ne me laissoient avant traire,
  1680   Car je me cremoie mal faire.
  1687   Ce bouton, qui plus me plaisoit
  1696   E lors me prist une froidor,
  1701   Li cuers me faut, li cuers me ment:
  1701   Li cuers me faut, li cuers me ment:
  1727   Mais vers le bouton me traioit
  1733   Je me començai lors a traire
  1740   Quant Amors me vit aprimer,
  1754   E la volentez me croissoit
  1759   Ce que mes cuers me comandoit:
  1761   Me covenoit aler par force.
  1769   Si me covint cheoir pasmé,
  1772   Quant je me poi esvertuer,
  1779   Mout me destreint icele plaie
  1780   E me semont que je me traie
  1780   E me semont que je me traie
  1782   Mais li archiers me respoente,
  1783   E me doit bien espoenter,
  1791   Me donoit cuer e hardement,
  1793   Je me sui lors en piez dreciez,
  1805   Mais bel me fu que je estoie
  1814   Jamais n'iert rien qui tant me plaise
  1820   Me redone un novel assaut,
  1824   Me fait une plaie novele.
  1828   La grant dolor me renovele
  1830   Trois foiz me pasme en un tenant.
  1860   Par les plaies, si me rendi
  1869   Li oignemenz mout me valut;
  1870   Mais toutesvoies me dolut
  1872   Me faisoit muer la color.
  1878   Si me rassoage l'ointure.
  1879   D'une part m'oint, d'autre me cuit,
  1880   Ensi m'aïde, ensi me nuit.
  1899   "Sire, volentiers me rendrai,
  1900   Ja vers vos ne me defendrai;
  1913   Ne me done la guerison,
  1925   E par tel covent me rent gié."
  1928   E me dist: "Je t'ain mout e pris
  1934   Qu'orendroit me faces omage;
  1935   Si me baiseras en la bouche,
  1956   E sachiez que mout me fis cointes
  1972   Que tu ne me puisses nier
  1976   Qu'il me semble que leiaus soies."
  2008   Lors la me toucha au costé,

me   (CONT.)
2016 En gré, foi que vos me devez.
2247 Mais de celui point ne me dot
2312 Je me puis bien tenir a lent
2451 Ceste pensee don me vint?
2454 El me paist tot e replenist
2456 Mais ce m'a mort que poi me dure.
2461 La mort ne me greveroit mie
2463 Mout me grieve Amors e tormente;
2464 Sovent me plaing e me demente.
2464 Sovent me plaing e me demente.
2469 Je ne me tieng mie por sage
2478 Me deignoit la bele aaisier,
2482 Je me puis bien por fol tenir
2500 Car, s'il fust jorz, je me levasse.
2504 E son enui qui trop me dure.'
2592 Si m'aïst Deus, mout me merveil
2595 Li deus d'Amors lors me respont
2676 Si me sovient que por ce dist
2680 Qui de mon ami me parole.
2770 De mes plaies mout me dolui,
2787 Ensi con je me porpensoie
2796 E me dist amiablement:
2810 De la bonté que vos me dites,
2819 E Bel Acueil me conveia;
2821 Don je me poi si près remaindre
2870 Quanqu'il set qui me doie plaire.
2871 Sovent me semont d'aprochier
2874 De tot ce me done congié,
2879 De la fueille me fis mout cointes,
2880 E quant je me senti acointes
2899 Qu'Amors durement me tormente;
2903 Se le bouton ne me bailliez
2908 E me dist: "Frere, vos beez
2910 Coment! Me volez vos honir?
2928 Vos faites mal, si Deus me saut,
2940 Ne me quier plus en vos fier,
2945 Qui me menace a assaillir.
2946 La haie me fait tressaillir
2950 Il me fera prendre un mal tor.
2953 Honteus e maz, si me repens
2955 De ma folie me recors,
2968 Par poi que li cuers ne me part
2969 Quant de la rose me sovient,
2970 Que si esloignier me covient.
2972 Tant que me vit ensi maté
2996 Ensi con je me dementoie,
3076 Que me laissiez a chastier.
3077 Vos me dites que je refraigne
3087 Or me laissiez trestot ester,
3093 Je me vueil loer ou blasmer,
3095 Si m'enuie qui me chastie."
3098 Ne me porroit de ce torner.
3100 Sovent plorai, sovent me plains,
3102 Tant qu'il me vint en remembrance
3103 Qu'Amors me dist que je queïsse
3107 Lors me porpensai que j'avoie
3113 Don je me sentoie enclos,
3115 E me plains a lui de Dangier;
3116 Qui par poi ne me vost mangier,
3118 Quant il me vit a lui parler
3120 E me dist que jou comparroie
3122 Me veoit passer la cloison.
3125 Ainz me dist: "Compainz, or seiez
3149 Me dona d'aler essaier
3161 Mout me poise s'il peüst estre
3165 Senz faille Amors le me fist faire,
3175 Que vers vos si me contendrai
3177 Por quoi vos me voilliez greer
3178 Ce que ne me poez veer.
3182 Ferai se ce me consentez;
3183 Si ne me poez destorber,
3185 Car j'amerai puis qu'il me siet,
3193 E me dist par parole brieve:

3194 "Ta requeste rien ne me grieve,
3198 Ce ne me fait ne froit ne chaut.
3217 Mout me conforta doucement
3222 Sui retornez, que mout me tarde
3229 Ainz me sui penez longuement
3232 Mais ce me torne a grant contraire
3233 Que sa merci trop me demeure.
3235 E que je me plaing e sospir,
3236 Por ce qu'il me fait trop cropir
3241 Qu'Amors malement me jostise,
3252 Car l'une e l'autre me voudroit
3344 Me salua mout doucement;
3347 Ainz me montra plus bel semblant
3355 Car Bel Acueil par tot me moine,
3375 E Amors plus e plus me lie
3382 E quant je voi qu'il ne me vee
3400 Ele me siaut toz jorz defendre
3418 Adès me tarda li otroiz
3421 Chasteé, me vint au secors:
3484 Qui me soloient estre amer.
3515 Que Bel Acueil me deignoit faire,
3522 A encuser me comença,
3541 Ne me vueil plus en toi fier.
3597 De ma folie me repens;
3605 N'est merveille se je me dot,
3613 Qu'en vostre garde poi me fi,
3617 Que l'en me tendroit por musarde
3623 Il ne me sera ja parece
3649 "Honte," fait ele, "mout me poise
3713 "Certes, Dangiers, mout me merveil
3737 Quant vos me tenez por vaincu.
3740 Tot vif me face l'en larder
3753 Ne me tendroiz por recreant,
3770 Me fremissent quant il me membre
3770 Me fremissent quant il me membre
3773 E quant dou baisier me recors,
3774 Qui me mist une odor ou cors
3776 Par un poi que je ne me pasme,
3779 E sachiez, quant il me sovient
3952 Amors me set ore bien vendre
3955 Or les me vent tot de rechief,
3979 Qu'il me toli tot en une eure,
4027 Car, se devient, vos me savez
4034 Ainz me poise, si Deus m'aïst,
4039 Quant il me membre de ma perte,
4042 Qui me donront, ce croi, la mort.
4056 Jamais n'iert rien qui me confort
            198

medecine
1726 N'en atendoie medecine;
            001

meillor
 935 La meillor e la plus isnele
 937 E cele ou li meillor penon
1298 De meillor bien se soferroit,
3110 Onques n'oi meillor compaignon.
3615 Que en meillor garde pert l'en.
            005

meïsmes
  55 La terre meïsmes s'orgueille
2547 Bien le savras par toi meïsmes:
            002

meïst
3687 Que Bel Acueil çaienz meïst
            001

melle
1787 Carriaus e pierres pelle melle,
            001

mellee
    3866   Qu'il n'i eüst avant mellee.
            001

melles
    654   Melles i avoit e mauviz,
            001

mellez
    3500   Coment je fui mellez a Honte,
            001

melodie
    667   Qu'onc mais si douce melodie
    707   La douçor e la melodie
            002

membre (SUBST.)
    1012   De la façon de chascun membre,
    2660   De la biauté de chascun membre.
    3769   E bien sachiez que tuit li membre
            003

membre (V.)
    1011   Si m'aïst Deus, quant il me membre
    2237   E te membre de la douce eure
    2659   Si li plaist mout quant il li membre
    2663   Li membre ou d'une bele chiere
    3770   Me fremissent quant il me membre
    4039   Quant il me membre de ma perte,
            006

membres
    814   E de toz membres bien formez.
            001

memoire
    2292   En ta memoire e tressaudras
            001

menace (SUBST.)
    3227   Mais je redot tant sa menace
    3721   E a chacié par sa menace
            002

menace (V.)
    2945   Qui me menace a assaillir.
            001

menacier
    1741   Il traist a moi, senz menacier,
    3129   A laidir e a menacier
            002

menaie
    952   Mais cil atent bone menaie
    2024   Puis que mis t'es en ma menaie,
    3201   Ja ne te porterai menaie
    3694   E ne portez nului menaie.
            004

mencion
    3432   Ne ferai or pas mencion
            001

mençonge
    2076   Car il n'i a mot de mençonge.
    2446   Ou il n'a que mençonge e fable
    3577   Senz faille, ce n'est pas mençonge,
            003

mençonges
    2   N'a se fables non e mençonges;
            001

mençongier
    4   Qui ne sont mie mençongier,
            001

mendre
    112   Si estoit poi mendre de Seine,
    956   S'en doit estre sa dolor mendre.
    2005   Ele est mendre de ton doi mame,
    2762   Qu'autres biens, qui ne sont pas mendre,
            004

mené
    1491   Que Narcisus li ot mené.
            001

menee
    1446   E fu por lui si mal menee
            001

mener
    472   Qui dedenz mener me vosist,
    2134   Il se doit cointement mener:
    3350   Por mener dedenz le porpris
    3735   Quant il s'oï si mal mener:
            004

menestreus
    748   E menestreus e jogleors;
            001

menez
    3259   Qui par vos est trop mal menez.
            001

menoient
    1286   De ceus qui menoient les dances,
    1295   Deus! Com menoient bone vie!
            002

menor
    278   Par parole faire menor.
    1027   Tuit li graignor e li menor
    2476   En un loier assez menor.
            003

ment
    1701   Li cuers me faut, li cuers me ment:
    2989   Sachiez, se la lettre ne ment,
    3570   C'est uns on qui ment de legier,
            003

mente (SUBST.)
    716   Pleine de fenoil e de mente;
            001

mente (V.)
    2900   Ne cuidiez pas que je vos mente:
            001

mentir
    2753   Car je t'ai conté, senz mentir,
            001

menton
    538   S'ot ou menton une fossete.
            001

menue
    1533   Tot entor croist l'erbe menue,
            001

menues
    2101   E as granz genz e as menues;
            001

menuz
   1882   Amors vers moi les sauz menuz.
           001

mer
    271   Ne deça mer ne dela mer,
    271   Ne deça mer ne dela mer,
    672   A chant de sereines de mer,
   2605   Ne qu'en puet espuisier la mer
   3494   La mer n'iert ja si apaisiee
           005

merci
   1233   La seue merci, m'apela
   1827   A merci dame ou damoisele.
   1888   E plus tost a merci vendras;
   1924   Avrai la merci que j'atens;
   2043   "Sire," fis je, "por Deu merci,
   2636   Fait ele adès merci atendre.
   3160   Venuz por vos crier merci;
   3233   Que sa merci trop me demeure.
   3256   Seue merci, dame Franchise,
   3594   Si vos en vueil merci crier.
           010

merciai
    577   Je l'en merciai bonement,
           001

mere
   3422   Ce est la mere au deu d'Amors,
   3520   Bien en retraioit a sa mere.
   3585   Qui est sa mere, li enseigne
           003

merir
   1510   Deus le vos savra bien merir.
           001

merite
   1506   Son guerredon e sa merite.
   2254   Si en avras graignor merite,
           002

merites
   2809   Si vous rent graces e merites
           001

merveil
   2592   Si m'aïst Deus, mout me merveil
   3713   "Certes, Dangiers, mout me merveil
           002

merveille (ADV.)
   1692   L'arc, qui estoit forz a merveille,
           001

merveille (SUBST.)
   1541   Qu'a merveille, ce cuit, tendroiz
   2436   Si te dirai fiere merveille.
   3374   Toz m'esbaï de la merveille:
   3605   N'est merveille se je me dot,
           004

merveilles
    734   A chanter merveilles li sist,
   1406   De jaunes en i ot merveilles:
           002

merveilleus
   1549   Si sont li cristal merveilleus
           001

merveillier
   3017   L'en ne s'en doit pas merveillier.
           001

mes
     90   Chauçai moi e mes mains lavai.
     98   Cousant mes manches a videle,
    583   Apeler a mes conoissanz.
   1728   Mes cuers, qui aillors ne beoit:
   1732   M'alejoit mout de mes dolors.
   1759   Ce que mes cuers me comandoit:
   1797   Vers le rosier ou mes cuers tent;
   1811   Que mes maus en entroblioie,
   1829   De mes plaies tot maintenant;
   2302   Quant la ou mes cuers est ne vais !
   2642   Font a ceus qui sont en mes laz.
   2770   De mes plaies mout me dolui,
   2956   Si voi que livrez est mes cors
   3200   Loing de mes roses toutesvoies.
   3622   Vienent mes roses espier.
   3783   E a mes iauz e a ma bouche,
   3975   A dire mes granz privetez
   3977   Estoit de recevoir mes jeus;
           018

mesaise
    224   Avarice eüst grant mesaise
   3169   Je vueil miauz sofrir ma mesaise
           002

mesamer
   4016   Por batre ne por mesamer.
           001

mesamez
   1630   Se assailliz ou mesamez
           001

mesasme
   3654   Or nos laidenge e nos mesasme
           001

mesaventure
    241   Con fait maus e mesaventure.
           001

mesavint
   1518   Cui malement en mesavint;
           001

mescheance
   4035   Plus qu'a vos de la mescheance,
           001

mescheoir
   2730   Ne lor doit mie mescheoir:
           001

meschief
   1821   E trait, por moi metre a meschief,
   2325   Lores seras a grant meschief
   2634   Ne por perill ne por meschief.
   3956   Car je sui a plus grant meschief,
           004

meschine
   1504   Ensi si ot de la meschine,
           001

mesconter
    182   E bescochier e mesconter;
           001

mescroit
   3655 Jalosie, qui nos mescroit:
          001

mesdire
   2089 N'est pas proece de mesdire.
          001

mesdisant
    162 E mesdisant e ramponeuse;
   2117 E se tu oz nul mesdisant
          002

mesenges
    901 De calandres e de mesenges.
          001

mesface
   3228 Que n'ai talent que li mesface;
          001

mesfaire
   1020 Qui a li ne as siens mesfaire
          001

Mesfaiz
   2841 E ses peres ot non Mesfaiz,
          001

mesprendrai
   3176 Que ja de rien n'i mesprendrai,
          001

mesprendre
   2050 Que je n'i vueil de rien mesprendre."
   2080 Se tu ne viaus vers moi mesprendre.
   3399 Vers cui je ne vueil pas mesprendre.
          003

mesprenez
   1508 Qui vers voz amis mesprenez;
          001

mespris
   2370 Bien cuideras avoir mespris
   3262 Qu'il ait de rien vers vos mespris.
          002

mesprison
   1953 Vilanie ne mesprison
   3658 Qu'il a faite grant mesprison
   4030 Si n'est ce pas por mesprison
          003

messagier
   2738 Car li ueil, con droit messagier,
          001

mestier (NEED)
   1005 Car el n'avoit mie mestier
   1340 Si trovast, qu'en eüst mestier,
   1585 Ci n'a mestier sens ne mesure,
   2849 Si qu'ele avoit mestier d'aïe,
   3306 Mestier de pis, s'il vos pleüst.
          005

mestier (TRADE)
   3047 E se il fait autre mestier,
   3922 Qui ne fait nul autre mestier
          002

mestiers (NEED)
   2609 Les amanz, qu'il lor est mestiers.
   3254 Qu'eus voient qu'il en est mestiers.
   3619 Mestiers est que je m'en porvoie.
          003

mestiers (ACTIVITY)
    741 Car chanters estoit li mestiers
          001

mesure
    531 Ainz iert assez granz par mesure;
   1585 Ci n'a mestier sens ne mesure,
   3468 Bien est, ce m'est avis, mesure
   3810 Li fondemenz tot a mesure
          004

met
   2055 Ne met son cuer au retenir
   2248 Qui en un leu met son cuer tot;
   2611 Cil que l'en met en chartre oscure,
   2654 E après au devant li met
   3063 Or met l'amor en nonchaloir,
   3982 Qui met ou cuer des genz rancune,
   3987 E quant ele viaut ele met
          007

mete
   1423 Que la beste en bon leu se mete
   1826 Il n'est nule qui plus tost mete
   4008 Mete vostre cuer en servage
          003

metes
   2235 En amors metes ton penser:
   2249 Por ce vueil qu'en un leu le metes.
   3019 Que l'amor metes en obli
          003

metez
   3141 E li metez bien en covent
          001

metrai
    982 Nou metrai pas en obliance,
   2026 E te metrai en haut degré,
   3324 Je n'i metrai jamais arest."
   3598 Mais je metrai tot mon apens
          004

metras
   2318 Lores te metras a la voie
          001

metre
    268 D'aucun blasme metre as genz seure;
   1821 E trait, por moi metre a meschief,
   1919 Que metre vueil tot a devise
   2381 Que tu n'osas metre a raison;
   3069 Tu doiz metre force e defense
   3627 Por Bel Acueil metre en prison,
          006

metroit
   3523 E dist que il metroit son ueil
          001

meure
    914 E si estoit plus noirs que meure.
          001

mi (ADJ.)
   2004 Soz ceste clef sont mi joial.
   2307 Se mi ueil mon cuer ne convoient,
   2467 Bien seront mi mal acheté.
          003

mi (SUBST.)
    126   Lors m'en alai par mi la pree,
    438   Por avoir los par mi la vile,
    763   En mi la querole baler;
    811   E grailles par mi la ceinture.
    836   Deduiz la tint par mi le doi
   1109   Richece tint par mi la main
   1694   Que par mi l'ueil m'a ou cuer mise
   1738   Qui maint ome par mi le monde
   1927   Mais il m'a par mi la main pris,
   2525   Oreille e escoute par mi
   3745   Estre feruz par mi le cors.
              011

miaudre
   2818   Qui miaudre odor des autres rent,
              001

miauz (ADJ.)
   1581   Li plus preu, li miauz afaitié
   2761   Jusque tu puisses miauz atendre,
   2837   Li miauz vaillanz d'aus si fu Honte;
   3407   Le miauz e le plus avenant,
              004

miauz (ADV.)
    66   Por quoi la terre miauz se prise.
    850   L'en nou feïst pas miauz de cire.
    962   L'autre, qui ne valoit pas miauz
   1038   Toz ceus qui miauz font a amer.
   1076   Miauz que trestoz li ors de Rome.
   1600   Mais jamais n'orroiz miauz descrivre
   1756   Qui oloit miauz que violete;
   1757   Si m'en venist miauz reüser,
   1765   Ainz m'a fait, por miauz afoler,
   1835   Miauz voudroie estre morz que vis,
   1856   E por lor maus miauz deporter.
   2138   Qui est cointes il en vaut miauz,
   2193   Ce qu'il set qui miauz li avient,
   2486   Car miauz vaut de li uns regarz
   2568   Miauz t'en prisera la moitié.
   2599   Si aime l'en miauz le cheté
   2703   Lors vaudra miauz la compaignie;
   2783   Dou bouton qui iaut miauz de basme,
   2859   E, por les rosiers miauz garnir,
   2892   Miauz voudroie a coutiaus d'acier
   2904   Qui est des autres miauz tailliez
   3169   Je vueil miauz sofrir ma mesaise
   3454   Ainz est enfes, don il vaut miauz.
   3510   Miauz que nule quant el voudra.
   3533   Vers Bel Acueil, qui vosist miauz
   3744   Miauz amasse de deus espiez
   3751   Miauz li vendroit estre a Pavie.
   3781   Miauz voudroie estre morz que vis.
   3847   Ne par dedenz miauz ordenee.
              029

Miauz
   3534   Estre a Estampes ou a Miauz,
              001

midi
   3875   Qui uevre par devers midi;
              001

mie
     4   Qui ne sont mie mençongier,
    258   Car certes el ne voudroit mie
    348   Ce ne fust mie grant morie
    359   Qu'el n'alast mie la montance
    614   Ne porroit mie troer.
    706   De lor chant, n'estoit mie gas,
    736   E si n'estoit mie vilaine,
    832   Leece, qui nou haoit mie,
    874   Ne resembla mie garçon;
   1005   Car el n'avoit mie mestier
   1024   Ce n'est mie ne d'ui ne d'ier
   1156   Si n'ait mie chier son avoir;
   1211   Qui ne fu mie de borraz;
   1937   Je n'i laisse mie touchier
   1994   "Par mon chief, ce n'est mie outrages,"
   2028   Mais espoir ce n'iert mie tost:
   2204   Tu ne doiz mie querre essoine
   2242   Si qu'il n'i soit mie demis,
   2401   Tu n'en diras mie les deus
   2461   La mort ne me greveroit mie
   2469   Je ne me tieng mie por sage
   2614   Ne se muert mie por la poine:
   2669   Qui n'est mie moins douccreus,
   2730   Ne lor doit mie mescheoir:
   2833   Ne fu mie seus li gaignons,
   2965   Cuers ne porroit mie penser
   3022   Je ne voi mie ta santé
   3026   Tu ne l'as mie a essaier.
   3124   Il ne m'a mie espoenté,
   3261   Car je n'ai mie encore apris
   3412   L'en ne doit mie ome enchaucier
   3415   Ne cope l'en mie le chesne
   4015   Frans cuers ne lait mie a amer
              033

mien
    389   Si durement qu'au mien cuidier
    395   Neporquant, au mien escientre,
   1259   Après se tint, mien escient,
   3872   Avuec lui, au mien escient,
              004

miens
   1985   Li cuers est vostres, non pas miens,
              001

mignot
    92   D'un aguillier mignot e gent,
    551   D'orfrois ot un chapel mignot;
    590   De Deduit le mignot, le cointe,
              003

mignote
   1219   Fame est plus cointe e plus mignote
              001

mignotement
    744   E genz mignotement baler
              001

mignotes
    496   Plaisanz, cortoises e mignotes.
    600   Qui ne sont mignotes ne cointes,
    759   Deus damoiseles mout mignotes,
              003

mil
   1615   Ou miroer, entre mil choses,
   2424   Lors avras plus de mil enuiz.
              002

mile
   1606   Cent mile choses qui paroient;
              001

mileu
    139   Enz en le mileu vi Haïne,
   3626   Ou mileu avra une tor,
   3833   Enz ou mileu de la porprise
              003

mira
    1573 Mira sa face e ses iauz vairs,
                001

mirai
    1607 Mais de fort eure m'i mirai.
                001

mire (SUBST.)
    1576 Ne puet avoir garant ne mire
    1724 Ne de ma plaie ou trover mire,
                002

mire (V.)
    1575 Qui en cel miroer se mire
    2090 A Keu le seneschal te mire,
                002

miroer
     557 En sa main tint un miroer;
    1575 Qui en cel miroer se mire
    1615 Ou miroer, entre mil choses,
                003

miroers
    1555 Ausi con li miroers montre
    1571 C'est li miroers perilleus,
    1580 Cil miroers, car li plus saive,
    1609 Cil miroers m'a deceü.
                004

mis
     687 Qui m'avoit en ce deduit mis;
    1578 Qui d'amer l'a tost mis en voie.
    1579 Maint vaillant ome a mis a glaive
    2012 E quant je l'oi mis hors de doute:
    2024 Puis que mis t'es en ma menaie,
    2241 En un seul leu tot ton cuer mis,
    2483 Quant j'ai mis mon cuer en tel leu
    2702 En bien amer son cuer a mis,
    2773 Tot mon cuer mis e ma beance,
    2999 T'ont mis en poine e en esmai;
    3913 E si sachiez qu'ele i a mis
    4004 Se vos estes en prison mis,
    4029 Esté por moi mis en prison.
                013

mise
    1694 Que par mi l'ueil m'a ou cuer mise
    1989 Tel garnison i avez mise
    3659 Don il n'a graignor poine mise
    3867 Jalosie a garnison mise
                004

misericorde
    3311 De pecheor misericorde.
                001

mist
     708 Me mist ou cuer grant reverdie;
    1482 Se mist lors por boivre dedenz,
    1592 E ses engins i mist, por prendre
    3743 Don nus i mist onques les piez;
    3774 Qui me mist une odor ou cors
                005

mistere
    1602 Quant j'avrai espons le mistere.
                001

moi
      15 Car endroit moi ai je fiance
      90 Chauçai moi e mes mains lavai.
     138 Si com moi vient en remembrance.
     487 Je endroit moi m'en esjoï
     580 Ele ne fu pas vers moi fiere
     587 Qu'a moi joer e solacier,
     588 E a moi pignier e trecier.
    1252 Qui se tint de moi assez près,
    1316 Se il fait tant que a moi traie!
    1320 E cil pensa bien de moi sivre,
    1683 A moi porsivre e espier,
    1693 E traist a moi par tel devise
    1708 Ne traist onques sanc de moi point,
    1714 Le fust a moi tot empené,
    1741 Il traist a moi, senz menacier,
    1747 Le fust a moi senz grant contenz,
    1763 De moi grever e mout se poine,
    1821 E trait, por moi metre a meschief,
    1837 Fera Amors de moi martir.
    1857 Il a cele floiche a moi traite,
    1864 Lors ai a moi tiré le fust,
    1882 Amors vers moi les sauz menuz.
    1892 Tu ne puez vers moi forceier;
    1905 Faire de moi, pendre ou tuer;
    1914 E se de moi vostre prison
    1942 En moi servir, mais je te fais
    1971 E te vueil si a moi lier
    1979 Pleges de moi ne seürté:
    1983 Ne puet il rien faire por moi,
    2080 Se tu ne viaus vers moi mesprendre.
    2475 De moi avroient grant enor
    2769 Quant je ne vi lez moi nului.
    2789 Je vi vers moi tot droit venant
    2963 Amors vers moi mout bien s'aquite
    2977 Si est tot droit a moi venue.
    3101 Car de moi ne soi chevissance,
    3172 Pitié de moi e apaiez
    3197 E se tu aimes, moi que chaut?
    3243 En moi ne de desleiauté,
    3337 Entre moi e Pitié Dangier,
    3345 S'il ot esté vers moi iriez,
    3392 Por Deu, sire, dites moi dons
    3397 Ja ne vos fust par moi veé,
    3524 Que entre moi e Bel Acueil
    3527 De moi e dou fill Cortoisie
    3552 Por moi e li avilenir."
    3556 E pris avuec moi tot prové.
    3621 A ceus qui, por moi conchier,
    4005 Gardez moi au moins vostre cuer,
    4029 Esté por moi mis en prison.
    4032 Qu'onques par moi ne fu retraite
    4046 Sont de moi nuire curieus?
                052

moie
    1957 Don sa bouche baisa la moie:
                001

moine (SUBST.)
    3050 Que n'ont ermite ne blanc moine.
                001

moine (V.)
     618 Qu'il moine avuec soi e conduit."
    1889 Il est fos qui moine dangier
    2141 Moine toi bel, selonc ta rente,
    3355 Car Bel Acueil par tot me moine,
    3924 Qu'il ne se moine folement.
    3950 Qui savroit quel vie je moine,
                006

moins (ADJ.)
     950 Ce fu toute la moins grevanz;
    2669 Qui n'est mie moins doucereus,
                002

moins (ADV.)
   277 Sa proece au moins e s'enor
  1632 Au moins une, que je tenisse
  1648 A tot le moins deus jorz ou trois.
  2227 Car la parole moins engrieve
  2757 Qu'au moins avras tu Esperance,
  3223 Que je le bouton au moins voie,
  4005 Gardez moi au moins vostre cuer,
  4014 Gardez au moins que li cuers m'aint:
  4021 Vos vengiez, au moins en pensant,
             009

moison
   539 Li cos fu de bone moison,
  1641 Si en i a d'autre moison,
             002

moiste
  1396 Car la terre estoit douce e moiste
             001

moiteierie
  2244 Car je n'ain pas moiteierie.
             001

moitié
  1564 L'une moitié dou vergier voient,
  2568 Miauz t'en prisera la moitié.
             002

mole
  3592 Senz faille, j'ai esté trop mole
             001

mon
    21 Ou vintieme an de mon aage,
    26 Si vi un songe en mon dormant
    87 Lors m'iere avis en mon dormant
    89 De mon lit tantost me levai,
   119 Mon vis rafreschi e lavai;
   984 Ançois que je fine mon conte.
  1704 E j'oi mon sen e ma raison,
  1717 Fu si dedenz mon cuer fichiee
  1774 Tantost le fust de mon costé,
  1777 En mon seant lores m'assis,
  1819 Mon cuer, don il a fait bersaut,
  1967 Se je les puis a mon droit prendre,
  1981 Que mon cuer m'avez si toloit
  1994 "Par mon chief, ce n'est mie outrages,"
  2006 Mais ele est de mon escrin dame,
  2009 E ferma mon cuer si soef
  2015 Mais mon servise recevez
  2038 Mais, par mon chief, or i parra
  2303 Mon cuer seul por quoi i envoi ?
  2307 Se mi ueil mon cuer ne convoient,
  2313 Quant de mon cuer sui si lointiens;
  2483 Quant j'ai mis mon cuer en tel leu
  2578 Amanz doit faire mon servise:
  2597 "Biaus amis, par l'ame mon pere,
  2680 Qui de mon ami me parole.
  2773 Tot mon cuer mis e ma beance,
  3057 Onques mon conseil n'atendis
  3078 Mon cuer, qu'Amors plus nou sorpreigne:
  3083 Amors a si mon cuer denté
  3105 Mon conseil tot outreement:
  3166 Don je ne puis mon cuer retraire;
  3187 Mais ne voudroie, por mon pois
  3218 Amis, qui mon avancement
  3240 Veü a mon contenement
  3356 Qui de mon gré faire se poine.
  3598 Mais je metrai tot mon apens
  3782 Mar touchai la rose a mon vis
  3788 Qui esprent mon cuer e atise.
             038

moncel
  3674 A son chief, d'erbe un grant moncel,
             001

monciaus
  1637 Des roses i ot granz monciaus,
             001

monde
  1013 Qu'il n'ot si bele fame ou monde.
  1057 Ou monde ne si envoisiee.
  1529 En tot le monde n'ot si bele.
  1738 Qui maint ome par mi le monde
  3045 Ne a nul preu dou monde entendre:
  3685 E tot le monde estouteier.
  3846 Il n'ot si riche en tot le monde,
             007

mondes
  1032 Car toz li mondes la cremoit;
             001

mont (ADV.)
  2206 Car biaus chanters abelist mont.
             001

mont (SUBST.)
  1041 E tot le mont par parole oignent;
             001

montance
   359 Qu'el n'alast mie la montance
             001

monte
   248 E quant aucuns a enor monte
   983 Ainz vos dirai que tot ce monte,
  2626 Por la joie qui cent tanz monte.
  3027 E de Dangier neient ne monte
  3895 Il monte le soir as creniaus
             005

montee
  3603 Car Lecherie est tant montee
             001

monter
  2124 Par ce porras en pris monter.
             001

montra
  3347 Ainz me montra plus bel semblant
             001

montrast
   506 Ne nus on qui le me montrast
             001

montre
  1555 Ausi con li miroers montre
  2726 Li ueil quant Damedeus lor montre
  4020 E dou dangier qu'ele vos montre
             003

montré
  3210 Quant il a montré son bobon.
             001

montrent
    71 Si lié qu'il montrent en chantant
             001

montroient
  1605 E as cristaus, qui me montroient

```
montroient              (CONT.)
                          001

montron
    3657  Si li montron bien e dison
                          001

monz
     486  Toz li monz s'en doit esjoïr.
    1033  Toz li monz iert en son dangier.
                          002

moqueïz
    2091  Qui jadis par son moqueïz
                          001

mordanz
    1077  D'une autre pierre iert li mordanz,
                          001

mori
    1438  Se mori li biaus Narcisus.
                          001

morie
     348  Ce ne fust mie grant morie
                          001

moriers
    1290  Ces pins, ces cedres, ces moriers.
                          001

morir
    1509  Car, se vos les laissiez morir,
    1535  E en iver ne puet morir
    3090  Je voudroie morirançois
    3968  Si fait le grain dedenz morir,
                          004

morisse
    2460  Que je morisse maintenant.
                          001

morist
     349  S'ele morist, ne granz pechiez,
    1457  Mais, tot avant qu'ele morist,
                          002

morne
    2178  Amor n'a cure d'ome morne;
    3985  Une eure rit, autre eure est morne;
                          002

mornes
    2324  Senz plus faire, pensis e mornes.
                          001

moroie
    2462  Se je moroie es braz m'amie.
                          001

morroit
    1448  S'amor, ou ele se morroit.
                          001

mort   (SUBST.)
    2461  La mort ne me greveroit mie
    2610  Chascuns fuit la mort volentiers.
    2755  Les amanz e garder de mort;
    2905  Ce est ma mort, ce est ma vie,
    4042  Qui me donront, ce croi, la mort.
                          005

mort   (V.)
    2456  Mais ce m'a mort que poi me dure.
    3764  Mort m'a qui si l'a fait iraistre,
                          002

morte
     203  Chose sembloit morte de fain,
     433  S'avoit la color pale e morte.
    1456  Qu'ele fu morte senz respit.
                          003

mortel
     668  Ne fu d'ome mortel oïe.
    1315  Or me gart Deus de mortel plaie,
    2410  Li traïtor felon mortel.
                          003

mortier
    3840  Car l'en destrempa le mortier
                          001

morz
    1495  Si en fu morz a la parclose:
    1503  E fu morz en poi de termine.
    1574  Don il jut puis morz toz envers.
    1835  Miauz voudroie estre morz que vis,
    1862  Je fusse morz e mal bailliz
    3301  Or est il morz e mal bailliz
    3781  Miauz voudroie estre morz que vis.
                          007

Morz
     386  Ou Morz nos desavancira;
                          001

mos
    3710  Que vos estes lasches e mos
                          001

mossues
     355  Les oreilles avoit mossues,
                          001

mot
     631  Lors entrai, senz plus dire mot,
    1926  A cest mot vos baisier son pié,
    2059  Mot a mot ses comandemenz:
    2059  Mot a mot ses comandemenz:
    2076  Car il n'i a mot de mençonge,
    2368  Ainz as esté senz mot soner
    2412  Senz dire mot de vilanie,
    2678  En sa chançon, un cortois mot:
    2766  Son plaisir dit, je ne soi mot
    3638  A ce mot vint Peor tremblant;
    3641  Qu'onques mot ne li osa dire,
                          011

mout
      25  E me dormoie mout forment;
      27  Qui mout fu biaus e mout me plot;
      27  Qui mout fu biaus e mout me plot;
      81  Mout a dur cuer qui en mai n'aime,
     101  Qui de chanter mout s'angoissoient,
     163  Mout sot bien poindre e bien portraire
     216  Mais mout vil e de povre afaire,
     220  Se viaut mout a tart enhastir;
     221  Car sachiez que mout li pesast
     230  Qu'el demorast mout longuement
     244  Ice li plaist mout a veoir.
     251  Car sachiez que mout la covient
     301  L'avoient mout faite jaunir
     313  Mout sembloit bien estre dolente,
     318  Con cele qui mout iert iriee.
     324  Qu'el ploroit mout parfondement:
```

mout (CONT.)

329	Mout iere a duel faire ententive
344	Mout estoit sa biauté gastee,
345	Mout estoit laide devenue.
352	Mout estoit ja ses vis flestiz
401	Mout bien, si con je me recors,
418	Mout la resembloit bien l'image,
424	Si sachiez que mout se penoit;
474	Je l'en seüsse mout bon gré;
484	Mout estoit bele l'acordance
508	Destroiz fui mout e angoisseus,
559	Son chief trecié mout richement.
571	Mout avoit bon tens e bon mai,
585	S'ai d'une chose mout bon tens,
589	Privee sui mout e acointe
620	E j'oi mout bien tot escouté,
666	Mout durement m'en esjoï,
680	Je me pris mout a esgaier;
712	Car a veoir mout desirasse
755	Qui mout savoient bien joer,
759	Deus damoiseles mout mignotes,
779	Qu'une dame mout envoisie
791	Mais sachiez que mout m'agrea
823	Mout fu la robe desguisiee;
830	De roses, qui mout li sist bel.
875	De biauté fist mout a prisier.
918	E si fu mout bien pipolez.
925	Mais mout orent ices cinc floiches
945	En cele ot mout pesant saiete,
951	Neporquant el fait mout grant plaie;
972	Mout par lor estoit covenables
991	Se fu de mout près ajostez.
994	En li ot mout de bones toiches:
1010	Mout grant douçor au cuer me touche,
1022	Il fust mout fiers e mout hardiz;
1022	Il fust mout fiers e mout hardiz;
1023	Qu'ele puet mout nuire e aidier.
1063	Mout richement la cheveçaille.
1066	Qui mout rendoient grant clarté.
1067	Richece ot un mout riche ceint
1113	Maintenir mout se delitoit.
1119	Por ce amoit mout l'acointance
1139	Mout ot Largece pris e los;
1148	Mout est fos hauz on qui est chiches.
1209	Qu'el feïst mout grant vilanie.
1216	Mout fu bien vestue Franchise,
1230	Qui mout estoit de toz proisie,
1265	Mais mout iert envoisiee e gaie,
1363	Que mout en seroie encombrez
1399	Mais mout embelissoit l'afaire
1410	Don mout estoit bone l'olors.
1649	Icil bouton mout m'abelurent:
1652	Il le devroit avoir mout chier;
1676	M'en aloient mout esloignant;
1682	Avoit toz jorz mout entendu
1705	Je fui mout vains e si cuidiai
1721	Angoisseus fui mout e troblez
1732	M'alejoit mout de mes dolors.
1762	Mais li archiers, qui mout s'esforce
1763	De moi grever e mout se poine,
1778	Mout angoisseus e mout pensis.
1778	Mout angoisseus e mout pensis.
1779	Mout me destreint icele plaie
1795	E m'esforçai mout de marchier,
1804	Faite d'espines mout poignanz.
1813	Mout fui gueriz, mout fui aaise,
1813	Mout fui gueriz, mout fui aaise,
1840	Une autre floiche, que mout prise
1841	E que je tieng a mout poissant,
1847	Mais Amors a mout bien la pointe
1869	Li oignemenz mout me valut;
1928	E me dist: "Je t'ain mout e pris
1943	Enor mout grant, e si doiz estre
1944	Mout liez don tu as si bon maistre
1956	E sachiez que mout me fis cointes
2007	E si a mout grant poesté."
2051	Amors respont: "Tu dis mout bien.
2065	Car la fin dou songe est mout bele
2179	C'est maladie mout courtoise,
2185	Maus d'amer est mout corageus:
2200	Tu t'en puez faire mout prisier;
2210	Par ce se puet mout avancier.
2212	Car ce te porroit mout grever:
2261	Car l'en doit chose avoir mout chiere
2337	Tu voudras mout ententis estre
2365	D'une chose mout laidement :
2382	Mout iroies en sa maison
2413	Mout te tendras a conchié
2463	Mout me grieve Amors e tormente;
2479	Mout avroie riche deserte
2488	Mout la verroie volentiers
2497	Mout m'enuie certes e grieve
2534	Tel mal por li, se mout n'est dure.
2592	Si m'aïst Deus, mout me merveil
2631	Mout est Esperance cortoise:
2659	Si li plaist mout quant il li membre
2670	Tu seroies mout dangereus.
2679	'Mout sui,' fait ele, 'a bone escole,
2711	Saches que c'est mout plaisant chose
2714	Cel deduit prendras mout en gré,
2723	Car il est mout as amoreus
2725	Mout ont au matin bone encontre
2768	Si fui mout essaboïz
2770	De mes plaies mout me dolui,
2782	Mout volentiers, por l'achoison
2795	De la haie mout doucement,
2811	Car mout vos muet de grant franchise;
2820	Si vos di que mout m'agrea
2823	Bel Acueil m'ot mout bien servi
2879	De la fueille me fis mout cointes,
2889	Une mout pesant maladie,
2963	Amors vers moi mout bien s'aquite
3024	Car mout te bee durement
3037	Mout as a faire a dure gent.
3075	"Dame, je vos vueil mout prier
3109	A mout leial: Amis ou non;
3144	C'est une rien qui mout l'apaise,
3161	Mout me poise s'il peüst estre
3189	Mout trovai Dangier dur e lent
3217	Mout me conforta doucement
3222	Sui retornez, que mout me tarde
3283	Mout a dur cuer qui ne se ploie
3315	Mout par est fel e deputaire
3331	Mout a esté pensis e tristes
3344	Me salua mout doucement;
3460	Mout iert en lui bien empleiez,
3461	Qu'il a, ce cuit, mout douce aleine.
3486	Mout me gueriz qui tel flor baise,
3501	Par cui je fui puis mout grevez
3518	Si ot la langue mout punaise
3519	E mout poignant e mout amere:
3519	E mout poignant e mout amere:
3549	Mout mauvaisement Chasteé,
3562	Qui se crient mout estre forfaite;
3649	"Honte," fait ele, "mout me poise
3713	"Certes, Dangiers, mout me merveil
3718	Qu'ele est mout fiere e mout grifaigne,
3718	Qu'ele est mout fiere e mout grifaigne,
3742	Mout ai irié le cuer dou ventre
3761	Des or est mout changiez li vers,
3767	Mout ai le cuer dou ventre irié
3805	Qu'il sont mout lé e mout parfont.
3805	Qu'il sont mout lé e mout parfont.
3876	El fu mout sage, e si vos di
4025	Mais je sui en mout grant soussi
	160

mouton
    3682 Ne qu'en la queue d'un mouton.
                001

moverresse
    141   Sembla bien estre moverresse;
                001

movez
    2044 Avant que vos movez de ci,
                001

movoir
    2290 Senz iauz movoir e senz parler.
    2360 Jamais movoir ne t'en querras;
                002

moz
    2110 Ces orz moz ne ces ribaudies:
                001

muciez
    2921 De la ou il s'estoit muciez.
                001

mue (ADJ.)
    2106 Si n'aies pas ta bouche mue,
    2287 Ausi come une image mue,
                002

mue (V.)
    380   Li Tens qui toute chose mue,
    3984 En poi d'eure son semblant mue:
                002

mueille
    56   Por la rosee qui la mueille,
                001

muer
    1872 Me faisoit muer la color.
    1906 Bien sai que je nou puis muer,
    2394 Lors t'estovra color muer,
                003

muert
    2614 Ne se muert mie por la poine:
                001

muet
    2811 Car mout vos muet de grant franchise;
    3708 Ce vos muet de recreantise,
                002

mueve
    3933 E n'est si hardiz qu'il se mueve,
                001

muire
    1850 Car il ne viaut pas que je muire,
                C01

mur
    131   Tot clos de haut mur bataillié,
    135   Dou mur volentiers remirai.
    466   De toutes parz pointes ou mur.
    515   E la cloison dou mur carré,
    596   Le mur que vos avez veü
    3610 Por ce ferai de novel mur
    3807 Un mur de carriaus tailleïz,
    3948 Mais je, qui sui dehors le mur,
                008

murs
    467   Hauz fu li murs e toz carrez;
    3502 E coment li murs fu levez
    3814 Li murs si est si compassez
    3824 Don li murs est espès e hauz.
    3838 Li murs ne doit pas faire faute
    3860 Qui près des murs voudroit venir,
    3863 De bons murs forz, a creniaus bas,
    3992 Mar vi les murs e les fossez
    3998 Qui est entre les murs enclose;
                009

murtre
    1117 Ou de murtre ou de larrecin
                001

musa
    1493 Qu'il musa tant a la fontaine
                001

musarde
    3030 Con cele qui n'est pas musarde,
    3617 Que l'en me tendroit por musarde
                002

musardie
    12   Que soit folor e musardie
    2471 Car, qui demande musardie,
                002

musart
    2357 Ce sevent tuit sage e musart :
    3704 Tuit cil vos tienent por musart
                002

muse
    2707 Si n'avras pas peor qu'il muse
                001

musent
    1562 A ceus qui dedenz l'eve musent,
                001

musgades
    1335 Tel fruit come sont noiz musgades,
                001

n (NEG.)
    2   N'a se fables non e mençonges;
    28   Mais en cel songe onques rien n'ot
    81   Mout a dur cuer qui en mai n'aime,
    114   Onques mais n'avoie veüe
    145   Si n'estoit pas bien atornee,
    215   Ou mantel n'ot pas penne vaire,
    232   Mais el n'avoit de ce que faire:
    233   El n'aloit pas a ce beant
    238   S'ele ne vit ou s'el n'oï
    256   N'ele n'a parent, tant li teigne,
    264   Que par un poi qu'ele n'en font.
    296   Si n'i feïst riens Avarice
    304   Ne fu mais ne n'ot si grant ire
    314   Car el n'avoit pas esté lente
    316   N'el n'avoit pas sa robe chiere:
    326   A cui grant pitié n'en preïst;
    334   Sachiez de voir qu'il n'a talent
    357   Qu'ele n'avoit mais nes une.
    359   Qu'el n'alast mie la montance
    376   N'il n'en retorne arriere goute;
    392   Car certes el n'avoit poissance,
    398   Mais je cuit qu'el n'iere mais sage,
    412   De nul mal faire n'est coarde;
    416   Mais soz ciel n'a male aventure
    431   Si sachiez qu'el n'iere pas grasse,
    443   N'eüst pas, s'el se deüst pendre,

n (NEG.)   (CONT.)

448	Qu'el n'avoit qu'un viez sac estroit,
451	El n'avoit plus que afubler:
462	N'il n'est amez ne essauciez.
470	Ou onc n'avoit entré bergiers.
479	N'estoit ne desdeigneus ne chiches;
489	Que n'en preïsse pas cent livres,
491	Que enz n'entrasse e ne veïsse
507	N'iert iluec, car j'estoie seus.
510	Qu'onques en nul sen ce n'avint
511	Qu'en si bel vergier n'eüst uis,
518	Par autre leu nus n'i entroit.
520	Qu'autre entree n'i soi querir.
541	Si n'i ot bube ne malan:
542	N'avoit jusqu'en Jerusalen
549	Il n'esteüst en nule terre
552	Onques nule pucele n'ot
572	Qu'el n'avoit soussi ne esmai
586	Car a nule rien je n'entens
681	Si n'avoie esté encore onques
700	Que nus n'i sache que remordre.
706	De lor chant, n'estoit mie gas,
711	Qu'adonc Deduit veoir n'alasse;
733	Ne plus bel ses refraiz n'assist.
736	E si n'estoit mie vilaine,
758	Sor un doi, qu'onques n'i failloient.
817	Si n'avoit barbe ne grenon,
834	Qui, des qu'el n'avoit que set anz,
859	A nul jor mais veü n'avoie
878	Qu'il n'avoit pas robe de soie,
890	Qui n'i fust, nes flor de genest,
892	Ne flor jaune n'inde ne blanche.
930	Mais il n'i ot fer ne acier:
931	Onc n'i ot rien qui d'or ne fust,
946	El n'estoit pas d'aler loing prete;
1005	Car el n'avoit mie mestier
1013	Qu'il n'ot si bele fame ou monde.
1024	Ce n'est mie ne d'ui ne d'ier
1052	Car nus prodon n'aime lor vie.
1056	Qu'il n'ot si bele ne si riche
1131	Si n'avoit tel joie de rien
1134	N'iert pas si a prendre ententive
1153	Car il n'a pas d'amis planté
1156	Si n'ait mie chier son avoir;
1169	N'avoit guieres, de son fermal;
1192	Qui n'estoit pas brune ne bise,
1194	E si n'ot pas nés orlenois,
1200	Ele n'osast dire ne faire
1212	N'ot si riche jusqu'a Arraz;
1214	Qu'il n'i ot une seule pointe
1217	Car nule robe n'est si bele
1231	Qu'el n'iere orguilleuse ne fole.
1235	El ne fu ne nice n'ombrage,
1261	Qui n'avoit encore passez,
1273	Il n'en fussent ja vergondeus;
1296	Fos est qui n'a de tel envie.
1299	Qu'il n'est nus graindres parevis
1306	N'a or plus cure qu'il li gart
1309	E cil guieres n'i atendi:
1326	Il n'est nus arbres qui fruit charge,
1327	Se n'est aucuns arbres hisdeus,
1328	Don il n'i ait ou un ou deus
1356	Don il n'a guieres ici près.
1386	Mais n'en sai pas dire le nombre.
1431	Qu'ou vergier n'ot nul plus haut arbre.
1500	Qu'il n'en pooit avoir confort
1515	Que dedenz n'osai regarder,
1529	En tot le monde n'ot si bele.
1567	Si n'i a si petite chose,
1569	Don demontrance n'i soit faite,
1585	Ci n'a mestier sens ne mesure,
1600	Mais jamais n'orroiz miauz descrivre
1621	Ne por Paris que je n'alasse
1638	Ausi beles n'avoit soz ciaus;
1654	Je n'amasse tant nul avoir.
1672	Je n'oi talent de repairier,
1718	Qu'el n'en pot estre hors sachiee,
1720	E si n'en issi onques sans.
1726	N'en atendoie medecine;
1742	La floiche, ou n'ot fer ne acier,
1744	La saiete, qui n'en istra
1775	Mais la saiete n'en poi traire
1799	Chardons e ronces, qu'onques n'oi
1814	Jamais n'iert rien qui tant me plaise
1816	N'en queïsse partir nul jor.
1826	Il n'est nule qui plus tost mete
1833	Si que je n'ai mais esperance
1868	Qui jamais n'en seront ostees.
1884	"Vassaus, pris es, neient n'i a
1903	Car il n'est pas raison ne droiz;
1909	Se n'est par vostre volenté.
1917	E sachiez que n'en ai point d'ire.
1930	Onques tel response n'issi
1937	Je n'i laisse mie touchier
1984	Se ce n'estoit par vostre otroi.
1994	"Par mon chief, ce n'est mie outrages,"
2003	Ton cuer, n'en quier autre apoial;
2021	Se li servises n'atalente
2028	Mais espoir ce n'iert mie tost:
2050	Que je n'i vueil de rien mesprendre."
2076	Car il n'i a mot de mençonge.
2084	Por ce n'est pas droiz que je l'ains.
2089	N'est pas proece de mesdire.
2106	Si n'aies pas ta bouche mue,
2137	Cointerie n'est pas orguiauz:
2157	E se tu n'es de la richece
2164	Qu'il n'i covient pas grant avoir.
2171	Ce n'apartient s'as dames non,
2178	Amor n'a cure d'ome morne;
2217	Cui il n'abelist a doner.
2242	Si n'i soit mie demis,
2244	Car je n'ain pas moiteierie.
2280	Onques fievres n'eüs si males,
2304	Adès i pens e rien n'en voi:
2367	N'eüs de li araisoner,
2371	Don tu n'as la bele aparlee
2374	Car se tu n'en peüsses traire
2381	Que tu n'osas metre a raison;
2401	Tu n'en diras mie les deus,
2403	Il n'iert ja nus si apensez
2404	Qui en ce point n'oblit assez,
2405	Se teus n'est que de guile serve;
2419	Amanz n'avra ja ce qu'il quiert,
2420	Toz jorz li faut, ja en pais n'iert.
2446	Ou il n'a que mençonge e fable,
2484	Don ja n'avrai joie ne preu.
2494	Quant je n'ai ce que je desir.
2534	Tel mal por li, se mout n'est dure.
2598	Nus n'a bien s'il ne le compere.
2603	Il est voirs que nus maus n'ataint
2613	Qui n'a que pain d'orge ou d'avoine,
2656	Qui n'est trop granz ne trop petiz,
2669	Qui n'est mie moins doucereus,
2707	Si n'avras pas peor qu'il muse
2774	Si n'avoie en nului fiance
2784	Se je n'en crainsisse avoir blasme;
2791	En cui il n'ot rien que blasmer:
2801	N'i avroiz mal ne vilanie,
2886	"Sire," fis je, "jamais n'avrai
2887	Joie se n'est par une chose,
2902	Ja les dolors n'en seront traites
2906	De nule rien n'ai plus envie."
2913	De son rosier; n'est pas droiture
2943	N'osai iluec plus remenoir,
2959	Que je n'osai passer la haie.
2960	Nus n'a mal qui Amors n'essaie.
2960	Nus n'a mal qui Amors n'essaie.
2962	S'il n'a amé, qu'est grant angoisse.

n (NEG.)	(CONT.)
3030	Con cele qui n'est pas musarde,
3032	Car a ton ues n'i voi peor.
3042	Ou il n'a se folie non.
3048	Il n'en puet guieres esploitier.
3050	Que n'ont ermite ne blanc moine.
3057	Onques mon conseil n'atendis
3084	Qu'il n'est mais a ma volenté;
3110	Onques n'oi meillor compaignon.
3167	Mais jamais jor n'avrai beance
3176	Que ja de rien n'i mesprendrai,
3196	Saches je n'ai vers toi point d'ire,
3224	Des qu'avoir n'en puis autre joie.
3228	Que n'ai talent que li mesface;
3237	Delez la haie, que je n'ose
3242	E qu'il n'i a point de feintise
3250	N'i ot onques plus respitié
3261	Car je n'ai mie encore apris
3305	Il a tant mal que il n'eüst
3308	Que vos n'i gaaigniez neient;
3324	Je n'i metrai jamais arest."
3348	Qu'il n'avoit onques fait devant.
3363	Ce qu'el n'iere pas si overte
3373	Qu'el n'iere avant e plus vermeille.
3394	Car ce n'iert ja tant qu'il vos plaise."
3398	Mais je n'ose por Chasteé,
3416	Ne l'en n'a pas le vin de l'aisne
3431	Qu'el n'est pas de religion.
3439	E si n'ot point en li d'orgueil.
3453	E avuec ce il n'est pas viauz,
3455	Il n'est dame ne chastelaine
3462	E sa bouche n'est pas vilaine,
3467	Qu'il n'i a teigne ne ordure.
3477	N'i ot onques plus demoré:
3494	La mer n'iert ja si apaisiee
3498	Amors n'est guieres en un point.
3544	Car je n'i voi autre retor.
3573	Ce n'est ore pas li premiers;
3577	Senz faille, ce n'est pas mençonge,
3580	Teus genz don il n'avoit que faire.
3581	Mais certes je n'ai pas creance
3587	Qu'el n'ama onques ome entulle,
3588	En Bel Acueil n'a autre hulle,
3605	N'est merveille se je me dot,
3609	N'est mais Chasteé asseür:
3630	Qu'il n'avra pooir d'issir hors
3653	Passez qu'onques n'eüsmes blasme;
3659	Don il n'a graignor poine mise
3690	La noise, qui mais n'en poon.
3695	Il n'afiert pas a vostre non
3714	Que vos n'estes en grant esveil
3726	Qu'en vos n'a mais point d'engrestié.
3765	Car je n'avrai jamais loisir
3846	Il n'ot si riche en tot le monde,
3866	Qu'il n'i eüst avant mellee.
3883	Peor n'i sera ja seüre,
3884	S'el n'est fermee a serreüre;
3903	"Il n'est nule qui ne se rie
3909	Male Bouche, qui riens n'esperne,
3919	Qu'il n'a pooir que il en isse.
3927	Qu'il n'est baraz qu'el ne conoisse,
3933	E n'est si hardiz qu'il se mueve,
3934	Que la vieille en lui n'aperçoive
3943	El n'a mais garde que glouton
3993	Que je n'os passer ne ne puis.
3994	Je n'oi bien ne joie onques puis
4030	Si n'est ce pas por mesprison
4056	Jamais n'iert rien qui me confort
4058	Que je n'ai mais aillors fiance.
	241

n (CONJ.)	
237	N'onques por riens ne s'esjoï
256	N'ele n'a parent, tant li teigne,

308	N'el ne se vosist pas retraire
316	N'el n'avoit pas sa robe chiere:
376	N'il n'en retorne arriere goute;
462	N'il n'est amez ne essauciez.
1895	En la folie n'en orgueil,
2140	Qu'il ne soit fos n'outrecuidez.
2540	Devant la maison n'en la voie,
2577	Or t'ai dit coment n'en quel guise
3413	Outre son gré n'angoissier trop.
3589	Ce sachiez, n'autre encloeüre,
3667	Jalosie n'a l'ataïne,
4043	N'en doi je bien avoir peor
	014

naist
889	Nule flor en esté ne naist
	001

naistre
2845	Quant Deus ot Honte faite naistre,
	001

naïve
3842	La pierre est de roche naïve
	001

Narcisus
1438	Se mori li biaus Narcisus.
1439	Narcisus fu uns damoisiaus
1459	Que Narcisus au cuer farasche,
1469	Que Narcisus par aventure
1491	Que Narcisus li ot mené.
1513	La fontaine au bel Narcisus,
1517	Quant de Narcisus me sovint,
1572	Ou Narcisus li orguilleus
	008

nature
406	Bien savez que c'est lor nature.
2914	Que l'en l'oste de sa nature.
	002

Nature
1433	Ot Nature par grant maistrise
1661	Con Nature la pot plus faire.
1663	Que Nature par grant maistire
2174	Ont trovees contre Nature.
2987	Car Nature ne seüst pas
	005

navré
1912	Se vostre main, qui m'a navré,
2885	Amors m'avoit pris e navré:
	002

ne (NEG.)
4	Qui ne sont mie mençongier,
8	Qui ne tint pas songes a lobes,
29	Qui trestot avenu ne soit
50	Que l'en ne voit boisson ne haie
50	Que l'en ne voit boisson ne haie
51	Qui en mai parer ne se vueille
106	Car ne me soi aler deduire
192	Covoitise ne set entendre
236	Qui ne rist onques en sa vie,
237	N'onques por riens ne s'esjoï
238	S'ele ne vit ou s'el n'oï
240	Nule rien ne li puet tant plaire
254	Qu'ele ne porte leiauté
255	A compaignon ne a compaigne,
257	A cui el ne soit anemie;
258	Car certes el ne voudroit mie
267	Envie ne fine nule eure
271	Ne deça mer ne dela mer,

	ne (NEG.) (CONT.)		
271	Ne deça mer ne dela mer,	773	Mais nul jor mais ne me queïsse
274	Qu'el ne peüst de tot son pris	790	Si ne fui pas trop entrepris;
275	Abatre ne lui desprisier,	802	Jamais entre gent ne vendroiz
281	Ele ne regardast neient	816	Plus legier ome ne veïstes.
284	Car el ne peüst au visage	817	Si n'avoit barbe ne grenon,
304	Ne fu mais ne n'ot si grant ire	849	Je ne vos sai dou nés que dire:
306	Je cuit que nus ne li seüst	874	Ne resembla mie garçon;
308	N'el ne se vosist pas retraire	889	Nule flor en esté ne naist
309	Ne reconforter a nul fuer	891	Ne violete ne parvenche,
325	Nus tant fust durs ne la veïst	891	Ne violete ne parvenche,
331	Il ne li tenoit d'envoisier	892	Ne flor jaune n'inde ne blanche.
332	Ne d'acoler ne de baisier;	892	Ne flor jaune n'inde ne blanche.
332	Ne d'acoler ne de baisier;	922	Qui ne sembla pas estre garz,
335	De dancier ne de queroler.	930	Mais il n'i ot fer ne acier:
336	Nus ne se porroit amoler,	931	Onc n'i ot rien qui d'or ne fust,
348	Ce ne fust mie grant morie	962	L'autre, qui ne valoit pas miauz,
349	S'ele morist, ne granz pechiez,	978	Mais ne dirai ore pas toute
366	E il ne s'i areste point,	979	Lor force ne lor poesté;
367	Ainz ne fine de trespasser,	995	El ne fu oscure ne brune,
368	Que l'en ne puet neïs penser	995	El ne fu oscure ne brune,
373	Li Tens qui ne puet sejorner	1004	Ne fu fardee ne guigniee,
377	Li Tens vers cui neienz ne dure,	1004	Ne fu fardee ne guigniee,
378	Ne fers ne chose tant soit dure,	1006	De soi tifer ne afaitier.
378	Ne fers ne chose tant soit dure,	1024	Ce n'est mie ne d'ui ne d'ier
390	El ne se pooit mais aidier,	1024	Ce n'est mie ne d'ui ne d'ier
393	Ce cuit je, ne force ne sen,	1056	Qu'il n'ot si bele ne si riche
393	Ce cuit je, ne force ne sen,	1057	Ou monde ne si envoisiee.
394	Ne plus que uns enfes d'un an.	1072	De nul venin rien ne doutoit:
411	Quant nus ne s'en puet prendre garde,	1089	Ne fu veüz si biaus, ce cuit.
417	Qu'ele ne penst en son corage.	1094	Car l'en ne porroit pas prisier
427	El ne fu gaie ne jolive,	1137	Toz ses biens, qu'ele ne savoit
427	El ne fu gaie ne jolive,	1149	Hauz on ne puet avoir nul vice
460	Qu'il ne sera ja bien peüz	1151	Car avers on ne puet conquerre
461	Ne bien vestuz, ne bien chauciez,	1152	Ne seignorie ne grant terre,
461	Ne bien vestuz, ne bien chauciez;	1152	Ne seignorie ne grant terre,
462	N'il n'est amez ne essauciez.	1170	Mais ce ne li seoit pas mal
475	Car tel joie ne tel deduit	1192	Qui n'estoit pas brune ne bise,
476	Ne vit mais on, si con je cuit,	1200	Ele n'osast dire ne faire
479	N'estoit ne desdeigneus ne chiches;	1201	A nului rien qu'el deüst;
479	N'estoit ne desdeigneus ne chiches;	1208	S'el ne li aidast, el crainsist
480	Onc mais ne fu nus leus si riches	1211	Qui ne fu mie de borraz,
481	D'arbres ne d'oisillons chantanz,	1215	Qui a son droit ne fust assise.
491	Que enz n'entrasse e ne veïsse	1226	Ne sai coment iert apelez;
501	Mais je ne poi onc encontrer	1231	Qu'el n'iere orguilleuse ne fole.
503	Si sachiez que je ne savoie	1235	El ne fu ne nice n'ombrage,
530	Li entriauz ne fu pas petiz,	1235	El ne fu ne nice n'ombrage,
541	Si n'i ot bube ne malan	1238	Onc ne fu nus par li laidiz,
553	Plus cointe ne plus desguisié:	1239	Ne ne porta autrui rancune.
554	Ne l'avroie droit devisié.	1242	Je ne sai fame plus plaisant.
563	Ne halassent, ot uns blans ganz.	1255	Ja plus ne vos en iert conté,
572	Qu'el n'avoit soussi ne esmai	1263	Nicete fu, si ne pensoit
580	Ele ne fu pas vers mon fiere	1264	Nul mal ne nul engin qui soit;
581	Ne de respondre desdeigneuse:	1266	Car juene chose ne s'esmaie
600	Qui ne sont mignotes ne cointes,	1317	Je, qui de ce ne soi neient,
600	Qui ne sont mignotes ne cointes,	1321	Mais en nul leu ne m'arestai
613	Ne plus bel leu por soi joer	1336	Qui ne sont ameres ne fades.
614	Ne porroit il mie troer.	1336	Qui ne sont ameres ne fades.
622	Ja de ce ne seiez douteuse,	1373	Ne pooit a terre descendre,
626	Ne m'iert pas, se je puis, emblee	1374	Ne faire mal a l'erbe tendre.
627	Que ne la voie encore enuit.	1411	Ne vos tendrai pas longue fable
640	Il ne fait en nul parevis	1414	Car je ne porroie retraire
668	Ne fu d'ome mortel oïe.	1416	Ne la grant delitableté;
670	Qu'il ne sembloit pas chant d'oisiaus,	1428	Mais puis Charle ne puis Pepin
677	Ne furent pas ne non sachant,	1429	Ne fu ausi biaus pins veüz;
677	Ne furent pas ne non sachant;	1451	Si ne la li vost otreier,
698	Tot ensemble dire ne puis,	1452	Ne por plorer ne por preier.
710	Les oisiaus, tenir ne me poi	1452	Ne por plorer ne por preier.
722	Que, quant je les vi, je ne soi	1463	Don il ne peüst joie atendre;
726	Si beles genz ne vit on nez.	1497	Car, quant il vit qu'il ne porroit
733	Ne plus bel ses refraiz n'assist.	1501	En nule fin ne en nul sen,
756	Qui ne finoient de ruer	1535	E en iver ne puet morir
764	Mais de ce ne fait a parler	1536	Ne que l'eve ne puet tarir.
772	Ne vos en sai que devisier,	1536	Ne que l'eve ne puet tarir.
		1576	Ne puet avoir garant ne mire

ne (NEG.)   (CONT.)

1576	Ne puet avoir garant ne mire	2170	Mais ne te farde ne ne guigne:
1577	Que tel chose a ses iauz ne voie	2196	Ne fai pas de saillir dangier;
1585	Ci n'a mestier sens ne mesure,	2204	Tu ne doiz mie querre essoine
1587	Ci ne se set conseillier nus;	2211	Ne te fai tenir por aver,
1594	Qu'Amors ne viaut autres oisiaus.	2216	Onques on rien d'amer ne sot
1612	Ne m'i fusse ja embatuz,	2247	Mais de celui point ne me dot
1620	Que ne laissasse por Pavie	2263	E je ne pris le don un pois
1621	Ne por Paris que je n'alasse	2272	Qu'il ne puissent apercevoir
1631	Ne cremisse estre, j'en cuillisse	2281	Ne cotidianes ne quartes.
1644	Icil ne font pas a haïr:	2281	Ne cotidianes ne quartes.
1650	Onques si bel nul leu ne crurent;	2288	Qui ne se crole ne remue,
1657	Nul des autres rien ne prisai,	2288	Qui ne se crole ne remue,
1667	Si qu'il ne cline ne ne pent.	2302	Quant la ou mes cuers est ne vais !
1667	Si qu'il ne cline ne ne pent.	2305	Quant ne puis les iauz enveier
1679	Ne me laissoient avant traire,	2307	Se mi ueil mon cuer ne convoient,
1688	Que nus des autres ne faisoit,	2308	Je ne pris rien quanque il voient.
1708	Ne traist onques sanc de moi point,	2316	Jamais a aise ne serai
1723	Ne soi que faire ne que dire	2322	Ce que tu quiers ne verras pas,
1723	Ne soi que faire ne que dire	2329	Qui ne le set si le demant
1724	Ne de ma plaie ou trover mire,	2331	Ton cuer ne porras apaier,
1725	Que par erbe ne par racine	2360	Jamais movoir ne t'en querras;
1728	Mes cuers, qui aillors ne beoit:	2366	Que onques cuer ne hardement
1742	La floiche, ou n'ot fer ne acier,	2421	Ja fin ne prendra ceste guerre,
1758	Mais ne pooie refuser	2435	A cui nule ne s'apareille.
1764	Ne m'i lait pas aler senz poine;	2461	La mort ne me greveroit mie
1834	De guerison ne d'alejance.	2469	Je ne me tieng mie por sage
1838	Je ne m'en puis par el partir.	2473	Ne sai coment dire l'osai:
1842	C'est Biaus Semblanz, qui ne consent	2484	Don ja n'avrai joie ne preu.
1849	Por ce qu'el ne peüst trop nuire;	2493	Je ne pris guieres tel gesir
1850	Car il ne viaut pas que je muire,	2496	Quant l'en ne dort ne ne repose.
1863	Se li douz oignemenz ne fust:	2496	Quant l'en ne dort ne ne repose.
1885	Dou destorner ne dou defendre;	2498	Que l'aube orendroites ne crieve,
1886	Ne fai pas dangier de toi rendre:	2499	E que la nuit tost ne trespasse,
1892	Tu ne puez vers moi forceier;	2502	Ne sejorne ne ne t'areste;
1894	Que tu ne puez rien gaaignier	2502	Ne sejorne ne ne t'areste;
1900	Ja vers vos ne me defendrai;	2508	E quant tu ne porras l'enui
1901	Ja Deu ne plaise que je pense	2517	E a toi ne pensera guieres;
1903	Car il n'est pas raison ne droiz;	2524	Ne fenestre ne serreüre,
1908	Ne puis vivre jusqu'a demain	2524	Ne fenestre ne serreüre,
1911	Que ja par autre ne l'avrai;	2531	Ne puez en lit por s'amitié:
1913	Ne me done la guerison,	2537	De quoi tu ne puez avoir aise:
1915	Volez faire ne ne deigniez,	2539	E, por ce que l'en ne te voie
1915	Volez faire ne ne deigniez,	2549	Car bien saches qu'amors ne laisse
1916	Ne m'en tieng pas a engigniez;	2550	Sor fins amanz color ne graisse;
1922	Je ne m'en puis de rien doloir;	2569	Dou païs guieres ne t'esloigne;
1936	A cui nus vilains on ne touche.	2574	Tu ne doiz guieres sejorner;
1952	Dedenz lui ne puet demorer	2598	Nus n'a bien s'il ne le compere;
1953	Vilanie ne mesprison	2605	Ne qu'en puet espuisier la mer
1954	Ne nule mauvaise aprison."	2606	Ne porroit nus les maus d'amer
1972	Que tu ne me puisses nier	2614	Ne se muert mie por la poine:
1973	Ne promesse ne covenant,	2625	Les maus don nus ne set le conte,
1973	Ne promesse ne covenant,	2632	El ne laira ja une toise
1974	Ne faire nul desavantant:	2634	Ne por perill ne por meschief.
1978	Ne sai por quoi vos demandez	2634	Ne por perill ne por meschief.
1983	Ne puet il rien faire por moi,	2638	Ne ja de toi ne partira
1988	Nus ne vos en puet dessaisir;	2639	Qu'el ne te secueure au besoing.
2018	Car point ne dot vostre servise,	2656	Qui n'est trop granz ne trop petiz,
2023	Amors respont: "Or ne t'esmaie;	2708	A t'amie ne qu'il t'encuse;
2027	Se mauvaistié ne le te tost;	2722	Que ses solaz trop ne te tart,
2029	Granz biens ne vient pas en poi d'eure;	2730	Ne lor doit mie mescheoir:
2055	Ne met son cuer au retenir	2731	Il ne doutent poudre ne vent,
2080	Se tu ne viaus vers moi mesprendre.	2731	Il ne doutent poudre ne vent,
2109	Après garde que tu ne dies	2732	Ne nule autre chose grevant;
2110	Ces orz moz ne ces ribaudies:	2735	Que seul ne sevent avoir joie,
2112	Ne doit ta bouche estre desclose;	2749	Car li cuers de rien ne se diaut
2113	Je ne tieng pas a cortois ome	2762	Qu'autres biens, qui ne sont pas mendre,
2129	Il ne puet son cuer apleier	2766	Son plaisir dit, je ne soi mot
2130	A servir ne a soupleier:	2769	Quant je ne vi lez moi nului.
2136	Ne vaut neient senz cointerie.	2771	E soi que guerir ne pooie
2140	Qu'il ne soit fos n'outrecuidiez.	2778	S'Amors ne s'en entremetoit.
2165	Ne suefre sor toi nule ordure;	2801	N'i avroiz mal ne vilanie,
2168	Ne l'i laisse pas remenoir.	2804	Ja ne m'en quier faire plaidier,
2170	Mais ne te farde ne ne guigne:	2833	Ne fu mie seus li gaignons,
		2843	Qu'onques a lui Raison ne jut,

ne   (NEG.)   (CONT.)

2867	Se par aus ne fusse agaitiez,	3369	Si ne pooit paroir la graine,
2890	Mais ne sai coment je la die,	3382	E quant je voi qu'il ne me vee
2896	Que ja ne m'en feroiz doloir	3383	Ne son solaz ne son servise,
2900	Ne cuidiez pas que je vos mente:	3383	Ne son solaz ne son servise,
2903	Se le bouton ne me bailliez	3390	E, s'il ne vos devoit desplaire,
2909	A ce qui ne puet avenir.	3396	Se Chasteé ne m'enhaïst,
2936	Par poi que je ne vos oci.	3397	Ja ne vos fust par moi veé,
2940	Ne me quier plus en vos fier,	3399	Vers cui je ne vueil pas mesprendre.
2961	Ne cuidiez pas que nus conoisse,	3401	Que dou baisier congié ne doigne
2965	Cuers ne porroit mie penser	3412	L'en ne doit mie ome enchaucier
2966	Ne bouche d'ome recenser	3415	Ne cope l'en mie le chesne,
2968	Par poi que li cuers ne me part	3432	Ne ferai or pas mencion
2978	El ne fu juene ne chenue,	3434	Ne de son treçoer doré,
2978	El ne fu juene ne chenue,	3435	Ne de fermail, ne de corroie,
2979	Ne fu trop haute ne trop basse,	3435	Ne de fermail, ne de corroie,
2979	Ne fu trop haute ne trop basse,	3445	Ne li deüst estre veez,
2980	Ne fu trop graille ne trop grasse,	3455	Il n'est dame ne chastelaine
2980	Ne fu trop graille ne trop grasse,	3456	Que je ne tenisse a vilaine
2987	Car Nature ne seüst pas	3458	Ses cors ne fait pas a changier
2989	Sachiez, se la lettre ne ment,	3467	Qu'il n'i a teigne ne ordure.
3008	Amors ne t'eüst ja veü	3485	Onques mais ne fui si aaise.
3009	S'Oiseuse ne t'eüst conduit	3488	Je ne serai ja si dolenz,
3013	E garde bien que plus ne croies	3489	S'il m'en sovient, que je ne soie
3017	L'en ne s'en doit pas merveillier.	3495	Qu'el ne soit troble a poi de vent;
3022	Je ne voi mie ta santé	3506	Ja parece ne m'iert d'escrivre,
3023	Ne ta querison autrement,	3516	E tant que il ne se pot taire,
3026	Tu ne l'as mie a essaier.	3541	Ne me vueil plus en toi fier.
3027	E de Dangier neient ne monte	3546	E si ne s'est pas bien poigniee
3034	Qui ne suefre que nus i touche;	3553	Bel Acueil ne sot que respondre;
3044	On qui aime ne puet bien faire	3555	S'el l'eüst iluec trové
3045	Ne a nul preu dou monde entendre:	3568	"Por Deu, dame, ne creez pas
3050	Que n'ont ermite ne blanc moine.	3586	Que d'acointier genz ne se feigne,
3066	Qui ne fait tant qu'ele remaigne.	3600	Jamais ne m'en quier retarder."
3072	Ne puet estre qu'il ne foloit."	3607	Ses pooirs ne fine de croistre.
3072	Ne puet estre qu'il ne foloit."	3616	Ja ne verroie passer l'an
3082	Ce ne puet estre que vos dites:	3618	Se je ne m'en prenoie garde.
3098	Ne me porroit de ce torner.	3623	Il ne me sera ja parece
3101	Car de moi ne soi chevissance,	3624	Que ne face une forterece
3116	Qui par poi ne me vost mangier,	3631	Ne de compaignie tenir
3124	Il ne m'a mie espoenté,	3641	Qu'onques mot ne li osa dire,
3126	Seürs e ne vos esmaiez;	3651	De ce don nos ne poon mais.
3143	Ne feroiz rien qui ne desplaise;	3666	Qu'il ne durroit pas a la guerre
3153	Mais la haie ne passai pas,	3682	Ne qu'en la queue d'un mouton.
3166	Don je ne puis mon cuer retraire;	3694	E ne portez nului menaie.
3178	Ce que ne me poez veer.	3702	Ne l'en ne puet faire esprevier
3180	Autre chose ne vos demant,	3723	E juré qu'il ne puet durer
3183	Si ne me poez destorber,	3739	Se cest porpris ne puis garder.
3184	Ja ne vos quier de ce lober,	3748	Jamais ne serai pareceus
3187	Mais ne voudroie, por mon pois	3753	Ne me tendroiz por recreant,
3194	"Ta requeste rien ne me grieve,	3763	E plus fel qu'il ne soloit estre.
3195	Si ne te vueil pas escondire.	3776	Par un poi que je ne me pasme,
3198	Ce ne me fait ne froit ne chaut.	3784	S'Amors ne suefre que j'i touche
3198	Ce ne me fait ne froit ne chaut.	3800	Ou païs ne remest maçon
3198	Ce ne me fait ne froit ne chaut.	3801	Ne pionier qu'ele ne mant,
3201	Ja ne te porterai menaie.	3801	Ne pionier qu'ele ne mant,
3243	En moi ne de desleiauté;	3808	Qui ne siet pas sor croleïz,
3245	Qu'il ne se deigne encor refraindre,	3828	Qui ne doutent cop de perriere;
3265	Plus i pert il que vos ne faites,	3836	Nule plus bele ne pot estre,
3267	Mais Amors ne viaut consentir	3838	Li murs ne doit pas faire faute
3270	Ne s'en porroit il pas garder.	3847	Ne par dedenz miauz ordenee.
3283	Mout a dur cuer qui ne se ploie	3859	Qu'armeüre ne puet tenir
3290	Que vos ne mainteniez plus guerre	3864	Si que cheval ne pueent pas
3292	Qui d'amors onques ne guila.	3885	E si ne l'uevre pas sovent,
3294	Assez plus que vos ne devez;	3902	Qu'onques ne trova fame juste:
3307	Or ne l'alez plus gordeiant,	3903	"Il n'est nule qui ne se rie
3314	Ne refusez pas sa requeste.	3922	Qui ne fait nul autre mestier
3316	Qui por nos deus ne viaut rien faire."	3924	Qu'il ne se moine folement.
3317	Lors ne pot plus Dangiers durer,	3925	Nus ne la porroit engignier
3319	"Dames," dist il, "je ne vos ose	3926	Ne de signier ne de guignier,
3330	Qui regarder ne le deigniez.	3926	Ne de signier ne de guignier,
3332	Des lors que vos ne le veïstes;	3927	Qu'il n'est baraz qu'el ne conoisse,
3346	Ne se fu de rien empiriez,	3958	Que s'onques ne l'eüsse eüe.
3360	Que je ne l'oi de près veüe;	3993	Que je n'os passer ne ne puis.
		3994	Je n'oi bien ne joie onques puis

ne (NEG.) (CONT.)
 4001 Car ja d'aillors ne quier que j'aie
 4006 E ne sofrez a nes un fuer
 4015 Frans cuers ne lait mie a amer
 4016 Por batre ne por mesamer.
 4022 Quant vos ne poez autrement.
 4026 Que vos ne faciez pas ensi,
 4032 Qu'onques par moi ne fu retraite
 4037 Plus grant que nus ne porroit dire.
 4038 Par un poi que je ne font d'ire
 4052 Je ne sai or coment il vait,
 4054 Que entroblié ne m'aiez,
   470

ne (CONJ.)
 11 Quiconques cuide ne qui die
 34 E se nus ne nule demande
 297 De paleté ne de maigrece;
 304 Ne fu mais ne n'ot si grant ire
 499 Par quel art ne par quel engin
 504 S'il i avoit pertuis ne voie
 505 Ne leu par ou l'en i entrast;
 506 Ne nus on qui le me montrast
 732 Ne nule plus avenamment
 1020 Qui a li ne as siens mesfaire
 1021 Osast rien par faiz ne par diz,
 1239 Ne ne porta autrui rancune.
 1568 Tant soit reposte ne enclose,
 1667 Si qu'il ne cline ne ne pent.
 1979 Pleges de moi ne seürté;
 2170 Mais ne te farde ne ne guigne:
 2393 Araisoner ne saluer,
 2496 Quant l'en ne dort ne ne repose.
 2502 Ne sejorne ne ne t'areste;
 2556 Plus gras qu'abez ne que priors.
 2583 "Sire, en quel guise ne coment
 2607 Conter en romanz ne en livre;
 2638 Ne ja de toi ne partira
 2865 Que nus bouton ne rose emport.
 3092 Ne de traïson areté.
 3186 Cui qu'il soit bel ne cui qu'il griet;
 3246 Tant m'oie dementer ne plaindre.
 3416 Ne l'en n'a pas le vin de l'aisne
 3583 De mauvaistié ne de folie;
 3608 En abaïe ne en cloistre
 3681 De garder rose ne bouton
 3702 Ne l'en ne puet faire esprevier
 3707 Ne faire bonté ne servise?
 3707 Ne faire bonté ne servise?
 3759 S'il trovera sentier ne trace
 3760 Ne pertuis qui a bouchier face.
 3944 Li emblent rose ne bouton:
 3993 Que je n'os passer ne ne puis.
 4002 Enor ne bien, santé ne joie!
 4002 Enor ne bien, santé ne joie!
   040

né
 1745 Jamais, ce cuit, par ome né,
   001

neant
 234 Que de la borse ostast neant.
   001

nee
 303 Onques rien nee en tel martire
 1445 L'avoit amé plus que rien nee,
 2878 Por ce que près ot esté nee.
   003

neelee
 1061 D'une bande d'or neelee
   001

negié
 547 Quant il a freschement negié.
   001

neient
 171 De prendre e de neient doner,
 281 Ele ne regardast neient
 1317 Je, qui de ce ne soi neient,
 1629 Que por neient fusse embasmez.
 1884 "Vassaus, pris es, neient n'i a
 2136 Ne vaut neient senz cointerie.
 2443 E avras joie de neient
 3027 E de Dangier neient ne monte
 3308 Que vos n'i gaaigniez neient;
   009

neienz (ADJ.)
 3536 "Garz neienz, por quoi t'a failli
   001

neienz (ADV.)
 377 Li Tens vers cui neienz ne dure,
 2777 Que de l'avoir neienz estoit
   002

neïs
 368 Que l'en ne puet neïs penser
   001

nenil
 2310 Nenil, mais aillent visiter
   001

neporquant
 395 Neporquant, au mien escientre,
 951 Neporquant el fait mout grant plaie;
 3491 E neporquant j'ai mainz enuiz
   003

nes (ADV.)
 259 Que biens venist nes a son pere.
 357 Qu'ele n'en avoit mais nes une.
 890 Qui n'i fust, nes flor de genest,
 1133 Nes Avarice la chaitive
 1372 Que li solauz en nes une eure
 2635 Nes au larron que l'en viaut pendre
 4006 E ne sofrez a nes un fuer
   007

nes (NEG-ART)
 2047 Mais espoir, se je nes savoie,
 3612 Nes lairai plus ensi descloses,
   002

nés
 148 Le vis, e le nés secorcié;
 532 Le nés ot bien fait a droiture,
 808 E le nés fait par grant entente.
 849 Je ne vos sai dou nés que dire:
 1009 Nés ot bien fait e iauz e bouche.
 1194 E si n'ot pas nés orlenois,
 1195 Ançois ot nés lonc e traitiz,
 1484 Son vis, son nés e sa bouchete,
 2655 Les iauz rianz, le nés traitiz,
 2924 Le nés froncié, le vis hisdeus,
 3733 Fronce le nés, les iauz roïlle,
   011

nesfles
 1350 Nesfles, prunes blanches e noires,
   001

nete
 1483 Si vit en l'eve clere e nete

162

nete (CONT.)
001

netes
3466 E les denz blanches e si netes
001

neü
1876 Qu'el m'a aidié e m'a neü.
001

neuz
912 Toz pleins de neuz e bocerez
974 E pleins de neuz e bocereus;
002

nez
726 Si beles genz ne vit on nez.
001

nice
1235 El ne fu ne nice n'ombrage,
001

nices
3861 Il porroit bien faire que nices.
001

nicete
1263 Nicete fu, si ne pensoit
001

nier
1972 Que tu ne me puisses nier
001

noblece
762 Faisoit Deduiz par grant noblece
001

noblement
574 De soi atorner noblement.
001

nobles
986 Des nobles genz de la querole
001

noiers
1333 De noiers i ot grant foison
001

noir
960 Plus noir que deables d'enfer.
2167 S'en tes ongles pert point de noir,
2944 Por le vilain hisdeus e noir,
003

noires
1350 Nesfles, prunes blanches e noires,
001

noirs
217 D'aigniaus noirs, veluz e pesanz,
914 E si estoit plus noirs que meure.
2922 Granz fu e noirs e hericiez,
003

nois
546 Come est la nois desus la branche,
1193 Ainz estoit blanche come nois;
002

noise
75 De chanter e de faire noise;
1390 Une noise douce e plaisant.
1965 D'aus ai oïe mainte noise;
3650 Don il nos covient oïr noise
3690 La noise, qui mais n'en poon.
005

noisetes
1352 Cormes, alies e noisetes.
001

noiz
1335 Tel fruit come sont noiz musgades,
1349 Chastaignes, noiz, pomes e poires,
002

nombre
1386 Mais n'en sai pas dire le nombre.
001

nombrez
1364 Ainz que les eüsse nombrez.
001

nome
2114 Qui orde chose e laide nome.
001

nomer
2111 Ja por nomer vilaine chose
001

non (NEG.)
2 N'a se fables non e mençonges;
677 Ne furent pas ne non sachant;
818 Se petiz peus folages non;
1985 Li cuers est vostres, non pas miens,
2171 Ce n'apartient s'as dames non,
2705 Se s'amie est pucele ou non,
3042 Ou il n'a se folie non.
3064 Qui te fait vivre e non valoir,
3696 Que vos faciez se enui non.
009

non (SUBST.)
7 Un auctor qui ot non Macrobes,
154 Son non desus sa teste lui :
157 Avoit non revi devers destre,
579 Ele avoit non e qui ele iere.
674 E series, ont non sereines.
938 Furent enté, Biautez ot non.
940 Rot non, ce m'est avis, Simplece.
944 La quarte avoit non Compaignie;
949 La cinquieme ot non Biaus Semblanz:
961 La premiere avoit non Orguiauz;
992 Icele dame ot non Biautez,
1737 Simplece ot non, c'est la segonde,
1825 Compaignie ot non la saiete;
2706 Qui ele est e coment a non:
2827 Dangiers ot non, si fu closiers
2841 E ses peres ot non Mesfaiz,
3041 C'est li maus qui amors a non,
3109 A mout leial: Amis ot non;
3695 Il n'afiert pas a vostre non
019

nonchaloir
3063 Or met l'amor en nonchaloir,
001

none
3565 Ausi con none d'abaïe,
001

nooit
    229   E la nooit si durement
              001

Normandie
   3890   Ot soudeiers de Normandie:
              001

norrist
    381   Qui tot fait croistre e tot norrist
              001

nos
    363   E qui de nos se part e emble
    364   Si celeement qu'il nos semble
    385   E qui toz nos envieillira,
    386   Ou Morz nos desavancira;
    786   E avueques nos vos prenez
   3316   Qui por nos deus ne viaut rien faire."
   3336   Sachiez que nos avons denté
   3558   Qui contre nos plaide e estrive,
   3650   Don il nos covient oïr noise
   3651   De ce don nos ne poon mais.
   3654   Or nos laidenge e nos mesasme
   3654   Or nos laidenge e nos mesasme
   3655   Jalosie, qui nos mescroit:
   3688   Ome qui blasmer nos feïst.
   3689   Quant vos dormez, nos en oon
              015

nostre
   3551   En nostre porprise venir
              001

notes
    495   Les dances d'Amors e les notes
    750   Li autres notes loherenges,
    752   Plus beles notes qu'en nul reine.
              003

nou
    832   Leece, qui nou haoit mie,
    850   L'en nou feïst pas miauz de cire.
    982   Nou metrai pas en obliance,
   1054   Nou tenez ore pas a lobe;
   1073   Nus nou pooit envenimer.
   1796   Nou laissai onques por l'archier,
   1906   Bien sai que je nou puis muer,
   2017   Nou di pas por recreantise,
   2250   Mais garde bien que tu nou pretes,
   2315   Or irai, plus nou laisserai;
   2917   Nou voudroie avoir deserté
   3078   Mon cuer, qu'Amors plus nou sorpreigne:
   3410   Je nou vos plus de ce semondre,
   3480   Se j'oi joie nus nou demant,
   3724   Qu'el nou face vif enmurer:
              015

novel
   1820   Me redone un novel assaut,
   1866   Qui ot esté de novel rese.
   3610   Por ce ferai de novel mur
              003

novele
     52   E covrir de novele fueille.
     60   Qu'el viaut avoir novele robe;
     97   En icele saison novele.
    840   El resembloit rose novele
   1343   Graine de parevis novele,
   1404   E parvenche fresche e novele,
   1530   L'eve est toz jorz fresche e novele,
   1583   Ci sort as genz novele rage,
   1824   Me fait une plaie novele.

   2066   E la matire en est novele;
              010

novelement
   1183   Cil chevaliers novelement
              001

noveles
   2122   Si qu'eus oient bones noveles
   2740   Noveles de ce que il voient;
   3575   De raconter fausses noveles
              003

noviaus
   2150   Aies sovent frois e noviaus,
   3899   E sons noviaus de controvaille,
              002

Noviaus Pensers
    968   Noviaus Pensers fu senz doutance
              001

noz
    383   Li Tens qui envieilli noz peres,
              001

nue (ADJ.)
    445   Qu'ele estoit nue come vers.
   2439   Entre tes braz trestoute nue,
              002

nue (SUBST.)
   3966   Une male nue qui lieve
              001

nuef
    857   S'ot un chapel d'orfrois tot nuef.
              001

nueve
     39   La matire en est bone e nueve;
    225   De robe nueve e grant disete
              002

nuire
   1023   Qu'ele puet mout nuire e aidier.
   1849   Por ce qu'el ne peüst trop nuire;
   4046   Sont de moi nuire curieus?
              003

nuit (SUBST.)
     24   Une nuit, si con je soloie,
     86   Sonjai une nuit que j'estoie;
    361   Li Tens qui s'en vait nuit e jor,
   1531   Qui nuit e jor sort a granz ondes
   2041   Nuit e jor les comandemenz
   2234   Que nuit e jor, senz repentance,
   2499   E que la nuit tost ne trespasse,
   2503   Fai departir la nuit oscure
   2505   La nuit ensi te contendras
   2748   Qui nuit e jor d'amors languist,
   2851   Qui nuit e jor sovent li emble
   3894   Qu'il doit la nuit faire le guiet.
              012

nuit (V.)
   1880   Ensi m'aïde, ensi me nuit.
              001

nuiz
     18   Car li plusor songent de nuiz
    300   Qu'el sofroit de jorz e de nuiz
   2423   Quant ce vendra qu'il sera nuiz,
   3492   Soferz e maintes males nuiz

nuiz (CONT.)
004

nul (ADJ.)
309   Ne reconforter a nul fuer
412   De nul mal faire n'est coarde;
510   Qu'onques en nul sen ce n'avint
550   Nul plus bel cors de fame querre.
616   Que vos jamais nul leu truissiez,
640   Il ne fait en nul parevis
752   Plus beles notes qu'en nul reine.
773   Mais nul jor mais ne me queïsse
803   Ou vos veiez nul plus bel ome.
859   A nul jor mais veü n'avoie
1072 De nul venin rien ne doutoit:
1149 Hauz on ne puet avoir nul vice
1264 Nul mal ne nul engin qui soit;
1264 Nul mal ne nul engin qui soit;
1321 Mais en nul leu ne m'arestai
1431 Qu'ou vergier n'ot nul plus haut arbre.
1501 En nule fin ne en nul sen,
1650 Onques si bel nul leu ne crurent;
1654 Je n'amasse tant nul avoir.
1816 N'en queïsse partir nul jor.
1843 A nul amant qu'il se repente
1974 Ne faire nul desavenant:
2117 E se tu oz nul mesdisant
2189 Se tu sez nul bel deduit faire,
2633 Nul vaillant ome jusqu'au chief,
2919 Por nul ome vivant, tant l'ains."
3045 Ne a nul preu dou monde entendre:
3303 Por quoi li faites nul contraire?
3402 A nul amant qui m'en semoigne,
3752 Jamais a nul jor de ma vie
3922 Qui ne fait nul autre mestier
031

nul (PRON.)
1657 Nul des autres rien ne prisai,
001

nule (ADJ.)
240   Nule rien ne li puet tant plaire
267   Envie ne fine nule eure
523   Se j'orroie venir nule arme.
549   Il n'esteüst en nule terre
552   Onques nule pucele n'ot
573   De nule rien, fors solement
586   Car a nule rien je n'entens
889   Nule flor en esté ne naist
1217 Car nule robe n'est si bele
1501 En nule fin ne en nul sen,
1954 Ne nule mauvaise aprison."
2165 Ne suefre sor toi nule ordure;
2732 Ne nule autre chose grevant;
2906 De nule rien n'ai plus envie."
3121 Se jamais por nule achoison
3703 En nule guise de busart.
3836 Nule plus bele ne pot estre,
017

nule (PRON.)
34   E se nus ne nule demande
732   Ne nule plus avenamment
1234 Ainz que nule, quant je vin la.
1826 Il n'est nule qui plus tost mete
2435 A cui nule ne s'apareille.
3510 Miauz que nule quant el voudra.
3903 "Il n'est nule qui ne se rie
007

nului
1201 A nului rien qu'el deüst;
2769 Quant je ne vi lez moi nului.

2774 Si n'avoie en nului fiance
3694 E ne portez nului menaie.
3750 Se j'i puis nului entreprendre,
005

nus (ADJ.)
480   Onc mais ne fu nus leus si riches
506   Ne nus on qui le me montrast
1052 Car nus prodon n'aime lor vie.
1299 Qu'il n'est nus graindres parevis
1326 Il n'est nus arbres qui fruit charge,
1936 A cui nus vilains on ne touche.
2603 Il est voirs que nus maus n'ataint
007

nus (PRON.)
34   E se nus ne nule demande
306   Je cuit que nus ne li seüst
325   Nus tant fust durs ne la veïst
336   Nus ne se porroit amoler,
411   Quant nus ne s'en puet prendre garde,
518   Par autre leu nus n'i entroit.
700   Que nus n'i sache que remordre.
1073 Nus nou pooit envenimer.
1207 Que, se nus por li mal traisist,
1238 Onc ne fu nus par li laidiz,
1587 Ci ne se set conseillier nus;
1688 Que nus des autres ne faisoit,
1988 Nus ne vos en puet dessaisir;
2218 Se nus se viaut d'amors pener,
2403 Il n'iert ja nus si apensez
2598 Nus n'a bien s'il ne le compere;
2606 Ne porroit nus les maus d'amer
2625 Les maus don nus ne set le conte,
2865 Que nus bouton ne rose emport.
2960 Nus n'a mal qui Amors n'essaie.
2961 Ne cuidiez pas que nus conoisse,
3034 Qui ne suefre que nus i touche;
3480 Se j'oi joie nus nou demant,
3743 Don nus i mist onques les piez;
3925 Nus ne la porroit enginier
4037 Plus grant que nus ne porroit dire.
026

o
612   O ses genz, que plus bele place
721   S'avoit si beles genz o soi
921   O ces deus ars tint Douz Regarz,
1293 O lor amies ombreier
004

obeïr
3277 E le fait a vos obeïr,
001

obli
3019 Que l'amor metes en obli
001

obliance
982   Nou metrai pas en obliance,
001

oblie
57   E oblie la povreté
001

oblié
2414 Quant tu avras rien oblié
001

oblit
2404 Qui en ce point n'oblit assez,
2742 Que li cuers oblit ses dolors

oblit (CONT.)
002

oci
    2936 Par poi que je ne vos oci.
          001

odor
    1627 L'odor des roses savoree
    1633 En ma main, por l'odor sentir;
    1668 L'odor de lui entor s'espant:
    2799 Pour l'odor des roses sentir;
    2818 Qui miaudre odor des autres rent,
    3481 Car une odor m'entra ou cors
    3774 Qui me mist une odor ou cors
          007

ofrir
    2623 De son cors a martire ofrir;
          001

oi
      94 Hors de vile oi talent d'aler,
    1287 J'oi lors talent que le vergier
    1634 Mais peor oi dou repentir,
    1672 Je n'oi talent de repairier,
    1704 E j'oi mon sen e ma raison,
    1799 Chardons e ronces, qu'onques n'oi
    1958 Ce fu ce don j'oi graignor joie.
    3110 Onques n'oi meillor compaignon.
    3480 Se j'oi joie nus nou demant,
    3994 Je n'oi bien ne joie onques puis
          010

oi (AUX.)
     129 Quant j'oi un poi avant alé,
     620 E j'oi mout bien tot escouté,
     709 Mais quant j'oi escouté un poi
    1285 Quant j'oi veües les semblances
    1322 Tant que j'oi par trestot esté.
    1418 Que j'oi tot l'afaire e tot l'estre
    1658 Puis que je l'oi bien avisé,
    1699 Quant j'oi ensi esté bersez,
    1817 Mais quant j'i oi esté grant piece,
    2012 E quant je l'oi mis hors de doute:
    3357 Si con j'oi la rose apressiee,
    3360 Que je ne l'oi de près veüe;
    3493 Puis que j'oi la rose baisiee.
          013

oï
     105 Que j'oï près d'ilueques bruire;
     238 S'ele ne vit ou s'el n'oï
     488 Si durement, quant je l'oï,
     497 Quant j'oï les oisiaus chanter,
     665 E bien sachiez, quant je l'oï,
     678 Si sachiez, quant j'oï le chant
    1453 Quant ele s'oï escondire,
    1918 Tant ai oï de vos bien dire
    3073 Quant j'oï cest chastiement,
    3206 Con bons compainz, quant il l'oï.
    3409 Quant je l'oï ensi respondre,
    3530 Quant ele oï le jangleor.
    3701 Ce oï dire en reprovier,
    3735 Quant il s'oï si mal mener:
          014

oie
    2317 Devant qu'aucune enseigne en oie.'
    2529 Qu'el t'oie plaindre e doloser,
    3246 Tant m'oie dementer ne plaindre.
          003

oïe
     668 Ne fu d'ome mortel oïe.
    1965 D'aus ai oïe mainte noise;
    3640 Quant ele a Jalosie oïe
          003

oient
    2122 Si qu'eus oient bones noveles
          001

oignement
    1848 D'un oignement precieus ointe,
    1852 Par l'ointure de l'oignement,
          002

oignemenz
    1859 Mais li oignemenz s'espandi
    1863 Se li douz oignemenz ne fust:
    1869 Li oignemenz mout me valut;
          003

oignent
    1041 E tot le mont par parole oignent;
          001

oint
    1879 D'une part m'oint, d'autre me cuit,
    3497 Il oint une eure e autre point,
          002

ointe
    1848 D'un oignement precieus ointe,
          001

ointure
    1852 Par l'ointure de l'oignement,
    1878 Si me rassoage l'ointure;
          002

oïr
      95 Por oïr des oisiaus les sons,
     485 De lor piteus chant a oïr;
    3650 Don il nos covient oïr noise
          003

oisel
      67 Li oisel, qui se sont teü
     662 Cil oisel que je vos devise.
     702 Aloient li oisel faisant;
          003

oiselet
     676 Li oiselet, qui aprentif
          001

oiselez
     100 E les oiselez escoutant,
     610 Mauviz e autres oiselez.
     882 A oiselez, a lionciaus,
          003

oiseuse
    3089 En oiseuse vostre françois.
          001

Oiseuse
     582 "Je me faz," ce dist ele, "Oiseuse
     619 Quant Oiseuse m'ot ce conté,
     621 Je li dis lores: "Dame Oiseuse,
     632 Par l'uis que Oiseuse overt m'ot,
     686 Qu'Oiseuse m'avoit bien servi,
    1251 La bele Oiseuse vint après,
    3003 Ou vergier don Oiseuse porte
    3005 Fos est qui s'acointe d'Oiseuse:

Oiseuse   (CONT.)
  30C9   S'Oiseuse ne t'eüst conduit
         009

oisiaus
    83   As oisiaus les douz chanz piteus.
    95   Por oïr des oisiaus les sons,
   478   Car li leus d'oisiaus herbergier
   482   Qu'il i avoit d'oisiaus trois tanz
   493   Des oisiaus qui laienz estoient,
   497   Quant j'oï les oisiaus chanter,
   643   D'oisiaus chantanz avoit assez
   656   Ces autres oisiaus par chanter;
   658   E mainz oisiaus qui par ces gauz
   670   Qu'il ne sembloit pas chant d'oisiaus,
   710   Les oisiaus, tenir ne me poi
   820   D'un samit portrait a oisiaus,
   899   Qu'il estoit toz coverz d'oisiaus,
  1594   Qu'Amors ne viaut autres oisiaus.
         014

oisillons
   481   D'arbres ne d'oisillons chantanz,
         001

olanz
  3487   Qui est si sade e bien olanz.
         001

olivier
  1770   Desoz un olivier ramé.
         001

oliviers
  1355   E d'oliviers e de ciprès,
         001

oloit
  1756   Qui oloit miauz que violete;
         001

olor
  1807   La douce olor qui en issoit,
         001

olors
  1410   Don mout estoit bone l'olors.
  1731   Li veoirs senz plus e l'olors
         C02

omage
  1934   Qu'orendroit me faces omage;
         001

omages
  1960   "Amis," fait il, "j'ai mainz omages
         001

ombrage
  1235   El ne fu ne nice n'ombrage,
         001

ombre
  1385   Cui li arbre faisoient ombre,
  1494   Qu'il ama son ombre demaine,
         002

ombreier
   604   Se vient en cest leu ombreier
  1293   O lor amies ombreier
  1471   Se vint soz le pin ombreier,
  3002   Mar t'alas onques ombreier
         004

ombres
  1486   Car ses ombres si le traï
         001

ome
   668   Ne fu d'ome mortel oïe.
   803   Ou vos veiez nul plus bel ome.
   816   Plus legier ome ne veïstes.
  1075   Ele vausist a un riche ome
  1202   E s'ele un ome coneüst
  1579   Maint vaillant ome a mis a glaive
  1614   Qui maint ome a pris e traï.
  1624   Don maint autre ome ont esté pris,
  1738   Qui maint ome par mi le monde
  1745   Jamais, ce cuit, par ome né,
  1931   D'ome vilain mal enseignié;
  1940   Cil que j'ensi a ome prens.
  2113   Je ne tieng pas a cortois ome
  2144   Amendent ome durement;
  2178   Amor n'a cure d'ome morne;
  2432   Come ome qui a mal as denz.
  2633   Nul vaillant ome jusqu'au chief,
  2712   Quant l'en a ome a cui l'en ose
  2919   Por nul ome vivant, tant l'ains."
  2966   Ne bouche d'ome recenser
  2994   De garder ome de folie,
  3412   L'en ne doit mie ome enchaucier
  3587   Qu'el n'ama onques ome entulle.
  3688   Ome qui blasmer nos feïst.
         024

on
   459   Que povres on fu conceüz!
   476   Ne vit mais on, si con je cuit,
   506   Ne nus on qui le me montrast
   726   Si beles genz ne vit on nez.
  1112   C'est uns on qui en biaus osteus
  1148   Mout est fos hauz on qui est chiches.
  1149   Hauz on ne puet avoir nul vice
  1151   Car avers on ne puet conquerre
  1794   Foibles e vains come on bleciez,
  1936   A cui nus vilains on ne touche.
  1955   Atant devin ses on mains jointes.
  2135   On qui porchace druerie
  2216   Onques on rien d'amer ne sot
  2294   Ausi come on qui a peor,
  2587   Coment vit on e coment dure
  2593   Coment on, s'il estoit de fer,
  3016   E quant juenes on fait folie,
  3044   On qui aime ne puet bien faire
  3570   C'est uns on qui ment de legier,
  3741   Se jamais on vivanz i entre.
         020

onc
   470   Ou onc n'avoit entré bergiers.
   480   Onc mais ne fu nus leus si riches
   501   Mais je ne poi onc encontrer
   667   Qu'onc mais si douce melodie
   931   Onc n'i ot rien qui d'or ne fust,
  1238   Onc ne fu nus par li laidiz,
         006

onces
  1098   Esmeraudes plus de deus onces.
         001

ondes
  1531   Qui nuit e jor sort a granz ondes
         001

oneste
  2858   Honte, qui est simple e oneste;
         001

ongles
    2167 S'en tes ongles pert point de noir,
                    001

onques
      28 Mais en cel songe onques rien n'ot
     114 Onques mais n'avoie veüe
     236 Qui ne rist onques en sa vie,
     237 N'onques por riens ne s'esjoï
     303 Onques rien nee en tel martire
     510 Qu'onques en nul sen ce n'avint
     552 Onques nule pucele n'ot
     681 Si n'avoie esté encore onques
     758 Sor un doi, qu'onques n'i failloient.
    1088 Un cercle d'or; onques encores
    1650 Onques si bel nul leu ne crurent;
    1708 Ne traist onques sanc de moi point,
    1720 E si n'en issi onques sans.
    1796 Nou laissai onques por l'archier,
    1799 Chardons e ronces, qu'onques n'oi
    1930 Onques tel response n'issi
    2216 Onques on rien d'amer ne sot
    2280 Onques fievres n'eüs si males,
    2366 Que onques cuer ne hardement
    2507 Se j'onques mal d'amer conui;
    2843 Qu'onques a lui Raison ne jut,
    2954 Don onques dis ce que je pens.
    3002 Mar t'alas onques ombreier
    3057 Onques mon conseil n'atendis
    3110 Onques n'oi meillor compaignon.
    3162 Don je vos fis onques iraistre,
    3250 N'i ot onques plus respitié:
    3292 Qui d'amors onques ne guila.
    3348 Qu'il n'avoit onques fait devant.
    3477 N'i ot onques plus demoré:
    3485 Onques mes ne fui si aaise.
    3587 Qu'el n'ama onques ome entulle.
    3637 Mar lor fist onques bel semblant."
    3641 Qu'onques mot ne li osa dire,
    3653 Passez qu'onques n'eüsmes blasme;
    3730 S'onques Jalosie conui."
    3743 Don nus i mist onques les piez;
    3902 Qu'onques ne trova fame juste:
    3958 Que s'onques ne l'eüsse eüe.
    3994 Je n'oi bien ne joie onques puis
    4032 Qu'onques par moi ne fu retraite
                    041

ont
     405 Ces vieilles genz ont tost froidure;
     673 Qui, por lor voiz qu'eles ont saines
     674 E series, ont non sereines.
    1025 Que riches genz ont grant poissance
    1465 Quel duel ont li leial amant
    1550 E tel force ont que toz li leus,
    2182 Ont par eures joie e torment;
    2719 A ceus qui ont amors lointaignes;
    2725 Mout ont au matin bone encontre
    3050 Que n'ont ermite ne blanc moine.
                    010

ont (AUX.)
      68 Tant come il ont le froit eü
     186 Ont as vallez e as puceles
    1046 Mainz prodomes ont encusez
    1598 Don plusor ont en maint endroit
    1624 Don maint autre ome ont esté pris,
    1964 M'ont par maintes foiz bareté.
    2174 Ont trovees contre Nature.
    2297 Cil qui ont les maus essaiez
    2554 Qu'il ont perdu boivre e mangier,
    2566 Li conteront qu'il t'ont trové
    2999 T'ont mis en poine e en esmai;
    3634 Trop l'ont trové icil truant

    3671 Si ont trové le païsant
    3705 Qui vos ont trové debonaire.
    4051 E, se devient, si ont il fait.
                    015

oon
    3689 Quant vos dormez, nos en oon
                    001

or (CONJ.)
      31 Or vueil cel songe rimeier,
      40 Or doint Deus qu'en gré le receve
     354 Or estoit toz de fronces pleins.
     985 Or revendrai a ma parole:
    1315 Or me gart Deus de mortel plaie,
    1749 Or sachiez bien de verité
    1752 Or fu graindre la volentez.
    1969 Or vueil je, por ce que je t'ains,
    1977 "Sire," fis je, "or m'entendez:
    2023 Amors respont: "Or ne t'esmaie;
    2038 Mais, par mon chief, or i parra
    2052 Or les entent e les retien.
    2061 Qui amer viaut or i entende,
    2062 Que li romanz des or comence,
    2063 Des or le fait bon escouter,
    2087 Or te garde bien de retraire
    2186 Or est li amanz en ses jeus,
    2187 Or est destroiz, or se demente,
    2187 Or est destroiz, or se demente,
    2225 Or te vueil briement recorder
    2284 Or t'avendra maintes feiees
    2298 Don tu es or si esmaiez.
    2315 Or irai, plus nou laisserai;
    2490 Gueriz fust qui or la veïst.
    2577 Or t'ai dit coment n'en quel guise
    2579 Or le fai donques, se tu viaus
    2686 Or te lo e vueil que tu quieres
    2751 Or t'ai, ce m'est vis, declaré
    2756 Or sez qui te fera confort,
    2863 Or sont as rosiers garder quatre,
    3012 Or fai tant qu'il soit recovré,
    3018 Or te vueil dire e conseillier
    3038 Or garde lequel est plus gent
    3063 Or met l'amor en nonchaloir,
    3087 Or me laissiez trestot ester,
    3125 Ainz me dist: "Compainz, or seiez
    3137 Or vos dirai que vos feroiz:
    3163 Mais or sui prez de l'amender
    3171 Or vos requier que vos aiez
    3207 "Or vait," fait il, "bien vostre afaire
    3213 Or devez sofrir e atendre
    3301 Or est il morz e mal bailliz
    3307 Or ne l'alez plus gordeiant,
    3333 Or pensez de lui conjoïr,
    3352 Or ai d'aler par tot congié,
    3353 Or sui cheoiz, ce m'est avis,
    3432 Ne ferai or pas mencion
    3599 Des or en Bel Acueil garder;
    3654 Or nos laidenge e nos mesasme
    3736 "Bien puis," fait il, "or forsener,
    3738 Certes, or ai je trop vescu
    3747 Or l'amenderai par vos deus;
    3761 Des or est mout changiez li vers,
    3789 Or revendront plor e sospir,
    3797 Des or est tens que je vos die
    3955 Or les me vent tot de rechief,
    4052 Je ne sai or coment il vait,
                    057

or (SUBST.)
     465 Furent a or e a azur
     821 Qui estoit toz a or batuz,
     856 D'un fil d'or estoit galonee;
     927 Si furent toutes a or pointes;

168

or (SUBST.) (CONT.)
```
 931  Onc n'i ot rien qui d'or ne fust,
 934  De saietes d'or barbelees.
1061  D'une bande d'or neelee
1083  Li clou furent d'or esmeré
1088  Un cercle d'or; onques encores
1090  Li cercles fu d'or fin recuit;
1096  Qui en l'or assises estoient:
1306  N'a or plus cure qu'il li gart
1736  Une autre floiche a or ovree;
2001  Qui fu de fin or esmeré:
        014
```

orde
```
2114  Qui orde chose e laide nome.
        001
```

ordenee
```
3847  Ne par dedenz miauz ordenee.
        001
```

ordre
```
 699  Mais tot vos conterai en ordre,
        001
```

ordure
```
2165  Ne suefre sor toi nule ordure;
2612  En verminier e en ordure,
3467  Qu'il n'i a teigne ne ordure.
        003
```

ore
```
 691  Dès ore, si con je savrai,
 978  Mais ne dirai ore pas toute
1054  Nou tenez ore pas a lobe;
3142  Que jamais des ore en avant
3300  Mais ore est ses enuiz doblez;
3310  Des ore mais aucune grace:
3499  Des ore est droiz que je vos conte
3573  Ce n'est ore pas li premiers;
3691  Estiez vos ore couchiez?
3952  Amors me set ore bien vendre
        010
```

oré
```
3433  De sa robe e de son oré,
        001
```

oreille
```
1691  Il entesa jusqu'a l'oreille
2525  Oreille e escoute par mi
        002
```

oreilles
```
 355  Les oreilles avoit mossues,
        001
```

orendroit
```
 602  Si con vos orendroit veïstes.
 607  Encore orendroit est senz doute
 624  Est orendroit avuec ses genz
1413  Orendroit m'en covendra taire,
1934  Qu'orendroit me faces omage;
2032  Qui orendroit te cuit e blece,
3656  Alon a Dangier orendroit,
        007
```

orendroites
```
2489  Orendroites, si Deus m'aïst;
2498  Que l'aube orendroites ne crieve,
        002
```

orent
```
 925  Mais mout orent ices cinc floiches
 928  Forz e trenchanz orent les pointes
 977  As autres cinc orent senz doute;
        003
```

ores
```
1227  Mais biaus iert e genz s'il fust ores
2941  Car bien est ores esprovee
        002
```

orfrois
```
 551  D'orfrois ot un chapel mignot;
 556  Ot desus le chapel d'orfrois.
 857  S'ot un chapel d'orfrois tot nuef.
1059  S'i ot portraites a orfrois
        004
```

orfroisiee
```
1058  La porpre fu toute orfroisiee;
        001
```

orge
```
2613  Qui n'a que pain d'orge ou d'avoine,
        001
```

orgueil
```
 869  E qui abat l'orgueil des genz,
1490  Dou grant orgueil e dou dangier
1895  En la folie n'en orgueil;
2125  Après tot ce d'orgueil te garde,
2128  E qui d'orgueil est entechiez,
2139  Por quoi il soit d'orgueil vuidiez,
2230  Cortois e senz orgueil doit estre;
3439  E si n'ot point en li d'orgueil.
        008
```

orgueille
```
  55  La terre meïsmes s'orgueille
        001
```

orguiauz
```
2127  Orguiauz est folie e pechiez;
2137  Cointerie n'est pas orguiauz:
        002
```

Orguiauz
```
 961  La premiere avoit non Orguiauz;
        001
```

orguilleus
```
1572  Ou Narcisus li orguilleus
2131  Orguilleus fait tot le contraire
3280  Plus qu'un orguilleus pautonier.
        003
```

orguilleuse
```
1231  Qu'el n'iere orguilleuse ne fole.
        001
```

orient
```
3871  Qui uevre devers orient;
        001
```

orlee
```
1062  A esmaus fu au col orlee
        001
```

orlenois
```
1194  E si n'ot pas nés orlenois,
        001
```

ormes
```
1357  Ormes i ot branchuz e gros,
        001
```

orne
　　1552　Le vergier, i pert tot a orne.
　　　　　　001

orra
　　2067　Qui dou songe la fin orra,
　　　　　　001

orroie
　　523　Se j'orroie venir nule arme.
　　　　　　001

orroiz
　　1600　Mais jamais n'orroiz miauz descrivre
　　2058　Tot ensi con vos orroiz ja,
　　2075　Quant espondre m'orroiz le songe,
　　　　　　003

ors
　　1076　Miauz que trestoz li ors de Rome.
　　1162　Li ors qu'en done e li argenz.
　　　　　　002

orties
　　1678　Orties e ronces crochues
　　　　　　001

orz
　　2110　Ces orz moz ne ces ribaudies:
　　　　　　001

os　(SUBST.)
　　1043　Par derriere jusques a l'os;
　　　　　　001

os　(V.)
　　3993　Que je n'os passer ne ne puis.
　　　　　　001

osa
　　3641　Qu'onques mot ne li osa dire,
　　　　　　001

osai
　　1515　Que dedenz n'osai regarder,
　　2473　Ne sai coment dire l'osai:
　　2943　N'osai iluec plus remenoir,
　　2959　Que je n'osai passer la haie.
　　　　　　004

osas
　　2381　Que tu n'osas metre a raison;
　　　　　　001

osasse
　　794　Car de queroler, se j'osasse,
　　1674　Se j'i osasse la main tendre;
　　　　　　002

osast
　　1021　Osast rien par faiz ne par diz,
　　1200　Ele n'osast dire ne faire
　　　　　　002

oscure
　　995　El ne fu oscure ne brune,
　　2503　Fai departir la nuit oscure
　　2611　Cil que l'en met en chartre oscure,
　　　　　　003

ose
　　2712　Quant l'en a ome a cui l'en ose
　　3237　Delez la haie, que je n'ose
　　3319　"Dames," dist il, "je ne vos ose

　　3398　Mais je n'ose por Chasteé,
　　　　　　004

oses
　　2399　Que ta raison comencier oses,
　　　　　　001

osoient
　　3832　S'il osoient avant venir.
　　　　　　001

ostages
　　1959　Il m'a lores requis ostages:
　　1993　E la clef soit en leu d'ostages."
　　　　　　002

ostai
　　1773　Je pris la floiche e si ostai
　　　　　　001

ostast
　　234　Que de la borse ostast neant.
　　　　　　001

oste
　　2914　Que l'en l'oste de sa nature.
　　　　　　001

osté
　　2912　Se le bouton avoie osté
　　　　　　001

ostees
　　1868　Qui jamais n'en seront ostees.
　　　　　　001

ostel
　　2559　A la pucele de l'ostel:
　　　　　　001

osteroit
　　3106　Ce m'osteroit de grant torment.
　　　　　　001

osteus
　　1112　C'est uns on qui en biaus osteus
　　　　　　001

ot　(HAVE)
　　7　Un auctor qui ot non Macrobes,
　　28　Mais en cel songe onques rien n'ot
　　215　Ou mantel n'ot pas penne vaire,
　　304　Ne fu mais ne n'ot si grant ire
　　527　Cheveus ot blonz come uns bacins,
　　532　Le nés ot bien fait a droiture,
　　535　Douce aleine ot e savoree,
　　538　S'ot ou menton une fossete.
　　541　Si n'i ot bube ne malan:
　　548　Le cors ot bien fait e dougié;
　　551　D'orfrois ot un chapel mignot;
　　552　Onques nule pucele n'ot
　　556　Ot desus le chapel d'orfrois.
　　558　Si ot d'un riche treçoer
　　563　Ne halassent, ot uns blans ganz.
　　564　Cote ot d'un riche vert de Ganz,
　　753　Assez i ot tableterresses
　　807　Les iauz ot vairs, la bouche gente,
　　809　Cheveus ot blonz, recercelez;
　　844　Le front ot blanc, poli, senz fronce,
　　851　Ele ot la bouche petitete,
　　853　S'ot le chief blont e reluisant.
　　857　S'ot un chapel d'orfrois tot nuef.
　　893　S'i ot par leus entremellees
　　895　Il ot ou chief un chapelet

170

ot   (HAVE)   (CONT.)
  919   Dames i ot de toz sens pointes,
  930   Mais il n'i ot fer ne acier:
  931   Onc n'i ot rien qui d'or ne fust,
  938   Furent enté, Biautez ot non.
  941   Une autre en i ot, apelee
  945   En cele ot mout pesant saiete;
  949   La cinquieme ot non Biaus Semblanz:
  957   Cinc floiches i ot d'autre guise,
  992   Icele dame ot non Biautez,
  994   En li ot mout de bones toiches:
  999   Tendre ot la char come rosee;
 1002   Ele ot le vis cler e alis,
 1007   Les cheveus ot blondez e lons,
 1009   Nés ot bien fait e iauz e bouche.
 1013   Qu'il n'ot si bele fame ou monde.
 1034   A sa cort ot maint losengier,
 1053   Richece ot d'une porpre robe,
 1056   Qu'il n'ot si bele ne si riche
 1059   S'i ot portraites a orfrois
 1064   E s'i ot, ce sachiez senz faille,
 1067   Richece ot un mout riche ceint
 1070   Qui ot grant force e grant vertu;
 1086   En chascun ot bien un besant.
 1087   Richece ot sus ses treces sores
 1097   Rubiz i ot, saphirs, jagonces,
 1099   Mais devant ot par grant maistrise
 1139   Mout ot Largece pris e los;
 1140   Ele ot les sages e les fos
 1146   E por ce ot ele a devise
 1163   Largece ot robe toute fresche
 1165   S'ot le vis bel e bien formé;
 1194   E si n'ot pas nés orlenois,
 1195   Ançois ot nés lonc e traitiz,
 1197   S'ot les cheveus blondez e lons;
 1199   Le cuer ot douz e debonaire,
 1205   Qu'ele ot le cuer si piteable
 1212   N'ot si riche jusqu'a Arraz;
 1214   Qu'il n'i ot une seule pointe
 1325   S'ot autant de lonc con de large.
 1330   Pomiers i ot, bien m'en sovient,
 1333   De noiers i ot grant foison
 1337   D'alemandiers i ot plenté;
 1338   E si ot ou vergier planté
 1347   Ou vergier ot arbres domesches
 1357   Ormes i ot branchuz e gros,
 1362   De divers arbres i ot tant
 1375   Ou vergier ot dains e chevriaus;
 1376   S'i ot grant plenté d'escuriaus,
 1383   Il ot par leus cleres fontaines,
 1405   S'i ot flors blanches e vermeilles,
 1406   De jaunes en i ot merveilles:
 1431   Qu'ou vergier n'ot nul plus haut arbre.
 1454   Si en ot tel duel e tel ire
 1475   Tant qu'il ot soif, por l'aspreté
 1504   Ensi si ot de la meschine,
 1529   En tot le monde n'ot si bele.
 1637   Des roses i ot granz monciaus,
 1639   S'i ot boutons petiz e clos,
 1662   De fueilles i ot quatre paire,
 1737   Simplece ot non, c'est la segonde,
 1742   La floiche, ou n'ot fer ne acier,
 1825   Compaignie ot non la saiete;
 1867   S'en i ot cinc bien encrotees,
 2094   Par sa cortoisie et de pris,
 2095   Autretant ot de blasme Keus
 2791   En cui il n'ot rien que blasmer:
 2827   Dangiers ot non, si fu closiers
 2841   E ses peres ot non Mesfaiz,
 2923   S'ot les iauz roges come feus,
 2983   Si ot ou chief une corone:
 3109   A mout leial: Amis et non;
 3439   E si n'ot point en li d'orgueil.
 3518   Si ot la langue mout punaise

 3564   E ot un voile en leu de guimple
 3673   Il ot, en leu de chevecel,
 3846   Il n'ot si riche en tot le monde,
 3877   Qu'ele ot sergenz a grant plenté,
 3890   Ot soudeiers de Normandie:
 3915   Tant qu'il i ot grant garnison.
                104

ot   (AUX.)
  195   Une autre image i ot assise
  400   Ele ot d'une chape forree
  407   Une image ot aprés escrite
  561   Ot andeus cousues ses manches;
  575   Quant ensi m'ot l'uis desfermé
  619   Quant Oiseuse m'ot ce conté,
  632   Par l'uis que Oiseuse overt m'ot,
  829   Li s'amie fait chapel
 1166   Mais ele ot son col desfermé;
 1185   Ou il ot faite por s'amie
 1187   Maint vert hiaume i ot descerclé
 1388   I ot fait faire par conduiz,
 1433   Ot Nature par grant maistrise
 1435   Si ot dedenz la pierre escrites,
 1460   Qu'ele ot trové d'amor si lasche,
 1477   Qui li ot tolue l'aleine.
 1491   Que Narcisus li ot mené.
 1511   Quant li escriz m'ot fait savoir
 1623   Quant cele rage m'ot sorpris,
 1664   I ot assises tire a tire;
 1685   E quant il ot aperceü
 1707   Mais la saiete qui m'ot point
 1735   E Amors ot ja recovree
 1866   Qui ot esté de novel rese.
 2581   Quant Amors m'ot ce comandé,
 2765   Tot maintenant que Amors m'ot
 2823   Bel Acueil m'ot mout bien servi
 2845   Quant Deus ot Honte faite naistre,
 2878   Por ce que prés ot esté nee.
 3154   Por ce qu'il m'ot veü le pas
 3250   N'i ot onques plus respitié:
 3345   S'il est esté vers moi iriez,
 3477   N'i ot onques plus demoré
 3928   Qu'ele ot des biens e de l'angoisse
 3939   E ele l'ot fait enmurer,
                035

ot   (HEAR)
   82   Quant il ot chanter sor la raime
 2675   Ot parler toz s'en esbaudist;
 3886   Car, quant ele ot bruire le vent,
 3904   S'ele ot parler de lecherie;
                004

otreia
 3203   Ensi m'otreia ma requeste,
 3475   M'otreia un baisier en dons,
                002

otreié
 3341   Puis que Dangiers l'a otreié."
                001

otreier
 1451   Si ne la li vost otreier,
 3686   Folie vos fist otreier
                002

otreiez
 3459   Se le baisier li otreiez;
                001

otroi
  835   De s'amor li dona l'otroi.
 1984   Se ce n'estoit par vostre otroi.

171

otroi (CONT.)
              002

otroie
   3405   E sachiez bien cui l'en otroie
              001

otroiz
   3418   Adès me tarda li otroiz
              001

ou   (ADV.)
     38   Ou l'Art d'Amors est toute enclose.
     49   Ou tens ou toute rien s'esgaie,
     58   Ou ele a tot l'iver esté;
    456   Car povre chose, ou qu'ele soit,
    470   Ou onc n'avoit entré bergiers.
    502   Leu par ou j'i peüsse entrer;
    505   Ne leu par ou l'en i entrast;
    608   Deduiz laienz, ou il escoute
    659   E par ces bois ou il abitent
    719   M'en entrai ou Deduiz estoit.
    803   Ou vos veiez nul plus bel ome.
    937   E cele ou li meillor penon
   1185   Ou il ot faite por s'amie
   1426   Au derrenier, ou je trovai
   1572   Ou Narcisus li orgoilleus
   1622   La ou je vi la graignor tasse.
   1724   Ne de ma plaie ou trover mire.
   1742   La floiche, ou n'ot fer ne acier,
   1760   Tot adès la ou il tendoit
   1797   Vers le rosier ou mes cuers tent;
   2180   Ou l'en jeue e rit e envoise.
   2302   Quant la ou mes cuers est ne vais!
   2380   Ou tu avras cele veüe
   2426   Qui tu avras poi de delit,
   2446   Ou il n'a que mençonge e fable
   2450   Qu'est ice? Ou estoie gié?
   2646   Ce ou Esperance s'acorde.
   2743   E les tenebres ou il iere.
   2747   Les tenebres ou li cuers gist
   2772   Fors par le bouton ou j'avoie
   2921   De la ou il s'estoit muciez.
   3042   Ou il n'a se folie non.
   3852   Ou il a roses a planté.
              033

ou   (CONJ.)
     46   Il a ja bien cinc anz ou mais,
    111   Come puiz ou come fontaine;
    238   S'ele ne vit ou s'el n'oï
    247   Decheoir ou aler a honte;
    289   Estoit ou preuz ou biaus ou genz
    289   Estoit ou preuz ou biaus ou genz
    289   Estoit ou preuz ou biaus ou genz
    290   Ou amez ou loez de genz.
    290   Ou amez ou loez de genz.
    386   Ou Morz nos desavancira;
    473   Ou par eschiele ou par degré,
    473   Ou par eschiele ou par degré,
    512   Ou eschiele ou quelque pertuis.
    512   Ou eschiele ou quelque pertuis.
   1117   Ou de murtre ou de larrecin
   1117   Ou de murtre ou de larrecin
   1244   D'estre empereriz ou reïne.
   1328   Don il n'i ait ou un ou deus
   1328   Don il n'i ait ou un ou deus
   1329   Ou vergier, ou plus, se devient.
   1368   Plus de cinc toises ou de sis;
   1448   S'amor, ou ele se morroit.
   1630   Se assailliz ou mesamez
   1648   A tot le moins deus jorz ou trois.
   1827   A merci dame ou damoisele.
   1905   Faire de moi, pendre ou tuer;
   1986   Car il covient, soit maus ou biens,
   2162   Ou de roses a Pentecoste,
   2172   Ou a ceus de mauvais renon,
   2221   Ou por un ris douz e serin,
   2452   Certes le jor dis foiz ou vint
   2613   Qui n'a que pain d'orge ou d'avoine,
   2662   Quant d'un ris ou d'un bel semblant
   2663   Li membre ou d'une bele chiere
   2705   Se s'amie est pucele ou non,
   3039   Ou dou laissier ou dou porsivre
   3039   Ou dou laissier ou dou porsivre
   3093   Je me vueil loer ou blasmer,
   3428   Qu'el resembla deesse ou fee;
   3534   Estre a Estampes ou a Miauz,
   3543   Ou enserrer en une tor,
   3664   Ou sache il bien veraiement
   3887   Ou el voit saillir deus langoutes,
              043

ou   (PREP-ART)
     21   Ou vintieme an de mon aage,
     22   Ou point qu'Amors prent le paage
     48   Ou tens amoreus, plein de joie,
     49   Ou tens ou toute rien s'esgaie,
    215   Ou mantel n'ot pas penne vaire,
    466   De toutes parz pointes ou mur.
    500   Je porroie entrer ou jardin.
    538   S'ot ou menton une fossete.
    633   Ou vergier, e quant je fui enz,
    642   Ou vergier qui tant me plaisoit.
    708   Me mist ou cuer grant reverdie,
    770   Qu'eus s'entrebaisassent ou vis.
    895   Il ot ou chief un chapelet
   1013   Qu'il n'ot si bele fame ou monde.
   1057   Ou monde ne si envoisiee.
   1084   Qui furent ou tessu doré
   1100   Une escarbocle ou cercle assise;
   1314   Me prist a sivre, l'arc ou poing.
   1329   Ou vergier, ou plus, se devient.
   1338   E si ot ou vergier planté
   1341   Ou vergier mainte bone espice:
   1347   Ou vergier ot arbres domesches
   1375   Ou vergier ot dains e chevriaus;
   1431   Qu'ou vergier n'ot nul plus haut arbre.
   1436   Ou bort amont, letres petites,
   1537   Ou fonz de la fontaine aval
   1613   Car maintenant ou laz chaï
   1615   Ou miroer, entre mil choses,
   1694   Que par mi l'ueil m'a ou cuer mise
   1743   Si que par l'ueil ou cuer m'entra
   1823   Si que ou cuer soz la mamele
   1858   Si m'a ou cuer grant plaie faite;
   2775   Fors ou deu d'Amors de l'avoir;
   2901   Il m'a ou cuer cinc plaies faites,
   2983   Si ot ou chief une corone.
   3003   Ou vergier don Oiseuse porte
   3010   Ou bel vergier qui est Deduit.
   3481   Car une odor m'entra ou cors
   3626   Ou mileu avra une tor,
   3774   Qui mist une odor ou cors
   3777   Qu'encor ai je ou cuer enclose
   3800   Ou païs ne remest maçon
   3825   Il en a un ou front devant,
   3833   Enz ou mileu de la porprise
   3868   Ou chastel que je vos devise;
   3982   Qui met ou cuer des genz rancune,
   3988   Le plus bas amont ou somet,
              047

outrage
   1236   Mais sage e entre, senz outrage,
   2470   Don je demandai tel outrage,
   3699   Pleins de rampones e d'outrage:
              003

outrages
    1994 "Par mon chief, ce n'est mie outrages,"
                001

outrageus
    1998 Outrageus est qui plus demande."
                001

outrageuse
     161 E sembla bien estre outrageuse
                001

outre
    1173 Si que par outre la chemise
    2788 S'outre la haie passeroie,
    2816 Sui maintenant outre passez.
    3413 Outre son gré n'angoissier trop.
                004

outrecuidiez
    2140 Qu'il ne soit fos n'outrecuidiez.
                001

outreement
    1141 Outreement a son bandon,
    3105 Mon conseil tot outreement:
                002

overt
     632 Par l'uis que Oiseuse overt m'ot,
                001

overte
    1171 Que la chevegaille iert overte,
    3363 Ce qu'el n'iere pas si overte
                002

overtes
    1645 Les roses overtes e lees
                001

ovrai
     692 Vos conterai coment j'ovrai:
                001

ovré
     860 Chapel si bien ovré de soie.
    3011 Se tu as folement ovré,
                002

ovree
     885 Portraite, e ovree de flors
    1736 Une autre floiche a or ovree;
                002

ovri
     525 Adonc m'ovri une pucele,
    1257 Me fist si grant qu'ele m'ovri
    3004 La clef don el t'ovri la porte;
                003

oz
    2117 E se tu oz nul mesdisant
                001

paage
      22 Ou point qu'Amors prent le paage
                001

paié
    2715 E t'en tendras a bien paié
                001

paiez
    4024 Je m'en tendroie a bien paiez.
                001

pain
     204 Qui vesquist solement de pain
    2613 Qui n'a que pain d'orge ou d'avoine,
                002

paire
      62 Que de colors i a cent paire.
    1662 De fueilles i ot quatre paire,
                002

pais
    1897 En pais e debonairement."
    2420 Toz jorz li faut, ja en pais n'iert.
    2422 Tant que j'en vueille la pais querre.
    3152 De ma pais faire covoiteus;
                004

païs
    2569 Dou païs guieres ne t'esloigne;
    3800 Ou païs ne remest maçon
                002

païsant
    3671 Si ont trové le païsant
    3960 Je resemble le païsant
                002

paist
    2454 El me paist tot e replenist
                001

paistre
     342 A poine qu'el se pooit paistre,
    2338 A tes iauz saouler e paistre.
                002

pale
     302 E maigre e pale devenir.
     433 S'avoit la color pale e morte.
                002

pales
    2279 Vermauz une eure, une autre pales:
                001

paleté
     297 De paleté ne de maigrece;
                001

paletiaus
     211 E pleine de viez paletiaus.
     449 Tot plein de mauvais paletiaus:
                002

pans
    3816 Chascuns des pans cent toises dure,
                001

papegauz
      77 Li papegauz e la calandre;
     657 Il ravoit aillors papegauz,
     900 De papegauz, de rossigniaus,
                003

Papelardie
     409 Papelardie iert apelee.
                001

par   (PREP.)
      73 Qu'il lor estuet chanter par force.

par (PREP.)   (CONT.)

96	Qui chantoient par ces boissons
126	Lors m'en alai par mi la pree,
144	Estoit par semblant cele image;
185	Qui maintes foiz par lor faveles
249	Par son sen e par sa proece,
249	Par son sen e par sa proece,
264	Que par un poi qu'ele n'en font.
278	Par parole faire menor.
286	Ainz clooit un ueil par desdein;
320	E espandu par son col jurent;
428	Ainz fu par semblant entive
438	Por avoir los par mi la vile,
473	Ou par eschiele ou par degré,
473	Ou par eschiele ou par degré,
499	Par quel art ne par quel engin
499	Par quel art ne par quel engin
502	Leu par ou j'i peüsse entrer.
505	Ne leu par ou l'en i entrast;
518	Par autre leu nus n'i entroit.
522	E par maintes foiz escoutai
531	Ainz iert assez granz par mesure;
540	Gros assez e lons par raison.
594	Qu'il fist par le vergier planter.
632	Par l'uis que Oiseuse overt m'ot,
644	Par tot le vergier amassez.
656	Ces autres oisiaus par chanter;
658	E mainz oisiaus qui par ces gauz
659	E par ces bois ou il abitent
715	Par une petitete sente,
762	Faisoit Deduiz par grant noblece
808	E le nés fait par grant entente.
810	Par espaules fu auques lez,
811	E grailles par mi la ceinture.
825	E decopee par cointise.
826	Chauciez refu par grant maistrise
828	Par druerie e par solaz
828	Par druerie e par solaz
836	Deduiz la tint par mi le doi
848	Que la bouchete par covent.
880	Faite par fines amoretes.
886	Par diverseté de colors.
888	Qui furent par grant sen assises.
893	S'i ot par leus entremellees
1021	Osast rien par faiz ne par diz,
1021	Osast rien par faiz ne par diz,
1039	Par devant, por aus losengier,
1041	E tot le mont par parole oignent;
1043	Par derriere jusques a l'os,
1047	Li losengier par lor losenges,
1068	Par desus cele porpre ceint;
1099	Mais devant ot par grant maistrise
1109	Richece tint par mi la main
1142	Tant avoit fait par son bel don.
1145	Son ami par son grant servise;
1157	Mais par biaus dons amis aquiere;
1173	Si que par outre la chemise
1190	E pris par force e par vertu.
1190	E pris par force e par vertu.
1238	Onc ne fu nus par li laidiz,
1303	Par le vergier de ça en la;
1319	Par le vergier tot a delivre;
1322	Tant que j'oi par trestot esté.
1323	Li vergiers par compasseüre
1371	Furent si espès par deseure
1377	Qui par ces arbres gravissoient;
1383	Il ot par leus cleres fontaines,
1387	Par petiz ruissiaus, que Deduiz
1388	I ot fait faire par conduiz,
1433	Ot Nature par grant maistrise
1469	Que Narcisus par aventure
1532	Par deus doiz crueses e parfondes.
1597	La Fontaine d'Amors par droit,
1663	Que Nature par grant maistire
1666	E par desus siet li boutons
1693	E traist a moi par tel devise
1694	Que par mi l'ueil m'a ou cuer mise
1695	La saiete par grant roidor.
1725	Que par erbe ne par racine
1725	Que par erbe ne par racine
1738	Qui maint ome par mi le monde
1743	Si que par l'ueil ou cuer m'entra
1745	Jamais, ce cuit, par ome né,
1761	Me covenoit aler par force.
1838	Je ne m'en puis par el partir.
1852	Par l'ointure de l'oignement,
1860	Par les plaies, si me rendi
1909	Se n'est par vostre volenté.
1910	J'atent par vos joie e santé,
1911	Que ja par autre ne l'avrai;
1925	E par tel covent me rent gié."
1927	Mais il m'a par mi la main pris,
1964	M'ont par maintes foiz bareté.
1984	Se ce n'estoit par vostre otroi.
1994	"Par mon chief, ce n'est mie outrages,"
2033	Car je sai bien par quel poison
2038	Mais, par mon chief, or i parra
2091	Qui jadis par son moqueïz
2094	Par sa cortoisie ot de pris,
2102	E quant tu iras par les rues,
2124	Par ce porras en pris monter.
2173	Qui amors par male aventure
2182	Ont par eures joie e torment;
2190	Par quoi tu puisses as genz plaire,
2202	Par ce seras dis tanz amez.
2210	Par ce se puet mout avancier.
2246	Par tot en a petite part;
2271	Partir des genz par estovoir,
2319	E iras la par tel covent
2333	Se tu verras par aventure
2349	Chascuns amanz suit par costume
2386	S'en reveignent par la entor.
2459	Jou voudroie par covenant
2514	Soit par pluie, soit par gelee,
2514	Soit par pluie, soit par gelee,
2525	Oreille e escoute par mi
2547	Bien le savras par toi meïsmes:
2564	Granz biens te puet par aus venir:
2597	"Biaus amis, par l'ame mon pere,
2617	Encor par aucune cheance;
2627	Esperance par sofrir vaint
2772	Fors le bouton ou j'avoie
2814	Par ronces e par aiglentiers,
2814	Par ronces e par aiglentiers,
2867	Se par aus ne fusse agaitiez,
2887	Joie se n'est par une chose,
2936	Par poi que je ne vos oci.
2968	Par poi que li cuers ne me part
3014	Le conseil par quoi tu foloies
3116	Qui par poi ne me vost mangier,
3136	Par chuer e par soupleier.
3136	Par chuer e par soupleier.
3140	Par amor e par acordance;
3140	Par amor e par acordance;
3156	Fel par semblant e corrocié,
3193	E me dist par parole brieve:
3216	Par sofrir felon e refraint."
3259	Qui par vos est trop mal menez.
3263	S'Amors le fait par force amer,
3349	Il m'a lores par la main pris
3352	Or ai d'aler par tot congié,
3355	Car Bel Acueil par tot me moine,
3362	Par amont; si m'abelissoit
3397	Ja ne vos fust par moi veé,
3449	Par quoi est dignes d'estre amez.
3501	Par cui je fui puis mout grevez,
3504	Qu'Amors prist puis par ses esforz.
3535	Lors l'a par parole assailli:

par (PREP.)   (CONT.)
    3606 Car Luxure reine par tot;
    3679 Fait ele, "par male aventure?
    3709 Si avroiz mais par tot le los
    3721 E a chacié par sa menace
    3725 C'est tot par vostre mauvaistié,
    3745 Estre feruz par mi le cors.
    3747 Or l'amenderai par vos deus;
    3758 E vait cerchant par le porpris
    3776 Par un poi que je ne me pasme,
    3826 Bien defensable par covent,
    3834 Font une tor par grant maistrise
    3847 Ne par dedenz miauz ordenee.
    3856 Veoir par desus les creniaus;
    3875 Qui uevre par devers midi;
    4032 Qu'onques par moi ne fu retraite
    4038 Par un poi que je ne font d'ire
    4049 E faire tant par lor favele
                165

par (ADV.)
     201 Tant par estoit descoloree
     358 Tant par estoit de grant vieillune
     661 Trop par faisoient bel servise
     972 Mout par lor estoit covenables
    1407 Trop par estoit la terre cointe,
    1499 E qu'il estoit si pris par fort
    3315 Mout par est fel e deputaire
                007

parclose
    1495 Si en fu morz a la parclose:
                001

pardoint
    3139 Qu'il vos pardoint sa malvoillance
                001

pardoné
    3191 E si le m'a il pardoné
                001

pardoner
    3190 De pardoner son mautalent;
                001

parece
    3506 Ja parece ne m'iert d'escrivre,
    3623 Il ne me sera ja parece
                002

pareceus
    3748 Jamais ne serai pareceus
                001

paree
     569 E bien paree e atornee,
                001

parent
     256 N'ele n'a parent, tant li teigne,
                001

parenté
    2839 Son parenté e son lignage,
                001

parer
      51 Qui en mai parer ne se vueille
                001

parevis
     435 Deveee de parevis;
     636 Por voir en parevis terrestre;
     640 Il ne fait en nul parevis
    1299 Qu'il n'est nus graindres parevis
    1343 Graine de parevis novele,
    2986 Pert qu'el fu faite en parevis,
    3354 De grant enfer en parevis,
                007

parez
     862 Fu ses cors vestuz e parez,
                001

parfonde
    1768 La plaie fu parfonde e lee,
                001

parfondement
     324 Qu'el ploroit mout parfondement:
                001

parfondes
    1532 Par deus doiz crueses e parfondes.
                001

parfont
     312 E son duel parfont comencié.
    2295 E sospirras de cuer parfont,
    3805 Qu'il sont mout lé e mout parfont.
                003

Paris
    1621 Ne por Paris que je n'alasse
                001

parissant
    2551 A ce sont bien cil parissant
                001

parla
    3146 Tant parla Amis e tant dist
    3526 Tant parla li gloz folement
                002

parlé
    1599 Parlé en romanz e en livre;
    3712 Lors a après parlé Peors:
                002

parler (SUBST.)
    2675 Ot parler toz s'en esbaudist;
    3904 S'ele ot parler de lecherie;
                002

parler (V.)
     764 Mais de ce ne fait a parler
    2290 Senz iauz movoir e senz parler.
    3118 Quant il me vit a lui parler
    3567 Comença a parler en bas:
                004

parleroiz
    2693 E parleroiz andui ensemble
                001

parlers
    2544 Icil veilliers, icil parlers
                001

parliers
    1246 Acointables e biaus parliers,
    2097 Ramponierres e mal parliers
                002

paroient
    1606 Cent mile choses qui paroient;

paroient (CONT.)
        001

paroir
    3369 Si ne pooit paroir la graine,
        001

paroit
    293 Mais bien paroit a sa color
    566 Il paroit bien a son ator
    1526 E la gravele qui paroit
        003

parole (SUBST.)
    278 Par parole faire menor.
    985 Or revendrai a ma parole:
    1041 E tot le mont par parole oignent;
    1272 Car qui tenist d'aus deus parole,
    2227 Car la parole moins engrieve
    2396 Parole te faudra e sens
    3193 E me dist par parole brieve:
    3255 La parole a premiere prise,
    3535 Lors l'a par parole assailli:
    3908 E ceste si a trop parole."
        010

parole (V.)
    727 Ceste gent don je vos parole
    2680 Qui de mon ami me parole.
    2682 Qui m'en parole, quoi qu'il die.'
    3591 E qu'il jeue as genz e parole.
    3648 Parole a Honte sa cosine:
        005

paroles
    2100 De paroles douz e raisnables
    3633 De paroles le vont chuant.
        002

parra
    2038 Mais, par mon chief, or i parra
        001

part (SUBST.)
    646 D'autre part jais e estorniaus;
    865 A li se tint de l'autre part
    1563 Car toz jorz, quelque part qu'il soient,
    1879 D'une part m'oint, d'autre me cuit,
    2154 E de quel part tu en istras.
    2246 Par tot en a petite part;
    2274 A une part iras toz seus:
    2389 Qui cele part te fait aler,
    2967 De ma dolor la quarte part;
    3643 En sus se trait a une part;
    3930 En jonece eü bien sa part.
        011

part (V.)
    363 E qui de nos se part e emble
    2968 Par poi que li cuers ne me part
    3644 E Jalosie atant s'en part:
        003

partes
    2282 Bien avras, ainz que tu t'en partes,
        001

parti
    1301 D'ilueques me parti atant,
        001

partir
    1816 N'en queïsse partir nul jor.
    1838 Je ne m'en puis par el partir.
    2271 Partir des genz par estovoir,
    2361 E quant partir t'en covendra,
        004

partira
    2638 Ne ja de toi ne partira
        001

parvenche
    891 Ne violete ne parvenche,
    1404 E parvenche fresche e novele,
        002

parz
    466 De toutes parz pointes ou mur.
    884 Fu la robe de toutes parz
        002

pas (STEP)
    2321 E gasteras en vain tes pas;
        001

pas (WAY)
    3154 Por ce qu'il m'ot veé le pas
        001

pas (NEG.)
    8   Qui ne tint pas songes a lobes,
    145 Si n'estoit pas bien atornee,
    215 Ou mantel n'ot pas penne vaire,
    233 El n'aloit pas a ce beant
    308 N'el ne se vosist pas retraire
    314 Car el n'avoit pas esté lente
    316 N'el n'avoit pas sa robe chiere:
    431 Si sachiez qu'el n'iere pas grasse,
    443 N'eüst pas, s'el se deüst pendre,
    489 Que n'en preïsse pas cent livres,
    530 Li entriauz ne fu pas petiz,
    580 Ele ne fu pas vers moi fiere
    626 Ne m'iert pas, se je puis, emblee
    670 Qu'il ne sembloit pas chant d'oisiaus,
    677 Ne furent pas ne non sachant,
    790 Si ne fui pas trop entrepris;
    850 L'en nou feïst pas miauz de cire.
    878 Qu'il n'avoit pas robe de soie,
    922 Qui ne sembla pas estre garz,
    946 El n'estoit pas d'aler loing prete;
    962 L'autre, qui ne valoit pas miauz,
    978 Mais ne dirai ore pas toute
    982 Nou metrai pas en obliance,
    1054 Nou tenez ore pas a lobe;
    1094 Car l'en ne porroit pas prisier
    1134 N'iert pas si a prendre entertive
    1153 Car il n'a pas d'amis plenté
    1170 Mais ce ne li seoit pas mal
    1192 Qui n'estoit pas brune ne bise,
    1194 E si n'ot pas nés orlenois,
    1386 Mais n'en sai pas dire le nombre.
    1411 Ne vos tendrai pas longue fable
    1644 Icil ne font pas a haïr:
    1764 Ne m'i lait pas aler senz poine;
    1850 Car il ne viaut pas que je muire,
    1886 Ne fai pas dangier de toi rendre:
    1903 Car il n'est pas raison ne droiz;
    1916 Ne m'en tieng pas a enginiez;
    1985 Li cuers est vostres, non pas miens,
    2017 Nou di pas por recreantise,
    2029 Granz biens ne vient pas en poi d'eure;
    2084 Por ce n'est pas droiz que je l'ains.
    2089 N'est pas proece de mesdire.
    2106 Si n'aies pas ta bouche mue,
    2113 Je ne tieng pas a cortois ome
    2137 Cointerie n'est pas orguiauz:
    2164 Qu'il n'i covient pas grant avoir.

pas (NEG.)	(CONT.)	passe	
2168	Ne l'i laisse pas remenoir.	1790	Qu'Amors, qui toutes choses passe,
2196	Ne fai pas de saillir dangier;		001
2244	Car je n'ain pas moiteierie.	passé	
2322	Ce que tu quiers ne verras pas,	372	Seroient ja troi tens passé.
2707	Si n'avras pas peor qu'il muse		001
2762	Qu'autres biens, qui ne sont pas mendre,	passer	
2900	Ne cuidiez pas que je vos mente:	1800	Pooir de passer l'espinoi,
2913	De son rosier; n'est pas droiture	2959	Que je n'osai passer la haie.
2961	Ne cuidiez pas que nus conoisse,	3122	Me veoit passer la cloison.
2987	Car Nature ne seüst pas	3238	Passer por aler a la rose,
3017	L'en ne s'en doit pas merveillier.	3616	Ja ne verroie passer l'an
3030	Con cele qui n'est pas musarde,	3993	Que je n'os passer ne ne puis.
3153	Mais la haie ne passai pas,		006
3195	Si ne te vueil pas escondire.	passeroie	
3270	Ne s'en porroit il pas garder.	2788	S'outre la haie passeroie,
3314	Ne refusez pas sa requeste;		001
3363	Ce qu'el n'iere pas si overte	passes	
3399	Vers cui je ne vueil pas mesprendre.	3202	Se tu passes jamais la haie."
3416	Ne l'en n'a pas le vin de l'aisne		001
3431	Qu'el n'est pas de religion.	passez	
3432	Ne ferai or pas mencion	1261	Qui n'avoit encore passez,
3453	E avuec ce il n'est pas viauz,	2798	Passez la haie senz arest,
3458	Ses cors ne fait pas a changier	2816	Sui maintenant outre passez.
3462	E sa bouche n'est pas vilaine,	3653	Passez qu'onques n'eüsmes blasme;
3546	E si ne s'est pas bien poigniee		004
3568	"Por Deu, dame, ne creez pas	pautonier	
3573	Ce n'est ore pas li premiers;	3280	Plus qu'un orguilleus pautonier.
3577	Senz faille, ce n'est pas mençonge,		001
3581	Mais certes je n'ai pas creance	pavé	
3666	Qu'il ne durroit pas a la guerre	120	Si vi tot covert e pavé
3695	Il n'afiert pas a vostre non		001
3808	Qui ne siet pas sor croleïz,	Pavie	
3838	Li murs ne doit pas faire faute	1620	Que ne laissasse por Pavie
3864	Si que cheval ne pueent pas	3751	Miauz li vendroit estre a Pavie.
3885	E si ne l'uevre pas sovent,		002
4026	Que vos ne faciez pas ensi,	pecheor	
4030	Si n'est ce pas por mesprison	3311	De pecheor misericorde.
	084		001
pasme		pechiez	
1830	Trois foiz me pasme en un tenant.	178	Si est granz pechiez e granz diaus,
3776	Par un poi que je ne me pasme,	349	S'ele morist, ne granz pechiez,
	002	1975	Pechiez seroit se tu trichoies,
pasmé		2127	Orguiauz est folie e pechiez;
1769	Si me covint cheoir pasmé,		004
	001	peliçon	
pasmez		1697	Don j'ai desoz chaut peliçon
1702	Pasmez jui iluec longuement;		001
	001	pelle	
pasmoison		1787	Carriaus e pierres pelle melle,
1703	E quant je vin de pasmoison		001
	001	pendoit	
passage		212	Delez li pendoit uns mantiaus
2794	Cil m'abandona le passage		001
	001	pendre	
passages		179	Qu'en la fin maint en covient pendre;
490	Se li passages fust delivres,	443	N'eüst pas, s'el se deüst pendre,
	001	1905	Faire de moi, pendre ou tuer;
passai		2635	Nes au larron que l'en viaut pendre
3153	Mais la haie ne passai pas,		004
	001		
passasse			
2781	Mais je passasse la cloison		
	001		

pener
    2133 Mais qui d'amors se viaut pener,
    2218 Se nus se viaut d'amors pener,
    2335 E se tu te puez tant pener
            003

penez
    3229 Ainz me sui penez longuement
            001

penitence
    2233 Après t'enjoing en penitence
    3295 Il trait trop male penitence
    4036 Car j'en suefre la penitence
            003

penne
    215   Ou mantel n'ot pas penne vaire,
            001

penoit
    424   Si sachiez que mout se penoit;
            001

penon
    937   E cele ou li meillor penon
            001

penons
    926   Les penons bien faiz e les coiches,
    932   Fors que les penons e le fust,
            002

pens
    2304 Adès i pens e rien n'en voi :
    2954 Don onques dis ce que je pens.
            002

pensa
    1320 E cil pensa bien de moi sivre,
    1480 Iluec pensa que il bevroit:
            002

pensai
    1519 Mais je me pensai qu'asseür,
            001

pensant
    2285 Qu'en pensant t'entroblieras
    4021 Vos vengiez, au moins en pensant,
            002

pense
    1901 Ja Deu ne plaise que je pense
    2236 Toz jorz i pense senz cesser,
    2573 E pense dou tost retorner.
    3070 Encontre ce que tes cuers pense:
    3512 De mainz amanz pense e devine,
            005

pensé
    371   Car ainz que l'en l'eüst pensé
            001

pensee
    2445 En la pensee delitable
    2451 Ceste pensee don me vint?
            002

pensees
    3790 Longues pensees senz dormir,
            001

pensent
    2409 Il dient un e pensent el
            001

penser
    368   Que l'en ne puet neïs penser
    2235 En amors metes ton penser:
    2965 Cuers ne porroit mie penser
            003

pensera
    2517 E a toi ne pensera guieres;
            001

pensez
    3333 Or pensez de lui conjoïr,
            001

pensis
    1778 Mout angoisseus e mout pensis.
    2324 Senz plus faire, pensis e mornes.
    3331 Mout a esté pensis e tristes
            003

pensoie
    2458 En itel point con je pensoie?
            001

pensoit
    1263 Nicete fu, si ne pensoit
            001

penst
    417   Qu'ele ne penst en son corage.
            001

pent
    1667 Si qu'il ne cline ne ne pent.
            001

Pentecoste
    2162 Ou de roses a Pentecoste,
            001

peor (ADV.)
    3032 Car a ton ues n'i voi peor.
            001

peor (SUBST.)
    1520 Senz peor de mauvais eür,
    1634 Mais peor oi dou repentir,
    2294 Ausi come on qui a peor,
    2407 Si come il vuelent, senz peor;
    2707 Si n'avras pas peor qu'il muse
    2947 A grant peor e a grant heste;
    3031 Si en doiz avoir grant peor,
    3602 "Grant peor ai d'estre traïe,
    3628 Car j'ai peor de traïson.
    4041 Si ai peor e desconfort,
    4043 N'en doi je bien avoir peor
            011

Peor
    2836 E avuec lui Honte e Peor.
    2861 Peor, qui bee durement
    3638 A ce mot vint Peor tremblant;
    3645 Peor e Honte laisse ensemble.
    3647 Peor, qui tint la teste encline,
    3879 Peor rot grant conestablie,
    3883 Peor n'i sera ja seüre,
            007

Peors
    3712 Lors a après parlé Peors:

Peors (CONT.)
    001

Pepin
 1428 Mais puis Charle ne puis Pepin
    001

perchete
 213 A une perchete graillete,
    001

perciés
 1188 E perciés maint escu boclé,
    001

percier
 929 E agües por bien percier;
 1845 Ele est agüe por percier,
    002

perdi
 1502 Il perdi d'ire tot le sen,
    001

perdroiz
 3472 Tant, ce sachiez, de tens perdroiz."
    001

perdu
 2554 Qu'il ont perdu boivre e mangier,
    001

perdue
 3957 Por la joie que j'ai perdue,
 3971 Ge crien ausi avoir perdue
    002

perdues
 356 E toutes les denz si perdues
    001

pere
 259 Que biens venist nes a son pere.
 2597 "Biaus amis, par l'ame mon pere,
    002

perent
 1546 Lors perent colors plus de cent
    001

peres
 383 Li Tens qui envieilli noz peres,
 2841 E ses peres ot non Mesfaiz,
    002

perill
 1722 Por le perill qui fu doblez:
 2634 Ne por perill ne por meschief.
    002

perilleus
 1571 C'est li miroers perilleus,
    001

perilleuse
 3006 S'acointance est trop perilleuse.
    001

perriere
 3828 Qui ne doutent cop de perriere;
    001

perrieres
 3853 Dedenz le chastel a perrieres

perrieres (CONT.)
    001

perses
 63 L'erbe e les flors blanches e perses,
    001

persone
 2984 Bien resembloit haute persone.
    001

pert (APPEAR)
 1552 Le vergier, i pert tot a orne.
 2167 S'en tes ongles pert point de noir,
 2986 Pert qu'el fu faite en parevis,
 3539 Bien pert que tu croiz les losenges
    004

pert (LOSE)
 2053 Li maistres pert sa poine toute
 3046 S'il est clers, il pert son aprendre,
 3265 Plus i pert il que vos ne faites,
 3615 Que en meillor garde pert l'en.
 4057 Se je pert vostre bienvoillance,
    005

perte
 4039 Quant il me membre de ma perte,
    001

pertuis
 504 S'il i avoit pertuis ne voie
 512 Ou eschiele ou quelque pertuis.
 3693 Toz les pertuis de ceste haie,
 3760 Ne pertuis qui a bouchier face.
    004

pesance
 299 E la pesance e li enuiz
 3168 A rien don vos aiez pesance;
    002

pesant
 945 En cele ot mout pesant saiete;
 1085 Si estoient gros e pesant:
 2889 Une mout pesant maladie,
    003

pesanz
 217 D'aigniaus noirs, veluz e pesanz.
    001

pesast
 221 Car sachiez que mout li pesast
    001

pesches
 1348 Qui charjoient e coinz e pesches,
    001

peser
 1636 Peser au seignor dou vergier.
    001

pestri
 205 Pestri a lessu fort e aigre.
    001

petit
 167 E fame qui petit seüst
 2161 Chapel de flors, qui petit coste,
 2506 E de repos petit prendras,
 3053 Qui joie en a, petit li dure,
    004

179

petite
- 537   La bouche petite e grossete;
- 1567 Si n'i a si petite chose,
- 2000 Une petite clef bien faite,
- 2246 Par tot en a petite part;
         004

petites
- 998   Resemblent petites chandoiles.
- 1436 Ou bort amont, letres petites,
         002

petitet
- 517   Trovai, petitet e estroit;
         001

petitete
- 715   Par une petitete sente,
- 843   A une petitete ronce.
- 851   Ele ot la bouche petitete,
         003

petiz
- 530   Li entriauz ne fu pas petiz,
- 818   Se petiz peus folages non;
- 1387 Par petiz ruissiaus, que Deduiz
- 1639 S'i ot boutons petiz e clos,
- 2656 Qui n'est trop granz ne trop petiz,
         005

peus
- 818   Se petiz peus folages non;
         001

peüsse
- 502   Leu par ou j'i peüsse entrer;
- 1653 Se chapel en peüsse avoir,
- 1776 Por rien que je peüsse faire.
- 1801 Si qu'au bouton peüsse ataindre.
- 2822 Que au bouton peüsse ataindre.
         005

peüsses
- 2374 Car se tu n'en peüsses traire
         001

peüssiez
- 3855 Vos peüssiez les mangoniaus
         001

peüst
- 231   Ançois qu'ele en peüst rien traire;
- 274   Qu'el ne peüst de tot son pris
- 284   Car el ne peüst au visage
- 307   Faire rien qui li peüst plaire;
- 671   Ainz le peüst l'en aesmer
- 842   Que l'en li peüst toute fendre
- 948   Il en peüst assez mal faire.
- 1394 Ausi i peüst l'en sa drue
- 1463 Don il ne peüst joie atendre;
- 1635 Car il en peüst de legier
- 1849 Por ce qu'el ne peüst trop nuire;
- 2785 Mais assez tost peüst sembler
- 3161 Mout me poise s'il peüst estre
         013

peüz
- 460   Qu'il ne sera ja bien peüz,
         001

piaus
- 2546 Durement amaigrir les piaus.
         001

pié
- 123   Très au pié de l'eve batoit.
- 340   Qui estoit bien un pié retraite
- 738   Ferir dou pié e envoisier;
- 1926 A cest mot vos baisier son pié,
- 3811 Jusqu'au pié des fossez descent
         005

pieç
- 3127 Je conois bien pieç'a Dangier:
- 3131 Pieç'a que je l'ai esprové.
         002

piece
- 1771 Grant piece i jui senz remuer.
- 1817 Mais quant j'i oi esté grant piece,
- 2286 E une grant piece seras
- 2291 A chief de piece revendras
- 2649 Douz Pensers vient a chief de piece,
- 2893 Piece a piece estre despeciez
- 2893 Piece a piece estre despeciez
- 2971 En cest point ai grant piece esté,
- 3329 Bel Acueil, grant piece esloigniez,
- 3379 Grant piece ai iluec demoré,
         010

pierre
- 1069 La bocle d'une pierre fu
- 1074 Bien faisoit tel pierre a amer:
- 1077 D'une autre pierre iert li mordanz,
- 1101 E la pierre si clere estoit
- 1159 Con la pierre de l'aïmant
- 1432 Dedenz une pierre de marbre
- 1435 Si ot dedenz la pierre escrites,
- 3842 La pierre est de roche naïve
         008

pierres
- 1065 De riches pierres grant plenté,
- 1092 Qui vos savroit toutes les pierres
- 1095 L'avoir que les pierres valoient
- 1105 Tel clarté des pierres issoit
- 1538 Avoit deus pierres de cristal,
- 1787 Carriaus e pierres pelle melle,
- 3820 E faites de pierres tailliees.
         007

piez
- 1793 Je me sui lors en piez dreciez,
- 2289 Senz piez, senz mains, senz doiz croler
- 3155 Je le trovai en piez drecié,
- 3743 Don nus i mist onques les piez;
- 3755 Lors s'est Dangiers en piez dreciez,
         005

pigne
- 2169 Cous tes manches, tes cheveus pigne,
         001

pigniee
- 568   Quant ele s'estoit bien pigniee,
         001

pignier
- 588   E a moi pignier e trecier.
         001

pin
- 1427 Une fontaine soz un pin;
- 1434 Soz le pin la fontaine assise;
- 1471 Se vint soz le pin ombreier,
         003

pins
  1290 Ces pins, ces cedres, ces moriers.
  1353 De granz loriers e de hauz pins
  1429 Ne fu ausi biaus pins veüz;
  1479 Que li pins de ses rains covroit,
        004

pionier
  3801 Ne pionier qu'ele ne mant,
        001

pipolee
  1408 Qu'ele estoit pipolee e pointe
        001

pipolez
  918   E si fu mout bien pipolez.
        001

pis
  3306 Mestier de pis, s'il vos pleüst.
        001

piteable
  1205 Qu'ele ot le cuer si piteable
        001

piteus
  83   As oisiaus les douz chanz piteus.
  414   Si a le vis simple e piteus,
  485   De lor piteus chant a oïr;
        003

pitié
  326   A cui grant pitié n'en preïst;
  1204 Tost en eüst, ce cuit, pitié;
  2085 Vilains est fel e senz pitié,
  2532 Bien doit fame aucune pitié
  3172 Pitié de moi e apaiez
  3212 Pitié avroit de vostre poine;
  3951 Il en devroit grant pitié prendre.
        007

Pitié
  3249 Franchise, e avuec li Pitié.
  3337 Entre moi e Pitié Dangier,
        002

Pitiez
  3285 Pitiez respont: "C'est veritez
        001

place
  612   O ses genz, que plus bele place
  1108 E entor li toute la place.
  1670 Toute la place replenist.
  3368 E la place dedenz emploient,
  3722 Bel Acueil hors de ceste place,
        005

places
  2192 Chascuns doit faire en toutes places
        001

plaide
  3558 Qui contre nos plaide e estrive,
        001

plaideors
  184   Fait toz e les faus plaideors,
        001

plaidier
  2804 Ja ne m'en quier faire plaidier,

plaidier   (CONT.)
        001

plaie
  951   Neporquant el fait mout grant plaie;
  1315 Or me gart Deus de mortel plaie,
  1709 Ainz fu la plaie toute soiche.
  1724 Ne de ma plaie ou trover mire,
  1768 La plaie fu parfonde e lee,
  1779 Mout me destreint icele plaie
  1824 Me fait une plaie novele.
  1858 Si m'a ou cuer grant plaie faite;
  1871 La plaie si que la dolor
        009

plaies
  1829 De mes plaies tot maintenant;
  1860 Par les plaies, si me rendi
  2037 Qui de tes plaies te garra;
  2770 De mes plaies mout me dolui,
  2901 Il m'a ou cuer cinc plaies faites,
        005

plaiez
  953   Qui de cele floiche est plaiez;
        001

plain
  285   Regarder rien de plain en plain,
  285   Regarder rien de plain en plain,
        002

plaindre
  1442 E tant le fist plorer e plaindre,
  2529 Qu'el t'oie plaindre e doloser,
  3246 Tant m'oie dementer ne plaindre.
        003

plaing
  1831 Au revenir plaing e sospire,
  2464 Sovent me plaing e me demente.
  3235 E que je me plaing e sospir,
        003

plains (ADJ.)
  353   Qui fu jadis soés e plains;
        001

plains (V.)
  3100 Sovent plorai, sovent me plains,
  3115 E me plains a lui de Dangier;
        002

plaint
  2647 Quant li amanz plaint e sospire,
        001

plaintes
  2275 Lors te vendront sospir e plaintes,
        001

plaire
  240   Nule rien ne li puet tant plaire
  307   Faire rien qui li peüst plaire;
  2190 Par quoi tu puisses as genz plaire,
  2700 Qui a t'amie puisse plaire.
  2870 Quanqu'il set qui me doie plaire.
  3706 Volez vos donques as genz plaire
        006

plaisamment
  731   Bien sot chanter e plaisamment,
        001

plaisant
  117 A regarder le leu plaisant.
  701 Grant servise douz e plaisant
 1015 Sade, plaisant, aperte e cointe,
 1242 Je ne sai fame plus plaisant.
 1390 Une noise douce e plaisant.
 1412 Dou leu plaisant e delitable;
 2711 Saches que c'est mout plaisant chose
           007

plaisanz
  496 Plaisanz, cortoises e mignotes.
           001

plaise
 1814 Jamais n'iert rien qui tant me plaise
 1901 Ja Deu ne plaise que je pense
 2120 Fai, se tu puez, chose qui plaise
 3394 Car ce n'iert ja tant qu'il vos plaise."
           004

plaisir
 1987 Que il face vostre plaisir:
 2766 Son plaisir dit, je ne soi mot
           002

plaisoit
  642 Ou vergier qui tant me plaisoit.
 1270 Toutes les foiz qu'il li plaisoit,
 1687 Ce bouton, qui plus me plaisoit
           003

plaist
  244 Ice li plaist mout a veoir.
  787 A la querole, s'il vos plaist."
 2659 Si li plaist mout quant il li membre
 2797 "Biaus amis chiers, se il vos plaist,
 2812 E, quant vos plaist, vostre servise
 3323 Bel Acueil, puis que il vos plaist.
 3393 Se il vos plaist que je la baise,
           007

plançon
  915 Li autres ars fu d'un plançon
           001

planté
 1338 E si ot ou vergier planté
 3851 Sont li rosier espès planté,
           002

planter
  594 Qu'il fist par le vergier planter.
           001

pleges
 1979 Pleges de moi ne seürté:
           001

plein
   48 Ou tens amoreus, plein de joie,
  449 Tot plein de mauvais paletiaus:
 1051 Icil losengier plein d'envie!
 1110 Un vallet de grant biauté plein,
 1963 Li felon, plein de fausseté,
           005

pleine
  143 E pleine de grant cuvertage
  166 Bien sembloit estre d'afiz pleine
  211 E pleine de viez paletiaus.
  716 Pleine de fenoil e de mente;
 3370 Por la rose qui estoit pleine.
           005

pleins
  103 Jolis, gais e pleins de leece,
  354 Or estoit toz de fronces pleins.
  684 Fui pleins de grant joliveté;
  912 Toz pleins de neuz e bocerez
  974 E pleins de neuz e bocereus;
 1450 Pleins de desdein e de fierté
 1853 Qui estoit toz de confort pleins.
 3099 Je remés d'ire e de duel pleins,
 3490 Toz pleins de delit e de joie.
 3590 Fors qu'il est pleins d'envoiseüre
 3699 Pleins de rampones e d'outrage
 3734 E fu pleins d'ire e de roïlle
           012

plenté
 1065 De riches pierres grant plenté,
 1153 Car il n'a pas d'amis plenté
 1337 D'alemandiers i ot plenté;
 1376 S'i ot grant plenté d'escuriaus,
 1401 Qu'il i avoit de flors plenté
 3852 Ou il a roses a plenté.
 3877 Qu'ele ot sergenz a grant plenté,
           007

pleure
 2188 Une eure pleure e autre chante.
 3234 Il voit maintes foiz que je pleure
           002

pleüst
 3306 Mestier de pis, s'il vos pleüst.
           001

ploie
 3283 Mout a dur cuer qui ne se ploie
           001

plor
 3789 Or revendront plor e sospir,
           001

plorai
 3100 Sovent plorai, sovent me plains,
           001

plorer
 1442 E tant le fist plorer e plaindre,
 1452 Ne por plorer ne por preier.
 2448 Lors comenceras a plorer,
           003

ploroit
  324 Qu'el ploroit mout parfondement:
           001

plot
   27 Qui mout fu biaus e mout me plot;
 1603 Adès me plot a demorer
           002

plovoir
 1786 Se je veïsse iluec plovoir
           001

pluie
 2514 Soit par pluie, soit par gelee,
 2521 Toz seus, a la pluie e au vent;
           002

plus
   32 Por voz cuers plus faire esgaier,
  107 Plus bel que sus cele riviere
  113 Mais qu'ele estoit plus espandue.

plus   (CONT.)
  250 C'est la chose qui plus la blece;
  270 Le trés plus prodome qui soit
  394 Ne plus que uns enfes d'un an.
  451 El n'avoit plus que afubler:
  528 La char plus tendre qu'uns poucins,
  543 Fame qui plus bel col portast;
  550 Nul plus bel cors de fame querre.
  553 Plus cointe ne plus desguisié:
  553 Plus cointe ne plus desguisié:
  612 O ses genz, que plus bele place
  613 Ne plus bel leu por soi joer
  615 Les plus beles genz,ce sachiez,
  631 Lors entrai, senz plus dire mot,
  732 Ne nule plus avenamment
  733 Ne plus bel ses refraiz n'assist.
  742 Qu'ele faisoit plus volentiers.
  752 Plus beles notes qu'en nul reine.
  803 Ou vos veiez nul plus bel ome.
  816 Plus legier ome ne veïstes.
  864 Si en estoit assez plus gobe.
  914 E si estoit plus noirs que meure.
  935 La meillor e la plus isnele
  936 De ces floiches, e la plus bele,
  939 Une de celes qui plus blece
  960 Plus noir que deables d'enfer.
 1098 Esmeraudes plus de deus onces.
 1138 Tant doner come el plus avoit.
 1219 Fame est plus cointe e plus mignote
 1219 Fame est plus cointe e plus mignote
 1242 Je ne sai fame plus plaisant.
 1255 Ja plus ne vos en iert conté,
 1306 N'a or plus cure qu'il li gart
 1307 Son arc doré; senz plus atendre
 1329 Ou vergier, ou plus, se devient.
 1368 Plus de cinc toises ou de sis;
 1380 E en plus de trente manieres
 1431 Qu'ou vergier n'ot nul plus haut arbre.
 1445 L'avoit amé plus que rien nee,
 1527 Au fonz, plus clere qu'argenz fins.
 1546 Lors perent colors plus de cent
 1580 Cil miroers, car li plus saive,
 1581 Li plus preu, li miauz afaitié
 1640 E teus qui sont un poi plus gros;
 1661 Con Nature la pot plus faire.
 1687 Ce bouton, qui plus me plaisoit
 1731 Li veoirs senz plus e l'olors
 1753 E quant li maus plus m'angoissoit,
 1826 Il n'est nule qui plus tost mete
 1887 Quant plus volentiers te rendras,
 1888 E plus tost a merci vendras;
 1998 Outrageus est qui plus demande."
 2159 Mais au plus bel te doiz deduire
 2214 Doignent dou lor plus largement
 2315 Or irai, plus nou laisserai;
 2324 Senz plus faire, pensis e mornes.
 2328 Qui poignent plus que heriçons.
 2345 Qui ce qu'il aime plus regarde,
 2346 Plus alume son cuer e larde,
 2351 Quant il le feu de plus près sent,
 2352 E il s'en vait plus apressant.
 2355 Quant il se tient de li plus près,
 2356 E il plus est d'amer engrès.
 2358 Qui plus est près dou feu plus art.
 2358 Qui plus est près dou feu plus art.
 2424 Lors avras plus de mil enuiz.
 2474 Maint plus preu e plus alosé
 2474 Maint plus preu e plus alosé
 2477 Mais se, senz plus, d'un seul baisier
 2527 E se la bele, senz plus, veille,
 2556 Plus gras qu'abez ne que priors.
 2600 Quant l'en l'a plus chier acheté,
 2601 E plus en gré sont receü
 2906 De nule rien n'ai plus envie."

 2940 Ne me quier plus en vos fier,
 2943 N'osai iluec plus remenoir,
 2958 E de ce ai la plus grant ire
 3013 E garde bien que plus ne croies
 3038 Or garde lequel est plus gent
 3049 Ensorquetot il a plus poine
 3078 Mon cuer, qu'Amors plus nou sorpreigne:
 3250 N'i ot onques plus respitié:
 3265 Plus i pert il que vos ne faites,
 3280 Plus qu'un orguilleus pautonier
 3290 Que vos ne mainteniez plus guerre
 3294 Assez plus que vos ne devez;
 3298 Car c'est la rien qu'il plus covoite.
 3307 Or ne l'alez plus gordeiant,
 3317 Lors ne pot plus Dangiers durer,
 3347 Ainz me montra plus bel semblant
 3372 Assez plus bele espanele
 3373 Qu'el n'iere avant e plus vermeille.
 3375 E Amors plus e plus me lie
 3375 E Amors plus e plus me lie
 3378 Tant con je voi plus de solaz.
 3407 Le miauz e le plus avenant,
 3410 Je nou vos plus de ce semondre,
 3471 Car tant con vos plus atendroiz,
 3474 Dou brandon, senz plus delaier,
 3477 N'i ot onques plus demoré:
 3541 Ne me vueil plus en toi fier.
 3612 Nes lairai plus ensi descloses,
 3762 Car Dangiers devient plus divers
 3763 E plus fel qu'il ne soloit estre.
 3775 Assez plus douce que de basme,
 3813 S'en est l'uevre plus fort assez.
 3836 Nule plus bele ne pot estre,
 3914 Des plus privez de ses amis
 3956 Car je sui a plus grant meschief,
 3988 Le plus bas amont ou somet,
 4035 Plus qu'a vos de la mescheance,
 4037 Plus grant que nus ne porroit dire.
                   114

plusor
   18 Car li plusor songent de nuiz
 1292 Car tuit li plusor s'en aloient
 1598 Don plusor ont en maint endroit
                   003

plusors
 2277 En plusors sens seras destroiz,
                   001

poesté
  979 Lor force ne lor poesté;
 2007 E si a mout grant poesté."
                   002

poez
 1904 Vos poez ce que vos voudroiz
 3178 Ce que ne me poez veer.
 3183 Si ne me poez destorber,
 4022 Quant vos ne poez autrement.
                   004

poi   (ADV.)
  112 Si estoit poi mendre de Seine,
  129 Quant j'oi un poi avant alé,
  264 Que par un poi qu'ele n'en font.
  439 E por un poi de gloire vaine,
  446 Se li tens fust un poi divers,
  453 Des autres fu un poi loignet;
  567 Qu'ele estoit poi embesogniee.
  709 Mais quant j'oi escouté un poi
 1503 E fu morz en poi de termine.
 1514 Je me trais lors un poi en sus;
 1640 E teus qui sont un poi plus gros;

183

poi (ADV.)   (CONT.)
  2029 Granz biens ne vient pas en poi d'eure;
  2426 Ou tu avras poi de delit,
  2447 Mais poi i porras demorer.
  2456 Mais ce m'a mort que poi me dure.
  2936 Par poi que ne vos oci.
  2968 Par poi que li cuers ne me part
  3116 Qui par poi ne me vost mangier,
  3358 Un poi la trovai engroissiee,
  3495 Qu'el ne soit troble a poi de vent;
  3595 Se j'ai esté un poi trop lente
  3613 Qu'en vostre garde poi me fi,
  3776 Par un poi que je ne me pasme,
  3984 En poi d'eure son semblant mue:
  4038 Par un poi que je ne font d'ire
               025

poi (V.)
   501 Mais je ne poi onc encontrer
   710 Les oisiaus, tenir ne me poi
  1772 Quant je me poi esvertuer,
  1775 Mais la saiete n'en poi traire
  2821 Don je me poi si près remaindre
               005

poignant
  1675 Mais chardon agu e poignant
  3519 E mout poignant e mout amere:
               002

poignanz
  1804 Faite d'espines mout poignanz.
               001

poignent
  1042 Mais lor losenges les genz poignent
  2328 Qui poignent plus que hericons.
               002

poigniee
  3546 E si ne s'est pas bien poigniee
               001

poignoit
  1393 Poignoit l'erbe bassete e drue:
               001

poindre (PAINT)
   163 Mout sot bien poindre e bien portraire
               001

poindre (SPUR)
  2198 Tu doiz poindre amont e aval;
               001

poine (ADV.)
   342 A poine qu'el se pooit paistre,
  3404 A poine puet atant remaindre;
               002

poine (SUBST.)
  1764 Ne m'i lait pas aler senz poine;
  1941 Senz faille il i a poine e fais
  2010 Qu'a grant poine senti la clef.
  2030 Il i covient poine e demeure.
  2053 Li maistres pert sa poine toute
  2480 De la poine que j'ai soferte
  2588 Qui est en poine e en ardure,
  2614 Ne se muert mie por la poine:
  2957 A duel, a poine e a martire.
  2964 De la poine qu'il m'avoit dite.
  2999 T'ont mis en poine e en esmai;
  3049 Ensorquetot il a plus poine
  3051 La poine en est desmesuree

  3212 Pitié avroit de vostre poine;
  3247 Si con j'estoie en ceste poine,
  3659 Don il n'a graignor poine mise
  3729 E en avroiz poine e enui,
  3949 Sui livrez a duel e a poine.
               018

poine (V.)
  1763 De moi grever e mout se poine,
  2116 En eus servir poine e labeure;
  2869 Bel Acueil se poine de faire
  3356 Qui de mon gré faire se poine.
               004

poines
  3266 Qu'il en a poines maintes traites.
               001

poing
  1314 Me prist a sivre, l'arc ou poing.
               001

point (NEG.)
   366 E il ne s'i areste point,
  1708 Ne traist onques sanc de moi point,
  1917 E sachiez que n'en ai point d'ire.
  2018 Car point ne dot vostre servise,
  2247 Mais de celui point ne me dot
  3196 Saches je n'ai vers toi point d'ire,
  3242 E qu'il n'i a point de feintise
  3439 E si n'ot point en li d'orgueil.
  3726 Qu'en vos n'a mais point d'engrestié.
               009

point (SUBST.)
    22 Ou point qu'Amors prent le paage
   365 Qu'il s'arest adès en un point,
  2392 La bele en point que tu la doives
  2404 Qui en ce point n'oblit assez,
  2458 En itel point con je pensoie?
  2971 En cest point ai grant piece esté,
  3214 Tant qu'en bon point le puissiez prendr
  3498 Amors n'est guieres en un point.
               008

point (ADV.)
   222 Se cele robe point usast;
  2167 S'en tes ongles pert point de noir,
               002

point (V.)
  1707 Mais la saiete qui m'ot point
  3497 Il oint une eure e autre point,
               002

pointe (SUBST.)
  1214 Qu'il n'i ot une seule pointe
  1847 Mais Amors a mout bien la pointe
               002

pointe (V.)
   169 Après fu pointe Covoitise;
   292 Tristece pointe en la maisiere;
  1408 Qu'ele estoit pipolee e pointe
               003

pointes (POINT)
   928 Forz e trenchanz orent les pointes
               001

pointes (STITCH)
  2147 Qui face bien seanz les pointes
               001

pointes (PANG)
 2327 Sospir e pointes e friçons,
 3791 Friçons e pointes e complaintes.
   002

pointes (V.)
 466 De toutes parz pointes ou mur.
 599 Les images qui i sont pointes,
 919 Dames i ot de toz sens pointes,
 927 Si furent toutes a or pointes;
   004

pointure (PAINTING)
 279 Lors vi qu'Envie en la pointure
 812 Il resembloit une pointure,
   002

pointure (POINT)
 1877 Il a angoisse en la pointure,
   001

pointures
 134 Les images e les pointures
   001

poinz (FIST)
 328 E ses poinz ensemble hurtoit.
   001

poinz (DETAIL)
 2590 E en toz poinz e en toz termes
   001

poires
 1349 Chastaignes, noiz, pomes e poires,
   001

pois (PEA)
 2263 E je ne pris le don un pois
   001

pois (WEIGHT)
 3187 Mais ne voudroie, por mon pois
   001

pois (WILL)
 2264 Que l'en done desus son pois.
 3188 D'argent, qu'il fust sor vostre pois."
   002

poise
 1966 Mais il savront come il m'en poise:
 3161 Mout me poise s'il peüst estre
 3649 "Honte," fait ele, "mout me poise
 4034 Ainz me poise, si Deus m'aïst,
   004

poison
 2033 Car je sai bien par quel poison
   001

poissance
 392 Car certes el n'avoit poissance,
 1025 Que riches genz ont grant poissance
   002

poissant
 1841 E que je tieng a mout poissant,
   001

poissanz
 584 Riche fame sui e poissanz.
   001

poli
 844 Le front ot blanc, poli, senz fronce,
   001

poliz
 544 Poliz iert e soés au tast.
   001

pome
 804 La face avoit, come une pome,
   001

pomes
 1331 Qui charjoient pomes grenades:
 1349 Chastaignes, noiz, pomes e poires,
   002

pomiers
 1330 Pomiers i ot, bien m'en sovient,
   001

pooie
 1521 A la fontaine aler pooie;
 1758 Mais ne pooie refuser
 2771 E soi que guerir ne pooie
   003

pooient
 723 Don si trés beles genz pooient
   001

pooir
 1800 Pooir de passer l'espinoi,
 2993 Qu'ele a pooir e seignorie
 3630 Qu'il n'avra pooir d'issir hors
 3919 Qu'il n'a pooir que il en isse.
   004

pooirs
 3607 Ses pooirs ne fine de croistre.
   001

pooit
 342 A poine qu'el se pooit paistre,
 390 El ne se pooit mais aidier,
 1073 Nus nou pooit envenimer.
 1080 Que cil pooit estre asseür
 1123 E el les pooit bien fornir,
 1132 Con quant el pooit dire: "tien."
 1373 Ne pooit a terre descendre,
 1500 Qu'il n'en pooit avoir confort
 3369 Si ne pooit paroir la graine,
   009

poon
 3651 De ce don nos ne poon mais.
 3690 La noise, qui mais n'en poon.
   002

por
 14 Qui ce voudra, por fol m'en teigne;
 32 Por voz cuers plus faire esgaier,
 41 Cele por cui je l'ai empris;
 56 Por la rosee qui la mueille,
 66 Por quoi la terre miauz se prise.
 70 Sont en mai, por le tens serin,
 80 Por le tens bel e douchereus,
 95 Por oïr des oisiaus les sons,
 102 Por les vergiers qui florissoient.
 174 Prester mainz por la grant ardure
 237 N'onques por riens ne s'esjoï
 438 Por avoir los par mi la vile,
 439 E por un poi de gloire vaine,
 534 Por faire envie a ces bricons.

por (CONT.)

562	E, por garder que ses mains blanches	2306	Après, por le cuer conveier,
603	Maintes foiz por esbaneier	2314	Si m'aïst Deus, por fol m'en tiens.
613	Ne plus bel leu por soi joer	2469	Je ne me tieng mie por sage
636	Por voir en pareviz terrestre;	2482	Je me puis bien por fol tenir
673	Qui, por lor voiz qu'eles ont saines	2501	Ha! Solauz! Por Deu, car te heste,
683	Por la grant delitableté,	2531	Ne puez en lit por s'amitié:
725	Tot por voir anges empenez.	2534	Tel mal por li, se mout n'est dure.
751	Por ce qu'en fait en Lohereine	2536	Por l'amor dou haut saintuaire
852	E por baisier son ami prete;	2539	E, por ce que l'en ne te voie
929	E agües por bien percier.	2553	Il dient, por eus losengier,
1030	Por l'amor de li deservir;	2558	Que tenir te faces por large
1039	Par devant, por aus losengier,	2614	Ne se muert mie por la poine:
1119	Por ce amoit mout l'acointance	2626	Por la joie qui cent tanz monte.
1146	E por ce ot ele a devise	2634	Ne por perill ne por meschief.
1185	Ou il ot faite por s'amie	2634	Ne por perill ne por meschief.
1203	Qui fust destroiz por s'amitié,	2676	Si me sovient que por ce dist
1207	Que, se nus por li mal traisist,	2692	Tu iras a lui por confort,
1294	Soz ces arbres, por doneier.	2721	Près des teues por Douz Regart,
1370	E, por le leu garder de chaut,	2741	E por la joie covient lors
1397	Por les fontaines, s'i venoit	2782	Mout volentiers, por l'achoison
1424	Por laissier aler la saiete.	2802	Por quoi vos gardez de folie;
1446	E fu por lui si mal menee	2831	Por ceus espier e sorprendre
1449	Mais cil fu, por sa grant biauté,	2855	Por ce que desconseilliee iere.
1452	Ne por plorer ne por preier.	2859	E, por les rosiers miauz garnir,
1452	Ne por plorer ne por preier.	2875	Por ce qu'il cuide que jou vueille;
1468	E por ce la fist Deus estable;	2878	Por ce que près ot esté nee.
1475	Tant qu'il ot soif, por l'aspreté	2919	Por nul ome vivant, tant l'ains."
1476	Dou chaut, e por la lasseté	2926	"Bel Acueil, por quoi amenez
1482	Se mist lors por boivre dedenz,	2944	Por le vilain hisdeus e noir,
1512	Que ce estoit trestot por voir	2995	Por quoi il soit teus qu'il la croie
1522	Por folie m'en esmaioie.	3097	Qui voit bien que por sarmoner
1525	Por veoir l'eve qui coroit,	3121	Se jamais por nule achoison
1534	Qui vient, por l'eve, espesse e drue;	3154	Por ce qu'il m'ot veü le pas
1547	Es cristaus, qui, por le soleil,	3160	Venuz por vos crier merci;
1553	E por faire la chose entendre,	3177	Por quoi vos me voilliez greer
1592	E ses engins i mist, por prendre	3187	Mais ne voudroie, por mon pois
1595	Por la graine qui fu semee	3231	Por lui acointier e atraire
1620	Que ne laissasse por Pavie	3236	Por ce qu'il me fait trop cropir
1621	Ne por Paris que je n'alasse	3238	Passer por aler a la rose,
1629	Que por neient fusse embasmez.	3264	Devez le vos por ce blasmer?
1633	En ma main, por l'odor sentir,	3274	Por ce qu'il vos redoute e prise,
1673	Ainz m'aprochasse por le prendre,	3278	Devez le vos por ce haïr?
1722	Por le perill qui fu doblez:	3289	Por ce, Dangiers, vos vueil requerre
1765	Ainz m'a fait, por miauz afoler,	3303	Por quoi li faites nul contraire?
1776	Por rien que je peüsse faire.	3316	Qui por nos deus ne viaut rien faire."
1796	Nou laissai onques por l'archier,	3350	Por mener dedenz le porpris
1812	Por le delit e por la joie.	3370	Por la rose qui estoit pleine.
1812	Por le delit e por la joie.	3392	Por Deu, sire, dites moi dons
1821	E trait, por moi metre a meschief,	3398	Mais je n'ose por Chasteé
1844	D'Amors servir, por mal qu'il sente.	3436	Por ce que trop i demorroie;
1845	Ele est agüe por percier,	3442	"Por quoi vos faites vos, biaus sire,
1849	Por ce qu'el ne peüst trop nuire;	3464	Por solacier e por deduire,
1855	Por les fins amanz conforter	3464	Por solacier e por deduire,
1856	E por lor maus miauz deporter.	3507	Por quoi je cuit qu'il abelisse
1933	Que je vueil, por ton avantage,	3536	"Garz neienz, por quoi t'a failli
1969	Or vueil je, por ce que je t'ains,	3552	Por moi e li avilenir."
1978	Ne sai por quoi vos demandez	3560	Por la riote qui m'enuie.
1983	Ne puet il rien faire por moi,	3566	E, por ce qu'el fu esbaïe,
2017	Nou di pas por recreantise,	3568	"Por Deu, dame, ne creez pas
2043	"Sire," fis je, "por Deu merci,	3610	Ne por ferai de novel mur
2049	Por ce sui en grant de l'aprendre	3617	Que l'en me tendroit por musarde
2070	Por quoi il vueille tant atendre	3621	A ceus qui, por moi conchier,
2084	Por ce n'est pas droiz que je l'ains.	3627	Por Bel Acueil metre en prison,
2096	Por ce qu'il fu fel e crueus,	3632	As garçons, qui, por lui honir,
2111	Ja por nomer vilaine chose	3642	Por ce qu'el la savoit en ire.
2139	Por quoi il soit d'orgueil vuidiez,	3704	Tuit cil vos tienent por musart
2211	Ne te fai tenir por aver,	3737	Quant vos me tenez por vaincu.
2220	Car cil qui a por un regart,	3753	Ne me tendroiz por recreant,
2221	Ou por un ris douz e serin,	3830	Por faire ceus dehors dolenz,
2226	Ce que t'ai dit, por remembrer,	3831	E por aus prendre e retenir
2239	E, por ce que fins amanz soies,	3839	Por engin qui sache getier,
2249	Por ce vueil qu'en un leu le metes.	3921	A avuec lui, por lui gaitier,
2303	Mon cuer seul por quoi i envoi ?	3932	Por la vieille que il redoute,
		3957	Por la joie que j'ai perdue,

por   (CONT.)
    4016 Por batre ne por mesamer.
    4016 Por batre ne por mesamer.
    4029 Esté por moi mis en prison.
    4030 Si n'est ce pas por mesprison
                       165

porchace
    2135 On qui porchace druerie
                       001

porchaciee
    3796 M'a porchaciee ceste sausse.
                       001

porpensai
    3107 Lors me porpensai que j'avoie
                       001

porpensoie
    2787 Ensi con je me porpensoie
                       001

porpre
    1053 Richece ot d'une porpre robe,
    1058 La porpre fu toute orfroisiee;
    1068 Par desus cele porpre ceint;
    1164 D'une porpre sarradinesche.
                       004

porpris
    3350 Por mener dedenz le porpris
    3739 Se cest porpris ne puis garder.
    3758 E vait cerchant par le porpris
                       003

porprise
    3551 En nostre porprise venir
    3660 A bien garder ceste porprise;
    3749 De ceste porprise defendre;
    3833 Enz ou mileu de la porprise
                       004

porra
    2068 Je vos di bien que il porra
                       001

porras
    2124 Par ce porras en pris monter.
    2160 Que tu porras senz toi destruire:
    2331 Ton cuer ne porras apaier,
    2447 Mais poi i porras demorer.
    2508 E quant tu ne porras l'enui
    2699 Coment tu porras chose faire
                       006

porriez
    3088 Car vos porriez bien gaster
                       001

porrist
    382   E qui tot use e tot porrist;
                       001

porroie
    500   Je porroie entrer ou jardin.
    1414 Car je ne porroie retraire
    2048 Tost porroie issir hors de voie;
    3150 Se Dangier porroie apaier.
    3604 Que tost porroie estre ahontee.
                       005

porroit
    336   Nus ne se porroit amoler,

    614   Ne porroit il mie troer.
    1094 Car l'en ne porroit pas prisier
    1297 Qui autel vie avoir porroit
    1464 Si porroit savoir e entendre
    1497 Car, quant il vit qu'il ne porroit
    1651 Qui en porroit un acrochier,
    2212 Car ce te porroit mout grever:
    2606 Ne porroit nus les maus d'amer
    2965 Cuers ne porroit mie penser
    3098 Ne me porroit de ce torner.
    3270 Ne s'en porroit il pas garder.
    3861 Il porroit bien faire que nices.
    3925 Nus ne la porroit engignier
    4037 Plus grant que nus ne porroit dire.
                       015

porroiz
    3716 Tost en porroiz estre grevez,
                       001

porsivre
    1683 A moi porsivre e espier,
    3039 Ou dou laissier ou dou porsivre
    3505 Toute l'estoire vueil porsivre,
                       003

port
    2866 Je fusse arivez a bon port
                       001

porta
    1178 Ce fu cil qui porta l'enseigne
    1239 Ne ne porta autrui rancune.
                       002

portast
    543   Fame qui plus bel col portast;
                       001

portauz
    3823 E si i a quatre portauz,
                       001

porte (SUBST.)
    434   A li e as siens iert la porte
    2538 Au revenir la porte baise
    3004 La clef don el t'ovri la porte;
    3870 La clef de la premiere porte,
    3874 E l'autre porte garde Honte,
    3881 L'autre porte, qui est assise
    3891 Cil garde la porte detrois;
                       007

porte (V.)
    254   Qu'ele ne porte leiauté
    1946 Qu'Amors porte le gonfanon
    3003 Ou vergier don Oiseuse porte
    3869 Si m'est avis que Dangiers porte
                       004

porterai
    3201 Ja ne te porterai menaie
                       001

portes
    3829 S'i a bones portes colanz,
                       001

portez
    3694 E ne portez nului menaie.
                       001

portoient
    1028 Portoient a Richece enor;

portoient (CONT.)
    001

portoit
 1071 Car cil qui sor soi la portoit
    001

portraire
  163 Mout sot bien poindre e bien portraire
  598 E si fist au dehors portraire
    002

portrait
  132 Portrait dehors e entaillié
  820 D'un samit portrait a oisiaus,
    002

portraite
  235 Après refu portraite Envie,
  339 Après fu Vieillece portraite,
  441 Portraite fu au derrenier
  885 Portraite, e ovree de flors
 1570 Con s'ele iert es cristaus portraite.
    005

portraites
 1059 S'i ot portraites a orfrois
    001

porvoie
 3619 Mestiers est que je m'en porvoie.
    001

pot
 1661 Con Nature la pot plus faire.
 1718 Qu'el n'en pot estre hors sachiee,
 3317 Lors ne pot plus Dangiers durer,
 3516 E tant que il ne se pot taire,
 3836 Nule plus bele ne pot estre,
    005

potence
  360 De quatre toises senz potence.
    001

poucins
  528 La char plus tendre qu'uns poucins,
    001

poudre
 2731 Il ne doutent poudre ne vent,
    001

pour
 2799 Pour l'odor des roses sentir;
    001

povre
  210 Povre estoit la cote e esrese
  216 Mais mout vil e de povre afaire,
  456 Car povre chose, ou qu'ele soit,
    003

povrement
  207 Iert ele povrement vestue:
    001

povres (ADJ.)
  454 Com povres chiens en un coignet
  459 Que povres on fu conceüz!
    002

povres (SUBST.)
 1147 L'amor des povres e des riches.

povres (SUBST.) (CONT.)
    001

povreté
   57 E oblie la povreté
  442 Povreté, qui un seul denier
    002

praerie
  122 La praerie grant e bele
    001

precieus
 1848 D'un oignement precieus ointe,
 2727 Le saintuaire precieus
 3388 D'avoir un baisier precieus
    003

pree
  126 Lors m'en alai par mi la pree,
    001

preïsse
  489 Que n'en preïsse pas cent livres,
    001

preïst
  326 A cui grant pitié n'en preïst;
    001

preia
  792 Don Cortoisie me preia
    001

preier
 1452 Ne por plorer ne por preier.
    001

premier
 3414 Vous savez bien qu'au premier cop
    001

premiere (ADJ.)
 3870 La clef de la premiere porte,
    001

premiere (ADV.)
  740 De chanter en toz leus premiere,
 3255 La parole a premiere prise,
    002

premiere (SUBST.)
  961 La premiere avoit non Orguiauz;
    001

premierement
 2077 "Vilanie premierement,"
    001

premiers (ADJ.)
 2643 Li premiers biens qui solaz face
    001

premiers (ADV.)
 2104 De saluer les genz premiers;
    001

premiers (SUBST.)
 3573 Ce n'est ore pas li premiers;
    001

pren
 3067 Pren durement as denz le frein,
    001

prendra
  2421   Ja fin ne prendra ceste guerre,
            001

prendrai
  2025   Ton servise prendrai en gré
            001

prendras
  2377   Lors te prendras a demaler,
  2506   E de repos petit prendras,
  2714   Cel deduit prendras mout en gré,
            003

prendre
   171   De prendre e de neient doner,
   180   C'est cele qui fait l'autrui prendre,
   191   Covoitise de l'autrui prendre;
   362   Senz repos prendre e senz sejor,
   411   Quant nus ne s'en puet prendre garde,
  1134   N'iert pas si a prendre ententive
  1592   E ses engins i mist, por prendre
  1673   Ainz m'aprochasse por le prendre,
  1967   Se je les puis a mon droit prendre,
  2813   Sui prez de prendre volentiers."
  2950   Il me fera prendre un mal tor.
  3214   Tant qu'en bon point le puissiez prendre
  3831   E por aus prendre e retenir
  3951   Il en devroit grant pitié prendre.
            014

prenez
   786   E avueques nos vos prenez
            001

prenoie
  3618   Se je ne m'en prenoie garde.
            001

prens
  1940   Cil que j'ensi a ome prens.
            001

prent
    22   Ou point qu'Amors prent le paage
  3225   Dangiers se prent garde sovent
  3888   Si l'en prent il tel eure est soutes.
            003

près
   105   Que j'oï près d'ilueques bruire;
   108   D'un tertre qui près d'iluec iere
   291   Delez Envie auques près iere
   717   Mais auques près trovai Deduit;
   768   Près a près, si s'entrejetoient
   768   Près a près, si s'entrejetoient
   947   Mais qui de près en vosist traire,
   991   Se fu de mout près ajostez.
  1252   Qui se tint de moi assez près.
  1356   Don il n'a guieres ici près.
  1524   Quant je fui près, si m'abaissai,
  1626   E sachiez bien, quant je fui près,
  1806   Si près que dou bouton sentoie
  2351   Quant il le feu de plus près sent,
  2355   Quant il se tient de li plus près,
  2358   Qui plus est près dou feu plus art.
  2721   Près des teues por Douz Regart,
  2821   Don je me poi si près remaindre
  2824   Quant le bouton de si près vi;
  2826   Près d'ilueques repoz estoit;
  2878   Por ce que près ot esté nee.
  3360   Que je ne l'oi de près veüe;
  3772   Veoir de près quant je voloie;
  3860   Qui près des murs voudroit venir,

près   (CONT.)
            024

present
  1167   Qu'ele avoit iluec en present
  1168   A une dame fait present,
            002

presente
  2022   Au seignor cui l'en le presente."
            001

presenz
   369   Queus tens ce est qui est presenz,
            001

pressoirs
  3417   Tant que li pressoirs soit estroiz.
            001

prester
   174   Prester mainz por la grant ardure
            001

preta
  2857   E li preta, a sa requeste,
            001

prete
   852   E por baisier son ami prete;
   946   El n'estoit pas d'aler loing prete;
            002

preté
  2251   Car se tu l'avoies preté,
            001

pretee
  2255   Car bonté de chose pretee
            001

pretes
  1312   Forz e luisanz, de traire pretes.
  2250   Mais garde bien que tu nou pretes,
            002

pretez
  3953   Les biens que il m'avoit pretez;
            001

preu (ADJ.)
  1581   Li plus preu, li miauz afaitié
  2474   Maint plus preu e plus alosé
  2567   Preu e cortois e afaitié,
            003

preu (SUBST.)
  2484   Don ja n'avrai joie ne preu.
  3045   Ne a nul preu dou monde entendre:
            002

preuz
   289   Estoit ou preuz ou biaus ou genz
   815   Remuanz fu e preuz e vistes:
            002

prez
  2805   Car prez sui de vostre servise:
  2813   Sui prez de prendre volentiers."
  3163   Mais or sui prez de l'amender
  3878   Prez de faire sa volenté.
            004

pria
   1458 Ele pria Deu e requist
           001

prie
    33 Qu'Amors le me prie e comande.
   3313 E le vos prie e amoneste,
           002

prier
   3075 "Dame, je vos vueil mout prier
           001

priere
   1467 Cele priere fu raisnable,
   2856 Vost Raison faire sa priere
           002

prieres
   425 De faire a Deu prieres feintes,
           001

primes
   693 Primes de quoi Deduiz servoit,
           001

priors
   2556 Plus gras qu'abez ne que priors.
           001

pris (SUBST.)
    42 C'est cele qui tant a de pris
   274 Qu'el ne peüst de tot son pris
   990 A une dame de haut pris
   1019 De grant pris e de grant afaire.
   1115 Si avoit les chevaus de pris.
   1139 Mout ot Largece pris e los;
   2094 Par sa cortoisie ot de pris,
   2124 Par ce porras en pris monter.
   2194 Car los e pris e grace en vient.
           009

pris (TAKE)
    93 Si pris l'aguille a enfiler.
   498 Forment me pris a dementer
   680 Je me pris mout a esgaier;
   728 S'estoient pris a la querole,
   789 A la querole me sui pris,
   796 A regarder lores me pris
   989 Li deus d'Amors se fu bien pris;
   1190 E pris par force e par vertu.
   1225 Pris a Franchise lez a lez.
   1499 E qu'il estoit si pris par fort
   1582 I sont tost pris e agaitié.
   1614 Qui maint ome a pris e traï.
   1624 Don maint autre ome ont esté pris,
   1689 Il a tantost pris une floiche,
   1710 Je pris lors a deus mains la floiche
   1773 Je pris la floiche e si ostai
   1884 "Vassaus, pris es, neient n'i a
   1896 Mais rent toi pris, que je le vueil,
   1927 Mais il m'a par mi la main pris,
   1982 E si pris que, s'il bien voloit,
   2883 Lors ai pris cuer e hardement
   2885 Amors m'avoit pris e navré:
   3211 S'il iere pris en bone voine,
   3220 Atant ai pris de lui congié.
   3276 S'Amors le tient pris en ses giez
   3349 Il m'a lores par la main pris
   3479 Ai pris de la rose erraument.
   3556 E pris avuec moi tot prové.
   3757 En sa main a un baston pris
           029

pris (VALUE)
   1928 E me dist: "Je t'ain mout e pris
   2263 E je ne pris le don un pois
   2308 Je ne pris rien quanque il voient.
   2493 Je ne pris guieres tel gesir
           004

prisai
   1657 Nul des autres rien ne prisai,
           001

prise (TAKE)
   1127 Après se fu Largece prise,
   1839 Il a endementieres prise
   3255 La parole a premiere prise,
           003

prise (VALUE)
    66 Por quoi la terre miauz se prise.
   1840 Une autre floiche, que mout prise
   3274 Por ce qu'il vos redoute e prise,
           003

prisera
   2568 Miauz t'en prisera la moitié.
           001

prisier
   875 De biauté fist mout a prisier.
   1094 Car l'en ne porroit pas prisier
   2200 Tu t'en puez faire mout prisier;
           003

prison
   1914 E se de moi vostre prison
   2619 A cil qu'Amors tient en prison:
   3627 Por Bel Acueil metre en prison,
   3916 E Bel Acueil est en prison,
   3995 Que Bel Acueil fu en prison,
   4004 Se vos estes en prison mis,
   4013 Se li cors en prison remaint,
   4029 Esté por moi mis en prison.
           008

prist
   1314 Me prist a sivre, l'arc ou poing.
   1619 E lors m'en prist si grant envie
   1696 Me prist une froidor,
   3504 Qu'Amors prist puis par ses esforz
   3514 Se prist garde dou bel atrait
   3940 Don se prist a asseürer.
           006

privé
   1049 Qui deüssent estre privé.
   2565 Quant cil qui sont de li privé
           002

privee
   589 Privee sui mout e acointe
           001

privetez
   3975 A dire mes granz privetez
           001

privez
   1268 Ses amis fu de li privez
   2881 De Bel Acueil e si privez,
   3914 Des plus privez de ses amis
           003

prodome
   243 Sor aucun prodome cheoir,

prodome (CONT.)
　270　Le très plus prodome qui soit
　3571　E maint prodome a amusé.
　　　　003

prodomes
　1046　Mainz prodomes ont encusez
　　　　001

prodon
　1052　Car nus prodon n'aime lor vie.
　　　　001

proece
　249　Par son sen e par sa proece,
　277　Sa proece au moins e s'enor
　2089　N'est pas proece de mesdire.
　　　　003

proie
　3406　Le baisier, il a de la proie
　　　　001

proisie
　1230　Qui mout estoit de toz proisie,
　　　　001

proisiez
　2232　E de largece soit proisiez.
　　　　001

promesse
　1973　Ne promesse ne covenant,
　2808　"Ceste promesse en gré recueil,
　　　　002

promet
　2653　Que Esperance li promet;
　　　　001

prové
　3556　E pris avuec moi tot prové.
　　　　001

prunes
　1350　Nesfles, prunes blanches e noires,
　　　　001

pucele
　525　Adonc m'ovri une pucele,
　552　Onques nule pucele n'ot
　576　La pucele au cors acesmé,
　2559　A la pucele de l'ostel:
　2705　Se s'amie est pucele ou non,
　　　　005

puceles
　186　Ont as vallez e as puceles
　　　　001

pueent
　1566　Pueent veoir le remenant;
　2584　Pueent endurer cil amant
　2729　Le jor qu'il le pueent veoir
　2754　Les biens qui pueent garantir
　3253　Aidier, s'eus pueent, volentiers,
　3864　Si que cheval ne pueent pas
　　　　006

pueplez
　1354　Refu pueplez toz li jardins,
　　　　001

puet
　3　Mais l'en puet teus songes songier
　240　Nule rien ne li puet tant plaire
　368　Que l'en ne puet neïs penser
　373　Li Tens qui ne puet sejorner,
　411　Quant nus ne s'en puet prendre garde,
　955　Car il puet tost santé atendre,
　1023　Qu'ele puet mout nuire e aidier.
　1149　Hauz on ne puet avoir nul vice
　1151　Car avers on ne puet conquerre
　1535　E en iver ne puet morir
　1536　Ne que l'eve ne puet tarir.
　1576　Ne puet avoir garant ne mire
　1952　Dedenz lui ne puet demorer
　1983　Ne puet il rien faire por moi,
　1988　Nus ne vos en puet dessaisir;
　2129　Il ne puet son cuer apleier
　2163　Ice puet bien chascuns avoir,
　2210　Par ce se puet mout avancier.
　2564　Granz biens te puet par aus venir:
　2594　Puet un an vivre en tel enfer."
　2605　Ne qu'en puet espuisier la mer
　2909　A ce qui ne puet avenir.
　3044　On qui aime ne puet bien faire
　3048　Il n'en puet guieres esploitier.
　3072　Ne puet estre qu'il ne foloit."
　3082　Ce ne puet estre que vos dites:
　3403　Car qui au baisier puet ataindre
　3404　A poine puet atant remaindre,
　3430　Bien puet conoistre qui la voit
　3702　Ne l'en ne puet faire esprevier
　3723　E juré qu'il ne puet durer
　3859　Qu'armeüre ne puet tenir.
　3947　Puet ele estre bien asseür.
　　　　033

puez
　1892　Tu ne puez vers moi forceier;
　1894　Que tu ne puez rien gaaignier
　2120　Fai, se tu puez, chose qui plaise
　2200　Tu t'en puez faire mout prisier;
　2335　E se tu te puez tant pener
　2398　E se tant te puez avancier
　2531　Ne puez en lit por s'amitié:
　2537　De quoi tu ne puez avoir aise;
　　　　008

puis (ADV.)
　20　Que l'en voit puis apertement.
　697　La façon vos redirai puis.
　1428　Mais puis Charle ne puis Pepin
　1428　Mais puis Charle ne puis Pepin
　1574　Don il jut puis morz toz envers.
　1608　Las! Tant en ai puis sospiré!
　1698　Sentie puis mainte friçon.
　1962　Don j'ai puis esté deceüz;
　2362　Tot le jor puis te sovendra
　2431　E puis envers, e puis adenz,
　2431　E puis envers, e puis adenz,
　3359　E vi qu'ele estoit puis creüe
　3501　Par cui je fui puis mout grevez,
　3504　Qu'Amors prist puis par ses esforz.
　3670　Puis en sont a Dangier venues,
　3994　Je n'oi bien ne joie onques puis
　　　　016

puis (CONJ.)
　623　Puis que Deduiz, li biaus, li genz,
　1658　Puis que je l'oi bien avisé,
　2024　Puis que mis t'es en ma menaie,
　2716　Puis que tu l'avras essaié,
　3185　Car j'amerai puis qu'il me siet,
　3312　Puis que Franchise s'i acorde
　3323　Bel Acueil, puis que il vos plaist.

puis (CONJ.) (CONT.)
    3341 Puis que Dangiers l'a otreié."
    3493 Puis que j'oi la rose baisiee.
                009

puis (V.)
       6 Si en puis bien traire a garant
     626 Ne m'iert pas, se je puis, emblee
     698 Tot ensemble dire ne puis,
    1838 Je ne m'en puis par el partir.
    1906 Bien sai que je nou puis muer,
    1908 Ne puis vivre jusqu'a demain
    1922 Je ne m'en puis de rien doloir;
    1967 Se je les puis a mon droit prendre,
    2305 Quant ne puis les iauz enveier
    2312 Je me puis bien tenir a lent
    2482 Je me puis bien por fol tenir
    2800 Je vos i puis bien garantir.
    2803 Se de rien vos i puis aidier,
    3166 Don je ne puis mon cuer retraire;
    3224 Des qu'avoir n'en puis autre joie.
    3736 "Bien puis," fait il, "or forsener,
    3739 Se cest porpris ne puis garder.
    3750 Se j'i puis nului entreprendre,
    3993 Que je n'os passer ne ne puis.
                019

puisast
    1126 Con s'el les puisast en greniers.
                001

puisse
     458 L'eure puisse estre la maudite
    2056 Si qu'il l'en puisse sovenir."
    2700 Qui a t'amie puisse plaire.
    3268 Que il s'en puisse repentir;
                004

puissent
    1050 Mal puissent il estre arivé,
    2272 Qu'il ne puissent apercevoir
                002

puisses
    1972 Que tu ne me puisses nier
    2158 Quel puisses faire, si t'estrece;
    2190 Par quoi tu puisses as genz plaire,
    2336 Qu'au veoir puisses assener,
    2761 Jusque tu puisses miauz atendre,
                005

puissiez
    3214 Tant qu'en bon point le puissiez prendre
                001

puiz
     111 Come puiz ou come fontaine;
                001

punaise
    3518 Si ot la langue mout punaise
                001

pure
    1470 A la fontaine clere e pure
    1586 Ci est d'amer volenté pure,
                002

pures
     760 Qui estoient en pures cotes
                001

pute
    3905 Ceste est pute, ceste se farde,

pute (CONT.)
                001

qu
      22 Ou point qu'Amors prent le paage
      33 Qu'Amors le me prie e comande.
      40 Or doint Deus qu'en gré le reçeuve
      44 Qu'el doit estre Rose clamee.
      45 Avis m'iere qu'il estoit mais,
      47 Qu'en mai estoie, ce sonjoie,
      60 Qui viaut avoir novele robe,
      71 Si lié qu'il montrent en chantant
      72 Qu'en lor cuers a de joie tant
      73 Qu'il lor estuet chanter par force.
      88 Qu'il estoit matins durement:
     113 Mais qu'ele estoit plus espandue.
     165 Qu'el sembloit bien chose vilaine;
     168 D'enorer ce qu'ele deüst.
     179 Qu'en la fin maint en covient pendre;
     202 Qu'el sembloit estre enlangoree;
     206 E avuec ce qu'ele iere maigre,
     226 Avant qu'ele eüst autre faite.
     228 Une borse qu'el reponoit
     230 Qu'el demorast mout longuement
     231 Ançois qu'ele en peüst rien traire;
     254 Qu'ele ne porte leiauté
     260 Mais sachiez bien qu'ele compere
     262 Qu'ele est en si très grant torment
     264 Que par un poi qu'ele n'en font.
     274 Qu'el ne peüst de tot son pris
     279 Lors vi qu'Envie en la pointure
     287 Qu'ele fondoit d'ire e ardoit
     288 Quant aucuns qu'ele regardoit
     294 Qu'ele avoit au cuer grant dolor,
     300 Qu'el sofroit de jorz e de nuiz
     310 Dou duel qu'ele avoit a son cuer.
     321 Qu'el les avoit trestoz deroz
     324 Qu'el ploroit mout parfondement:
     327 Qu'el se derompoit e batoit
     334 Sachiez de voir qu'il n'a talent
     342 A poine qu'el se pooit paistre,
     357 Qu'el n'en avoit mais nes une.
     359 Qu'el n'alast mie la montance
     364 Si celeement qu'il nos semble
     365 Qu'il s'arest adès en un point,
     389 Si durement qu'au mien cuidier
     398 Mais je cuit qu'el n'iere mais sage,
     417 Qu'el penst en son corage.
     420 Qu'el fu de simple contenance,
     431 Si sachiez qu'el n'iere pas grasse,
     445 Qu'ele estoit nue come vers.
     447 Je cuit qu'ele acorast de froit,
     448 Qu'el n'avoit qu'un viez sac estroit,
     448 Qu'el n'avoit qu'un viez sac estroit,
     456 Car povre chose, ou qu'ele soit,
     460 Qu'il ne sera ja bien peüz,
     482 Qu'il i avoit d'oisiaus trois tanz
     483 Qu'en tot le reiaume de France.
     509 Tant qu'au derrenier me sovint
     510 Qu'onques en nul sen ce n'avint
     511 Qu'en si bel vergier n'eüst uis,
     520 Qu'autre entree n'i soi querir.
     528 La char plus tendre qu'uns poucins,
     567 Qu'ele estoit poi embesoigniee.
     572 Qu'el n'avoit soussi ne esmai
     587 Qu'a moi joer e solacier,
     594 Qu'il fist par le vergier planter.
     618 Qu'il moine avuec soi e conduit."
     638 Qu'il sembloit estre esperitables;
     667 Qu'onc mais si douce melodie
     670 Qu'il ne sembloit pas chant d'oisiaus,
     673 Qui, por lor voiz qu'eles ont saines
     686 Qu'Oiseuse m'avoit bien servi,
     711 Qu'adonc Deduit veoir n'alasse;

qu (CONT.)

735	Qu'ele avoit la voiz clere e saine.	1843	A nul amant qu'il se repente
742	Qu'ele faisoit plus volentiers.	1844	D'Amors servir, por mal qu'il sente.
751	Por ce qu'en fait en Lohereine	1849	Por ce qu'el ne peüst trop nuire;
752	Plus beles notes qu'en nul reine.	1876	Qu'el m'a aidié e m'a neü.
758	Sor un doi, qu'onques n'i failloient.	1883	En ce qu'il vint si m'escria:
769	Les bouches, qu'il vos fust avis	1890	Vers celui qu'il doit losengier
770	Qu'eus s'entrebaisassent ou vis.	1891	E qu'il covient a soupleier:
779	Qu'une dame mout envoisie	1934	Qu'orendroit me faces omage;
834	Qui, des qu'il n'avoit que set anz,	1946	Qu'Amors porte le gonfanon
839	Qu'il estoit biaus e ele bele.	1976	Qu'il me semble que leiaus soies."
847	Qu'il rioient toz jorz avant	2010	Qu'a grant poine senti la clef.
858	Je, qu'en ai veü vint e nuef,	2056	Si qu'il l'en puisse sovenir."
877	Crien durement qu'encombrez soie;	2096	Por ce qu'il fu fel e crueus,
878	Qu'il n'avoit pas robe de soie,	2119	Blasme le e di qu'il se taise.
899	Qu'il estoit toz coverz d'oisiaus,	2122	Si qu'eus oient bones noveles
905	Qu'il faisoit estre iluec delez;	2140	Qu'il ne soit fos n'outrecuidiez,
1013	Qu'il n'ot si bele fame ou monde.	2151	E gar qu'il soient si chauçant
1023	Qu'ele puet mout nuire e aidier.	2164	Qu'il n'i covient pas grant avoir.
1044	Qu'il abaissent des bons les los	2193	Ce qu'il set qui miauz li avient,
1056	Qu'il n'ot si bele ne si riche	2242	Si qu'il n'i soit mie demis,
1102	Que, maintenant qu'il anuitoit,	2249	Por ce vueil qu'en un leu le metes.
1121	Qu'il avoit toz jorz son espens	2272	Qu'il ne puissent apercevoir
1125	Qu'el li donoit autant deniers	2285	Qu'en pensant t'entroblieras
1137	Toz ses biens, qu'ele ne savoit	2296	Car bien saches qu'ensi le font
1143	S'ensi fust qu'aucuns la haïst,	2299	Après est droiz qu'il te soveigne
1162	Li ors qu'en done e li argenz.	2317	Devant qu'aucune enseigne en oie.'
1167	Qu'ele avoit iluec en present	2320	Qu'a ton esme faudras sovent
1201	A nului rien qu'el ne deüst;	2336	Qu'au veoir puisses assener,
1205	Qu'ele ot le cuer si piteable	2345	Qui ce qu'il aime plus regarde,
1209	Qu'el feïst mout grant vilanie.	2353	Li feus si est ce qu'il remire
1214	Qu'il n'i ot une seule pointe	2372	Avant qu'ele s'en fust alee.
1231	Qu'el n'iere orguilleuse ne fole.	2390	Qu'il est granz sens de soi celer.
1257	Me fist si grant qu'ele m'ovri	2419	Amanz n'avra ja ce qu'il quiert,
1269	En tel guise qu'il la baisoit	2423	Quant ce vendra qu'il sera nuiz,
1270	Toutes les foiz qu'il li plaisoit,	2437	Tel fiere sera qu'il t'iert avis
1299	Qu'il n'est nus graindres parevis	2450	Qu'est ice? Ou estoie gié?
1306	N'a or plus cure qu'il li gart	2453	Voudroie qu'ele revenist:
1340	Si trovast, qu'en eüst mestier,	2529	Qu'el t'oie plaindre e doloser,
1361	Qu'iroie je ci arestant?	2530	Si qu'el sache que reposer
1401	Qu'il i avoit de flors planté	2549	Car bien saches qu'amors ne laisse
1408	Qu'ele estoit pipolee e pointe	2554	Qu'il ont perdu boivre e mangier,
1431	Qu'ou vergier n'ot nul plus haut arbre.	2556	Plus gras qu'abez ne que priors,
1437	Qui disoient qu'iluec desus	2561	Qu'el die que tu es vaillanz.
1443	Qu'il li covint a rendre l'ame;	2566	Li conteront qu'il t'ont trové
1447	Qu'ele li dist qu'il li donroit	2575	Fai semblant qu'a veoir te tarde
1447	Qu'ele li dist qu'il li donroit	2605	Ne qu'en puet espuisier la mer
1456	Qu'ele fu morte senz respit	2609	Les amanz, qu'il lor est mestiers.
1457	Mais, tot avant qu'ele morist,	2619	A cil qu'Amors tient en prison:
1460	Qu'ele ot trové d'amor si lasche,	2639	Qu'el ne te secueure au besoing.
1472	Un jor qu'il venoit de chacier,	2682	Qui m'en parole, quoi qu'il die.'
1473	Qu'il avoit sofert grant traval	2704	Si est raison qu'il te redie
1475	Tant qu'il ot soif, por l'aspreté	2707	Si n'avras pas peor qu'il muse
1487	Qu'il cuida veoir la figure	2708	A t'amie qu'il t'encuse,
1493	Qu'il musa tant a la fontaine	2729	Le jor qu'il le pueent veoir
1494	Qu'il ama son ombre demaine,	2750	Quant li ueil voient ce qu'il viaut.
1497	Car, quant il vit qu'il ne porroit	2757	Qu'au moins avras tu Esperance,
1498	Acomplir ce qu'il desiroit,	2760	Chascuns de ceus vueil qu'il te gart
1499	E qu'il estoit si pris par fort	2762	Qu'autres biens, qui ne sont pas mendre,,
1500	Qu'il n'en pooit avoir confort	2832	Qu'il voit as roses te main tendre.
1505	Qu'il avoit devant escondite,	2843	Qu'onques a lui Raison ne jut,
1519	Mais je me pensai qu'asseür,	2849	Si qu'ele avoit mestier d'aïe,
1527	Au fonz, plus clere qu'argenz fins.	2875	Por ce qu'il cuide que jou vueille;
1539	Qu'a grant entente remirai;	2877	Lez le bouton, qu'il m'a donee,
1541	Qu'a merveille, ce cuit, tendroiz	2899	Qu'Amors durement me tormente;
1563	Car toz jorz, quelque part qu'il soient,	2929	Qu'il bee a vostre avilement.
1594	Qu'Amors ne viaut autres oisiaus.	2942	La traïson qu'avez covee."
1656	Un si très bel qu'envers celui	2962	S'il n'a amé, qu'est grant angoisse.
1667	Si qu'il ne cline ne ne pent.	2964	De la poine qu'il m'avoit dite.
1718	Qu'el n'en pot estre hors sachiee,	2986	Pert qu'el fu faite en parevis,
1784	Qu'eschaudez doit eve doter.	2993	Qu'ele a pooir e seignorie
1790	Qu'Amors, qui toutes choses passe,	2995	Por quoi il soit teus qu'il la croie.
1799	Chardons e ronces, qu'onques n'oi	3012	Or fai tant qu'il soit recovré,
1801	Si qu'au bouton peüsse ataindre.	3066	Qui ne fait tant qu'ele remaigne.
		3072	Ne puet estre qu'il ne foloit."

qu (CONT.)

3078	Mon cuer, qu'Amors plus nou sorpreigne:	3837	Qu'ele est e grant e lee e haute.
3079	Cuidiez vos donc qu'Amors consente	3850	Si qu'entre le baile e la tor
3084	Qu'il n'est mais a ma volenté;	3859	Qu'armeüre ne puet tenir.
3086	Qu'il i a faite clef fermant.	3866	Qu'il n'i eüst avant mellee.
3091	Qu'Amors m'eüst de fausseté	3877	Qu'ele ot sergenz a grant plenté,
3102	Tant qu'il me vint en remembrance	3892	E si sachiez qu'as autres trois
3103	Qu'Amors me dist que je queïsse	3894	Qu'il doit la nuit faire le guiet.
3139	Qu'il vos pardoint sa malvoillance	3902	Qu'onques ne trova fame juste:
3147	Qu'il m'a auques reconforté,	3913	E si sachiez qu'ele i a mis
3154	Por ce qu'il m'ot veé le pas	3915	Tant qu'il i ot grant garnison.
3185	Car j'amerai puis qu'il me siet,	3919	Qu'il n'a pooir que il en isse.
3186	Cui qu'il soit bel ne cui qu'il griet;	3924	Qu'il ne se moine folement.
3186	Cui qu'il soit bel ne cui qu'il griet;	3927	Qu'il n'est baraz qu'el ne conoisse,
3188	D'argent, qu'il fust sor vostre pois."	3927	Qu'il n'est baraz qu'el ne conoisse,
3214	Tant qu'en bon point le puissiez prendre	3928	Qu'ele ot des biens e de l'angoisse
3224	Des qu'avoir n'en puis autre joie.	3929	Qu'Amors a ses sergenz depart
3236	Por ce qu'il me fait trop cropir	3933	E n'est si hardiz qu'il se mueve,
3239	E tant qu'il a certainement	3936	Qu'el set toute la vieille dance.
3241	Qu'Amors malement me jostise,	3941	Ses chastiaus, qu'ele vit si fort,
3242	E qu'il n'i a point de feintise	3964	Mais, avant qu'il en cueille gerbe,
3245	Qu'il ne se deigne encor refraindre,	3970	Qu'il avoit eüe trop tost.
3254	Qu'eus voient qu'il en est mestiers.	3973	Qu'Amors m'avoit tant avancié
3254	Qu'eus voient qu'il en est mestiers.	3979	Qu'il me toli tot en une eure,
3262	Qu'il ait de rien vers vos mespris.	3999	E de la covendra qu'il isse
3266	Qu'il en a poines maintes traites.	4020	E dou dangier qu'ele vos montre
3274	Por ce qu'il vos redoute e prise,	4032	Qu'onques par moi ne fu retraite
3280	Plus qu'un orguilleus pautonier.	4035	Plus qu'a vos de la meschance,
3286	Qu'engrestié vaint umilitez;	4048	Qu'il vos beent a decevoir,
3298	Car c'est la rien qu'il plus covoite.	4050	Qu'il vos traient a lor cordele,
3322	Je vueil qu'il ait la compaignie		319
3348	Qu'il n'avoit onques fait devant.		
3359	E vi qu'ele estoit puis creüe	quanqu	
3363	Ce qu'el n'iere pas si overte	2684	Quanqu'il en iert, car el l'avoit
3373	Qu'el n'iere avant e plus vermeille.	2870	Quanqu'il set qui me doie plaire.
3380	Qu'en Bel Acueil grant amor ai		002
3382	E quant je voi qu'il ne me vee		
3394	Car ce n'iert ja tant qu'il vos plaise."	quanque	
3414	Vous savez bien qu'au premier cop	1551	Arbre e flors, e quanque aorne
3428	Qu'el resembla deesse ou fee;	2308	Je ne pris rien quanque il voient.
3431	Qu'el n'est pas de religion.	3339	"Je ferai quanque vos voudroiz,"
3438	Qu'ele fu cointe durement,		003
3447	Qu'il sert e aime en leiauté,		
3461	Qu'il a, ce cuit, mout douce aleine;	quant	
3467	Qu'il n'i a teigne ne ordure.	82	Quant il ot chanter sor la raime
3495	Qu'el ne soit troble a poi de vent;	129	Quant j'oi un poi avant alé,
3504	Qu'Amors prist puis par ses esforz.	242	Quant el voit grant desconfiture
3507	Por quoi je cuit qu'il abelisse	246	Quant el voit aucun grant lignage
3513	E tot le mal qu'il set retrait,	248	E quant aucuns a enor monte
3517	Qu'il fu fiz d'une vieille iraise,	252	Estre iriee quant biens avient.
3528	Qu'il fist esveillier Jalosie,	263	E a tel duel quant genz bien font
3548	Si m'est avis qu'ele secort	288	Quant aucuns qu'ele regardoit
3566	E, por ce qu'el fu esbaïe,	397	Quant ele iert en son droit aage;
3587	Qu'el n'ama onques ome entulle.	411	Quant nus ne s'en puet prendre garde,
3590	Fors qu'il est pleins d'envoiseüre	488	Si durement, quant je l'oï,
3591	E qu'il jeue as genz e parole.	497	Quant j'oï les oisiaus chanter,
3613	Qu'en vostre garde poi me fi,	547	Quant il a freschement negié.
3630	Qu'il n'avra pooir d'issir hors	568	Quant ele s'estoit bien pigniee,
3641	Qu'onques mot ne li osa dire.	575	Quant ensi m'ot l'uis desfermé
3642	Por ce qu'el la savoit en ire.	595	Quant li arbre furent creü,
3653	Passez qu'onques n'eüsmes blasme;	619	Quant Oiseuse m'ot ce conté,
3658	Qu'il a faite grant mesprison	633	Ou vergier, e quant je fui enz,
3663	Si covendra qu'il s'en ament,	665	E bien sachiez, quant je l'oï,
3666	Qu'il ne durroit pas a la guerre	678	Si sachiez, quant j'oï le chant
3682	Ne qu'en la queue d'un mouton.	689	Quant ele m'avoit desfermé
3718	Qu'ele est mout fiere e mout grifaigne,	709	Mais quant j'oi escouté un poi
3723	E juré qu'il ne puet durer	722	Que, quant je les vi, je ne soi
3724	Qu'el nou face vif enmurer:	767	Contre l'autre, e quant eus estoient
3726	Qu'en vos n'a mais point d'engrestié.	872	Quant il les trueve trop engresses.
3763	E plus fel qu'il ne soloit estre.	1011	Si m'aïst Deus, quant il me membre
3777	Qu'encor ai je ou cuer enclose	1132	Con quant el pooit dire: "tien."
3801	Ne pionier qu'ele ne mant,	1234	Ainz que nule, quant je vin la.
3805	Qu'il sont mout lé e mout parfont.	1285	Quant j'oi veües les semblances
3815	Qu'il est de droite carreüre;	1453	Quant ele s'oï escondire,
		1478	E quant il vint a la fontaine,

quant (CONT.)
1497	Car, quant il vit qu'il ne porroit
1511	Quant li escriz m'ot fait savoir
1517	Quant de Narcisus me sovint,
1524	Quant je fui près, si m'abaissai,
1543	Quant li solauz, qui tot aguiete,
1602	Quant j'avrai espons le mistere.
1623	Quant cele rage m'ot sorpris,
1626	E sachiez bien, quant je fui près,
1671	E quant jou senti si flairier,
1685	E quant il ot aperceü
1690	E quant la corde fu en coiche,
1699	Quant j'oi ensi esté bersez,
1703	E quant je vin de pasmoison
1740	Quant Amors me vit aprimer,
1753	E quant li maus plus m'angoissoit,
1772	Quant je me poi esvertuer,
1817	Mais quant j'i oi esté grant piece,
1887	Quant plus volentiers te rendras,
2012	E quant je l'oi mis hors de doute:
2054	Quant li deciples qui escoute
2075	Quant espondre m'orroiz le songe,
2102	E quant tu iras par les rues,
2228	A retenir quant ele est brieve:
2265	Quant tu avras ton cuer doné,
2269	Sovent, quant il te sovendra
2302	Quant la ou mes cuers est ne vais !
2305	Quant ne puis les iauz enveier
2313	Quant de mon cuer sui si lointiens;
2351	Quant il le feu de plus près sent,
2355	Quant il se tient de li plus près,
2361	E quant partir t'en covendra,
2397	Quant tu cuideras comencier;
2400	Quant tu devras dire trois choses,
2411	Quant ta raison avras fenie,
2414	Quant tu avras rien oblié
2423	Quant ce vendra qu'il sera nuiz,
2427	Car quant tu cuideras dormir,
2483	Quant j'ai mis mon cuer en tel leu
2491	Deus! Quant sera il ajorné?
2494	Quant je n'ai ce que je desir.
2496	Quant l'en ne dort ne ne repose.
2508	E quant tu ne porras l'enui
2565	Quant cil qui sont de li privé
2581	Quant Amors m'ot ce comandé,
2600	Quant l'en l'a plus chier acheté,
2647	Quant li amanz plaint e sospire,
2659	Si li plaist mout quant il li membre
2662	Quant d'un ris ou d'un bel semblant
2691	Quant ti mal t'angoisseront fort,
2712	Quant l'en a ome a cui l'en ose
2726	Li ueil quant Damedeus lor montre
2733	E quant li ueil sont en deduit
2750	Quant li ueil voient ce qu'il viaut.
2769	Quant je ne vi lez moi nului.
2812	E, quant vos plaist, vostre servise
2824	Quant le bouton de si près vi;
2845	Quant Deus ot Honte faite naistre,
2880	E quant je me senti acointes
2969	Quant de la rose me sovient,
3016	E quant juenes on fait folie,
3058	Quant au deu d'Amors te rendis;
3073	Quant j'oï cest chastiement,
3118	Quant il me vint a lui parler
3123	Quant Amis sot la verité,
3206	Con bons compainz, quant il l'oï.
3210	Quant il a montré son bobon.
3284	Quant il trueve qui le souploie."
3287	E quant trop dure l'engrestiez,
3302	Quant Bel Acueil li est failliz.
3382	E quant je voi qu'il ne me vee
3409	Quant je l'oï ensi respondre,
3510	Miauz que nule quant el voudra.
3530	Quant ele oï le jangleor.
3531	E quant ele se fu levee,
3557	Mais quant je vi venir la grive,
3640	Quant ele a Jalosie oïe
3689	Quant vos dormez, nos en oon
3735	Quant il s'oï si mal mener:
3737	Quant vos me tenez por vaincu.
3770	Me fremissent quant il me membre
3772	Veoir de près quant je voloie;
3773	E quant dou baisier me recors,
3779	E sachiez, quant il me sovient
3886	Car, quant ele ot bruire le vent,
3893	Vait il e vient quant il li siet,
3962	E a joie quant el comence
3967	Quant li espi doivent florir,
3980	Quant je cuidai estre au deseure.
3987	E quant el viaut ele me
4022	Quant vos ne poez autrement.
4039	Quant il me membre de ma perte,
4044	Quant je sai que losengeor
	123

quarte (ADJ.)
2967	De ma dolor la quarte part;
	001

quarte (SUBST.)
944	La quarte avoit non Compaignie;
967	E la quarte Desesperance;
	002

quartes
2281	Ne cotidianes ne quartes.
	001

quatre (ADJ.)
360	De quatre toises senz potence.
1662	De fueilles i ot quatre paire,
3821	As quatre coignez en a quatre,
3823	E si i a quatre portauz,
	004

quatre (SUBST.)
2863	Or sont as rosiers garder quatre,
3821	As quatre coignez en a quatre,
	002

que
1	Maintes genz dient que en songes
12	Que soit folor e musardie
13	De croire que songes aveigne,
16	Que songes est senefiance
20	Que l'en ne voit puis apertement.
35	Coment je vueil que li romanz
36	Soit apelez que je comenz,
50	Que l'en ne voit boisson ne haie
62	Que de colors i a cent paire.
65	C'est la robe que je devise.
85	Que toute rien d'amer s'esfroie,
86	Sonjai une nuit que j'estoie
105	Que j'oï près d'ilueques bruire;
107	Plus bel que sus cele riviere.
190	Si fu droiz, que toz jorz enrage
193	Fors que a l'autrui acrochier,
221	Car sachiez que mout li pesast
232	Mais el n'avoit de ce que faire:
234	Que de la borse ostast neant.
251	Car sachiez que mout la covient
259	Que biens venist nes a son pere.
264	Que par un poi qu'ele n'en font.
266	Que de li Deu e la gent venche.
269	Je cuit que s'ele conoissoit
305	Come il sembloit que ele eüst;
306	Je cuit que nus ne li seüst
368	Que l'en ne puet neïs penser

que (CONT.)

371	Car ainz que l'en l'eüst pensé	1515	Que dedenz n'osai regarder,
394	Ne plus que uns enfes d'un an.	1536	Ne que l'eve ne puet tarir.
406	Bien savez que c'est lor nature.	1542	Maintenant que vos l'entendroiz:
424	Si sachiez que mout se penoit;	1550	E tel force ont que toz li leus,
451	El n'avoit plus que afubler:	1560	Que li cristal, senz decevoir,
459	Que povres on fu conceüz!	1577	Que tel chose a ses iauz ne voie
489	Que n'en preïsse pas cent livres,	1620	Que ne laissasse por Pavie
491	Que enz n'entrasse e ne veïsse	1621	Ne por Paris que je n'alasse
492	L'assemblee, que Deus guerisse!	1629	Que por neient fusse embasmez.
503	Si sachiez que je ne savoie	1632	Au moins une, que je tenisse
516	Tant que un uisset bien serré	1658	Puis que je l'oi bien avisé,
562	E, por garder que ses mains blanches	1663	Que Nature par grant maistire
596	Le mur que vos avez veü	1686	Que j'avoie ensi esleü
612	O ses genz, que plus bele place	1688	Que nus des autres ne faisoit,
616	Que vos jamais nul leu truissiez,	1694	Que par mi l'ueil m'a ou cuer mise
623	Puis que Deduiz, li biaus, li genz,	1713	E tant tirai que j'amenai
627	Que ne la voie encore enuit,	1723	Ne soi que faire ne que dire
629	Que bele est cele compaignie	1723	Ne soi que faire ne que dire
632	Par l'uis que Oiseuse overt m'ot,	1725	Que par erbe ne par racine
635	E sachiez que je cuidai estre	1743	Si que par l'ueil ou cuer m'entra
662	Cil oisel que je vos devise.	1750	Que, se j'avoie avant esté
700	Que nus n'i sache que remordre.	1756	Qui oloit miauz que violete;
700	Que nus n'i sache que remordre.	1759	Ce que mes cuers me comandoit:
722	Que, quant je les vi, je ne soi	1776	Por rien que je peüsse faire,
772	Ne vos en sai que devisier,	1780	E me semont que je me traie
782	Que Deus defende de contraire!	1789	S'esteüst il que j'i alasse;
784	"Biaus amis, que faites vos la?"	1805	Mais bel me fu que je estoie
791	Mais sachiez que mout m'agrea	1806	Si près que dou bouton sentoie
793	E me dist que je querolasse	1809	Ce que jou veoie a bandon
834	Qui, des qu'el n'avoit que set anz,	1811	Que mes maus en entroblioie,
842	Que l'en li peüst toute fendre	1823	Si que ou cuer soz la mamele
848	Que la bouchete par covent.	1833	Si que je n'ai mais esperance
849	Je ne vos sai dou nés que dire:	1835	Miauz voudroie estre morz que vis,
854	Que vos iroie je disant?	1840	Une autre floiche, que mout prise
902	Il sembloit que ce fust uns anges	1841	E que je tieng a mout poissant,
914	E si estoit plus noirs que meure.	1850	Car il ne viaut pas que je muire,
932	Fors que les penons e le fust,	1851	Ainz viaut que j'aie alegement
960	Plus noir que deables d'enfer.	1871	La plaie si que la dolor
983	Ainz vos dirai que tot ce monte,	1894	Que tu ne puez rien gaaignier
984	Ançois que je fine mon conte.	1896	Mais rent toi pris, que je le vueil,
1025	Que riches genz ont grant poissance	1901	Ja Deu ne plaise que je pense
1055	Que je vos di bien e afiche	1902	Que j'aie ja vers vos defense,
1076	Miauz que trestoz li ors de Rome.	1904	Vos poez ce que vos voudroiz
1080	Que cil pooit estre asseür	1906	Bien sai que je nou puis muer,
1095	L'avoir que les pierres valoient	1911	Que ja par autre ne l'avrai;
1102	Que, maintenant qu'il anuitoit,	1917	E sachiez que n'en ai point d'ire.
1106	Que Richece en resplendissoit	1919	Que metre vueil tot a devise
1144	Si cuit je que ele en feïst	1924	Avrai la merci que j'atens;
1171	Que la cheveçaille iert overte,	1933	Que je vueil, por ton avantage,
1173	Si que par outre la chemise	1940	Cil que j'ensi a ome prens.
1181	Que l'en conte de lui les contes	1950	Que, quiconques est ententis
1207	Que, se nus por li mal traisist,	1956	E sachiez que mout me fis cointes
1220	En sorquenie que en cote.	1969	Or vueil je, por ce que je t'ains,
1222	Senefioit que douce e franche	1972	Que tu ne me puisses nier
1234	Ainz que nule, quant je vin la.	1976	Qu'il me semble que leiaus soies."
1287	J'oi lors talent que le vergier	1981	Que mon cuer m'avez si toloit
1316	Se il fait tant que a moi traie!	1982	E si pris que, s'il bien voloit,
1322	Tant que j'oi par trestot esté.	1987	Que il face vostre plaisir:
1346	Que bon mangier fait après table.	2016	En gré, foi que vos me devez.
1363	Que mout en seroie encombrez	2024	Puis que mis t'es en ma menaie,
1364	Ainz que les eüsse nombrez.	2042	Que je comant as fins amanz."
1372	Que li solauz en nes une eure	2044	Avant que vos movez de ci,
1387	Par petiz ruissiaus, que Deduiz	2050	Que je n'i vueil de rien mesprendre."
1418	Que j'oi tot l'afaire e tot l'estre	2062	Que li romanz des or amende;
1423	Que la beste en bon leu se mete	2068	Je vos di bien que il porra
1445	L'avoit amé plus que rien nee,	2071	Que j'espoigne e que j'enromance
1459	Que Narcisus au cuer farasche,	2071	Que j'espoigne e que j'enromance
1466	Que l'en refuse si vilment.	2079	Que tu guerpisses senz reprendre,
1469	Que Narcisus par aventure	2084	Por ce n'est pas droiz que je l'ains.
1479	Que li pins de ses rains covroit,	2103	Gar que tu soies costumiers
1480	Iluec pensa que il bevroit:	2109	Après garde que tu ne dies
1491	Que Narcisus li ot mené	2132	De ce que fins amanz doit faire
1512	Que ce estoit trestot por voir	2152	Que cil vilain aillent tençant
		2160	Que tu porras senz toi destruire:

que   (CONT.)

2181 Il est ensi que li amant
2191 Je te comant que tu le faces:
2208 Que il sache de vieler,
2213 Il avient bien que li amant
2215 Que cil vilain entulle e sot.
2226 Ce que t'ai dit, por remembrer,
2234 Que nuit e jor, senz repentance,
2239 E, por ce que fins amanz soies,
2240 Vueil je e comant que tu aies
2250 Mais garde bien que tu nou pretes,
2264 Que l'en done desus son pois.
2282 Bien avras, ainz que tu t'en partes,
2300 Que t'amie t'est trop lointaigne;
2322 Ce que tu quiers ne verras pas,
2323 Si covendra que tu retornes,
2328 Qui poignent plus que hericons.
2340 De la biauté que tu verras,
2341 E saches que dou regarder
2363 De ce que tu avras veü;
2366 Que onques cuer ne hardement
2381 Que tu n'osas metre a raison;
2384 Il est droiz que toutes tes voies
2388 E quier autre achoison que cele
2391 S'il avient chose que tu trueves
2392 La bele en point que tu la doives
2399 Que ta raison comencier oses,
2405 Se teus n'est que de quile serve;
2422 Tant que j'en vueille la pais querre.
2438 Que tu tendras cele au cler vis
2446 Ou il n'a que mençonge e fable
2456 Mais ce m'a mort que poi me dure.
2457 Deus! Verrai je ja que je soie
2460 Que je morisse maintenant.
2465 Mais se tant fait Amors que j'aie
2472 Bien est droiz que l'en l'escondie.
2480 De la poine que j'ai soferte;
2485 Si di je que fos e que garz,
2485 Si di je que fos e que garz,
2487 Que d'autre li deduiz entiers.
2494 Quant je n'ai ce que je desir.
2498 Que l'aube orendroites ne crieve,
2499 E que la nuit tost ne trespasse,
2512 Ainz que tu voies ajorner
2530 Si qu'el sache que reposer
2535 Si te dirai que tu doiz faire
2539 E, por ce que l'en ne te voie
2541 Gar que tu soies repairiez
2542 Ainz que li jorz soit esclairiez.
2548 Il covient que tu t'essaimes,
2556 Plus gras qu'abez ne que priors.
2558 Que tenir te faces por large
2561 Qu'el die que tu es vaillanz.
2571 Que il esloignier te coveigne,
2572 Garde bien que tes cuers remaigne,
2585 Les maus que vos m'avez contez?
2603 Il est voirs que nus maus n'ataint
2611 Cil que l'en met en chartre oscure,
2613 Qui n'a que pain d'orge ou d'avoine,
2628 E fait que li amant vivaint.
2635 Nes au larron que l'en viaut pendre
2644 Ceus que li laz d'Amors enlace,
2653 Que Esperance li promet;
2664 Que fait li a s'amie chiere.
2667 Icestui vueil bien que tu aies;
2676 Si me sovient que por ce dist
2686 Or te lo e vueil que tu quieres
2711 Saches que c'est mout plaisant chose
2716 Puis que tu l'avras essaié.
2720 Mais je te lo que tu te teignes
2722 Que ses solaz trop ne te tart,
2735 Que seul ne sevent avoir joie,
2736 Ainz vuelent que li cuers s'esjoie,
2740 Noveles de ce que il voient;

2742 Que li cuers oblit ses dolors
2765 Tot maintenant que Amors m'ot
2767 Que il se fu esvanoïz,
2771 E soi que guerir ne pooie
2777 Que de l'avoir neienz estoit
2786 Que les roses vosisse embler.
2791 En cui il n'ot rien que blasmer:
2810 De la bonté que vos me dites,
2820 Si vos di que mout m'agrea
2822 Que au bouton peüsse ataindre.
2838 E sachiez que, qui a droit conte
2854 Chasteé, que Venus essille
2855 Por ce que desconseilliee iere,
2865 Que nus bouton ne rose emport.
2875 Por ce qu'il cuide que jou vueille;
2878 Por ce que près ot esté nee.
2888 Que j'ai dedenz le cuer enclose
2894 Que vos en fussiez corrociez."
2896 Que ja ne m'en feroiz doloir
2897 De chose que vos voilliez dire."
2900 Ne cuidiez pas que je vos mente:
2914 Que l'en l'oste de sa nature.
2936 Par poi que je ne vos oci.
2954 Don onques dis ce que je pens.
2956 Si voi que livrez est mes cors
2959 Que je n'osai passer la haie.
2961 Ne cuidiez pas que nus conoisse,
2968 Par poi que li cuers ne me part
2970 Que si esloignier me covient.
2972 Tant que me vit ensi maté
2990 Que Deus la fist demainement,
3013 E garde bien que plus ne croies
3019 Que l'amor metes en obli
3028 Envers que de ma fille Honte,
3034 Qui ne suefre que nus i touche;
3035 Avant que la chose soit faite
3050 Que n'ont ermite ne blanc moine.
3055 Car je voi que maint s'en travaillent
3059 Li cuers que tu as trop volage
3070 Encontre ce que tes cuers pense:
3076 Que me laissiez a chastier.
3077 Vos me dites que je refraigne
3080 Que je refraigne e que je dente
3080 Que je refraigne e que je dente
3082 Ce ne puet estre que vos dites:
3097 Qui voit bien que por sarmoner
3103 Qu'Amors me dist que je queïsse
3107 Lors me porpensai que j'avoie
3108 Un compaignon que je savoie
3120 E me dist que jou comparroie
3131 Pieç'a que je l'ai esprové.
3137 Or vos dirai que vos feroiz:
3138 Je lo que vos li requeroiz
3142 Que jamais des ore en avant
3170 Que faire rien qui vos desplaise.
3171 Or vos requier que vos aiez
3175 Que vers vos si me contendrai
3176 Que ja de rien n'i mesprendrai,
3178 Ce que ne me poez veer.
3179 Voilliez que j'ain tant solement,
3197 E se tu aimes, moi que chaut?
3199 Adès aime, mais que tu soies
3215 J'ai bien esprové que l'en vaint
3221 A la haie que Dangiers garde
3222 Sui retornez, que mout me tarde
3223 Que je le bouton au moins voie,
3228 Que n'ai talent que li mesface;
3228 Que n'ai talent que li mesface;
3233 Que sa merci trop me demeure.
3234 Il voit maintes foiz que je pleure
3235 E que je me plaing e sospir,
3237 Delez la haie, que je n'ose
3248 Atant es vos que Deus m'amoine
3260 Sachiez que vos avilenez,

que   (CONT.)
3265   Plus i pert il que vos ne faites,
3268   Que il s'en puisse repentir;
3271   Mais, biaus sire, que vos avance
3275   E que il est vostre sougiez?
3281   Cortoisie est que l'en secuerre
3290   Que vos ne mainteniez plus guerre
3293   Avis m'est que vos le grevez
3294   Assez plus que vos ne devez;
3296   Des lors en ça que l'acointance
3305   Il a tant mal que il n'eüst
3308   Que vos n'i gaaigniez neient;
3309   Sofrez que Bel Acueil li face
3312   Puis que Franchise s'i acorde
3321   Que trop seroit grant vilanie.
3323   Bel Acueil, puis que il vos plaist.
3332   Des lors que vos ne le veïstes;
3336   Sachiez que nos avons denté
3341   Puis que Dangiers l'a otreié."
3351   Que Dangiers m'avoit chalongié.
3360   Que je ne l'oi de près veüe;
3364   Que la graine fust descoverte;
3387   Que durement sui envieus
3393   Se il vos plaist que je la baise,
3401   Que dou baisier congié ne doigne
3417   Tant que li pressoirs soit estroiz.
3419   Dou baisier que je desiroie,
3429   Dou grant ator que ele avoit
3436   Por ce que trop i demorroie;
3456   Que je ne tenisse a vilaine
3469   Que uns baisiers lui soit greez.
3489   S'il m'en sovient, que je ne soie
3493   Puis que j'oi la rose baisiee.
3499   Des ore est droiz que je vos conte
3508   A la bele, que Deus guerisse,
3510   Miauz que nule quant il voudra.
3515   Que Bel Acueil me deignoit faire,
3516   E tant que il ne se pot taire,
3523   E dist que il metroit son ueil
3524   Que entre moi e Bel Acueil
3537   Sens, que bien fusses d'un garçon
3539   Bien pert que tu croiz les losenges
3553   Bel Acueil ne sot que respondre;
3580   Teus genz don il n'avoit que faire.
3582   Que il ait eüe beance
3584   Mais il est voirs que Cortoisie,
3586   Que d'acointier genz ne se feigne,
3604   Que tost porroie estre ahontee
3615   Que en meillor garde pert l'en.
3617   Que l'en me tendroit por musarde
3619   Mestiers est que je m'en porvoie.
3624   Que ne face une forterece
3687   Que Bel Acueil çaienz meïst
3696   Que vos faciez se enui non.
3710   Que vos estes lasches e mos
3711   E que vos creez jangleors."
3714   Que vos n'estes en grant esveil
3715   De garder ce que vos devez.
3727   Je cuit que cuers vos est failliz;
3746   J'ai fait que fos, bien m'en recors,
3766   De veoir ce que je desir.
3769   E bien sachiez que tuit li membre
3771   De la rose que je soloie
3775   Assez plus douce que de basme,
3776   Par un poi que je ne me pasme,
3780   Que a consirrer m'en covient,
3781   Miauz voudroie estre morz que vis.
3784   S'Amors ne suefre que j'i touche
3797   Des or est tens que je vos die
3861   Il porroit bien faire que nices.
3864   Si que cheval ne pueent pas
3868   Ou chastel que je vos devise;
3869   Si m'est avis que Dangiers porte
3889   Male Bouche, que Deus maudie,
3911   Jalosie, que Deus confonde,
3919   Qu'il n'a pooir que il en isse.
3920   Une vieille, que Deus honisse,
3932   Por la vieille que il redoute,
3934   Que la vieille en lui n'aperçoive
3937   Tot maintenant que Jalosie
3943   El n'a mais garde que glouton
3953   Les biens que il m'avoit pretez;
3957   Por la joie que j'ai perdue,
3958   Que s'onques ne l'eüsse eüe.
3959   Que vos iroie je disant?
3974   Que j'avoie ja comencié
3993   Que je n'os passer ne ne puis.
3995   Que Bel Acueil fu en prison,
4000   S'Amors viaut ja que je guerisse,
4001   Car ja d'aillors ne quier que j'aie
4007   Que Jalosie la sauvage
4014   Gardez au moins que li cuers m'aint:
4026   Que vos ne faciez pas ensi,
4028   Mal gré de ce que vos avez
4031   Que j'aie encore vers vos faite,
4037   Plus grant que nus ne porroit dire.
4038   Par un poi que je ne font d'ire.
4044   Quant je sai que losengeor
4054   Que entroblié ne m'aiez,
4058   Que je n'ai mais aillors fiance.
                420

queïsse
    773   Mais nul jor mais ne me queïsse
   1816   N'en queïsse partir nul jor.
   3103   Qu'Amors me dist que je queïsse
                003

quel   (ADJ.)
    499   Par quel art ne par quel engin
    499   Par quel art ne par quel engin
    694   E quel compaignie il avoit,
   1465   Quel duel ont li leial amant
   2033   Car je sai bien par quel poison
   2153   En quel guise tu i entras
   2154   E de quel part tu en istras.
   2577   Or t'ai dit coment n'en quel guise
   2583   "Sire, en quel guise ne coment
   3950   Qui savroit quel vie je moine,
                010

quel   (PRON.)
    800   Si vos dirai quel il estoient.
                001

quel   (QUE LE)
   2158   Quel puisses faire, si t'estrece;
                001

quelque
    512   Ou eschiele ou quelque pertuis.
   1563   Car toz jorz, quelque part qu'il soient,
   3910   Trueve a chascune quelque herne.
                003

querir
    520   Qu'autre entree n'i soi querir.
                001

querolasse
    793   E me dist que je querolasse;
                001

querole
    728   S'estoient pris a la querole,
    743   Lors veïssiez querole aler
    763   En mi la querole baler;
    777   La querole tot en estant

querole		(CONT.)
787	A la querole, s'il vos plaist."
789	A la querole me sui pris,
837	A la querole, e ele lui;
986	Des nobles genz de la querole
1232	C'est cele qui a la querole,
1271	Veianz toz ceus de la querole;
		010

queroler
335	De dancier ne de queroler.
776	De queroler e de dancier.
794	Car de queroler, se j'osasse,
		003

queroles
908	Les queroles, e si gardoit
1291	Les queroles ja remanoient,
		002

queroloient
799	Des genz qui iluec queroloient;
1279	Ensi queroloient ilueques
		002

querras
2360	Jamais movoir ne t'en querras;
2378	E querras achoison d'aler
		002

querre
550	Nul plus bel cors de fame querre.
2204	Tu ne doiz mie querre essoine
2422	Tant que j'en vueille la pais querre.
		003

queue
1665	La queue est droite come jons,
3682	Ne qu'en la queue d'un mouton.
		002

queus
369	Queus tens ce est qui est presenz,
1611	Queus sa force iert e sa vertuz,
		002

qui
4	Qui ne sont mie mençongier,
7	Un auctor qui ot non Macrobes,
8	Qui ne tint pas songes a lobes,
10	Qui avint au roi Scipion.
11	Quiconques cuide ne qui die
14	Qui ce voudra, por fol m'en teigne;
27	Qui mout fu biaus e mout me plot;
29	Qui trestot avenu ne soit
42	C'est cele qui tant a de pris
51	Qui en mai parer ne se vueille
54	Qui sont sec tant come ivers dure;
56	Por la rosee qui la mueille,
67	Li oisel, qui se sont teü
81	Mout a dur cuer qui en mai n'aime,
96	Qui chantoient par ces boissons
101	Qui de chanter mout s'angoissoient,
102	Por les vergiers qui florissoient.
108	D'un tertre qui près d'iluec iere
115	Cele eve qui si bien seoit;
140	Qui de corroz e d'ataïne
156	Une image qui Vilanie
158	Qui estoit auques d'autel estre
164	Cil qui sot tel image faire,
167	E fame qui petit seüst
170	C'est cele qui les genz atise
173	C'est cele qui fait a usure
176	C'est cele qui semont d'embler

180	C'est cele qui fait l'autrui prendre,
183	C'est cele qui les tricheors
185	Qui maintes foiz par lor faveles
204	Qui vesquist solement de pain
236	Qui ne rist onques en sa vie
250	C'est la chose qui plus la blece;
270	Le trés plus prodome qui soit
307	Faire rien qui li peüst plaire;
318	Con cele qui mout iert iriee,
333	Car qui le cuer a bien dolent,
337	Qui duel eüst, a joie faire;
340	Qui estoit bien un pié retraite
353	Qui fu jadis soés e plains;
361	Li Tens qui s'en vait nuit e jor,
363	E qui de nos se part e emble
369	Queus tens ce est qui est presenz,
373	Li Tens qui ne puet sejorner,
375	Con l'eve qui s'avale toute,
380	Li Tens qui toute chose mue,
381	Qui tot fait croistre e tot norrist
382	E qui tot use e tot porrist;
383	Li Tens qui envieilli noz peres,
384	Qui vieillist rois e empereres
385	E qui toz nos envieillira,
387	Li Tens, qui tot a en baillie
408	Qui sembloit bien estre ypocrite;
410	C'est cele qui en recelee,
419	Qui faite fu a sa semblance,
440	Qui lor toudra Deu e son reine.
442	Povreté, qui un seul denier
472	Qui dedenz mener me vosist,
493	Des oisiaus qui laienz estoient,
494	Qui envoisieement chantoient
506	Ne nus on qui le montrast
524	Le guichet, qui estoit de charme,
526	Qui assez estoit gente e bele.
543	Fame qui plus bel col portast;
579	Ele avoit non e qui ele iere.
592	Qui de la terre as Sarradins
599	Les images qui i sont pointes,
600	Qui ne sont mignotes ne cointes,
605	Deduiz e les genz qui le sivent,
606	Qui en joie e en solaz vivent.
642	Ou vergier qui tant me plaisoit.
652	En un autre leu, qui lassees
655	Qui beoient a sormonter
658	E mainz oisiaus qui par ces gauz
673	Qui, por lor voiz qu'eles ont saines
676	Li oiselet, qui aprentif
687	Qui m'avoit en ce deduit mis;
730	Qui Leece apelee estoit.
755	Qui mout savoient bien joer,
756	Qui ne finoient de ruer
760	Qui estoient en pures cotes
799	Des genz qui iluec queroloient;
821	Qui estoit toz a or batuz,
830	De roses, qui mout li sist bel.
831	E savez vos qui iert s'amie?
832	Leece, qui nou haoit mie,
834	Qui, des qu'el n'avoit que set anz,
861	D'un samit qui iert toz dorez
866	Li deus d'Amors, cil qui depart
868	C'est cil qui les amanz jostise,
869	E qui abat l'orgueil des genz,
888	Qui furent par grant sen assises.
890	Qui n'i fust, nes flor de genest,
897	Qui entor son chief voletoient,
903	Qui fust tot droit venuz dou ciel.
922	Qui ne sembla pas estre garz,
931	Onc n'i ot rien qui d'or ne fust,
939	Une de celes qui plus blece
947	Mais qui de près en vosist traire,
953	Qui de cele floiche est plaiez;
958	Qui furent laides a devise;

199

qui   (CONT.)

962	L'autre, qui ne valoit pas miauz,	1660	Qui est si vermeille e si fine
973	Li uns des ars, qui fu hisdeus	1669	La soatume qui en ist
1008	Qui li batoient as talons.	1681	Li deus d'Amors, qui, l'arc tendu,
1020	Qui a li ne as siens mesfaire	1687	Ce bouton, qui plus me plaisoit
1036	Ce sont cil qui sont curieus	1692	L'arc, qui estoit forz a merveille,
1038	Toz ceus qui miauz font a amer.	1707	Mais la saiete qui m'ot point
1049	Qui deüssent estre privé.	1716	Qui Biauté estoit apelee,
1066	Qui mout rendoient grant clarté.	1722	Por le perill qui fu doblez:
1070	Qui ot grant force e grant vertu;	1728	Mes cuers, qui aillors ne beoit:
1071	Car cil qui sor soi la portoit	1734	Vers le bouton, qui soef flaire.
1078	Qui guerissoit dou mal des denz,	1738	Qui maint ome par mi le monde
1082	Qui a jeün l'avoit veüe.	1744	La saiete, qui n'en istra
1084	Qui furent ou tessu doré;	1756	Qui oloit miauz que violete;
1092	Qui vos savroit toutes les pierres	1762	Mais li archiers, qui mout s'esforce
1093	Qui i estoient devisier:	1767	Qui Cortoisie iert apelee.
1096	Qui en l'or assises estoient:	1781	Vers le bouton qui m'atalente.
1111	Qui fu ses amis veriteus.	1790	Qu'Amors, qui toutes choses passe,
1112	C'est uns on qui en biaus osteus	1803	Qui estoit as rosiers joignanz,
1128	Qui bien fu duite e bien aprise	1807	La douce olor qui en issoit,
1148	Mout est fos hauz on qui est chiches.	1814	Jamais n'iert rien qui tant me plaise
1150	Qui tant li griet come avarice;	1818	Li deus d'Amors, qui tot despiece
1155	Mais qui amis voudra avoir,	1826	Il n'est nule qui plus tost mete
1178	Ce fu cil qui porta l'enseigne	1842	C'est Biaus Semblanz, qui ne consent
1192	Qui n'estoit pas brune ne bise,	1853	Qui estoit toz de confort pleins,
1203	Qui fust destroiz por s'amitié,	1861	Le cuer qui m'estoit toz failliz.
1211	Qui ne fu mie de borraz:	1866	Qui ot esté de novel rese.
1215	Qui a son droit ne fust assise.	1868	Qui jamais n'en seront ostees.
1221	La sorquenie, qui fu blanche,	1889	Il est fos qui moine dangier
1223	Estoit cele qui la vestoit;	1912	Se vostre main, qui m'a navré,
1230	Qui mout estoit de toz proisie,	1990	Qui le garde bien e jostise
1232	C'est cele qui a la querole,	1997	Qui a le cuer en sa comande.
1247	Qui bien sot faire enor as genz.	1998	Outrageus est qui plus demande."
1252	Qui se tint de moi assez près.	2001	Qui fu de fin or esmeré:
1256	Car ce fu cele qui bonté	2020	De faire servise qui vaille,
1261	Qui n'avoit encore passez,	2032	Qui orendroit te cuit e blece,
1264	Nul mal ne nul engin qui soit;	2037	Qui de tes plaies te garra;
1272	Car qui tenist d'aus deus parole,	2054	Quant li deciples qui escoute
1281	Qui estoient de lor maisnies;	2061	Qui amer viaut or i entende,
1286	De ceus qui menoient les dances,	2064	S'il est qui le sache conter,
1296	Fos est qui n'a de tel envie.	2067	Qui dou songe la fin orra,
1297	Qui autel vie avoir porroit	2073	La verité, qui est coverte,
1317	Je, qui de ce ne soi neient,	2082	Toz ceus qui aiment vilanie:
1326	Il n'est nus arbres qui fruit charge,	2088	Chose des genz qui face a taire:
1331	Qui charjoient pomes grenades:	2091	Qui jadis par son moqueïz
1334	Qui charjoient en la saison	2114	Qui orde chose e laide nome.
1336	Qui ne sont ameres ne fades.	2118	Qui aille fames despisant,
1348	Qui charjoient e coinz e pesches,	2120	Fai, se tu puez, chose qui plaise
1377	Qui par ces arbres gravissoient;	2126	Car, qui entent bien e esgarde,
1378	Conins i avoit, qui issoient	2128	E qui d'orgueil est enteschiez,
1400	Li leus, qui estoit de tel aire	2133	Mais qui d'amors se viaut pener,
1422	Con li venierres qui atent	2135	On qui porchace druerie
1437	Qui disoient qu'iluec desus	2138	Qui est cointes il en vaut miauz,
1477	Qui li ot tolue l'aleine.	2146	A tel qui sache bien taillier,
1508	Qui vers voz amis mesprenez;	2147	Qui face bien seanz les pointes
1525	Por veoir l'eve qui coroit,	2161	Chapel de flors, qui petit coste,
1526	E la gravele qui paroit	2173	Qui amors par male aventure
1531	Qui nuit e jor sort a granz ondes	2193	Ce qu'il set qui miauz li avient,
1534	Qui vient, por l'eve, espesse e drue;	2220	Car cil qui a por un regart,
1543	Quant li solauz, qui tot aguiete,	2229	Qui d'Amors viaut faire son maistre
1547	Es cristaus, qui, por le soleil,	2245	Qui en mainz leus son cuer depart
1556	Les choses qui sont a l'encontre,	2248	Qui en un leu met son cuer tot;
1562	A ceus qui dedenz l'eve musent,	2262	Qui est donee a bele chiere,
1575	Qui en cel miroer se mire	2268	Qui as amanz sont griés e dures.
1578	Qui d'amer l'a tost mis en voie.	2288	Qui ne se crole ne remue,
1590	Qui toute a teinte la fontaine.	2294	Ausi come on qui a peor
1595	Por la graine qui fu semee	2297	Cil qui ont les maus essaiez
1605	E as cristaus, qui me montroient	2328	Qui poignent plus que hericons.
1606	Cent mile choses qui paroient;	2329	Qui ne le set si le demant
1614	Qui maint ome a pris e traï.	2330	A ceus qui sont leial amant.
1617	Qui estoient en un destor,	2345	Qui ce qu'il aime plus regarde,
1640	E teus qui sont un poi plus gros;	2348	Le feu qui fait les genz amer.
1642	Qui se traient a lor saison	2350	Le feu qui l'art e qui l'alume;
1651	Qui en porroit un acrochier,	2350	Le feu qui l'art e qui l'alume;
		2354	S'amie qui le fait defrire;

qui (CONT.)

2358	Qui plus est près dou feu plus art.	3053	Qui joie en a, petit li dure,
2389	Qui cele part te fait aler,	3056	Qui en la fin dou tot i faillent.
2404	Qui en ce point n'oblit assez,	3064	Qui te fait vivre e non valoir,
2415	Qui te fust avenant a dire;	3066	Qui ne fait tant qu'ele remaigne.
2418	C'est li contenz qui toz jorz dure:	3071	Qui toutes eures son cuer croit,
2432	Come ome qui a mal as denz.	3081	Le cuer qui est siens trestoz quites?
2471	Car, qui demande musardie,	3095	Si m'enuie qui me chastie."
2490	Gueriz fust qui or la veïst.	3097	Qui voit bien que por sarmoner
2504	E son enui qui trop me dure.'	3116	Qui par poi ne me vost mangier,
2516	Qui se sera bien endormie	3130	Ceus qui aiment, au comencier;
2533	Avoir de celui qui endure	3143	Ne feroiz rien qui li desplaise,
2552	Qui vont les dames traïssant:	3144	C'est une rien qui mout l'apaise,
2565	Quant cil qui sont de li privé	3145	Qui le chue e qui le blandist."
2576	Celi qui ton cuer a en garde.	3145	Qui le chue e qui le blandist."
2588	Qui est en poine e en ardure,	3170	Que faire rien qui vos desplaise.
2604	A celui qui les amanz teint.	3173	Vostre ire, qui trop m'espoente,
2613	Qui n'a que pain d'orge ou d'avoine,	3205	A Ami, qui s'en esjoï,
2626	Por la joie qui cent tanz monte.	3209	Dangiers, qui fait a mainz lor bon
2630	Qui les amanz ensi avance!	3218	Amis, qui mon avancement
2641	Trois autres biens qui granz solaz	3259	Qui par vos est trop mal menez.
2642	Font a ceus qui sont en mes laz.	3269	Qui le devroit tot vif larder,
2643	Li premiers biens qui solaz face	3283	Mout a dur cuer qui ne se ploie,
2645	C'est Douz Pensers, qui lor recorde	3284	Quant il trueve qui le souploie."
2650	Qui l'ire e la dolor despiece,	3291	Vers cel chaitif qui languist la,
2656	Qui n'est trop granz ne trop petiz,	3292	Qui d'amors onques ne guila.
2669	Qui n'est mie moins doucereus,	3316	Qui por nos deus ne viaut rien faire."
2672	Qui a fait a mainz bachelers	3330	Qui regarder ne le deigniez.
2674	Car chascuns qui de ses amors	3338	Qui vos en faisoit estrangier."
2677	Une dame qui bien amot,	3356	Qui de mon gré faire se poine.
2680	Qui de mon ami me parole.	3367	Qui amont droites se levoient
2682	Qui m'en parole, quoi qu'il die.'	3370	Por la rose qui estoit pleine.
2694	De la bele qui ton cuer emble,	3385	Qui bien fait a amentevoir:
2700	Qui a t'amie puisse plaire.	3389	De la rose qui soef flaire,
2701	Se cil qui tant iert tes amis	3402	A nul amant qui m'en semoigne,
2706	Qui ele est e coment a non;	3403	Car qui au baisier puet atainstre
2718	C'est Douz Regarz, qui siaut tarder	3420	Mais Venus, qui toz jorz guerroie
2719	A ceus qui ont amors lointaignes;	3423	Qui a secoru maint amant.
2748	Qui nuit e jor d'amors languist,	3430	Bien puet conoistre qui la voit
2754	Les biens qui pueent garantir	3473	Bel Acueil, qui senti l'aier
2756	Or sez qui te fera confort,	3482	Qui en geta la dolor hors
2762	Qu'autres biens, qui ne sont pas mendre,	3484	Qui me soloient estre amer.
2783	Dou bouton qui iaut miauz de basme.	3486	Mout est gueriz qui tel flor baise,
2818	Qui miaudre odor des autres rent,	3487	Qui est si sade e bien olanz.
2825	Mais uns vilains, qui grant honte ait,	3509	Qui le guerredon m'en rendra
2838	E sachiez que, qui a droit conte	3511	Male Bouche, qui le covine
2842	Qui est si hisdeus e si laiz	3529	Qui se leva en esfreor
2846	Chasteé, qui dame doit estre	3533	Vers Bel Acueil, qui vosist miauz
2851	Qui nuit e jor sovent li emble	3550	Qui laisse un garçon desreé
2858	Honte, qui est simple e oneste;	3558	Qui contre nos plaide e estrive,
2861	Peor, qui bee durement	3560	Por la riote qui m'enuie.
2864	Qui se lairont avant bien batre	3562	Qui se crient mout estre forfaite;
2870	Quanqu'il set qui me doie plaire.	3570	C'est uns on qui ment de legier,
2873	Au rosier qui l'avoit chargié;	3585	Qui est sa mere, li enseigne
2904	Qui est des autres miauz tailliez.	3621	A ceus qui, por moi conchier,
2909	A ce qui ne puet avenir.	3625	Qui les rosiers clorra entor.
2918	Dou rosier qui l'a aporté	3632	As garçons, qui, por lui honir,
2931	Qui en cest vergier l'amena!	3647	Peor, qui tint la teste encline,
2932	Qui felon sert itant en a.	3655	Jalosie, qui nos mescroit:
2938	Qui de vos servir s'angoissoit;	3677	Qui le laidenge e li cort seure:
2945	Qui me menace a assaillir.	3680	Fos est qui en vos s'asseüre
2960	Nus n'a mal qui Amors n'essaie.	3684	Qui deüssiez estre farasches
2974	Qui de sa tor aval esgarde;	3688	Ome qui blasmer nos feïst.
2981	Li ueil qui en son chief estoient	3690	La noise, qui mais n'en poon.
3001	Qui fist ton cuer trop esgaier;	3700	Vilains qui est cortois enrage,
3005	Fos est qui s'acointe d'Oiseuse:	3705	Qui vos ont trové debonaire.
3010	Ou bel vergier qui est Deduit.	3760	Ne pertuis qui a bouchier face.
3015	Bel foloie qui se chastie.	3764	Mort m'a qui si l'a fait iraistre,
3029	Qui les roses defent e garde	3774	Qui me mist une odor ou cors
3030	Con cele qui n'est pas musarde,	3788	Qui esprent mon cuer e atise.
3034	Qui ne suefre que nus i touche;	3799	Qui est en male sospeçon.
3040	Ce qui te fait a dolor vivre,	3804	Qui costeront argent assez,
3041	C'est li maus qui amors a non.	3808	Qui ne siet pas sor croleïz,
3044	On qui aime ne puet bien faire	3819	Qui sont richement batailliees,
		3822	Qui seroient forz a abatre;

qui   (CONT.)
    3828 Qui ne doutent cop de perriere;
    3835 Cil qui dou faire furent maistre:
    3839 Por engin qui sache getier,
    3849 D'un baile qui vait tot entor,
    3860 Qui près des murs voudroit venir,
    3871 Qui uevre devers orient;
    3875 Qui uevre par devers midi;
    3881 L'autre porte, qui est assise
    3903 "Il n'est nule qui ne se rie
    3909 Male Bouche, qui riens n'esperne,
    3922 Qui ne fait nul autre mestier
    3948 Mais je, qui sui dehors le mur,
    3950 Qui savroit quel vie je moine,
    3961 Qui giete en terre sa semence,
    3966 Une male nue qui lieve
    3976 A Bel Acueil, qui apretez
    3982 Qui met ou cuer des genz rancune,
    3986 Ele a une roe qui torne,
    3989 E celui qui est sor la roe
    3991 E je sui cil qui est versez!
    3998 Qui est entre les murs enclose;
    4033 Chose qui a celer feïst,
    4040 Qui est si grant e si aperte;
    4042 Qui me donront, ce croi, la mort.
    4056 Jamais n'iert rien qui me confort
              420

quiconques
      11 Quiconques cuide ne qui die
    1950 Que, quiconques est ententis
              002

quier
    2003 Ton cuer, n'en quier autre apoial;
    2388 E quier autre achoison que cele
    2804 Ja ne m'en quier faire plaidier,
    2940 Ne me quier plus en vos fier,
    3184 Ja ne vos quier de ce lober,
    3600 Jamais ne m'en quier retarder."
    4001 Car ja d'aillors ne quier que j'aie
              007

quieres
    2686 Or te lo e vueil que tu quieres
              001

quiers
    2322 Ce que tu quiers ne verras pas,
              001

quiert
    2419 Amanz n'avra ja ce qu'il quiert,
    2934 E il vos quiert honte e contraire.
              002

quite
    2253 Mais done le en don tot quite,
              001

quitement
    2259 Done le donc tot quitement,
              001

quites
    3081 Le cuer qui est siens trestoz quites?
              001

quoi
      66 Por quoi la terre miauz se prise.
     693 Primes de quoi Deduiz servoit,
     863 De quoi ses amis avoit robe,
    1978 Ne sai por quoi vos demandez
    2070 Por quoi il vueille tant atendre
    2139 Por quoi il soit d'orgueil vuidiez,
    2190 Par quoi tu puisses as genz plaire,
    2303 Mon cuer seul por quoi i envoi ?
    2537 De quoi tu ne puez avoir aise:
    2682 Qui m'en parole, quoi qu'il die.'
    2728 De quoi il sont si envieus.
    2802 Por quoi vos gardez de folie;
    2926 "Bel Acueil, por quoi amenez
    2995 Por quoi il soit teus qu'il la croie.
    3014 Le conseil par quoi tu foloies.
    3177 Por quoi vos me voilliez greer
    3303 Por quoi li faites nul contraire?
    3442 "Por quoi vos faites vos, biaus sire,
    3449 Par quoi est dignes d'estre amez.
    3507 Por quoi je cuit qu'il abelisse
    3536 "Garz neienz, por quoi t'a failli
    3843 De quoi l'en fist le fondement,
              022

racine
    1725 Que par erbe ne par racine
              001

raconter
    2123 De toi e dire e raconter;
    3575 De raconter fausses noveles
              002

rafreschi
     119 Mon vis rafreschi e lavai;
              001

rage
    1583 Ci sort as genz novele rage,
    1623 Quant cele rage m'ot sorpris,
    2666 La dolor d'amor e la rage.
              003

raime
      82 Quant il ot chanter sor la raime
              001

rain
    1369 Mais li rain furent lonc e haut,
              001

raines
    1384 Senz barbelotes e senz raines,
              001

rains
    1479 Que li pins de ses rains covroit,
              001

rais
    1544 Ses rais en la fontaine giete
              001

raisnable
    1467 Cele priere fu raisnable,
              001

raisnables
    2100 De paroles douz e raisnables
              001

raison (ADJ.)
     540 Gros assez e lons par raison,
    1903 Car il n'est pas raison ne droiz;
    2704 Si est raison qu'il te redie
              003

raison (REASON)
    1704 E j'oi mon sen e ma raison,

raison (REASON) (CONT.)
    001

raison (SPEECH)
    2381 Que tu n'osas metre a raison;
    2399 Que ta raison comencier oses,
    2411 Quant ta raison avras fenie,
    003

Raison
    2840 El fu fille Raison la sage,
    2843 Qu'onques a lui Raison ne jut,
    2853 Lors requist a Raison sa fille.
    2856 Vost Raison faire sa priere
    2975 Raison fu la dame apelee.
    2997 Atant es vos Raison comence:
    3096 Atant Raison s'est departie,
    007

ramé
    690 Le guichet dou vergier ramé.
    1770 Desoz un olivier ramé.
    002

rampones
    3699 Pleins de rampones e d'outrage:
    001

ramponeuse
    162 E mesdisant e ramponeuse;
    001

ramponierres
    2097 Ramponierres e mal parliers
    001

rancune
    1239 Ne ne porta autrui rancune.
    3982 Qui met ou cuer des genz rancune,
    002

rasoirs
    1846 E trenchant con rasoirs d'acier;
    001

rassoage
    1878 Si me rassoage l'ointure;
    001

rassoagier
    2737 E font ses maus rassoagier,
    001

rassotee
    399 Ainz estoit toute rassotee.
    001

ravoit
    647 Si ravoit aillors granz escoles
    651 Calandres ravoit amassees
    657 Il ravoit aillors papegauz,
    003

recelee
    410 C'est cele qui en recelee,
    2513 Lors t'en iras en recelee,
    002

recenser
    2966 Ne bouche d'ome recenser
    001

recensoit
    30 Si con li songes recensoit.

recensoit (CONT.)
    001

recercelez
    809 Cheveus ot blonz, recercelez;
    001

receü
    2601 E plus en gré sont receü
    001

receüz
    1961 E d'uns e d'autres receüz;
    001

recevez
    2015 Mais mon servise recevez
    001

recevoir
    3977 Estoit de recevoir mes jeus;
    001

rechange
    3496 Amors se rechange sovent,
    001

rechief
    1822 Une autre floiche de rechief,
    2326 E te vendront tot de rechief
    2379 De rechief encore en la rue
    3785 Tot de rechief autre feiee;
    3955 Or les me vent tot de rechief,
    005

rechignié
    147 Rechignié avoit e froncié
    001

reconfort
    3942 Li a doné grant reconfort;
    001

reconforté
    3147 Qu'il m'a auques reconforté,
    001

reconforter
    309 Ne reconforter a nul fuer
    001

recorbelees
    188 Recorbelees e crochues
    001

recorde
    2645 C'est Douz Pensers, qui lor recorde
    001

recorder
    2225 Or te vueil briement recorder
    001

recors
    401 Mout bien, si con je me recors,
    2955 De ma folie me recors,
    3746 J'ai fait que fos, bien m'en recors,
    3773 E quant dou baisier me recors,
    004

recovré
    3012 Or fai tant qu'il soit recovré,
    001

recovree
   1735   E Amors ot ja recovree
          001

recreant
   3753   Ne me tendroiz por recreant,
          001

recreantise
   2017   Nou di pas por recreantise,
   3708   Ce vos muet de recreantise,
          002

recreanz
   3683   Trop estes recreanz e lasches,
          001

recueil
   2808   "Ceste promesse en gré recueil,
          001

reçueve
    40   Or doint Deus qu'en gré le reçueve
          001

recuevrent
    53   Li bois recuevrent lor verdure,
          001

recuilloient
   757   Le timbre en haut, sel recuilloient
          001

recuit
   1090   Li cercles fu d'or fin recuit;
          001

redie
   2704   Si est raison qu'il te redie
          001

redirai
   697   La façon vos redirai puis.
          001

redone
   1820   Me redone un novel assaut,
          001

redot
   3227   Mais je redot tant sa menace
          001

redotee
   343   Tant estoit vieille e redotee.
          001

redoute
   3274   Por ce qu'il vos redoute e prise,
   3932   Por la vieille que il redoute,
          002

reduit
   718   Car maintenant en un reduit
          001

refait
   871   E des dames refait baesses,
          001

refraigne
   3077   Vos me dites que je refraigne
   3080   Que je refraigne e que je dente
          002

refrain
   3068   Si dente ton cuer e refrain.
          001

refraindre
   3245   Qu'il ne se deigne encor refraindre,
          001

refraint
   3216   Par sofrir felon e refraint."
          001

refraiz
   733   Ne plus bel ses refraiz n'assist.
          001

refu
   235   Après refu portraite Envie,
   826   Chauciez refu par grant maistrise
   1354   Refu pueplez toz li jardins,
          003

refuse
   1466   Que l'en refuse si vilment.
          001

refuser
   1758   Mais ne pooie refuser
          001

refusez
   3314   Ne refusez pas sa requeste;
          001

refusoies
   2668   E se tu l'autre refusoies,
          001

regardai
   778   Regardai iluec jusqu'a tant
          001

regardant
   2343   E tot adès en regardant
          001

regardast
   281   Ele ne regardast neient
          001

regarde
   2345   Qui ce qu'il aime plus regarde,
   3906   E ceste folement regarde,
          002

regarder
   117   A regarder le leu plaisant.
   285   Regarder rien de plain en plain,
   796   A regarder lores me pris
   1515   Que dedenz n'osai regarder,
   2341   E saches que dou regarder
   2717   Li tierz biens vient de regarder,
   3330   Qui regarder ne le deigniez.
          007

regardoit
   288   Quant aucuns qu'ele regardoit
   907   Icil bachelers regardoit
          002

regart
   2220   Car cil qui a por un regart,
          001

regarz
    2486   Car miauz vaut de li uns regarz
                                    001

reiaume
    483   Qu'en tot le reiaume de France.
                                    001

reine (SUBST.)
    440   Qui lor toudra Deu e son reine.
    752   Plus beles notes qu'en nul reine.
                                    002

reine (V.)
    3606   Car Luxure reine par tot;
                                    001

reïne
    1244   D'estre empereriz ou reïne.
                                    001

religion
    3431   Qu'el n'est pas de religion.
                                    001

reluisant
    118   De l'eve clere e reluisant
    529   Front reluisant, sorciz voutiz.
    853   S'ot le chief blont e reluisant.
                                    003

reluisoient
    2982   Con deus estoiles reluisoient;
                                    001

remaigne
    2572   Garde bien que tes cuers remaigne,
    3066   Qui ne fait tant qu'ele remaigne.
                                    002

remaindre
    1802   Lez la haie m'estut remaindre
    2821   Don je me poi si pres remaindre
    3404   A poine puet atant remaindre;
                                    003

remaint
    4013   Se li cors en prison remaint,
                                    001

remanoient
    1291   Les queroles ja remanoient,
                                    001

remembrance
    138   Si com moi vient en remembrance.
    2433   Lors te vendra en remembrance
    3102   Tant qu'il me vint en remembrance
                                    003

remembrer
    2226   Ce que t'ai dit, por remembrer,
                                    001

remenant
    1566   Pueent veoir le remenant;
    3408   Si a erres dou remenant."
                                    002

remenoir
    2168   Ne l'i laisse pas remenoir.
    2943   N'osai iluec plus remenoir,
                                    002

remés
    2519   Savoir s'il est remés desclos,
    2952   E je remés essaboïz,
    3099   Je remés d'ire e de duel pleins,
                                    003

remese
    209   Come s'el fust as chiens remese;
    1865   Mais la saiete est enz remese,
                                    002

remest
    1719   Ainz remest enz, encor l'i sens,
    1748   Mais la saiete remest enz.
    3800   Ou païs ne remest maçon
                                    003

remirai
    135   Dou mur volentiers remirai.
    1539   Qu'a grant entente remirai;
                                    002

remire
    2353   Li feus si est ce qu'il remire
                                    001

remirer
    1289   E remirer ces biaus loriers,
    1604   A la fontaine remirer,
                                    002

remordre
    700   Que nus n'i sache que remordre.
                                    001

remuanz
    815   Remuanz fu e preuz e vistes:
                                    001

remue
    2288   Qui ne se crole ne remue,
                                    001

remuer
    774   Remuer tant con je veïsse
    1771   Grant piece i jui senz remuer.
                                    002

rendi
    1860   Par les plaies, si me rendi
                                    001

rendis
    3058   Quant au deu d'Amors te rendis;
                                    001

rendoient
    1066   Qui mout rendoient grant clarté.
                                    001

rendra
    3509   Qui le guerredon m'en rendra
                                    001

rendrai
    1899   "Sire, volentiers me rendrai,
                                    001

rendras
    1887   Quant plus volentiers te rendras,
                                    001

rendre
    1443   Qu'il li covint a rendre l'ame;

205

rendre (CONT.)
    1886 Ne fai pas dangier de toi rendre:
    2107 Ainz te garnis dou salu rendre
             003

rendue
    422   Tot ausi con fame rendue.
    1730 Il m'eüst rendue la vie.
    2256 Est tost rendue e aquitee;
             003

renomez
    2092 Fu mal renomez e haïz.
             001

renon
    1180 Encore est il de tel renon
    1945 E seignor de si haut renon,
    2172 Ou a ceus de mauvais renon,
             003

renovele
    1828 La grant dolor me renovele
             001

rent
    1896 Mais rent toi pris, que je le vueil,
    1925 E par tel covent me rent gié."
    2809 Si vous rent graces e merites
    2818 Qui miaudre odor des autres rent,
             004

rente
    2141 Moine toi bel, selonc ta rente,
             001

repairier
    1672 Je n'oi talent de repairier,
             001

repairiez
    2541 Gar que tu soies repairiez
             001

repens
    2953 Honteus e maz, si me repens
    3597 De ma folie me repens;
             002

repentance
    2234 Que nuit e jor, senz repentance,
             001

repente
    1843 A nul amant qu'il se repente
             001

repentir
    1634 Mais peor oi dou repentir,
    3268 Que il s'en puisse repentir;
             002

replenist
    1670 Toute la place replenist.
    2454 El me paist tot e replenist
             002

repondre
    3554 Ançois se fust alez repondre,
             001

reponoit
    228   Une borse qu'el reponoit,
             001

repos
    362   Senz repos prendre e senz sejor,
    2506 E de repos petit prendras,
             002

repose
    2496 Quant l'en ne dort ne ne repose.
             001

reposer
    2530 Si qu'el sache que reposer
             001

reposte
    1568 Tant soit reposte ne enclose,
             001

repoz
    2826 Près d'ilueques repoz estoit:
             001

reprendre
    2079 Que tu guerpisses senz reprendre,
             001

repris
    1116 Il cuidast bien estre repris
             001

reprovier
    3701 Ce oï dire en reprovier,
             001

requeroiz
    3138 Je lo que vos li requeroiz
             001

requerre
    3289 Por ce, Dangiers, vos vueil requerre
             001

requerroie
    3391 Je le vos requerroie en dons.
             001

requeste
    2857 E li preta, a sa requeste,
    3194 "Ta requeste rien ne me grieve,
    3203 Ensi m'otreia ma requeste,
    3314 Ne refusez pas sa requeste;
             004

requier
    3171 Or vos requier que vos aiez
             001

requis
    1959 Il m'a lores requis ostages:
             001

requise
    3384 Une chose li ai requise
             001

requist
    1458 Ele pria Deu e requist
    2853 Lors requist a Raison sa fille.
             002

rese
    1866 Qui ot esté de novel rese.
             001

206

resembla
   874   Ne resembla mie garçon;
  3428   Qu'el resembla deesse ou fee;
         002

resemblables
   971   Furent e toutes resemblables.
         001

resemble
  3960   Je resemble le païsant
         001

resemblent
   998   Resemblent petites chandoiles.
         001

resembloit
   418   Mout la resembloit bien l'image,
   812   Il resembloit une pointure,
   840   El resembloit rose novele
  2984   Bien resembloit haute persone.
         004

reseras
  2416   Lors reseras en grant martire.
         001

respit
  1456   Qu'ele fu morte senz respit.
         001

respitié
  3250   N'i ot onques plus respitié:
         001

resplendissoit
  1106   Que Richece en resplendissoit
         001

respoente
  1782   Mais li archiers me respoente,
         001

respondi
  1898   E je respondi simplement:
  3074   Je respondi irieement:
         002

respondre
   581   Ne de respondre desdeigneuse:
  3409   Quant je l'oï ensi respondre,
  3553   Bel Acueil ne sot que respondre;
         003

respondu
  1929   Don tu as respondu issi.
         001

respons
  1237   De biaus respons e de biaus diz;
         001

response
  1930   Onques tel response n'issi
         001

respont
  1995   Respont Amors, "Je m'i acors:
  2023   Amors respont: "Or ne t'esmaie;
  2051   Amors respont: "Tu dis mout bien.
  2595   Li deus d'Amors lors me respont
  3285   Pitiez respont: "C'est veritez
         005

retarder
  3600   Jamais ne m'en quier retarder."
         001

retenir
  2055   Ne met son cuer au retenir
  2228   A retenir quant ele est brieve:
  3831   E por aus prendre e retenir
         003

retien
  2052   Or les entent e les retien.
         001

retor
  2949   E dit se jamais i retor
  3544   Car je n'i voi autre retor.
         002

retorne
   376   N'il n'en retorne arriere goute;
         001

retorner
   374   Ainz vait toz jorz senz retorner,
  2573   E pense dou tost retorner.
         002

retornes
  2323   Si covendra que tu retornes,
         001

retornez
  3222   Sui retornez, que mout me tarde
         001

retornoit
   391   Ainz retornoit ja en enfance;
         001

retraioit
  3520   Bien en retraioit a sa mere.
         001

retraire
   239   Aucun grant domage retraire.
   308   N'el ne se vosist pas retraire
  1414   Car je ne porroie retraire
  2087   Or te garde bien de retraire
  3166   Don je ne puis mon cuer retraire;
         005

retrait
  3513   E tot le mal qu'il set retrait,
         001

retraite
   340   Qui estoit bien un pié retraite
  3036   L'a il ja en cent leus retraite.
  4032   Qu'onques par moi ne fu retraite
         003

reüser
  1757   Si m'en venist miauz reüser,
         001

reveignent
  2386   S'en reveignent par la entor.
         001

revendrai
   985   Or revendrai a ma parole:
         001

revendras
   2291 A chief de piece revendras
             001

revendront
   3789 Or revendront plor e sospir,
             001

revenir
   1831 Au revenir plaing e sospire,
   2293 Au revenir en esfreor,
   2538 Au revenir la porte baise;
             003

revenist
   2453 Voudroie qu'ele revenist:
             001

reverdie
    708 Me mist ou cuer grant reverdie;
             001

reverse
   3990 Reverse a un tor en la boe.
             001

revi
    157 Avoit non revi devers destre,
             001

riant
   1260 Jonece au vis cler e riant,
             001

rianz
   1196 Iauz vairs, rianz, sorciz voutiz;
   2655 Les iauz rianz, le nés traitiz,
             002

ribaudiaus
    177 Les larrons e les ribaudiaus;
             001

ribaudies
   2110 Ces orz moz ne ces ribaudies;
             001

ricalice
   1342 Clos de girofle e ricalice,
             001

riche
    558 Si ot d'un riche tresoer
    564 Cote ot d'un riche vert de Ganz,
    584 Riche fame sui e poissanz.
   1056 Qu'il n'ot si bele ne si riche
   1067 Richece ot un mout riche ceint
   1075 Ele vausist a un riche ome
   1212 N'ot si riche jusqu'a Arraz;
   2223 Doit bien, après si riche don,
   2479 Mout avroie riche deserte
   3846 Il n'ot si riche en tot le monde,
             010

richece
   2157 E se tu n'es de la richece
             001

Richece
   1017 Delez Biauté se tint Richece,
   1028 Portoient a Richece enor;
   1053 Richece ot d'une porpre robe,
   1067 Richece ot un mout riche ceint
   1087 Richece ot sus ses treces sores
   1106 Que Richece en resplendissoit
   1109 Richece tint par mi la main
   1120 De Richece e la bienvoillance
             008

richement
    559 Son chief trecié mout richement.
    822 Fu ses cors richement vestuz.
   1063 Mout richement la chevegaille.
   3819 Qui sont richement batailliees,
             004

riches (ADJ.)
    133 A maintes riches escritures.
    480 Onc mais ne fu nus leus si riches
   1025 Que riches genz ont grant poissance
   1065 De riches pierres grant plenté,
   3503 E li chastiaus riches e forz,
             005

riches (SUBST.)
   1147 L'amor des povres e des riches.
             001

rie
   3903 "Il n'est nule qui ne se rie
             001

rien
     28 Mais en cel songe onques rien n'ot
     49 Ou tens ou toute rien s'esgaie,
     85 Que toute rien d'amer s'esfroie,
    231 Ançois qu'ele en peüst rien traire;
    240 Nule rien ne li puet tant plaire
    285 Regarder rien de plain en plain,
    303 Onques rien nee en tel martire
    307 Faire rien qui li peüst plaire;
    573 De nule rien, fors solement
    586 Car a nule rien je n'entens
    931 Onc n'i ot rien qui d'or ne fust,
   1021 Osast rien par faiz ne par diz,
   1072 De nul venin rien ne doutoit
   1131 Si n'avoit tel joie de rien
   1201 A nului rien qu'el ne deüst;
   1445 L'avoit amé plus que rien nee,
   1657 Nul des autres rien ne prisai,
   1776 Por rien que je peüsse faire.
   1814 Jamais n'iert rien qui tant me plaise
   1894 Que tu ne puez rien gaaignier
   1922 Je ne m'en puis de rien doloir;
   1983 Ne puet il rien faire por moi,
   1991 E sor tot ce, se rien dotez,
   2050 Que je n'i vueil de rien mesprendre."
   2216 Onques on rien d'amer ne sot
   2304 Adès i pens e rien n'en voi :
   2308 Je ne pris rien quanque il voient.
   2414 Quant tu avras rien oblié
   2749 Car li cuers de rien ne se diaut
   2791 En cui n'i ot rien que blasmer:
   2803 Se de rien vos i puis aidier
   2906 De nule rien n'ai plus envie."
   3143 Ne feroiz rien qui li desplaise;
   3144 C'est une rien qui mout l'apaise,
   3168 A rien don vos aiez pesance;
   3170 Que faire rien qui vos desplaise.
   3176 Que ja de rien n'i mesprendrai,
   3194 "Ta requeste rien ne me grieve,
   3262 Qu'il ait de rien vers vos mespris.
   3298 Car c'est la rien qu'il plus covoite.
   3316 Qui por nos deus ne viaut rien faire."
   3346 Ne se fu de rien empiriez,
   4056 Jamais n'iert rien qui me confort
             043

riens
   237   N'onques por riens ne s'esjoï
   296   Si n'i feïst riens Avarice
  3909   Male Bouche, qui riens n'esperne,
            003

rimeier
    31   Or vueil cel songe rimeier,
            001

rioient
   847   Qu'il rioient toz jorz avant
            001

riote
  3560   Por la riote qui m'enuie.
            001

ris
  2221   Ou por un ris douz e serin,
  2662   Quant d'un ris ou d'un bel semblant
            002

rist
   236   Qui ne rist onques en sa vie,
            001

rit
  2180   Ou l'en jeue e rit e envoise.
  3985   Une eure rit, autre eure est morne;
            002

rivage
   128   Tot le rivage costeiant.
            001

rives
  1391   Entor les ruissiaus e les rives
            001

riviere
   104   Vers une riviere m'adrece
   107   Plus bel que sus cele riviere.
            002

robe
    60   Qu'el viaut avoir novele robe;
    61   Si set si cointe robe faire
    65   C'est la robe que je devise,
   218   Bien avoit sa robe dis anz,
   222   Se cele robe point usast;
   225   De robe nueve e grant disete
   316   N'el n'avoit pas sa robe chiere:
   444   Tant seüst bien sa robe vendre,
   823   Mout fu la robe desguisiee,
   863   De quoi ses amis avoit robe,
   876   Mais de sa robe devisier
   878   Qu'il n'avoit pas robe de soie,
   879   Ainz avoit robe de floretes,
   884   Fu la robe de toutes parz
  1053   Richece ot d'une porpre robe,
  1163   Largece ot robe toute fresche
  1217   Car nule robe n'est si bele
  2142   E de robe e de chaucemente:
  2143   Bele robe e bel garnement
  2145   E si doiz ta robe baillier
  3433   De sa robe e de son oré,
            021

rober
   181   Rober, tolir e bareter,
            001

roche
  3809   Ainz est fondez sor roche dure.
  3842   La pierre est de roche naïve
            002

roe
  3986   Ele a une roe qui torne,
  3989   E celui qui est sor la roe
            002

roges
  2923   S'ot les iauz roges come feus,
            001

roi
    10   Qui avint au roi Scipion.
  1177   Le bon roi Artu de Bretaigne;
            002

roide
   109   Descendoit l'eve grant e roide.
            001

roidor
  1695   La saiete par grant roidor.
            001

roietiaus
   648   De roietiaus e de tortoles,
            001

roïlle (SUBST.)
  3734   E fu pleins d'ire e de roïlle
            001

roïlle (V.)
  3733   Fronce le nés, les iauz roïlle,
            001

roïlliee
   149   Hisdeuse estoit e roïlliee;
            001

rois
   384   Qui vieillist rois e empereres
  1060   Estoires de dus e de rois.
  1182   E devant rois e devant contes.
            003

roisiaus
  1440   Cui Amors tint en ses roisiaus,
            001

romanz
    35   Coment je vueil que li romanz
  1599   Parlé en romanz e en livre;
  2060   Bien les devise cist romanz.
  2062   Que li romanz des or amende;
  2607   Conter en romanz ne en livre;
            005

Romanz de la Rose
    37   Ce est li Romanz de la Rose,
            001

Rome
  1076   Miauz que trestoz li ors de Rome.
            001

ronce
   843   A une petitete ronce.
            001

ronces
    1678 Orties e ronces crochues
    1799 Chardons e ronces, qu'onques n'oi
    2814 Par ronces e par aiglentiers,
          003

roncin
    1118 Se en s'estable eüst roncin.
          001

roonde
    3845 La tor si fu toute roonde;
    3912 A garnie la tor roonde,
          002

rose
     840 El resembloit rose novele
    2865 Que nus bouton ne rose emport.
    2969 Quant de la rose me sovient,
    3238 Passer por aler a la rose,
    3357 Si con j'oi la rose apressiee,
    3361 La rose auques s'eslargissoit
    3366 Entre les fueilles de la rose,
    3370 Por la rose qui estoit pleine.
    3389 De la rose qui soef flaire,
    3479 Ai pris de la rose erraument.
    3493 Puis que j'oi la rose baisiee.
    3681 De garder rose ne bouton
    3771 De la rose que je soloie
    3778 La douce savor de la rose;
    3782 Mar touchai la rose a mon vis
    3944 Li emblent rose ne bouton:
    3997 Est toute en lui e en la rose,
          017

Rose
      37 Ce est li Romanz de la Rose,
      44 Qu'el doit estre Rose clamee.
          002

rosee
      56 Por la rosee qui la mueille,
     999 Tendre ot la char come rosee;
          002

roses
     555 Un chapel de roses tot frois
     830 De roses, qui mout li sist bel.
     894 Fueilles de roses granz e lees.
     896 De roses; mais rossignolet,
    1616 Choisi rosiers chargiez de roses,
    1627 L'odor des roses savoree
    1637 Des roses i ot granz monciaus,
    1645 Les roses overtes e lees
    2162 Ou de roses a Pentecoste,
    2786 Que les roses vosisse embler.
    2799 Pour l'odor des roses sentir;
    2832 Qu'il voit as roses la main tendre.
    2847 E des roses e des boutons,
    2852 Boutons e roses tot ensemble;
    3029 Qui les roses defent e garde
    3200 Loing de mes roses toutesvoies.
    3611 Clore les rosiers e les roses;
    3622 Vienent mes roses espier.
    3852 Ou il a roses a plenté.
          019

rosete
    1755 Toz jorz d'aler vers la rosete,
          001

rosier
    1797 Vers le rosier ou mes cuers tent;
    2779 Li rosier d'une haie furent
    2873 Au rosier qui l'avoit chargié;
    2913 De son rosier; n'est pas droiture
    2918 Dou rosier qui l'a aporté
    3851 Sont li rosier espès planté,
    3945 Trop sont li rosier clos forment;
          007

rosiers
    1616 Choisi rosiers chargiez de roses,
    1625 Vers les rosiers tantost me trais;
    1803 Qui estoit as rosiers joignanz,
    2828 E garde de toz les rosiers.
    2859 E, por les rosiers miauz garnir,
    2863 Or sont as rosiers garder quatre,
    2927 Entor ces rosiers cest vassaut?
    3611 Clore les rosiers e les roses;
    3625 Qui les rosiers clorra entor.
    3803 Entor les rosiers uns fossez,
          010

rossigniaus
      74 Li rossigniaus lores s'esforce
     645 En un leu avoit rossigniaus,
     900 De papegauz, de rossigniaus,
          003

rossignolet
     896 De roses; mais rossignolet,
          001

rossignolez
     609 A chanter les rossignolez,
          001

rot
     940 Rot non, ce m'est avis, Simplece.
    3879 Peor rot grant conestablie,
          002

rotruenges
     749 Si chantoit li uns rotruenges,
          001

rubiz
    1097 Rubiz i ot, saphirs, jagonces,
          001

rue
    2379 De rechief encore en la rue
          001

ruer
     756 Qui ne finoient de ruer
          001

rues
    2102 E quant tu iras par les rues,
          001

ruissiaus
    1387 Par petiz ruissiaus, que Deduiz
    1391 Entor les ruissiaus e les rives
          002

s (ADJ.)
     277 Sa proece au moins e s'enor
     829 Li ot s'amie fait chapel
     831 E savez vos qui iert s'amie?
     835 De s'amor li dona l'otroi.
    1118 Se en s'estable eüst roncin.
    1185 Ou il ot faite por s'amie
    1203 Qui fust destroiz por s'amitié,
    1250 E de s'amie bien amez.
    1278 Con s'amie e d'autel corage.

s	(ADJ.)	(CONT.)		2593	Coment on, s'il estoit de fer,
	1448	S'amor, ou ele se morroit.		2598	Nus n'a bien s'il ne le compere;
	1999	Lors a de s'aumosniere traite		2778	S'Amors ne s'en entremetoit.
	2354	S'amie qui le fait defrire;		2788	S'outre la haie passeroie,
	2531	Ne puez en lit por s'amitié:		2962	S'il n'a amé, qu'est grant angoisse.
	2664	Que fait li a s'amie chiere.		3009	S'Oiseuse ne t'eüst conduit
	2705	Se s'amie est pucele ou non,		3046	S'il est clers, il pert son aprendre.
	2991	A sa semblance e a s'image,		3161	Mout me poise s'il peüst estre
	3006	S'acointance est trop perilleuse.		3253	Aidier, s'eus pueent, volentiers,
	3731	Lors leva li vilains s'aumuce,		3263	S'Amors le fait par force amer,
		018		3276	S'Amors le tient pris en ses giez
				3306	Mestier de pis, s'il vos pleüst.
s	(SO)			3345	S'il ot esté vers moi iriez,
	223	Car s'el fust usee e mauvaise,		3390	E, s'il ne vos devoit desplaire,
	273	E s'il iere si bien apris		3457	S'ele faisoit de lui dangier.
	433	S'avoit la color pale e morte.		3489	S'il m'en sovient, que je ne soie
	538	S'ot ou menton une fossete.		3555	S'el ne l'eüst iluec trové
	585	S'ai d'une chose mout bon tens,		3572	S'il a Bel Acueil encusé,
	721	S'avoit si beles genz o soi		3668	S'ele le cuilloit en haïne."
	853	S'ot le chief blont e reluisant.		3730	S'onques Jalosie conui."
	857	S'ot un chapel d'orfrois tot nuef.		3759	S'il trovera sentier ne trace
	893	S'i ot par leus entremellees		3784	S'Amors ne suefre que j'i touche
	956	S'en doit estre sa dolor mendre.		3832	S'il osoient avant venir.
	1003	S'estoit graillete e alignee.		3884	S'el n'est fermee a serreüre;
	1059	S'i ot portraites a orfrois		3904	S'ele ot parler de lecherie;
	1064	E s'i ot, ce sachiez senz faille,		3958	Que s'onques ne l'eüsse eüe.
	1143	S'ensi fust qu'aucuns la haïst,		4000	S'Amors viaut ja que je guerisse,
	1165	S'ot le vis bel e bien formé,		4010	E s'el vos chastie defors,
	1197	S'ot les cheveus blondez e lons;			055
	1325	S'ot autant de lonc con de large.			
	1376	S'i ot grant plenté d'escuriaus,	s	(PRON.)	
	1397	Por les fontaines, s'i venoit		49	Ou tens ou toute rien s'esgaie,
	1405	S'i ot flors blanches e vermeilles,		55	La terre meïsmes s'orgueille
	1639	S'i ot boutons petiz e clos,		74	Li rossigniaus lores s'esforce
	1684	S'iert arestez lez un fier;		76	Lors se deduit e lors s'envoise
	1789	S'esteüst il que j'i alasse;		85	Que toute rien d'amer s'esfroie,
	1810	S'en avoie tel guerredon		101	Qui de chanter mout s'angoissoient,
	1867	S'en i ot cinc bien encrotees,		237	N'onques por riens ne s'esjoï
	2758	S'avras Douz Penser, senz doutance,		361	Li Tens qui s'en vait nuit e jor,
	2923	S'ot les iauz roges come feus,		365	Qu'il s'arest adès en un point,
	2925	E s'escrie con forsenez		366	E il ne s'i areste point,
	3211	S'il iere pris en bone voine,		375	Con l'eve qui s'avale toute,
	3813	S'en est l'uevre plus fort assez.		411	Quant nus ne s'en puet prendre garde,
	3829	S'i a bones portes colanz,		486	Toz li monz s'en doit esjoïr.
		031		568	Quant ele s'estoit bien pignee,
				720	Deduiz ilueques s'esbatoit;
s	(IF)			728	S'estoient pris a la querole,
	209	Come s'el fust as chiens remese;		768	Près a près, si s'entrejetoient
	238	S'ele ne vit ou s'el n'oï		770	Qu'eus s'entrebaisassent ou vis.
	238	S'ele ne vit ou s'el n'oï		838	Bien s'entravenoient andui,
	269	Je cuit que s'ele conoissoit		1103	L'en s'en veoit bien au besoing
	347	E blanche con s'el fust florie		1224	Uns bachelers juenes s'estoit
	349	S'ele morist, ne granz pechiez,		1266	Car juene chose ne s'esmaie
	443	N'eüst pas, s'el se deüst pendre,		1292	Car tuit li plusor s'en aloient
	504	S'il i avoit pertuis ne voie		1389	S'en aloit l'eve aval, faisant
	787	A la querole, s'il vos plaist."		1453	Quant ele s'oï escondire,
	1126	Con s'el les puisast en greniers.		1485	E cil maintenant s'esbaï,
	1202	E s'ele un ome coneüst		1643	S'aprestent d'espaneïr.
	1208	S'el ne li aidast, el crainsist		1668	L'odor de lui entor s'espant:
	1227	Mais biaus iert e genz s'il fust ores		1762	Mais li archiers, qui mout s'esforce
	1565	E s'il se tornent, maintenant		1859	Mais li oignemenz s'espandi
	1570	Con s'ele iert es cristaus portraite.		2352	E il s'en vait plus apressant.
	1982	E si pris que, s'il bien voloit,		2372	Avant qu'ele s'en fust alee.
	2064	S'il est qui le sache conter,		2386	S'en reveignent par la entor.
	2105	E s'aucuns avant te salue		2435	A cui nule ne s'apareille.
	2167	S'en tes ongles pert point de noir,		2646	Ce ou Esperance s'acorde.
	2171	Ce n'apartient s'as dames non,		2675	Ot parler toz s'en esbaudist;
	2201	E s'as armes es acesmez,		2736	Ainz vuelent que li cuers s'esjoie,
	2383	Volentiers, s'achoison avoies.		2778	S'Amors ne s'en entremetoit.
	2391	S'il avient chose que tu trueves		2907	Lors s'est Bel Acueil esfreez,
	2440	Ausi con s'el fust devenue		2921	De la ou il s'estoit muciez
	2500	Car, s'il fust jorz, je me levasse.		2938	Qui de vos servir s'angoissoit;
	2519	Savoir s'il est remés desclos,		2951	Lors s'en est Bel Acueil foïz,
	2526	S'il se sont laienz endormi;		2963	Amors vers moi mout bien s'aquite

s (PRON.) (CONT.)
- 3005 Fos est qui s'acointe d'Oiseuse:
- 3017 L'en ne s'en doit pas merveillier.
- 3055 Car je voi que maint s'en travaillent
- 3096 Atant Raison s'est departie,
- 3205 A Ami, qui s'en esjoï,
- 3268 Que il s'en puisse repentir;
- 3270 Ne s'en porroit il pas garder.
- 3312 Puis que Franchise s'i acorde
- 3361 La rose auques s'eslargissoit
- 3545 Trop s'est de toi Honte esloigniee
- 3546 E si ne s'est pas bien poigniee
- 3561 Honte s'est lores avant traite,
- 3644 E Jalosie atant s'en part:
- 3663 Si covendra qu'il s'en ament,
- 3680 Fos est qui en vos s'asseüre
- 3732 Frote ses iauz, si s'esberuce,
- 3735 Quant il s'oï si mal mener.
- 3755 Lors s'est Dangiers en piez dreciez,
  - 061

sa
- 154 Son non desus sa teste lui :
- 218 Bien avoit sa robe dis anz,
- 227 Avarice en sa main tenoit
- 236 Qui ne rist onques en sa vie,
- 249 Par son sen e par sa proece,
- 261 Sa malice trop laidement;
- 277 Sa proece au moins e s'enor
- 293 Mais bien paroit a sa color
- 315 D'esgratiner toute sa chiere;
- 316 N'el n'avoit pas sa robe chiere:
- 344 Mout estoit sa biauté gastee,
- 346 Toute sa teste estoit chenue
- 419 Qui faite fu a sa semblance;
- 423 En sa main un sautier tenoit,
- 444 Tant seüst bien sa robe vendre,
- 450 C'estoit sa cote e ses mantiaus;
- 557 En sa main tint un miroer;
- 570 Ele avoit faite sa jornee.
- 867 Amoretes a sa devise.
- 876 Mais de sa robe devisier
- 924 Il en tint cinc en sa main destre;
- 956 S'en doit estre sa dolor mendre.
- 1031 Chascuns sa dame la clamoit,
- 1034 A sa cort ot maint losengier,
- 1081 Trestot le jor de sa veüe
- 1154 Don il face sa volenté.
- 1394 Ausi i peüst l'en sa drue
- 1449 Mais cil fu, por sa grant biauté,
- 1484 Son vis, son nés e sa bouchete,
- 1506 Son querredon e sa merite.
- 1573 Mira sa face e ses iauz vairs,
- 1611 Queus sa force iert e sa vertuz,
- 1611 Queus sa force iert e sa vertuz,
- 1957 Don sa bouche baisa la moie:
- 1997 Qui a le cuer en sa comande.
- 2011 Ensi fis sa volenté toute;.
- 2053 Li maistres pert sa poine toute
- 2094 Par sa cortoisie ot de pris,
- 2382 Mout iroies en sa maison
- 2620 Il espoire sa guerison.
- 2678 En sa chançon, un cortois mot:
- 2695 De sa biauté, de sa semblance
- 2695 De sa biauté, de sa semblance
- 2696 E de sa simple contenance,
- 2853 Lors requist a Raison sa fille.
- 2856 Vost Raison faire sa priere
- 2857 E li preta, a sa requeste,
- 2914 Que l'en l'oste de sa nature.
- 2974 Qui de sa tor aval esgarde;
- 2976 Lors est de sa tor devalee,
- 2991 A sa semblance e a s'image,
- 3139 Qu'il vos pardoint sa malvoillance
- 3157 En sa main un baston d'espine.
- 3227 Mais je redot tant sa menace
- 3233 Que sa merci trop me demeure.
- 3314 Ne refusez pas sa requeste;
- 3335 E de faire sa volenté.
- 3425 En sa main destre, don la flame
- 3433 De sa robe e de son oré,
- 3462 E sa bouche n'est pas vilaine,
- 3520 Bien en retraioit a sa mere.
- 3585 Qui est sa mere, li enseigne
- 3648 Parole a Honte sa cosine:
- 3721 E a chacié par sa menace
- 3757 En sa main a un baston pris
- 3795 Sa langue desleial e fausse
- 3878 Prez de faire sa volenté.
- 3930 En jonece eü bien sa part.
- 3961 Qui giete en terre sa semence,
  - 069

sac
- 448 Qu'el n'avoit qu'un viez sac estroit,
  - 001

sachant
- 677 Ne furent pas ne non sachant;
  - 001

sache
- 700 Que nus n'i sache que remordre.
- 2064 S'il est qui le sache conter,
- 2146 A tel qui sache bien taillier,
- 2208 Que il sache de vieler,
- 2530 Si qu'el sache que reposer
- 3636 Mais, se je vif, sache il de voir
- 3664 Ou sache il bien veraiement
- 3839 Por engin qui sache getier,
  - 008

saches
- 2296 Car bien saches qu'ensi le font
- 2341 E saches que dou regarder
- 2549 Car bien saches qu'amors ne laisse
- 2711 Saches que c'est mout plaisant chose
- 3196 Saches je n'ai vers toi point d'ire,
  - 005

sachiee
- 1718 Qu'el n'en pot estre hors sachiee,
  - 001

sachiez
- 221 Car sachiez que mout li pesast
- 251 Car sachiez que mout la covient
- 260 Mais sachiez bien qu'ele compere
- 323 Si sachiez bien veriteument
- 334 Sachiez de voir qu'il n'a talent
- 424 Si sachiez que mout se penoit;
- 431 Si sachiez qu'el n'iere pas grasse,
- 503 Si sachiez que je ne savoie
- 615 Les plus beles genz,ce sachiez,
- 635 E sachiez que je cuidai estre
- 665 E bien sachiez, quant je l'oï,
- 678 Si sachiez, quant j'oï le chant
- 791 Mais sachiez que mout m'agrea
- 1064 E s'i ot, ce sachiez senz faille,
- 1365 Mais li arbre, ce sachiez, furent
- 1626 E sachiez bien, quant je fui près,
- 1749 Or sachiez bien de verité
- 1917 E sachiez que n'en ai point d'ire.
- 1956 E sachiez que mout me fis cointes
- 2838 E sachiez que, qui a droit conte
- 2898 Lors li ai dit: "Sachiez, biaus sire,
- 2989 Sachiez, se la lettre ne ment,
- 3260 Sachiez que vos avilenez,

sachiez (CONT.)
3336 Sachiez que nos avons denté
3386 "Sire," fis je, "sachiez de voir
3405 E sachiez bien cui l'en otroie
3437 Mais bien sachiez certainement
3472 Tant, ce sachiez, de tens perdroiz."
3589 Ce sachiez, n'autre encloeüre,
3769 E bien sachiez que tuit li membre
3779 E sachiez, quant il me sovient
3892 E si sachiez qu'as autres trois
3913 E si sachiez qu'ele i a mis
         033

sade
1015 Sade, plaisant, aperte e cointe,
3487 Qui est si sade e bien olanz.
         002

sage (ADJ.)
396   Ele avoit esté sage e entre,
398   Mais je cuit qu'el n'iere mais sage,
1236 Mais sage e entre, senz outrage,
2469 Je ne me tieng mie por sage
2687 Un compaignon sage e celant
3876 El fu mout sage, e si vos di
         006

sage (SUBST.)
1175 Largece la vaillant, la sage,
2357 Ce sevent tuit sage e musart :
2793 Fiz fu Cortoisie la sage.
2840 El fu fille Raison la sage,
         004

sages
1140 Ele ot les sages e les fos
         001

sai
772   Ne vos en sai que devisier,
849   Je ne vos sai dou nés que dire:
1226 Ne sai coment iert apelez;
1242 Je ne sai fame plus plaisant.
1386 Mais n'en sai pas dire le nombre.
1906 Bien sai que je nou puis muer,
1978 Ne sai por quoi vos demandez
2033 Car je sai bien par quel poison
2473 Ne sai coment dire l'osai:
2890 Mais ne sai coment je la die,
3614 Car je voi bien e sai de fi
4044 Quant je sai que losengeor
4047 Ha! Bel Acueil, je sai de voir
4052 Je ne sai or coment il vait,
         014

saiete
945   En cele ot mout pesant saiete;
1424 Por laissier aler la saiete.
1695 La saiete par grant roidor.
1707 Mais la saiete qui m'ot point
1715 Mais la saiete barbelee,
1744 La saiete, qui n'en istra
1748 Mais la saiete remest enz.
1775 Mais la saiete n'en poi traire
1825 Compaignie ot non la saiete;
1865 Mais la saiete est enz remese,
         010

saietes
934   De saietes d'or barbelees.
1311 Si li bailla, e cinc saietes,
         002

saillir
2196 Ne fai pas de saillir dangier;
3887 Ou el voit saillir deus langoutes,
         002

saine
735   Qu'ele avoit la voiz clere e saine.
2203 Se tu as la voiz clere e saine,
         002

saines
673   Qui, por lor voiz qu'eles ont saines
         001

sainte
415   E semble sainte creature,
         001

saintes
426   E d'apeler e sainz e saintes.
         001

saintuaire
2536 Por l'amor dou haut saintuaire
2727 Le saintuaire precieus
         002

sainz
426   E d'apeler e sainz e saintes.
         001

saisie
3938 Se fu de Bel Acueil saisie,
         001

saison
97   En icele saison novele.
1334 Qui charjoient en la saison
1642 Qui se traient a lor saison
         003

saive
1580 Cil miroers, car li plus saive,
         001

sale
198   Laide estoit e sale e folee
         001

salu
2107 Ainz te garnis dou salu rendre
2375 Fors solement un bel salu,
         002

salua
3344 Me salua mout doucement;
         001

salue
2105 E s'aucuns avant te salue,
         001

saluer
2104 De saluer les genz premiers;
2393 Araisoner ne saluer,
         002

samit
820   D'un samit portrait a oisiaus,
861   D'un samit qui iert toz dorez
         002

sanc
1706 Grant fais de sanc avoir vuidié;

sanc (CONT.)
1708 Ne traist onques sanc de moi point,
      002

sans
1720 E si n'en issi onques sans.
2395 Si te fremira toz li sans;
      002

santé
 955 Car il puet tost santé atendre,
1910 J'atent par vos joie e santé,
3022 Je ne voi mie ta santé
4002 Enor ne bien, santé ne joie!
      004

saouler
2338 A tes iauz saouler e paistre.
      001

saphirs
1097 Rubiz i ot, saphirs, jagonces,
      001

sapins
1360 Esrables, hauz sapins e chesnes.
      001

sarmoné
2266 Si con je t'ai ci sarmoné,
3192 En la fin, tant l'ai sarmoné,
      002

sarmoner
3097 Qui voit bien que por sarmoner
      001

sarradinesche
1164 D'une porpre sarradinesche.
      001

Sarradins
 592 Qui de la terre as Sarradins
      001

sausse
3796 M'a porchaciee ceste sausse.
      001

saut (JUMP)
2920 Atant saut Dangiers li vilains
      001

saut (SAVE)
2928 Vos faites mal, si Deus me saut,
      001

sautier
 423 En sa main un sautier tenoit;
      001

sauvage
4007 Que Jalosie la sauvage
      001

sauz
1882 Amors vers moi les sauz menuz.
      001

savez
 406 Bien savez que c'est lor nature.
 831 E savez vos qui iert s'amie?
1267 Fors de joer, bien le savez.
1980 Ja savez vos de verité

3414 Vous savez bien qu'au premier cop
3446 Car vos savez bien e veez
4027 Car, se devient, vos me savez
      007

savoie
 503 Si sachiez que je ne savoie
2047 Mais espoir, se je nes savoie,
2776 Ançois savoie bien de voir
3108 Un compaignon que je savoie
      004

savoient
 755 Qui mout savoient bien joer,
 771 Bien se savoient debrisier.
      002

savoir
1464 Si porroit savoir e entendre
1511 Quant li escriz m'ot fait savoir
2519 Savoir s'il est remés desclos,
      003

savoit
 737 Ainz se savoit bien debrisier,
1137 Toz ses biens, qu'ele ne savoit
2683 Cele de Douz Parler savoit
3642 Por ce qu'el la savoit en ire.
      004

savor
3778 La douce savor de la rose;
3786 Se j'ai la savor essaiee,
      002

savoré
3478 Un baisier douz e savoré
      001

savoree
 535 Douce aleine ot e savoree,
1627 L'odor des roses savoree
2658 Don l'aleine est si savoree;
      003

savoreus
2724 Delitables e savoreus;
      001

savorez
 911 Don li fruiz est mal savorez.
      001

savra
1510 Deus le vos savra bien merir.
      001

savrai
 691 Dès ore, si con je savrai,
      001

savras
2547 Bien le savras par toi meïsmes:
      001

savroit
1092 Qui vos savroit toutes les pierres
3950 Qui savroit quel vie je moine,
      002

savroiz
3164 Si con vos savroiz comander.
      001

savront
　　1966　Mais il savront come il m'en poise:
　　　　　001

Scipion
　　　10　Qui avint au roi Scipion.
　　　　　001

se　(CONJ.)
　　　　2　N'a se fables non e mençonges;
　　　34　E se nus ne nule demande
　　 220　Se viaut mout a tart enhastir;
　　 222　Se cele robe point usast;
　　 446　Se li tens fust un poi divers,
　　 490　Se li passages fust delivres,
　　 523　Se j'orroie venir nule arme.
　　 604　Se vient en cest leu ombreier
　　 626　Ne m'iert pas, se je puis, emblee
　　 794　Car de queroler, se j'osasse,
　　 818　Se petiz peus folages non;
　　1118　Se en s'estable eüst roncin.
　　1207　Que, se nus por li mal traisist,
　　1316　Se il fait tant que a moi traie!
　　1327　Se n'est aucuns arbres hisdeus,
　　1509　Car, se vos les laissiez morir,
　　1610　Se j'eüsse avant coneü
　　1630　Se assailliz ou mesamez
　　1653　Se chapel en peüsse avoir,
　　1674　Se j'i osasse la main tendre;
　　1729　Se je l'eüsse en ma baillie,
　　1750　Que, se j'avoie avant esté
　　1786　Se je veïsse iluec plovoir
　　1863　Se li douz oignemenz ne fust:
　　1909　Se n'est par vostre volenté.
　　1912　Se vostre main, qui m'a navré,
　　1914　E se de moi vostre prison
　　1921　Car, se je faz vostre voloir,
　　1967　Se je les puis a mon droit prendre,
　　1975　Pechiez seroit se tu trichoies,
　　1984　Se ce n'estoit par vostre otroi.
　　1991　E sor tot ce, se rien dotez,
　　2021　Se li servises n'atalente
　　2027　Se mauvaistié ne le te tost;
　　2035　Se tu te tiens en leiauté,
　　2039　Se tu de bon cuer serviras,
　　2047　Mais espoir, se je nes savoie,
　　2080　Se tu ne viaus vers moi mesprendre.
　　2117　E se tu oz nul mesdisant
　　2120　Fai, se tu puez, chose qui plaise
　　2157　E se tu n'es de la richece
　　2189　Se tu sez nul bel deduit faire,
　　2195　Se tu te senz viste e legier,
　　2197　E se tu es bien a cheval,
　　2199　E se tu sez lances brisier,
　　2203　Se tu as la voiz clere e saine,
　　2205　De chanter, se l'en t'en semont,
　　2218　Se nus se viaut d'amors pener,
　　2251　Car se tu l'avoies preté,
　　2307　Se mi ueil mon cuer ne convoient,
　　2333　Se tu verras par aventure
　　2335　E se tu te puez tant pener
　　2374　Car se tu n'en peüsses traire
　　2398　E se tant te puez avancier
　　2405　Se teus n'est que de guile serve;
　　2462　Se je moroie es braz m'amie.
　　2465　Mais se tant fait Amors que j'aie
　　2477　Mais se, senz plus, d'un seul baisier
　　2507　Se j'onques mal d'amer conui;
　　2523　E se tu trueves fendeüre
　　2527　E se la bele, senz plus, veille
　　2534　Tel mal por li, se mout n'est dure.
　　2570　E se tu as si grant besoigne
　　2579　Or le fai donques, se tu viaus
　　2668　E se tu l'autre refusoies,

　　2701　Se cil qui tant iert tes amis
　　2705　Se s'amie est pucele ou non,
　　2784　Se je n'en crainsisse avoir blasme;
　　2797　"Biaus amis chiers, se il vos plaist,
　　2803　Se de rien vos i puis aidier,
　　2867　Se par aus ne fusse agaitiez,
　　2887　Joie se n'est par une chose,
　　2903　Se le bouton ne me bailliez
　　2912　Se le bouton avoie osté
　　2949　E dit se jamais i retor
　　2989　Sachiez, se la lettre ne ment,
　　3011　Se tu as folement ovré,
　　3042　Ou il n'a se folie non.
　　3047　E se il fait autre mestier,
　　3121　Se jamais por nule achoison
　　3132　Se vos l'avez felon trové,
　　3150　Se Dangier porroie apaier.
　　3182　Ferai se ce me consentez;
　　3197　E se tu aimes, moi que chaut?
　　3202　Se tu passes jamais la haie."
　　3226　Se je li tieng bien son covent;
　　3334　Se de m'amor volez joïr,
　　3393　Se il vos plaist que je la baise,
　　3396　Se Chasteé ne m'enhaïst,
　　3459　Se le baisier li otreiez;
　　3470　Donez lui, se vos m'en creez,
　　3480　Se j'oi joie nus nou demant,
　　3595　Se j'ai esté un poi trop lente
　　3605　N'est merveille se je me dot,
　　3618　Se je ne m'en prenoie garde.
　　3636　Mais, se je vif, sache il de voir
　　3696　Que vos faciez se enui non.
　　3697　Se Bel Acueil est frans e douz,
　　3717　Se l'ire Jalosie engraigne,
　　3739　Se cest porpris ne puis garder.
　　3741　Se jamais on vivanz i entre.
　　3750　Se j'i puis nului entreprendre,
　　3786　Se j'ai la savor essaiee,
　　4004　Se vos estes en prison mis,
　　4013　Se li cors en prison remaint,
　　4017　Se Jalosie est vers vos dure
　　4023　Se vos ensi le faisiez,
　　4027　Car, se devient, vos me savez
　　4051　E, se devient, si ont il fait.
　　4057　Se je pert vostre bienvoillance,
　　　　　110

se　(PRON.)
　　　51　Qui en mai parer ne se vueille
　　　66　Por quoi la terre miauz se prise.
　　　67　Li oisel, qui se sont teü
　　　76　Lors se deduit e lors s'envoise
　　 308　N'el ne se vosist pas retraire
　　 327　Qu'el se derompoit e batoit
　　 336　Nus ne se porroit amoler,
　　 342　A poine qu'el se pooit paistre,
　　 363　E qui de nos se part e emble
　　 390　El ne se pooit nais aidier,
　　 424　Si sachiez que mout se penoit;
　　 443　N'eüst pas, s'el se deüst pendre,
　　 455　Se cropoit e atapissoit;
　　 611　Il se jeue iluec e solace
　　 660　En lor bel chanter se delitent.
　　 737　Ainz se savoit bien debrisier,
　　 771　Bien se savoient debrisier.
　　 865　A li se tint de l'autre part
　　 989　Li deus d'Amors se fu bien pris;
　　 991　Se fu de mout près ajostez.
　　1017　Delez Biauté se tint Richece,
　　1113　Maintenir mout se delitoit,
　　1114　Il se chauçoit bien e vestoit;
　　1127　Après se fu Largece prise,
　　1191　Après toz ceus se tint Franchise,
　　1229　Après se tenoit Cortoisie,

215

se   (PRON.)   (CONT.)
   1245   A li se tint uns chevaliers
   1252   Qui se tint de moi assez près.
   1259   Après se tint, mien escient,
   1298   De meillor bien se soferroit,
   1329   Ou vergier, ou plus, se devient.
   1423   Que la beste en bon leu se mete
   1438   Se mori li biaus Narcisus.
   1448   S'amor, ou ele se morroit.
   1471   Se vint soz le pin ombreier,
   1482   Se mist lors por boivre dedenz,
   1489   Lors se sot bien Amors vengier
   1565   E s'il se tornent, maintenant
   1575   Qui en cel miroer se mire
   1584   Ici se changent li corage,
   1587   Ci ne se set conseillier nus;
   1642   Qui se traient a lor saison
   1763   De moi grever e mout se poine,
   1843   A nul amant qu'il se repente
   2019   Mais sergenz en vain se travaille
   2119   Blasme le e di qu'il se taise.
   2133   Mais qui d'amors se viaut pener,
   2134   Il se doit cointement mener:
   2187   Or est destroiz, or se demente,
   2210   Par ce se puet mout avancier.
   2218   Se nus se viaut d'amors pener,
   2219   D'avarice très bien se gart,
   2231   Cointes se teigne e envoisiez,
   2288   Qui ne se crole ne remue,
   2309   Doivent se il ci arester?
   2355   Quant il se tient de li plus près,
   2516   Qui se sera bien endormie
   2526   S'il se sont laienz endormi;
   2614   Ne se muert mie por la poine:
   2616   E se cuide veoir delivre
   2749   Car li cuers de rien ne se diaut
   2767   Que il se fu esvanoïz,
   2792   Bel Acueil se faisoit clamer,
   2864   Qui se lairont avant bien batre
   2869   Bel Acueil se poine de faire
   3015   Bel foloie qui se chastie;
   3135   Il se set bien amoleier
   3225   Danqiers se prent garde sovent
   3245   Qu'il ne se deigne encor refraindre,
   3283   Mout a dur cuer qui ne se ploie
   3346   Ne se fu de rien empiriez,
   3356   Qui de mon gré faire se poine.
   3367   Qui amont droites se levoient
   3440   Venus se trait vers Bel Acueil,
   3496   Amors se rechange sovent,
   3514   Se prist garde dou bel atrait
   3516   E tant que il ne se pot taire,
   3529   Qui se leva en esfreor
   3531   E quant ele se fu levee,
   3554   Ançois se fust alez repondre,
   3562   Qui se crient mout estre forfaite;
   3586   Que d'acointier genz ne se feigne,
   3643   En sus se trait a une part;
   3669   A cel conseil se sont tenues,
   3903   "Il n'est nule qui ne se rie
   3905   Ceste est pute, ceste se farde,
   3924   Qu'il ne se moine folement.
   3931   Bel Acueil se taist e escoute,
   3933   E n'est si hardiz qu'il se mueve,
   3938   Se fu de Bel Acueil saisie,
   3940   Don se prist a asseürer.
                    091

seant
   1777   En mon seant lores m'assis,
                    001

seanz
   2147   Qui face bien seanz les pointes

seanz   (CONT.)
                    001

sec
   54   Qui sont sec tant come ivers dure;
                    001

sechiez
   350   Car toz ses cors estoit sechiez
                    001

secorcié
   148   Le vis, e le nés secorcié;
                    001

secors
   2673   E a maintes dames secors,
   3421   Chasteé, me vint au secors:
                    002

secort
   3548   Si m'est avis qu'ele secort
                    001

secoru
   3423   Qui a secoru maint amant.
                    001

secueure
   2639   Qu'el ne te secueure au besoing.
   3281   Cortoisie est que l'en secueure
                    002

segonde
   1737   Simplece ot non, c'est la segonde,
                    001

segré
   2713   Son conseil dire e son segré.
                    001

seiez
   622   Ja de ce ne seiez douteuse,
   3125   Ainz me dist: "Compainz, or seiez
   3698   E vos seiez fel e estouz,
                    003

seignor
   1228   Fiz au seignor de Guindesores.
   1636   Peser au seignor dou vergier.
   1945   E seignor de si haut renon,
   2022   Au seignor cui l'en le presente."
                    004

seignorie
   1152   Ne seignorie ne grant terre,
   2993   Qu'ele a pooir e seignorie
                    002

seignors
   870   E si fait des seignors sergenz,
                    001

Seine
   112   Si estoit poi mendre de Seine,
                    001

sejor
   362   Senz repos prendre e senz sejor,
   1815   Come estre ilueques a sejor:
                    002

sejorne
   2502   Ne sejorne ne ne t'areste;

sejorne (CONT.)
 001

sejorné
 2492 Trop ai en cest lit sejorné;
 001

sejorner
 373 Li Tens qui ne puet sejorner,
 2574 Tu ne doiz guieres sejorner;
 002

sel (SE LE)
 370 Sel demandez as clers lisanz;
 001

sel (SI LE)
 757 Le timbre en haut, sel recuilloient
 001

selonc
 2141 Moine toi bel, selonc ta rente,
 001

sema
 1589 Sema ici d'Amors la graine,
 001

sembla
 141 Sembla bien estre moverresse;
 160 Bien sembla male creature,
 161 E sembla bien estre outrageuse
 922 Qui ne sembla pas estre garz,
 004

semblance
 137 De ces images la semblance,
 419 Qui faite fu a sa semblance;
 2434 E la façon e la semblance
 2695 De sa biauté, de sa semblance
 2991 A sa semblance e a s'image,
 005

semblances
 798 Les semblances e les manieres
 988 E les façons e les semblances.
 1285 Quant j'oi veües les semblances
 003

semblant
 144 Estoit par semblant cele image;
 428 Ainz fu par semblant ententive
 2575 Fai semblant qu'a veoir te tarde
 2662 Quant d'un ris ou d'un bel semblant
 2985 A son semblant e a son vis
 3156 Fel par semblant e corrocié,
 3347 Ainz me montra plus bel semblant
 3637 Mar lor fist onques bel semblant."
 3756 Semblant fait d'estre corrociez.
 3984 En poi d'eure son semblant mue:
 010

semble
 364 Si celeement qu'il nos semble
 415 E semble sainte creature,
 1976 Qu'il me semble que leiaus soies."
 3463 Ainz semble estre faite a estuire
 004

sembler
 2785 Mais assez tost peüst sembler
 001

sembloient
 724 Estre venu, car il sembloient
 001

sembloit
 146 Ainz sembloit fame forsenee.
 165 Qu'el sembloit bien chose vilaine;
 166 Bien sembloit estre d'afiz pleine
 202 Qu'el sembloit estre enlangoree;
 203 Chose sembloit morte de fain,
 295 E sembloit avoir la jaunice,
 305 Come il sembloit que ele eüst;
 313 Mout sembloit bien estre dolente,
 408 Qui sembloit bien estre ypocrite;
 432 Ainz sembloit de jeüner lasse,
 638 Qu'il sembloit estre esperitables;
 670 Qu'il ne sembloit pas chant d'oisiaus,
 902 Il sembloit que ce fust uns anges
 013

semee
 1595 Por la graine qui fu semee
 001

semence
 3961 Qui giete en terre sa semence,
 001

semoigne
 3402 A nul amant qui m'en semoigne,
 001

semondre
 3410 Je nou vos plus de ce semondre,
 001

semont
 176 C'est cele qui semont d'embler
 1780 E me semont que je me traie
 2205 De chanter, se l'en t'en semont,
 2871 Sovent me semont d'aprochier
 004

sen
 249 Par son sen e par sa proece,
 393 Ce cuit je, ne force ne sen,
 510 Qu'onques en nul sen ce n'avint
 888 Qui furent par grant sen assises.
 1501 En nule fin ne en nul sen,
 1502 Il perdi d'ire tot le sen,
 1704 E j'oi mon sen e ma raison,
 007

senefiance
 16 Que songes est senefiance
 981 Contee e la senefiance,
 2072 Dou songe la senefiance:
 003

senefioit
 1222 Senefioit que douce e franche
 001

seneschal
 2090 A Keu le seneschal te mire,
 001

senestre (ADJ.)
 3882 A main senestre, devers bise.
 001

senestre (ADV.)
 153 A senestre avoit delez lui;
 1417 Mais j'alai tant destre e senestre

senestre (ADV.) (CONT.)
002

sens (SUBST.)
 919 Dames i ot de toz sens pointes,
1585 Ci n'a mestier sens ne mesure,
2277 En plusors sens seras destroiz,
2390 Qu'il est granz sens de soi celer.
2396 Parole te faudra e sens
3537 Sens, que bien fusses d'un garçon
006

sens (V.)
1719 Ainz remest enz, encor l'i sens,
001

sent
2351 Quant il le feu de plus près sent,
001

sente
 715 Par une petitete sente,
1844 D'Amors servir, por mal qu'il sente.
002

sentent
2183 Amant sentent le mal d'amer
001

senti
1671 E quant jou senti si flairier,
1875 J'ai bien senti e coneü
2010 Qu'a grant poine senti la clef.
2880 E quant je me senti acointes
3473 Bel Acueil, qui senti l'aier
005

sentie
1698 Sentie puis mainte friçon.
001

sentier
3759 S'il trovera sentier ne trace
001

sentir
1633 En ma main, por l'odor sentir;
2799 Pour l'odor des roses sentir;
002

sentoie
1806 Si près que dou bouton sentoie
3113 Don je me sentoie encloé,
002

senz (PREP.)
 360 De quatre toises senz potence.
 362 Senz repos prendre e senz sejor,
 362 Senz repos prendre e senz sejor,
 374 Ainz vait toz jorz senz retorner,
 607 Encore orendroit est senz doute
 631 Lors entrai, senz plus dire mot,
 695 Senz longue fable vos vueil dire;
 788 Senz demorance e senz arest
 788 Senz demorance e senz arest
 844 Le front ot blanc, poli, senz fronce,
 968 Noviaus Pensers fu senz doutance
 977 As autres cinc orent senz doute;
1064 E s'i ot, ce sachiez senz faille,
1236 Mais sage e entre, senz outrage,
1253 De cele vos ai je senz faille
1307 Son arc doré; senz plus atendre
1384 Senz barbelotes e senz raines,
1384 Senz barbelotes e senz raines,
1456 Qu'ele fu morte senz respit.
1520 Senz peor de mauvais eür,
1557 E i voit l'en senz coverture
1560 Que li cristal, senz decevoir,
1731 Li veoirs senz plus e l'olors
1741 Il traist a moi, senz menacier,
1747 Le fust a moi senz grant contenz,
1764 Ne m'i lait pas aler senz poine;
1771 Grant piece i jui senz remuer.
1941 Senz faille il i a poine e fais
2079 Que tu guerpisses senz reprendre,
2085 Vilains est fel e senz pitié,
2086 Senz servise e senz amitié.
2086 Senz servise e senz amitié.
2108 Senz demorer e senz atendre.
2108 Senz demorer e senz atendre.
2136 Ne vaut neient senz cointerie.
2160 Que tu porras senz toi destruire:
2230 Cortois e senz orgueil doit estre;
2234 Que nuit e jor, senz repentance,
2236 Toz jorz i pense senz cesser,
2243 Mais toz entiers, senz tricherie,
2289 Senz piez, senz mains, senz doiz croler
2289 Senz piez, senz mains, senz doiz croler
2290 Senz iauz movoir e senz parler.
2290 Senz iauz movoir e senz parler.
2324 Senz plus faire, pensis e mornes.
2368 Ainz as esté senz mot soner
2407 Si come il vuelent, senz peor;
2412 Senz dire mot de vilanie.
2477 Mais se, senz plus, d'un seul baisier
2527 E se la bele, senz plus, veille,
2753 Car je t'ai conté, senz mentir,
2758 S'avras Douz Penser, senz doutance,
2798 Passez la haie senz arest
2806 Je le vos di tot senz feintise."
2930 Dehé ait, senz vos solement,
3165 Senz faille Amors le me fist faire,
3474 Dou brandon, senz plus delaier,
3577 Senz faille, ce n'est pas menconge,
3592 Senz faille, j'ai esté trop mole
3790 Longues pensees senz dormir,
061

senz (V.)
2195 Se tu te senz viste e legier,
001

seoit
 115 Cele eve qui si bien seoit;
 116 Si m'abelissoit e seoit
1170 Mais ce ne li seoit pas mal
003

sera
 460 Qu'il ne sera ja bien peüz,
2074 Vos sera lores toute aperte
2423 Quant ce vendra qu'il sera nuiz,
2437 Tel foiz sera qu'il t'iert avis
2491 Deus! Quant sera il ajorné?
2516 Qui se sera bien endormie
3208 Encor vos sera debonaire
3623 Il ne me sera ja parece
3883 Peor n'i sera ja seüre,
009

serai
2316 Jamais a aise ne serai
3488 Je ne serai ja si dolenz,
3748 Jamais ne serai pareceus
003

seras
- 2034   Tu seras traiz a guerison.
- 2202   Par ce seras dis tanz amez.
- 2277   En plusors sens seras destroiz,
- 2286   E une grant piece seras
- 2325   Lores seras a grant meschief
- 2402   Tant seras vers li vergondeus.
       006

sereines
- 672   A chant de sereines de mer,
- 674   E series, ont non sereines.
       002

serf
- 2115   Toutes fames serf e eneure,
       001

sergenz
- 870   E si fait des seignors sergenz,
- 2019   Mais sergenz en vain se travaille
- 3873   A trente sergenz tot a conte.
- 3877   Qu'ele ot sergenz a grant plenté,
- 3929   Qu'Amors a ses sergenz depart
       005

serie
- 124   Clere e serie e bele estoit
       001

series
- 674   E series, ont non sereines.
       001

serin
- 70   Sont en mai, por le tens serin,
- 2221   Ou por un ris douz e serin,
       002

seroie
- 1363   Que mout en seroie encombrez
       001

seroient
- 372   Seroient ja troi tens passé.
- 3822   Qui seroient forz a abatre;
       002

seroies
- 2670   Tu seroies mout dangereus.
       001

seroit
- 1091   Mais cil seroit bons devisierres
- 1975   Pechiez seroit se tu trichoies,
- 3321   Que trop seroit grant vilanie.
       003

seroiz
- 3728   Mais vos en seroiz mal bailliz,
       001

seront
- 1868   Qui jamais n'en seront ostees.
- 2467   Bien seront mi mal acheté.
- 2902   Ja les dolors n'en seront traites
       003

serré
- 516   Tant que un uisset bien serré
       001

serreüre
- 2524   Ne fenestre ne serreüre,
- 3884   S'el n'est fermee a serreüre;
       002

sert
- 2932   Qui felon sert itant en a.
- 3447   Qu'il sert e aime en leiauté,
       002

servage
- 4008   Mete vostre cuer en servage
       001

serve
- 2405   Se teus n'est que de guile serve;
       001

serventois
- 704   Chantoient en lor serventois,
       001

servi
- 686   Qu'Oiseuse m'avoit bien servi,
- 2823   Bel Acueil m'ot mout bien servi
       002

servir
- 1029   Tuit beoient a li servir
- 1844   D'Amors servir, por mal qu'il sente.
- 1942   En moi servir, mais je te fais
- 1951   A li servir e enorer,
- 2116   En eus servir poine e labeure;
- 2130   A servir ne a soupleier:
- 2938   Qui de vos servir s'angoissoit;
       007

serviras
- 2039   Se tu de bon cuer serviras,
       001

servise
- 661   Trop par faisoient bel servise
- 701   Grant servise douz e plaisant
- 1145   Son ami par son grant servise;
- 1920   Cuer e cors en vostre servise,
- 2015   Mais mon servise recevez
- 2018   Car point ne dot vostre servise,
- 2020   De faire servise qui vaille,
- 2025   Ton servise prendrai en gré
- 2086   Senz servise e senz amitié.
- 2578   Amanz doit faire mon servise:
- 2805   Car prez sui de vostre servise:
- 2812   E, quant vos plaist, vostre servise
- 3383   Ne son solaz ne son servise,
- 3707   Ne faire bonté ne servise?
       014

servises
- 2021   Se li servises n'atalente
       001

servoit
- 693   Primes de quoi Deduiz servoit,
       001

ses
- 265   Ses felons cuers si la detrenche
- 328   E ses poinz ensemble hurtoit.
- 350   Car toz ses cors estoit sechiez
- 352   Mout estoit ja ses vis flestiz,
- 450   C'estoit sa cote e ses mantiaus;
- 561   Ot andeus cousues ses manches
- 562   E, por garder que ses mains blanches
- 612   O ses genz, que plus bele place
- 624   Est orendroit avuec ses genz

219

ses (CONT.)
  688 Bien deüsse estre ses amis,
  733 Ne plus bel ses refraiz n'assist.
  822 Fu ses cors richement vestuz.
  862 Fu ses cors vestuz e parez,
  863 De quoi ses amis avoit robe,
  954 Ses maus si est bien empleiez,
 1087 Richece ot sus ses treces sores
 1111 Qui fu ses amis veriteus.
 1124 E ses despenses maintenir;
 1137 Toz ses biens, qu'ele ne savoit
 1268 Ses amis fu de li privez
 1440 Cui Amors tint en ses roisiaus,
 1479 Que li pins de ses rains covroit,
 1486 Car ses ombres si le traï
 1544 Ses rais en la fontaine giete
 1573 Mira sa face e ses iauz vairs,
 1577 Que tel chose a ses iauz ne voie,
 1591 E fist ses laz environ tendre,
 1592 E ses engins i mist, por prendre
 1854 Amors l'avoit fait a ses mains,
 1955 Atant devin ses on mains jointes.
 2059 Mot a mot ses comandemenz:
 2186 Or est li amanz en ses jeus,
 2562 T'amie e toz ses bienvoillanz
 2674 Car chascuns qui de ses amors
 2722 Que ses solaz trop ne te tart,
 2737 E font ses maus rassoagier,
 2742 Que li cuers oblit ses dolors
 2841 E ses peres ot non Mesfaiz.
 3276 S'Amors le tient pris en ses giez
 3300 Mais ore est ses enuiz doblez;
 3377 E tot adès estreint ses laz
 3458 Ses cors ne fait pas a changier
 3476 Tant fist Venus e ses brandons;
 3504 Qu'Amors prist puis par ses esforz.
 3607 Ses pooirs ne fine de croistre.
 3732 Frote ses iauz, si s'esberuce,
 3896 E atempre ses chalumiaus
 3897 E ses buisines e ses corz:
 3897 E ses buisines e ses corz:
 3914 Des plus privez de ses amis
 3929 Qu'Amors a ses sergenz depart
 3941 Ses chastiaus, qu'ele vit si fort,
       052

set (ADJ.)
  834 Qui, des qu'el n'avoit que set anz,
       001

set (V.)
   61 Si set si cointe robe faire
  192 Covoitise ne set entendre
 1587 Ci ne se set conseillier nus;
 2193 Ce qu'il set qui miauz li avient,
 2329 Qui ne le set si le demant
 2625 Les maus don nus ne set le conte,
 2870 Quanqu'il set qui me doie plaire.
 3135 Il se set bien amoleier
 3513 E tot le mal qu'il set retrait,
 3936 Qu'el set toute la vieille dance.
 3952 Amors me set ore bien vendre
       011

seü
 1420 E li deus d'Amors m'a seü,
       001

seue
 1233 La seue merci, m'apela
 3256 Seue merci, dame Franchise,
       002

seul
  442 Povreté, qui un seul denier
 2241 En un seul leu tot ton cuer mis,
 2303 Mon cuer seul por quoi i envoi ?
 2477 Mais se, senz plus, d'un seul baisier
 2735 Que seul ne sevent avoir joie,
       005

seule
 1214 Qu'il n'i ot une seule pointe
       001

seure (ADJ.)
  268 D'aucun blasme metre as genz seure;
       001

seure (ADV.)
 3677 Qui le laidenge e li cort seure:
       001

seüre
 3883 Peor n'i sera ja seüre,
       001

seürs
 3126 Seürs e ne vos esmaiez;
       001

seürté
 1979 Pleges de moi ne seürté:
       001

seus
   99 M'en vois lors toz seus esbatant,
  507 N'iert iluec, car j'estoie seus.
 1302 Si m'en alai seus esbatant
 2274 A une part iras toz seus:
 2521 Toz seus, a la pluie e au vent;
 2833 Ne fu mie seus li gaignons,
       006

seüsse
  474 Je l'en seüsse mout bon gré;
       001

seüst
  167 E fame qui petit seüst
  306 Je cuit que nus ne li seüst
  444 Tant seüst bien sa robe vendre
 2987 Car Nature ne seüst pas
       004

sevent
 2357 Ce sevent tuit sage e musart :
 2735 Que seul ne sevent avoir joie,
       002

sez
 2189 Se tu sez nul bel deduit faire,
 2199 E se tu sez lances brisier,
 2756 Or sez qui te fera confort,
       003

si (ADJ.)
  319 Si chevel tuit destrecié furent,
       001

si (CONJ.)
    6 Si en puis bien traire a garant
   24 Une nuit, si con je soloie,
   26 Si vi un songe en mon dormant
   30 Si con li songes recensoit.
   59 Lors devient la terre si gobe
   61 Si set si cointe robe faire

si (CONJ.)   (CONT.)

61	Si set si cointe robe faire	927	Si furent toutes a or pointes;
71	Si lié qu'il montrent en chantant	954	Ses maus si est bien empleiez,
93	Si pris l'aguille a enfiler.	964	Cele si fu de felonie
112	Si estoit poi mendre de Seine,	1011	Si m'aïst Deus, quant il me membre
115	Cele eve qui si bien seoit;	1013	Qu'il n'ot si bele fame ou monde.
116	Si m'abelissoit e seoit	1056	Qu'il n'ot si bele ne si riche
120	Si vi tot covert e pavé	1056	Qu'il n'ot si bele ne si riche
130	Si vi un vergier grant e lé,	1057	Ou monde ne si envoisiee.
136	Si vos conterai e dirai	1079	E si avoit un tel eür
138	Si com moi vient en remembrance.	1085	Si estoient gros e pesant:
145	Si n'estoit pas bien atornee,	1089	Ne fu veüz si biaus, ce cuit.
150	E si estoit entortilliee	1101	E la pierre si clere estoit
178	Si est granz pechiez e granz diaus,	1115	Si avoit les chevaus de pris.
190	Si fu droiz, que toz jorz enrage	1131	Si n'avoit tel joie de rien
229	E la nooit si durement	1134	N'iert pas si a prendre ententive
262	Qu'ele est en si très grant torment	1144	Si cuit je que ele en feïst
265	Ses felons cuers si la detrenche	1156	Si n'ait mie chier son avoir;
272	Si le voudroit ele blasmer;	1173	Si que par outre la chemise
273	E s'il iere si bien apris	1194	E si n'ot pas nés orlenois,
276	Si voudroit ele apetisier	1205	Qu'ele ot le cuer si piteable
283	Si avoit un mauvais usage,	1206	E si douz e si amiable
296	Si n'i feïst riens Avarice	1206	E si douz e si amiable
304	Ne fu mais ne n'ot si grant ire	1212	N'ot si riche jusqu'a Arraz;
323	Si sachiez bien veriteument	1213	E si fu si cuillie e jointe
356	E toutes les denz si perdues	1213	E si fu si cuillie e jointe
364	Si celeement qu'il nos semble	1217	Car nule robe n'est si bele
389	Si durement qu'au mien cuidier	1257	Me fist si grant qu'ele m'ovri
401	Mout bien, si con je me recors,	1262	Si con je cuit, doze anz d'assez.
414	Si a le vis simple e piteus,	1263	Nicete fu, si ne pensoit
421	E si fu chauciee e vestue	1277	Si estoit bien d'autel aage
424	Si sachiez que mout se penoit;	1302	Si m'en alai seus esbatant
430	E si avoit vestu la haire.	1311	Si li bailla, e cinc saietes,
431	Si sachiez qu'el n'iere pas grasse,	1338	E si ot ou vergier planté
464	Car, si come j'ai devisé,	1340	Si trovast, qu'en eüst mestier,
468	Si en estoit clos e barrez,	1366	Si loing a loing come estre durent:
476	Ne vit mais on, si con je cuit,	1371	Furent si espès par deseure
480	Onc mais ne fu nus leus si riches	1430	E si estoit si hauz creüz
488	Si durement, quant je l'oï,	1430	E si estoit si hauz creüz
503	Si sachiez que je ne savoie	1435	Si ot dedenz la pierre escrites,
511	Qu'en si bel vergier n'eüst uis,	1446	E fu por lui si mal menee
541	Si n'i ot bube ne malan:	1451	Si ne la li vost otreier,
558	Si ot d'un riche treçoer	1454	Si en ot tel duel e tel ire
578	E si li demandai coment	1455	E le tint a si grant despit
598	E si fist au dehors portraire	1460	Qu'ele ot trové d'amor si lasche,
602	Si con vos orendroit veïstes.	1464	Si porroit savoir e entendre
617	Si sont li compaignon Deduit,	1466	Que l'en refuse si vilment.
639	Car, si come lors m'iert avis,	1483	Si vit en l'eve clere e nete
641	Si bon estre come il faisoit	1486	Car ses ombres si le traï
647	Si ravoit aillors granz escoles	1495	Si en fu morz a la parclose:
667	Qu'onc mais si douce melodie	1499	E qu'il estoit si pris par fort
678	Si sachiez, quant j'oï le chant	1504	Ensi si ot de la meschine,
681	Si n'avoie esté encore onques	1524	Quant je fui près, si m'abaissai,
682	Si gais con je devin adonques.	1529	En tot le monde n'ot si bele.
691	Dès ore, si con je savrai,	1549	Si sont li cristal merveilleus
721	S'avoit si beles genz o soi	1567	Si n'i a si petite chose,
723	Don si très beles genz pooient	1567	Si n'i a si petite chose,
726	Si beles genz ne vit on nez.	1619	E lors m'en prist si grant envie
736	E si n'estoit mie vilaine,	1641	Si en i a d'autre moison,
749	Si chantoit li uns rotruenges,	1650	Onques si bel nul leu ne crurent;
768	Près a près, si s'entrejetoient	1656	Un si très bel qu'envers celui
790	Si ne fui pas trop entrepris;	1660	Qui est si vermeille e si fine
800	Si vos dirai quel il estoient.	1660	Qui est si vermeille e si fine
817	Si n'avoit barbe ne grenon,	1667	Si qu'il ne cline ne ne pent.
824	Si iert en maint leu encisiee,	1671	E quant jou senti si flairier,
846	Les iauz gais e si envoisiez	1705	Je fui mout vains e si cuidiai
860	Chapel si bien ovré de soie.	1717	Fu si dedenz mon cuer fichiee
864	Si en estoit assez plus gobe.	1720	E si n'en issi onques sans.
870	E si fait des seignors sergenz,	1743	Si que par l'ueil ou cuer m'entra
908	Les queroles, e si gardoit	1757	Si m'en venist miauz reüser,
910	Li uns des ars si fu d'un bois	1769	Si me covint cheoir pasmé,
914	E si estoit plus noirs que meure.	1773	Je pris la floiche e si ostai
917	Si fu bien faiz e bien dolez,	1801	Si qu'au bouton peüsse ataindre.
918	E si fu mout bien pipolez.	1806	Si près que dou bouton sentoie
		1823	Si que ou cuer soz la mamele

si (CONJ.)   (CONT.)

1833	Si que je n'ai mais esperance	2824	Quant le bouton de si près vi;
1858	Si m'a ou cuer grant plaie faite;	2827	Dangiers ot non, si fu closiers
1860	Par les plaies, si me rendi	2837	Li miauz vaillanz d'aus si fu Honte;
1871	La plaie si que la dolor	2842	Qui est si hisdeus e si laiz
1878	Si me rassoage l'ointure;	2842	Qui est si hisdeus e si laiz
1883	En ce qu'il vint si m'escria:	2849	Si qu'ele avoit mestier d'aïe,
1893	E si te vueil bien enseignier	2876	Si a cuilli une vert fueille
1932	E si i as tant gaaignié	2881	De Bel Acueil e si privez,
1935	Si me baiseras en la bouche,	2928	Vos faites mal, si Deus me saut,
1943	Enor mout grant, e si doiz estre	2939	Si le beez a conchier.
1944	Mout liez don tu as si bon maistre	2953	Honteus e maz, si me repens
1945	E seignor de si haut renon,	2956	Si voi que livrez est mes cors
1948	Si est de si bone maniere,	2970	Que si esloignier me covient.
1948	Si est de si bone maniere,	2977	Si est tot droit a moi venue.
1949	Si douz, si frans e si gentis.	2983	Si ot ou chief une corone:
1949	Si douz, si frans e si gentis.	3020	Don je te voi si afoibli
1949	Si douz, si frans e si gentis.	3021	E si conquis e tormenté
1970	De toi estre si bien certains,	3031	Si en doiz avoir grant Peor,
1971	E te vueil si a moi lier	3043	Folie, si m'aïst Deus, voire!
1981	Que mon cuer m'avez si toloit	3068	Si dente ton cuer e refrain.
1982	E si pris que, s'il bien voloit,	3083	Amors a si mon cuer denté
1992	Faites i clef, si l'emportez,	3085	Il le jostise si forment
2007	E si a mout grant poesté."	3095	Si m'enuie qui me chastie."
2009	E ferma mon cuer si soef	3112	Si li desclos l'encloeüre
2056	Si qu'il l'en puisse sovenir."	3114	Si come Amors m'avoit loé,
2081	Si maudi e escomenie	3164	Si con vos savroiz comander.
2106	Si n'aies pas ta bouche mue,	3175	Que vers vos si me contendrai
2122	Si qu'eus oient bones noveles	3183	Si ne me poez destorber,
2145	E si doiz ta robe baillier	3191	E si le m'a il pardoné
2151	E gar qu'il soient si chauçant	3195	Si ne te vueil pas escondire.
2158	Quel puisses faire, si t'estrece;	3247	Si con j'estoie en ceste poine,
2207	Si avient bien a bacheler	3257	E dist: "Dangiers, si Deus m'ament,
2223	Doit bien, après si riche don,	3357	Si con j'oi la rose apressiee,
2242	Si qu'il n'i soit mie demis,	3362	Par amont; si m'abelissoit
2254	Si en avras graignor merite,	3363	Ce qu'il n'iere pas si overte
2260	Si le fai debonairement,	3369	Si ne pooit paroir la graine,
2266	Si con je t'ai ci sarmoné,	3395	"Amis," fait il, "si Deus m'aïst,
2280	Onques fievres n'eüs si males,	3408	Si a erres dou remenant."
2298	Don tu es or si esmaiez.	3427	Si fu si cointe e si tifee
2313	Quant de mon cuer sui si lointiens;	3427	Si fu si cointe e si tifee
2314	Si m'aïst Deus, por fol m'en tiens.	3427	Si fu si cointe e si tifee
2323	Si covendra que tu retornes,	3439	E si n'ot point en li d'orgueil.
2329	Qui ne le set si le demant	3441	Si li a comencié a dire:
2334	Ce don tu es en si grant cure;	3443	Vers cel amant si dangereus
2353	Li feus si est ce qu'il remire	3448	Si a en lui assez biauté,
2364	Si te tendras a deceü	3466	E les denz blanches e si netes
2376	Si t'eüst il cent mars valu.	3485	Onques mais ne fui si aaise.
2395	Si te fremira toz li sans;	3487	Qui est si sade e bien olanz
2403	Il n'iert ja nus si apensez	3488	Je ne serai ja si dolenz,
2407	Si come il vuelent, senz peor;	3494	La mer n'iert ja si apaisiee
2436	Si te dirai fiere merveille:	3518	Si ot la langue mout punaise
2485	Si di je que fos e que garz,	3546	E si ne s'est pas bien poigniee
2489	Orendroites, si Deus m'aïst;	3548	Si m'est avis qu'ele secort
2530	Si qu'el sache que reposer	3563	Si fu umeliant e simple,
2535	Si te dirai que tu doiz faire	3594	Si vos en vueil merci crier.
2570	E se tu as si grant besoigne	3629	Je cuit si bien garder son cors
2592	Si m'aïst Deus, mout me merveil	3639	Mais ele fu si esbaïe
2599	Si aime l'en miauz le cheté	3657	Si li montron bien e dison
2658	Don l'aleine est si savoree;	3663	Si covendra qu'il s'en ament,
2659	Si li plaist mout quant il li membre	3671	Si ont trové le païsant
2676	Si me sovient que por ce dist	3692	Levez tost sus, e si bouchiez
2681	Si m'aïst Deus, il m'a guerie	3709	Si avroiz mais par tot le los
2704	Si est raison qu'il te redie	3732	Frote ses iauz, si s'esberuce,
2707	Si n'avras pas peor qu'il muse	3735	Quant il s'oï si mal mener:
2728	De quoi il sont si envieus	3764	Mort m'a qui si l'a fait iraistre,
2734	Il sont si apris e si duit	3802	Si fait faire, au comencement,
2734	Il sont si apris e si duit	3814	Li murs si est si compassez
2768	Si en fui mout essaboïz	3814	Li murs si est si compassez
2774	Si n'avoie en nului fiance	3817	Si est autant lons come lez.
2780	Clos environ si come il durent,	3823	E si i a quatre portauz,
2809	Si vous rent graces e merites	3844	Si est dure come aïmant.
2820	Si vos di que mout m'agrea	3845	La tor si fu toute roonde,
2821	Don je me poi si près remaindre	3846	Il n'ot si riche en tot le monde,
		3850	Si qu'entre le baile e la tor

si (CONJ.)   (CONT.)
    3864 Si que cheval ne pueent pas
    3869 Si m'est avis que Dangiers porte
    3876 El fu mout sage, e si vos di
    3885 E si ne l'uevre pas sovent,
    3888 Si l'en prent il tel eure est soutes.
    3892 E si sachiez qu'as autres trois
    3908 E ceste si a trop parole."
    3913 E si sachiez qu'ele i a mis
    3918 Don li uis est si bien barrez
    3933 E n'est si hardiz qu'il se mueve,
    3941 Ses chastiaus, qu'ele vit si fort,
    3968 Si fait le grain dedenz morir,
    3978 Mais Amors est si corageus
    4030 Si n'est ce pas por mesprison
    4034 Ainz me poise, si Deus m'aïst,
    4040 Qui est si grant e si aperte;
    4040 Qui est si grant e si aperte;
    4041 Si ai peor e desconfort,
    4051 E, se devient, si ont il fait.
    4055 Si en ai duel e desconfort.
                     320

siaut
    2718 C'est Douz Regarz, qui siaut tarder
    3400 Ele me siaut toz jorz defendre
                     002

siens
    434   A li e as siens iert la porte
    1020 Qui a li ne as siens mesfaire
    3081 Le cuer qui est siens trestoz quites?
                     003

siet
    1666 E par desus siet li boutons
    3185 Car j'amerai puis qu'il me siet,
    3808 Qui ne siet pas sor croleïz,
    3893 Vait il e vient quant il li siet,
                     004

signier
    3926 Ne de signier ne de guignier,
                     001

simple
    414   Si a le vis simple e piteus,
    420   Qu'el fu de simple contenance,
    1000 Simple fu come une esposee,
    1198 E fu simple come uns colons.
    2696 E de sa simple contenance.
    2858 Honte, qui est simple e oneste;
    3563 Si fu umeliant e simple,
                     007

Simplece
    940   Rot non, ce m'est avis, Simplece.
    1737 Simplece ot non, c'est la segonde,
                     002

simplement
    1898 E je respondi simplement:
                     001

sire
    1899 "Sire, volentiers me rendrai,
    1977 "Sire," fis je, "or m'entendez:
    2013 "Sire," fis je, "grant talent ai
    2043 "Sire," fis je, "por Deu merci,
    2583 "Sire, en quel guise ne coment
    2807 "Sire," fis je a Bel Acueil,
    2886 "Sire," fis je, "jamais n'avrai
    2898 Lors li ai dit: "Sachiez, biaus sire,
    3159 E le dis: "Sire, je sui ci

    3271 Mais, biaus sire, que vos avance
    3386 "Sire," fis je, "sachiez de voir
    3392 Por Deu, sire, dites moi dons
    3442 "Por quoi vos faites vos, biaus sire,
                     013

sires
    1996 Il est assez sires dou cors
                     001

sis
    1368 Plus de cinc toises ou de sis;
                     001

sist (KNOW)
    734   A chanter merveilles li sist,
                     001

sist (SIT)
    471   Cil vergiers en trop bel leu sist.
    830   De roses, qui mout li sist bel.
                     002

sivent
    605   Deduiz e les genz qui le sivent,
                     001

sivre
    1314 Me prist a sivre, l'arc ou poing.
    1320 E cil pensa bien de moi sivre,
                     002

soatume
    1669 La soatume qui en ist
                     001

soef
    1734 Vers le bouton, qui soef flaire.
    2009 E ferma mon cuer si soef
    3389 De la rose qui soef flaire,
                     003

soés
    353   Qui fu jadis soés e plains;
    544   Poliz iert e soés au tast.
                     002

soferroit
    1298 De meillor bien se soferroit,
                     001

sofert
    1473 Qu'il avoit sofert grant traval
    3579 L'en li a sofert a atraire
    3661 Trop a a Bel Acueil sofert
                     003

soferte
    2480 De la poine que j'ai soferte;
                     001

soferz
    3492 Soferz e maintes males nuiz
                     001

sofrez
    3309 Sofrez que Bel Acueil li face
    4006 E ne sofrez a nes un fuer
                     002

sofrir
    2509 Sofrir en ton lit de veillier,
    2624 Esperance li fait sofrir
    2627 Esperance par sofrir vaint

223

sofrir   (CONT.)
    3169 Je vueil miauz sofrir ma mesaise
    3213 Or devez sofrir e atendre
    3216 Par sofrir felon e refraint."
              006

sofroit
    300   Qu'el sofroit de jorz e de nuiz
              001

soi (PRON.)
    574   De soi atorner noblement.
    613   Ne plus bel leu por soi joer
    618   Qu'il moine avuec soi e conduit."
    721   S'avoit si beles genz o soi
    1006 De soi tifer ne afaitier.
    1071 Car cil qui sor soi la portoit
    1160 Trait a soi le fer soutilment,
    2390 Qu'il est granz sens de soi celer.
    2745 Les tenebres devant soi chace,
              009

soi (V.)
    106   Car ne me soi aler deduire
    520   Qu'autre entree n'i soi querir.
    685   E lores soi je bien e vi
    722   Que, quant je les vi, je ne soi
    1317 Je, qui de ce ne soi neient,
    1723 Ne soi que faire ne que dire
    2766 Son plaisir dit, je ne soi mot
    2771 E soi que querir ne pooie
    3101 Car de moi ne soi chevissance,
              009

soiche
    1709 Ainz fu la plaie toute soiche.
              001

soie (SUBST.)
    860   Chapel si bien ovré de soie.
    878   Qu'il n'avoit pas robe de soie,
    2155 De ganz, d'aumosniere de soie
              003

soie (V.)
    877   Crien durement qu'encombrez soie;
    2457 Deus! Verrai je ja que je soie
    3489 S'il m'en sovient, que je ne soie
              003

soient
    1563 Car toz jorz, quelque part qu'il soient,
    2151 E gar qu'il soient si chauçant
              002

soies
    1976 Qu'il me semble que leiaus soies."
    2099 Soies entres e acointables,
    2103 Gar que tu soies costumiers
    2239 E, por ce que fins amanz soies,
    2541 Gar que tu soies repairiez
    3199 Adès aime, mais que tu soies
              006

soif
    1475 Tant qu'il ot soif, por l'aspreté
              001

soir
    3895 Il monte le soir as creniaus
              001

soit
    12   Que soit folor e musardie

    29   Qui trestot avenu ne soit
    36   Soit apelez que je comenz,
    257   A cui el ne soit anemie;
    270   Le tres plus prodome qui soit
    378   Ne fers ne chose tant soit dure,
    456   Car povre chose, ou qu'ele soit,
    1264 Nul mal ne nul engin qui soit;
    1568 Tant soit reposte ne enclose,
    1569 Don demontrance n'i soit faite,
    1986 Car il covient, soit maus ou biens,
    1993 E la clef soit en leu d'ostages."
    2139 Por quoi il soit d'orgueil vuidiez,
    2140 Qu'il ne soit fos n'outrecuidez.
    2232 E de largece soit proisiez.
    2242 Si qu'il n'i soit mie demis,
    2514 Soit par pluie, soit par gelee,
    2514 Soit par pluie, soit par gelee,
    2542 Ainz que li jorz soit esclairiez.
    2629 Beneoite soit Esperance,
    2995 Por quoi il soit teus qu'il la croie.
    3012 Or fai tant qu'il soit recovré,
    3035 Avant que la chose soit faite
    3186 Cui qu'il soit bel ne cui qu'il griet;
    3417 Tant que li pressoirs soit estroiz.
    3469 Que uns baisiers lui soit greez.
    3495 Qu'el ne soit troble a poi de vent;
    3794 Male Bouche soit maleoiz!
              028

solace
    611   Il se jeue iluec e solace
              001

solacier
    587   Qu'a moi joer e solacier,
    3464 Por solacier e por deduire,
              002

solauz
    1372 Que li solauz en nes une eure
    1543 Quant li solauz, qui tot aguiete,
    2501 Ha! Solauz! Por Deu, car te heste,
              003

solaz
    606   Qui en joie e en solaz vivent.
    828   Par druerie e par solaz
    2641 Trois autres biens qui granz solaz
    2643 Li premiers biens qui solaz face
    2661 Encor vait cil solaz doblant
    2722 Que ses solaz trop ne te tart,
    3378 Tant con je voi plus de solaz.
    3383 Ne son solaz ne son servise,
              008

soleil
    1547 Es cristaus, qui, por le soleil,
              001

solement
    204   Qui vesquist solement de pain
    573   De nule rien, fors solement
    2375 Fors solement un bel salu,
    2930 Dehé ait, senz vos solement,
    3179 Voilliez que j'ain tant solement,
    3923 Fors espier tant solement
              006

solers
    827   D'uns solers decopez a laz.
    2149 Solers a laz e estiviaus
              002

soloie
　　24　Une nuit, si con je soloie,
　3771　De la rose que je soloie
　　　　　　　002

soloient
　3484　Qui me soloient estre amer.
　　　　　　　001

soloit
　　341　De tel come ele soloit estre;
　3763　E plus fel qu'il ne soloit estre.
　　　　　　　002

some
　1496　Ce fu la some de la chose,
　　　　　　　001

someillier
　3675　E començoit a someillier;
　　　　　　　001

somet
　3988　Le plus bas amont ou somet,
　　　　　　　001

son
　　154　Son non desus sa teste lui :
　　245　Ele est trop liee en son corage
　　249　Par son sen e par sa proece.
　　259　Que biens venist nes a son pere.
　　274　Qu'el ne peüst de tot son pris
　　310　Dou duel qu'ele avoit a son cuer.
　　311　Trop avoit son cuer corrocié
　　312　E son duel parfont comencié.
　　320　E espandu par son col jurent;
　　397　Quant ele iert en son droit aage;
　　402　Abrié e vestu son cors.
　　417　Qu'ele ne penst en son corage.
　　440　Qui lor toudra Deu e son reine.
　　559　Son chief trecié mout richement.
　　566　Il paroit bien a son ator
　　713　Son contenement e son estre.
　　713　Son contenement e son estre.
　　852　E por baisier son ami prete;
　　897　Qui entor son chief voletoient,
　　923　Jusqu'a dis des floiches son maistre.
　1033　Toz li monz iert en son dangier.
　1121　Qu'il avoit toz jorz son espens
　1141　Outreement a son bandon,
　1142　Tant avoit fait par son bel don.
　1145　Son ami par son grant servise;
　1145　Son ami par son grant servise;
　1156　Si n'ait mie chier son avoir;
　1166　Mais ele ot son col desfermé;
　1169　N'avoit guieres, de son fermal;
　1215　Qui a son droit ne fust assise.
　1300　D'avoir amie a son devis.
　1307　Son arc doré; senz plus atendre
　1484　Son vis, son nés e sa bouchete,
　1484　Son vis, son nés e sa bouchete,
　1494　Qu'il ama son ombre demaine,
　1506　Son guerredon e sa merite.
　1792　De faire son comandement,
　1926　A cest mot vos baisier son pié,
　2055　Ne met son cuer au retenir
　2091　Qui jadis par son moqueïz
　2129　Il ne puet son cuer apleier
　2222　Doné son cuer tot enterin
　2229　Qui d'Amors viaut faire son maistre
　2245　Qui en mainz leus son cuer depart,
　2248　Qui en un leu met son cuer tot;
　2264　Que l'en done desus son pois.
　2346　Plus alume son cuer e larde;

　2504　E son enui qui trop me dure.'
　2623　De son cors a martire ofrir;
　2651　E a l'amant en son venir
　2702　En bien amer son cuer a mis,
　2713　Son conseil dire e son segré.
　2713　Son conseil dire e son segré.
　2766　Son plaisir dit, je ne soi mot
　2839　Son parenté e son lignage,
　2839　Son parenté e son lignage,
　2862　A faire son comandement,
　2913　De son rosier; n'est pas droiture
　2981　Li ueil qui en son chief estoient
　2985　A son semblant e a son vis
　2985　A son semblant e a son vis
　3046　S'il est clers, il pert son aprendre,
　3071　Qui toutes eures son cuer croit,
　3190　De pardoner son mautalent,
　3210　Quant il a montré son bobon.
　3226　Se je li tieng bien son covent;
　3230　De faire son comandement,
　3383　Ne son solaz ne son servise,
　3383　Ne son solaz ne son servise,
　3413　Outre son gré n'angoissier trop.
　3433　De sa robe e de son oré,
　3434　Ne de son treçoer doré,
　3523　E dist que il metroit son ueil
　3629　Je cuit si bien garder son cors
　3662　A faire son gré en apert,
　3674　A son chief, d'erbe un grant moncel,
　3984　En poi d'eure son semblant mue:
　4012　Encontre son chastiement.
　　　　　　　078

soner
　2368　Ainz as esté senz mot soner
　　　　　　　001

sonez
　　703　Lais d'amors e sonez cortois
　　　　　　　001

songe
　　26　Si vi un songe en mon dormant
　　28　Mais en cel songe onques rien n'ot
　　31　Or vueil cel songe rimeier,
　2065　Car la fin dou songe est mout bele
　2067　Qui dou songe la fin orra,
　2072　Dou songe la senefiance:
　2075　Quant espondre m'orroiz le songe,
　　　　　　　007

songent
　　18　Car li plusor songent de nuiz
　　　　　　　001

songes
　　1　Maintes genz dient que en songes
　　3　Mais l'en puet teus songes songier
　　8　Qui ne tint pas songes a lobes,
　　13　De croire que songes aveigne,
　　16　Que songes est senefiance
　　30　Si con li songes recensoit.
　　　　　　　006

songié
　2449　E diras: 'Deus, ai je songié?
　　　　　　　001

songier
　　3　Mais l'en puet teus songes songier
　　　　　　　001

sonjai
　　86　Sonjai une nuit que j'estoie;

sonjai (CONT.)
001

sonjoie
47 Qu'en mai estoie, ce sonjoie,
001

sons
95 Por oïr des oisiaus les sons,
3899 E sons noviaus de controvaille,
002

sont
4 Qui ne sont mie mençongier,
5 Ainz sont après bien aparant;
54 Qui sont sec tant come ivers dure;
67 Li oisel, qui se sont teü
70 Sont en mai, por le tens serin,
338 Car joie e diaus sont dui contraire.
599 Les images qui i sont pointes,
600 Qui ne sont mignotes ne cointes,
601 Ainz sont dolereuses e tristes,
617 Si sont li compaignon Deduit,
1036 Ce sont cil qui sont curieus
1036 Ce sont cil qui sont curieus
1335 Tel fruit come sont noiz musgades,
1336 Qui ne sont ameres ne fades.
1549 Si sont li cristal merveilleus
1556 Les choses qui sont a l'encontre,
1582 I sont tost pris e agaitié.
1640 E teus qui sont un poi plus gros;
1646 Sont en un jor toutes alees,
2004 Soz ceste clef sont mi joial.
2268 Qui as amanz sont griés e dures.
2330 A ceus qui sont leial amant.
2408 Icil sont fort losengeor,
2526 S'il se sont laienz endormi;
2551 A ce sont bien cil parissant
2565 Quant cil qui sont de li privé
2601 E plus en gré sont receü
2642 Font a ceus qui sont en mes laz.
2728 De quoi il sont si envieus.
2733 E quant li ueil sont en deduit,
2734 Il sont si apris e si duit
2762 Qu'autres biens, qui ne sont pas mendre,
2863 Or sont as rosiers garder quatre,
3465 Car les levres sont vermeillettes
3669 A cel conseil se sont tenues,
3670 Puis en sont a Dangier venues,
3805 Qu'il sont mout lé e mout parfont.
3818 Les torneles sont lez a lez,
3819 Qui sont richement batailliees,
3851 Sont li rosier espès planté,
3858 Sont les arbalestes a tor,
3945 Trop sont li rosier clos forment;
4046 Sont de moi nuire curieus?
043

sor
82 Quant il ot chanter sor la raime
243 Sor aucun prodome cheoir,
746 E maint bel tor sor l'erbe fresche.
758 Sor un doi, qu'onques n'i failloient.
841 De la color sor la char tendre,
1071 Car cil qui sor soi la portoit
1382 Sor l'erbe fresche verdeiant,
1395 Couchier come sor une coite,
1481 Sor la fontaine toz adenz
1991 E sor tot ce, se rien dotez,
2165 Ne suefre sor toi nule ordure;
2430 Sor costé t'estovra torner,
2550 Sor fins amanz color ne graisse;
3188 D'argent, qu'il fust sor vostre pois."
3806 Li maçon sor les fossez font

3808 Qui ne siet pas sor croleïz,
3809 Ainz est fondez sor roche dure.
3989 E celui qui est sor la roe
018

sorciz
529 Front reluisant, sorciz voutiz.
845 Les sorciz bruns e enarchiez,
1196 Iauz vairs, rianz, sorciz voutiz;
003

sores
1087 Richece ot sus ses treces sores
001

sormonter
655 Qui beoient a sormonter
001

sorpreigne
3078 Mon cuer, qu'Amors plus nou sorpreigne:
001

sorprendre
2831 Por ceus espier e sorprendre
001

sorpris
795 Estoie envieus e sorpris.
1623 Quant cele rage m'ot sorpris,
002

sorquenie
1210 El fu en une sorquenie
1218 Con sorquenie a damoisele;
1220 En sorquenie que en cote.
1221 La sorquenie, qui fu blanche,
004

sort
1531 Qui nuit e jor sort a granz ondes
1583 Ci sort as genz novele rage,
002

sospeçon
3538 Don j'ai mauvaise sospeçon?
3799 Qui est en male sospeçon.
002

sospir
2275 Lors te vendront sospir e plaintes,
2327 Sospir e pointes e friçons,
3235 E que je me plaing e sospir,
3789 Or revendront plor e sospir,
004

sospire
1831 Au revenir plaing e sospire,
2647 Quant li amanz plaint e sospire,
002

sospiré
1608 Las! Tant en ai puis sospiré!
001

sospirer
1712 E en tirant a sospirer;
001

sospirras
2295 E sospirras de cuer parfont,
001

sospirs
   2589   En duel, en sospirs e en lermes,
            001

sot (ADJ.)
   2215   Que cil vilain entulle e sot.
            001

sot (V.)
    163   Mout sot bien poindre e bien portraire
    164   Cil qui sot tel image faire,
    731   Bien sot chanter e plaisamment,
   1247   Qui bien sot faire enor as genz.
   1441   E tant le sot Amors destreindre,
   1489   Lors se sot bien Amors vengier
   2216   Onques on rien d'amer ne sot
   3123   Quant Amis sot la verité,
   3553   Bel Acueil ne sot que respondre;
            009

soudeiers
   3890   Ot soudeiers de Normandie:
            001

sougiez
   3275   E que il est vostre sougiez?
            001

soupleier
   1891   E qu'il covient a soupleier:
   2130   A servir ne a soupleier:
   3136   Par chuer e par soupleier.
            003

souploie
   3284   Quant il trueve qui le souploie."
            001

soussi
    572   Qu'el n'avoit soussi ne esmai
   2591   Est en soussi e en esveil?
   4025   Mais je sui en mout grant soussi
            003

soutes
   3888   Si l'en prent il tel eure est soutes.
            001

soutilment
   1160   Trait a soi le fer soutilment,
            001

soveigne
   2299   Après est droiz qu'il te soveigne
            001

sovendra
   2269   Sovent, quant il te sovendra
   2362   Tot le jor puis te sovendra
            002

sovenir
   2056   Si qu'il l'en puisse sovenir."
   2175   Après ce te doit sovenir
   2652   Fait de la joie sovenir
            003

sovent
   2150   Aies sovent frois e noviaus,
   2269   Sovent, quant il te sovendra
   2320   Qu'a ton esme faudras sovent
   2464   Sovent me plaing e me demente.
   2851   Qui nuit e jor sovent li emble
   2871   Sovent me semont d'aprochier
   3100   Sovent plorai, sovent me plains,
   3100   Sovent plorai, sovent me plains,
   3225   Dangiers se prent garde sovent
   3496   Amors se rechange sovent,
   3885   E si ne l'uevre pas sovent,
            011

sovient
   1330   Pomiers i ot, bien m'en sovient,
   2676   Si me sovient que por ce dist
   2969   Quant de la rose me sovient,
   3489   S'il m'en sovient, que je ne soie
   3779   E sachiez, quant il me sovient
            005

sovint
    509   Tant qu'au derrenier me sovint
   1517   Quant de Narcisus me sovint,
            002

soz
    416   Mais soz ciel n'a male aventure
   1294   Soz ces arbres, por doneier.
   1427   Une fontaine soz un pin;
   1434   Soz le pin la fontaine assise;
   1471   Se vint soz le pin ombreier,
   1638   Ausi beles n'avoit soz ciaus;
   1823   Si que ou cuer soz la mamele
   2004   Soz ceste clef sont mi joial.
   2545   Fait as amanz soz les drapiaus
            009

suefre
   2031   Atent e suefre la destrece
   2165   Ne suefre sor toi nule ordure;
   3034   Qui ne suefre que nus i touche;
   3784   S'Amors ne suefre que j'i touche
   4036   Car j'en suefre la penitence
            005

sui
    584   Riche fame sui e poissanz.
    589   Privee sui mout e acointe
    789   A la querole me sui pris,
   1793   Je me sui lors en piez dreciez,
   2046   Je sui dou faire encoragiez
   2049   Por ce sui en grant de l'aprendre
   2301   Lors diras: 'Deus! Con sui mauvais
   2313   Quant de mon cuer sui si lointiens;
   2586   Forment en sui espoentez.
   2679   'Mout sui,' fait ele, 'a bone escole,
   2805   Car prez sui de vostre servise:
   2813   Sui prez de prendre volentiers."
   2816   Sui maintenant outre passez.
   3151   A Dangier sui venuz honteus,
   3159   E le dis: "Sire, je sui ci
   3163   Mais or sui prez de l'amender
   3222   Sui retornez, que mout me tarde
   3229   Ainz me sui penez longuement
   3353   Or sui cheoiz, ce m'est avis,
   3387   Que durement sui envieus
   3559   Je sui tantost tornez en fuie,
   3596   De bien faire, j'en sui dolente;
   3793   Car je sui en enfer cheoiz,
   3948   Mais je, qui sui dehors le mur,
   3949   Sui livrez a duel e a poine.
   3956   Car je sui a plus grant meschief,
   3991   E je sui cil qui est versez!
   4025   Mais je sui en mout grant soussi
   4053   Mais durement sui esmaiez
            029

suit
   2349   Chascuns amanz suit par costume

suit (CONT.)
001

sus
- 107 Plus bel que sus cele riviere.
- 1087 Richece ot sus ses treces sores
- 1514 Je me trais lors un poi en sus;
- 3643 En sus se trait a une part;
- 3692 Levez tost sus, e si bouchiez

005

t (ADJ.)
- 2300 Que t'amie t'est trop lointaigne;
- 2441 Dou tot t'amie e ta compaigne;
- 2515 Tot droit vers la maison t'amie,
- 2562 T'amie e toz ses bienvoillanz
- 2700 Qui a t'amie puisse plaire.
- 2708 A t'amie ne qu'il t'encuse;

006

t (PRON.)
- 1928 E me dist: "Je t'ain mout e pris
- 1969 Or vueil je, por ce que je t'ains,
- 2023 Amors respont: "Or ne t'esmaie;
- 2024 Puis que mis t'es en ma menaie,
- 2158 Quel puisses faire, si t'estrece;
- 2177 A joie e a deduit t'atorne:
- 2200 Tu t'en puez faire mout prisier;
- 2205 De chanter, se l'en t'en semont,
- 2226 Ce que t'ai dit, por remembrer,
- 2233 Après t'enjoing en penitence
- 2266 Si con je t'ai ci sarmoné,
- 2282 Bien avras, ainz que tu t'en partes,
- 2284 Or t'avendra maintes feiees
- 2285 Qu'en pensant t'entroblieras
- 2300 Que t'amie t'est trop lointaigne;
- 2360 Jamais movoir ne t'en querras;
- 2361 E quant partir t'en covendra,
- 2376 Si t'eüst il cent mars valu.
- 2394 Lors t'estovra color muer,
- 2430 Sor costé t'estovra torner,
- 2437 Tel foiz sera qu'il t'iert avis
- 2502 Ne sejorne ne ne t'areste;
- 2510 Lors t'estovra apareillier,
- 2513 Lors t'en iras en recelee,
- 2529 Qu'el t'oie plaindre e doloser,
- 2548 Il covient que tu t'essarmes,
- 2566 Li conteront qu'il t'ont trové
- 2568 Miauz t'en prisera la moitié.
- 2569 Dou païs quieres ne t'esloigne;
- 2577 Or t'ai dit coment n'en quel guise
- 2691 Quant ti mal t'angoisseront fort,
- 2708 A t'amie ne qu'il t'encuse;
- 2715 E t'en tendras a bien paié
- 2751 Or t'ai, ce m'est vis, declaré
- 2753 Car je t'ai conté, senz mentir,
- 2999 T'ont mis en poine e en esmai;
- 3002 Mar t'alas onques ombreier
- 3004 La clef don el t'ovri la porte;
- 3007 El t'a traï e deceü;
- 3008 Amors ne t'eüst ja veü
- 3009 S'Oiseuse ne t'eüst conduit
- 3536 "Garz neienz, por quoi t'a failli

042

ta
- 2106 Si n'aies pas ta bouche mue,
- 2112 Ne doit ta bouche estre desclose;
- 2141 Moine toi bel, selonc ta rente,
- 2145 E si doiz ta robe baillier
- 2292 En ta memoire e tressaudras
- 2359 Tant con ta joie ensi verras,
- 2399 Que ta raison comencier oses,
- 2411 Quant ta raison avras fenie,
- 2441 Dou tot t'amie e ta compaigne;
- 3022 Je ne voi mie ta santé
- 3023 Ne ta guerison autrement,
- 3194 "Ta requeste rien ne me grieve,

012

table
- 1346 Que bon mangier fait après table.

001

tableterresses
- 753 Assez i ot tableterresses

001

taille
- 152 Une autre image d'autel taille
- 1254 Dite la façon e la taille;

002

tailleïz
- 3807 Un mur de carriaus tailleïz,

001

tailliees
- 3820 E faites de pierres tailliees.

001

taillier
- 2146 A tel qui sache bien taillier,

001

tailliez
- 2904 Qui est des autres miauz tailliez.

001

taire
- 1413 Orendroit m'en covendra taire,
- 2088 Chose des genz qui face a taire:
- 3516 E tant que il ne se pot taire,

003

taise
- 2119 Blasme le e di qu'il se taise.

001

taist
- 3931 Bel Acueil se taist e escoute,

001

talent
- 94   Hors de vile oi talent d'aler,
- 334 Sachiez de voir qu'il n'a talent
- 1287 J'oi lors talent que le vergier
- 1672 Je n'oi talent de repairier
- 2013 "Sire," fis je, "grant talent ai
- 2311 Ce don li cuers a tel talent.
- 2622 E cuer e talent li aporte
- 2688 Cui tu dies tot ton talent
- 3228 Que n'ai talent que li mesface;

009

talons
- 1008 Qui li batoient as talons.

001

tant
- 42   C'est cele qui tant a de pris
- 43   E tant est dine d'estre amee
- 54   Qui sont sec tant come ivers dure;
- 68   Tant come il ont le froit eü
- 72   Qu'en lor cuers a de joie tant
- 201 Tant par estoit descoloree
- 240 Nule rien ne li puet tant plaire
- 256 N'ele n'a parent, tant li teigne,

tant		(CONT.)		tant		(CONT.)
	325	Nus tant fust durs ne la veïst				081
	343	Tant estoit vieille e redotee.				
	358	Tant par estoit de grant vieillune		tantost		
	378	Ne fers ne chose tant soit dure,			89	De mon lit tantost me levai,
	444	Tant seüst bien sa robe vendre,			1313	Li deus d'Amors tantost de loing
	509	Tant qu'au derrenier me sovint			1625	Vers les rosiers tantost me trais;
	516	Tant que un uisset bien serré			1689	Il a tantost pris une floiche,
	637	Tant estoit li leus delitables			1700	A terre fui tantost versez;
	642	Ou vergier qui tant me plaisoit.			1774	Tantost le fust de mon costé,
	669	Tant estoit cil chanz douz e biaus			3559	Je sui tantost tornez en fuie,
	774	Remuer tant con je veïsse				007
	778	Regardai iluec jusqu'a tant				
	813	Tant estoit biaus e acesmez,		tanz		
	1138	Tant doner come el plus avoit.			482	Qu'il i avoit d'oisiaus trois tanz
	1142	Tant avoit fait par son bel don.			2202	Par ce seras dis tanz amez.
	1150	Qui tant li griet come avarice;			2626	Por la joie qui cent tanz monte.
	1316	Se il fait tant que a moi traie!				003
	1322	Tant que j'oi par trestot esté.				
	1362	De divers arbres i ot tant		tarda		
	1398	Tant d'erbe come il covenoit.			3418	Adès me tarda li otroiz
	1417	Mais j'alai tant destre e senestre				001
	1441	E tant le sot Amors destreindre,				
	1442	E tant le fist plorer e plaindre,		tarde		
	1475	Tant qu'il ot soif, por l'aspreté			2575	Fai semblant qu'a veoir te tarde
	1493	Qu'il musa tant a la fontaine			3222	Sui retornez, que mout me tarde
	1568	Tant soit reposte ne enclose,				002
	1608	Las! Tant en ai puis sospiré!				
	1654	Je n'amasse tant nul avoir.		tarder		
	1713	E tant tirai que j'amenai			2718	C'est Douz Regarz, qui siaut tarder
	1798	Mais espines i avoit tant,				001
	1814	Jamais n'iert rien qui tant me plaise				
	1918	Tant ai oï de vos bien dire		tarir		
	1932	E si i as tant gaaignié			1536	Ne que l'eve ne puet tarir.
	2070	Por quoi il vueille tant atendre				001
	2093	Tant con Gauvains, li bien apris,				
	2238	Don la joie tant te demeure.		tart (ADV.)		
	2335	E se tu te puez tant pener			220	Se viaut mout a tart enhastir;
	2359	Tant con ta joie ensi verras,				001
	2398	E se tant te puez avancier				
	2402	Tant seras vers li vergondeus.		tart (V.)		
	2422	Tant que j'en vueille la pais querre.			2722	Que ses solaz trop ne te tart,
	2444	Tant con tu iras foleiant				001
	2465	Mais se tant fait Amors que j'aie				
	2701	Se cil qui tant iert tes amis		tasse		
	2919	Por nul ome vivant, tant l'ains."			1622	La ou je vi la graignor tasse.
	2972	Tant que me vit ensi maté				001
	3012	Or fai tant qu'il soit recovré,				
	3066	Qui ne fait tant qu'ele remaigne.		tast		
	3102	Tant qu'il me vint en remembrance			544	Poliz iert e soës au tast.
	3146	Tant parla Amis e tant dist				001
	3146	Tant parla Amis e tant dist				
	3179	Voilliez que j'ain tant solement,		te		
	3192	En la fin, tant il l'ai sarmoné,			1887	Quant plus volentiers te rendras,
	3214	Tant qu'en bon point le puissiez prendre;			1893	E si te vueil bien enseignier
	3227	Mais je redot tant sa menace			1942	En moi servir, mais je te fais
	3239	E tant qu'il a certainement			1971	E te vueil si a moi lier
	3246	Tant m'oie dementer ne plaindre.			2026	E te metrai en haut degré,
	3305	Il a tant mal que il n'eüst			2027	Se mauvaistié ne le te tost;
	3376	De tant come ele est embelie,			2032	Qui orendroit te cuit e blece,
	3378	Tant con je voi plus de solaz.			2035	Se tu te tiens en leiauté
	3394	Car ce n'iert ja tant qu'il vos plaise."			2036	Je te donrai tel deauté
	3417	Tant que li pressoirs soit estroiz.			2037	Qui de tes plaies te garra;
	3471	Car tant con vos plus atendroiz,			2087	Or te garde bien de retraire
	3472	Tant, ce sachiez, de tens perdroiz."			2090	A Keu le seneschal te mire,
	3476	Tant fist Venus e ses brandons;			2105	E s'aucuns avant te salue,
	3516	E tant que il ne se pot taire,			2107	Ainz te garnis dou salu rendre
	3526	Tant parla li gloz folement			2125	Après tot ce d'orgueil te garde,
	3603	Car Lecherie est tant montee			2156	E de ceinture te cointoie;
	3787	Tant est graindre la covoitise			2159	Mais au plus bel te doiz deduire
	3915	Tant qu'il i ot grant garnison.			2170	Mais ne te farde ne ne guigne:
	3923	Fors espier tant solement			2175	Après ce te doit sovenir
	3973	Qu'Amors m'avoit tant avancié			2191	Je te comant que tu le faces:
	4049	E faire tant par lor favele			2195	Se tu te senz viste e legier,

te   (CONT.)
2211 Ne te fai tenir por aver,
2212 Car ce te porroit mout grever:
2225 Or te vueil briement recorder
2237 E te membre de la douce eure
2238 Don la joie tant te demeure.
2267 Lors te vendront les aventures
2269 Sovent, quant il te sovendra
2270 De tes amors, te covendra
2275 Lors te vendront sospir e plaintes,
2299 Après est droiz qu'il te soveigne
2318 Lores te metras a la voie
2326 E te vendront tot de rechief
2335 E se tu te puez tant pener
2362 Tot le jor puis te sovendra
2364 Si te tendras a deceü
2373 Torner te doit a grant contraire,
2377 Lors te prendras a demaler,
2387 Mais vers la gent très bien te cele,
2389 Qui cele part te fait aler,
2395 Si te fremira toz li sans;
2396 Parole te faudra e sens
2398 E se tant te puez avancier
2413 Mout te tendras a conchié
2415 Qui te fust avenant a dire;
2425 Tu te coucheras en ton lit,
2433 Lors te vendra en remembrance
2436 Si te dirai fiere merveille:
2501 Ha! Solauz! Por Deu, car te heste,
2505 La nuit ensi te contendras
2528 Ce te lo je bien e conseille
2535 Si te dirai que tu doiz faire
2539 E, por ce que l'en ne te voie
2557 Encor te comant e encharge
2558 Que tenir te faces por large
2564 Granz biens te puet par aus venir,
2571 Que il esloignier te coveigne,
2575 Fai semblant qu'a veoir te tarde
2637 Iceste te garantira,
2639 Qu'el ne te secueure au besoing.
2640 E avueques ce je te doing
2686 Or te lo e vueil que tu quieres
2690 Cil te fera grant avantage.
2704 Si est raison qu'il te redie
2720 Mais je te lo que tu te teignes
2720 Mais je te lo que tu te teignes
2722 Que ses solaz trop ne te tart,
2752 Ce don je te vi esgaré,
2756 Or sez qui te fera confort,
2760 Chascuns de ceus vueil qu'il te gart
2764 Mais je te doing a ja itant."
3018 Or te vueil dire e conseillier
3020 Don je te voi si afoibli
3024 Car mout te bee durement
3040 Ce qui te fait a dolor vivre,
3058 Quant au deu d'Amors te rendis;
3060 Te fist entrer en tel folage,
3064 Qui te fait vivre e non valoir,
3195 Si ne te vueil pas escondire.
3201 Ja ne te porterai menaie
3542 Certes, je te ferai lier,
              081

teigne (SUBST.)
3467 Qu'il n'i a teigne ne ordure.
              001

teigne (V.)
  14 Qui ce voudra, por fol m'en teigne;
 256 N'ele n'a parent, tant li teigne,
2231 Cointes se teigne e envoisiez,
              003

teignes
2720 Mais je te lo que tu te teignes
              001

teint
2604 A celui qui les amanz teint;
              001

teinte
 965 Toute teinte e envenimee.
1590 Qui toute a teinte la fontaine,
              002

tel (ADJ.)
 164 Cil qui sot tel image faire,
 253 Envie est de tel cruauté
 263 E a tel duel quant genz bien font
 303 Onques rien nee en tel martire
 475 Car tel joie ne tel deduit
 475 Car tel joie ne tel deduit
1074 Bien faisoit tel pierre a amer:
1079 E si avoit un tel eür
1105 Tel clarté des pierres issoit
1131 Si n'avoit tel joie de rien
1180 Encore est il de tel renon
1269 En tel guise qu'il la baisoit
1296 Fos est qui n'a de tel envie.
1335 Tel fruit come sont noiz musgades,
1400 Li leus, qui estoit de tel aire
1454 Si en ot tel duel e tel ire
1454 Si en ot tel duel e tel ire
1462 E eschaufez de tel amor
1550 E tel force ont que toz li leus,
1577 Que tel chose a ses iauz ne voie
1693 E traist a moi par tel devise
1810 S'en avoie tel guerredon
1925 E par tel covent me rent gié."
1930 Onques tel response n'issi
1989 Tel garnison i avez mise
2036 Je te donrai tel deauté
2311 Ce don li cuers a tel talent.
2319 E iras la par tel covent
2437 Tel foiz sera qu'il t'iert avis
2470 Don je demandai tel outrage,
2483 Quant j'ai mis mon cuer en tel leu
2493 Je ne pris guieres tel gesir
2534 Tel mal por li, se mout n'est dure.
2594 Puet un an vivre en tel enfer."
2988 Uevre faire de tel compas.
2992 E li dona tel avantage
3060 Te fist entrer en tel folage,
3244 Mais il est de tel cruauté
3486 Mout est gueriz qui tel flor baise,
3888 Si l'en prent il tel eure est soutes.
3965 L'empire, tel eure est, e grieve
              041

tel (PRON.)
 341 De tel come ele soloit estre
2146 A tel qui sache bien taillier,
2560 Un garnement li done tel
              003

tenant
1830 Trois foiz me pasme en un tenant.
              001

tençant
2152 Que cil vilain aillent tençant
              001

tencier
3719 E de tencier apareillie.
              001

tençonerresse
    142 Corroceuse e tençonerresse,
            001

tendi
   1310 Tot maintenant l'arc li tendi,
            001

tendoit
   1760 Tot adès la ou il tendoit
            001

tendrai
   1411 Ne vos tendrai pas lonque fable
            001

tendras
   2364 Si te tendras a deceü
   2413 Mout te tendras a conchié
   2438 Que tu tendras cele au cler vis
   2715 E t'en tendras a bien paié
            004

tendre (ADJ.)
    528 La char plus tendre qu'uns poucins,
    841 De la color sor la char tendre,
    999 Tendre ot la char come rosee;
   1374 Ne faire mal a l'erbe tendre.
            004

tendre (V.)
   1308 Li a comandé l'arc a tendre,
   1591 E fist ses laz environ tendre,
   1674 Se j'i osasse la main tendre;
   2832 Qu'il voit as roses la main tendre.
            004

tendroie
   2252 Jou tendroie a chaitiveté;
   4024 Je m'en tendroie a bien paiez.
            002

tendroit
   3617 Que l'en me tendroit por musarde
            001

tendroiz
   1541 Qu'a merveille, ce cuit, tendroiz
   3753 Ne me tendroiz por recreant,
            002

tendu
   1681 Li deus d'Amors, qui, l'arc tendu,
            001

tenebres
   2743 E les tenebres ou il iere.
   2745 Les tenebres devant soi chace,
   2747 Les tenebres ou li cuers gist
            003

tenez
   1054 Nou tenez ore pas a lobe;
   3737 Quant vos me tenez por vaincu.
            002

tenir
    710 Les oisiaus, tenir ne me poi
   2211 Ne te fai tenir por aver,
   2312 Je me puis bien tenir a lent
   2482 Je me puis bien por fol tenir
   2558 Que tenir te faces por large
   2563 Doiz enorer e chiers tenir;
   3547 De toi garder e tenir cort;
   3631 Ne de compaignie tenir
   3859 Qu'armeüre ne puet tenir.
            009

tenisse
   1632 Au moins une, que je tenisse
   3456 Que je ne tenisse a vilaine
            002

tenist
   1272 Car qui tenist d'aus deus parole,
            001

tenoit
    227 Avarice en sa main tenoit
    331 Il ne li tenoit d'envoisier
    423 En sa main un sautier tenoit;
   1229 Après se tenoit Cortoisie,
            004

tens
     48 Ou tens amoreus, plein de joie,
     49 Ou tens ou toute rien s'esgaie,
     69 E le tens divers e frarin,
     70 Sont en mai, por le tens serin,
     80 Por le tens bel e doucereus;
     84 En icelui tens deliteus,
    369 Queus tens ce est qui est presenz,
    372 Seroient ja troi tens passé.
    446 Se li tens fust un poi divers,
    571 Mout avoit bon tens e bon mai,
    585 S'ai d'une chose mout bon tens,
   1923 Encor, ce cuit, en aucun tens
   3000 Mar vers le bel tens de mai
   3472 Tant, ce sachiez, de tens perdroiz."
   3797 Des or est tens que je vos die
            015

Tens
    361 Li Tens qui s'en vait nuit e jor,
    373 Li Tens qui ne puet sejorner,
    377 Li Tens vers cui neienz ne dure,
    379 Car Tens gaste tot e manjue;
    380 Li Tens qui toute chose mue,
    383 Li Tens qui envieilli noz peres,
    387 Li Tens, qui tot a en baillie
            007

tent
   1797 Vers le rosier ou mes cuers tent;
            001

tenues
   3669 A cel conseil se sont tenues,
            001

termes
   2590 E en toz poinz e en toz termes
            001

termine
   1503 E fu morz en poi de termine.
            001

terre
     55 La terre meïsmes s'orgueille
     59 Lors devient la terre si gobe
     66 Por quoi la terre miauz se prise.
    549 Il n'esteüst en nule terre
    592 Qui de la terre as Sarradins
   1152 Ne seignorie ne grant terre,
   1373 Ne pooit a terre descendre,
   1396 Car la terre estoit douce e moiste
   1407 Trop par estoit la terre cointe,

terre (CONT.)
```
1700  A terre fui tantost versez;
3665  Foïr l'en estuet de la terre,
3961  Qui giete en terre sa semence,
           012
```

terrestre
```
 636  Por voir en parevis terrestre;
           001
```

tertre
```
 108  D'un tertre qui près d'iluec iere
           001
```

tes
```
2037  Qui de tes plaies te garra;
2166  Lave tes mains, tes denz escure;
2166  Lave tes mains, tes denz escure;
2167  S'en tes ongles pert point de noir,
2169  Cous tes manches, tes cheveus pigne,
2169  Cous tes manches, tes cheveus pigne,
2270  De tes amors, te covendra
2321  E gasteras en vain tes pas;
2338  A tes iauz saouler e paistre.
2384  Il est droiz que toutes tes voies
2385  E tes alees e ti tor
2439  Entre tes braz trestoute nue,
2572  Garde bien que tes cuers remaigne,
2580  De la bele avoir tes aviaus."
2701  Se cil qui tant iert tes amis
3070  Encontre ce que tes cuers pense:
           016
```

tesnieres
```
1379  Toute jor hors de lor tesnieres,
           001
```

tessu
```
1084  Qui furent ou tessu doré;
           001
```

teste
```
 154  Son non desus sa teste lui :
 346  Toute sa teste estoit chenue
2948  E li vilains crole la teste,
3158  Je tin vers lui la teste encline,
3647  Peor, qui tint la teste encline,
           005
```

teü
```
  67  Li oisel, qui se sont teü
           001
```

teues
```
2721  Près des teues por Douz Regart,
           001
```

teus (ADJ.)
```
   3  Mais l'en puet teus songes songier
 975  Il devoit bien teus floiches traire.
3580  Teus genz don il n'avoit que faire.
3792  De teus dolors avrai je maintes,
           004
```

teus (PRON.)
```
1640  E teus qui sont un poi plus gros;
2405  Se teus n'est que de guile serve;
2995  Por quoi il soit teus qu'il la croie.
           003
```

ti
```
2385  E tes alees e ti tor
2691  Quant ti mal t'angoisseront fort,
           002
```

tien
```
1132  Con quant el pooit dire: "tien."
           001
```

tienent
```
3704  Tuit cil vos tienent por musart
           001
```

tieng
```
1841  E que je tieng a mout poissant,
1916  Ne m'en tieng pas a engigniez;
2113  Je ne tieng pas a cortois ome
2469  Je ne me tieng mie por sage
3226  Se je li tieng bien son covent;
           005
```

tiens
```
2035  Se tu te tiens en leiauté,
2314  Si m'aïst Deus, por fol m'en tiens.
           002
```

tient
```
2355  Quant il se tient de li plus près,
2619  A cil qu'Amors tient en prison:
3276  S'Amors le tient pris en ses giez
           003
```

tierce
```
 966  La tierce fu Honte clamee,
1766  La tierce floiche au cuer voler,
           002
```

tierz
```
2717  Li tierz biens vient de regarder,
           001
```

tifee
```
3427  Si fu si cointe e si tifee
           001
```

tifer
```
1006  De soi tifer ne afaitier.
           001
```

timberresses
```
 754  Iluec entor e timberresses,
           001
```

timbre
```
 757  Le timbre en haut, sel recuilloient
           001
```

tin
```
3158  Je tin vers lui la teste encline,
           001
```

tint
```
   8  Qui ne tint pas songes a lobes,
 557  En sa main tint un miroer;
 836  Deduiz la tint par mi le doi
 865  A li se tint de l'autre part
 921  O ces deus ars tint Douz Regarz,
 924  Il en tint cinc en sa main destre;
1017  Delez Biauté se tint Richece,
1109  Richece tint par mi la main
1176  Tint un chevalier dou lignage
1191  Après toz ceus se tint Franchise,
1245  A li se tint uns chevaliers
1252  Qui se tint de moi assez près.
1259  Après se tint, mien escient,
1440  Cui Amors tint en ses roisiaus,
1455  E le tint a si grant despit
3424  Ele tint un brandon flamant
3647  Peor, qui tint la teste encline,
```

tint			(CONT.)
			017

tirai
	1713	E tant tirai que j'amenai
			001

tirant
	1712	E en tirant a sospirer;
			001

tire
	 696	E dou vergier trestot a tire
	1664	I ot assises tire a tire;
	1664	I ot assises tire a tire;
			003

tiré
	1864	Lors ai a moi tiré le fust,
			001

tirer
	1711	E començai fort a tirer
	1746	Car au tirer en amenai
			002

toaille
	 151	Hisdosement d'une toaille.
			001

toi
	1886	Ne fai pas dangier de toi rendre:
	1896	Mais rent toi pris, que je le vueil,
	1970	De toi estre si bien certains,
	2123	De toi e dire e raconter:
	2141	Moine toi bel, selonc ta rente,
	2160	Que tu porras senz toi destruire:
	2165	Ne suefre sor toi nule ordure;
	2517	E a toi ne pensera guieres;
	2547	Bien le savras par toi meïsmes:
	2638	Ne ja de toi ne partira
	2710	E tu a lui e il a toi.
	3196	Saches je n'ai vers toi point d'ire,
	3541	Ne me vueil plus en toi fier.
	3545	Trop s'est de toi Honte esloigniee
	3547	De toi garder e tenir cort;
			015

toiches
	 994	En li ot mout de bones toiches:
			001

toise
	2632	El ne laira ja une toise
			001

toises
	 360	De quatre toises senz potence.
	1368	Plus de cinc toises ou de sis;
	3816	Chascuns des pans cent toises dure,
			003

toli
	3979	Qu'il me toli tot en une eure,
			001

tolir
	 181	Rober, tolir e bareter,
			001

toloit
	1981	Que mon cuer m'avez si toloit
			001

toloite
	3297	Bel Acueil li avez toloite,
			001

tolue
	1477	Qui li ot tolue l'aleine.
			001

tolues
	 187	Lor droites eritez tolues.
			001

ton
	1933	Que je vueil, por ton avantage,
	2003	Ton cuer, n'en quier autre apoial;
	2005	Ele est mendre de ton doi mame,
	2025	Ton servise prendrai en gré
	2235	En amors metes ton penser:
	2241	En un seul leu tot ton cuer mis,
	2265	Quant tu avras ton cuer doné,
	2320	Qu'a ton esme faudras sovent
	2331	Ton cuer ne porras apaier,
	2339	Grant joie en ton cuer demerras
	2342	Feras ton cuer frire e larder,
	2425	Tu te coucheras en ton lit,
	2509	Sofrir en ton lit de veillier,
	2576	Celi qui ton cuer a en garde.
	2688	Cui tu dies tot ton talent
	2689	E descuevres tot ton corage;
	2694	De la bele qui ton cuer emble,
	2697	Tot ton estre li conteras,
	3001	Qui fist ton cuer trop esgaier;
	3032	Car a ton ues n'i voi peor.
	3068	Si dente ton cuer e refrain.
			021

tor	(TURN)
	 746	E maint bel tor sor l'erbe fresche.
	2385	E tes alees e ti tor
	2950	Il me fera prendre un mal tor.
	3858	Sont les arbalestes a tor,
	3990	Reverse a un tor en la boe.
			005

tor	(TOWER)
	2974	Qui de sa tor aval esgarde;
	2976	Lors est de sa tor devalee,
	3543	Ou enserrer en une tor,
	3626	Ou mileu avra une tor,
	3834	Font une tor par grant maistrise
	3845	La tor si fu toute roonde;
	3850	Si qu'entre le baile e la tor
	3912	A garnie la tor roonde,
	3917	Amont en la tor enserrez,
			009

torment
	 262	Qu'ele est en si trés grant torment
	2182	Ont par eures joie e torment;
	3106	Ce m'osteroit de grant torment.
			003

tormente
	2463	Mout me grieve Amors e tormente;
	2899	Qu'Amors durement me tormente;
			002

tormenté
	3021	E si conquis e tormenté.
			001

torne
	3232	Mais ce me torne a grant contraire
	3986	Ele a une roe qui torne,

torne   (CONT.)
                       002

torneiant
    1381   Aloient entr'aus torneiant
                       001

torneles
    3818   Les torneles sont lez a lez,
                       001

tornent
    1565   E s'il se tornent, maintenant
                       001

torner
    2373   Torner te doit a grant contraire,
    2430   Sor costé t'estovra torner,
    3098   Ne me porroit de ce torner.
                       003

tornez
    3559   Je sui tantost tornez en fuie,
                       001

tornoiement
    1184   Fu venuz d'un tornoiement,
                       001

tort
    3258   Vos avez tort de cel amant,
                       001

tortoles
     648   De roietiaus e de tortoles,
                       001

tost   (ADV.)
     405   Ces vieilles genz ont tost froidure;
     955   Car il puet tost santé atendre,
    1204   Tost en eüst, ce cuit, pitié;
    1578   Qui d'amer l'a tost mis en voie.
    1582   I sont tost pris e agaitié.
    1826   Il n'est nule qui plus tost mete
    1888   E plus tost a merci vendras;
    2028   Mais espoir ce n'iert mie tost:
    2048   Tost porroie issir hors de voie;
    2256   Est tost rendue e aquitee,
    2499   E que la nuit tost ne trespasse,
    2573   E pense dou tost retorner.
    2785   Mais assez tost peüst sembler
    3061   La folie fu tost emprise,
    3604   Que tost porroie estre ahontee.
    3692   Levez tost sus, e si bouchiez
    3716   Tost en porroiz estre grevez,
    3970   Qu'il avoit eüe trop tost.
                       018

tost   (V.)
    2027   Se mauvaistié ne le te tost;
    3969   E l'esperance au vilain tost
                       002

tot   (ADJ.)
      58   Ou ele a tot l'iver esté;
     128   Tot le rivage costeiant.
     274   Qu'el ne peüst de tot son pris
     483   Qu'en tot le reiaume de France.
     644   Par tot le vergier amassez.
     983   Ainz vos dirai que tot ce monte,
    1041   E tot le mont par parole oignent;
    1418   Que j'oi tot l'afaire e tot l'estre
    1418   Que j'oi tot l'afaire e tot l'estre
    1502   Il perdi d'ire tot le sen,
    1529   En tot le monde n'ot si bele.
    1561   Tot l'estre dou vergier encusent
    1991   E sor tot ce, se rien dotez,
    2125   Après tot ce d'orgueil te garde,
    2131   Orguilleus fait tot le contraire
    2241   En un seul leu tot ton cuer mis,
    2248   Qui en un leu met son cuer tot;
    2362   Tot le jor puis te sovendra
    2688   Cui tu dies tot ton talent
    2689   E descuevres tot ton corage;
    2697   Tot ton estre li conteras,
    2773   Tot mon cuer mis e ma beance,
    2874   De tot ce me done congié,
    3513   E tot le mal qu'il set retrait,
    3598   Mais je metrai tot mon apens
    3685   E tot le monde estouteier.
    3846   Il n'ot si riche en tot le monde,
                       027

tot   (ADV.)
     120   Si vi tot covert e pavé
     131   Tot clos de haut mur bataillié,
     422   Tot ausi con fame rendue.
     429   Dou tot a bones uevres faire;
     449   Tot plein de mauvais paletiaus:
     555   Un chapel de roses tot frois
     565   Cousue a lignuel tot entor.
     597   Fist Deduiz lors tot entor faire;
     714   Lors m'en alai tot droit a destre,
     725   Tot por voir anges empenez.
     766   L'une venoit tot belement
     777   La querole tot en estant
     805   Vermeille e blanche tot entor;
     857   S'ot un chapel d'orfrois tot nuef.
     903   Qui fust tot droit venuz dou ciel.
    1310   Tot maintenant l'arc li tendi,
    1319   Par le vergier tot a delivre,
    1457   Mais, tot avant qu'ele morist,
    1533   Tot entor croist l'erbe menue,
    1552   Le vergier, i pert tot a orne.
    1648   A tot le moins deus jorz ou trois.
    1714   Le fust a moi tot empené
    1760   Tot adés la ou il tendoit
    1829   De mes plaies tot maintenant;
    1881   Lors est tot maintenant venuz
    1919   Que metre vueil tot a devise
    2058   Tot ensi con vos orroiz ja,
    2222   Doné son cuer tot enterin
    2224   Doner l'avoir tot a bandon.
    2246   Par tot en a petite part;
    2253   Mais done le en don tot quite,
    2259   Done le donc tot quitement,
    2326   E te vendront tot de rechief,
    2343   E tot adés en regardant
    2441   Dou tot t'amie e ta compaigne;
    2454   El me paist tot e replenist
    2515   Tot droit vers la maison t'amie,
    2739   Tot maintenant au cuer envoient
    2744   Tot autresi con la lumiere
    2746   Tot ausi Douz Regarz esface
    2765   Tot maintenant que Amors m'ot
    2789   Je vi vers moi tot droit venant
    2852   Boutons e roses tot ensemble;
    2977   Si est tot droit a moi venue.
    3056   Qui en la fin dou tot i faillent.
    3105   Mon conseil tot outreement:
    3251   A Dangier vont andeus tot droit,
    3269   Qui le devroit tot vif larder,
    3352   Or ai d'aler par tot congié,
    3355   Car Bel Acueil par tot me moine,
    3377   E tot adés estreint ses laz
    3556   E pris avuec moi tot prové,
    3606   Car Luxure reine par tot;
    3709   Si avroiz mais par tot le los

tot (ADV.)   (CONT.)
    3740 Tot vif me face l'en larder
    3785 Tot de rechief autre feiee;
    3810 Li fondemenz tot a mesure
    3849 D'un baile qui vait tot entor,
    3857 E as archieres tot entor
    3873 A trente sergenz tot a conte.
    3937 Tot maintenant que Jalosie
    3955 Or les me vent tot de rechief,
              062

tot (PRON.)
    379 Car Tens gaste tot e manjue;
    381 Qui tot fait croistre e tot norrist
    381 Qui tot fait croistre e tot norrist
    382 E qui tot use e tot porrist;
    382 E qui tot use e tot porrist;
    387 Li Tens, qui tot a en baillie
    620 E j'oi mout bien tot escouté,
    698 Tot ensemble dire ne puis,
    699 Mais tot vos conterai en ordre,
    1543 Quant li solauz, qui tot aguiete,
    1818 Li deus d'Amors, qui tot despiece
    2806 Je le vos di tot senz feintise."
    3725 C'est tot par vostre mauvaistié,
    3979 Qu'il me toli tot en une eure,
              014

toucha
    2008 Lors la me toucha au costé,
              001

touchai
    3782 Mar touchai la rose a mon vis
              001

touche
    1010 Mout grant douçor au cuer me touche,
    1936 A cui nus vilains on ne touche.
    3034 Qui ne suefre que nus i touche;
    3784 S'Amors ne suefre que j'i touche
              004

touchier
    1937 Je n'i laisse mie touchier
              001

toudra
    440 Qui lor toudra Deu e son reine.
              001

toute (ADJ.)
    38   Ou l'Art d'Amors est toute enclose.
    49   Ou tens ou toute rien s'esgaie,
    85   Que toute rien d'amer s'esfroie,
    315 D'esgratiner toute sa chiere;
    346 Toute sa teste estoit chenue
    380 Li Tens qui toute chose mue,
    978 Mais ne dirai ore pas toute
    1108 E entor li toute la place.
    1379 Toute jor hors de lor tesnieres,
    1415 Dou vergier toute la biauté
    1590 Qui toute a teinte la fontaine,
    1670 Toute la place replenist
    2011 Ensi fis sa volenté toute;
    2053 Li maistres pert sa poine toute
    3505 Toute l'estoire vueil porsivre,
    3936 Qu'el set toute la vieille dance.
    3997 Est toute en lui e en la rose,
              017

toute (ADV.)
    399 Ainz estoit toute rassotee.
    965 Toute teinte e envenimee.

    1058 La porpre fu toute orfroisiee;
    1163 Largece ot robe toute fresche
    1709 Ainz fu la plaie toute soiche.
    2074 Vos sera lores toute aperte
    3845 La tor si fu toute roonde;
              007

toute (PRON.)
    375 Con l'eve qui s'avale toute,
    842 Que l'en li peüst toute fendre
    950 Ce fu toute la moins grevanz;
              003

toutes (ADJ.)
    356 E toutes les denz si perdues
    466 De toutes parz pointes ou mur.
    884 Fu la robe de toutes parz
    1092 Qui vos savroit toutes les pierres
    1243 Ele iere en toutes corz bien dine
    1270 Toutes les foiz qu'il li plaisoit,
    1646 Sont en un jor toutes alees,
    1790 Qu'Amors, qui toutes choses passe,
    2115 Toutes fames serf e eneure,
    2192 Chascuns doit faire en toutes places
    2384 Il est droiz que toutes tes voies
    3071 Qui toutes eures son cuer croit,
    3181 Toutes voz autres volentez
    3452 E douz e frans vers toutes genz;
              014

toutes (PRON.)
    927 Si furent toutes a or pointes;
    971 Furent e toutes resemblables.
              002

toutesvoies
    1870 Mais toutesvoies me dolut
    2608 E toutesvoies covient vivre
    3200 Loing de mes roses toutesvoies.
              003

touz
    2098 Desus touz autres chevaliers.
              001

toz (ADJ.)
    99   M'en vois lors toz seus esbatant,
    184 Fait toz e les faus plaideors,
    190 Si fu droiz, que toz jorz enrage
    350 Car toz ses cors estoit sechiez
    374 Ainz vait toz jorz senz retorner,
    385 E qui nos envieillira,
    457 Est toz jorz honteuse e despite.
    486 Toz li monz s'en doit esjoïr.
    740 De chanter en toz leus premiere,
    814 E de toz membres bien formez.
    821 Qui estoit toz a or batuz,
    847 Qu'il rioient toz jorz avant
    919 Dames i ot de toz sens pointes,
    1032 Car toz li mondes la cremoit;
    1033 Toz li monz iert en son dangier.
    1038 Toz ceus qui miauz font a amer.
    1121 Qu'il avoit toz jorz son espens
    1137 Toz ses biens, qu'ele ne savoit
    1191 Après toz ceus se tint Franchise,
    1271 Veianz toz ceus de la querole;
    1324 Fu toz de droite carreüre,
    1354 Refu pueplez toz li jardins,
    1402 Toz jorz e iver e esté.
    1530 L'eve est toz jorz fresche e novele,
    1550 E tel force ont que toz li leus
    1563 Car toz jorz, quelque part qu'il soient,,
    1682 Avoit toz jorz mout entendu
    1755 Toz jorz d'aler vers la rosete,

235

toz (ADJ.) (CONT.)
- 2082 Toz ceus qui aiment vilanie:
- 2236 Toz jorz i pense senz cesser,
- 2243 Mais toz entiers, senz tricherie,
- 2274 A une part iras toz seus:
- 2395 Si te fremira toz li sans;
- 2418 C'est li contenz qui toz jorz dure:
- 2420 Toz jorz li faut, ja en pais n'iert.
- 2521 Toz seus, a la pluie e au vent;
- 2562 T'amie e toz ses bienvoillanz
- 2590 E en toz poinz e en toz termes
- 2590 E en toz poinz e en toz termes
- 2828 E garde de toz les rosiers.
- 3400 Ele me siaut toz jorz defendre
- 3420 Mais Venus, qui toz jorz guerroie
- 3646 Toz li maigres dou cul lor tremble.
- 3693 Toz les pertuis de ceste haie,
- 044

toz (ADV.)
- 354 Or estoit toz de fronces pleins.
- 467 Hauz fu li murs e toz carrez;
- 861 D'un samit qui iert toz dorez
- 899 Qu'il estoit toz coverz d'oisiaus,
- 912 Toz pleins de neuz e bocerez
- 1481 Sor la fontaine toz adenz
- 1574 Don il jut puis morz toz envers.
- 1853 Qui estoit toz de confort pleins.
- 1861 Le cuer qui m'estoit toz failliz.
- 2675 Ot parler toz s'en esbaudist.
- 2830 D'erbe e de fueilles toz coverz,
- 3374 Toz m'esbaī de la merveille:
- 3490 Toz pleins de delit e de joie;
- 013

toz (PRON.)
- 1230 Qui mout estoit de toz proisie,
- 001

trace
- 3759 S'il trovera sentier ne trace
- 001

traī
- 1486 Car ses ombres si le traī
- 1614 Qui maint ome a pris e traī.
- 3007 El t'a traī e deceü;
- 003

traie
- 1316 Se il fait tant que a moi traie!
- 1780 E me semont que je me traie
- 002

traīe
- 3602 "Grant peor ai d'estre traīe,
- 001

traient
- 1642 Qui se traient a lor saison
- 4050 Qu'il vos traient a lor cordele,
- 002

traioit
- 1727 Mais vers le bouton me traioit
- 001

traire
- 6 Si en puis bien traire a garant
- 231 Ançois qu'ele en peüst rien traire;
- 947 Mais qui de près en vosist traire,
- 975 Il devoit bien teus floiches traire.
- 1312 Forz e luisanz, de traire pretes.
- 1679 Ne me laissoient avant traire,
- 1733 Je me començai lors a traire
- 1775 Mais la saiete n'en poi traire
- 2374 Car se tu n'en peüsses traire
- 3304 Trop li faisoit Amors mal traire.
- 010

trais
- 91 Lors trais une aguille d'argent
- 1514 Je me trais lors un poi en sus;
- 1625 Vers les rosiers tantost me trais;
- 003

traisist
- 1207 Que, se nus por li mal traisist,
- 001

traīson
- 2942 La traīson qu'avez covee."
- 3092 Ne de traīson areté.
- 3628 Car j'ai peor de traīson.
- 003

traīssant
- 2552 Qui vont les dames traīssant:
- 001

traist
- 1693 E traist a moi par tel devise
- 1708 Ne traist onques sanc de moi point,
- 1741 Il traist a moi, senz menacier,
- 003

trait
- 1160 Trait a soi le fer soutilment,
- 1821 E trait, por moi metre a meschief,
- 3295 Il trait trop male penitence
- 3440 Venus se trait vers Bel Acueil,
- 3643 En sus se trait a une part;
- 005

traite
- 1857 Il a cele floiche a moi traite,
- 1999 Lors a de s'aumosniere traite
- 3561 Honte s'est lores avant traite,
- 003

traites
- 2902 Ja les dolors n'en seront traites
- 3266 Qu'il en a poines maintes traites.
- 002

traitiz
- 1195 Ançois ot nés lonc e traitiz,
- 2655 Les iauz rianz, le nés traitiz,
- 002

traītor
- 1035 Maint traītor, maint envieus:
- 2410 Li traītor felon mortel.
- 4045 E traītor e envieus
- 003

traiz
- 2034 Tu seras traiz a guerison.
- 001

travaille
- 2019 Mais sergenz en vain se travaille
- 001

travaillent
- 3055 Car je voi que maint s'en travaillent
- 001

traval
   1473   Qu'il avoit sofert grant traval
           001

travers
    282   Fors de travers en borgneiant;
           001

trece
    761   E treciees a une trece,
           001

treces
   1087   Richece ot sus ses treces sores
           001

trecié
    559   Son chief trecié mout richement.
           001

treciees
    761   E treciees a une trece,
           001

trecier
    588   E a moi pignier e trecier.
           001

treçoer
    558   Si ot d'un riche treçoer
   3434   Ne de son treçoer doré,
           002

tremblant
   3638   A ce mot vint Peor tremblant;
           001

tremble
   3646   Toz li maigres dou cul lor tremble.
           001

trembler
    452   Grant loisir avoit de trembler.
           001

trembles
   1359   Coudres droites, trembles e fresnes,
           001

trenchant
   1846   E trenchant con rasoirs d'acier;
           001

trenchanz
    928   Forz e trenchanz orent les pointes
   1677   Espines trenchanz e agües,
           002

trente
   1380   E en plus de trente manieres
   3873   A trente serqenz tot a conte.
           002

trés
    123   Trés au pié de l'eve batoit.
    262   Qu'ele est en si trés grant torment
    270   Le trés plus prodome qui soit
    723   Don si trés beles genz pooient
   1656   Un si trés bel qu'envers celui
   2219   D'avarice trés bien se gart,
   2387   Mais vers la gent trés bien te cele,
           007

tresche
    745   E faire mainte bele tresche
           001

trespasse
   2499   E que la nuit tost ne trespasse,
           001

trespasser
    367   Ainz ne fine de trespasser,
           001

tressaillir
   2429   A tressaillir, a demener;
   2946   La haie me fait tressaillir
           002

tressaudras
   2292   En ta memoire e tressaudras
           001

trestot (ADJ.)
    696   E dou vergier trestot a tire
   1081   Trestot le jor de sa veüe
           002

trestot (ADV.)
     29   Qui trestot avenu ne soit
   1158   Car trestot en autel maniere
   1305   Trestot maintenant Douz Regart.
   1512   Que ce estoit trestot por voir
   1559   Trestot ausi vos di de voir
   3087   Or me laissiez trestot ester,
           006

trestot (PRON.)
   1322   Tant que j'oi par trestot esté.
           001

trestoute
   2439   Entre tes braz trestoute nue,
   2618   Trestoute autretele beance
           002

trestoz (ADJ.)
   1076   Miauz que trestoz li ors de Rome.
           001

trestoz (ADV.)
    321   Qu'el les avoit trestoz deroz
   3081   Le cuer qui est siens trestoz quites?
           002

tresvit
    780   Me tresvit, ce fu Cortoisie,
           001

tricheors
    183   C'est cele qui les tricheors
           001

tricherie
   2243   Mais toz entiers, senz tricherie,
           001

trichoies
   1975   Pechiez seroit se tu trichoies,
           001

Tristece
    292   Tristece pointe en la maisiere;
           001

tristes
　　601　Ainz sont dolereuses e tristes,
　3331　Mout a esté pensis e tristes
　　　　　　　002

troble
　3495　Qu'el ne soit troble a poi de vent;
　　　　　　　001

troblez
　1721　Angoisseus fui mout e troblez
　3299　Il iere avant assez troblez,
　　　　　　　002

troer
　　614　Ne porroit il mie troer.
　　　　　　　001

troi
　　372　Seroient ja troi tens passé.
　　　　　　　001

trois
　　482　Qu'il i avoit d'oisiaus trois tanz
　1648　A tot le moins deus jorz ou trois.
　1830　Trois foiz me pasme en un tenant.
　2400　Quant tu devras dire trois choses,
　2641　Trois autres biens qui granz solaz
　3892　E si sachiez qu'as autres trois
　　　　　　　006

trop
　　194　Covoitise a l'autrui trop chier.
　　245　Ele est trop liee en son corage
　　261　Sa malice trop laidement;
　　280　Avoit trop laide esgardeüre:
　　311　Trop avoit son cuer corrocié
　　471　Cil vergiers en trop bel leu sist.
　　661　Trop par faisoient bel servise
　　790　Si ne fui pas trop entrepris;
　　872　Quant il les trueve trop engresses.
　1403　Violete i avoit trop bele
　1407　Trop par estoit la terre cointe,
　1425　En un trop bel leu arivai
　1849　Por ce qu'el ne peüst trop nuire;
　2300　Que t'amie t'est trop lointaigne;
　2468　Las! Je demant trop chier cheté;
　2492　Trop ai en cest lit sejorné
　2504　E son enui qui trop me dure.
　2656　Qui n'est trop granz ne trop petiz,
　2656　Qui n'est trop granz ne trop petiz,
　2722　Que ses solaz trop ne te tart,
　2891　Car je vos crien trop corrocier;
　2979　Ne fu trop haute ne trop basse,
　2979　Ne fu trop haute ne trop basse,
　2980　Ne fu trop graille ne trop grasse,
　2980　Ne fu trop graille ne trop grasse,
　3001　Qui fist ton cuer esgaier
　3006　S'acointance est trop perilleuse.
　3059　Li cuers que tu as trop volage
　3173　Vostre ire, qui trop m'espoente,
　3233　Que sa merci trop me demeure.
　3236　Por ce qu'il me fait trop cropir
　3259　Qui par vos est trop mal menez.
　3287　E quant trop dure l'engrestiez,
　3295　Il trait trop male penitence
　3304　Trop li faisoit Amors mal traire.
　3321　Que trop seroit grant vilanie.
　3328　"Trop vos estes de cel amant,
　3413　Outre son gré n'angoissier trop.
　3436　Por ce que trop i demorroie.
　3545　Trop s'est de toi Honte esloigniee
　3578　Bel Acueil a trop longue longe;
　3592　Senz faille, j'ai esté trop mole

　3595　Se j'ai esté un poi trop lente
　3634　Trop l'ont trové icil truant
　3661　Trop a a Bel Acueil sofert
　3683　Trop estes recreanz e lasches,
　3738　Certes, or ai je trop vescu
　3908　E ceste si a trop parole."
　3945　Trop sont li rosier clos forment;
　3970　Qu'il avoit eüe trop tost.
　　　　　　　050

trova
　3902　Qu'onques ne trova fame juste:
　　　　　　　001

trovai
　　517　Trovai, petitet e estroit;
　　717　Mais auques près trovai Deduit;
　1426　Au derrenier, ou je trovai
　3155　Je le trovai en piez drecié,
　3189　Mout trovai Dangier dur e lent
　3358　Un poi la trovai engroissiee,
　　　　　　　006

trovast
　1340　Si trovast, qu'en eüst mestier,
　　　　　　　001

trové
　1460　Qu'ele ot trové d'amor si lasche,
　2566　Li conteront qu'il t'ont trové
　3132　Se vos l'avez felon trové,
　3555　S'el ne l'eüst iluec trové
　3634　Trop l'ont trové icil truant
　3671　Si ont trové le païsant
　3705　Qui vos ont trové debonaire.
　　　　　　　007

trovee
　3381　E grant compaignie trovee;
　　　　　　　001

trovees
　2174　Ont trovees contre Nature.
　　　　　　　001

trover
　1724　Ne de ma plaie ou trover mire,
　　　　　　　001

trovera
　3759　S'il trovera sentier ne trace
　　　　　　　001

truant
　3634　Trop l'ont trové icil truant
　　　　　　　001

trueve
　　872　Quant il les trueve trop engresses.
　3284　Quant il trueve qui le souploie."
　3910　Trueve a chascune quelque herne.
　　　　　　　003

trueves
　2391　S'il avient chose que tu trueves
　2523　E se tu trueves fendeüre
　　　　　　　002

truissiez
　　616　Que vos jamais nul leu truissiez,
　　　　　　　001

tu
　1892　Tu ne puez vers moi forceier;

tu   (CONT.)
       1894 Que tu ne puez rien gaaignier
       1929 Don tu as respondu issi.
       1944 Mout liez don tu as si bon maistre
       1972 Que tu ne me puisses nier
       1975 Pechiez seroit se tu trichoies,
       2034 Tu seras traiz a guerison.
       2035 Se tu te tiens en leiauté,
       2039 Se tu de bon cuer serviras,
       2040 E coment tu acompliras
       2051 Amors respont: "Tu dis mout bien.
       2079 Que tu guerpisses senz reprendre,
       2080 Se tu ne viaus vers moi mesprendre.
       2102 E quant tu iras par les rues,
       2103 Gar que tu soies costumiers
       2109 Après garde que tu ne dies
       2117 E se tu oz nul mesdisant
       2120 Fai, se tu puez, chose qui plaise
       2153 En quel guise tu i entras
       2154 E de quel part tu en istras.
       2157 E se tu n'es de la richece
       2160 Que tu porras senz toi destruire:
       2189 Se tu sez nul bel deduit faire,
       2190 Par quoi tu puisses as genz plaire,
       2191 Je te comant que tu le faces:
       2195 Se tu te senz viste e legier,
       2197 E se tu es bien a cheval,
       2198 Tu doiz poindre amont e aval;
       2199 E se tu sez lances brisier,
       2200 Tu t'en puez faire mout prisier;
       2203 Se tu as la voiz clere e saine,
       2204 Tu ne doiz mie querre essoine
       2240 Vueil je e comant que tu aies
       2250 Mais garde bien que tu nou pretes,
       2251 Car se tu l'avoies preté,
       2265 Quant tu avras ton cuer doné,
       2273 Le mal don tu es angoisseus.
       2282 Bien avras, ainz que tu t'en partes,
       2298 Don tu es or si esmaiez.
       2322 Ce que tu quiers ne verras pas,
       2323 Si covendra que tu retornes,
       2333 Se tu verras par aventure
       2334 Ce don tu es en si grant cure;
       2335 E se tu te puez tant pener
       2337 Tu voudras mout ententis estre
       2340 De la biauté que tu verras,
       2363 De ce que tu avras veü;
       2371 Don tu n'as la bele aparlee
       2374 Car se tu n'en peüsses traire
       2380 Ou tu avras cele veüe
       2381 Que tu n'osas metre a raison;
       2391 S'il avient chose que tu trueves
       2392 La bele en point que tu la doives
       2397 Quant tu cuideras comencier;
       2400 Quant tu devras dire trois choses,
       2401 Tu n'en diras mie les deus,
       2414 Quant tu avras rien oblié
       2425 Tu te coucheras en ton lit,
       2426 Ou tu avras poi de delit,
       2427 Car quant tu cuideras dormir,
       2428 Tu comenceras a fremir,
       2438 Que tu tendras cele au cler vis
       2444 Tant con tu iras foleiant
       2508 E quant tu ne porras l'enui
       2512 Ainz que tu voies ajorner.
       2523 E se tu trueves fendeüre
       2535 Si te dirai que tu doiz faire
       2537 De quoi tu ne puez avoir aise:
       2541 Gar que tu soies repairiez
       2548 Il covient que tu t'essaïmes,
       2561 Qu'el die que tu es vaillanz.
       2570 E se tu as si grant besoigne
       2574 Tu ne doiz guieres sejorner;
       2579 Or le fai donques, se tu viaus

       2667 Icestui vueil bien que tu aies;
       2668 E se tu l'autre refusoies,
       2670 Tu seroies mout dangereus.
       2686 Or te lo e vueil que tu quieres
       2688 Cui tu dies tot ton talent
       2692 Tu iras a lui por confort,
       2699 Coment tu porras chose faire
       2710 E tu a lui e il a toi.
       2716 Puis que tu l'avras essaié.
       2720 Mais je te lo que tu te teignes
       2757 Qu'au moins avras tu Esperance,
       2761 Jusque tu puisses miauz atendre,
       3011 Se tu as folement ovré,
       3014 Le conseil par quoi tu foloies.
       3026 Tu ne l'as mie a essaier.
       3059 Li cuers que tu as trop volage
       3069 Tu doiz metre force e defense
       3197 E se tu aimes, moi que chaut?
       3199 Adès aime, mais que tu soies
       3202 Se tu passes jamais la haie."
       3539 Bien pert que tu croiz les losenges
                                              095

tuer
       1905 Faire de moi, pendre ou tuer;
                                              001

tuit (ADJ.)
        319 Si chevel tuit destrecié furent,
       1027 Tuit li graignor e li menor
       1292 Car tuit li plusor s'en aloient
       1647 Mais li bouton durent tuit frois
       2357 Ce sevent tuit sage e musart:
       3704 Tuit cil vos tienent por musart
       3769 E bien sachiez que tuit li membre
                                              007

tuit (PRON.)
       1029 Tuit beoient a li servir
       1284 Estoient tuit comunement.
                                              002

turcois
        909 Au deu d'Amors deus ars turcois.
                                              001

ueil (SING.)
        286 Ainz clooit un ueil par desdein;
       1694 Que par mi l'ueil m'a ou cuer mise
       1743 Si que par l'ueil ou cuer m'entra
       3523 E dist que il metroit son ueil
                                              004

ueil (PL.)
       2307 Se mi ueil mon cuer ne convoient,
       2726 Li ueil quant Damedeus lor montre
       2733 E quant li ueil sont en deduit,
       2738 Car li ueil, con droit messagier,
       2750 Quant li ueil voient ce qu'il viaut.
       2981 Li ueil qui en son chief estoient
                                              006

ues
       3032 Car a ton ues n'i voi peor.
                                              001

uevre (SUBST.)
       2988 Uevre faire de tel compas.
       3813 S'en est l'uevre plus fort assez.
                                              002

uevre (V.)
       3871 Qui uevre devers orient;
       3875 Qui uevre par devers midi;

uevre (V.)   (CONT.)
    3885   E si ne l'uevre pas sovent,
                        003

uevres
     429   Dou tot a bones uevres faire;
                        001

ui
    1024   Ce n'est mie ne d'ui ne d'ier
    3720   Ele a ui bien Honte assaillie,
                        002

uis
     511   Qu'en si bel vergier n'eüst uis,
     519   A l'uis començai a ferir,
     575   Quant ensi m'ot l'uis desfermé
     632   Par l'uis que Oiseuse overt m'ot,
    2518   Une eure iras a l'uis derrieres,
    2522   Après vendras a l'uis devant,
    3918   Don li uis est si bien barrez
                        007

uisset
     516   Tant que un uisset bien serré
                        001

umeliant
    3563   Si fu umeliant e simple,
                        001

umilitez
    3286   Qu'engrestié vaint umilitez;
                        001

un (ADJ.)
     286   Ainz clooit un ueil par desdein;
     394   Ne plus que uns enfes d'un an.
     442   Povreté, qui un seul denier
     645   En un leu avoit rossigniaus,
    1472   Un jor qu'il venoit de chacier,
    1646   Sont en un jor toutes alees,
    2241   En un seul leu tot ton cuer mis,
    2248   Qui en un leu met son cuer tot;
    2249   Por ce vueil qu'en un leu le metes.
    2477   Mais se, senz plus, d'un seul baisier
    2594   Puet un an vivre en tel enfer."
                        011

un (ART.)
       7   Un auctor qui ot non Macrobes,
      26   Si vi un songe en mon dormant
      92   D'un aguillier mignot e gent,
     108   D'un tertre qui près d'iluec iere
     129   Quant j'oi un poi avant alé,
     130   Si vi un vergier grant e lé,
     264   Que par un poi qu'ele n'en font.
     283   Si avoit un mauvais usage,
     340   Qui estoit bien un pié retraite
     365   Qu'il s'arest adès en un point,
     423   En sa main un sautier tenoit;
     439   E por un poi de gloire vaine,
     446   Se li tens fust un poi divers,
     448   Qu'el n'avoit qu'un viez sac estroit,
     453   Des autres fu un poi loignet;
     454   Com povres chiens en un coignet
     516   Tant que un uisset bien serré
     551   D'orfrois ot un chapel mignot;
     555   Un chapel de roses tot frois
     557   En sa main tint un miroer;
     558   Si ot d'un riche tresoer
     564   Cote ot d'un riche vert de Ganz,
     652   En un autre leu, qui lassees
     663   Il chantoient un chant itel
     709   Mais quant j'oi escouté un poi
     718   Car maintenant en un reduit
     758   Sor un doi, qu'onques n'i failloient.
     820   D'un samit portrait a oisiaus,
     856   D'un fil d'or estoit galonee,
     857   S'ot un chapel d'orfrois tot nuef.
     861   D'un samit qui iert toz dorez
     895   Il ot ou chief un chapelet
     904   Amors avoit un jovenciel
     910   Li uns des ars si fu d'un bois
     915   Li autres ars fu d'un plançon
    1067   Richece ot un mout riche ceint
    1075   Ele vausist a un riche ome
    1079   E si avoit un tel eür
    1086   En chascun ot bien un besant.
    1088   Un cercle d'or; onques encores
    1110   Un vallet de grant biauté plein,
    1176   Tint un chevalier dou lignage
    1184   Fu venuz d'un tornoiement,
    1202   E s'ele un ome coneüst
    1425   En un trop bel leu arivai
    1427   Une fontaine soz un pin;
    1461   Fust aspreiez encore un jor,
    1488   D'un enfant bel a desmesure.
    1514   Je me trais lors un poi en sus;
    1554   Un essemple vos vueil aprendre:
    1617   Qui estoient en un destor,
    1640   E teus qui sont un poi plus gros;
    1684   S'iert arestez lez un fier;
    1770   Desoz un olivier ramé
    1820   Me redone un novel assaut,
    1830   Trois foiz me pasme en un tenant.
    1848   D'un oignement precieus ointe,
    2220   Car cil qui a por un regart,
    2221   Ou por un ris douz e serin,
    2263   E je ne pris le don un pois
    2375   Fors solement un bel salu,
    2476   En un loier assez menor.
    2560   Un garnement li done tel
    2662   Quant d'un ris ou d'un bel semblant
    2662   Quant d'un ris ou d'un bel semblant
    2678   En sa chançon, un cortois mot:
    2687   Un compaignon sage e celant
    2790   Un vallet bel e avenant,
    2829   En un destor fu li cuverz,
    2950   Il me fera prendre un mal tor.
    3104   Un compaignon cui je deïsse
    3108   Un compaignon que je savoie
    3134   Je le conois come un denier;
    3157   En sa main un baston d'espine.
    3280   Plus qu'un orgueilleus pautonier.
    3358   Un poi la trovai engroissiee,
    3388   D'avoir un baisier precieus
    3424   Ele tint un brandon flamant
    3444   D'avoir un baisier doucereus?
    3475   M'otreia un baisier en dons,
    3478   Un baisier douz e savoré
    3498   Amors n'est guieres en un point.
    3537   Sens, que bien fusses tu d'un garçon
    3550   Qui laisse un garçon desreé
    3564   E ot un voile en leu de guimple
    3595   Se j'ai esté un poi trop lente
    3672   Desoz un aubespin gisant.
    3674   A son chief, d'erbe un grant moncel,
    3682   Ne qu'en la queue d'un mouton.
    3757   En sa main a un baston pris
    3776   Par un poi que je ne me pasme,
    3807   Un mur de carriaus taillez,
    3849   D'un baile qui vait tot entor,
    3990   Reverse a un tor en la boe.
    4006   E ne sofrez a nes un fuer
    4038   Par un poi que je ne font d'ire
                        096

un   (SUBST.)
   705 Li un en haut, li autre en bas.
  1328 Don il n'i ait ou un ou deus
  1651 Qui en porroit un acrochier,
  1656 Un si tres bel qu'envers celui
  2409 Il dient un e pensent el
  3825 Il en a un ou front devant,
  3827 E deus de coste e un derriere,
                    007

une   (ADJ.)
    24 Une nuit, si con je soloie,
    86 Sonjai une nuit que j'estoie;
   761 E treciees a une trece,
   970 Ces cinc floiches d'une maniere
  1214 Qu'il n'i ot une seule pointe
  1540 Mais une chose vos dirai,
  1564 L'une moitie dou vergier voient,
  1879 D'une part m'oint, d'autre me cuit,
  2184 Une eure douz e autre amer;
  2188 Une eure pleure e autre chante.
  2274 A une part iras toz seus:
  2278 Une eure chauz e autre froiz,
  2279 Vermauz une eure, une autre pales:
  2365 D'une chose mout laidement :
  2518 Une eure iras a l'uis derrieres,
  2887 Joie se n'est par une chose,
  3384 Une chose li ai requise
  3497 Il oint une eure e autre point,
  3643 En sus se trait a une part;
  3898 Une foiz dit lais e descorz
  3979 Qu'il me toli tot en une eure,
  3985 Une eure rit, autre eure est morne;
                    022

une   (ART.)
    91 Lors trais une aguille d'argent
   104 Vers une riviere m'adrece
   151 Hisdosement d'une toaille.
   152 Une autre image d'autel taille
   156 Une image qui Vilanie
   195 Une autre image i ot assise
   200 E ausi vert come une cive;
   213 A une perchete graillete
   214 E une cote de brunete;
   228 Une borse qu'el reponoit,
   400 Ele ot d'une chape forree
   407 Une image ot apres escrite
   525 Adonc m'ovri une pucele,
   538 S'ot ou menton une fossete.
   585 S'ai d'une chose mout bon tens,
   715 Par une petitete sente,
   729 E une dame lor chantoit,
   779 Qu'une dame mout envoisie
   804 La face avoit, une pome,
   812 Il resembloit une pointure,
   843 A une petitete ronce.
   941 Une autre en i ot, apelee
   990 A une dame de haut pris
  1000 Simple fu come une esposee,
  1018 Une dame de grant hautece,
  1053 Richece ot d'une porpre robe,
  1061 D'une bande d'or neelee
  1069 La bocle d'une pierre fu
  1077 D'une autre pierre iert li mordanz,
  1100 Une escarbocle ou cercle assise;
  1104 Conduire d'une live loing.
  1164 D'une porpre sarradinesche.
  1168 A une dame fait present,
  1210 El fu en une sorquenie
  1240 Ele fu une clere brune;
  1372 Que li solauz en nes une eure
  1390 Une noise douce e plaisant.
  1395 Couchier come sor une coite,

  1427 Une fontaine soz un pin;
  1432 Dedenz une pierre de marbre
  1444 Car Echo, une haute dame,
  1618 D'une haiete clos entor;
  1659 Car une color l'enlumine
  1689 Il a tantost pris une floiche,
  1696 E lors me prist une froidor,
  1736 Une autre floiche a or ovree;
  1822 Une autre floiche de rechief,
  1824 Me fait une plaie novele.
  1840 Une autre floiche, que mout prise
  2000 Une petite clef bien faite,
  2279 Vermauz une eure, une autre pales:
  2286 E une grant piece seras
  2287 Ausi come une image mue,
  2632 El ne laira ja une toise
  2663 Li membre ou d'une bele chiere
  2677 Une dame qui bien amot,
  2779 Li rosier d'une haie furent
  2876 Si a cuilli une vert fueille
  2889 Une mout pesant maladie,
  2983 Si ot ou chief une corone:
  3144 C'est une rien qui mout l'apaise,
  3481 Car une odor m'entra ou cors
  3517 Qu'il fu fiz d'une vieille iraise,
  3543 Ou enserrer en une tor,
  3624 Que ne face une forterece
  3626 Ou mileu avra une tor,
  3774 Qui me mist une odor ou cors
  3834 Font une tor par grant maistrise
  3920 Une vieille, que Deus honisse,
  3966 Une male nue qui lieve
  3986 Ele a une roe qui torne,
                    071

une   (SUBST.)
   357 Qu'ele n'en avoit mais nes une.
   766 L'une venoit tot belement
   939 Une de celes qui plus blece
   993 Ausi come une des cinc floiches.
  1632 Au moins une, que je tenisse
  3252 Car l'une e l'autre me voudroit
                    006

unes
  3862 Hors des fossez a unes lices
                    001

uns   (ADJ,ART)
   212 Delez li pendoit uns mantiaus
   394 Ne plus que uns enfes d'un an.
   469 En leu de haies, uns vergiers,
   527 Cheveus ot blonz come uns bacins,
   528 La char plus tendre qu'uns poucins,
   533 E les iauz vairs come uns faucons,
   563 Ne halassent, ot uns blans ganz.
   749 Si chantoit li uns rotruenges,
   827 D'uns solers decopez a laz.
   902 Il sembloit que ce fust uns anges
  1112 C'est uns on qui en biaus osteus
  1198 E fu simple come uns colons.
  1224 Uns bachelers juenes s'estoit
  1245 A li se tint uns chevaliers
  1332 C'est uns mangiers bons a malades.
  1439 Narcisus fu uns damoisiaus
  2486 Car miauz vaut de li uns regarz
  2825 Mais uns vilains, qui grant honte ait,
  3469 Que uns baisiers lui soit greez.
  3570 C'est uns on qui ment de legier,
  3803 Entor les rosiers uns fossez,
                    021

uns   (SUBST.)
   910 Li uns des ars si fu d'un bois

uns (SUBST.) (CONT.)
 973 Li uns des ars, qui fu hisdeus
1367 Li uns fu loing de l'autre assis
1961 E d'uns e d'autres receüz;
    004

usage
 283 Si avoit un mauvais usage,
    001

usast
 222 Se cele robe point usast;
    001

use
 382 E qui tot use e tot porrist;
    001

usee
 223 Car s'el fust usee e mauvaise,
    001

usure
 173 C'est cele qui fait a usure
    001

vaillant
 781 La vaillant e la debonaire,
1175 Largece la vaillant, la sage,
1579 Maint vaillant ome a mis a glaive
2633 Nul vaillant ome jusqu'au chief,
    004

vaillanz
2561 Qu'el die que tu es vaillanz.
2837 Li miauz vaillanz d'aus si fu Honte;
    002

vaille
2020 De faire servise qui vaille,
    001

vain
2019 Mais sergenz en vain se travaille
2321 E gasteras en vain tes pas;
    002

vaincu
3737 Quant vos me tenez por vaincu.
    001

vaine
 439 E por un poi de gloire vaine,
    001

vains
1705 Je fui mout vains e si cuidiai
1794 Foibles e vains come on bleciez,
    002

vaint
2627 Esperance par sofrir vaint
3215 J'ai bien esprové que l'en vaint
3286 Qu'engrestié vaint umilitez;
    003

vaire
 215 Ou mantel n'ot pas penne vaire,
    001

vairs
 533 E les iauz vairs come uns faucons,
 807 Les iauz ot vairs, la bouche gente,
1196 Iauz vairs, rianz, sorciz voutiz;

1573 Mira sa face e ses iauz vairs,
    004

vais
2302 Quant la ou mes cuers est ne vais !
    001

vait
 361 Li Tens qui s'en vait nuit e jor,
 374 Ainz vait toz jorz senz retorner,
2352 E il s'en vait plus apressant.
2661 Encor vait cil solaz doblant
3207 "Or vait," fait il, "bien vostre afaire:
3758 E vait cerchant par le porpris
3849 D'un baile qui vait tot entor,
3893 Vait il e vient quant il li siet,
4052 Je ne sai or coment il vait,
    009

vallet
1110 Un vallet de grant biauté plein,
2790 Un vallet bel e avenant,
    002

vallez
 186 Ont as vallez e as puceles
 920 E vallez envoisiez e cointes.
1276 Li vallez fu juenes e biaus,
3576 De vallez e de damoiseles.
    004

valoient
1095 L'avoir que les pierres valoient
    001

valoir
3064 Qui te fait vivre e non valoir,
    001

valoit
 962 L'autre, qui ne valoit pas miauz,
    001

valor
 943 De valor e de cortoisie.
1179 De valor e le gonfanon.
    002

valu
2376 Si t'eüst il cent mars valu.
    001

valut
1869 Li oignemenz mout me valut;
    001

vassaus
1884 "Vassaus, pris es, neient n'i a
2935 Fuiez, vassaus, fuiez de ci,
    002

vassaut
2927 Entor ces rosiers cest vassaut?
    001

vaudra
2703 Lors vaudra miauz la compaignie;
    001

vausist
1075 Ele vausist a un riche ome
    001

vaut
    2136 Ne vaut neient senz cointerie.
    2138 Qui est cointes il en vaut miauz,
    2486 Car miauz vaut de li uns regarz
    3454 Ainz est enfes, don il vaut miauz.
          004

vee
    3382 E quant je voi qu'il ne me vee
          001

veé
    3154 Por ce qu'il m'ot veé le pas
    3397 Ja ne vos fust par moi veé,
          002

veer
    3178 Ce que ne me poez veer.
          001

veez   (FORBID)
    3445 Ne li deüst estre veez,
          001

veez   (SEE)
    3446 Car vos savez bien e veez
    3450 Veez come il est acesmez,
          002

veianz
    1271 Veianz toz ceus de la querole;
          001

veiez
    803   Ou vos veiez nul plus bel ome.
          001

veillant
    3946 E en veillant e en dormant
          001

veille
    2527 E se la bele, senz plus, veille,
          001

veillier
    2509 Sofrir en ton lit de veillier,
          001

veilliers
    2544 Icil veilliers, icil parlers
          001

veïs
    3000 Mar veïs le bel tens de mai
          001

veïsse
    491   Que enz n'entrasse e ne veïsse
    774   Remuer tant con je veïsse
    1786 Se je veïsse iluec plovoir
          003

veïssiez
    743   Lors veïssiez querole aler
    747   La veïssiez fleüteors,
    1274 Ainz les veïssiez entr'aus deus
          003

veïst
    325   Nus tant fust durs ne la veïst
    2490 Gueriz fust qui or la veïst.
          002

veïstes
    602   Si con vos orendroit veïstes.
    816   Plus legier ome ne veïstes.
    3332 Des lors que vos ne le veïstes;
          003

veluz
    217   D'aigniaus noirs, veluz e pesanz.
          001

venant
    2789 Je vi vers moi tot droit venant
          001

venche
    266   Que de li Deu e la gent venche.
          001

vendra
    2423 Quant ce vendra qu'il sera nuiz,
    2433 Lors te vendra en remembrance
          002

vendras
    1888 E plus tost a merci vendras;
    2522 Après vendras a l'uis devant,
          002

vendre
    444   Tant seüst bien sa robe vendre,
    1968 Je lor voudrai chierement vendre.
    3952 Amors me set ore bien vendre
          003

vendroit
    3751 Miauz li vendroit estre a Pavie.
          001

vendroiz
    802   Jamais entre gent ne vendroiz
          001

vendront
    2267 Lors te vendront les aventures
    2275 Lors te vendront sospir e plaintes,
    2326 E te vendront tot de rechief
          003

venez
    785   Fait Cortoisie, "ça venez,
          001

vengier
    1489 Lors se sot bien Amors vengier
          001

vengiez
    4021 Vos vengiez, au moins en pensant,
          001

venierres
    1422 Con li venierres qui atent
          001

venin
    1072 De nul venin rien ne doutoit:
          001

venir
    523   Se j'orroie venir nule arme.
    2564 Granz biens te puet par aus venir:
    2651 E a l'amant en son venir
    2860 I fist Jalosie venir
    3551 En nostre porprise venir

venir   (CONT.)
    3557 Mais quant je vi venir la grive,
    3832 S'il osoient avant venir.
    3860 Qui près des murs voudroit venir,
    3865 Jusqu'as fossez venir d'alee
                009

venirs
    2543 Icil venirs, icil alers,
                001

venist
    259   Que biens venist nes a son pere.
    1757 Si m'en venist miauz reüser,
                002

venoit
    766   L'une venoit tot belement
    1397 Por les fontaines, s'i venoit
    1472 Un jor qu'il venoit de chacier,
                003

vent (SUBST.)
    2521 Toz seus, a la pluie e au vent;
    2731 Il ne doutent poudre ne vent,
    3495 Qu'el ne soit troble a poi de vent;
    3886 Car, quant ele ot bruire le vent,
                004

vent (V.)
    3955 Or les me vent tot de rechief,
                001

ventre
    3742 Mout ai irié le cuer dou ventre
    3767 Mout ai le cuer dou ventre irié
                002

venu
    724   Estre venu, car il sembloient
                001

venue
    2977 Si est tot droit a moi venue.
                001

venues
    3670 Puis en sont a Dangier venues,
                001

Venus
    1588 Car Cupido, li fiz Venus,
    2850 Car Venus l'avoit envaïe,
    2854 Chasteé, que Venus essille,
    3420 Mais Venus, qui toz jorz guerroie
    3440 Venus se trait vers Bel Acueil,
    3476 Tant fist Venus e ses brandons;
                006

venuz
    903   Qui fust tot droit venuz dou ciel.
    1184 Fu venuz d'un tornoiement,
    1881 Lors est tot maintenant venuz
    3151 A Dangier sui venuz honteus,
    3160 Venuz por vos crier merci;
                005

veoie
    1809 Ce que jou veoie a bandon;
                001

veoir (SUBST.)
    2336 Qu'au veoir puisses assener,
    2844 Mais dou veoir Honte conçut.

veoir (SUBST.)   (CONT.)
                002

veoir (V.)
    244   Ice li plaist mout a veoir.
    628   Veoir la m'estuet, car je cuit
    711   Qu'adonc Deduit veoir n'alasse;
    712   Car a veoir mout desirasse
    1288 Alasse veoir e cerchier,
    1487 Qu'il cuida veoir la figure
    1525 Por veoir l'eve qui coroit,
    1566 Pueent veoir le remenant;
    2575 Fai semblant qu'a veoir te tarde
    2616 E se cuide veoir delivre
    2729 Le jor qu'il le pueent veoir
    3766 De veoir ce que je desir.
    3772 Veoir de près quant je voloie;
    3856 Veoir par desus les creniaus;
                014

veoirs
    1731 Li veoirs senz plus e l'olors
                001

veoit
    1103 L'en s'en veoit bien au besoing
    3122 Me veoit passer la cloison.
                002

veraiement
    3664 Ou sache il bien veraiement
                001

verdeiant
    1382 Sor l'erbe fresche verdeiant.
                001

verdeier
    679   E je vi le leu verdeier,
                001

verdure
    53   Li bois recuevrent lor verdure,
                001

vergier
    130   Si vi un vergier grant e lé,
    477   Come il avoit en cel vergier;
    511   Qu'en si bel vergier n'eüst uis,
    594   Qu'il fist par le vergier planter.
    625   En cest vergier, ceste assemblee
    633   Ou vergier, e quant je fui enz,
    642   Ou vergier qui tant me plaisoit.
    644   Par tot le vergier amassez
    690   Le guichet dou vergier ramé.
    696   E dou vergier trestot a tire
    1258 Le guichet dou vergier flori.
    1287 J'oi lors talent que le vergier
    1303 Par le vergier de ça en la;
    1319 Par le vergier tot a delivre.
    1329 Ou vergier, ou plus, se devient.
    1338 E si ot ou vergier planté
    1341 Ou vergier mainte bone espice:
    1347 Ou vergier ot arbres domesches
    1375 Ou vergier ot dains e chevriaus;
    1415 Dou vergier toute la biauté
    1419 Dou vergier cerchié e veü.
    1431 Qu'ou vergier n'ot nul plus haut arbre.
    1552 Le vergier, i pert tot a orne.
    1561 Tot l'estre dou vergier encusent
    1564 L'une moitié dou vergier voient,
    1636 Peser au seignor dou vergier.
    2931 Qui en cest vergier l'amena!
    3003 Ou vergier don Oiseuse porte

vergier   (CONT.)
    3010 Ou bel vergier qui est Deduit.
                029

vergiers
     102 Por les vergiers qui florissoient.
     469 En leu de haies, uns vergiers,
     471 Cil vergiers en trop bel leu sist.
    1323 Li vergiers par compasseüre
                004

vergondeus
    1273 Il n'en fussent ja vergondeus;
    2402 Tant seras vers li vergondeus.
                002

verité
     980 Bien vos en iert la verité
    1601 La verité de la matere
    1749 Or sachiez bien de verité
    1980 Ja savez vos de verité
    2073 La verité, qui est coverte,
    3123 Quant Amis sot la verité,
                006

veriteument
     323 Si sachiez bien veriteument
                001

veriteus
    1111 Qui fu ses amis veriteus.
                001

veritez
    3285 Pitiez respont: "C'est veritez
                001

vermauz
    2279 Vermauz une eure, une autre pales:
                001

vermeil
    1548 Devienent jaune, inde, vermeil.
                001

vermeille
     805 Vermeille e blanche tot entor;
    1660 Qui est si vermeille e si fine
    3373 Qu'el n'iere avant e plus vermeille.
                003

vermeilles
    1405 S'i ot flors blanches e vermeilles,
                001

vermeilletes
    1351 Cerises fresches vermeilletes,
                001

vermeillettes
    3465 Car les levres sont vermeillettes
                001

verminier
    2612 En verminier e en ordure,
                001

verrai
    2457 Deus! Verrai je ja que je soie
                001

verras
    2322 Ce que tu quiers ne verras pas,
    2333 Se tu verras par aventure
    2340 De la biauté que tu verras,
    2359 Tant con ta joie ensi verras,
                004

verroie
    2488 Mout la verroie volentiers
    3616 Ja ne verroie passer l'an
                002

vers   (WORM)
     445 Qu'ele estoit nue come vers.
                001

vers   (VERSE)
    3761 Des or est mout changiez li vers,
                001

vers   (PREP.)
     104 Vers une riviere m'adrece
     377 Li Tens vers cui neienz ne dure,
     580 Ele ne fu pas vers moi fiere
    1508 Qui vers voz amis mesprenez;
    1625 Vers les rosiers tantost me trais;
    1727 Mais vers le bouton me traioit
    1734 Vers le bouton, qui soef flaire.
    1755 Toz jorz d'aler vers la rosete,
    1781 Vers le bouton qui m'atalente.
    1797 Vers le rosier ou mes cuers tent;
    1882 Amors vers moi les sauz menuz.
    1890 Vers celui qu'il doit losengier
    1892 Tu ne puez vers moi forceier:
    1900 Ja vers vos ne me defendrai;
    1902 Que j'aie ja vers vos defense,
    2080 Se tu ne viaus vers moi mesprendre.
    2387 Mais vers la gent très bien te cele,
    2402 Tant seras vers li vergondeus.
    2515 Tot droit vers la maison t'amie,
    2789 Je vi vers moi tot droit venant
    2817 Vers le bouton m'en vois errant
    2872 Vers le bouton e d'atouchier
    2963 Amors vers moi mout bien s'aquite
    3158 Je tin vers lui la teste encline,
    3175 Que vers vos si me contendrai
    3196 Saches je n'ai vers toi point d'ire,
    3262 Qu'il ait de rien vers vos mespris.
    3291 Vers cel chaitif qui languist la,
    3345 S'il ot esté vers moi iriez,
    3399 Vers cui je ne vueil pas mesprendre.
    3440 Venus se trait vers Bel Acueil,
    3443 Vers cel amant si dangereus
    3452 E douz e frans vers toutes genz;
    3533 Vers Bel Acueil, qui vosist miauz
    4017 Se Jalosie est vers vos dure
    4031 Que j'aie encore vers vos faite,
                036

versez
    1700 A terre fui tantost versez;
    3991 E je sui cil qui est versez!
                002

vert   (ADJ.)
     200 E ausi vert come une cive;
    1187 Maint vert hiaume i ot descerclé
    2876 Si a cuilli une vert fueille
                003

vert   (SUBST.)
     564 Cote ot d'un riche vert de Ganz,
                001

vertu
    1070 Qui ot grant force e grant vertu;
    1190 E pris par force e par vertu.

vertu   (CONT.)
                  002

vertuz
    1611 Queus sa force iert e sa vertuz,
                  001

verve
    2406 Mais faus amant content lor verve
                  001

vescu
    3738 Certes, or ai je trop vescu
                  001

vesquist
    204   Qui vesquist solement de pain
                  001

vestanz
    2148 E les manches vestanz e cointes.
                  001

vestir (SUBST.)
    219   Mais Avarice dou vestir
                  001

vestir (V.)
    2511 Vestir, chaucier e atorner,
                  001

vestoit
    1114 Il se chauçoit bien e vestoit;
    1223 Estoit cele qui la vestoit.
                  002

vestu
    402   Abrié e vestu son cors.
    430   E si avoit vestu la haire.
                  002

vestue
    207   Iert ele povrement vestue:
    403   Bien fu vestue chaudement,
    421   E si fu chauciee e vestue
    1216 Mout fu bien vestue Franchise,
                  004

vestuz
    461   Ne bien vestuz, ne bien chauciez;
    822   Fu ses cors richement vestuz.
    862   Fu ses cors vestuz e parez,
                  003

veü
    596   Le mur que vos avez veü
    858   Je, qu'en ai veü vint e nuef,
    859   A nul jor mais veü n'avoie
    1419 Dou vergier cerchié e veü.
    2363 De ce que tu avras veü;
    3008 Amors ne t'eüst ja veü
    3240 Veü a mon contenement
                  007

veüe
    114   Onques mais n'avoie veüe
    1081 Trestot le jor de sa veüe
    1082 Qui a jeün l'avoit veüe.
    2380 Ou tu avras cele veüe
    3360 Que je ne l'oi de près veüe;
                  005

veües
    1285 Quant j'oi veües les semblances

veües   (CONT.)
                  001

veüz
    1089 Ne fu veüz si biaus, ce cuit.
    1429 Ne fu ausi biaus pins veüz;
                  002

vi
    26   Si vi un songe en mon dormant
    120   Si vi tot covert e pavé
    130   Si vi un vergier grant e lé,
    139   Enz en le mileu vi Haïne,
    279   Lors vi qu'Envie en la pointure
    679   E je vi le leu verdeier,
    685   E lores soi je bien e vi
    722   Que, quant je les vi, je ne soi
    1622 La ou je vi la graignor tasse.
    2752 Ce don je te vi esgaré,
    2769 Quant je ne vi lez moi nului.
    2789 Je vi vers moi tot droit venant
    2824 Quant le bouton de si près vi;
    3359 E vi qu'ele estoit puis creüe
    3557 Mais quant je vi venir la grive,
    3992 Mar vi les murs e les fossez
                  016

viaus
    2080 Se tu ne viaus vers moi mesprendre.
    2579 Or le fai donques, se tu viaus
                  002

viaut
    60   Qu'el viaut avoir novele robe;
    220   Se viaut mout a tart enhastir;
    1594 Qu'Amors ne viaut autres oisiaus.
    1850 Car il ne viaut pas que je muire,
    1851 Ainz viaut que j'aie alegement
    2061 Qui amer viaut or i entende,
    2133 Mais qui d'amors se viaut pener,
    2218 Se nus se viaut d'amors pener,
    2229 Qui d'Amors viaut faire son maistre
    2635 Nes au larron que l'en viaut pendre
    2750 Quant li ueil voient ce qu'il viaut.
    3267 Mais Amors ne viaut consentir
    3316 Qui por nos deus ne viaut rien faire."
    3987 E quant ele viaut ele met
    4000 S'Amors viaut ja que je guerisse,
                  015

viauz
    3453 E avuec ce il n'est pas viauz,
                  001

vice
    1149 Hauz on ne puet avoir nul vice
                  001

videle
    98   Cousant mes manches a videle,
                  001

vie
    236   Qui ne rist onques en sa vie,
    1052 Car nus prodon n'aime lor vie.
    1295 Deus! Com menoient bone vie!
    1297 Qui autel vie avoir porroit
    1730 Il m'eüst rendue la vie.
    1907 Car ma vie est en vostre main:
    2905 Ce est ma mort, ce est ma vie,
    3752 Jamais a nul jor de ma vie
    3950 Qui savroit quel vie je moine,
                  009

246

vieille (ADJ.)
    343   Tant estoit vieille e redotee.
    3936 Qu'el set toute la vieille dance.
                002

vieille (SUBST.)
    3517 Qu'il fu fiz d'une vieille iraise,
    3920 Une vieille, que Deus honisse,
    3932 Por la vieille que il redoute,
    3934 Que la vieille en lui n'aperçoive
                004

vieillece
    351   De vieillece e aneientiz.
                001

Vieillece
    339   Après fu Vieillece portraite,
                001

vieilles
    405   Ces vieilles genz ont tost froidure;
                001

vieillie
    388   Des genz vieillir, l'avoit vieillie
                001

vieillir
    388   Des genz vieillir, l'avoit vieillie
                001

vieillist
    384   Qui vieillist rois e empereres
                001

vieillune
    358   Tant par estoit de grant vieillune
                001

vieler
    2208 Que il sache de vieler,
                001

vienent
    3622 Vienent mes roses espier.
                001

vient
    138   Si com moi vient en remembrance.
    604   Se vient en cest leu ombreier
    1534 Qui vient, por l'eve, espesse e drue;
    2029 Granz biens ne vient pas en poi d'eure;
    2194 Car los e pris e grace en vient.
    2649 Douz Pensers vient a chief de piece,
    2717 Li tierz biens vient de reqarder,
    3812 E vient amont en estreçant,
    3893 Vait il e vient quant il li siet,
                009

viez
    208   Cote avoit viez e derompue,
    211   E pleine de viez paletiaus.
    448   Qu'el n'avoit qu'un viez sac estroit,
                003

vif (ADJ.)
    3269 Qui le devroit tot vif larder,
    3724 Qu'el nou face vif enmurer:
    3740 Tot vif me face l'en larder
                003

vif (V.)
    3636 Mais, se je vif, sache il de voir

vif (V.)   (CONT.)
                001

vil
    216   Mais mout vil e de povre afaire,
                001

vilain (ADJ.)
    1931 D'ome vilain mal enseignié;
                001

vilain (SUBST.)
    1938 Chascun vilain, chascun bouchier,
    2152 Que cil vilain aillent tençant
    2215 Que cil vilain entulle e sot.
    2944 Por le vilain hisdeus e noir,
    3969 E l'esperance au vilain tost
                005

vilaine
    165   Qu'el sembloit bien chose vilaine;
    736   E si n'estoit mie vilaine,
    2111 Ja por nomer vilaine chose
    3456 Que je ne tenisse a vilaine
    3462 E sa bouche n'est pas vilaine,
    3907 Ceste est vilaine, ceste est fole,
                006

vilains (ADJ.)
    1936 A cui nus vilains on ne touche.
    2915 Vilains estes dou demander;
                002

vilains (SUBST.)
    2083 Vilanie fait les vilains,
    2085 Vilains est fel e senz pitié,
    2825 Mais uns vilains, qui grant honte ait,
    2920 Atant saut Dangiers li vilains
    2948 E li vilains crole la teste,
    3700 Vilains qui est cortois enrage,
    3731 Lors leva li vilains s'aumuce,
                007

vilanie
    1209 Qu'el feïst mout grant vilanie.
    1953 Vilanie ne mesprison
    2077 "Vilanie premierement,"
    2082 Toz ceus qui aiment vilanie:
    2083 Vilanie fait les vilains,
    2412 Senz dire mot de vilanie,
    2801 N'i avroiz mal ne vilanie,
    3321 Que trop seroit grant vilanie.
                008

Vilanie
    156   Une image qui Vilanie
    963   Fu apelee Vilanie:
                002

vile
    94   Hors de vile oi talent d'aler,
    438   Por avoir los par mi la vile,
                002

vilment
    1466 Que l'en refuse si vilment.
                001

vin (SUBST.)
    3416 Ne l'en n'a pas le vin de l'aisne
    3841 De fort vin aigre e de chauz vive.
                002

vin (V.)
1234 Ainz que nule, quant je vin la.
1703 E quant je vin de pasmoison
3111 A lui m'en vin grant aleüre,
 003

vint (ADJ.)
858 Je, qu'en ai veü vint e nuef,
2452 Certes le jor dis foiz ou vint
 002

vint (V.)
1251 La bele Oiseuse vint après,
1471 Se vint soz le pin ombreier,
1478 E quant il vint a la fontaine,
1883 En ce qu'il vint si m'escria:
2451 Ceste pensee don me vint?
3102 Tant qu'il me vint en remembrance
3421 Chasteé, me vint au secors:
3638 A ce mot vint Peor tremblant;
 008

vintieme
21 Ou vintieme an de mon aage,
 001

violete
891 Ne violete ne parvenche,
1403 Violete i avoit trop bele
1756 Qui oloit miauz que violete;
 003

vis (OPINION)
2751 Or t'ai, ce m'est vis, declaré
3782 Mar touchai la rose a mon vis
 002

vis (FACE)
119 Mon vis rafreschi e lavai;
148 Le vis, e le nés secorcié;
352 Mout estoit ja ses vis flestiz,
414 Si a le vis simple e piteus,
436 Car iceste gent font lor vis
770 Qu'eus s'entrebaisassent ou vis.
1002 Ele ot le vis cler e alis,
1107 Durement li vis e la face,
1165 S'ot le vis bel e bien formé;
1241 Le vis avoit cler e luisant,
1260 Jonece au vis cler e riant,
1484 Son vis, son nés e sa bouchete,
2438 Que tu tendras cele au cler vis
2924 Le nés froncié, le vis hisdeus,
2985 A son semblant e a son vis
 015

vis (ALIVE)
1835 Miauz voudroie estre morz que vis,
3781 Miauz voudroie estre morz que vis.
 002

visage
284 Car el ne peüst au visage
 001

visiter
2310 Nenil, mais aillent visiter
 001

viste
2195 Se tu te senz viste e legier,
 001

vistes
815 Remuanz fu e preuz e vistes:

vistes (CONT.)
 001

vit (SEE)
238 S'ele ne vit ou s'el n'oï
476 Ne vit mais on, si con je cuit,
726 Si beles genz ne vit on nez.
1483 Si vit en l'eve clere e nete
1497 Car, quant il vit qu'il ne porroit
1740 Quant Amors me vit aprimer,
2972 Tant que me vit ensi maté
3118 Quant il me vit a lui parler
3941 Ses chastiaus, qu'ele vit si fort,
 009

vit (LIVE)
2587 Coment vit on e coment dure
 001

vivaint
2628 E fait que li amant vivaint.
 001

vivant
2919 Por nul ome vivant, tant l'ains."
 001

vivanz
3741 Se jamais on vivanz i entre.
 001

vive
3841 De fort vin aigre e de chauz vive.
 001

vivent
606 Qui en joie e en solaz vivent.
 001

vives
1392 Des fontaines cleres e vives
 001

vivre
1908 Ne puis vivre jusqu'a demain
2594 Puet un an vivre en tel enfer."
2608 E toutesvoies covient vivre
3040 Ce qui te fait a dolor vivre,
3064 Qui te fait vivre e non valoir,
 005

voi
2304 Adés i pens e rien n'en voi :
2555 E je les voi, les jangleors,
2956 Si voi que livrez est mes cors
3020 Don je te voi si afoibli
3022 Je ne voi mie ta santé
3032 Car a ton ues n'i voi peor.
3055 Car je voi que maint s'en travaillent
3378 Tant con je voi plus de solaz
3382 E quant je voi qu'il ne me vee
3544 Car je n'i voi autre retor.
3614 Car je voi bien e sai de fi
 011

voie (SUBST.)
504 S'il i avoit pertuis ne voie
1578 Qui d'amer l'a tost mis en voie.
2048 Tost porroie issir hors de voie;
2318 Lores te metras a la voie
2540 Devant la maison n'en la voie,
3620 Certes je lor clorrai la voie
 006

voie (V.)
    627 Que ne la voie encore enuit.
   1577 Que tel chose a ses iauz ne voie
   2539 E, por ce que l'en ne te voie
   3223 Que je le bouton au moins voie,
           004

voient
   1564 L'une moitié dou vergier voient,
   2308 Je ne pris rien quanque il voient.
   2740 Noveles de ce que il voient;
   2750 Quant li ueil voient ce qu'il viaut.
   3254 Qu'eus voient qu'il en est mestiers.
           005

voies (SUBST.)
   2384 Il est droiz que toutes tes voies
           001

voies (V.)
   2512 Ainz que tu voies ajorner.
           001

voile
   3564 E ot un voile en leu de guimple
           001

voilliez
   2897 De chose que vos voilliez dire."
   3177 Por quoi vos me voilliez greer
   3179 Voilliez que j'ain tant solement,
           003

voine
   3211 S'il iere pris en bone voine,
           001

voir
    334 Sachiez de voir qu'il n'a talent
    636 Por voir en parevis terrestre;
    725 Tot por voir anges empenez.
   1512 Que ce estoit trestot por voir
   1559 Trestot ausi vos di de voir
   2776 Ançois savoie bien de voir
   3386 "Sire," fis je, "sachiez de voir
   3636 Mais, se je vif, sache il de voir
   4047 Ha! Bel Acueil, je sai de voir
           009

voire
   3043 Folie, si m'aïst Deus, voire!
           001

voirs
   2603 Il est voirs que nus maus n'ataint
   3584 Mais il est voirs que Cortoisie,
           002

vois
     99 M'en vois lors toz seus esbatant,
   2817 Vers le bouton m'en vois errant
           002

voit
     20 Que l'en voit puis apertement.
     50 Que l'en ne voit boisson ne haie
    242 Quant el voit grant desconfiture
    246 Quant el voit aucun grant lignage
   1557 E i voit l'en senz coverture
   2832 Qu'il voit as roses la main tendre.
   3097 Qui voit bien que por sarmoner
   3234 Il voit maintes foiz que je pleure
   3430 Bien puet conoistre qui la voit
   3887 Ou el voit saillir deus langoutes,

voit (CONT.)
           010

voiz
    673 Qui, por lor voiz qu'eles ont saines
    735 Qu'ele avoit la voiz clere e saine.
   2203 Se tu as la voiz clere e saine,
           003

volage
   3059 Li cuers que tu as trop volage
           001

volenté
   1154 Don il face sa volenté.
   1586 Ci est d'amer volenté pure,
   1909 Se n'est par vostre volenté.
   2011 Ensi fis sa volenté toute;
   2014 De faire vostre volenté;
   3084 Qu'il n'est mais a ma volenté;
   3148 E hardement e volenté
   3335 E de faire sa volenté.
   3878 Prez de faire sa volenté.
           009

volentez
   1752 Or fu graindre la volentez;
   1754 E la volentez me croissoit
   3181 Toutes voz autres volentez
           003

volentiers
    135 Dou mur volentiers remirai.
    742 Qu'ele faisoit plus volentiers.
   1887 Quant plus volentiers te rendras,
   1899 "Sire, volentiers me rendrai,
   2383 Volentiers, s'achoison avoies.
   2488 Mout la verroie volentiers
   2610 Chascuns fuit la mort volentiers.
   2782 Mout volentiers, por l'achoison
   2813 Sui prez de prendre volentiers."
   3253 Aidier, s'eus pueent, volentiers,
           010

voler
   1766 La tierce floiche au cuer voler,
           001

voletoient
    897 Qui entor son chief voletoient,
           001

volez
   1915 Volez faire ne ne deigniez,
   2910 Coment! Me volez vos honir?
   3334 Se de m'amor volez joïr,
   3706 Volez vos donques as genz plaire
           004

voloie
   3772 Veoir de près quant je voloie;
           001

voloir
   1921 Car, se je faz vostre voloir,
   2895 "Dites," fait il, "vostre voloir,
           002

voloit
   1982 E si pris que, s'il bien voloit,
           001

vont
   2552 Qui vont les dames traïssant:

vont   (CONT.)
     3251   A Dangier vont andeus tot droit,
     3633   De paroles le vont chuant.
                    003

vos   (PRON.)
     136   Si vos conterai e dirai
     596   Le mur que vos avez veü
     602   Si con vos orendroit veïstes.
     616   Que vos jamais nul leu truissiez,
     662   Cil oisel que je vos devise,
     692   Vos conterai coment j'ovrai:
     695   Senz longue fable vos vueil dire;
     697   La façon vos redirai puis.
     699   Mais tot vos conterai en ordre,
     727   Ceste gent don je vos parole
     769   Les bouches, qu'il vos fust avis
     772   Ne vos en sai que devisier,
     784   "Biaus amis, que faites vos la?"
     786   E avueques nos vos prenez
     787   A la querole, s'il vos plaist."
     800   Si vos dirai quel il estoient.
     803   Ou vos veiez nul plus bel ome.
     831   E savez vos qui iert s'amie?
     849   Je ne vos sai dou nés que dire:
     854   Que vos iroie je disant?
     980   Bien vos en iert la verité
     983   Ainz vos dirai que tot ce monte,
     1055   Que je vos di bien e afiche
     1092   Qui vos savroit toutes les pierres
     1253   De cele vos ai je senz faille
     1255   Ja plus ne vos en iert conté,
     1411   Ne vos tendrai pas longue fable
     1509   Car, se vos les laissiez morir,
     1510   Deus le vos savra bien merir.
     1540   Mais une chose vos dirai
     1542   Maintenant que vos l'entendroiz:
     1554   Un essemple vos vueil aprendre:
     1559   Trestot ausi vos di de voir
     1900   Ja vers vos ne me defendrai;
     1902   Que j'aie ja vers vos defense,
     1904   Vos poez ce que vos voudroiz
     1904   Vos poez ce que vos voudroiz
     1910   J'atent par vos joie e santé,
     1918   Tant ai oï de vos bien dire
     1978   Ne sai por quoi vos demandez
     1980   Ja savez vos de verité
     1988   Nus ne vos en puet dessaisir;
     2016   En gré, foi que vos me devez.
     2044   Avant que vos movez de ci,
     2058   Tot ensi con vos orroiz ja,
     2068   Je vos di bien que il porra
     2074   Vos sera lores toute aperte
     2585   Les maus que vos m'avez contez?
     2709   Ainz vos entreporteroiz foi,
     2797   "Biaus amis chiers, se il vos plaist,
     2800   Je vos i puis bien garantir.
     2802   Por quoi vos gardez de folie;
     2803   Se de rien vos i puis aidier,
     2806   Je le vos di tot senz feintise."
     2810   De la bonté que vos me dites,
     2811   Car mout vos muet de grant franchise;
     2812   E, quant vos plaist, vostre servise
     2820   Si vos di que mout m'agrea
     2891   Car je vos crien trop corrocier;
     2894   Que vos en fussiez corrociez."
     2897   De chose que vos voilliez dire."
     2900   Ne cuidiez pas que je vos mente:
     2908   E me dist: "Frere, vos beez
     2910   Coment! Me volez vos honir?
     2911   Vos m'avriez bien assoté
     2928   Vos faites mal, si Deus me saut,
     2930   Dehé ait, senz vos solement,
     2933   Vos li cuidiez bonté faire
     2934   E il vos quiert honte e contraire.
     2936   Par poi que je ne vos oci.
     2937   Bel Acueil mal vos conoissoit
     2938   Qui de vos servir s'angoissoit;
     2940   Ne me quier plus en vos fier,
     2997   Atant es vos Raison comence:
     3075   "Dame, je vos vueil mout prier
     3077   Vos me dites que je refraigne
     3079   Cuidiez vos donc qu'Amors consente
     3082   Ce ne puet estre que vos dites:
     3088   Car vos porriez bien gaster
     3126   Seürs e ne vos esmaiez;
     3132   Se vos l'avez felon trové,
     3137   Or vos dirai que vos feroiz:
     3137   Or vos dirai que vos feroiz:
     3138   Je lo que vos li requeroiz
     3139   Qu'il vos pardoint sa malvoillance
     3160   Venuz por vos crier merci;
     3162   Don je vos fis onques iraistre,
     3164   Si con vos savroiz comander.
     3168   A rien don vos aiez pesance;
     3170   Que faire rien qui vos desplaise.
     3171   Or vos requier que vos aiez
     3171   Or vos requier que vos aiez
     3174   E je vos jur e acreante
     3175   Que vers vos si me contendrai
     3177   Por quoi vos me voilliez greer
     3180   Autre chose ne vos demant,
     3184   Ja ne vos quier de ce lober,
     3208   Encor vos sera debonaire
     3248   Atant es vos que Deus m'amoine
     3258   Vos avez tort de cel amant,
     3259   Qui par vos est trop mal menez.
     3260   Sachiez que vos avilenez,
     3262   Qu'il ait de rien vers vos mespris.
     3264   Devez le vos por ce blasmer?
     3265   Plus i pert il que vos ne faites,
     3271   Mais, biaus sire, que vos avance
     3273   Avez vos guerre a lui emprise
     3274   Por ce qu'il vos redoute e prise,
     3277   E le fait a vos obeïr.
     3278   Devez le vos por ce haïr?
     3289   Por ce, Dangiers, vos vueil requerre
     3290   Que vos ne mainteniez plus guerre
     3293   Avis m'est que vos le grevez
     3294   Assez plus que vos ne devez;
     3306   Mestier de pis, s'il vos pleüst.
     3308   Que vos n'i gaaigniez neient;
     3313   E le vos prie e amoneste
     3319   "Dames," dist il, "je ne vos ose
     3323   Bel Acueil, puis que il vos plaist.
     3328   "Trop vos estes de cel amant,
     3332   Des lors que vos ne le veïstes;
     3338   Qui vos en faisoit estrangier."
     3339   "Je ferai quanque vos voudroiz,"
     3390   E, s'il ne vos devoit desplaire,
     3391   Je le vos requerroie en dons.
     3393   Se il vos plaist que je la baise,
     3394   Car ce n'iert ja tant qu'il vos plaise."
     3397   Ja ne vos fust par moi veé,
     3442   "Por quoi vos faites vos, biaus sire,
     3442   "Por quoi vos faites vos, biaus sire,
     3446   Car vos savez bien e veez
     3470   Donez lui, se vos m'en creez,
     3471   Car tant con vos plus atendroiz,
     3499   Des ore est droiz que je vos conte
     3594   Si vos en vueil merci crier.
     3678   "Coment dormez vos a ceste eure,"
     3680   Fos est qui en vos s'asseüre
     3686   Folie vos fist otreier
     3689   Quant vos dormez, nos en oon
     3691   Estiez vos ore couchiez,
     3696   Que vos faciez se enui non.
     3698   E vos seiez fel e estouz,

250

vos   (PRON.)   (CONT.)
   3704   Tuit cil vos tienent por musart
   3705   Qui vos ont trové debonaire.
   3706   Volez vos donques as genz plaire
   3708   Ce vos muet de recreantise,
   3710   Que vos estes lasches e mos
   3711   E que vos creez jangleors."
   3714   Que vos n'estes en grant esveil
   3715   De garder ce que vos devez.
   3726   Qu'en vos n'a mais point d'engrestié.
   3727   Je cuit que cuers vos est failliz;
   3728   Mais vos en seroiz mal bailliz,
   3737   Quant vos me tenez por vaincu.
   3747   Or l'amenderai par vos deus;
   3754   Je le vos jur e acreant."
   3797   Des or est tens que je vos die
   3855   Vos peüssiez les mangoniaus
   3868   Ou chastel que je vos devise;
   3876   El fu mout sage, e si vos di
   3959   Que vos iroie je disant?
   4004   Se vos estes en prison mis,
   4010   E s'el vos chastie defors.
   4017   Se Jalosie est vers vos dure
   4018   E vos fait enui e laidure,
   4020   E dou dangier qu'ele vos montre
   4021   Vos vengiez, au moins en pensant,
   4022   Quant vos ne poez autrement.
   4023   Se vos ensi le faisiez,
   4026   Que vos ne faciez pas ensi,
   4027   Car, se devient, vos me savez
   4028   Mal gré de ce que vos avez
   4031   Que j'aie encore vers vos faite,
   4035   Plus qu'a vos de la meschaance,
   4048   Qu'il vos beent a decevoir,
   4050   Qu'il vos traient a lor cordele,
          176

vos   (V.)
   1926   A cest mot vos baisier son pié,
   3410   Je nou vos plus de ce semondre,
          002

vosisse
   2786   Que les roses vosisse embler.
          001

vosist
    308   N'el ne se vosist pas retraire
    472   Qui dedenz mener me vosist,
    947   Mais qui de près en vosist traire,
   3219   Vosist autresi bien con gié.
   3533   Vers Bel Acueil, qui vosist miauz
          005

vost
   1451   Si ne la li vost otreier,
   2856   Vost Raison faire sa priere
   3116   Qui par poi ne me vost mangier,
          003

vostre
   1907   Car ma vie est en vostre main:
   1909   Se n'est par vostre volenté.
   1912   Se vostre main, qui m'a navré,
   1914   E se de moi vostre prison
   1920   Cuer e cors en vostre servise,
   1921   Car, se je faz vostre voloir,
   1984   Se ce n'estoit par vostre otroi.
   1987   Que il face vostre plaisir:
   2014   De faire vostre volenté
   2018   Car point ne dot vostre servise,
   2805   Car prez sui de vostre servise:
   2812   E, quant vos plaist, vostre servise
   2895   "Dites," fait il, "vostre voloir,
   2929   Qu'il bee a vostre avilement.
   3089   En oiseuse vostre françois.
   3173   Vostre ire, qui trop m'espoente,
   3188   D'argent, qu'il fust sor vostre pois."
   3207   "Or vait," fait il, "bien vostre afaire::
   3212   Pitié avroit de vostre poine;
   3275   E que il est vostre sougiez?
   3613   Qu'en vostre garde poi me fi,
   3695   Il n'afiert pas a vostre non
   3725   C'est tot par vostre mauvaistié,
   4005   Gardez moi au moins vostre cuer,
   4008   Mete vostre cuer en servage
   4057   Se je pert vostre bienvoillance,
          026

vostres
   1985   Li cuers est vostres, non pas miens,
          001

voudra
     14   Qui ce voudra, por fol m'en teigne;
   1155   Mais qui amis voudra avoir,
   3510   Miauz que nule quant el voudra.
          003

voudrai
   1968   Je lor voudrai chierement vendre.
          001

voudras
   2337   Tu voudras mout ententis estre
          001

voudroie
   1835   Miauz voudroie estre morz que vis,
   2453   Voudroie qu'ele revenist:
   2459   Jou voudroie par covenant
   2892   Miauz voudroie a coutiaus d'acier
   2917   Nou voudroie avoir deserté
   3090   Je voudroie morir ançois
   3187   Mais ne voudroie, por mon pois
   3781   Miauz voudroie estre morz que vis.
          008

voudroit
    258   Car certes el ne voudroit mie
    272   Si le voudroit ele blasmer;
    276   Si voudroit ele apetisier
   3252   Car l'une e l'autre me voudroit
   3860   Qui près des murs voudroit venir,
          005

voudroiz
   1904   Vos poez ce que vos voudroiz
   3339   "Je ferai quanque vos voudroiz,"
          002

vous
   2809   Si vous rent graces e merites
   3414   Vous savez bien qu'au premier cop
          002

voutiz
    529   Front reluisant, sorciz voutiz.
   1196   Iauz vairs, rianz, sorciz voutiz;
          002

voz
     32   Por voz cuers plus faire esgaier,
   1508   Qui vers voz amis mesprenez
   2045   Voz comandemenz m'enchargiez;
   3181   Toutes voz autres volentez
          004

vueil
       31   Or vueil cel songe rimeier,
       35   Coment je vueil que li romanz
      695   Senz longue fable vos vueil dire;
     1554   Un essemple vos vueil aprendre:
     1893   E si te vueil bien enseignier
     1896   Mais rent toi pris, que je le vueil,
     1919   Que metre vueil tot a devise
     1933   Que je vueil, por ton avantage,
     1969   Or vueil je, por ce que je t'ains,
     1971   E te vueil si a moi lier
     2050   Que je n'i vueil de rien mesprendre."
     2078   Ce dist Amors,"vueil e comant
     2225   Or te vueil briement recorder
     2240   Vueil je e comant que tu aies
     2249   Por ce vueil qu'en un leu le metes.
     2667   Icestui vueil bien que tu aies;
     2686   Or te lo e vueil que tu quieres
     2760   Chascuns de ceus vueil qu'il te gart
     3018   Or te vueil dire e conseillier
     3075   "Dame, je vos vueil mout prier
     3093   Je me vueil loer ou blasmer,
     3169   Je vueil miauz sofrir ma mesaise
     3195   Si ne te vueil pas escondire.
     3289   Por ce, Dangiers, vos vueil requerre
     3322   Je vueil qu'il ait la compaignie
     3399   Vers cui je ne vueil pas mesprendre.
     3505   Toute l'estoire vueil porsivre,
     3541   Ne me vueil plus en toi fier.
     3594   Si vos en vueil merci crier.
                    029

vueille
       51   Qui en mai parer ne se vueille
     2070   Por quoi il vueille tant atendre
     2422   Tant que j'en vueille la pais querre.
     2875   Por ce qu'il cuide que jou vueille;
                    004

vuelent
     2407   Si come il vuelent, senz peor;
     2736   Ainz vuelent que li cuers s'esjoie,
                    002

vuidié
     1706   Grant fais de sanc avoir vuidié;
                    001

vuidiez
     2139   Por quoi il soit d'orgueil vuidiez,
                    001

ypocrite
      408   Qui sembloit bien estre ypocrite;
                    001

APPENDIX I

AN ALPHABETIZED WORD-FREQUENCY LIST,
with sublistings of some
conjugated and declined forms

367	a (PREP.)	001	agüe		aloit	001	amies		
079	a (V.)	002	agües		alon	017	amis		
079	a (AUX.)	001	aguiete		irai	004	Amis		
003	aage	002	aguille		iras	003	amitié		
002	aaise	001	aguillier		iroie	001	amoine		
001	aaisier	001	ahontee		iroies	001	amoit		
002	abaïe	019	ai		vait	001	amoleier		
001	abaissai	045	ai (AUX.)		vois	001	amoler		
001	abaissent	001	aidast		vont	001	amoneste		
001	abandona	001	aïde (SUBST.)	001	alers	008	amont		
001	abat	001	aïde (V.)	002	aleüre	014	amor		
001	abatoient	001	aidié	002	alez	002	amoretes		
002	abatre	004	aidier	001	alies	003	amoreus		
001	abatu		aidast	001	aligniee	013	amors		
001	abelisse		aïde	001	alis	074	Amors		
003	abelissoit		aidié	001	alise	001	amot		
002	abelist		aïst	001	Alixandre	001	amusé		
001	abelurent	004	aie	001	aloes	004	an		
001	abez	001	aie (AUX.)	004	aloient	009	ançois		
001	abitent	001	aïe	002	aloit	002	andeus		
001	abrié	001	aier	001	alon	002	andui		
001	aceignant	002	aies	001	alosé	001	aneientiz		
001	acesmé	002	aies (AUX.)	001	alosez	001	anemie		
004	acesmez	003	aiez	003	alume	001	angarde		
002	acheté	001	aiez (AUX.)	002	ama	001	ange		
001	achetez	001	aiglentiers	002	amaigrir	002	anges		
005	achoison	001	aigniaus	015	amant	003	angoisse		
004	acier	002	aigre	018	amanz	001	angoisseront		
002	acointables	001	aille	002	amasse	004	angoisseus		
003	acointance	002	aillent	001	amassees	001	angoissier		
001	acointe (ADJ.)	005	aillors	001	amassez	001	angoissoient		
001	acointe (V.)	003	aïmant	002	ame	002	angoissoit		
001	acointement	007	aime	002	amé	001	anis		
001	acointes	002	aiment	001	amee	001	anuitoit		
002	acointier	001	aimes	001	amena	004	anz		
001	acoler	003	ain	002	amenai	001	aorne		
001	acomplir	003	ains	001	amende	002	apaier		
001	acompliras	001	aint	001	amendent	001	apaiez		
001	acorast	044	ainz	002	amender	001	apaise		
002	acordance	001	aire	001	amenderai	001	apaisiee		
002	acorde	002	aise		(amener)	001	aparant		
001	acors	001	aisne		amena	001	apareille		
001	acreant	008	aïst		amenai	001	apareillie		
001	acreante	005	ait		amenez	001	apareillier		
002	acrochier	002	ait (AUX.)		amoine	001	aparlee		
002	adenz	001	ajorné	001	amenez	001	apartient		
012	adès	001	ajorner	002	ament	003	apela		
001	adirié	001	ajostez	001	amentevoir	010	apelee		
002	adonc	007	alai	019	amer (V.)	002	apeler		
001	adonques	001	alas		aime	003	apelez		
001	adouci	004	alasse		aiment	001	apens		
001	adrece	001	alast		aimes	001	apensez		
001	aesmer	001	alé		ain	001	aperceü		
005	afaire	001	alee (SUBST.)		ains	001	apercevoir		
001	afaitement	002	alee (V.)		aint	001	aperçoive		
002	afaitié	001	alees (SUBST.)		ama	001	apert		
001	afaitier	001	alees (V.)		amasse	003	aperte		
001	afaitiez	001	alegement		amé	001	apertement		
001	afiche	004	aleine		amee	001	apetisier		
001	afiert	001	alejance		amerai	001	aplaigne		
001	afiz	001	alejoit		amez	001	apleier		
001	afoibli	001	alemandiers		amoit	001	apoial		
001	afoler	016	aler		amot	001	aporte		
001	afubler		aille	001	amerai	001	aporté		
001	aqaitant		aillent	001	amere	001	aporter		
001	aqaitié		alai	001	ameres	004	aprendre		
	(agaitier)		alas	001	amertume	001	aprenez		
	agaitant		alasse	001	amesurer	001	aprentif		
	agaitié		alast	005	amez	021	après		
	agaitiez		alé	003	ami	001	apressai		
	aguiete		alee	001	Ami	001	apressant		
001	agaitiez		alees	001	amiable	001	apressiee		
002	agrea		alez	001	amiablement	001	aprestent		
001	aqu		aloient	017	amie	001	apretez		

255

001	aprimer		assist	001	aver	001	azur	
005	apris	001	assoté	001	avers	001	bacheler	
001	aprise	002	ataïne	001	avez	003	bachelers	
001	aprison	003	ataindre	009	avez (AUX.)	001	bacins	
001	aprochasse	001	ataint	001	aviaus		(baer)	
001	aprochier	002	atalente	005	avient		beant	
001	aquiere	009	atant	001	avilement		bee	
001	aquite	001	atapissoit	001	avilenez		beent	
001	aquitee	001	atempre	001	avilenir		beez	
002	araisoner	001	atempree	002	avint		beoie	
001	arbalestes	001	atendi	001	avironee		beoient	
005	arbre	001	atendis	012	avis		beoit	
008	arbres	001	atendoie	001	avisai	001	baesses	
006	arc	008	atendre	001	avisé	002	baile	
001	archier	001	atendroiz	001	avision	001	bailla	
001	archieres	001	atendue	001	aviveras	002	baillie	
002	archiers	001	atens	003	avoie	001	baillier	
	(ardeir)	004	atent	008	avoie (AUX.)	001	bailliez	
	ardent	002	atise	001	avoient (AUX.)	003	bailliz	
	ardoit	003	ator	001	avoies	001	baisa	
	art	001	atorne	001	avoies (AUX.)	003	baise	
001	ardent	003	atornee	001	avoine	001	baiseras	
001	ardoit	002	atorner	006	avoir (SUBST.)	001	baisiee	
003	ardure	001	atouchier	026	avoir (V.)	011	baisier (SUBST.)	
003	arest (SUBST.)	002	atraire		a	004	baisier (V.)	
001	arest (V.)	002	atrait		ai	001	baisiers	
001	arestai	065	au		aie	001	baisoit	
001	arestant	001	aube		aies	002	baler	
002	areste	001	aubespin		aiez	001	baloient	
001	arester	001	auctor		ait	001	bande	
001	arestez	005	aucun		as	003	bandon	
001	areté	005	aucune		avez	001	baniere	
003	argent	001	aucuns (ADJ.)		avoie	001	baraz	
002	argenz	004	aucuns (PRON.)		avoient	001	barbe	
001	arivai	002	aumosniere		avoies	001	barbelee	
001	arivé	001	aumuce		avoit	001	barbelees	
002	arivez	001	auner		avons	001	barbelotes	
001	arme	006	auques		avra	001	bareté	
002	armes	009	aus		avrai	001	bareter	
001	armeüre	018	ausi		avras	002	barrez	
001	arondeles	003	autant		avriez	001	bas (ADJ.)	
001	Arraz	007	autel		avroie	002	bas (ADV.)	
001	arriere	030	autre (ADJ.)		avroient	001	bas (SUBST.)	
006	ars	016	autre (PRON.)		avroit	002	basme	
001	art (SUBST.)	003	autrement		avroiz	001	basse	
002	art (V.)	015	autres (ADJ.)		eü	001	bassete	
001	Art d'Amors	007	autres (PRON.)		eüe	002	baston	
001	Artu	003	autresi		eümes	001	bataille	
042	as (PREP-ART)	001	autretant		eüs	001	batailliè	
006	as (V.)	001	autretele		eüsse	001	batailliees	
005	as (AUX.)	005	autrui		eüst	001	batoient	
001	aspreiez	006	aval		oi	002	batoit	
001	aspreté	001	avale		ont	002	batre	
001	assailli	002	avance		orent	001	batuz	
002	assaillie	001	avancement		ot	001	bauz	
001	assaillir	001	avancié	005	avoir (AUX.)	004	beance	
001	assailliz	002	avancier	001	avoirs	001	beant	
001	assaut	020	avant	063	avoit	003	bee	
002	assemblee	003	avantage	032	avoit (AUX.)	001	beent	
001	assembler	002	avarice	001	avons (AUX.)	002	beez	
001	assener	006	Avarice	003	avra	031	bel (ADJ.)	
004	asseür	001	aveigne	007	avrai	007	bel (ADV.)	
001	asseüre	001	avenamment	001	avrai (AUX.)	045	Bel Acueil	
001	asseürer	003	avenant	008	avras	023	bele (ADJ.)	
023	assez	001	avendra	007	avras (AUX.)	007	bele (SUBST.)	
002	assis	002	avenir	001	avriez (AUX.)	001	belement	
005	assise		aveigne	001	avris	006	beles	
003	assises		avendra	001	avroie	001	beneïe	
001	assist		avenu	001	avroie (AUX.)	001	beneoite	
001	assoage		avient	001	avroient	001	beoie	
	(assoeir)		avint	001	avroit	002	beoient	
	assis	007	aventure	003	avroiz	001	beoit	
	assise	001	aventures	010	avuec	001	bergier	
	assises	001	avenu	004	avueques	001	bergiers	

001	bersaut	001	Bretaigne	014	chanter	001	chierement
001	bersez	001	bricons	002	chanters	001	chieres
001	besant	002	briement	004	chantoient	001	chiers (ADJ.)
001	bescochier	002	brieve	002	chantoit	001	chiers (ADV.)
001	besoigne	001	brisier	001	chanz	001	choisi
002	besoing	002	bruire	001	chape	035	chose
001	beste	003	brune	008	chapel	006	choses
001	bestes	001	brunete	001	chapelet	001	chuant
001	bevroit	001	bruns	004	char	002	chue
001	biau	001	bube	001	chardon	001	chuer
029	biaus	001	buisines	001	chardoneriaus	010	ci
002	Biaus Semblanz	001	busart	001	chardons	001	ciaus
009	biauté	033	c	001	charge	002	ciel
002	Biauté	006	ça	001	chargié	012	cil (ADJ.)
002	Biautez	001	çaienz	001	chargiez	028	cil (PRON.)
192	bien (ADV.)	001	calandre	003	charjoient	012	cinc
005	bien (SUBST.)	002	calandres	001	Charle	001	cinquieme
015	biens	001	canele	001	charme	001	ciprès
002	bienvoillance	138	car	001	charmes	001	cire
001	bienvoillanz	001	carré	001	chartre	002	cist
001	bise (ADJ.)	002	carreüre	004	chascun (ADJ.)	001	citoal
001	bise (SUBST.)	001	carrez	001	chascun (PRON.)	001	cive
002	blanc	002	carriaus	001	chascune	003	clamee
008	blanche	003	ce (ADJ.)	001	chascuns (ADJ.)	001	clamer
001	blancheioit	146	ce (PRON.)	007	chascuns (PRON.)	001	clamoit
005	blanches	001	cedres	001	chastaignes	003	clarté
001	blandist	001	ceint (SUBST.)	007	Chasteé	008	clef
001	blans	001	ceint (V.)	002	chastel	004	cler
004	blasme (SUBST.)	002	ceinture	001	chastelaine	011	clere
001	blasme (V.)	010	cel	003	chastiaus	002	cleres
006	blasmer	001	celant	003	chastie	002	clers
003	blece	013	cele (ADJ.)	002	chastiement	001	cline
001	bleciez	022	cele (PRON.)	002	chastier	003	cloison
001	blonde	001	cele (V.)	001	chauçai	001	cloistre
002	blondez	001	celeement	001	chauçant	001	clooit
001	blont	002	celer	001	chaucemente	001	clore
002	blonz	001	celes	001	chauciee	001	clorra
001	bobon	001	celi	001	chaucier	001	clorrai
001	bocereus	007	celui	002	chauciez	006	clos (ADJ.)
001	bocerez	008	cent	001	chauçoit	001	clos (SUBST.)
001	bocle	001	cerchant	001	chaudement	001	closiers
001	boclé	001	cerchié	001	chaut (ADJ.)	001	clou
001	boe	001	cerchier	003	chaut (SUBST.)	001	coarde
003	bois	002	cercle	001	chaut (V.)	001	coarder
001	boisson	001	cercles	001	chauz (ADJ.)	001	coiche
001	boissons	001	cerises	001	chauz (SUBST.)	001	coiches
001	boivre (SUBST.)	002	certainement	001	cheance	001	coignet
001	boivre (V.)	001	certains	001	chemise	001	coignez
	bevroit	009	certes	002	chenue	008	cointe
013	bon (ADJ.)	022	ces	002	cheoir	002	cointement
001	bon (SUBST.)	001	cesser		chaï	002	cointerie
011	bone	010	cest		cheoiz	008	cointes
001	bonement	017	ceste (ADJ.)	002	cheoiz	001	cointise
004	bones	007	ceste (PRON.)	001	chesne	001	cointoie
004	bons (ADJ.)	001	cestes	001	chesnes	001	coinz
001	bons (SUBST.)	018	ceus	002	cheté	001	coite
005	bonté	001	chace	002	cheval	004	col
001	borgneiant	001	chacié	002	chevalier	001	colanz
001	borraz	001	chacier	004	chevaliers	001	colombiaus
002	borse	001	chaï	001	chevaus	001	colons
001	bort	001	chaitif	002	chevegaille	008	color
011	bouche	003	chaitive	001	chevecel	002	coloree
001	bouches	001	chaitiveté	001	chevel	005	colors
003	bouchete	001	chalongié	005	cheveus	003	com
002	bouchier	001	chalumiaus	001	chevissance	001	comande (SUBST.)
001	bouchiez	001	chançon	001	chevriaus	001	comande (V.)
001	boutai	001	chandoiles	002	chiches	002	comandé
023	bouton	001	changent	012	chief	003	comandement
005	boutons	001	changier	002	chiens	003	comandemenz
001	branche	001	changiez	001	chier (ADJ.)	001	comander
001	branchuz	006	chant	004	chier (ADV.)	001	comandoit
002	brandon	001	chantant	001	chiere (ADJ.)	005	comant
001	brandons	003	chantanz	002	chiere (ADV.)	053	come
002	braz	001	chante	003	chiere (SUBST.)	002	comença

257

004	començai	002	contenz		(couvenir)	001	crolez	
002	comence	003	conter		coveigne	001	croler	
002	comencement	003	conterai		covendra	001	cropir	
002	comenceras	001	conteras		covenoit	001	cropoit	
003	comencié	001	conteront		covient	002	cruauté	
003	comencier	001	contes (STORY)		covint	001	crueses	
001	començoit	001	contes (COUNT)	001	covee	001	crueus	
020	coment	001	contez	001	coveigne	001	crurent	
001	comenz	008	contraire	001	covenables	001	cueille	
002	compaigne	003	contre	002	covenant	069	cuer	
006	compaignie	001	contreval	006	covendra	023	cuers	
002	Compaignie	001	controvaille	002	covenoit	023	cui	
006	compaignon	002	conui	006	covent	001	cuida	
001	compaignons	001	conveia	001	covert	003	cuidai	
002	compainz	001	conveier	001	coverte	001	cuidast	
001	comparroie	001	convoient	001	covertement	003	cuide	
001	compas	002	cop	001	coverture	003	cuideras	
002	compasseüre	001	cope	002	coverz	001	cuidiai	
001	compassez	005	corage	012	covient	001	cuidier	
002	compere	002	corageus	001	covine		(cuidier)	
001	complaintes	001	corde	003	covint		cuida	
001	comunement	001	cordele	001	covoite		cuidai	
053	con	001	coree	001	covoiteus		cuidast	
001	conceüz	001	cormes	001	covoitise		cuide	
001	conchié	001	Cornoaille	005	Covoitise		cuideras	
002	conchier	001	coroit	001	covrir		cuidiai	
001	conçut	001	corone	001	covroit		cuidiez	
001	conduire	001	corre		(craindre)		cuidoie	
002	conduit		corroie		crainsisse		cuit	
001	conduiz		cort		crainsist	004	cuidiez	
001	conestablie		corut		cremisse	001	cuidoie	
002	coneü	001	corroceuse		cremoie	001	cuilli	
001	coneüst	002	corrocié		cremoit	001	cuillie	
001	confonde	002	corrocier		crient		(cuillir)	
005	confort (SUBST.)	002	corrociez	001	crainsisse		cueille	
001	confort (V.)	001	corroie	001	crainsist		cuilli	
001	conforta	002	corroz	001	creance		cuillie	
001	conforte	019	cors	002	creature		cuillisse	
001	conforter	001	cort (ADV.)	003	creez		cuilloit	
004	congié	002	cort (SUBST.)	001	cremisse	001	cuillisse	
001	conins	001	cort (V.)	002	cremoie	001	cuilloit	
001	conjoïr	001	corte	001	cremoit	018	cuit (THINK)	
002	conois	007	cortois	003	creniaus	002	cuit (COOK)	
001	conoissanz	002	cortoise	001	creü	001	cul	
002	conoisse	001	cortoisement	001	creüe	001	Cupido	
002	conoissoit	001	cortoises	001	creüz	003	cure	
001	conoistre	002	cortoisie	003	crien	002	curieus	
	coneü	011	Cortoisie	001	crient	001	cuvertage	
	coneüst	001	corut	002	crier	001	cuverz	
	conois	001	corz (COURT)	001	crieve	196	d	
	conoisse	001	corz (HORN)	003	cristal	001	dains	
	conoissoit	001	cos	003	cristaus	020	dame	
	conui	001	cosine	002	crochues	001	Damedeus	
002	conquerre	003	coste (SUBST.)	001	croi	008	dames	
001	conquis	001	coste (V.)	001	croie	002	damoisele	
006	conseil	003	costé	001	croies	004	damoiseles	
001	conseille	001	costeiant	001	croire	003	damoisiaus	
002	conseillier	001	costeront		creez	001	dance	
001	consent	002	costume		croi	002	dances	
001	consente	001	costumiere		croie	003	dancier	
001	consentez	002	costumiers		croies	002	dangereus	
001	consentir	006	cote		croit	007	dangier	
001	consirrer	001	cotes		croiz	010	Dangier	
001	conte (ADV.)	001	cotidianes	001	croissoit	015	Dangiers	
002	conte (SUBST.)	001	coucheras	002	croist	001	datier	
003	conte (V.)	001	couchier	003	croistre	543	de	
003	conté	002	couchiez		creü	001	deables	
001	contee	001	coudres		creüe	001	deauté	
004	contenance	001	courtoise		creüz	004	debonaire	
001	contenances	001	cous		croissoit	002	debonairement	
001	contendrai	001	cousant		croist	002	debrisier	
001	contendras	001	cousue	001	croit	001	deça	
002	contenement	001	cousues	001	croiz	003	deceü	
001	content	001	coutiaus	002	crole	001	deceüz	

258

003	decevoir	003	depart	001	destreindre		dient
001	decheoir	001	departie	001	destreint		dies
001	deciples	001	departir	001	destrempa		dirai
001	declaré	001	deporter	004	destroiz		diras
001	decopee	001	deputaire	001	destruire		dis
001	decopez	001	derompoit	009	desus		disant
015	dedenz	001	derompue	001	desvee		disoient
003	deduire	001	deroz	001	detrenche		dison
006	deduit (SUBST.)	005	derrenier	001	detrois		dist
001	deduit (V.)	001	derreniere	009	Deu		dit
005	Deduit	002	derriere	004	deu d'Amors		dite
001	deduiz	001	derrieres	014	deus (ADJ.)		dites
011	Deduiz	013	des (CONJ.)	006	deus (SUBST.)	003	dis (ADJ.)
001	deesse	001	dès	030	Deus	001	dis (SUBST.)
001	defende	044	des (PREP.)	010	deus d'Amors	004	dis (V.)
001	defendrai	001	desavancira	001	deüsse	002	disant
003	defendre	001	desavenant	001	deüssent	001	disete
001	defensable	001	descendoit	002	deüssiez	001	disoient
002	defense	001	descendre	004	deüst	001	dison
001	defent	002	descent	001	devalee	017	dist
002	defors	001	descerclé	012	devant	009	dit
001	defrire	001	desciriee	001	deveee	002	dite
001	degré (STEP)	002	desclos	001	devenir	005	dites
001	degré (RANK)	001	desclose		devenue	004	divers
001	dehé	001	descloses		devienent	002	diverses
006	dehors	001	descoloree		devient	001	diverseté
001	deigne	001	desconfiture		devin	002	diz
002	deigniez	002	desconfort	002	devenue	001	doblant
002	deignoit	001	desconseilliee	004	devers	002	doblez
001	deïsse	001	descorz	006	devez	003	doi (SUBST.)
001	dela	002	descoverte	001	devienent	001	doi (V.)
001	delaier	001	descrivre	005	devient	001	doie
006	delez	001	descuevres	002	devin	001	doigne
003	delit	001	desdeigneus	001	devine	001	doignent
003	delitable	001	desdeigneuse	001	devis	002	doing
002	delitables	002	desdein	005	devise (SUBST.)	001	doint
002	delitableté	001	deserte	004	devise (V.)	025	doit
001	delitent	001	deserté	001	devisé	002	doivent
001	deliteus	001	deservir	001	devisié	001	doives
001	delitoit	001	Desesperance	003	devisier	001	doiz (CONDUIT)
002	delivre	004	deseure	001	devisierres	001	doiz (FINGER)
001	delivres	003	desfermé		(devoir)	010	doiz (V.)
001	demain	001	desquisié		deüsse	001	dolent
001	demaine	001	desquisiee		deüssent	002	dolente
001	demainement	002	desir		deüssiez	002	dolenz
001	demaler	001	desirasse		deüst	001	dolereuse
002	demandai	001	desiroie		devez	001	dolereuses
001	demande (SUBST.)	001	desiroit		devoit	001	dolez
003	demande (V.)	001	desleial		devras	002	doloir
001	demandé	001	desleiauté		devroit		diaut
001	demander	001	desloent		doi		dolui
001	demanderas	001	desmesure		doie		dolut
002	demandez	001	desmesuree		doit	010	dolor
004	demant	004	desoz		doivent	006	dolors
002	demener	001	despeciez		doives	001	doloser
	demerras	001	despendre		doiz	001	dolui
002	demente	001	despens		durent	001	dolut
002	dementer	001	despenses	002	devoit	001	domage
001	dementoie	002	despiece	001	devras	001	domesches
001	demerras	001	despisant	003	devroit	002	don (ADV.)
001	demeure (SUBST.)	001	despit	009	di	004	don (SUBST.)
002	demeure (V.)	001	despite	002	diaus	054	don (PRON.)
001	demis	001	desplaire	001	diaut	003	dona
001	demontrance	002	desplaise	005	die	002	donc
001	demorance	002	desprisier	003	dient	007	done
001	demorast	001	desreé	002	dies	003	doné
002	demoré	001	dessaisir	001	dignes	003	donee
004	demorer	002	destor	002	dine	001	doneier
001	demorroie	001	destorber	008	dirai	005	doner
002	denier	001	destorner	003	diras		doigne
001	deniers	002	destre (ADJ.)	024	dire		doignent
002	dente	003	destre (ADV.)		deïsse		doing
002	denté	002	destrece		di		doint
006	denz	001	destrecié		die		dona

259

	done	001	durent (OUGHT)	001	enfant	001	entremetoit
	doné	002	durent (LAST)	004	ehfer	001	entreporteroiz
	donee	002	durer	002	enfes	001	entreprendre
	donez	001	dures	001	enfiler	002	entrepris
	donoit	001	durroit	001	engignier	003	entrer
	donrai	001	durs	001	engigniez	001	entres
	donroit	001	dus	003	engin	001	entriauz
	donront	996	e	002	engins	001	entroblié
001	donez	001	Echo	002	engraigne	001	entroblieras
002	donoit	093	el (PRON.)	001	engrès	001	entroblioie
002	donques	002	el (SUBST.)	001	engresses	001	entroit
001	donrai	119	ele	003	engrestié	002	entulle
001	donroit	001	eles	001	engrestiez	006	enui
001	donront	001	embasmez	001	engrieve	003	enuie
001	dons (CONJ.)	001	embatuz	001	engroissiee	001	enuieuse
004	dons (SUBST.)	001	embelie	001	enhaïst	001	enuit
003	doré	001	embelissoit	001	enhastir	005	enuiz
001	dorez	001	embesoigniee	001	enjoing	002	envaïe
003	dormant	003	emble	001	enlace	001	enveié
002	dormez	001	emblee	001	enlangoree	001	enveier
002	dormir	001	emblent	001	enlumine	001	envenimee
001	dormoie	002	embler	002	enmurer	001	envenimer
001	dort	001	emparlee	008	enor	002	envers (ADV.)
003	dot	001	empené	003	enorer	003	envers (PREP.)
001	doter	001	empenee	002	enrage	005	envie
	dot	001	empenez	001	enromance	005	Envie
	dotez	001	empereres	001	enseigne (STANDARD)	001	envieilli
	doutent	001	empereriz	001	enseigne (NEWS)	001	envieillira
	doutoit	002	empire	001	enseigne (V.)	003	envieus (ADJ.)
001	dotez	001	empiriez	001	enseignié	002	envieus (SUBST.)
063	dou	002	empleiez	001	enseignier	002	environ
010	douce	001	emploient	001	enseignies	001	enviz
003	doucement	001	emport	005	ensemble	001	envoi
003	doucereus	001	emportez	001	enserrer	001	envoient
003	douçor	001	empris	001	enserrez	002	envoise
001	dougié	002	emprise	001	ensorquetot	002	envoiseüre
002	doutance	169	en (ADV, PRON)	027	ensi	001	envoisie
003	doute	050	en (PRON.)	001	entaillié	003	envoisiee
002	doutent	298	en (PREP.)	001	entalentez	001	envoisieement
001	douteuse	001	enarchiez	001	enté	002	envoisier
001	doutoit	001	encarrelees	001	entechiez	003	envoisiez
014	douz	001	encharge	001	entende	007	enz
002	Douz Parler	001	enchargiez	001	entendez	011	erbe
001	Douz Parlers	001	encharja	005	entendre	001	eritez
001	Douz Penser	001	enchaucier	001	entendroiz	001	ermite
003	Douz Pensers	001	encisiee	001	entendu	001	errant
003	Douz Regart	002	encline	001	entens	001	erraument
004	Douz Regarz	001	encloé	002	entent	001	erres
001	doze	002	encloeüre	002	entente	003	es (PREP-ART)
001	drapiaus	006	enclose	001	ententif	002	es (ES VOS)
001	dreciés	002	encombrez	002	ententis	009	es (V.)
002	dreciez	001	encontre (ADV.)	003	ententive	002	esbaï
002	droit (ADJ.)	003	encontre (PREP.)	001	enterin	002	esbaïe
010	droit (ADV.)	001	encontre (SUBST.)	001	enterine	002	esbaneiant
001	droit (SUBST.)	001	encontrer	001	entesa	001	esbaneier
003	droite	008	encor	001	entiers	002	esbatant
002	droites (ADJ.)	001	encoragiez	002	entiers	001	esbatoit
001	droites (ADV.)	011	encore	016	entor	001	esbaudist
001	droiture (ADV.)	001	encores	001	entortilliee	001	esberuce
001	droiture (SUBST.)	001	encrotees	002	entr	001	escarbocle
009	droiz	001	encuse	003	entra	001	eschaudez
003	drue (ADJ.)	001	encusé	002	entrai	001	eschaufee
001	drue (SUBST.)	001	encusent	001	entras	001	eschaufez
002	druerie	001	encuser	001	entrasse	002	eschiele
013	duel	001	encusez	001	entrast	002	escient
	diaus	002	endementieres	001	entravenoient	001	escientre
001	dui	001	endormi	002	entre (ADJ.)	001	esclairiez
001	duit	001	endormie	009	entre (PREP.)	001	escole
001	duite	002	endroit (PREP.)	001	entre (V.)	001	escoles
003	dur	001	endroit (SUBST.)	001	entré	001	escomenie
007	dure (ADJ.)	001	endure	001	entrebaisassent	001	escondie
008	dure (V.)	001	endurer	001	entree	003	escondire
001	duree	001	eneure	001	entrejetoient	001	escondite
017	durement	002	enfance	001	entremellees	001	escoutai

001	escoutant	001	espiez		estoient		faudra	
004	escoute	001	espine		estoit		faudras	
002	escouté	003	espines		fu		faut	
001	escouter	001	espinoi		fui	003	failliz	
001	escria	001	esploitier		furent	001	failloient	
001	escrie	001	espoente		fusse	001	fain	
001	escrin	001	espoenté		fussent	075	faire	
001	escrist	001	espoenter		fusses		face	
001	escrite	001	espoentez		fussiez		faces	
001	escrites	001	espoigne		fust		faciez	
001	escritures	002	espoir		iere		fai	
001	escrivre	001	espoire		iert		fais	
001	escriz	001	espondre		seiez		faisant	
001	escu	001	espons		sera		faisiez	
001	escuciaus	001	espont		serai		faisoit	
001	escure	001	asposee		seras		faisoient	
001	escuriaus	001	esprent		seroie		fait	
001	esface	001	esprevier		seroient		faite	
001	esforçai	002	esprové		seroies		faites	
002	esforce	001	esprovee		seroit		faz	
001	esforcier	001	espuisier		seroiz		feïst	
001	esforz	001	esrables		seront		fera	
001	esfreez	001	esrese		soie		ferai	
002	esfreor	002	essaboïz		soient		feras	
001	esfroie	001	essaie		soies		feroiz	
001	esqaie	002	essaié		soit		fis	
003	esgaier	001	essaiee		sont		fist	
002	esgarde	001	essaiees		sui		font	
001	esgardeüre	003	essaier	001	estreçant	002	fais (SUBST.)	
001	esgaré	001	essaiez	001	estrece	001	fais (V.)	
001	esgratiner	001	essaïmes	001	estreint	002	faisant	
004	esjoï	001	essauciez	001	estrive	001	faisiez	
001	esjoie	002	essemple	002	estroit	002	faisoient	
001	esjoïr	001	essille	001	estroitement	012	faisoit	
001	eslargissoit	001	essoine	001	estroiz	067	fait (V.)	
001	esleü	250	est	005	estuet	011	fait (SAY)	
	(eslire)	001	estable (ADJ.)	001	estuire	017	faite	
	esleü	001	estable (SUBST.)	001	estut	009	faites	
	eslui	001	establie	001	esvanoïz	001	faiture	
001	esloignant	001	Estampes	002	esveil	002	faiz (ADJ.)	
001	esloigne	001	estant	002	esveillier	001	faiz (SUBST.)	
001	esloigniee	002	esté (SUBST.)	001	esvertuer	012	fame	
002	esloignier	019	esté (V.)	003	eü	002	fames	
001	esloigniez	001	ester	003	eüe	001	farasche	
001	eslui	006	estes	002	eür	001	farasches	
002	esmai	002	esteüst	020	eure	002	farde	
002	esmaie	001	estiez	002	eures	001	fardee	
003	esmaiez	001	estives	009	eus	001	faucons	
001	esmaioie	001	estiviaus	002	eüs	001	faudra	
001	esmais	008	estoie	001	eüsmes	001	faudras	
001	esmaus	013	estoient	001	eüsse	002	faus	
001	esme	002	estoiles	003	eüsse (AUX.)	001	fausse	
001	esmeraudes	001	estoire	009	eüst	001	fausses	
002	esmeré	001	estoires	010	eüst (AUX.)	002	fausseté	
001	Espaigne	086	estoit	001	Evangile	002	faut	
001	espandi	001	estorniaus	016	eve	001	faute	
001	espandu	001	estouteier	003	fable	001	favele	
001	espandue	001	estouz	001	fables	001	faveles	
001	espaneïe	002	estovoir	004	face (SUBST.)	002	faz	
001	espaneïr		esteüst	010	face (V.)	001	fee	
001	espant		estovra	003	faces	001	feiee	
001	espaules		estuet	002	faciez	001	feiees	
001	espens		estut	006	façon	001	feigne	
004	esperance	003	estovra	002	façons	001	feintes	
008	Esperance	002	estranges	001	fades	002	feintise	
001	esperitables	001	estrangier	009	fai	006	feïst	
001	esperitel	005	estre (SUBST.)	006	faille	007	fel	
001	esperne	062	estre (V.)	001	faillent	005	felon	
001	espernier		es	001	failli	002	felonie	
004	espès		est		(faillir)	001	Felonie	
001	espesse		esté		faillent	001	felons	
001	espi		estes		failli	001	fendeüre	
002	espice		estiez		failliz	001	fendre	
004	espier		estoie		failloient	001	fenestre	

261

001	fenie	001	folage	003	front		jurent	
001	fenoil	001	folages	001	frote		jut	
005	fer	003	fole	002	fruit	001	gesir	
004	fera	001	folee	001	fruiz	001	gesirs	
005	ferai	001	foleiant	130	fu	001	geta	
002	feras	004	folement	003	fueille	001	getier	
001	feri	015	folie	005	fueilles		geta	
002	ferir	001	foloie	002	fuer		giete	
001	ferma	001	foloies	016	fui	003	gié	
001	fermail	001	foloit	001	fuie	002	giete	
001	fermal	001	folor	002	fuiez	001	giez	
001	fermant	001	fondement	001	fuit	001	girofle	
001	fermee	001	fondemenz	018	furent	001	gisant	
001	fermerai	001	fondez	005	fusse	001	gist	
003	feroiz	001	fondoit	003	fussent	001	glaive	
001	fers	010	font (DO)	001	fusses	001	gloire	
001	feruz	002	font (MELT)	001	fussiez	001	glouton	
005	feu	016	fontaine	006	fust (SUBST.)	001	gloutons	
002	feus	001	Fontaine d'Amors	028	fust (V.)	001	gloz	
001	fi (SUBST.)	003	fontaines	001	gaaignié	002	gobe	
001	fi (V.)	003	fonz	001	gaaignier	002	gonfanon	
003	fiance	011	force	001	gaaigniez	001	gordeiant	
001	fichiee	001	forceier	002	gaie	002	gorge	
002	fier (SUBST.)	001	forfaite	001	gaignons	001	goute	
002	fier (V.)	001	formé	004	gais	002	grace	
004	fiere	005	forment	001	gaitier	001	graces	
001	fiers	001	formez	001	galonee	005	graignor (ADJ.)	
001	fierté	001	fornir	002	ganz	001	graignor (SUBST.)	
001	fievres	001	forree	001	Ganz	001	graille	
002	figure	010	fors	003	gar	001	grailles	
001	fil	001	forsenee	002	garant	003	graillete	
001	fill	001	forsener	002	garantir	001	grain	
003	fille	001	forsenez	001	garantira	002	graindre	
002	fin (ADJ.)	007	fort (ADJ.)	003	garçon	001	graindres	
008	fin (SUBST.)	003	fort (ADV.)	002	garçons	005	graine	
001	fine (ADJ.)	001	forterece	009	garde (SUBST.)	001	graisse	
004	fine (V.)	001	Fortune	012	garde (V.)	109	grant (ADJ.)	
001	fines	006	forz	015	garder	001	grant (SUBST.)	
001	finoient	008	fos (ADJ.)		gar	020	granz	
006	fins (ADJ.)	002	fos (FOOL)		garde	001	gras	
001	fins (SUBST.)	001	fos (BEECH)		gardez	003	grasse	
004	fis (V.)	001	fossete		gardoit	002	gravele	
006	fis (SAY)	006	fossez		gart	001	gravissoient	
020	fist	001	France	003	gardez	011	gré	
004	fiz	001	franche	001	gardoit	001	greer	
002	flaire	001	franches	002	garnement	001	greez	
001	flairier	001	franchise	001	garnie	001	grelle	
001	flamant	009	Franchise	001	garnir	001	grenades	
001	flame	001	françois	001	garnis	001	greniers	
001	flamer	006	frans	003	garnison	001	grenon	
001	flestiz	001	frarin	001	garra	002	grevance	
001	fleüste	001	frein	004	gart	001	grevant	
001	fleüteors	001	fremir	003	garz	001	grevanz	
001	fleüter	001	fremira	001	gas	002	grever	
011	floiche	001	fremissent	001	gaste		grevant	
008	floiches	001	frere	001	gastee		grevanz	
005	flor	005	fresche	001	gaster		greveroit	
001	floretes	001	freschement	001	gasteras		grevez	
001	flori	001	fresches	001	Gauvains		griet	
001	florie	001	fresnes	001	gauz		grieve	
001	florir	001	friçon	001	ge	001	greveroit	
001	florissoient	003	friçons	001	gelee	003	grevez	
008	flors	001	frire	001	genest	001	griés	
002	foi	001	froide	002	gent (ADJ.)	002	griet	
001	foibles	001	froidor	007	gent (SUBST.)	004	grieve	
001	foïr	001	froidure	004	gente	001	grifaigne	
	foïz	003	frois	001	gentis	001	grive	
	fuiez		fresche	005	genz (ADJ.)	004	gros	
	fuit		fresches	042	genz (SUBST.)	001	grossete	
001	foison	004	froit	001	gerbe	001	guerie	
001	foisoner	001	froiz		(gesir V.)	001	guerir	
012	foiz	002	fronce		gisant		garra	
001	foïz	001	fronces		gist		guerie	
004	fol	002	froncié		jui		guerisse	

262

	guerissoit	002	icil (PRON.)	001	joïr	001	lardereles
	queriz	001	ier	001	jolis	001	large (ADJ.)
006	guerison	018	iere	001	jolive	001	large (SUBST.)
003	guerisse	016	iert (FUT.)	001	joliveté	001	largece
001	guerissoit	026	iert (IMPERF.)	001	jonece	005	Largece
003	queriz	338	il (SING.)	001	Jonece	001	largement
001	guerpisses	035	il (PL.)	001	jonete	001	larrecin
004	querre	016	iluec	001	jons	001	larron
003	querredon	006	ilueques	019	jor	001	larrons
001	querredoné	011	image	001	jornee	001	larz
001	querredons	004	images	019	jorz	002	las
001	querreier	002	inde	001	joste	001	lasche
001	querroie	001	irai	004	jostise	002	lasches
003	guichet	001	iraise	007	jou	001	lasse
009	quieres	002	iraistre	001	jovenciel	001	lassees
001	quiet	008	iras	001	jucheras	001	lasseté
001	quigne	014	ire	002	juene	002	lavai
001	quigniee	002	irié	006	juenes	001	lave
001	quignier	002	iriee	002	jui	007	laz
001	guila	001	irieement	002	jur	143	le (ART.)
001	guile	001	iriez	001	juré	068	le (PRON.)
001	quimple	003	iroie	001	jurent	002	lé
001	Guindesores	001	iroies	001	jus	001	lecherie
006	guise	001	isnele	009	jusqu	001	Lecherie
001	guises	002	isse	001	jusque	002	lee
003	ha	001	issi (ADV.)	002	jusques	001	leece
014	haie	002	issi (V.)	001	juste	002	Leece
001	haies	003	issir	002	jut	002	lees
001	haiete		isse	001	Keu	002	legier (ADJ.)
001	haïne		issi	001	Keus	003	legier (ADV.)
001	Haïne		issoient	162	l (ART.)	003	leial
002	haïr		issoit	065	l (PRON.)	001	leiaus
001	haire		ist	011	la (ADV.)	003	leiauté
001	haïst		istra	340	la (ART.)	002	lent
001	haïz		istras	031	la (PRON.)	002	lente
001	halassent	001	issoient	001	labeure	001	leparz
001	haoit	002	issoit	004	laide	001	lequel
004	hardement	001	ist	002	laidement	001	lermes
002	hardiz	001	istra	002	laidenge	128	les (ART.)
007	haut (ADJ.)	001	istras	001	laidengier	015	les (PRON.)
002	haut (ADV.)	002	itant	001	laides	001	lessu
005	haute	002	itel	001	laidir	001	letres
001	hautece	003	iver	001	laidiz	001	lettre
007	hauz	001	ivers	001	laidure	027	leu
001	herbergier	073	j	003	laienz	010	leus
001	hericiez	046	ja	001	laira	002	leva
001	hericons	002	jadis	001	lairai	001	levai
001	herne	001	jagonces	001	lairont	001	levasse
002	heste (SUBST.)	001	jais	002	lais	001	levee
001	heste (V.)	015	Jalosie	001	laissai		(lever)
001	hiaume	021	jamais	001	laissasse		leva
005	hisdeus	002	jangleor	005	laisse		levai
001	hisdeuse	002	jangleors	001	laisserai		levasse
001	hisdosement	001	jardin	002	laissier		levee
002	honir	002	jardins		laira		levez
001	honisse	002	jaune		lairai		levoient
003	honte	001	jaunes		lairont		lieve
018	Honte	001	jaunice		laissai	002	levez
002	honteus	001	jaunir		laissasse	001	levoient
001	honteuse	265	je		laisse	001	levres
009	hors	001	Jerusalen		laisserai	002	lez (ADJ.)
001	hulle	001	jes		laissiez	005	lez (PREP.)
001	hurtoit	003	jeue		laissoient	004	lez (SUBST.)
119	i	001	jeün		lait	174	li (ART.)
001	iaut	001	jeüner	004	laissiez	103	li (PRON.)
015	iauz	003	jeus	001	laissoient	001	lices
003	ice	004	joer	002	lait	001	lie
004	icele	001	jogleors	001	laiz	001	lié
001	icelui	001	joial	001	lances	001	liee
001	ices	001	joianz	001	langoutes	002	lier
002	iceste	035	joie	002	langue	001	lieve
001	icestui	001	joignanz	002	languist	002	liez
003	ici	002	jointe	001	larde	004	lignage
008	icil (ADJ.)	001	jointes	003	larder	001	lignuel

263

001	lionciaus	001	mainteniez	001	mellee	003	mesprison
	(lire)	003	maintenir	001	melles	001	messagier
	lisanz	019	maintes	001	mellez	005	mestier (NEED)
	lui	007	mainz (ADJ.)	002	melodie	002	mestier (TRADE)
001	lis	002	mainz (PRON.)	003	membre (SUBST.)	003	mestiers (NEED)
001	lisanz	021	mais (ADV.)	006	membre (V.)	001	mestiers (ACTIVITY)
005	lit	001	mais (COMP.)	001	membres	004	mesure
001	live	128	mais (CONJ.)	001	memoire	007	met
002	livre (SUBST.)	002	mais (SUBST.)	002	menace (SUBST.)	003	mete
001	livre (V.)	001	maisiere	001	menace (V.)	003	metes
001	livres	001	maisnies	002	menacier	001	metez
002	livrez	003	maison	004	menaie	004	metrai
004	lo	001	maistire	001	mencion	001	metras
001	lobe	004	maistre	003	mençonge	006	metre
001	lober	001	maistres	001	mençonges		meïst
001	lobes	005	maistrise	001	mençongier		met
001	loé	004	mal (ADJ.)	004	mendre		mete
001	loent	012	mal (ADV.)	001	mené		metes
001	loer	021	mal (SUBST.)	001	menee		metez
	lo	001	malades	004	mener		metrai
	loé	002	maladie		mené		metras
	loent	001	malan		menee		metroit
	loez	007	male		menez		mis
001	loez	009	Male Bouche		menoient		mise
001	Lohereine	002	malement		moine		mist
001	loherenges	001	maleoiz	001	menestreus	001	metroit
001	loier	002	males	001	menez	001	meure
001	loignet	001	malice	002	menoient	003	mi (ADJ.)
007	loing	001	malvoillance	003	menor	011	mi (SUBST.)
001	lointaigne	001	mame		mendre	001	miaudre
001	lointaignes	001	mamele	003	ment	004	miauz (ADJ.)
001	lointiens	004	manches	001	mente (SUBST.)	029	miauz (ADV.)
002	loisir	001	mangier (SUBST.)	001	mente (V.)	001	Miauz
002	lonc (ADJ.)	002	mangier (V.)	001	mentir	001	midi
001	lonc (SUBST.)	001	mangiers	001	menton	033	mie
001	longe	001	mangoniaus	001	menue	004	mien
003	longue	003	maniere	001	menues		mieus
003	longuement	004	manieres	001	menuz		moie
001	longues	001	manjue	005	mer	001	miens
001	longuet	001	mant	010	merci	003	mignot
005	lons	001	mantel	001	merciai	001	mignote
027	lor (ADJ.)	002	mantiaus	003	mere	001	mignotement
013	lor (PRON.)	005	mar	001	merir	003	mignotes
012	lores	001	marbre	002	merite	002	mil
002	loriers	001	marchier	001	merites	001	mile
064	lors	001	marmiteus	002	merveil	003	mileu
005	los	001	mars	001	merveille (ADV.)	001	mira
002	losengeor	001	martir	004	merveille (SUBST.)	001	mirai
001	losenges (LOSENGES)	005	martire	002	merveilles	002	mire (SUBST.)
003	losenges (FLATTERY)	001	maté	001	merveilleus	002	mire (V.)
005	losengier (SUBST.)	001	matere	001	merveillier	003	miroer
003	losengier (V.)	001	matin	018	mes	004	miroers
031	lui (PRON.)	001	matinee	002	mesaise	013	mis
001	lui (V.)	001	matins	001	mesamer	004	mise
001	luisant	002	matire	001	mesamez	001	misericorde
001	luisanz	001	maudi	001	mesasme	005	mist
001	lumiere	001	maudie	001	mesaventure	001	mistere
001	lune	001	maudite	001	mesavint	052	moi
001	Luxure	015	maus	001	mescheance	001	moie
003	m (ADJ.)	002	mautalent	001	mescheoir	001	moine (SUBST.)
160	m (PRON.)	006	mauvais	004	meschief	006	moine (V.)
025	ma	003	mauvaise	001	meschine	002	moins (ADJ.)
002	maçon	001	mauvaisement	001	mesconter	009	moins (ADV.)
001	Macrobes	003	mauvaistié	001	mescroit	002	moison
006	mai	001	mauvaistiez	001	mesdire	001	moiste
003	maigre	002	mauviz	002	mesdisant	001	moiteierie
001	maigrece	001	maz	001	mesenges	002	moitié
001	maigres	198	me	001	mesface	001	mole
016	main	001	medecine	001	mesfaire		mos
008	mains	005	meillor	001	Mesfaiz	038	mon
018	maint (ADJ.)		miaudre	001	mesprendrai	001	moncel
003	maint (PRON.)	002	meïsmes	003	mesprendre	001	monciaus
009	mainte	001	meïst	001	mesprenez	007	monde
015	maintenant	001	melle	002	mespris	001	mondes

001	mont (ADV.)	241	n (NEG.)	001	nuit (V.)	015	ont (AUX.)
	mout	014	n (CONJ.)	004	nuiz	001	oon
001	mont (SUBST.)	001	naist	031	nul (ADJ.)	057	or (CONJ.)
001	montance	001	naistre	001	nul (PRON.)	014	or (SUBST.)
005	monte	001	naïve	017	nule (ADJ.)	001	orde
001	montee	008	Narcisus	007	nule (PRON.)	001	ordenee
001	monter	002	nature	005	nului	001	ordre
001	montra	005	Nature	007	nus (ADJ.)	003	ordure
001	montrast	002	navré	026	nus (PRON.)	010	ore
003	montre	470	ne (NEG.)	004	o	001	oré
001	montré	040	ne (CONJ.)	001	obeïr	002	oreille
001	montrent	001	né	001	obli	001	oreilles
001	montroient	001	neant	001	obliance	007	orendroit
001	montron	003	nee	001	oblie	002	orendroites
002	monz	001	neelee	001	oblié	003	orent
001	moqueïz	001	negïs	002	oblit	002	ores
001	mordanz	009	neient	001	oci	004	orfrois
001	mori	001	neienz (ADJ.)	007	odor	001	orfroisiee
001	morie	002	neienz (ADV.)	001	ofrir	001	orge
001	moriers	001	neïs	010	oï	008	orgueil
004	morir	001	nenil	013	oï (AUX.)	001	orgueille
	mori	003	neporquant	014	oï	002	orguiauz
	morisse	007	nes (ADV.)	003	oie	001	Orguiauz
	morist	002	nes (NEG-ART)	003	oïe	003	orguilleus
	moroie	011	nés	001	oient	001	orguilleuse
	morroit	001	nesfles	002	oignement	001	orient
	mort	001	nete	003	oignemenz	001	orlee
	morte	001	netes	001	oignent	001	orlenois
	morz	001	neü	002	oint	001	ormes
	muire	002	neuz	001	ointe	001	orne
001	morisse	001	nez	002	ointure	001	orra
002	morist	001	nice	003	oïr	001	orroie
002	morne	001	nices		oï	003	orroiz
001	mornes	001	nicete		oie	002	ors
001	moroie	001	nier		oïe	001	orties
001	morroit	001	noblece		oient	001	orz
005	mort (SUBST.)	001	noblement		oon	001	os (SUBST.)
002	mort (V.)	001	nobles		orra	001	os (V.)
003	morte	001	noiers		orroie	001	osa
003	mortel	003	noir		orroiz	004	osai
001	mortier	001	noires		ot	001	osas
007	morz	003	noirs		oz	002	osasse
001	Morz	002	nois	003	oisel	002	osast
001	mos	005	noise	001	oiselet	003	oscure
001	mossues	001	noisetes	003	oiselez	004	ose
011	mot	002	noiz	001	oiseuse		(oser)
160	mout	001	nombre	009	Oiseuse		os
001	mouton	001	nombrez	014	oisiaus		osa
001	moverresse	001	nome	001	oisillons		osai
001	movez	001	nomer	001	olanz		osas
002	movoir	009	non (NEG.)	001	olivier		osasse
	movez	019	non (SUBST.)	001	oliviers		osast
	muet	001	nonchaloir		(oloir)		ose
	mueve	001	none		iaut		oses
001	moz	001	nooit		olanz		osoient
001	muciez	001	Normandie		oloit	001	oses
002	mue (ADJ.)	001	norrist	001	oloit	001	osoient
002	mue (V.)	015	nos	001	olor	002	ostages
001	mueille	001	nostre	002	olors	001	ostai
003	muer	003	notes	001	omage	001	ostast
001	muert	015	nou	001	omages	001	oste
002	muet	003	novel	001	ombrage	001	osté
001	mueve	010	novele	002	ombre	001	ostees
001	muire	001	novelement	004	ombreier	001	ostel
008	mur	003	noveles	001	ombres	001	osteroit
009	murs	002	noviaus	024	ome	001	osteus
001	murtre	001	Noviaus Pensers	020	on	104	ot (HAVE)
001	musa	001	noz	006	onc	035	ot (AUX.)
002	musarde	002	nue (ADJ.)	001	onces	004	ot (HEAR)
002	musardie	001	nue (SUBST.)	001	ondes	002	otreia
002	musart	001	nuef	001	oneste	001	otreié
001	muse	002	nueve	001	ongles	002	otreier
001	musent	003	nuire	041	onques	001	otreiez
001	musgades	012	nuit (SUBST.)	010	ont	002	otroi

265

001	otroie	001	parlers	001	pent	001	places	
C01	otroiz	002	parliers	001	Pentecoste	001	plaide	
033	ou (ADV.)	001	paroient	001	peor (ADV.)	C01	plaideors	
043	ou (CONJ.)	001	paroir	011	peor (SUBST.)	001	plaidier	
047	ou (PREP-ART)		paroient	007	Peor	009	plaie	
C03	outrage		paroit	001	Peors	005	plaies	
C01	outrages		parra	001	Pepin	001	plaiez	
001	outrageus		perent	001	perchete	002	plain	
001	outrageuse		pert	001	percié	003	plaindre	
004	outre	003	paroit	002	percier	003	plaing	
C01	outrecuidiez	010	parole (SUBST.)	001	perdi	001	plains (ADJ.)	
C02	outreement	005	parole (V.)	001	perdroiz	002	plains (V.)	
	(ouvrir)	002	paroles	001	perdu	001	plaint	
	overt	001	parra	002	perdue	C01	plaintes	
	overte	011	part (SUBST.)	001	perdues	C06	plaire	
	overtes	003	part (V.)	002	pere		plaisant	
	ovri	001	partes	001	perent		plaisanz	
	uevre	001	parti	002	peres		plaise	
C01	overt	004	partir	002	perill		plaisoit	
002	overte	C01	partira	001	perilleus		plaist	
001	overtes	002	parvenche	001	perilleuse		pleüst	
C01	ovrai	002	parz	001	perriere		plot	
C02	ovré	001	pas (STEP)	001	perrieres	001	plaisamment	
OC2	ovree	001	pas (WAY)	001	perses	007	plaisant	
C03	ovri	084	pas (NEG.)	001	persone	001	plaisanz	
C01	oz	002	pasme	004	pert (APPEAR)	004	plaise	
C01	paage	001	pasmé	005	pert (LOSE)	OC2	plaisir	
001	paié	001	pasmez	001	perte	003	plaisoit	
C01	paiez	001	pasmoison	004	pertuis	007	plaist	
C02	pain	001	passage	002	pesance	001	plançon	
002	paire	001	passages	003	pesant	002	planté	
004	pais	001	passai	001	pesanz	001	planter	
002	païs	001	passasse	001	pesast	C01	pleges	
002	païsant	CC1	passe	001	pesches	C05	plein	
001	paist	001	passé	001	peser	005	pleine	
002	paistre	006	passer		pesant	012	pleins	
	paist	001	passeroie		pesanz	007	plenté	
	peüz	001	passes		pesast	002	pleure	
002	pale	004	passez		poise	001	pleüst	
C01	pales	001	pautonier	001	pestri	001	ploie	
C01	paleté	001	pavé	004	petit	001	plor	
C02	paletiaus	OC2	Pavie	004	petite	001	plorai	
C01	pans	C01	pecheor	002	petites	003	plorer	
C03	papegauz	004	pechiez	C01	petitet		pleure	
001	Papelardie	C01	peliçon	003	petitete		plorai	
165	par (PREP.)	001	pelle	005	petiz		ploroit	
007	par (ADV.)	001	pendoit	001	peus	001	ploroit	
001	parclose	004	pendre	005	peüsse	002	plot	
C01	pardoint	003	pener	001	peüsses	001	plovoir	
C01	pardoné		penez	001	peüssiez	002	pluie	
001	pardoner		penoit	013	peüst	114	plus	
002	parece		poine	001	peüz	003	plusor	
C01	pareceus			001	piaus	001	plusors	
C01	paree	C01	penez	005	pié		(poeir)	
001	parent	003	penitence	002	pieç		peüsse	
001	parenté	001	penne	010	piece		peüsses	
C01	parer	001	penoit	008	pierre		peüssiez	
007	parevis	001	penon	007	pierres		peüst	
001	parez	002	penons	005	piez		poez	
001	parfonde	002	pens	001	pigne		poi	
C01	parfondement	002	pensa	001	pigniee		pooie	
001	parfondes	001	pensai	001	pignier		pooient	
C03	parfont	002	pensant	003	pin		pooit	
C01	Paris	005	pense	004	pins		poon	
001	parissant	CC1	pensé	001	pionier		porra	
C02	parla	002	pensee	001	pipolee		porras	
002	parlé	001	pensees	001	pipolez		porriez	
002	parler (SUBST.)	001	pensent	001	pis		porroie	
C04	parler (V.)	003	penser	001	piteable		porroit	
	parla	001	pensera	003	piteus		porroiz	
	parlé	001	pensez	007	pitié		pot	
	parleroiz	003	pensis	002	Pitié		pueent	
	parole	001	pensoie	001	Pitiez		puet	
001	parleroiz	001	pensoit	005	place		puez	
		001	penst					

266

	puis	001	portast	002	preu (SUBST.)		qu
	puisse	001	portauz	002	preuz		quel
	puissent	007	porte (SUBST.)	004	prez	003	queïsse
	puisses	004	porte (V.)	001	pria	010	quel (ADJ.)
	puissiez	001	porterai	002	prie	001	quel (PRON.)
002	poesté	001	portes	001	prier	001	quel (QUE LE)
004	poez	001	portez		preia	003	quelque
025	poi (ADV.)	001	portoient		preier	001	querir
005	poi (V.)	001	portoit		pria	001	querolasse
002	poignant	002	portraire		prie	010	querole
001	poignanz	002	portrait	002	priere	003	queroler
002	poignent	005	portraite	001	prieres	002	queroles
001	poigniee	001	portraites	001	primes	002	queroloient
001	poignoit	001	porvoie	001	priors	002	querras
001	poindre (PAINT)	005	pot	009	pris (SUBST.)	003	querre
001	poindre (SPUR)	001	potence	029	pris (TAKE)		queïsse
002	poine (ADV.)	001	poucins	004	pris (VALUE)		querir
018	poine (SUBST.)	001	poudre	001	prisai		querras
004	poine (V.)	001	pour	003	prise (TAKE)		quier
001	poines	003	povre	003	prise (VALUE)		quieres
001	poing	001	povrement	001	prisera		quiers
009	point (NEG.)	002	povres (ADJ.)	003	prisier		quiert
008	point (SUBST.)	001	povres (SUBST.)		pris	002	queue
002	point (ADV.)	002	povreté		prisai	002	queus
002	point (V.)	001	praerie		prise	420	qui
002	pointe (SUBST.)	003	precieus		prisera	002	quiconques
003	pointe (V.)	001	pree		proisie	007	quier
001	pointes (POINT)	001	preïsse		proisiez	001	quieres
001	pointes (STITCH)	001	preïst	008	prison	001	quiers
002	pointes (PANG)	001	preia	006	prist	002	quiert
004	pointes (V.)	001	preier	002	privé	001	quite
002	pointure (PAINTING)	001	premier	001	privee	001	quitement
001	pointure (POINT)	001	premiere (ADJ.)	001	privetez	001	quites
001	pointures	002	premiere (ADV.)	003	privez	022	quoi
001	poinz (FIST)	001	premiere (SUBST.)	003	prodome	001	racine
001	poinz (DETAIL)	001	premierement	001	prodomes	002	raconter
001	poires	001	premiers (ADJ.)	001	prodon	001	rafreschi
001	pois (PEA)	001	premiers (ADV.)	003	proece	003	rage
001	pois (WEIGHT)	001	premiers (SUBST.)	001	proie	001	raime
002	pois (WILL)	001	pren	001	proisie	001	rain
004	poise	001	prendra	001	proisiez	001	raines
001	poison	001	prendrai	002	promesse	001	rains
002	poissance	003	prendras	001	promet	001	rais
001	poissant	014	prendre	001	prové	001	raisnable
001	poissanz		preïsse	001	prunes	001	raisnables
001	poli		preïst	005	pucele	003	raison (ADJ.)
001	poliz		pren	001	puceles	001	raison (REASON)
001	pome		prendra	006	pueent	003	raison (SPEECH)
002	pomes		prendrai	001	pueplez	007	Raison
001	pomiers		prendras	033	puet	002	ramé
003	pooie		prenez	008	puez	001	rampones
001	pooient		prenoie	016	puis (ADV.)	001	ramponeuse
004	pooir		prens	009	puis (CONJ.)	001	ramponierres
001	pooirs		prent	019	puis (V.)	002	rancune
009	pooit		pris	001	puisast	001	rasoirs
002	poon		prise	004	puisse	001	rassoage
165	por		prist	002	puissent	001	rassoagier
001	porchace	001	prenez	005	puisses	001	rassotee
001	porchaciee	001	prenoie	001	puissiez		(raveir)
001	porpensai	001	prens	001	puiz		ravoit
001	porpensoie	003	prent	001	punaise		rot
004	porpre	024	près	002	pure	003	ravoit
003	porpris	002	present	001	pures	002	recelee
004	porprise	001	presente	001	pute	001	recenser
001	porra	001	presenz	319	qu	001	recensoit
006	porras	001	pressoirs	002	quanqu	001	recercelez
001	porriez	001	prester	003	quanque	001	receü
001	porrist	001	preta	123	quant	001	receüz
005	porroie	002	prete	001	quarte (ADJ.)	001	recevez
015	porroit	001	preté	002	quarte (SUBST.)	001	recevoir
001	porroiz	001	pretee	001	quartes	001	rechange
003	porsivre	002	pretes	004	quatre (ADJ.)	005	rechief
001	port	001	pretez	002	quatre (SUBST.)	001	rechignié
002	porta	003	preu (ADJ.)	420	que	001	reconfort

267

001	reconforté	001	rendis	001	retraioit	002	ruissiaus
001	reconforter	001	rendoient	005	retraire	018	s (ADJ.)
001	recorbelees	001	rendra	001	retrait	031	s (SO)
001	recorde	001	rendrai	003	retraite	055	s (IF)
001	recorder	001	rendras	001	reüser	061	s (PRON.)
004	recors	003	rendre	001	reveignent	069	sa
001	recovré		rendi	001	revendrai	001	sac
001	recovree		rendis	001	revendras	001	sachant
001	recreant		rendoient	001	revendront	008	sache
002	recreantise		rendra	003	revenir	005	saches
001	recreanz		rendrai	001	revenist	001	sachiee
001	recueil		rendras	001	reverdie	033	sachiez
001	recueve		rendue	001	reverse	002	sade
001	recuevrent		rent	001	revi	006	sage (ADJ.)
001	recuilloient	003	rendue	001	riant	004	sage (SUBST.)
001	recuit	001	renomez	002	rianz	001	sages
001	redie	003	renon	001	ribaudiaus	014	sai
001	redirai	001	renovele	001	ribaudies	010	saiete
001	redone	004	rent	001	ricalice	002	saietes
001	redot	001	rente	010	riche	002	saillir
001	redotee	001	repairier	001	richece		saut
002	redoute	001	repairiez	008	Richece	002	saine
001	reduit	002	repens	004	richement	001	saines
001	refait	001	repentance	005	riches (ADJ.)	001	sainte
002	refraigne	001	repente	001	riches (SUBST.)	001	saintes
001	refrain	002	repentir	001	rie	002	saintuaire
001	refraindre	002	replenist	043	rien	001	sainz
001	refraint	001	repondre	003	riens	001	saisie
001	refraiz		reponoit	001	rimeier	003	saison
003	refu		reposte	001	rioient	001	saive
001	refuse		repoz	001	riote	001	sale
001	refuser	001	reponoit	002	ris	002	salu
001	refusez	002	repos	001	rist	001	salua
001	refusoies	001	repose	002	rit	001	salue
001	regardai	001	reposer	001	rivage	002	saluer
001	regardant	001	reposte	001	rives	002	samit
001	regardast	001	repoz	002	riviere	002	sanc
002	regarde	001	reprendre	021	robe	002	sans
007	regarder	001	repris	001	rober	004	santé
002	regardoit	001	reprovier	002	roche	001	saouler
001	regart	001	requeroiz	002	roe	001	saphirs
001	regarz	001	requerre	001	roges	001	sapins
001	reiaume	001	requerroie	002	roi	002	sarmoné
002	reine (SUBST.)	004	requeste	001	roide	001	sarmoner
001	reine (V.)	001	requier	001	roidor	001	sarradinesche
001	reïne	001	requis	001	roietiaus	001	Sarradins
001	religion	001	requise	001	roïlle (SUBST.)	001	sausse
003	reluisant	002	requist	001	roïlle (V.)	001	saut (JUMP)
001	reluisoient	001	rese	001	roïlliee	001	saut (SAVE)
002	remaigne	002	resembla	003	rois	001	sautier
003	remaindre	001	resemblables	001	roisiaus	001	sauvage
	remaigne	001	resemble	005	romanz	001	sauz
	remaint	001	resemblent	001	Romanz de la Rose	007	savez
	remanoient	004	resembloit	001	Rome	004	savoie
	remenoir	001	reseras	001	ronce	002	savoient
	remés	001	respit	003	ronces	003	savoir
	remest	001	respitié	001	roncin		sai
001	remaint	001	resplendissoit	002	roonde		sache
001	remanoient	001	respoente	017	rose		saches
003	remembrance	002	respondi	002	Rose		sachiez
001	remembrer	003	respondre	002	rosee		savez
002	remenant	001	respondu	019	roses		savoie
002	remenoir	001	respons	001	rosete		savoient
003	remés	001	response	007	rosier		savoit
002	remese	005	respont	010	rosiers		savra
003	remest	001	retarder	003	rossigniaus		savrai
002	remirai	003	retenir	001	rossignolet		savras
001	remire	001	retien	001	rossignolez		savroit
002	remirer	002	retor	002	rot		savroiz
001	remordre	001	retorne	001	rotruenges		savront
001	remuanz	002	retorner	001	rubiz		set
001	remue	001	retornes	001	rue		seüsse
002	remuer	001	retornez	001	ruer		seüst
001	rendi	001	retornoit	001	rues		sevent

	sez	003	seoit		seoit	001	sot (ADJ.)
	soi	009	sera		siet	009	sot (V.)
	sot	003	serai		sist	001	soudeiers
004	savoit	006	seras	002	soës	001	sougiez
002	savor	002	sereines	001	soferroit	003	soupleier
001	savoré	001	serf	003	sofert	001	souploie
003	savoree	005	sergenz	001	soferte	003	soussi
001	savoreus	001	serie	001	soferz	001	soutes
001	savorez	001	series	002	sofrez	001	soutilment
001	savra	002	serin	006	sofrir	001	soveigne
001	savrai	001	seroie		soferroit	002	sovendra
001	savras	002	seroient		sofert	003	sovenir
002	savroit	001	seroies		soferte	011	sovent
001	savroiz	003	seroit		soferz	005	sovient
001	savront	001	seroiz		sofrez	002	sovint
001	Scipion	003	seront		sofroit	009	soz
110	se (CONJ.)	001	serré		suefre	005	suefre
091	se (PRON.)	002	serreüre	001	sofroit	029	sui
001	seant	002	sert	009	soi (PRON.)	001	suit
001	seanz	001	servage	009	soi (V.)	005	sus
001	sec	001	serve	001	soiche	006	t (ADJ.)
	soiche	001	serventois	003	soie (SUBST.)	042	t (PRON.)
001	sechiez	002	servi	003	soie (V.)	012	ta
001	secorcié	007	servir	002	soient	001	table
002	secors		serf	006	soies	001	tableterresses
001	secort		sert	001	soif	002	taille
001	secoru		serve	001	soir	001	tailleïz
002	secueure		servi	028	soit	001	tailliees
001	segonde		serviras	001	solace	001	taillier
001	segré		servoit	002	solacier	001	tailliez
003	seiez	001	serviras	003	solauz	003	taire
004	seignor	014	servise	008	solaz		taise
002	seignorie	001	servises	001	soleil		taist
001	seignors	001	servoit	006	solement		teü
001	Seine	052	ses	002	solers	001	taise
002	sejor	001	set (ADJ.)	002	soloie	001	taist
001	sejorne	011	set (V.)	001	soloient	009	talent
001	sejorné	001	seü		(soloir)	001	talons
002	sejorner	002	seue		siaut	081	tant
001	sel (SE LE)	005	seul		soloie	007	tantost
001	sel (SI LE)	001	seule		soloient	003	tanz
001	selonc	001	seure (ADJ.)		soloit	001	tarda
001	sema	001	seure (ADV.)	002	soloit	002	tarde
004	sembla	001	seüre	001	some	001	tarder
005	semblance	001	seürs	001	someillier	001	tarir
003	semblances	001	seürté	001	somet	001	tart (ADV.)
010	semblant	006	seus	078	son	001	tart (V.)
004	semble	001	seüsse	001	soner	001	tasse
001	sembler	004	seüst	001	sonez	001	tast
001	sembloient	002	sevent	007	songe	081	te
013	sembloit	003	sez	001	songent	001	teigne (SUBST.)
001	semee	001	si (ADJ.)	006	songes	003	teigne (V.)
001	semence	320	si (CONJ.)	001	songié	001	teignes
001	semoigne	002	siaut	001	songier	001	teint
001	semondre	003	siens	001	sonjai	002	teinte
004	semont		seue	001	sonjoie	041	tel (ADJ.)
007	sen	004	siet	002	sons	003	tel (PRON.)
003	senefiance	001	signier	043	sont	001	tenant
001	senefioit	007	simple	018	sor	001	tençant
001	seneschal	002	Simplece	003	sorciz	001	tencier
001	senestre (ADJ.)	001	simplement	001	sores	001	tençonerresse
002	senestre (ADV.)	013	sire	001	sormonter	001	tendi
006	sens (SUBST.)	001	sires	001	sorpreigne	001	tendoit
001	sens (V.)	001	sis	001	sorprendre	001	tendrai
001	sent	001	sist (KNOW)	002	sorpris	004	tendras
002	sente	002	sist (SIT)	004	sorquenie	004	tendre (ADJ.)
001	sentent	001	sivent	002	sort	004	tendre (V.)
005	senti	002	sivre	002	sospeçon		tendi
001	sentie		sivent	004	sospir		tendoit
001	sentier		suit	002	sospire		tendu
002	sentir	001	soatume	001	sospiré		tent
002	sentoie	003	soef	001	sospirer	002	tendroie
061	senz (PREP.)		(soeir)	001	sospirras	001	tendroit
001	senz (V.)		seanz	001	sospirs	002	tendroiz

001	tendu		tost	001	trecié	001	umilitez
003	tenebres		toudra	001	treciees	011	un (ADJ.)
002	tenez	001	toloit	001	trecier	096	un (ART.)
009	tenir	001	toloite	002	treçoer	007	un (SUBST.)
	teigne	001	tolue	001	tremblant	022	une (ADJ.)
	teignes	001	tolues	001	tremble	071	une (ART.)
	tendrai	021	ton	001	trembler	006	une (SUBST.)
	tendras	005	tor (TURN)	001	trembles	001	unes
	tendroie	009	tor (TOWER)	001	trenchant	021	uns (ADJ,ART)
	tendroit	003	torment	002	trenchanz	004	uns (SUBST.)
	tendroiz	002	tormente	002	trente	001	usage
	tenez	001	tormenté	007	trés	001	usast
	tenisse	002	torne	001	tresche	001	use
	tenist	001	torneiant	001	trespasse	001	usee
	tenoit	001	torneles	001	trespasser	001	usure
	tenues	001	tornent	002	tressaillir	004	vaillant
	tien	003	torner	001	tressaudras	002	vaillanz
	tienent	001	tornez	002	trestot (ADJ.)	001	vaille
	tienq	001	tornoiement	006	trestot (ADV.)	002	vain
	tiens	001	tort	001	trestot (PRON.)	001	vaincu
	tient	001	tortoles	002	trestoute	001	vaine
	tin	018	tost (ADV.)	001	trestoz (ADJ.)	002	vains
	tint	002	tost (V.)	002	trestoz (ADV.)	003	vaint
002	tenisse	027	tot (ADJ.)	001	tresvit	001	vaire
001	tenist	062	tot (ADV.)	001	tricheors	004	vairs
004	tenoit	014	tot (PRON.)	001	tricherie	001	vais
015	tens	001	toucha	001	trichoies	009	vait
007	Tens	001	touchai	001	Tristece	002	vallet
001	tent	004	touche	002	tristes	004	vallez
001	tenues	001	touchier	001	troble	001	valoient
001	termes	001	toudra	002	troblez	001	valoir
001	termine	017	toute (ADJ.)	001	troer		vaille
012	terre	007	toute (ADV.)	001	troi		valoient
001	terrestre	003	toute (PRON.)	006	trois		valoit
001	tertre	014	toutes (ADJ.)	050	trop		valu
016	tes	002	toutes (PRON.)	001	trova		valut
001	tesnieres	003	toutesvoies	006	trovai		vaudra
001	tessu	001	touz	001	trovast		vausist
005	teste	044	toz (ADJ.)	007	trové		vaut
001	teü	013	toz (ADV.)	001	trovee	001	valoit
001	teues	001	toz (PRON.)	001	trovees	002	valor
004	teus (ADJ.)	001	trace	001	trover	001	valu
003	teus (PRON.)	003	traï		troer	001	valut
002	ti	002	traie		trova	002	vassaus
001	tien	001	traïe		trovai	001	vassaut
001	tienent	002	traient		trovast	001	vaudra
005	tieng	001	traioit		trové	001	vausist
002	tiens	010	traire		trovee	004	vaut
003	tient		traie		trovees	001	vee
002	tierce		traient		trovera	002	veé
001	tierz		traioit		trueve	001	veer
001	tifee		trais		trueves	001	veez (FORBID)
001	tifer		traisist		truissiez	002	veez (SEE)
001	timberresses		traist	001	trovera	001	veianz
001	timbre		trait	001	truant	001	veiez
001	tin		traite	003	trueve	001	veillant
017	tint		traiz	002	trueves	001	veille
001	tirai	003	trais	001	truissiez	001	veillier
001	tirant	001	traisist	095	tu	001	veilliers
003	tire	003	traïson	001	tuer	001	veïs
001	tiré	001	traïssant	007	tuit (ADJ.)	003	veïsse
002	tirer	003	traist	002	tuit (PRON.)	003	veïssiez
001	toaille	005	trait	001	turcois	002	veïst
015	toi	003	traite	004	ueil (SING.)	003	veïstes
001	toiches	002	traites	006	ueil (PL.)	001	veluz
001	toise	002	traitiz		iauz	001	venant
003	toises	003	traïtor	001	ues	001	venche
001	toli	001	traiz	002	uevre (SUBST.)	002	vendra
001	tolir	001	travaille	003	uevre (V.)	002	vendras
	toli	001	travaillent	001	uevres	003	vendre
	toloit	001	traval	002	ui	001	vendroit
	toloite	001	travers	007	uis	001	vendroiz
	tolue	001	trece	001	uisset	003	vendront
	tolues	001	treces	001	umeliant	001	venez

001	vengier	001	veritez	002	vis (OPINION)		voudras
	venche	001	vermauz	015	vis (FACE)		voudroie
	vengiez	001	vermeil	002	vis (ALIVE)		voudroit
001	vengiez	003	vermeille	001	visage		voudroiz
001	venierres	001	vermeilles	001	visiter		vueil
001	venin	001	vermeilletes	001	viste		vueille
009	venir	001	vermeillettes	001	vistes		vuelent
	venant	001	verminier	009	vit (SEE)	002	vous
	vendra	001	verrai	001	vit (LIVE)	002	voutiz
	vendras	004	verras	001	vivaint	004	voz
	vendroit	002	verroie	001	vivant	029	vueil
	vendroiz	001	vers (WORM)	001	vivanz	004	vueille
	vendront	001	vers (VERSE)	001	vive	002	vuelent
	venez	036	vers (PREP.)	001	vivent	001	vuidié
	venist	002	versez	001	vives	001	vuidiez
	venoit	003	vert (ADJ.)	005	vivre	001	ypocrite
	venu	001	vert (SUBST.)		vescu		
	venue	002	vertu		vesquist		
	venues	001	vertuz		vif		
	venuz	001	verve		vit		
	vient	001	vescu		vivaint		
	vienent	001	vesquist		vivent		
	vin	001	vestanz	011	voi		
	vint	001	vestir (SUBST.)	006	voie (SUBST.)		
001	venirs	001	vestir (V.)	004	voie (V.)		
002	venist	002	vestoit	005	voient		
003	venoit	002	vestu	001	voies (SUBST.)		
004	vent (SUBST.)	004	vestue	001	voies (V.)		
001	vent (V.)	003	vestuz	001	voile		
002	ventre	007	veü	003	voilliez		
001	venu	005	veüe	001	voine		
001	venue	001	veües	009	voir		
001	venues	002	veüz	001	voire		
006	Venus	016	vi	002	voirs		
005	venuz	002	viaus	002	vois		
001	veoie	015	viaut	010	voit		
002	veoir (SUBST.)	001	viauz	003	voiz		
014	veoir (V.)	001	vice	001	volage		
	veez	001	videle	009	volenté		
	veianz	009	vie	003	volentez		
	veiez	002	vieille (ADJ.)	010	volentiers		
	veïs	004	vieille (SUBST.)	001	voler		
	veïsse	001	vieillece	001	voletoient		
	veïssiez	001	Vieillece	004	volez		
	veïst	001	vieilles	001	voloie		
	veïstes	001	vieillie	002	voloir		
	veoie	001	vieillir	001	voloit		
	veoit	001	vieillist	003	vont		
	verrai	001	vieillune	176	vos (PRON.)		
	verras	001	vieler	002	vos (V.)		
	verroie	001	vienent	001	vosisse		
	veü	009	vient	005	vosist		
	veüe	003	viez	003	vost		
	veües	003	vif (ADJ.)	026	vostre		
	veüz		vis	001	vostres		
	vi		vive	003	voudra		
	vit		vives	001	voudrai		
	voi			001	voudras		
	voie	001	vif (V.)	008	voudroie		
	voient	001	vil	005	voudroit		
	voies	001	vilain (ADJ.)	002	voudroiz		
	voit	005	vilain (SUBST.)		(vouleir)		
001	veoirs	006	vilaine		viaus		
002	veoit	002	vilains (ADJ.)		viaut		
001	veraiement	007	vilains (SUBST.)		voilliez		
001	verdeiant	008	vilanie		volez		
001	verdeier	002	Vilanie		voloie		
001	verdure	002	vile		voloit		
029	vergier	001	vilment		vos		
004	vergiers	002	vin (SUBST.)		vosisse		
002	vergondeus	003	vin (V.)		vosist		
006	verité	002	vint (ADJ.)		vost		
001	veriteument	008	vint (V.)		voudra		
001	veriteus	001	vintieme		voudrai		
		003	violete				

APPENDIX II

A WORD-FREQUENCY LIST,
ARRANGED IN DESCENDING
ORDER OF FREQUENCY

Abbreviations used:

As in the concordance and:

    FREQ.   =   frequency
REL. FREQ.   =   relative frequency

The total number of words in the poem = 16,727.

FREQ.   (REL. FREQ.)
WORD

996 (.059544)
  e

543 (.032462)
  de

470 (.028098)
  ne (NEG.)

420 (.025109)
  que
  qui

367 (.021940)
  a (PREP.)

340 (.020326)
  la (ART.)

338 (.020206)
  il (SING.)

320 (.019130)
  si (CONJ.)

319 (.019070)
  qu

298 (.017815)
  en (PREP.)

265 (.015842)
  je

250 (.014945)
  est

241 (.014407)
  n (NEG.)

198 (.011837)
  me

196 (.011717)
  d

192 (.011478)
  bien (ADV.)

176 (.010521)
  vos (PRON.)

174 (.010402)

  li (ART.)

169 (.010103)
  en (ADV.,PRON)

165 (.009864)
  par (PREP.)
  por

162 (.009684)
  l (ART.)

160 (.009565)
  m (PRON.)
  mout

146 (.008728)
  ce (PRON.)

143 (.008549)
  le (ART.)

138 (.008250)
  car

130 (.007771)
  fu

128 (.007652)
  les (ART.)
  mais (CONJ.)

123 (.007353)
  quant

119 (.007114)
  ele
  i

114 (.006815)
  plus

110 (.006576)
  se (CONJ.)

109 (.006516)
  grant (ADJ.)

104 (.006217)
  ot (HAVE)

103 (.006157)
  li (PRON.)

096 (.005739)
  un (ART.)

095 (.005679)
  tu

093 (.005559)
  el (PRON.)

091 (.005440)
  se (PRON.)

086 (.005141)
  estoit

084 (.005021)
  pas (NEG.)

081 (.004842)
  tant
  te

079 (.004722)
  a (AUX.)
  a (V.)

078 (.004663)
  son

075 (.004483)
  faire

074 (.004423)
  Amors

073 (.004364)
  j

071 (.004244)
  une (ART.)

069 (.004125)
  cuer
  sa

068 (.004065)
  le (PRON.)

067 (.004005)
  fait (V.)

065 (.003885)
  au
  l (PRON.)

064 (.003826)
  lors

063 (.003766)
  avoit
  dou

062 (.003706)
  estre (V.)
  tot (ADV.)

061 (.003646)
  s (PRON.)
  senz (PREP.)

057 (.003407)
  or (CONJ.)

055 (.003288)
  s (IF)

054 (.003228)
  don (PRON.)

053 (.003168)
  come
  con

052 (.003108)
  moi
  ses

050 (.002989)
  en (PRON.)
  trop

047 (.002809)
  ou (PREP-ART)

046 (.002750)
  ja

045 (.002690)
  ai (AUX.)
  Bel Acueil

044 (.002630)
  ainz
  des (PREP.)
  toz (ADJ.)

043 (.002570)
  ou (CONJ.)
  rien
  sont

FREQ. (REL. FREQ.)
WORD

042 (.002510)
  as (PREP-ART)
  genz (SUBST.)
  t (PRON.)

041 (.002451)
  onques
  tel (ADJ.)

040 (.002391)
  ne (CONJ.)

038 (.002271)
  mon

036 (.002152)
  vers (PREP.)

035 (.002092)
  chose
  il (PL.)
  joie
  ot (AUX.)

033 (.001972)
  c
  mie
  ou (ADV.)
  puet
  sachiez

032 (.001913)
  avoit (AUX.)

031 (.001853)
  bel (ADJ.)
  la (PRON.)
  lui (PRON.)
  nul (ADJ.)
  s (SO)

030 (.001793)
  autre (ADJ.)
  Deus

029 (.001733)
  biaus
  miauz (ADV.)
  pris (TAKE)
  sui
  vergier
  vueil

028 (.001673)
  cil (PRON.)
  fust (V.)
  soit

027 (.001614)
  ensi
  leu
  lor (ADJ.)
  tot (ADJ.)

026 (.001554)
  avoir (V.)
  iert (IMPERF.)
  nus (PRON.)
  vostre

025 (.001494)
  doit
  ma
  poi (ADV.)

024 (.001434)
  dire
  ome
  près

023 (.001375)
  assez
  bele (ADJ.)
  bouton
  cuers
  cui

022 (.001315)
  cele (PRON.)
  ces
  quoi
  une (ADJ.)

021 (.001255)
  après
  jamais
  mais (ADV.)
  mal (SUBST.)
  robe
  ton
  uns (ADJ,ART)

020 (.001195)
  avant
  coment
  dame
  eure
  fist
  granz
  on

019 (.001135)
  ai
  amer (V.)
  cors
  esté (V.)
  jor
  jorz
  maintes
  non (SUBST.)
  puis (V.)
  roses

018 (.001076)
  amanz
  ausi
  ceus
  cuit (THINK)
  furent
  Honte
  iere
  maint (ADJ.)
  mes
  poine (SUBST.)
  s (ADJ.)
  sor
  tost (ADV.)

017 (.001016)
  amie
  amis
  ceste (ADJ.)
  dist
  durement
  faite
  nule (ADJ.)
  rose
  tint
  toute (ADJ.)

016 (.000956)
  aler
  autre (PRON.)
  entor
  eve
  fontaine
  fui
  iert (FUT.)
  iluec
  main
  puis (ADV.)
  tes
  vi

015 (.000896)
  amant
  autres (ADJ.)
  biens
  Dangiers
  dedenz
  folie
  garder
  iauz
  Jalosie
  les (PRON.)
  maintenant
  maus
  nos
  nou
  ont (AUX.)
  porroit
  tens
  toi
  viaut
  vis (FACE)

014 (.000836)
  amor
  chanter
  deus (ADJ.)
  douz
  haie
  ire
  n (CONJ.)
  oï
  oisiaus
  or (SUBST.)
  prendre
  sai
  servise
  tot (PRON.)
  toutes (ADJ.)
  veoir (V.)

013 (.000777)
  amors
  bon (ADJ.)
  cele (ADJ.)
  des (CONJ.)
  duel
  estoient
  lor (PRON.)
  mis
  oï (AUX.)
  peüst
  sembloit
  sire
  toz (ADV.)

012 (.000717)
  adès
  avis
  chief
  cil (ADJ.)
  cinc
  covient
  devant
  faisoit
  fame
  foiz
  garde (V.)
  lores
  mal (ADV.)
  nuit (SUBST.)
  pleins
  ta
  terre

011 (.000657)
  baisier (SUBST.)
  bone
  bouche
  clere
  Cortoisie
  Deduiz
  encore
  erbe
  fait (SAY)
  floiche
  force
  gré
  image
  la (ADV.)

FREQ.   (REL. FREQ.)
WORD

011   (.000657)
(CONT.)
   mi (SUBST.)
   mot
   nés
   part (SUBST.)
   peor (SUBST.)
   set (V.)
   sovent
   un (ADJ.)
   voi

010   (.000597)
   apelee
   avuec
   cel
   cest
   ci
   Dangier
   deus d'Amors
   doiz (V.)
   dolor
   douce
   droit (ADV.)
   eüst (AUX.)
   face (V.)
   font (DO)
   fors
   leus
   merci
   novele
   oi
   ont
   ore
   parole (SUBST.)
   piece
   quel (ADJ.)
   querole
   riche
   rosiers
   saiete
   semblant
   traire
   voit
   volentiers

009   (.000538)
   ançois
   atant
   aus
   avez (AUX.)
   biauté
   certes
   desus
   Deu
   di
   dit
   droiz
   entre (PREP.)
   es (V.)
   eüst
   eus
   fai
   faites
   Franchise
   garde (SUBST.)
   guieres
   hors

   jusqu
   mainte
   Male Bouche
   moins (ADV.)
   murs
   neient
   non (NEG.)
   Oiseuse
   plaie
   point (NEG.)
   pooit
   pris (SUBST.)
   puis (CONJ.)
   sera
   soi (PRON.)
   soi (V.)
   sot (V.)
   soz
   talent
   tenir
   tor (TOWER)
   vait
   venir
   vie
   vient
   vit (SEE)
   voir
   volenté

008   (.000478)
   aïst
   amont
   arbres
   atendre
   avoie (AUX.)
   avras
   blanche
   cent
   chapel
   clef
   cointe
   cointes
   color
   contraire
   dames
   dirai
   dure (V.)
   encor
   enor
   Esperance
   estoie
   fin (SUBST.)
   floiches
   flors
   fos (ADJ.)
   icil (ADJ.)
   iras
   mains
   mur
   Narcisus
   orgueil
   pierre
   point (SUBST.)
   prison
   puez
   Richece
   sache
   solaz
   vilanie

   vint (V.)
   voudroie

007   (.000418)
   aime
   alai
   autel
   autres (PRON.)
   aventure
   avrai
   avras (AUX.)
   bel (ADV.)
   bele (SUBST.)
   celui
   ceste (PRON.)
   chascuns (PRON.)
   Chasteé
   cortois
   dangier
   done
   dure (ADJ.)
   enz
   fel
   fort (ADJ.)
   gent (SUBST.)
   haut (ADJ.)
   hauz
   jou
   laz
   loing
   mainz (ADJ.)
   male
   met
   monde
   morz
   nes (ADV.)
   nule (PRON.)
   nus (ADJ.)
   odor
   orendroit
   par (ADV.)
   parevis
   Peor
   pierres
   pitié
   plaisant
   plaist
   plenté
   porte (SUBST.)
   quier
   Raison
   regarder
   rosier
   savez
   sen
   servir
   simple
   songe
   tantost
   Tens
   toute (ADV.)
   trés
   trové
   tuit (ADJ.)
   uis
   un (SUBST.)
   veü
   vilains (SUBST.)

006   (.000358)
   arc
   ars
   as (V.)
   auques
   aval
   Avarice
   avoir (SUBST.)
   beles
   blasmer
   ça
   chant
   choses
   clos (ADJ.)
   compaignie
   compaignon
   conseil
   cote
   covendra
   covent
   deduit (SUBST.)
   dehors
   delez
   denz
   deus (SUBST.)
   devez
   dolors
   enclose
   enui
   estes
   façon
   faille
   feïst
   fins (ADJ.)
   fis (SAY)
   forz
   fossez
   frans
   fust (SUBST.)
   guerison
   guise
   ilueques
   juenes
   mai
   mauvais
   membre (V.)
   metre
   moine (V.)
   onc
   passer
   plaire
   porras
   prist
   pueent
   sage (ADJ.)
   sens (SUBST.)
   seras
   seus
   sofrir
   soies
   solement
   songes
   t (ADJ.)
   trestot (ADV.)
   trois
   trovai
   ueil (PL.)
   une (SUBST.)
   Venus
   verité

FREQ.   (REL. FREQ.)
WORD

006   (.000358)
(CONT.)
    vilaine
    voie   (SUBST.)

005   (.000298)
    achoison
    afaire
    aillors
    ait
    amez
    apris
    arbre
    as   (AUX.)
    assise
    aucun
    aucune
    autrui
    avient
    avoir   (AUX.)
    bien   (SUBST.)
    blanches
    bonté
    boutons
    cheveus
    colors
    comant
    confort   (SUBST.)
    corage
    Covoitise
    Deduit
    derrenier
    devient
    devise   (SUBST.)
    die
    dites
    doner
    ensemble
    entendre
    enuiz
    envie
    Envie
    estre   (SUBST.)
    estuet
    felon
    fer
    ferai
    feu
    flor
    forment
    fresche
    fueilles
    fusse
    qenz   (ADJ.)
    graignor   (ADJ.)
    graine
    haute
    hisdeus
    laisse
    Largece
    lez   (PREP.)
    lit
    lons
    los
    losengier   (SUBST.)
    maistrise
    mar
    martire
    meillor

mer
mestier   (NEED)
mist
monte
mort   (SUBST.)
Nature
noise
nului
parole   (V.)
pense
pert   (LOSE)
petiz
peüsse
pié
piez
place
plaies
plein
pleine
poi   (V.)
porroie
portraite
pot
pucele
puisses
rechief
respont
retraire
riches   (ADJ.)
romanz
saches
semblance
senti
sergenz
seul
sovient
suefre
sus
teste
tieng
tor   (TURN)
trait
venuz
veüe
vilain   (SUBST.)
vivre
voient
vosist
voudroit

004   (.000239)
    acesmez
    acier
    aidier
    aie
    alasse
    aleine
    aloient
    Amis
    an
    angoisseus
    anz
    aprendre
    asseür
    atent
    aucuns   (PRON.)
    avueques
    baisier   (V.)
    beance

blasme   (SUBST.)
bones
bons   (ADJ.)
chantoient
char
chascun   (ADJ.)
chevaliers
chier   (ADV.)
cler
col
començai
congié
contenance
cuidiez
damoiseles
debonaire
demant
demorer
deseure
desoz
destroiz
deu d'Amors
deüst
devers
devise   (V.)
dis   (V.)
divers
don   (SUBST.)
dons   (SUBST.)
Douz Regarz
enfer
escoute
esjoï
espès
esperance
espier
face   (SUBST.)
fera
fiere
fine   (V.)
fis   (V.)
fiz
fol
folement
froit
gais
gart
gente
grieve
gros
guerre
hardement
icele
images
joer
jostise
laide
laissiez
lez   (SUBST.)
lignage
lo
maistre
mal   (ADJ.)
manches
manieres
menaie
mendre
mener
merveille   (SUBST.)
meschief

mesure
metrai
miauz   (ADJ.)
mien
miroers
mise
morir
nuiz
o
ombreier
orfrois
osai
ose
ot   (HEAR)
outre
pais
parler   (V.)
partir
passez
pechiez
pendre
pert   (APPEAR)
pertuis
petit
petite
pins
plaise
poez
poine   (V.)
pointes   (V.)
poise
pooir
porpre
porprise
porte   (V.)
prez
pris   (VALUE)
puisse
quatre   (ADJ.)
recors
rent
requeste
resembloit
richement
sage   (SUBST.)
santé
savoie
savoit
seignor
sembla
semble
semont
seüst
siet
sorquenie
sospir
tendras
tendre   (ADJ.)
tendre   (V.)
tenoit
teus   (ADJ.)
touche
ueil   (SING.)
uns   (SUBST.)
vaillant
vairs
vallez
vaut
vent   (SUBST.)
vergiers

FREQ.   (REL. FREQ.)
WORD

004 (.000239) (CONT.)	conterai	eüsse (AUX.)	montre
verras	contre	fable	morte
vestue	coste (SUBST.)	faces	mortel
vieille (SUBST.)	costé	failliz	muer
voie (V.)	covint	feroiz	nee
volez	creez	fiance	neporquant
voz	creniaus	fille	noir
vueille	crien	fole	noirs
	cristal	fontaines	notes
	cristaus	fonz	novel
	croistre	fort (ADV.)	noveles
003 (.000179)	cuidai	friçons	nuire
aage	cuide	frois	oïe
abelissoit	cuideras	front	oïr
acointance	cure	fueille	oie
aïmant	damoisiaus	fussent	oignemenz
aiez	dancier	gar	oisel
ain	deceü	garçon	oiselez
ains	decevoir	gardez	ordure
alume	deduire	garnison	orent
ami	defendre	garz	orguilleus
amitié	delit	gië	orroiz
amoreus	delitable	graillete	oscure
angoisse	demande (V.)	grasse	outrage
apela	depart	grevez	ovri
apelez	desfermé	guerisse	papegauz
aperte	destre (ADV.)	gueriz	parfont
ardure	devisier	guerredon	paroit
arest (SUBST.)	devroit	guichet	part (V.)
argent	dient	ha	pener
assises	diras	honte	penitence
ataindre	dis (ADJ.)	ice	penser
ator	doi (SUBST.)	ici	pensis
atornee	dona	iroie	pesant
autant	doné	issir	petitete
autrement	donee	iver	pin
autresi	doré	jeue	piteus
avantage	dormant	jeus	plaindre
avenant	dot	laienz	plaing
avoie	douçor	larder	plaisoit
avra	doucement	legier (ADV.)	plorer
avroiz	doucereus	leial	plusor
bachelers	doute	leiauté	pointe (V.)
bailliz	Douz Pensers	longue	pooie
baise	Douz Regart	longuement	porpris
bandon	droite	losenges (FLATTERY)	porsivre
bee	drue (ADJ.)	losengier (V.)	povre
blece	dur	m (ADJ.)	precieus
bois	emble	maigre	prendras
bouchete	encontre (PREP.)	maint (PRON.)	prent
brune	engin	maintenir	preu (ADJ.)
ce (ADJ.)	engrestié	maison	prise (TAKE)
chaitive	enorer	maniere	prise (VALUE)
chantanz	ententive	mauvaise	prisier
charjoient	entra	mauvaistié	privez
chastiaus	entrer	membre (SUBST.)	prodome
chastie	enuie	mençonge	proece
chaut (SUBST.)	envers (PREP.)	menor	quanque
chiere (SUBST.)	envieus (ADJ.)	ment	queïsse
clamee	envoisiee	mere	quelque
clarté	envoisiez	mesprendre	queroler
cloison	es (PREP-ART)	mesprison	querre
com	escondire	mestiers (NEED)	rage
comandement	esgaier	mete	raison (ADJ.)
comandemenz	esmaiez	metes	raison (SPEECH)
comencié	espines	mi (ADJ.)	ravoit
comencier	essaier	mignot	refu
conte (V.)	estovra	mignotes	reluisant
conté	eü	mileu	remaindre
conter	eüe	miroer	remés

278

FREQ.   (REL. FREQ.)
WORD

003   (.000179)
(CONT.)
  remembrance
  remest
  rendre
  rendue
  renon
  respondre
  retenir
  retraite
  revenir
  riens
  rois
  ronces
  rossigniaus
  saison
  savoir
  savoree
  seiez
  semblances
  senefiance
  seoit
  serai
  seroit
  seront
  sez
  siens
  soef
  sofert
  soie   (SUBST.)
  soie   (V.)
  solauz
  sorciz
  soupleier
  soussi
  sovenir
  taire
  tanz
  teigne   (V.)
  tel   (PRON.)
  tenebres
  teus   (PRON.)
  tient
  tire
  toises
  torment
  torner
  toute   (PRON.)
  toutesvoies
  traï
  traïson
  traïtor
  trais
  traist
  traite
  trueve
  uevre   (V.)
  vaint
  veïsse
  veïssiez
  veïstes
  vendre
  vendront
  venoit
  vermeille
  vert   (ADJ.)
  vestuz
  viez
  vif   (ADJ.)
  vin   (V.)

  violete
  voilliez
  voiz
  volentez
  vont
  vost
  voudra

002   (.000119)
  aaise
  abaïe
  abatre
  abelist
  acheté
  acointables
  acointier
  acordance
  acorde
  acrochier
  adenz
  adonc
  afaitié
  agrea
  agües
  aguille
  aies
  aies   (AUX.)
  aigre
  aillent
  aiment
  aise
  ait   (AUX.)
  alee   (V.)
  aleüre
  alez
  aloit
  ama
  amaigrir
  amasse
  ame
  amé
  amenai
  amender
  ament
  amoretes
  andeus
  andui
  anges
  angoissoit
  apaier
  apeler
  araisoner
  archiers
  areste
  argenz
  arivez
  armes
  art   (V.)
  assaillie
  assemblee
  assis
  ataïne
  atalente
  atise
  atorner
  atraire
  atrait
  aumosniere
  avance

  avancier
  avarice
  avenir
  avint
  baile
  baillie
  baler
  barrez
  bas   (ADV.)
  basme
  baston
  batoit
  batre
  beez
  beoient
  besoing
  Biaus Semblanz
  Biauté
  Biautez
  bienvoillance
  blanc
  blondez
  blonz
  borse
  bouchier
  brandon
  braz
  briement
  brieve
  bruire
  calandres
  carreüre
  carriaus
  ceinture
  celer
  cercle
  certainement
  chanters
  chantoit
  chanz
  chastel
  chastiement
  chastier
  chauciez
  chenue
  cheoir
  cheoiz
  cheté
  cheval
  chevalier
  cheveçaille
  chiches
  chiens
  chiere   (ADV.)
  chue
  ciel
  cist
  cleres
  clers
  cointement
  cointerie
  coloree
  comandé
  comença
  comence
  comencement
  comenceras
  compaigne
  Compaignie
  compainz

  compasseüre
  compere
  conchier
  conduit
  coneü
  conois
  conoisse
  conoissoit
  conquerre
  conseillier
  conte   (SUBST.)
  contenement
  contenz
  conui
  cop
  corageus
  corrocié
  corrocier
  corrociez
  corroz
  cort   (SUBST.)
  cortoise
  cortoisie
  costume
  costumiers
  couchiez
  covenant
  covenoit
  coverz
  creature
  cremoie
  crier
  crochues
  croist
  crole
  cruauté
  cuit   (COOK)
  curieus
  damoisele
  dances
  dangereus
  debonairement
  debrisier
  defense
  defors
  deigniez
  deignoit
  delitables
  delitableté
  delivre
  demandai
  demandez
  demener
  demente
  dementer
  demeure   (V.)
  demoré
  denier
  dente
  denté
  derriere
  descent
  desclos
  desconfort
  descoverte
  desdein
  desir
  despiece
  desplaise
  desprisier

FREQ. (REL. FREQ.)
WORD

002   (.000119)
(CONT.)
 destor
 destre (ADJ.)
 destrece
 deüssiez
 devenue
 devin
 devoit
 diaus
 dies
 dine
 disant
 dite
 diverses
 diz
 doblez
 doing
 doivent
 dolente
 dolenz
 doloir
 don (ADV.)
 donc
 donoit
 donques
 dormez
 dormir
 doutance
 doutent
 Douz Parler
 dreciez
 droit (ADJ.)
 droites (ADJ.)
 druerie
 durent (LAST)
 durer
 el (SUBST.)
 embler
 empire
 empleiez
 emprise
 encline
 encloeüre
 encombrez
 endementieres
 endroit (PREP.)
 enfance
 enfes
 engins
 engraigne
 enmurer
 enrage
 entent
 entente
 ententis
 entiers
 entr
 entrai
 entre (ADJ.)
 entrepris
 entulle
 envaïe
 envers (ADV.)
 envieus (SUBST.)
 environ
 envoise
 envoiseüre
 envoisier
 es (ES VOS)

esbaï
esbaïe
esbaneiant
esbatant
eschiele
escient
escouté
esforce
esfreor
esgarde
esloignier
esmai
esmaie
esmeré
espice
espoir
esprové
essaboïz
essaié
essemple
esté (SUBST.)
esteüst
estoiles
estovoir
estranges
estroit
esveil
esveillier
eür
eüs
eures
façons
faciez
fais (SUBST.)
faisant
faisoient
faiz (ADJ.)
fames
farde
faus
fausseté
faut
faz
feintise
felonie
feras
ferir
feus
fier (SUBST.)
fier (V.)
figure
fin (ADJ.)
flaire
foi
font (MELT)
fos (FOOL)
fronce
froncié
fruit
fuer
fuiez
gaie
ganz
garant
garantir
garçons
garnement
gent (ADJ.)
giete
gobe

gonfanon
gorge
grace
graindre
gravele
grevance
grever
griet
haïr
hardiz
haut (ADV.)
heste (SUBST.)
honir
honteus
iceste
icil (PRON.)
inde
iraistre
irié
iriee
isse
issi (V.)
issoit
itant
itel
jadis
jangleor
jangleors
jardins
jaune
jointe
juene
jui
jur
jusques
jut
laidement
laidenge
lais
laissier
lait
langue
languist
las
lasches
lavai
lé
lee
Leece
lees
legier (ADJ.)
lent
lente
leva
levez
lez (ADJ.)
lier
liez
livre (SUBST.)
livrez
loisir
lonc (ADJ.)
loriers
losengeor
maçon
mainz (PRON.)
mais (SUBST.)
maladie
malement
males

mangier (V.)
mantiaus
matire
mautalent
mauviz
meïsmes
melodie
menace (SUBST.)
menacier
menoient
merite
merveil
merveilles
mesaise
mesdisant
mespris
mestier (TRADE)
mil
mire (SUBST.)
mire (V.)
moins (ADJ.)
moison
moitié
monz
morist
morne
mort (V.)
movoir
mue (ADJ.)
mue (V.)
muet
musarde
musardie
musart
nature
navré
neienz (ADV.)
nes (NEG-ART)
neuz
nois
noiz
noviaus
nue (ADJ.)
nueve
oblit
oignement
oint
ointure
olors
ombre
oreille
orendroites
ores
orguiauz
ors
osasse
osast
ostages
otreia
otreier
otroi
outreement
overte
ovré
ovree
païs
païsant
pain
paire
paistre

FREQ.   (REL. FREQ.)
         WORD

002   (.000119)
(CONT.)
  pale
  paletiaus
  parece
  parla
  parlé
  parler   (SUBST.)
  parliers
  paroles
  parvenche
  parz
  pasme
  Pavie
  penons
  pens
  pensa
  pensant
  pensee
  percier
  perdue
  pere
  peres
  perill
  pesance
  petites
  pieç
  Pitié
  plain
  plains   (V.)
  plaisir
  planté
  pleure
  plot
  pluie
  poesté
  poignant
  poignent
  poine   (ADV.)
  point   (ADV.)
  point   (V.)
  pointe   (SUBST.)
  pointes   (PANG)
  pointure   (PAINTING)
  pois   (WILL)
  poissance
  pomes
  poon
  porta
  portraire
  portrait
  povres   (ADJ.)
  povreté
  premiere   (ADV.)
  present
  prete
  pretes
  preu   (SUBST.)
  preuz
  prie
  priere
  privé
  promesse
  puissent
  pure
  quanqu
  quarte   (SUBST.)
  quatre   (SUBST.)
  queroles
  queroloient

  querras
  queue
  queus
  quiconques
  quiert
  raconter
  ramé
  rancune
  recelee
  recreantise
  redoute
  refraigne
  regarde
  regardoit
  reine   (SUBST.)
  remaigne
  remenant
  remenoir
  remese
  remirai
  remirer
  remuer
  repens
  repentir
  replenist
  repos
  requist
  resembla
  respondi
  retor
  retorner
  rianz
  ris
  rit
  riviere
  roche
  roe
  roi
  roonde
  Rose
  rosee
  rot
  ruissiaus
  sade
  saietes
  saillir
  saine
  saintuaire
  salu
  saluer
  samit
  sanc
  sans
  sarmoné
  savoient
  savor
  savroit
  secors
  secueure
  seignorie
  sejor
  sejorner
  senestre   (ADV.)
  sente
  sentir
  sentoie
  sereines
  serin
  seroient
  serreüre

  sert
  servi
  seue
  sevent
  siaut
  Simplece
  sist   (SIT)
  sivre
  soés
  sofrez
  soient
  solacier
  solers
  soloie
  soloit
  sons
  sorpris
  sort
  sospeçon
  sospire
  sovendra
  sovint
  taille
  tarde
  teinte
  tendroie
  tendroiz
  tenez
  tenisse
  ti
  tiens
  tierce
  tirer
  tormente
  torne
  tost   (V.)
  toutes   (PRON.)
  traie
  traient
  traites
  traitiz
  treçoer
  trenchanz
  trente
  tressaillir
  trestot   (ADJ.)
  trestoute
  trestoz   (ADV.)
  tristes
  troblez
  trueves
  tuit   (PRON.)
  uevre   (SUBST.)
  ui
  vaillanz
  vain
  vains
  vallet
  valor
  vassaus
  veé
  veez   (SEE)
  veïst
  vendra
  vendras
  venist
  ventre
  veoir   (SUBST.)
  veoit
  vergondeus

  verroie
  versez
  vertu
  vestoit
  vestu
  veüz
  viaus
  vieille   (ADJ.)
  vilains   (ADJ.)
  Vilanie
  vile
  vin   (SUBST.)
  vint   (ADJ.)
  vis   (ALIVE)
  vis   (OPINION)
  voirs
  vois
  voloir
  vos   (V.)
  voudroiz
  vous
  voutiz
  vuelent

001   (.000059)
  aaisier
  abaissai
  abaissent
  abandona
  abat
  abatoient
  abatu
  abelisse
  abelurent
  abez
  abitent
  abrié
  aceignant
  acesmé
  achetez
  acointe   (ADJ.)
  acointe   (V.)
  acointement
  acointes
  acoler
  acomplir
  acompliras
  acorast
  acors
  acreant
  acreante
  adirié
  adonques
  adouci
  adrece
  aesmer
  afaitement
  afaitier
  afaitiez
  afiche
  afiert
  afiz
  afoibli
  afoler
  afubler
  agaitant
  agaitié
  agaitiez
  agu

281

FREQ.   (REL. FREQ.)
WORD

001   (.000059)
(CONT.)
aquë
aquiete
aguillier
ahontee
aïde   (SUBST.)
aïde   (V.)
aïe
aidast
aidié
aie   (AUX.)
aier
aiez   (AUX.)
aiglentiers
aigniaus
aille
aimes
aint
aire
aisne
ajorné
ajorner
ajostez
alas
alast
alé
alee   (SUBST.)
alees   (SUBST.)
alees   (V.)
alegement
alejance
alejoit
alemandiers
alers
alies
aligniee
alis
alise
Alixandre
aloes
alon
alosé
alosez
amassees
amassez
amee
amena
amende
amendent
amenderai
amenez
amentevoir
amerai
amere
ameres
amertume
amesurer
Ami
amiable
amiablement
amies
amoine
amoit
amoleier
amoler
amoneste
amot
amusé
aneientiz

anemie
angarde
ange
angoisseront
angoissier
angoissoient
anis
anuitoit
aorne
apaiez
apaise
apaisiee
aparant
apareille
apareillie
apareillier
aparlee
apartient
apens
apensez
aperçoive
aperceü
apercevoir
apert
apertement
apetisier
aplaigne
apleier
apoial
aporte
aporté
aporter
aprenez
aprentif
apressai
apressant
apressiee
aprestent
apretez
aprimer
aprise
aprison
aprochasse
aprochier
aquiere
aquite
aquitee
arbalestes
archier
archieres
ardent
ardoit
arest   (V.)
arestai
arestant
arester
arestez
areté
arivai
arivé
arme
armeüre
arondeles
Arraz
arriere
art   (SUBST.)
Art d'Amors
Artu
aspreiez
aspreté

assailli
assaillir
assailliz
assaut
assembler
assener
asseüre
asseürer
assist
assoage
assoté
ataint
atapissoit
atempre
atempree
atendi
atendis
atendoie
atendroiz
atendue
atens
atorne
atouchier
auner
aube
aubespin
auctor
aucuns   (ADJ.)
aumuce
autretant
autretele
avale
avancement
avancié
aveigne
avenamment
avendra
aventures
avenu
aver
avers
avez
aviaus
avilement
avilenez
avilenir
avironee
avisai
avisé
avision
aviveras
avoient   (AUX.)
avoies
avoies   (AUX.)
avoine
avoirs
avons   (AUX.)
avrai   (AUX.)
avriez   (AUX.)
avris
avroie
avroie   (AUX.)
avroient
avroit
azur
bacheler
bacins
baesses
bailla
baillier

bailliez
baisa
baiseras
baisiee
baisiers
baisoit
baloient
bande
baniere
baraz
barbe
barbelee
barbelees
barbelotes
bareté
bareter
bas   (ADJ.)
bas   (SUBST.)
basse
bassete
bataille
bataillié
batailliees
batoient
batuz
bauz
beant
beent
belement
beneïe
beneoite
beoie
beoit
bergier
bergiers
bersaut
bersez
besant
bescochier
besoigne
beste
bestes
bevroit
biau
bienvoillanz
bise   (ADJ.)
bise   (SUBST.)
blancheioit
blandist
blans
blasme   (V.)
bleciez
blonde
blont
bobon
bocereus
bocerez
bocle
boclé
boe
boisson
boissons
boivre   (SUBST.)
boivre   (V.)
bon   (SUBST.)
bonement
bons   (SUBST.)
borgneiant
borraz
bort

282

FREQ. (REL. FREQ.)
WORD

001 (.000059)
(CONT.)

bouches	chauçant	conçut	cous
bouchiez	chauçoit	conceüz	cousant
boutai	chaucemente	conchié	cousue
branche	chauciee	conduire	cousues
branchuz	chaucier	conduiz	coutiaus
brandons	chaudement	conestablie	covee
Bretaigne	chaut (ADJ.)	coneüst	coveigne
bricons	chaut (V.)	confonde	covenables
brisier	chauz (ADJ.)	confort (V.)	covert
brunete	chauz (SUBST.)	conforta	coverte
bruns	cheance	conforte	covertement
bube	chemise	conforter	coverture
buisines	chesne	conins	covine
busart	chesnes	conjoïr	covoite
çaienz	chevaus	conoissanz	covoiteus
calandre	chevecel	conoistre	covoitise
canele	chevel	conquis	covrir
carré	chevissance	conseille	covroit
carrez	chevriaus	consent	crainsisse
cedres	chier (ADJ.)	consente	crainsist
ceint (SUBST.)	chiere (ADJ.)	consentez	creance
ceint (V.)	chierement	consentir	cremisse
celant	chieres	consirrer	cremoit
cele (V.)	chiers (ADJ.)	conte (ADV.)	creü
celeement	chiers (ADV.)	contee	creüe
celes	choisi	contenances	creüz
celi	chuant	contendrai	crient
cerchant	chuer	contendras	crieve
cerchié	ciaus	content	croi
cerchier	cinquieme	conteras	croie
cercles	ciprès	conteront	croies
cerises	cire	contes (COUNT)	croire
certains	citoal	contes (STORY)	croissoit
cesser	cive	contez	croit
cestes	clamer	contreval	croiz
chace	clamoit	controvaille	croleïz
chacié	cline	conveia	croler
chacier	cloistre	conveier	cropir
chaï	clooit	convoient	cropoit
chaitif	clore	cope	crueses
chaitiveté	clorra	corde	crueus
chalongié	clorrai	cordele	crurent
chalumiaus	clos (SUBST.)	coree	cueille
chançon	closiers	cormes	cuida
chandoiles	clou	Cornoaille	cuidast
changent	coarde	coroit	cuidiai
changier	coarder	corone	cuidier
changiez	coiche	corre	cuidoie
chantant	coiches	corroceuse	cuilli
chante	coignet	corroie	cuillie
chape	coignez	cort (ADV.)	cuillisse
chapelet	cointise	cort (V.)	cuilloit
chardon	cointoie	corte	cul
chardoneriaus	coinz	cortoisement	Cupido
chardons	coite	cortoises	cuvertage
charge	colanz	corut	cuverz
chargié	colombiaus	corz (COURT)	dains
chargiez	colons	corz (HORN)	Damedeus
Charle	comande (SUBST.)	cos	dance
charme	comande (V.)	cosine	datier
charmes	comander	coste (V.)	dès
chartre	comandoit	costeiant	deables
chascun (PRON.)	començoit	costeront	deauté
chascune	comenz	costumiere	deça
chascuns (ADJ.)	compaignons	cotes	deceüz
chastaignes	comparroie	cotidianes	decheoir
chastelaine	compas	coucheras	deciples
chauçai	compassez	couchier	declaré
	complaintes	coudres	decopee
	comunement	courtoise	decopez

283

FREQ.   (REL. FREQ.)
WORD

001   (.000059)
(CONT.)

deduit   (V.)
deduiz
deesse
defende
defendrai
defensable
defent
defrire
degré   (RANK)
degré   (STEP)
dehé
deïsse
deigne
dela
delaier
delitent
deliteus
delitoit
delivres
demain
demaine
demainement
demaler
demande   (SUBST.)
demandé
demander
demanderas
dementoie
demerras
demeure   (SUBST.)
demis
demontrance
demorance
demorast
demorroie
deniers
departie
departir
deporter
deputaire
derompoit
derompue
deroz
derreniere
derrieres
desavancira
desavenant
descendoit
descendre
descerclé
desciriee
desclose
descloses
descoloree
desconfiture
desconseilliee
descorz
descrivre
descuevres
desdeigneus
desdeigneuse
deserte
deserté
deservir
Desesperance
desguisié
desguisiee
desirasse

desiroie
desiroit
desleial
desleiauté
desloent
desmesure
desmesuree
despeciez
despendre
despens
despenses
despisant
despit
despite
desplaire
desreé
dessaisir
destorber
destorner
destrecié
destreindre
destreint
destrempa
destruire
desvee
detrenche
detrois
deüsse
deüssent
devalee
deveee
devenir
devienent
devine
devis
devisé
devisié
devisierres
devras
diaut
dignes
dis   (SUBST.)
disete
disoient
dison
diverseté
doblant
doi   (V.)
doie
doigne
doignent
doint
doives
doiz   (CONDUIT)
doiz   (FINGER)
dolent
dolereuse
dolereuses
dolez
doloser
dolui
dolut
domage
domesches
doneier
donez
donrai
donroit
donront
dons   (CONJ.)

dorez
dormoie
dort
doter
dotez
dougié
douteuse
doutoit
Douz Parlers
Douz Penser
doze
drapiaus
drecié
droit   (SUBST.)
droites   (ADV.)
droiture   (ADV.)
droiture   (SUBST.)
drue   (SUBST.)
dui
duit
duite
duree
durent   (OUGHT)
dures
durroit
durs
dus
Echo
eles
embasmez
embatuz
embelie
embelissoit
embesoigniee
emblee
emblent
emparlee
empené
empenee
empenez
empereres
empereriz
empiriez
emploient
emport
emportez
empris
enarchiez
encarrelees
encharge
enchargiez
encharja
enchaucier
encisiee
encloé
encontre   (ADV.)
encontre   (SUBST.)
encontrer
encoragiez
encores
encrotees
encuse
encusé
encusent
encuser
encusez
endormi
endormie
endroit   (SUBST.)
endure

endurer
eneure
enfant
enfiler
engignier
engigniez
engrès
engresses
engrestiez
engrieve
engroissiee
enhaïst
enhastir
enjoing
enlace
enlangoree
enlumine
enromance
enseigne   (NEWS)
enseigne   (STANDARD)
enseigne   (V.)
enseignie
enseignié
enseignier
enseignies
enserrer
enserrez
ensorquetot
entaillié
entalentez
enté
entechiez
entende
entendez
entendroiz
entendu
entens
ententif
enterin
enterine
entesa
entortilliee
entras
entrasse
entrast
entravenoient
entre   (V.)
entré
entrebaisassent
entree
entrejetoient
entremellees
entremetoit
entreporteroiz
entreprendre
entres
entriauz
entroblié
entroblieras
entroblioie
entroit
enuieuse
enuit
enveié
enveier
envenimee
envenimer
envieilli
envieillira
enviz

284

FREQ. (REL. FREQ.)
WORD

001 (.000059)
(CONT.)

envoi	espaneïe	failli	folages
envoient	espaneïr	failloient	folee
envoisie	espant	fain	foleiant
envoisieement	espaules	fais (V.)	foloie
eritez	espens	faisiez	foloies
ermite	esperitables	faiture	foloit
errant	esperitel	faiz (SUBST.)	folor
erraument	esperne	farasche	fondement
erres	espernier	farasches	fondemenz
esbaneier	espesse	fardee	fondez
esbatoit	espi	faucons	fondoit
esbaudist	espiez	faudra	Fontaine d'Amors
esberuce	espine	faudras	forceier
escarbocle	espinoi	fausse	forfaite
eschaudez	esploitier	fausses	formé
eschaufee	espoente	faute	formez
eschaufez	espoenté	favele	fornir
escientre	espoenter	faveles	forree
esclairiez	espoentez	fee	forsenee
escole	espoigne	feiee	forsener
escoles	espoire	feiees	forsenez
escomenie	espondre	feigne	forterece
escondie	espons	feintes	Fortune
escondite	espont	Felonie	fos (BEECH)
escoutai	esposee	felons	fossete
escoutant	esprent	fendeüre	françois
escouter	esprevier	fendre	France
escria	esprovee	fenestre	franche
escrie	espuisier	fenie	franches
escrin	esrables	fenoil	franchise
escrist	esrese	feri	frarin
escrite	essaïmes	ferma	frein
escrites	essaie	fermail	fremir
escritures	essaiee	fermal	fremira
escrivre	essaiees	fermant	fremissent
escriz	essaiez	fermee	frere
escu	essauciez	fermerai	freschement
escuciaus	essille	fers	fresches
escure	essoine	feruz	fresnes
escuriaus	estable (ADJ.)	fi (SUBST.)	friçon
esface	estable (SUBST.)	fi (V.)	frire
esforçai	establie	fichiee	froide
esforcier	Estampes	fiers	froidor
esforz	estant	fierté	froidure
esfreez	ester	fievres	froiz
esfroie	estiez	fil	fronces
esgaie	estives	fill	frote
esgardeüre	estiviaus	fine (ADJ.)	fruiz
esgaré	estoire	fines	fuie
esgratiner	estoires	finoient	fuit
esjoïr	estorniaus	fins (SUBST.)	fusses
esjoie	estouteier	flairier	fussiez
eslargissoit	estouz	flamant	gaaignié
esleü	estrangier	flame	gaaignier
esloignant	estreçant	flamer	gaaigniez
esloigne	estrece	flestiz	gaignons
esloigniee	estreint	fleüste	gaitier
esloigniez	estrive	fleüteors	galonee
eslui	estroitement	fleüter	Ganz
esmaioie	estroiz	floretes	garantira
esmais	estuire	flori	gardoit
esmaus	estut	florie	garnie
esme	esvanoïz	florir	garnir
esmeraudes	esvertuer	florissoient	garnis
Espaigne	eüsmes	foïr	garra
espandi	eüsse	foïz	gas
espandu	Evangile	foibles	gaste
espandue	fables	foison	gastee
	fades	foisoner	gaster
	faillent	folage	gasteras

285

FREQ.   (REL. FREQ.)
WORD

001   (.000059)
(CONT.)

Gauvains	haire	laidir	longe
gauz	halassent	laidiz	longues
ge	haoit	laidure	longuet
gelee	hautece	laira	losenges (LOSENGES)
genest	herbergier	lairai	lui (V.)
gentis	heriçons	lairont	luisant
gerbe	hericiez	laissai	luisanz
gesir	herne	laissasse	lumiere
gesirs	heste (V.)	laisserai	lune
geta	hiaume	laissoient	Luxure
getier	hisdeuse	laiz	Macrobes
giez	hisdosement	lances	maigrece
girofle	honisse	langoutes	maigres
gisant	honteuse	larde	mainteniez
gist	hulle	lardereles	mais (COMP.)
glaive	hurtoit	large (ADJ.)	maisiere
gloire	iaut	large (SUBST.)	maisnies
glouton	icelui	largece	maistire
gloutons	ices	largement	maistres
gloz	icestui	larrecin	malades
gordeiant	ier	larron	malan
goute	irai	larrons	maleoiz
graces	iraise	larz	malice
graignor (SUBST.)	irieement	lasche	malvoillance
graille	iriez	lasse	mame
grailles	iroies	lassees	mamele
grain	isnele	lasseté	mangier (SUBST.)
graindres	issi (ADV.)	lave	mangiers
graisse	issoient	Lecherie	mangoniaus
grant (SUBST.)	ist	lecherie	manjue
gras	istra	leece	mant
gravissoient	istras	leiaus	mantel
greer	ivers	leparz	marbre
greez	jagonces	lequel	marchier
grelle	jais	lermes	marmiteus
grenades	jardin	lessu	mars
greniers	jaunes	letres	martir
grenon	jaunice	lettre	maté
grevant	jaunir	levai	matere
grevanz	Jerusalen	levasse	matin
greveroit	jes	levee	matinee
griés	jeün	levoient	matins
grifaigne	jeüner	levres	maudi
grive	jogleors	lices	maudie
grossete	joïr	lie	maudite
querie	joial	lié	mauvaisement
querir	joianz	liee	mauvaistiez
querissoit	joignanz	lieve	maz
querpisses	jointes	lignuel	medecine
querredoné	jolis	lionciaus	meïst
querredons	jolive	lis	melle
querreier	joliveté	lisanz	mellee
querroie	Jonece	live	melles
quiet	jonece	livre (V.)	mellez
quigne	jonete	livres	membres
quigniee	jons	lobe	memoire
quignier	jornee	lober	menace (V.)
quila	joste	lobes	mençonges
quile	jovenciel	loé	mençongier
quimple	jucheras	loent	mencion
Guindesores	juré	loer	mené
quises	jurent	loez	menee
Haïne	jus	Lohereine	menestreus
haïne	jusque	loherenges	menez
haïst	juste	loier	mente (SUBST.)
haïz	Keu	loignet	mente (V.)
haies	Keus	lointaigne	mentir
haiete	labeure	lointaignes	menton
	laidengier	lointiens	menue
	laides	lonc (SUBST.)	menues

FREQ. (REL. FREQ.)
WORD

001 (.000059)
(CONT.)

menuz	morroit	ointe	Papelardie
merciai	mortier	oiselet	parclose
merir	Morz	oiseuse	pardoint
merites	mos	oisillons	pardoné
merveille (ADV.)	mossues	olanz	pardoner
merveilleus	mouton	olivier	pareceus
merveillier	moverresse	oliviers	paree
mesamer	movez	oloit	parent
mesamez	moz	olor	parenté
mesasme	muciez	omage	parer
mesaventure	mueille	omages	parez
mesavint	muert	ombrage	parfonde
mescheance	mueve	ombres	parfondement
mescheoir	muire	onces	parfondes
meschine	murtre	ondes	Paris
mesconter	musa	oneste	parissant
mescroit	muse	ongles	parleroiz
mesdire	musent	oon	parlers
mesenges	musgades	orde	paroient
mesface	naïve	ordenee	paroir
mesfaire	naist	ordre	parra
Mesfaiz	naistre	oré	partes
mesprendrai	né	oreilles	parti
mesprenez	neant	orfroisiee	partira
messagier	neelee	orge	pas (STEP)
mestiers (ACTIVITY)	negié	orgueille	pas (WAY)
metez	neïs	Orguiauz	pasmé
metras	neienz (ADJ.)	orguilleuse	pasmez
metroit	nenil	orient	pasmoison
meure	nesfles	orlee	passage
miaudre	nete	orlenois	passages
Miauz	netes	ormes	passai
midi	neü	orne	passasse
miens	nez	orra	passe
mignote	nice	orroie	passé
mignotement	nices	orties	passeroie
mile	nicete	orz	passes
mira	nier	os (SUBST.)	pautonier
mirai	noblece	os (V.)	pavé
misericorde	noblement	osa	pecheor
mistere	nobles	osas	peliçon
moie	noiers	oses	pelle
moine (SUBST.)	noires	osoient	pendoit
moiste	noisetes	ostai	penez
moiteierie	nombre	ostast	penne
mole	nombrez	oste	penoit
moncel	nome	osté	penon
monciaus	nomer	ostees	pensai
mondes	nonchaloir	ostel	pensé
mont (ADV.)	none	osteroit	pensees
mont (SUBST.)	nooit	osteus	pensent
montance	Normandie	otreié	pensera
montee	norrist	otreiez	pensez
monter	nostre	otroie	pensoie
montra	novelement	otroiz	pensoit
montrast	Noviaus Pensers	outrages	penst
montré	noz	outrageus	pent
montrent	nue (SUBST.)	outrageuse	Pentecoste
montroient	nuef	outrecuidiez	peor (ADV.)
montron	nuit (V.)	overt	Peors
moqueïz	nul (PRON.)	overtes	Pepin
mordanz	obeïr	ovrai	perchete
mori	obli	oz	percié
morie	obliance	paage	perdi
moriers	oblie	paié	perdroiz
morisse	oblié	paiez	perdu
mornes	oci	paist	perdues
moroie	ofrir	pales	perent
	oient	paleté	perilleus
	oignent	pans	perilleuse

287

FREQ.   (REL. FREQ.)
WORD

001   (.000059)
(CONT.)

perriere	pooient	puceles	refraiz
perrieres	pooirs	pueplez	refuse
perses	porchace	puisast	refuser
persone	porchaciee	puissiez	refusez
perte	porpensai	puiz	refusoies
pesanz	porpensoie	punaise	regardai
pesast	porra	pures	regardant
pesches	porriez	pute	regardast
peser	porrist	quarte (ADJ.)	regart
pestri	porroiz	quartes	regarz
petitet	port	quel (PRON.)	reïne
peüsses	portast	quel (QUE LE)	reiaume
peüssiez	portauz	querir	reine (V.)
peüz	porterai	querolasse	religion
peus	portes	quieres	reluisoient
piaus	portez	quiers	remaint
pigne	portoient	quite	remanoient
pigniee	portoit	quitement	remembrer
pignier	portraites	quites	remire
pionier	porvoie	racine	remordre
pipolee	potence	rafreschi	remuanz
pipolez	poucins	raime	remue
pis	poudre	rain	rendi
piteable	pour	raines	rendis
Pitiez	povrement	rains	rendoient
places	povres (SUBST.)	rais	rendra
plaide	praerie	raisnable	rendrai
plaideors	pree	raisnables	rendras
plaidier	preïsse	raison (REASON)	renomez
plaiez	preïst	rampones	renovele
plains (ADJ.)	preia	ramponeuse	rente
plaint	preier	ramponierres	repairier
plaintes	premier	rasoirs	repairiez
plaisamment	premiere (ADJ.)	rassoage	repentance
plaisanz	premiere (SUBST.)	rassoagier	repente
plançon	premierement	rassotee	repondre
planter	premiers (ADJ.)	receuve	reponoit
pleges	premiers (ADV.)	recenser	repose
pleüst	premiers (SUBST.)	recensoit	reposer
ploie	pren	recercelez	reposte
plor	prendra	receü	repoz
plorai	prendrai	receüz	reprendre
ploroit	prenez	recevez	repris
plovoir	prenoie	recevoir	reprovier
plusors	prens	rechange	requeroiz
poignanz	presente	rechignié	requerre
poigniee	presenz	reconfort	requerroie
poignoit	pressoirs	reconforté	requier
poindre (PAINT)	prester	reconforter	requis
poindre (SPUR)	preta	recorbelees	requise
poines	preté	recorde	rese
poing	pretee	recorder	resemblables
pointes (POINT)	pretez	recovré	resemble
pointes (STITCH)	pria	recovree	resemblent
pointure (POINT)	prier	recreant	reseras
pointures	prieres	recreanz	respit
poinz (DETAIL)	primes	recueil	respitié
poinz (FIST)	priors	recuevrent	resplendissoit
poires	prisai	recuilloient	respoente
pois (PEA)	prisera	recuit	respondu
pois (WEIGHT)	privee	redie	respons
poison	privetez	redirai	response
poissant	prodomes	redone	retarder
poissanz	prodon	redot	retien
poli	proie	redotee	retorne
poliz	proisie	reduit	retornes
pome	proisiez	refait	retornez
pomiers	promet	refrain	retornoit
	prové	refraindre	retraioit
	prunes	refraint	retrait

288

FREQ. (REL. FREQ.)
WORD

001 (.000059)
(CONT.)

reüser	savoré	soatume	terrestre
reveignent	savoreus	soferroit	tertre
revendrai	savorez	soferte	tesnieres
revendras	savra	soferz	tessu
revendront	savrai	sofroit	teü
revenist	savras	soiche	teues
reverdie	savroiz	soif	tien
reverse	savront	soir	tienent
revi	Scipion	solace	tierz
riant	seant	soleil	tifee
ribaudiaus	seanz	soloient	tifer
ribaudies	sec	some	timberresses
ricalice	sechiez	someillier	timbre
richece	secorcié	somet	tin
riches (SUBST.)	secort	soner	tirai
rie	secoru	sonez	tirant
rimeier	segonde	songent	tiré
rioient	segré	songié	toaille
riote	seignors	songier	toiches
rist	Seine	sonjai	toise
rivage	sejorne	sonjoie	toli
rives	sejorné	sores	tolir
rober	sel (SE LE)	sormonter	toloit
roges	sel (SI LE)	sorpreigne	toloite
roïlle (SUBST.)	selonc	sorprendre	tolue
roïlle (V.)	sema	sospiré	tolues
roïlliee	sembler	sospirer	tormenté
roide	sembloient	sospirras	torneiant
roidor	semee	sospirs	torneles
roietiaus	semence	sot (ADJ.)	tornent
roisiaus	semoigne	soudeiers	tornez
Romanz de la Rose	semondre	sougiez	tornoiement
Rome	senefioit	souploie	tort
ronce	seneschal	soutes	tortoles
roncin	senestre (ADJ.)	soutilment	toucha
rosete	sens (V.)	soveigne	touchai
rossignolet	sent	suit	touchier
rossignolez	sentent	table	toudra
rotruenges	sentie	tableterresses	touz
rubiz	sentier	tailleïz	toz (PRON.)
rue	senz (V.)	tailliees	trace
ruer	serf	taillier	traïe
rues	serie	tailliez	traïssant
sac	series	taise	traioit
sachant	seroie	taist	traisist
sachiee	seroies	talons	traiz
sages	seroiz	tarda	travaille
saines	serré	tarder	travaillent
sainte	servage	tarir	traval
saintes	serve	tart (ADV.)	travers
sainz	serventois	tart (V.)	trece
saisie	serviras	tasse	treces
saive	servises	tast	trecié
sale	servoit	teigne (SUBST.)	treciees
salua	set (ADJ.)	teignes	trecier
salue	seü	teint	tremblant
saouler	seüre	tenant	tremble
saphirs	seürs	tençant	trembler
sapins	seürté	tenconerresse	trembles
sarmoner	seüsse	tencier	trenchant
sarradinesche	seule	tendi	tresche
Sarradins	seure (ADJ.)	tendoit	trespasse
sausse	seure (ADV.)	tendrai	trespasser
saut (JUMP)	si (ADJ.)	tendroit	tressaudras
saut (SAVE)	signier	tendu	trestot (PRON.)
sautier	simplement	tenist	trestoz (ADJ.)
sauvage	sires	tent	tresvit
sauz	sis	tenues	tricheors
	sist (KNOW)	termes	tricherie
	sivent	termine	trichoies

289

FREQ.   (REL. FREQ.)
                    WORD

001   (.000059)   verdure
(CONT.)   veriteument
      Tristece   veriteus
      troble   veritez
      troer   vermauz
      troi   vermeil
      trova   vermeilles
      trovast   vermeilletes
      trovee   vermeillettes
      trovees   verminier
      trover   verrai
      trovera   vers   (VERSE)
      truant   vers   (WORM)
      truissiez   vert   (SUBST.)
      tuer   vertuz
      turcois   verve
      ues   vescu
      uevres   vesquist
      uisset   vestanz
      umeliant   vestir (SUBST.)
      umilitez   vestir (V.)
      unes   veües
      usage   viauz
      usast   vice
      use   videle
      usee   vieillece
      usure   Vieillece
      vaille   vieilles
      vaincu   vieillie
      vaine   vieillir
      vaire   vieillist
      vais   vieillune
      valoient   vieler
      valoir   vienent
      valoit   vif   (V.)
      valu   vil
      valut   vilain (ADJ.)
      vassaut   vilment
      vaudra   vintieme
      vausist   visage
      vee   visiter
      veer   viste
      veez   (FORBID)   vistes
      veïs   vit   (LIVE)
      veianz   vivaint
      veiez   vivant
      veillant   vivanz
      veille   vive
      veillier   vivent
      veilliers   vives
      veluz   voies   (SUBST.)
      venant   voies   (V.)
      venche   voile
      vendroit   voine
      vendroiz   voire
      venez   volage
      venqier   voler
      vengiez   voletoient
      venierres   voloie
      venin   voloit
      venirs   vosisse
      vent   (V.)   vostres
      venu   voudrai
      venue   voudras
      venues   vuidié
      veoie   vuidiez
      veoirs   ypocrite
      veraiement
      verdeiant
      verdeier

290

APPENDIX III

A REVERSE-ALPHABETIZED WORD LIST

a	conforta	mescheance	bee
ça	porta	creance	fardee
deça	salua	enfance	deveee
comença	leva	fiance	fee
cuida	trova	senefiance	tifee
tarda	c	obliance	eschaufee
agrea	sac	alejance	essaiee
ha	sec	semblance	porchaciee
toucha	iluec	malvoillance	chauciee
preia	avuec	bienvoillance	feiee
otreia	blanc	enromance	sachiee
conveia	sanc	contenance	fichiee
escria	cinc	remembrance	liee
pria	onc	esperance	desconseilliee
ja	donc	Desesperance	entortilliee
encharja	adonc	demorance	rolliee
la	lonc	demontrance	aligniee
sembla	selonc	France	esloigniee
resembla	arc	pesance	poigniee
dela	pieç	poissance	embesoigniee
apela	d	chevissance	pigniee
guila	e	repentance	guigniee
bailla	gobe	acointance	iriee
parla	lobe	montance	desciriee
ma	robe	doutance	baisiee
ama	barbe	avance	apaisiee
sema	erbe	grevance	encisiee
ferma	gerbe	semence	orfroisiee
amena	aube	comence	envoisiee
dona	bube	penitence	desguisiee
abandona	ce	potence	apressiee
destrempa	face	ronce	engroissiee
rendra	esface	fronce	lee
prendra	mesface	tierce	alee
vendra	chace	force	devalee
avendra	porchace	esforce	emblee
covendra	enlace	aumuce	assemblee
sovendra	solace	douce	barbelee
faudra	place	esberuce	recelee
vaudra	menace	de	neelee
toudra	grace	sade	gelee
voudra	trace	laide	apelee
fera	leece	plaide	mellee
sera	largece	roide	folee
prisera	richece	froide	pipolee
pensera	piece	cuide	aparlee
trovera	despiece	aïde	emparlee
laira	blece	bande	orlee
desavancira	noblece	demande	amee
envieillira	vieillece	comande	clamee
mira	Simplece	defende	semee
fremira	jonece	amende	envenimee
garantira	proece	entende	fermee
partira	parece	inde	nee
garra	adrece	confonde	ordenee
parra	forterece	parfonde	menee
orra	maigrece	segonde	empenee
clorra	trece	blonde	forsenee
porra	estrece	monde	matinee
entra	destrece	roonde	donee
montra	Tristece	farde	galonee
istra	hautece	garde	avironee
avra	ice	regarde	jornee
savra	ricalice	angarde	atornee
estovra	malice	esgarde	decopee
sa	nice	larde	paree
entesa	jaunice	coarde	coree
baisa	espice	musarde	enlangoree
pensa	avarice	tarde	coloree
osa	vice	orde	descoloree
musa	dance	corde	savoree
ta	acordance	acorde	pree
geta	beance	recorde	atempree
preta	cheance	misericorde	forree

entree	farasche	esfroie	delitable
duree	sarradinesche	iroie	estable
desmesuree	fresche	desiroie	emble
ovree	tresche	moroie	tremble
recovree	bouche	proie	semble
pensee	touche	comparroie	resemble
esposee	aie	guerroie	ensemble
rosee	gaie	requerroie	troble
usee	esgaie	verroie	bocle
pretee	haie	orroie	escarbocle
aquitee	plaie	corroie	cercle
contee	esmaie	demorroie	ele
ahontee	menaie	porroie	bele
montee	traie	otroie	cele
redotee	essaie	avroie	icele
rassotee	die	soie	pucele
gastee	maladie	pensoie	videle
vee	redie	porpensoie	cordele
levee	Normandie	dementoie	eschiele
privee	escondie	sentoie	mamele
covee	melodie	cointoie	canele
esprovee	Papelardie	estoie	isnele
trovee	musardie	voie	damoisele
desvee	reverdie	avoie	autretele
ge	maudie	savoie	favele
aage	lie	porvoie	gravele
paage	establie	rie	novele
folage	conestablie	escrie	renovele
volage	oblie	praerie	girofle
image	embelie	lecherie	baile
omage	baillie	tricherie	Evangile
domage	assaillie	moiteierie	mile
lignage	vieillie	serie	voile
assoage	apareillie	cointerie	guile
rassoage	cuillie	guerie	vile
rage	folie	druerie	melle
ombrage	mie	florie	pelle
enrage	amie	morie	grelle
corage	anemie	seignorie	aille
outrage	endormie	prie	chevecaille
sage	vilanie	saisie	faille
visage	fenie	proisie	Cornoaille
passage	escomenie	cortoisie	toaille
usage	sorquenie	envoisie	graille
avantage	compaignie	Jalosie	taille
cuvertage	enseignie	sentie	bataille
rivage	felonie	departie	vaille
servage	garnie	chastie	travaille
sauvage	oie	fuie	controvaille
ange	doie	pluie	vieille
rechange	cuidoie	enuie	vermeille
laidenge	atendoie	vie	apareille
mençonge	beoie	Pavie	oreille
longe	veoie	envie	conseille
songe	esmaioie	aïe	cueille
charge	entroblioie	abaïe	fueille
encharge	joie	esbaïe	orgueille
large	sonjoie	traïe	mueille
orge	esjoie	envaïe	vueille
gorge	foloie	espaneïe	veille
sache	soloie	beneïe	merveille
afiche	voloie	oïe	fille
coiche	ploie	je	essille
floiche	souploie	le	aguille
soiche	moie	male	roïlle
riche	cremoie	pale	hulle
blanche	dormoie	sale	entulle
branche	prenoie	avale	escole
franche	pooie	piteable	fole
detrenche	croie	fable	mole
venche	tendroie	amiable	parole
parvenche	voudroie	raisnable	crole
roche	seroie	defensable	querole
lasche	passeroie	table	essemple

simple	Lohereine	tendre	memoire
quimple	Seine	atendre	espoire
Charle	fine	entendre	croire
seule	meschine	vendre	estoire
nule	cline	plaindre	voire
me	encline	remaindre	empire
ame	termine	refraindre	sospire
dame	enlumine	graindre	frire
fame	moine	ataindre	defrire
flame	amoine	destreindre	sire
mame	poine	poindre	tire
vintieme	essoine	semondre	matire
cinquieme	voine	repondre	martire
aime	avoine	espondre	maistire
raime	espine	respondre	deduire
ome	enterine	ordre	conduire
come	cosine	remordre	muire
prodome	devine	miaudre	nuire
nome	covine	poudre	bruire
pome	haïne	iere	destruire
some	ataïne	fiere	estuire
Rome	reïne	chiere	ore
arme	penne	premiere	encore
charme	bone	lumiere	clore
basme	done	costumiere	atempre
blasme	redone	baniere	porpre
pasme	none	maniere	pierre
mesasme	corone	derreniere	terre
esme	persone	aumosniere	guerre
reiaume	herne	priere	querre
hiaume	esperne	arriere	requerre
alume	orne	derriere	conquerre
soatume	aorne	perriere	corre
amertume	sejorne	maisiere	batre
costume	morne	aquiere	abatre
ne	torne	riviere	quatre
juene	atorne	clere	metre
grifaigne	retorne	mere	entre
aplaigne	chesne	amere	escientre
remaigne	aisne	pere	ventre
compaigne	une	compere	contre
Espaigne	jaune	frere	encontre
refraigne	rancune	matere	montre
engraigne	chascune	mistere	chartre
Bretaigne	aucune	suefre	tertre
lointaigne	lune	aigre	murtre
deigne	vieillune	maigre	estre
feigne	brune	ire	destre
sorpreigne	Fortune	aire	fenestre
enseigne	boe	faire	senestre
teigne	roe	afaire	terrestre
aveigne	chape	mesfaire	maistre
coveigne	cope	haire	naistre
soveigne	membre	flaire	paistre
doigne	timbre	plaire	iraistre
esloigne	ombre	desplaire	cloistre
semoigne	nombre	debonaire	conoistre
espoigne	arbre	paire	croistre
besoigne	marbre	traire	nostre
pigne	calandre	atraire	vostre
guigne	Alixandre	retraire	lettre
chastelaine	descendre	contraire	autre
vilaine	fendre	portraire	outre
demaine	defendre	taire	cure
graine	mendre	deputaire	escure
saine	pendre	saintuaire	oscure
fontaine	despendre	vaire	dure
vaine	rendre	cire	laidure
racine	prendre	dire	froidure
medecine	aprendre	escondire	endure
dine	reprendre	mesdire	ardure
aleine	entreprendre	mire	verdure
pleine	sorprendre	remire	ordure
reine	mesprendre	gloire	eure

labeure	emprise	encuse	sente
pleure	porprise	corroceuse	presente
meure	maistrise	hisdeuse	consente
demeure	assise	outrageuse	entente
eneure	atise	enuieuse	mainte
seure	covoitise	perilleuse	sainte
deseure	recreantise	orguilleuse	teinte
secueure	feintise	desdeigneuse	ointe
figure	cointise	ramponeuse	cointe
pure	jostise	dolereuse	acointe
mesure	guise	oiseuse	jointe
desmesure	requise	honteuse	pointe
usure	devise	douteuse	conte
creature	servise	refuse	conte
nature	defense	muse	honte
faiture	pense	te	monte
desconfiture	response	nicete	cote
droiture	ose	perchete	riote
aventure	chose	bouchete	mignote
mesaventure	enclose	haiete	frote
ceinture	parclose	saiete	quarte
ointure	desclose	giete	soferte
pointure	repose	aguiete	perte
coverture	rose	graillete	aperte
Luxure	reverse	violete	deserte
fendeüre	borse	mete	overte
esgardeüre	basse	nete	coverte
aleüre	aprochasse	jonete	descoverte
armeüre	lasse	brunete	corte
encloeüre	alasse	prete	conforte
carreüre	querolasse	disete	morte
serreüre	amasse	rosete	porte
seüre	passe	bassete	aporte
envoiseüre	trespasse	fossete	gaste
asseüre	grasse	grossete	beste
compasseüre	desirasse	petitete	ceste
uevre	entrasse	faite	iceste
livre	osasse	forfaite	heste
delivre	passasse	traite	oneste
boivre	laissasse	retraite	amoneste
escrivre	tasse	portraite	areste
descrivre	levasse	dite	teste
sivre	deesse	escondite	requeste
porsivre	promesse	maudite	moiste
vivre	espesse	ermite	viste
povre	tençonerresse	coite	oste
se	moverresse	beneoite	coste
remese	isse	toloite	Pentecoste
rese	laisse	droite	joste
esrese	graisse	covoite	reposte
aise	abelisse	despite	juste
aaise	cuillisse	ypocrite	fleüste
baise	cremisse	escrite	faute
plaise	tenisse	merite	haute
desplaise	honisse	petite	escoute
punaise	angoisse	duite	doute
apaise	conoisse	quite	redoute
iraise	guerisse	aquite	goute
mesaise	morisse	acreante	toute
taise	crainsisse	chante	trestoute
mauvaise	vosisse	dente	pute
bise	puisse	gente	espandue
franchise	deïsse	lente	rendue
alise	preïsse	atalente	atendue
mise	queïsse	dolente	perdue
chemise	veïsse	mente	jeue
noise	fausse	chaucemente	seue
poise	sausse	demente	queue
toise	fusse	tormente	langue
cortoise	eüsse	espoente	longue
courtoise	deüsse	respoente	chue
envoise	peüsse	repente	manjue
prise	seüsse	rente	salue
aprise	use	trente	tolue

mue	dougié	maté	cuidai
remue	conchié	cheté	demandai
nue	cerchié	acheté	regardai
chenue	lié	paleté	fai
menue	oblié	delitableté	touchai
venue	entroblié	areté	merciai
devenue	bataillié	bareté	cuidiai
derompue	entaillié	preté	sonjai
que	gaaignié	aspreté	alai
quelque	enseignié	povreté	mai
quanque	rechignié	diverseté	esmai
jusque	pié	lasseté	amenai
rue	abrié	fausseté	defendrai
drue	irié	joliveté	rendrai
cousue	adirié	chaitiveté	prendrai
vestue	desguisié	verité	mesprendrai
eüe	devisié	planté	tendrai
creüe	afaitié	santé	contendrai
veüe	agaitié	enté	revendrai
agüe	amitié	denté	voudrai
lave	moitié	volenté	amenderai
eve	pitié	plenté	ferai
lieve	respitié	tormenté	amerai
brieve	engrestié	espoenté	fermerai
crieve	mauvaistié	parenté	serai
grieve	lé	bonté	laisserai
engrieve	alé	conté	conterai
reçueve	boclé	assoté	porterai
mueve	descerclé	clarté	irai
nueve	parlé	fierté	lairai
trueve	amé	deserté	dirai
glaive	ramé	reconforté	redirai
saive	desfermé	aporté	mirai
cive	formé	seürté	remirai
live	pasmé	esté	tirai
jolive	acesmé	poesté	donrai
aperçoive	né	osté	plorai
grive	mené	costé	verrai
estrive	empené	deauté	clorrai
chaitive	doné	biauté	metrai
ententive	guerredoné	leiauté	entrai
vive	pardoné	desleiauté	avrai
naïve	sarmoné	cruauté	savrai
serve	ajorné	escouté	ovrai
verve	sejorné	pavé	sai
doze	loé	arivé	prisai
demandé	encloé	privé	avisai
comandé	esgaré	prové	pensai
desreé	declaré	esprové	porpensai
Chasteé	esmeré	trové	osai
veé	gré	chief	passai
dehé	degré	rechief	apressai
paié	segré	meschief	abaissai
essaié	sospiré	clef	laissai
chacié	tiré	soef	arestai
drecié	oré	nuef	ostai
trecié	doré	soif	boutai
destrecié	demoré	chaitif	escoutai
avancié	savoré	aprentif	lavai
comencié	carré	ententif	levai
froncié	serré	vif	arivai
corrocié	entré	serf	trovai
percié	montré	tieng	ci
secorcié	juré	plaing	ici
aidié	navré	doing	oci
vuidié	ovré	enjoing	merci
otreié	recovré	loing	adouci
enveié	avisé	poing	di
gié	devisé	besoing	midi
negié	pensé	i	espandi
congié	alosé	ai	rendi
chalongié	passé	començai	tendi
songié	encusé	esforçai	atendi
chargié	amusé	chauçai	respondi

perdi	j	crien	maison
maudi	l	tien	raison
fi	seneschal	retien	saison
rafreschi	leial	Jerusalen	dison
li	desleial	pren	garnison
afoibli	joial	sen	foison
obli	apoial	ain	achoison
celi	mal	fain	cloison
failli	fermal	vilain	moison
assailli	citoal	plain	pasmoison
envieilli	cristal	main	poison
cuilli	aval	demain	guerison
poli	traval	pain	prison
toli	cheval	rain	aprison
mi	contreval	refrain	mesprison
ami	el	grain	traïson
endormi	bel	vain	boisson
oi	cel	larrecin	ton
doi	chevecel	roncin	menton
foi	moncel	jardin	baston
moi	fel	desdein	bouton
espinoi	ciel	plein	glouton
poi	jovenciel	frein	mouton
roi	chapel	fin	un
croi	sel	engin	chascun
troi	oisel	venin	aucun
otroi	tel	pin	jeün
soi	itel	Pepin	o
toi	esperitel	aubespin	Cupido
quoi	mantel	frarin	Echo
voi	mortel	escrin	lo
envoi	chastel	serin	cop
espi	ostel	enterin	trop
feri	autel	tin	car
flori	duel	matin	gar
mori	lignuel	vin	char
pestri	quel	devin	mar
ovri	lequel	on	par
si	chevel	bon	lober
autresi	novel	bobon	rober
choisi	il	con	destorber
ensi	fermail	façon	demander
issi	cil	maçon	comander
soussi	icil	sospeçon	amender
ausi	soleil	peliçon	garder
ti	vermeil	friçon	regarder
senti	conseil	chançon	larder
parti	ueil	plançon	coarder
ui	recueil	garçon	tarder
cui	orgueil	don	retarder
dui	vueil	guerredon	recorder
andui	merveil	bandon	greer
fui	esveil	brandon	veer
jui	fil	prodon	fer
lui	mil	chardon	tifer
celui	nenil	mencion	enfer
icelui	fenoil	religion	ier
dolui	vil	Scipion	aier
eslui	fill	avision	esgaier
nului	perill	alon	delaier
enui	col	felon	apaier
conui	fol	mon	essaier
qui	cul	non	acier
autrui	seul	gonfanon	chacier
sui	nul	penon	solacier
icestui	m	renon	menacier
vi	com	grenon	trecier
revi	n	compaignon	dancier
servi	an	oon	avancier
esbaï	malan	poon	comencier
chaï	en	environ	tencier
traï	bien	larron	corrocier
oï	mien	montron	percier
esjoï	rien	son	esforcier

297

chaucier	loier	pardoner	ruer
enchaucier	espier	sarmoner	tuer
aidier	crier	soner	esvertuer
plaidier	flairier	araisoner	aver
cuidier	repairier	foisoner	grever
forceier	prier	ajorner	iver
verdeier	aaisier	sejorner	trover
amoleier	baisier	torner	laidir
apleier	envoisier	atorner	saillir
soupleier	brisier	retorner	assaillir
rimeier	debrisier	destorner	tressaillir
esbaneier	prisier	aüner	vieillir
doneier	desprisier	jeüner	tolir
ombreier	apetisier	treçoer	acomplir
preier	espuisier	joer	fremir
querreier	devisier	loer	dormir
otreier	rosier	miroer	avilenir
estouteier	laissier	troer	tenir
enveier	angoissier	parer	retenir
conveier	datier	remembrer	maintenir
fier	getier	remirer	venir
rassoagier	afaitier	sospirer	avenir
messagier	gaitier	tirer	devenir
legier	esploitier	plorer	revenir
dangier	sentier	demorer	sovenir
changier	acointier	enorer	honir
mangier	mortier	enserrer	garnir
estrangier	chastier	consirrer	fornir
laidengier	mestier	entrer	jaunir
losengier	sautier	encontrer	cheoir
vengier	quier	durer	decheoir
mençongier	requier	endurer	mescheoir
songier	esprevier	enmurer	veoir
bergier	olivier	amesurer	nonchaloir
herbergier	reprovier	asseürer	valoir
vergier	aler	peser	doloir
chier	baler	recenser	voloir
conchier	demaler	penser	noir
bescochier	embler	doloser	remenoir
acrochier	trembler	reposer	pooir
aprochier	sembler	passer	espoir
archier	assembler	trespasser	paroir
marchier	afubler	cesser	soir
cerchier	cler	encuser	voir
bouchier	celer	refuser	avoir
couchier	bacheler	reüser	savoir
touchier	vieler	bareter	decevoir
atouchier	apeler	visiter	recevoir
lier	enfiler	chanter	apercevoir
chevalier	acoler	planter	amentevoir
baillier	afoler	dementer	plovoir
taillier	amoler	espoenter	movoir
someillier	croler	conter	estovoir
apareillier	queroler	raconter	cropir
conseillier	voler	mesconter	sospir
veillier	parler	monter	tarir
merveillier	saouler	sormonter	ferir
esveillier	mer	doter	merir
aguillier	amer	conforter	guerir
premier	clamer	reconforter	querir
nier	flamer	aporter	ofrir
denier	mesamer	deporter	sofrir
derrenier	envenimer	gaster	amaigrir
gaaignier	aprimer	ester	florir
enseignier	nomer	arester	morir
engignier	blasmer	prester	covrir
esloignier	aesmer	escouter	desir
pignier	mener	fleüter	gesir
signier	demener	cuer	plaisir
guignier	pener	fuer	dessaisir
verminier	forsener	chuer	loisir
pionier	assener	saluer	issir
pautonier	esgratiner	muer	garantir
espernier	doner	remuer	mentir

repentir	tendras	recorbelees	esperitables
sentir	contendras	encarrelees	acointables
consentir	vendras	entremellees	foibles
martir	revendras	pensees	trembles
partir	faudras	lassees	nobles
departir	tressaudras	amassees	cercles
enhastir	voudras	encrotees	eles
vestir	comenceras	ostees	beles
servir	cuideras	trovees	celes
deservir	demanderas	enfes	puceles
haïr	feras	folages	arondeles
obeïr	jucheras	images	torneles
espaneïr	coucheras	omages	lardereles
oïr	entroblieras	outrages	damoiseles
foïr	seras	sages	faveles
joïr	reseras	passages	noveles
conjoïr	baiseras	ostages	nesfles
esjoïr	conteras	pleges	ongles
or	gasteras	anges	chandoiles
encor	aviveras	estranges	estoiles
douçor	gras	loherenges	melles
roidor	iras	mesenges	grailles
froidor	diras	losenges	vieilles
odor	acompliras	rotruenges	vermeilles
losengeor	serviras	mençonges	oreilles
pecheor	demerras	songes	fueilles
jangleor	querras	roges	merveilles
peor	verras	saches	escoles
esfreor	sospirras	chiches	paroles
jor	porras	coiches	queroles
sejor	metras	floiches	tortoles
lor	entras	toiches	deciples
valor	istras	riches	espaules
flor	avras	blanches	mes
meillor	savras	manches	dames
olor	devras	franches	fames
color	osas	lasches	aimes
dolor	es	farasches	primes
folor	lobes	domesches	essaïmes
plor	Macrobes	pesches	prodomes
amor	ces	fresches	pomes
enor	faces	bouches	armes
menor	places	aies	charmes
graignor	graces	haies	lermes
seignor	treces	plaies	termes
por	ices	dies	ormes
sor	lices	ribaudies	cormes
plusor	nices	alies	meïsmes
tor	dances	amies	eüsmes
ator	lances	enseignies	nes
auctor	semblances	maisnies	cotidianes
retor	contenances	trichoies	juenes
traïtor	onces	foloies	lointaignes
entor	jagonces	croies	chastaignes
destor	ronces	seroies	dignes
savor	fronces	iroies	teignes
entr	des	soies	raines
dur	fades	refusoies	saines
jur	musgades	voies	fontaines
mur	malades	avoies	sereines
pour	grenades	toutesvoies	fines
azur	laides	series	poines
eür	ondes	orties	espines
asseür	parfondes	jes	buisines
s	mondes	les	bones
as	esmeraudes	males	rampones
bas	essaiees	pales	mornes
gas	treciees	deables	retornes
las	feiees	fables	chesnes
alas	tailliees	resemblables	fresnes
pas	batailliees	covenables	unes
compas	lees	raisnables	jaunes
rendras	alees	esrables	prunes
prendras	barbelees	delitables	aloes

Estampes	timberresses	rues	sis
tenebres	tableterresses	mossues	pensis
membres	guerpisses	cousues	assis
ombres	puisses	veües	gentis
arbres	fausses	agües	ententis
cedres	fusses	trueves	uis
calandres	peüsses	doives	puis
graindres	dolereuses	rives	requis
coudres	tes	estives	conquis
chieres	saietes	vives	pertuis
archieres	vermeillettes	griés	vis
manieres	metes	remés	avis
tesnieres	netes	nés	devis
prieres	floretes	soés	parevis
derrieres	amoretes	trés	païs
perrieres	pretes	adès	neïs
endementieres	noisetes	espès	veïs
quieres	faites	engrès	blans
quieres	traites	près	pans
cleres	portraites	après	frans
ameres	dites	ciprès	sans
peres	droites	fais	biens
empereres	orendroites	gais	chiens
maigres	escrites	jais	miens
noires	merites	lais	riens
poires	petites	mais	siens
estoires	quites	jamais	tiens
sires	plaintes	esmais	lointiens
ores	complaintes	pais	pens
encores	maintes	rais	apens
lores	saintes	trais	repens
sores	feintes	vais	espens
Guindesores	cointes	mauvais	despens
erres	acointes	dis	prens
venierres	jointes	jadis	sens
ramponierres	pointes	rendis	tens
pierres	contes	atendis	atens
devisierres	cotes	fis	entens
letres	barbelotes	lis	ains
entres	notes	alis	dains
maistres	mignotes	jolis	vilains
vostres	partes	mis	plains
autres	quartes	amis	mains
dures	certes	demis	rains
eures	overtes	anis	certains
pures	portes	garnis	vains
escritures	estes	bois	Gauvains
aventures	bestes	turcois	bacins
pointures	cestes	ançois	poucins
fievres	arbalestes	françois	Sarradins
levres	tristes	nois	jardins
uevres	vistes	orlenois	pleins
descuevres	veïstes	conois	fins
livres	vermeillettes	pois	engins
delivres	langoutes	rois	conins
povres	soutes	frois	moins
ses	toutes	orfrois	pins
crueses	ues	trois	sapins
toises	perdues	detrois	matins
cortoises	teues	serventois	bons
cerises	longues	cortois	bricons
assises	crochues	vois	faucons
guises	tolues	pis	façons
servises	menues	ris	heriçons
despenses	tenues	Paris	friçons
oses	venues	pris	garçons
choses	ilueques	apris	dons
descloses	avueques	repris	guerredons
roses	onques	entrepris	brandons
perses	quiconques	empris	chardons
diverses	donques	porpris	jons
passes	adonques	sorpris	lons
baesses	jusques	mespris	talons
engresses	auques	avris	felons

oisillons	envers	aviaus	loignet
colons	vairs	estiviaus	set
penons	saphirs	noviaus	uisset
gaignons	venirs	maus	petitet
compaignons	veoirs	esmaus	longuet
espons	noirs	vassaus	muet
respons	pooirs	cristaus	puet
larrons	rasoirs	chevaus	estuet
sons	pressoirs	dus	ait
boissons	voirs	eus	fait
boutons	avoirs	ceus	refait
gloutons	sospirs	pareceus	lait
avons	gesirs	deus	trait
uns	ors	Damedeus	atrait
chascuns	cors	andeus	retrait
aucuns	acors	vergondeus	portrait
bruns	recors	hisdeus	vait
os	secors	feus	dit
cos	plaideors	corageus	lit
fos	tricheors	outrageus	oblit
los	jangleors	precieus	delit
clos	jogleors	curieus	samit
desclos	fleüteors	envieus	haoit
mos	Peors	jeus	començoit
nos	fors	leus	chauçoit
repos	defors	merveilleus	doit
gros	hors	perilleus	comandoit
vos	dehors	orguilleus	descendoit
ars	priors	desdeigneus	pendoit
mars	lors	peus	tendoit
fers	flors	bocereus	fondoit
alemandiers	aillors	doucereus	ardoit
soudeiers	olors	dangereus	gardoit
fiers	colors	amoreus	regardoit
mangiers	dolors	savoreus	beoit
Dangiers	amors	menestreus	seoit
bergiers	seignors	seus	veoit
vergiers	plusors	angoisseus	traioit
chiers	durs	teus	retraioit
archiers	murs	deliteus	blancheioit
chevaliers	seürs	marmiteus	senefioit
veilliers	aus	covoiteus	alejoit
parliers	faus	piteus	aloit
premiers	biaus	veriteus	valoit
pomiers	colombiaus	honteus	sembloit
costumiers	ciaus	osteus	resembloit
deniers	lionciaus	queus	cuilloit
greniers	monciaus	crueus	oloit
noiers	escuciaus	cheveus	foloit
loriers	diaus	Keus	soloit
moriers	ribaudiaus	jus	toloit
baisiers	leiaus	plus	voloit
closiers	chalumiaus	nus	amoit
rosiers	creniaus	Venus	clamoit
entiers	aigniaus	cous	cremoit
aiglentiers	rossigniaus	vous	penoit
volentiers	mangoniaus	sus	tenoit
mestiers	estorniaus	desus	venoit
quiers	piaus	Narcisus	covenoit
oliviers	drapiaus	eüs	deignoit
alers	chardoneriaus	t	poignoit
clers	carriaus	abat	donoit
bachelers	escuriaus	guichet	reponoit
solers	chevriaus	griet	retornoit
parlers	oisiaus	siet	clooit
miroers	damoisiaus	guiet	nooit
chanters	roisiaus	chapelet	pooit
cuers	ruissiaus	oiselet	derompoit
vers	roietiaus	vallet	cropoit
avers	paletiaus	rossignolet	paroit
travers	mantiaus	met	croit
devers	chastiaus	promet	mescroit
ivers	coutiaus	somet	droit
divers	viaus	coignet	endroit

orendroit	vit	esbatant	savoient
tendroit	tresvit	autretant	levoient
vendroit	estreçant	itant	envoient
voudroit	tençant	agaitant	convoient
seroit	chauçant	chantant	crient
osteroit	regardant	estant	orient
greveroit	beant	arestant	tient
froit	neant	autant	apartient
sofroit	acreant	escoutant	vient
desiroit	recreant	chuant	avient
donroit	seant	quant	devient
coroit	enfant	neporquant	covient
ploroit	chant	truant	sovient
soferroit	sachant	avant	lent
morroit	trenchant	devant	talent
porroit	cerchant	grevant	mautalent
durroit	verdeiant	vivant	emblent
metroit	gordeiant	cent	resemblent
entroit	foleiant	descent	vuelent
estroit	esbaneiant	amendent	aillent
avroit	borgneiant	ardent	faillent
savroit	torneiant	beent	travaillent
bevroit	costeiant	puent	dolent
devroit	umeliant	defent	ment
covroit	riant	gent	ament
soit	tremblant	changent	avancement
baisoit	semblant	songent	comencement
faisoit	doblant	argent	doucement
plaisoit	celant	traient	laidement
recensoit	vaillant	escient	comandement
pensoit	veillant	dient	fondement
issoit	mant	neient	parfondement
resplendissoit	amant	oient	hardement
eslargissoit	flamant	rendoient	chaudement
abelissoit	demant	beoient	irieement
embelissoit	aīmant	rioient	envoisieement
angoissoit	comant	charjoient	celeement
conoissoit	fermant	aloient	outreement
croissoit	dormant	baloient	alegement
atapissoit	remenant	valoient	largement
guerissoit	tenant	sembloient	richement
batoit	maintenant	failloient	freschement
esbatoit	venant	recuilloient	veraiement
entremetoit	avenant	queroloient	tornoiement
delitoit	desavenant	soloient	briement
anuitoit	covenant	emploient	chastiement
chantoit	aceignant	remanoient	malement
portoit	esloignant	menoient	amiablement
hurtoit	poignant	entravenoient	noblement
estoit	espant	finoient	belement
vestoit	garant	pooient	novelement
doutoit	aparant	paroient	avilement
voit	grant	seroient	folement
avoit	tirant	montroient	solement
ravoit	errant	avroient	simplement
savoit	besant	soient	contenement
devoit	pesant	faisoient	oignement
servoit	faisant	disoient	demainement
despit	plaisant	reluisoient	certainement
respit	disant	osoient	bonement
rit	mesdisant	issoient	garnement
petit	gisant	laissoient	comunement
cuit	despisant	angoissoient	chierement
recuit	luisant	florissoient	premierement
duit	reluisant	gravissoient	debonairement
deduit	paīsant	batoient	autrement
reduit	pensant	abatoient	durement
conduit	apressant	entrejetoient	povrement
fuit	poissant	voletoient	mauvaisement
nuit	parissant	chantoient	cortoisement
enuit	traīssant	portoient	hisdosement
fruit	cousant	estoient	afaitement
suit	tant	voient	estroitement
tuit	atant	avoient	quitement

cointement	ataint	fort	tantost
acointement	vaint	confort	vost
mignotement	vivaint	reconfort	fust
apertement	ceint	desconfort	eüst
covertement	estreint	mort	deüst
longuement	destreint	port	pleüst
aiment	teint	emport	coneüst
soutilment	oint	sort	peüst
vilment	doint	tort	seüst
avenamment	pardoint	aidast	esteüst
plaisamment	point	cuidast	faut
coment	tint	regardast	haut
forment	vint	alast	chaut
torment	avint	acorast	iaut
erraument	mesavint	demorast	diaut
veriteument	covint	entrast	siaut
tienent	sovint	montrast	viaut
vienent	ont	pesast	saut
devienent	font	puisast	bersaut
reveignent	parfont	osast	assaut
oignent	blont	usast	vassaut
doignent	mont	tast	vaut
poignent	amont	portast	conçut
tornent	semont	ostast	jut
loent	espont	trovast	valut
desloent	respont	est	dolut
pent	vendront	cest	mout
rent	revendront	remest	corut
parent	seront	genest	estut
perent	angoisseront	arest	au
orent	conteront	ist	biau
prent	costeront	plaist	vaincu
esprent	front	naist	escu
montrent	lairont	paist	vescu
durent	donront	traist	espandu
furent	savront	taist	tendu
jurent	sont	cist	entendu
abelurent	vont	dist	respondu
crurent	ot	blandist	perdu
recuevrent	dot	esbaudist	feu
sent	redot	fist	leu
present	plot	gist	mileu
pensent	mot	abelist	preu
consent	amot	vieillist	Deu
halassent	mignot	mist	Keu
entrebaisassent	pot	replenist	fu
abaissent	rot	tenist	refu
fremissent	sot	venist	agu
puissent	tot	revenist	salu
fussent	ensorquetot	croist	valu
deüssent	trestot	rist	venu
encusent	art	escrist	avenu
musent	gart	morist	ou
tent	regart	prist	dou
atent	part	norrist	jou
abitent	depart	porrist	clou
delitent	busart	sist	nou
entent	musart	traisist	qu
sentent	tart	crainsist	quanqu
content	sofert	vosist	jusqu
aprestent	iert	assist	secoru
doutent	afiert	vausist	lessu
vent	quiert	languist	tessu
sevent	pert	requist	tu
doivent	apert	vesquist	abatu
sivent	sert	aïst	vertu
vivent	muert	haït	Artu
covent	vert	enhaït	vestu
sovent	overt	feïst	eü
aint	covert	meïst	deceü
plaint	bort	preïst	receü
maint	cort	veïst	aperceü
remaint	secort	penst	esleü
refraint	dort	tost	neü

coneü	iriez	prez	perdroiz
creü	esclairiez	barrez	voudroiz
seü	repairiez	carrez	feroiz
teü	empiriez	enserrez	parleroiz
veü	porriez	livrez	seroiz
faz	avriez	sez	entreporteroiz
laz	faisiez	pensez	requeroiz
solaz	proisiez	apensez	froiz
maz	envoisiez	alosez	orroiz
baraz	laissiez	bersez	porroiz
braz	puissiez	versez	otroiz
borraz	truissiez	assez	estroiz
Arraz	veïssiez	amassez	destroiz
abez	fussiez	passez	avroiz
demandez	deüssiez	compassez	savroiz
entendez	peüssiez	fossez	voiz
fondez	afaitiez	encusez	escriz
blondez	agaitiez	refusez	empereriz
gardez	Pitiez	achetez	gueriz
eschaudez	estiez	metez	petiz
beez	engrestiez	pretez	traitiz
creez	mauvaistiez	apretez	aneientiz
esfreez	fuiez	privetez	flestiz
greez	viez	umilitez	voutiz
veez	lez	eritez	deduiz
eschaufez	alez	veritez	conduiz
aiez	doblez	entalentez	nuiz
plaiez	troblez	volentez	enuiz
esmaiez	recercelez	espoentez	puiz
paiez	delez	consentez	fruiz
apaiez	apelez	contez	enviz
essaiez	oiselez	dotez	mauviz
faciez	vallez	portez	haïz
bleciez	mellez	emportez	tailleïz
despeciez	dolez	arestez	croleïz
dreciez	rossignolez	ajostez	moqueïz
hericiez	pipolez	Biautez	essaboïz
corrociez	volez	puez	foïz
chauciez	pueplez	avez	esvanoïz
essauciez	amez	savez	anz
muciez	mesamez	recevez	mordanz
cuidiez	renomez	devez	recreanz
outrecuidiez	dormez	levez	seanz
vuidiez	formez	grevez	ganz
empleiez	embasmez	arivez	chanz
aspreiez	pasmez	privez	trenchanz
otreiez	acesmez	movez	veianz
seiez	nez	faiz	joianz
veiez	avilenez	Mesfaiz	rianz
giez	menez	laiz	vaillanz
encoragiez	amenez	refraiz	bienvoillanz
changiez	penez	traiz	olanz
vengiez	empenez	rubiz	colanz
chargiez	prenez	sorciz	amanz
enchargiez	aprenez	diz	romanz
sougiez	mesprenez	laidiz	joignanz
sachiez	forsenez	hardiz	poignanz
pechiez	tenez	fiz	granz
sechiez	venez	afiz	pesanz
entechiez	coignez	bailliz	plaisanz
enarchiez	donez	failliz	lisanz
bouchiez	sonez	assailliz	luisanz
couchiez	tornez	poliz	conoissanz
liez	retornez	doiz	poissanz
bailliez	loez	cheoiz	tanz
tailliez	poez	maleoiz	chantanz
voilliez	decopez	foiz	vestanz
mainteniez	parez	noiz	remuanz
gaaigniez	encombrez	croiz	grevanz
deigniez	nombrez	droiz	vivanz
engigniez	bocerez	tendroiz	enz
esloigniez	sofrez	atendroiz	denz
piez	dorez	entendroiz	adenz
espiez	savorez	vendroiz	dedenz

genz
argenz
sergenz
çaienz
laienz
neienz
dolenz
comandemenz
fondemenz
oignemenz
comenz
senz
presenz
contenz
ainz
mainz
compainz
sainz
coinz
poinz
fonz
blonz
monz
oz
gloz
moz
noz
repoz
deroz
corroz
soz
desoz
toz
trestoz
voz
garz
regarz
larz
parz
leparz
soferz
tierz
coverz
cuverz
orz
corz
descorz
forz
esforz
jorz
morz
bauz
gauz
papegauz
hauz
chauz
iauz
miauz
entriauz
orguiauz
viauz
solauz
vermauz
sauz
portauz
neuz
preuz
branchuz
veluz
menuz
venuz
douz
touz
estouz

feruz
batuz
embatuz
vertuz
vestuz
deceüz
receüz
conceüz
peüz
creüz
veüz

APPENDIX IV

VERSE NUMBERS IN THE
LANGLOIS AND LECOY EDITIONS

To arrive at Lecoy numbering substract from:	LANGLOIS		LECOY	To arrive at Langlois numbering add to:
	1-370	=	1-370	
	371-372	=	370a-370b	
-2	373-892	=	371-890	+2
	Omitted	=	891-892	
	893-1044	=	893-1044	
	1045-1046	=	Omitted	
-2	1047-2076	=	1045-2074	+2
	2077-2086	=	2074a-2074j	
-12	2087-2464	=	2075-2452	+12
	2465-2466	=	2452a-2452b	
-14	2467-2694	=	2453-2680	+14
	2695-2696	=	Omitted	
-16	2697-3344	=	2681-3328	+16
	3345-3346	=	Omitted	
-18	3347-3926	=	3329-3908	+18
	3927-3936	=	3908a-3908j	
-28	3937-4048	=	3909-4020	+28
	4049-4050	=	Omitted	
-30	4051-4058	=	4021-4028	+30

NORTH CAROLINA STUDIES IN THE ROMANCE LANGUAGES AND LITERATURES

I.S.B.N. Prefix 0-88438

Recent Titles

THE OLD PORTUGUESE "VIDA DE SAM BERNARDO," EDITED FROM ALCOBAÇA MANUSCRIPT ccxci/200, WITH INTRODUCTION, LINGUISTIC STUDY, NOTES, TABLE OF PROPER NAMES, AND GLOSSARY, by Lawrence A. Sharpe. 1971. (No. 103). *-903-0*.

A CRITICAL AND ANNOTATED EDITION OF LOPE DE VEGA'S "LAS ALMENAS DE TORO," by Thomas E. Case. 1971. (No. 104). *-904-9*.

LOPE DE VEGA'S "LO QUE PASA EN UNA TARDE," A CRITICAL, ANNOTATED EDITION OF THE AUTOGRAPH MANUSCRIPT, by Richard Angelo Picerno. 1971. (No. 105). *-905-7*.

OBJECTIVE METHODS FOR TESTING AUTHENTICITY AND THE STUDY OF TEN DOUBTFUL "COMEDIAS" ATTRIBUTED TO LOPE DE VEGA, by Fred M. Clark. 1971. (No. 106). *-906-5*.

THE ITALIAN VERB. A MORPHOLOGICAL STUDY, by Frede Jensen. 1971. (No. 107). *-907-3*.

A CRITICAL EDITION OF THE OLD PROVENÇAL EPIC "DAUREL ET BETON," WITH NOTES AND PROLEGOMENA, by Arthur S. Kimmel. 1971. (No. 108). *-908-1*.

FRANCISCO RODRIGUES LOBO: DIALOGUE AND COURTLY LORE IN RENAISSANCE PORTUGAL, by Richard A. Preto-Rodas, 1971. (No. 109). *-909-X*.

RAIMON VIDAL: POETRY AND PROSE, edited by W. H. W. Field. 1971. (No. 110). *-910-3*.

RELIGIOUS ELEMENTS IN THE SECULAR LYRICS OF THE TROUBADOURS, by Raymond Gay-Crosier. 1971. (No. 111). *-911-1*.

THE SIGNIFICANCE OF DIDEROT'S "ESSAI SUR LE MERITE ET LA VERTU," by Gordon B. Walters. 1971. (No. 112). *-912-X*.

PROPER NAMES IN THE LYRICS OF THE TROUBADOURS, by Frank M. Chambers. 1971. (No. 113). *-913-8*.

STUDIES IN HONOR OF MARIO A. PEI, edited by John Fisher and Paul A. Gaeng. 1971. (No. 114). *-914-6*.

DON MANUEL CAÑETE, CRONISTA LITERARIO DEL ROMANTICISMO Y DEL POSROMANTICISMO EN ESPAÑA, por Donald Allen Randolph. 1972. (No. 115). *-915-4*.

THE TEACHINGS OF SAINT LOUIS. A CRITICAL TEXT, by David O'Connell. 1972. (No. 116). *-916-2*.

HIGHER, HIDDEN ORDER: DESIGN AND MEANING IN THE ODES OF MALHERBE, by David Lee Rubin. 1972. (No. 117). *-917-0*.

JEAN DE LE MOTE "LE PARFAIT DU PAON," édition critique par Richard J. Carey. 1972. (No. 118). *-918-9*.

CAMUS' HELLENIC SOURCES, by Paul Archambault. 1972. (No. 119). *-919-7*.

FROM VULGAR LATIN TO OLD PROVENÇAL, by Frede Jensen. 1972 (No. 120). *-920-0*.

GOLDEN AGE DRAMA IN SPAIN: GENERAL CONSIDERATION AND UNUSUAL FEATURES, by Sturgis E. Leavitt. 1972. (No. 121). *-921-9*.

THE LEGEND OF THE "SIETE INFANTES DE LARA" (*Refundición toledana de la crónica de 1344* versión), study and edition by Thomas A. Lathrop. 1972. (No. 122). *-922-7*.

STRUCTURE AND IDEOLOGY IN BOIARDO'S "ORLANDO INNAMORATO", by Andrea di Tommaso. 1972. (No. 123). *-923-5*.

STUDIES IN HONOR OF ALFRED G. ENGSTROM, edited by Robert T. Cargo and Emanuel J. Mickel, Jr. 1972. (No. 124). *-924-3*.

NORTH CAROLINA STUDIES IN THE ROMANCE LANGUAGES AND LITERATURES

I.S.B.N. Prefix 0-88438

Recent Titles

A CRITICAL EDITION WITH INTRODUCTION AND NOTES OF GIL VICENTE'S "FLORESTA DE ENGAÑOS", by Constantine Christopher Stathatos. 1972. (No. 125). *-925-1.*

LI ROMANS DE WITASSE LE MOINE. *Roman du treizième siècle.* Édité d'après le manuscrit, fonds français 1553, de la Bibliothèque Nationale, Paris, par Denis Joseph Conlon. 1972. (No. 126). *-926-X.*

EL CRONISTA PEDRO DE ESCAVIAS. UNA VIDA DEL SIGLO XV, by Juan Bautista Avalle-Arce. 1972. (No. 127). *-927-8.*

AN EDITION OF THE FIRST ITALIAN TRANSLATION OF THE CELESTINA, by Kathleen Kish. 1973. (No. 128). *-928-6.*

MOLIERE MOCKED: THREE CONTEMPORARY HOSTILE COMEDIES, by Frederick W. Vogler. 1973. (No. 129). *-929-4.*

INDEX ANALYTIQUE DE "CHATEAUBRIAND ET SON GROUPE LITTERAIRE SOUS L'EMPIRE" DE SAINTE-BEUVE, by Lorin A. Uffenbeck. 1973. (No. 130). *-930-8.*

THE ORIGINS OF THE BAROQUE CONCEPT OF PEREGRINATIO, by Juergen S. Hahn. 1973. (No. 131). *-931-6.*

THE "AUTO SACRAMENTAL" AND THE PARABLE IN THE SIXTEENTH AND SEVENTEENTH CENTURIES, by Donald T. Dietz. 1973. (No. 132). *-932-4.*

FRANCISCO DE OSUNA AND THE SPIRIT OF THE LETTER, by Laura Calvert. 1973. (No. 133). *-933-2.*

ITINERARIO DI AMORE: DIALETTICA DI AMORE E MORTE NELLA VITA NUOVA, by Margherita de Bonfils Templer. 1973. (No. 134). *-934-0.*

L'IMAGINATION POETIQUE CHEZ DU BARTAS, ELEMENTS DE SENSIBILITE BAROQUE DANS LA "CREATION DU MONDE," by Bruno Braunrot. 1973. (No. 135). *-935-9.*

ARTUS DÉSIRÉ, PRIEST AND PAMPHLETEER OF THE SIXTEENTH CENTURY, by Frank Giese 1973. (No. 136). *-936-7.*

JARDIN DE NOBLES DONZELLAS BY FRAY MARTÍN DE CÓRDOBA, by Harriet Goldberg. 1974. (No. 137). *-937-5.*

MOLIERE: TRADITIONS IN CRITICISM, by Laurence Romero. 1974 (Essays, No. 1). *-001-7.*

STUDIES IN TIRSO, I, by Ruth Lee Kennedy. 1974. (Essays, No. 3). *-003-3.*

LAS MEMORIAS DE GONZALO FERNÁNDEZ DE OVIEDO, Vols. I and II, by Juan Bautista Avalle-Arce. 1974. (Texts, Textual Studies, and Translations, Nos. 1 and 2). *-401-2; 402-0.*

ESTUDIOS DE LITERATURA HISPANOAMERICANA EN HONOR A JOSÉ J. ARROM, edited by Andrew P. Debicki and Enrique Pupo-Walker. 1975. (Symposia, No. 2). *952-9.*

When ordering please cite the *ISBN Prefix* plus the last four digits for each title.

Send orders to:

International Scholarly Book Service, Inc.
P.O. Box 4347
Portland, Oregon 97208
U.S.A.

www.ingramcontent.com/pod-product-compliance
Lightning Source LLC
Chambersburg PA
CBHW060257240426
43661CB00060B/2819